Springer-Lehrbuch

Carsten Momsen · Adja Lea Niang
Philipp Bruckmann · Sebastian Laudien

Wirtschaftsstrafrecht

Einführung in die Grundlagen mit
fallbezogener Vorbereitung auf die
Prüfung im Schwerpunktbereich

Carsten Momsen
Fachbereich Rechtswissenschaft
Freie Universität Berlin
Berlin, Deutschland

Adja Lea Niang
Fachbereich Rechtswissenschaft
Freie Universität Berlin
Berlin, Deutschland

Philipp Bruckmann
Fachbereich Rechtswissenschaft
Freie Universität Berlin
Berlin, Deutschland

Sebastian Laudien
Rechtsanwalt und Syndikusrechtsanwalt
Bundesverband der Deutschen Volksbanken
und Raiffeisenbanken e.V. (BVR)
Berlin, Deutschland

ISSN 0937-7433 ISSN 2512-5214 (electronic)
Springer-Lehrbuch
ISBN 978-3-662-65502-3 ISBN 978-3-662-65503-0 (eBook)
https://doi.org/10.1007/978-3-662-65503-0

Die Deutsche Nationalbibliothek verzeichnet diese Publikation in der Deutschen Nationalbibliografie; detaillierte bibliografische Daten sind im Internet über http://dnb.d-nb.de abrufbar.

Springer
© Springer-Verlag GmbH Deutschland, ein Teil von Springer Nature 2023
Das Werk einschließlich aller seiner Teile ist urheberrechtlich geschützt. Jede Verwertung, die nicht ausdrücklich vom Urheberrechtsgesetz zugelassen ist, bedarf der vorherigen Zustimmung des Verlags. Das gilt insbesondere für Vervielfältigungen, Bearbeitungen, Übersetzungen, Mikroverfilmungen und die Einspeicherung und Verarbeitung in elektronischen Systemen.
Die Wiedergabe von allgemein beschreibenden Bezeichnungen, Marken, Unternehmensnamen etc. in diesem Werk bedeutet nicht, dass diese frei durch jedermann benutzt werden dürfen. Die Berechtigung zur Benutzung unterliegt, auch ohne gesonderten Hinweis hierzu, den Regeln des Markenrechts. Die Rechte des jeweiligen Zeicheninhabers sind zu beachten.
Der Verlag, die Autoren und die Herausgeber gehen davon aus, dass die Angaben und Informationen in diesem Werk zum Zeitpunkt der Veröffentlichung vollständig und korrekt sind. Weder der Verlag, noch die Autoren oder die Herausgeber übernehmen, ausdrücklich oder implizit, Gewähr für den Inhalt des Werkes, etwaige Fehler oder Äußerungen. Der Verlag bleibt im Hinblick auf geografische Zuordnungen und Gebietsbezeichnungen in veröffentlichten Karten und Institutionsadressen neutral.

Springer ist ein Imprint der eingetragenen Gesellschaft Springer-Verlag GmbH, DE und ist ein Teil von Springer Nature.
Die Anschrift der Gesellschaft ist: Heidelberger Platz 3, 14197 Berlin, Germany

Vorwort

Dieses Buch ist Lehr- und Lernbuch, insbesondere für Studierende des Schwerpunktbereichs Wirtschaftsstrafrecht. Daneben soll es aber auch Berufseinsteigende im Bereich des Wirtschaftsstrafrechts eine schnelle erste und vor allem aktuelle Orientierung ermöglichen. Sowohl die in den Text integrierten Fälle als auch die längeren Übungsfälle dienen im einen Fall der gezielten Vorbereitung auf verschiedene Typen von Schwerpunktbereichsprüfungen und im anderen Fall der Einführung in exemplarische Bereiche der Praxis des Wirtschaftsstrafrechts.

Das vorliegende Buch versteht sich als grundlegende Darstellung der materiellen und prozessualen Besonderheiten dieses Rechtsbereichs. Im Weiteren werden jedoch regelmäßig Vertiefungshinweise in entsprechender Spezialliteratur empfohlen. Von besonderer Relevanz bei der Erstellung war die Materie jeweils an Fällen zu exemplifizieren. Dabei lag den Autor*innen besonders am Herzen über bekannte Schulbeispiele hinaus auf tatsächlich entschiedene Fälle Bezug zu nehmen. Obwohl diese hinsichtlich ihrer Komplexität nicht selten (erheblich) abgeschichtet werden mussten, entsteht eine Nähe der theoretischen Grundlagen zu einzelnen Lebenssachverhalten.

Für dieses Konzept spricht nicht zuletzt, dass das Wirtschaftsstrafrecht wie wohl kaum ein anderer Bereich des Strafrechts de facto Case-Law ist. Häufig folgt die Gesetzgebung der Rechtsprechung und diese wiederum entwickelt sich an den Fällen, die ermittelt und manchmal auch angeklagt wurden. Damit steht das Rechtsgebiet nicht nur in einem Dauerkonflikt zum verfassungsrechtlichen Bestimmtheitsgrundsatz, sondern ist auch außerordentlich dynamisch. Dies drückt sich auch in einer Vielzahl neuer Gesetze allein in den aktuellen Legislaturperioden aus, die nicht nur das Kapitalmarktstrafrecht und andere Spezialmaterien betreffen, sondern auch den zentralen Bereich der Korruption, der Vermögensabschöpfung und der Unternehmensstrafbarkeit. Vielfach betraffen die Änderungen auch das Verfahrensrecht. Soweit für den Zweck dieses Buchs bedeutsam, wurden auch verfahrensrechtliche Neuerungen und Spezifika eingearbeitet und analysiert.

Allerdings erschien es uns nicht sinnvoll, eine gleichermaßen umfassende wie ausführliche Darstellung des Rechtsgebiets vorzulegen, da in den meisten Schwerpunktbereichen eine Konzentration auf zentrale Bereiche vorgenommen wird. Aus der Sicht eines strafrechtlichen Schwerpunktbereichs ist beispielsweise das Steuerstrafrecht wie auch das Kapitalmarktstrafrecht eher ein Nebengebiet, in dem überblicksartige Kenntnisse vermittelt und verlangt werden. Entsprechend findet sich in diesem Werk eine deutliche Schwerpunktsetzung.

Diese orientiert sich nicht nur am Fachbereich Rechtswissenschaft der Freien Universität, an dem die Verfasser*innen lehren, sondern auch an Prüfungsordnungen anderer Fakultäten. Das didaktische Konzept findet sich zudem in der Zusammensetzung der Autor*innen: Sie repräsentieren sowohl die professorale Lehre und Prüfung und berufliche Praxis wie auch die studentennahe methodische Wissensvermittlung und Prüfungsvorbereitung der Begleitkollegs und Arbeitsgemeinschaften im Kleingruppenformat. Wir hoffen, auf diese Weise die wissenschaftliche Neugier an der Durchdringung eines durch die Praxis geprägten Rechtsgebiets genauso zu fördern wie wir eine solide methodische und inhaltliche Basis legen, auf der die Prüfungen im Schwerpunktbereich erfolgreich absolviert werden können.

Carsten Momsen lehrt seit über 15 Jahren Wirtschaftsstrafrecht, zunächst in Saarbrücken, danach in Hannover und seit 2015 in Berlin. *Philipp Bruckmann, Sebastian Laudien* und *Adja Lea Niang* unterrichteten Begleitkurse und Übungen im Wirtschaftsstrafrecht und sind bzw. waren auch an den Abschlussprüfungen im Schwerpunktbereich beteiligt. Alle haben selbst im Schwerpunkt ihren Abschluss gemacht.

Berlin, Deutschland
Juni 2022

Carsten Momsen
Philipp Bruckmann
Sebastian Laudien
Adja Niang

Literatur

Assmann, Heinz-Dieter/Schütze, Rolf A./Buck-Heeb, Petra (Hrsg.): Handbuch des Kapitalanlagerechts, 5. Auflage, München 2020; zit.: Assmann/Schütze/Buck-Heeb/*Bearbeiter*, Hdb. des Kapitalanlagerechts.

Baumbach, Adolf/Hopt, Klaus J. (Hrsg.): Handelsgesetzbuch, 40. Auflage, München 2021; zit.: Baumbach/Hopt/*Bearbeiter*, HGB.

Blum, Heribert/Gassner, Kathi/Seith, Sebastian (Hrsg.): Ordnungswidrigkeitengesetz, 2. Auflage, Baden-Baden 2020; zit.: Blum/Gassner/Seith/*Bearbeiter*, OWiG.

Cherkeh, Rainer T./Momsen, Carsten/Orth, Jan F.: Handbuch Sportstrafrecht, München 2021; zit.: Cherkeh/Momsen/Orth/*Bearbeiter*, SportstrafR-HdB.

Eser, Albin (Hrsg.): Schönke/Schröder Strafgesetzbuch Kommentar, 30. Auflage, München 2019; zit.: Schönke/Schröder/*Bearbeiter*.

Esser, Robert/Rübenstahl, Markus/Saliger, Frank/Tsambikakis, Michael (Hrsg.): Wirtschaftsstrafrecht, Kommentar mit Steuerstrafrecht und Verfahrensrecht, Köln 2017; zit.: Esser/Rübenstahl/Tsambikakis/*Bearbeiter*, StGB.

Fischer, Thomas: Strafgesetzbuch: StGB mit Nebengesetzen, Kommentar, 68. Auflage, München 2021; zit.: *Fischer*.

Göhler, Erich/Seitz, Helmut/Gürtler, Franz: Ordnungswidrigkeitengesetz, Kommentar, 18. Auflage, München 2021; zit.: Göhler/*Bearbeiter*.

Graf, Jürgen (Hrsg.): Beck'scher Online-Kommentar: Ordnungswidrigkeitengesetz, 34. Edition, Stand 01.04.2022; zit.: BeckOK-OWiG/*Bearbeiter*.

Graf, Jürgen Peter/Jäger, Markus/Wittig, Petra (Hrsg.): Wirtschafts- und Steuerstrafrecht, 2. Auflage, München 2017; zit.: Graf/Jäger/Wittig/*Bearbeiter*.

Häberle, Peter (Hrsg.): Beck'sche KurzKommentare Strafrechtliche Nebengesetze Band 1, 236.EL Mai 2021; zit.: Erbs/Kohlhaas/*Bearbeiter*.

Hannich, Rolf (Hrsg.): Karlsruher Kommentar zur Strafprozessordnung, 8. Auflage, München 2019; zit.: KK-StPO/*Bearbeiter*.

Hefendehl, Roland (Hrsg.): Münchener Kommentar zum Strafgesetzbuch, Band 5, §§ 263–297 StGB, 4. Auflage, München 2022; zit.: MüKo-StGB/*B*earbeiter.

Hefendehl, Roland/Hohmann, Olaf (Hrsg.): Münchener Kommentar zum Strafgesetzbuch, Band 5, §§ 263–358 StGB, 3. Auflage, München 2019; zit.: MüKo-StGB/*B*earbeiter.

Heintschel-Heinegg, Bernd von (Hrsg.): Beck'scher Online-Kommentar: Strafgesetzbuch, 52. Edition, Stand 01.02.2022; zit.: BeckOK-StGB/*Bearbeiter*.
Heintschel-Heinegg, Bernd von (Hrsg.): Münchener Kommentar zum Strafgesetz-buch, Band 1, §§ 1–37 StGB, 4. Auflage, München 2020; zit.: MüKo-StGB/*Be*-arbeiter.
Heintschel-Heinegg, Bernd von (Hrsg.): Münchener Kommentar zum Strafgesetz-buch, Band 2, §§ 38–79b StGB, 4. Auflage, München 2020; zit.: MüKo-StGB/*Be*-arbeiter.
Henssler, Martin/Fehrenbacher, Oliver/Dicken, André/Hennrichs, Joachim/Kleindiek, Detlef/Watrin, Christoph (Hrsg.): beck-online.GROSSKOMMENTAR HGB, München 2021; zit.: BeckOGK/*Bearbeiter*.
Henssler, Martin/Spindler, Gerald/Stilz, Eberhard (Hrsg.): beck-online.GROSSKOMMENTAR AktG, München 2021; zit.: BeckOGK/*Bearbeiter*.
Joecks, Wolfgang/Jäger, Markus/Randt, Karsten/Ebner, Markus/Lipsky, Anne: Steuerstrafrecht mit Zoll- und Verbraucherstrafrecht, Kommentar §§ 369 AO-412 AO; § 32 ZollVG, 8. Auflage, München 2015; zit.: Joecks/*Bearbeiter*.
Kindhäuser, Urs/Neumann, Ulfrid/Paeffgen, Hans-Ullrich (Hrsg.): Strafgesetzbuch Kommentar, 5. Auflage, Baden-Baden 2017; zit.: NK-StGB/*Bearbeiter*.
Kudlich, Hans/*Oğlakcioğlu*, Mustafa Temmuz: Wirtschaftsstrafrecht, 3. Auflage, Heidelberg 2020; zit.: *Kudlich/Oğlakcioğlu*, Wirtschaftsstrafrecht.
Lackner, Karl/Kühl, Kristian (Hrsg.): Strafgesetzbuch Kommentar, 29. Auflage, München 2018; zit.: Lackner/Kühl/*Bearbeiter*.
Laufhütte, Heinrich Wilhelm et al. (Hrsg.): Leipziger Kommentar Strafgesetzbuch: StGB, Band 10: §§ 284 bis 305a, 12. Auflage, Berlin 2008; zit.: LK/*Bearbeiter*.
Laufhütte, Heinrich Wilhelm et al. (Hrsg.): Leipziger Kommentar Strafgesetzbuch: StGB, Band 3: §§ 56–79b, 12. Auflage, Berlin 2008; zit.: LK/*Bearbeiter*.
Laufhütte, Heinrich Wilhelm et al. (Hrsg.): Leipziger Kommentar Strafgesetzbuch: StGB, Band 9/1: §§ 263 bis 266b, 12. Auflage, Berlin 2012; zit.: LK/*Bearbeiter*.
Laufhütte, Heinrich Wilhelm et al. (Hrsg.): Strafgesetzbuch Leipziger Kommentar: Erster Band Einleitung; §§ 1 bis 31, 12. Auflage, Berlin 2007; zit.: LK/*Bearbeiter*.
Leitner, Werner/Rosenau, Henning (Hrsg.): Wirtschafts- und Steuerstrafrecht, Baden-Baden 2017; zit.: NK-WSS/*Bearbeiter*.
Leitner, Werner/Rosenau, Henning (Hrsg.): Wirtschafts- und Steuerstrafrecht, Kommentar, Baden-Baden 2017; zit.: NK-WiStR/*Bearbeiter*.
Maurach, Reinhart/Schroeder, Friedrich-Christian/Maiwald, Manfred/Hoyer, Andreas/Momsen, Carsten: Strafrecht Besonderer Teil, Teilband 1, Straftaten gegen Persönlichkeits- und Vermögenswerte, 11. Auflage, Heidelberg 2019; zit.: Maurach/Schroeder/Maiwald/Hoyer/Momsen.
Mitsch, Wolfgang (Hrsg.): Karlsruher Kommentar zum Gesetz über Ordnungswidrigkeiten, 5. Auflage, München 2018; zit.: KK-OWiG/*Bearbeiter*.
Momsen, Carsten/Grützner, Thomas (Hrsg.): Wirtschafts- und Steuerstrafrecht: Handbuch für die Unternehmens- und Anwaltspraxis, 2. Auflage, München 2020; zit.: Momsen/Grützner/*Bearbeiter*, HdB Wirtschafts- und Steuerstrafrecht.

Müller-Gugenberger, Christian et al. (Hrsg.): Wirtschaftsstrafrecht: Handbuch des Wirtschaftsstraf- und –ordnungswidrigkeitenrechts, 7. Auflage, Köln 2020; zit.: Müller-Gugenberger/*Bearbeiter*.

Park, Tido (Hrsg.): Kapitalmarktstrafrecht: Straftaten|Ordnungswidrigkeiten|Finanzaufsicht|Compliance, Handkommentar, 5. Auflage, Baden-Baden 2019; zit.: Park/*Bearbeiter*, Kapitalmarktstrafrecht.

Rotsch, Thomas: Criminal Compliance Handbuch, Baden-Baden 2015, zit.: Rotsch, Criminal Compliance/*Bearbeiter*.

Sander, Günther M. (Hrsg.): Münchener Kommentar zum Strafgesetzbuch, Band 4, §§ 185–262 StGB, 4. Auflage, München 2021; zit.: MüKo-StGB/*B*earbeiter.

Satzger, Helmut/Schluckebier, Wilhelm/Widmaier, Gunter (Hrsg.): Strafgesetzbuch, Kommentar, 5. Auflage, Köln 2020; zit.: SSW-StGB/*Bearbeiter*.

Schmitz/Roland (Hrsg.): Münchener Kommentar zum Strafgesetzbuch, Band 7, Nebenstrafrecht II, 3. Auflage, München 2019; zit.: MüKo-StGB/*B*earbeiter.

Schwark, Eberhard/Zimmer, Daniel (Hrsg.): Kapitalmarktrechts-Kommentar, 5. Auflage, München 2020; zit.: Schwark/Zimmer/*Bearbeiter*.

Tiedemann, Klaus: Wirtschaftsstrafrecht, 5. Auflage, München 2017; zit.: *Tiedemann*.

Wabnitz, Heinz-Bernd/Janovsky, Thomas/Schmitt, Lothar (Hrsg.): Handbuch Wirtschafts- und Steuerstrafrecht, 5. Auflage, München 2020; zit.: Wabnitz/Janovsky/Schmitt/*Bearbeiter*, Hdb des Wirtschafts- und Steuerstrafrechts.

Wittig, Petra: Wirtschaftsstrafrecht, 5. Auflage, München 2020; zit.: *Wittig*, Wirtschaftsstrafrecht.

Wolter, Jürgen (Hrsg.): Systematischer Kommentar zum Strafgesetzbuch, Band V, §§ 242–302 StGB, 9. Auflage, Köln 2017; zit.: SK-StGB/*Bearbeiter*.

Inhaltsverzeichnis

§ 1 Einführung.. 1
  A. Allgemeines 1
      I. Rechtsquellen... 7
      II. Grundlegende Systematik 7
      III. Empirische Bedeutung................................. 9
  B. Begriff und Funktion des Wirtschaftsstrafrechts................. 11
      I. Strafprozessualer Begriff................................ 11
      II. Strafrechtsdogmatischer Begriff 12
      III. Kriminologische Sicht.................................. 13
          1. Täterbezogene Merkmale (Edwin H. Sutherland) 13
          2. Unternehmensbezogene Merkmale....................... 13
          3. Wettbewerbsbezogene Merkmale 14
          4. Theorie des Vertrauens in die allgemeine Funktionsfähigkeit
             des Marktes... 14
          5. Exkurs: Das Täterprofil im Wirtschaftsstrafrecht............ 15
      IV. Exceptionalism in economic behavior and financial
         profit-making – Vorüberlegungen zu einem strukturellen
         Erklärungsansatz 15
  C. Überblick über das Verfahren im Wirtschafts- und Steuerstrafrecht... 17
      I. Verfahrensarten 17
      II. Verfahrensbeteiligte.................................... 18
  D. Strafverfahrensrechtliche Besonderheiten 19

§ 2 Einzelne Problemfelder des Allgemeinen Teils..................... 21
  A. Einleitung 22
  B. Dogmatische Besonderheiten 23
      I. Vorfeldtatbestände 23
      II. Sonderdelikte.. 23
      III. Kausalität und objektive Zurechnung 24
      IV. Leichtfertigkeit- und Fahrlässigkeitsstrafbarkeit.............. 24
      V. Blankettgesetze 24
      VI. Akzessorietät des Wirtschaftsstrafrechts 27
      VII. Problem einer rein faktischen Auslegung
          (Problem der Akzessorietät) 28

C. Kausalität und Objektive Zurechnung	30
I. Produkthaftung	30
II. Kollegialentscheidungen	32
III. „Opfer-(wahl-)feststellung"	36
D. Vorsatz und Irrtum	37
I. Blankettstrafgesetze	38
II. Normative Tatbestandsmerkmale	41
III. Gesamttatbewertende Merkmale	44
E. Unterlassen	44
I. Produkthaftung und Verkehrssicherungspflichten	44
II. Fortbestehende Garantenpflichten trotz Majorisierung bei Mehrheitsbeschluss	47
III. Ressortprinzip und Gesamtverantwortung	48
F. Rechtfertigung	52
I. Rechtfertigender Notstand, § 34 StGB	52
II. Behördliche Genehmigung und Einwilligung	54
III. Betriebliche oder gesellschaftsrechtlich verbindliche Weisungen	57
IV. Sozialadäquanz und berufsgemäßes (neutrales) Verhalten	58
G. Täterschaft und Teilnahme	60
I. Grundlagen	60
II. Individualverantwortung im Wirtschaftsstrafrecht	61
1. Repräsentanten- und Organhaftung gem. § 14 StGB und § 9 OWiG	61
a. (Reine) Repräsentantenhaftung	62
b. Faktische Geschäftsführung	64
2. Der Geschäftsherr als mittelbarer Täter	66
a. Überblick	66
b. Erweiterung des Anwendungsbereichs der Figur der mittelbaren Täterschaft im Unternehmenskontext („Täter hinter dem Täter")	70
III. Grenzen der Individualverantwortung	71
1. Zulässigkeit unmittelbarer Unternehmensstrafbarkeit	71
2. § 30 OWiG als Kollektivierung individueller Verantwortung	72
3. § 130 OWiG – die praktisch bedeutsamste Anknüpfungshandlung	81
H. Anwendbarkeit deutschen Strafrechts – Problembereich der Auslandstaten	85
§ 3 Untreue, § 266 StGB	**87**
A. Überblick	88
I. Zur Relevanz von § 266 StGB in Wirtschaftsstrafverfahren	88
II. Rechtsnatur und Deliktsstruktur	90
III. Prüfungsaufbau – Missbrauchs- und Treuebruchstatbestand	92
IV. Verfassungsmäßigkeit des § 266 StGB	93

V. Missbrauchsalternative, § 266 Abs. 1 Alt. 1 StGB 93
VI. Treuebruchstatbestand, § 266 Abs. 1 Alt. 2 StGB 101
VII. Vermögensschaden 106
VIII. Subjektiver Tatbestand................................. 108
B. Einzelne Problemfelder der Untreue......................... 111
  I. Geschäftsführender Alleingesellschafter.................. 111
  II. Risikogeschäfte 115
    1. Überblick 115
    2. Credituntreue 119
  III. Faktischer Geschäftsführer 121
  IV. „Schwarze Kassen" 123
  V. „Kick-back" Zahlungen............................... 127
  VI. Sponsoring... 129
  VII. Vertragsarztuntreue 131

§ 4 Betrugsdelikte, §§ 263 ff. StGB 133
A. § 263 StGB... 134
  I. Bedeutung und Rechtsgut 134
  II. Prüfungsaufbau 135
  III. Täuschung, Irrtum, Vermögensverfügung 136
    1. Täuschung.. 136
    2. Irrtum... 141
    3. Vermögensverfügung 142
  IV. Insbesondere: Vermögensschaden 143
    1. Vermögensbegriff 143
    2. Schadensermittlung 144
  V. Subjektiver Tatbestand: Vorsatz und Bereicherungsabsicht...... 153
  VI. Regelbeispiele des Abs. 3 und Qualifikation des Abs. 5 154
B. Betrugsnahe bzw. –verwandte Straftatbestände 155
  I. Computerbetrug, § 263a StGB 155
    1. Bedeutung und Rechtsgut 155
    2. Prüfungsaufbau.................................. 156
    3. Die Tatbestandsmerkmale im Einzelnen................ 157
      a. Tatmodalitäten des Abs. 1 157
      b. Vorbereitungshandlungen des Abs. 3................ 158
    4. Verweis des Abs. 2 auf § 263 Abs. 2-6; Tätige Reue,
       Abs. 4; Konkurrenzen............................. 159
  II. Subventionsbetrug, § 264 StGB........................ 159
    1. Bedeutung und Rechtsgut 159
    2. Prüfungsaufbau.................................. 161
    3. Die Tatbestandsmerkmale im Einzelnen................ 162
      a. Tatgegenstand: Subvention 162
      b. Unrichtige oder unvollständige Angaben, Abs. 1 Nr. 1 163
      c. Zweckwidrige Verwendung, Abs. 1 Nr. 2 165
      d. Unterlassen von Mitteilungen, Abs. 1 Nr. 3............ 165

  e. Gebrauchen einer durch unrichtige oder unvollständige
    Angaben erlangten Bescheinigung, Abs. 1 Nr. 4 167
  f. Subjektive Voraussetzungen 167
 4. Versuchsstrafbarkeit, Abs. 4; Tätige Reue, Abs. 6 168
 5. Regelbeispiele, Abs. 2; Qualifikation, Abs. 3 i. V. m.
  § 263 Abs. 5 StGB 168
 6. Konkurrenzverhältnis zu § 263 StGB 169
III. Kapitalanlagebetrug, § 264a StGB 171
 1. Bedeutung und Rechtsgut 171
 2. Prüfungsaufbau.. 172
 3. Die Tatbestandsmerkmale im Einzelnen................... 172
  a. Geschäftsgegenstand 172
  b. Tatmittel 175
  c. Tathandlung 175
  d. Adressaten 176
 4. Vollendung 176
 5. Tätige Reue, Abs. 3 176
 6. Konkurrenzverhältnis zu § 263 StGB 176
IV. Kreditbetrug, § 265b StGB 177
 1. Bedeutung und Rechtsgut 177
 2. Prüfungsaufbau.. 177
 3. Die Tatbestandsmerkmale im Einzelnen................... 178
  a. Kredit; Betrieb oder Unternehmen, Abs. 3 178
  b. Im Zusammenhang mit einem Antrag 179
  c. Vorlegen vorteilhafter unrichtiger oder unvollständiger
   Unterlagen; unrichtige oder unvollständige schriftliche
   Angaben, Abs. 1 Nr. 1 179
  d. Nichtmitteilung entscheidungsrelevanter
   Verschlechterungen, Abs. 1 Nr. 2..................... 180
  e. Gegenstand: wirtschaftliche Verhältnisse................ 181
  f. Entscheidungserheblichkeit 181
  g. Subjektiver Tatbestand............................... 182
 4. Tätige Reue (Abs. 2) 182
 5. Konkurrenzverhältnis zu § 263 StGB 182
V. §§ 265c ff. StGB 182
 1. Sportwettbetrug, § 265c StGB........................... 183
 2. Manipulation von berufssportlichen Wettbewerben, §
  265d StGB... 184
 3. Besonders schwere Fälle, § 265e StGB 185
 4. Konkurrenzverhältnis insb. zu § 263 StGB................ 185
C. Verfahrensrechtliche Besonderheiten 185

§ 5 Geldwäsche 187
 A. Überblick... 188
 B. Der Tatbestand 190
 C. Internationales Recht 199

§ 6 Straftaten gegen den Wettbewerb und Kartellstrafrecht 201
A. Wettbewerbsbeschränkende Absprachen bei Ausschreibungen, § 298 StGB 202
I. Überblick.. 202
II. Der Tatbestand im Einzelnen........................... 203
1. Anwendungsbereich................................ 204
2. Objektiver Tatbestand.............................. 204
3. Subjektiver Tatbestand 210
4. Rechtfertigung 211
5. Tätige Reue..................................... 211
6. Konkurrenzen 212
7. Verfahrensrecht................................... 212
8. Internationales Strafrecht............................ 213

B. Kartellstrafrecht i. e. S. und Ordnungswidrigkeitenrecht 214
I. Überblick.. 214
II. Zentrale Tatbestände 214

C. Schutz des Wettbewerbs und gewerbliche Schutzrechte außerhalb des StGB.. 215
I. Überblick.. 215
II. Straftaten gegen Geheimnispflichten...................... 215
1. Verrat durch Geheimnisträger, insb. § 23 Abs. 1 Nr. 3 GeschGehG..................................... 215
2. Verletzung der Geheimhaltungspflichten, § 333 HGB, § 404 AktG 216
3. Geheimnisverrat nach dem KWG 216

III. Strafbare Werbung, § 16 UWG 217
1. Strafbare Werbung, § 16 Abs. 1 UWG 217
2. Progressive Kundenwerbung, § 16 Abs. 2 UWG 218

IV. Verletzungen des geistigen Eigentums 220
1. Verletzungen von Patenten, Gebrauchs- und Geschmacksmustern........................... 220
2. Markenstrafrecht.................................. 221
3. Urheberstrafrecht 223

§ 7 Insolvenzdelikte.. 225
A. Überblick... 225
B. Zivilrechtliche Grundlagen................................. 226
I. Einzel- und Gesamtvollstreckung 226
II. Insolvenzrecht..................................... 226
1. Antragspflicht und Antragsrecht 226
2. Eröffnungsgründe................................. 226
   a. Zahlungsunfähigkeit, § 17 InsO..................... 227
   b. Drohende Zahlungsunfähigkeit 227
   c. Überschuldung................................. 227

        III. Grundbegriffe des Bilanz- und Handelsrechts................ 228
            1. Buchführungspflicht..................................... 228
            2. Handelsbilanz... 228
    C. Insolvenzverschleppung, § 15a Abs. 4 InsO..................... 229
        I. Überblick und Rechtsgut.................................... 229
        II. Prüfungsaufbau.. 230
        III. Die Tatbestandsmerkmale im Einzelnen..................... 230
        IV. Objektive Bedingung der Strafbarkeit; Beteiligung;
            Konkurrenzen... 232
        V. Generelle Aussetzung der Antragsfrist (Covid-19)............ 233
    D. Bankrottdelikte, §§ 283 ff. StGB 233
        I. Allgemeines.. 233
        II. Bankrott, §§ 283, 283a StGB............................... 234
            1. Systematik.. 234
            2. Prüfungsaufbau: § 283 Abs. 1 StGB....................... 235
            3. Prüfungsaufbau: § 283 Abs. 2 StGB....................... 235
            4. Täterqualität: Schuldner................................ 236
            5. Krise des Unternehmens 238
            6. Tathandlungen... 238
                a. Beiseiteschaffen von Vermögensbestandteilen
                   (Abs. 1 Nr. 1)....................................... 238
                b. Unwirtschaftliche Ausgaben (Abs. 1 Nr. 2)............ 239
                c. Schleuderverkauf (Abs. 1 Nr. 3) 240
                d. Fiktion der Rechte anderer (Abs. 1 Nr. 4)............ 240
                e. Buchdelikte (Abs. 1 Nr. 5 bis 7) 241
                f. Grob unwirtschaftliche Handlungen (Abs. 1 Nr. 8)..... 241
            7. Vorsatz und Fahrlässigkeit (Abs. 4, 5) 243
            8. Objektive Bedingung der Strafbarkeit (Abs. 6) 243
            9. Strafzumessung: besonders schwerer Fall, § 283a StGB..... 243
        III. Verletzung der Buchführungspflicht, § 283b StGB............ 243
        IV. Gläubigerbegünstigung, § 283c StGB........................ 244
        V. Schuldnerbegünstigung, §283d StGB.......................... 245
    E. Vorenthalten und Veruntreuen von Arbeitsentgelt, § 266a StGB 245
        I. Überblick.. 245
        II. Prüfungsaufbau.. 246
        III. Die Tatbestandsmerkmale im Einzelnen..................... 246
            1. Arbeitsverhältnis....................................... 246
            2. Vorenthalten von Arbeitnehmerbeiträgen, Abs. 1........... 248
            3. Vorenthalten von Arbeitgeberbeiträgen, Abs. 2 251
            4. Nichtmitteilung unterlassener Abführung sonstiger
               Teile des Arbeitsentgelts, Abs. 3 252
            5. Subjektiver Tatbestand 253
        IV. Rechtswidrigkeit 253
        V. Strafzumessung 254

VI. Fakultative bzw. obligatorische Straffreiheit, Abs. 6 254
VII. Konkurrenzen. 255
VII. Verjährung und Prozessuales. 255

§ 8 Bilanzdelikte (Handels- und Gesellschaftsrecht) 257
   A. Überblick. 257
   B. Unrichtige Darstellung, § 331 HGB 258
      I. Sonderdelikt. 258
      II. Tathandlungen 259
      III. Finanzielle und nichtfinanzielle Berichtspflichten. 260
   C. Unrichtige Darstellung, § 400 Abs. 1 Nr. 1 AktG u. a. 261
   D. Verletzung der Berichtspflicht und falsche Angaben
      gegenüber Prüfern. 262
   E. Falsche Angaben bei Gründung und Anmeldung der Gesellschaft. ... 263
      I. Überblick 263
      II. AG-Gründungsschwindel, § 399 Abs. 1 Nr. 1 und Nr. 2 AktG ... 264
      III. Sonstige Tatbestände des § 399 AktG 265
      IV. Falsche Angaben bei GmbH-Gründung, § 82 GmbHG. 265

§ 9 Insiderhandel und Marktmanipulation 267
   A. Überblick und Rechtsgut. 267
   B. Die Straftatbestände des § 119 WpHG 268
      I. § 119 Abs. 1 WpHG. 268
        1. Prüfungsschema 269
        2. Die Tatbestandsmerkmale im Einzelnen 269
          a. Vorsätzliche Handlung i. S. d. § 120 Abs. 2 Nr. 3 oder
            Abs. 15 Nr. 2 WpHG 269
          b. Einwirkungserfolg 272
        3. Qualifikation, Abs. 5. 273
      II. § 119 Abs. 2 WpHG. 273
      III. § 119 Abs. 3 WpHG. 273
        1. Prüfungsschema 274
        2. Die Tatbestandsmerkmale im Einzelnen 274
        3. Abs. 3 Nr. 1 274
        4. Abs. 3 Nr. 2 275
        5. Abs. 3 Nr. 3 276
      IV. Subjektive Voraussetzungen; Versuchsstrafbarkeit 276

§ 10 Steuerstrafrecht 277
   A. Überblick. 278
   B. Grundlagen des Steuerstrafrechts 278
      I. Ablauf eines Steuerstrafverfahren 278
      II. Bedeutung des Steuerstraf-(verfahrens-)rechts für
        andere Verfahren 279
      III. Deutsches Steuerstrafrecht im ausländischen Kontext 280

C. Tatbestände des Steuerstraf- und Steuerordnungs-
widrigkeitenrechts 281
  I. Überblick 281
  II. Steuerhinterziehung, § 370 AO................... 282
  III. Die strafbefreiende Selbstanzeige, § 371 AO...... 284

§ 11 Umweltstrafrecht 287
A. Überblick 287
B. Einzelne Tatbestände 290
  I. Gewässerverunreinigung, § 324 StGB 290
  II. Unerlaubter Umgang mit Abfällen, § 326 StGB 292
C. Klimastrafrecht 294

§ 12 Vermögensabschöpfung – Einziehung, §§ 73 ff. StGB 295
A. Einziehung von Taterträgen oder deren Wert, §§ 73 ff. StGB 296
B. Einziehung von Tatprodukten, Tatmitteln und Tatobjekten oder
   deren Wert, §§ 74 ff. StGB 297
C. Gemeinsame Vorschriften und Verfahrensrechtliches; insb.
   selbständige Einziehung 297

§ 13 Compliance 299
A. Einführung: Compliance 299
  I. Begriff und Bedeutung der Compliance............ 299
  II. Struktur....................................... 300
  III. Die Etablierung eines wirksamen Compliance-Systems 301
  IV. Hinweisgebersysteme (Whistleblowing) 302
  V. Interne Ermittlungen............................ 304
  VI. Die mögliche Strafbarkeit eines Compliance-Beauftragten.... 306
  VII. Strafrecht und Ordnungswidrigkeitenrecht 308

§ 14 Exkurs: „Unternehmensstrafrecht" 311
A. Einführung.. 311
B. Der Gesetzentwurf als Grundlage für die Einführung
   und Ausrichtung von Compliance-Management-Systemen (CMS) .. 312
  I. Pflicht zur Untersuchung von Unternehmensdelikten 312
  II. Monetäre Sanktionen bis zu 10 % des Umsatzes............ 313
  III. Nicht-monetäre Sanktionen 313
  IV. Benennen und Beschämen (naming and shaming)........... 314
  V. Abschluss von Untersuchungen ohne strafrechtliche Anklage.. 314
  VI. Mildernde Wirkung von Compliance-Management-Systemen
     und internen Untersuchungen..................... 315
  VII. Anforderungen an Interne Untersuchungen 316
  VIII. Rechte des Unternehmens und gesetzliches Privileg 317
  IX. Kritik.. 318
  X. Straftaten, die im Ausland und von Mitarbeitern ausländischer
     Unternehmen begangen werden.................... 319
  XI. Zusammenfassung und Ausblick 320

§ 15 Übungsfälle ... 323
A. Die „Schwarze Kasse" ... 323
Sachverhalt ... 323
Lösungsvorschlag ... 324
Tatkomplex 1: Das Anlegen der „schwarzen Kasse" ... 324
Tatkomplex 2: Einsatz des Geldes i. R. d. Vergabeverfahrens des Stromanbieters ... 330
B. Übermengen Kontrastmittel ... 335
Sachverhalt ... 335
Lösungsvorschlag ... 337
Abwandlung ... 347
Lösungsvorschlag ... 347
C. Compliance-Pflichten ... 348
Sachverhalt ... 348
Lösungsvorschlag ... 350
D. Das Bauvorhaben ... 356
Sachverhalt ... 356
Lösungsvorschlag ... 358
Tatkomplex 1: Das Ausschreibungsverfahren ... 358
Tatkomplex 2: Das Gespräch zwischen A und W ... 363

Stichwortverzeichnis ... 367

§ 1 Einführung

A. Allgemeines

Das Wirtschaftsstrafrecht stellt seit Jahren ein Laboratorium der Rechtsentwicklung dar. Die Reagenzien sind sowohl materiell-strafrechtlicher als zunehmend auch verfahrensrechtlicher Natur.

Dabei – um im Bild zu bleiben – werden die Anlagen des kontinentalen Strafrechts mit denen des Common Law in den naturgemäß eher zufälligen Versuchsdesigns eines Case-Laws miteinander gekreuzt. Die Ergebnisse sind dementsprechend häufig überraschend und gelegentlich explosiv, vielfach entstehen nur instabile Verbindungen.

Dass gerade das Wirtschaftsstrafrecht zum Experimentierfeld wurde, liegt u. E. in zwei Faktoren begründet: Zum einen führt die multinationale Tätigkeit vieler deutscher Unternehmen dazu, dass strafrechtlich relevantes Verhalten in mehreren Rechtssystemen auftritt bzw. dasselbe Verhalten gleichzeitig nach bspw. amerikanischem und deutschem Recht zu beurteilen ist. Zum anderen führt der in den letzten Jahren immer intensivere (kriminal-) politische Wunsch, auf betriebswirtschaftliche Fehlentscheidungen, vor allem dann, wenn diese zu volkswirtschaftlichen Schäden führen (Stichwort „Bankenkrise"), in öffentlich sichtbarer Weise mit strafrechtlichen Ermittlungsverfahren zu reagieren; dies wurde besonders sichtbar etwa im Komplex „Dieselgate" und den damit verbundenen Durchsuchungen bei Unternehmen und Anwaltskanzleien (*Momsen*, NJW 2018, 2362 ff.). Resultat dieser Dynamik ist eine permanente Neubestimmung der Grenzen des Strafrechts. Diese in stetem Fluss befindliche Entwicklung vollzieht sich in vielen Bereichen nicht auf dem traditionell gründlich beackerten Boden der strafrechtlichen Dogmatik und Kasuistik, sondern orientiert sich allzu häufig und in teils erratischem Verlauf von Fall zu Fall. Eine von Case-Law geprägte Fortentwicklung des Rechts verbunden mit multinationaler strafrechtlicher Relevanz der leitenden Fälle ist der Nährboden einer schleichenden Transformation kontinentaleuropäischer und insbesondere aus dem deutschen Straf- und Strafverfahrensrecht vertrauter Standards. Im materiellen Strafrecht gewinnt die Diskussion um ein Verbandsstrafrecht nach ihrem zwischenzeitlichem „Aus" eine neue Dynamik (*Hoven*, ZIS 2014, 19 ff.; *Schünemann*, ZIS 2014, 1 ff.; *Szesny*, Braucht Deutschland ein Unternehmensstrafrecht, BB 2013, Nr. 47 – Editorial; *Witte/Wagner*, Die Gesetzesinitiative Nordrhein-Westfalens zur Einführung eines Unternehmensstrafrechts, BB 2014, 643; *Zieschang*, GA 2014, 91 ff.; *Grützner/Momsen/Menne*, Draft Bill on German Corporate Sanctions Act, CEJ 2019, 26–37). Ein zentrales Vorbringen ihrer Protagonisten ist die Rechtslage in anderen Staaten des EU-Raumes einerseits und den Vereinigten Staaten andererseits (zur Verbandsverantwortlichkeit im Vergleich USA-Deutschland bspw. *Dubber/Hörnle*, Criminal Law – A Comparative Approach, 2014, 329 ff.). Deutschland sei, so wird behauptet, nahezu eine Insel im Ozean der allgemein anerkannten Verbandsstrafbarkeit – und damit ein sicherer Hafen für Wirtschaftsstraftäter. Eine zweite Entwicklungslinie betrifft die Ausgestaltung des Ermittlungsverfahrens mit Folgen für das Hauptverfahren, bis hin zur Kompetenz für die Verhängung legitimer und effizienter Strafsanktionen. Die Annahme, das deutsche Recht lade Täter geradezu dazu ein, hier Wirtschaftsdelikte zu begehen, dürfte mit Blick auf die mittlerweile empfindlich hohen Geldbußen bspw. nach OWiG eine durchaus übertriebene Position darstellen. Schließlich verfolgen die wenigsten Länder eine Anknüpfung des Strafrechts am Prinzip der Individualschuld, welche letztlich den maßgeblichen Unterschied zwischen strafrechtlicher und ordnungswidrigkeitenrechtlicher Sanktionierung ausmacht. Gefängnisstrafen werden für Unternehmen naturgemäß nirgendwo vollzogen. Gleichwohl verbinden sich mit dem Gedanken der Unternehmensstrafbarkeit durchaus Hoffnungen auf eine stärkere Steuerungswirkung gegenüber den Entscheidungsträgern und die Schließung von Lücken im System der Strafverfolgung. Hinzu könnte die Stärkung individueller Rechte durch ein transparenteres Verfahren kommen.

Aus den vorgenannten Gründen gewinnt die amerikanische Strafverfolgungspraxis zunehmend an Einfluss auf die Behandlung von Wirtschaftsstraftaten in Deutschland. Die Schlagworte „Amerikanisierung" und „Privatisierung" sind selbstverständlich Zuspitzungen, aber dessen ungeachtet wertneutral zu verstehen. Denn prima vista wird man dem amerikanischen Justizsystem kaum vorwerfen können, es gehe nicht hart genug mit Wirtschaftskriminellen ins Gericht. Im Gegenteil – die Sanktionen, welche gegen amerikanische Unternehmen und die Verantwortlichen verhängt werden, erscheinen nach den Maßstäben des deutschen Strafrechts häufig sogar unverhältnismäßig hoch.[1] Unter dem in der medialen Öffentlichkeit sehr favorisierten Gesichtspunkt der Effizienz der Strafverfolgung könnte man, so scheint es, im amerikanischen System sogar ein Vorbild sehen (ausf. *Rödiger*, Strafverfolgung von Unternehmen, Internal Investigations und strafrechtliche Verwertbarkeit

---

[1] So berichtete die New York Times über das Settlement zwischen der Bank of America und dem Departement of Justice über 17 Mrd. Dollar und damit der bis dato höchsten Vergleichssumme, die je ein Wirtschaftsunternehmen an das DoJ zu zahlen bereit sei, um weitere Maßnahmen abzuwenden: *Ben Protess/Michael Corkerey*, „Bank of America Offers U.S. Biggest Settlement in History Over Toxic Mortgage Loans" August 6, 2014, https://dealbook.nytimes.com/2014/08/06/bank-of-america-nears-17-billion-settlement-over-mortgages/, zuletzt aufgerufen am 29.07.2021; vgl. zum Siemens-Verfahren, *Momsen*, ZIS 2011, 508, 510.

von „Mitarbeitergeständnissen": Untersuchung am Beispiel der Siemens-Korruptionsaffäre, 2012, 1 ff.). Primär geht es jedoch um etwas anderes. Die Übertragbarkeit einzelner Elemente einer Prozessstruktur und -kultur auf ein anderes System mit teilweise sehr unterschiedlichen Parametern. Sowohl die Akteure als auch die Befugnisse der Akteure differieren nicht unbeträchtlich. Ein zentraler Punkt ist die Kompetenz für die Durchführung von Ermittlungsmaßnahmen. Diese Maßnahmen weisen aus unserer Perspektive häufig erhebliche Grundrechtsrelevanz auf, greifen teilweise tief in persönliche Rechte – Bürgerrechte (Constitutional Rights/Civil Rights) in der amerikanischen Diktion – ein. Hinzu kommt, dass im deutschen Strafrecht grundsätzlich Sanktionen nur durch die bzw. unter Beteiligung der Judikative verhängt werden können. Auch im Ermittlungsverfahren setzt jede Sanktion die Befassung und wenigstens die Zustimmung eines Gerichts voraus.[2] Das amerikanische Verfahren lässt demgegenüber in sehr viel weiterem Umfang zu, dass Private oder Behörden, die nicht zu den Strafverfolgungsbehörden im engeren Sinne zählen, Ermittlungen verantwortlich durchführen. Auch Sanktionen können in weitem Umfang ohne gerichtliche Beteiligung durch die Prosecuters oder Behörden wie bspw. die Securities and Exchange Commission (SEC) und das Departement of Justice (DoJ) verhängt werden und in einen rechtskräftigen Zustand erwachsen (*Momsen/Tween*, Criminal Compliance in den USA, § 30 in *Rotsch* (Hrsg.), Criminal Compliance, 2014). Gerade mit der Einbeziehung nicht den Strafverfolgungsbehörden zugehöriger dritter Personen in den Vorgang der Beweiserhebung und Beweissicherung tut sich das deutsche Strafverfahrensrecht – mit guten Gründen – schwer. Dort, wo derartige Beweismittel in den Strafprozess eingeführt werden müssen, wird die Frage ihrer Verwertbarkeit selten einmütig beantwortet (BGH-GS 42, 139 m. Anm. *Bernsmann,* StV 1997, 116; BGH 5StR 680/94 v. 22.8.1996, NStZ 1995, 410; EGMR StV 2003, 257 m. Anm. Gaede, alles zu „Hörfallen"; BVerfG NJW 2011, 2417 („Steuer-CD"); vgl. auch *Momsen*, ZIS 2011, 508, 513). Gerade in der Praxis des Wirtschaftsstrafverfahrens jedoch werden seit einigen Jahren, nicht zuletzt aufgrund amerikanischer Einflüsse (Siemens), die Erkenntnisse interner Ermittler (privater Dritter) berücksichtigt. Damit findet eine Verschiebung der Perspektive statt. Strafverfolgungsbehörden und private Dritte kooperieren oder konkurrieren je nach Lage der Dinge miteinander. Zwar ist weder eine überlegene Effizienz noch und vor allem die Legitimität dieser Verfahrensabläufe bislang überzeugend belegt (ausf. *Reeb*, Internal Investigations – neue Tendenzen privater Ermittlungen, 2012, 28 ff.; näher auch *Momsen*, ZIS 2011, 508, 509 ff. m. w. N.), jedoch ist schwer vorstellbar, dass deutsche Ermittlungsbehörden derzeit eine ausreichende Ausstattung besitzen, um ohne Rückgriff auf die Kooperation betroffener Unternehmen sämtliche Umfangsverfahren in Wirtschaftsstrafsachen autonom durchzuführen.

Unabhängig von der Frage der Effektivität ist das deutsche Strafrecht (und Strafprozessrecht) jedoch nicht auf von Privaten durchgeführte Ermittlungen ohne ge-

---

[2] Die Einstellung des Verfahrens nach § 153 Abs. 1 S. 2 StPO kann ohne Zustimmung des Gerichts erfolgen. Jedoch wird man hierin schwerlich einen schwerwiegenden Grundrechtseingriff, jedenfalls keine Sanktionsverhängung erblicken können.

richtliche Beteiligung zugeschnitten. Denn der Prozess einer – teilweisen – Privatisierung des Wirtschaftsstrafverfahrens lebt von einer am amerikanischen Modell orientierten Machtbalance der Beteiligten. Diese kann sich zwar unter Umständen auch im deutschen Strafverfahren zwischen Verfolgungsinstitutionen und betroffenen Unternehmen in einer Weise einstellen, dass die Parameter eines fairen Verfahrens eingehalten werden können. Allerdings verlässt das Verfahren notwendigerweise in Teilen die durch formale Rechtspositionen und -gewährleistungen gekennzeichneten Bahnen der StPO. Das Strafprozessrecht aber begrenzt auch staatliche Eingriffe in die Grundrechte der Bürger. Daher sind formale Regeln zugleich „schützende Formen". Deren zentrale Bedeutung für ein rechtsstaatliches Strafverfahren betonte bereits *Zachariae* in seinem 1868 in Göttingen erschienenen „Handbuch des Strafprocesses" (*Zachariae*, Handbuch des deutschen Strafprocesses, Göttingen, 1868, Bd. 1, 146 f.).

Eine Privatisierung und Entformalisierung des Wirtschaftsstrafverfahrens kann jedoch wesentliche Rechte der Individualbeschuldigten erodieren, ohne dass entsprechende positive Effekte ihre Verfahrensposition stärken. Denn die beschuldigten Mitarbeiter sind häufig keine strukturell gleichwertigen Verhandlungspartner gegenüber den Strafverfolgungsbehörden einerseits und den Unternehmen, die in der Regel die Arbeitgeber sind, andererseits. Dieser Befund gilt prinzipiell auch unabhängig von der Hierarchiestufe der Beschuldigten innerhalb des Unternehmens. Wenngleich nicht zu verkennen ist, dass die mit höheren Einkommen verbundenen Vermögensverhältnisse etwa im Bereich der Verfahrenserledigung nach § 153a StPO u. U. von Vorteil sein können.

Im materiellen Recht sind die zur Flexibilisierung neigenden Entwicklungstendenzen im Wirtschaftsstrafrecht seit einigen Jahren am deutlichsten im Bereich der Fahrlässigkeit zu beobachten, denn § 15 StGB lässt erheblichen Raum für die Ausfüllung der Sorgfaltspflicht. Zugleich erlangen durch den Aufstieg der „Compliance" – als Organisations- und Aufsichtspflichten gekennzeichnete – lediglich individuell akzeptierte Sorgfaltspflichten eine überragende Bedeutung. Es entsteht eine Vielzahl individuell selbst gegebener oder mit Dritten ausgehandelter Maßstäbe. Dies öffnet die Tür zu einer ungleichen Rechtsanwendung und -durchsetzung bei ansonsten vergleichbaren Fällen.

Der Verlust an Formen und an Verbindlichkeit von Normen lässt sich in verschiedener Weise beschreiben: Als Flexibilisierung, als Individualisierung, gelegentlich als „Amerikanisierung" und methodisch als Standardisierung.

In Abgrenzung zu Standards sind Normen Regeln, Leitlinien oder Merkmale, welche durch eine anerkannte Organisation und deren Normengremien bindend für alle Mitglieder festgelegt werden. Sie sollen auf die Förderung optimaler Vorteile für die Gesamtheit abzielen. Sie werden im Konsens erstellt und von einem vertretungsberechtigten Gremium angenommen.[3] Dies gilt für formelle Gesetze. Aus dem englischen Sprachgebrauch kommt der Begriff De-jure-Standard, der sich mit dem

---

[3] So etwa das Selbstverständnis des europäischen Komitees für Normung (CEN) in: EN 45020:2007-03 *Normung und damit zusammenhängende Tätigkeiten – Allgemeine Begriffe* (ISO/IEC Guide 2:2004).

A. Allgemeines

deutschen Begriff „Norm" deckt. Von De-facto- oder Quasi-Standards spricht man, wenn sich Methoden oder Regeln lediglich in der Praxis durchsetzen, jedoch nicht formell gesetzt sind und keine generelle Bindung entfalten.

Standardisierung ist ein wertungsoffener Begriff. Die Herausbildung von Standards kann zu größerer Verbindlichkeit und Vorhersehbarkeit von Abläufen und Anwendungssicherheit führen, – aus der Perspektive eines ungeregelten Zustands (ein aus der politischen Philosophie des Gesellschaftsvertrags vertrautes Bild, näher *Momsen*, Die Zumutbarkeit als Begrenzung strafrechtlicher Pflichten, 2006, 170 ff.). Sie kann aber auch den Verlust bzw. Rückgang dieser Eigenschaften bedeuten, wenn Standards an die Stelle von Normen treten.

In Wirtschaftsstrafverfahren lässt sich dies aus verfahrensrechtlicher Perspektive etwa anhand der Tatsache exemplifizieren, dass verschiedenste Formen der Absprachen seit Jahren massiv zunehmen.[4] Sektoral erreicht die Quote der Verfahren, die nicht zur Hauptverhandlung gelangen, scheinbar amerikanische Werte, also an die 90 %. Unter solchen Voraussetzungen werden beispielsweise die Normen des Beweisantragsrechts, die für die Hauptverhandlung gelten und wesentliche Sicherungs- und Beteiligungsrechte des Beschuldigten enthalten, in ihrer Bedeutung als zwingendes und die Verfahrensposition prägendes Recht weitgehend relativiert. Zugleich gewinnen damit allerdings das Ermittlungsverfahren selbst und die dort durch Ermittlungsmaßnahmen der Staatsanwaltschaft und vor allem der Polizei gewonnen Ergebnisse eine Bedeutung, die zusehends über jene der Hauptverhandlung hinausgeht.[5] Freilich korreliert diese Entwicklung nicht mit an sich konsequenterweise notwendigen Erweiterungen der Befugnisse des Beschuldigten und seines Verteidigers im Sinne eines partizipatorischen Ermittlungsverfahrens (jedenfalls implizit: BGH NStZ 2010, 53, 54; *Augustin*, Recht des Beschuldigten auf effektive Verteidigung, 2013, 218 ff.; *Jahn*, in: *Barton/Kölbel/Lindemann* (Hrsg.), Wider die wildwüchsige Entwicklung des Ermittlungsverfahrens, 2015, 35, 49; MüKo-StPO/

---

[4] Dazu zählt zum einen die Möglichkeit der mit dem Verständigungsgesetz v. 29.07.2009 (BGBl. I, 2353) geschaffenen formellen Verfahrensabsprache gem. § 257c StPO. Zum anderen verbleibt in der Verfahrenswirklichkeit Raum für weitere informelle Vereinbarungen aber auch Kronzeugenregelungen, bei denen konsensuale Dispositionsakte Wahrheitsfindung und Verfahrensausgangs wesentlich beeinflussen. Vor allem gilt dies in den prozessökonomisch (aber eingedenk der Verfahrensdauer auch aus der Perspektive der Wahrheitsfindung und nicht zuletzt der Rechtsstellung des Beschuldigten, vgl. *Momsen/Willumat*, NStZ 2018, 369, 370) herausforderungsvollen Umfangsverfahren des Wirtschaftsstrafrechts. vgl. zur rechtsstaatlichen Bedenklichkeit insb. von informellen Absprachen: BVerfGE 133, 168, 232 f.; *Hettinger*, JZ 2011, 292 ff.; BeckOK-StPO/*Eschelbach*, 43. Ed., 1.4.2022, § 257c Rn. 1; *König*, NJW 2012, 1915; *Ordner*, wistra 2017, 50, 51; *Schmitt*, in: FS Tolksdorf, 2014, 399, 401; konsequent dann auch der Alternativ-Entwurf Abgekürzte Verfahren im Rechtsstaat (AE-ASR), GA 2019, 1, 49 ff.

[5] Man wird insoweit auch von einer bloßen Nachvollziehung der Ergebnisse des Ermittlungsverfahrens in der Hauptverhandlung sprechen können: *Eisenberg*, Beweisrecht, 10. Aufl. 2017, Rn. 502 f.; MüKo-StPO/*Kölbel*, Bd. 2, 2016, § 160 Rn. 6; *Richter II*, StV 1985, 382, 386; *Satzger*, Gutachten zum 65 DJT, 2004, C 34 ff.; wobei darüber hinaus fraglich bleiben kann, ob diese Nachvollziehung tatsächlich eine effektive Überprüfung der Erkenntnisgewinnung im Ermittlungsverfahren leistet, vgl. anhand § 256 Abs. 1 Nr. 5 StPO: *Conen*, in: FS Eisenberg zum 80. Geburtstag, 2019, 377; *Momsen/Washington*, in: FS Eisenberg zum 80. Geburtstag, 2019, 453 ff., zu den damit für die Wahrheitsermittlung verbundenen Gefahren.

Kölbel (Anm. 5), § 160 Rn. 67 m. w. N.). § 257c StPO als verbindlich für Verständigungen geltende Norm entfaltet daher vielfach in der Gesamtheit der Absprachenpraxis eine nur randständige Bedeutung,[6] man könnte fast geneigt sein, von einem Feigenblatt an Verbindlichkeit zu sprechen. Zwar hat das alles mit dem materiellen Recht der Fahrlässigkeit relativ wenig zu tun.

Dennoch erweist sich gerade die Fahrlässigkeitsstrafbarkeit ebenfalls als Einfallstor für Relativierungen im vorgenannten Sinne. Während der Beschuldigte bei Absprachen im formellen und informellen Sinne in prozessualer Hinsicht entgegen dem Leitbild des Legalitätsprinzips über den staatlichen Strafanspruch disponiert, wird bei der Fahrlässigkeit das herkömmliche Bild der Begründung und Begrenzung von Strafbarkeit durch den staatlichen Normsetzer jedenfalls im Wirtschaftsstrafrecht zusehends abgelöst. Es handelt sich augenscheinlich um zwei voneinander unabhängige Mechanismen, die jedoch Wechselwirkungen entfalten können.

Denn im materiellen Wirtschaftsstrafrecht bewirkt der ebenfalls maßgeblich durch Compliance verursachte massive Anstieg der Bedeutung von Organisations- und Kontrollpflichten eine deutliche Erweiterung des Anwendungsbereichs der Fahrlässigkeit, bis weit in die eigentlich nur vorsätzlich begehbare Untreue hinein. Es wird näher auszuführen sein, inwieweit in diesem Kontext gerade die Begründung von Strafbarkeit wegen der Verletzung von Organisations- und Kontrollpflichten diese Ablösung von staatlichen Normsetzungsakten ermöglichen. Da im Bereich der Fahrlässigkeit die Beteiligungsformen keine entscheidende Rolle spielen, ergibt sich für die Strafverfolgungsbehörden praktisch keine gesetzlich ableitbare Hierarchie, welche Beschuldigten im Zentrum der Ermittlungen stehen bzw. welche Personen primär zum Adressaten eingriffsintensiverer Maßnahmen werden. Man kann bei jedem der klassischerweise als Nebentäter eingeordneten mutmaßlichen Erfolgs(mit)-verursacher ansetzen. So gibt hier – und das Verfahren gegen den ehemaligen VW-Zentralvorstand (FD-StrafR 2019, 415699; *Grützner/Boerger/Momsen*, CCZ 2018, 50; *Isfen*, JA 2016, 1; sowie aus zivilrechtlicher Perspektive mit parallelen Schlussfolgerungen *Heese*, NZV 2019, 273) ist ein nahezu idealtypisches Beispiel – die Möglichkeit der Beweiserlangung bzw. die Möglichkeit, Druck zur Kooperation auszuüben, immer häufiger die Reihenfolge der Ermittlungen vor (ausf. *Momsen*, ZStW 2019, 1009; siehe dazu auch *Peikert/Reinelt/Witt*, ZStW 2019, 1126 ff.).

Wer sich mit dem Wirtschaftsstrafrecht beschäftigt, sollte also nicht nur immer auch das Verfahrensrecht im Blick behalten, dem teilweise eine das materielle Recht mitgestaltende Wirkung zukommt, was typisch für eine Case-Law geprägte Rechtskultur ist. Vielmehr sollte man sich auch vor Augen halten, dass Wirtschaftsstrafrecht an sehr unterschiedliche Akteure adressiert ist. Auf diese Weise können gerade hier ganz exemplarische Gerechtigkeitsprobleme auftreten. Diese werden neben der Frage, wie stark Strafrecht zur Regulierung eingesetzt werden darf oder sollte vor

---

[6] Vgl. BVerfGE 133, 168, 232 f.; *Hettinger*, JZ 2011, 292 ff.; BeckOK-StPO/*Eschelbach*, 43. Ed., 1.4.2022, § 257c Rn. 1; *König*, NJW 2012, 1915; *Ordner*, wistra 2017, 50, 51; *Schmitt*, in: FS Tolksdorf, 2014, 399, 401; konsequent dann auch der Alternativ-Entwurf Abgekürzte Verfahren im Rechtsstaat (AE-ASR), GA 2019, 1, 49 ff.; *Momsen/Washington*, in: FS Rogall zum 70. Geburtstag, 2018, 593 ff.

allem durch den Trend zu fallbezogenen rechtlichen Lösungen verschärft. Je abstrakter und gleichermaßen zwingend das Recht gilt, um so stärker begünstigt es starke Akteure, seien sie mit materiellen, medialen oder politischen Ressourcen ausgestattet. Unser Ziel muss es daher sein, bei aller Flexibilität und Dynamik für ein gerechtes (Wirtschafts-) Strafrecht zu sorgen. Dazu will dieses Lehrbuch einen Beitrag leisten.

I. Rechtsquellen

Das Wirtschaftsstrafrecht bildet mit seiner Vielzahl anwendbarer Strafgesetze, Nebengesetze sowie Nebenbestimmungen ein höchst interdisziplinäres Rechtsgebiet. Prägend für den Bereich des Wirtschaftsstrafrechts sind **vielgestaltigen Rechtsquellen**. Anders als im sog. Kern-Strafrecht, sind die meisten einschlägigen Vorschriften nicht im Strafgesetzbuch (StGB), sondern in Spezialgesetzen geregelt; wie etwa der Abgabenordnung (AO), Außenwirtschaftsgesetz (AWG) oder dem Wertpapierhandelsgesetz (WpHG). Dort finden sich Abschnitte über Straf- und Bußgeldvorschriften, die eigene materiell-rechtliche Tatbestände führen. Eine zunehmend wichtigere Rechtsquelle ist aber auch das Unionsrecht, dass bisweilen unmittelbar strafrechtliche Implikationen vorhält (z. B. VO (EU) Nr. 596/2014 – Marktmissbrauchsverordnung (MMVO = Market Abuse Regulation (MAR)).[7] Wirtschaftsstrafrechtliche Implikationen können sich aber nicht nur aus formellen Gesetzen, sondern aus Nebenbestimmungen, untergesetzlichen Regelungen sowie – und dies ist höchst streitig – gegebenenfalls auch aus privatrechtlichen Regelungen ergeben.

II. Grundlegende Systematik

Das Wirtschaftsstrafrecht ist in der deutschen Gesetzgebung nur zu einem sehr kleinen Teil im Kernstrafrecht, also im StGB, kodifiziert. Die weit überwiegende Anzahl theoretisch (und praktisch) einschlägiger Normen ist über die gesamte Breite des Nebenstrafrechts verteilt. Dogmatisch von herausragender Bedeutung ist die Differenzierung zwischen **Unternehmen und Agent** (Vertreter). Da bislang (s. zu Reformen § 15) lediglich natürliche Personen dem Schuldstrafrecht unterfallen, können die gegen Unternehmen gerichteten Sanktionen nicht dem StGB entnommen werden. Auch die Verhaltensnormen richten sich ausschließlich an natürliche Personen, die – befugt oder unbefugt – für ein Unternehmen handeln oder unterlassen. Es bedarf daher sehr häufig komplexer **Zurechnung** der Verhaltensweisen der Vertreter zum Unternehmen. Kompliziert wird diese dadurch, dass derzeit jeweils eine konkrete natürliche Person als Täter (besser: Beschuldigter) benannt werden können muss. In dieser Person müssen alle objektiven und subjektiven Voraussetzungen des jeweiligen haupt- oder nebenstrafrechtlichen Tatbestands zum relevanten Zeitpunkt (Simultaneitätsprinzip) verwirklicht sein. In komplexen und arbeits-

---
[7] Dazu näher unter § 2G.

teilig organisierten Strukturen stößt diese Form der Zurechnung an ihre Grenzen. Um diese Grenzen zu überwinden, werden teilweise bedenkliche Relativierungen der Zurechnungsparameter in Kauf genommen. Dem wollte ein Entwurf zum Unternehmenssanktionenrecht (§ 14) dadurch Abhilfe schaffen, dass es ausreichen sollte, eine Straftat der „Sphäre" des Unternehmens mit der prozessual erforderlichen Gewissheit (§ 261 StPO) zuordnen zu können. Bereits dann sollte eine Unternehmenssanktion verhängt werden können. Die Problematik ist offensichtlich, weil in vielen Fällen die Strafbarkeit der wahrscheinlichen Täter an dem Nachweis des Vorliegens aller Tatbestandsvoraussetzungen genauso scheitern wird wie bisher. Damit entstehen bemerkenswerte Wertungsdifferenzen zur Zurechnung im übrigen Strafrecht. Und es liegt wiederum eine Annäherung an den „Conspiracy" – Gedanken des amerikanischen Strafrechts vor (vgl. *Momsen/Washington*, Conspiracy als Beteiligungsmodell – Teil 1, ZIS 2019, 182 ff., Teil 2, ZIS 2019, 243–251; *dies.*, in: FS Kindhäuser 2019, 935 ff.).

Gleichwohl bleibt, die im deutschen Recht angelegte, grundsätzliche Differenzierung zwischen sog. Kern-Kriminalstrafrecht, Nebenstrafrecht und Ordnungswidrigkeitenrecht von zentraler Bedeutung.

Einleitend wurde angemahnt, das Wirtschaftsstrafrecht müsse (noch stärker als bislang) dem Topos der Gerechtigkeit verpflichtet werden. Von erheblicher Bedeutung dafür ist u. a. das Prinzip der **Akzessorietät** des Wirtschaftsstrafrechts. Dahinter steht die Frage nach dem **Wesen** des Wirtschaftsstrafrechts. Dieses wird hier nicht nur als eigentliches Kriminalrecht sondern auch als **Wirtschaftsordnungsrecht** verstanden. Angesichts des Ultima-Ratio Prinzips kann aber die Wirtschaftsordnung nicht insgesamt strafrechtlich durchgeformt werden. Das Strafrecht dient lediglich dem flankierenden Schutz dieser anderenorts geregelten Ordnung. Demzufolge muss das Strafrecht vielfach vorgegebene Wertungen hinnehmen. Es erweist sich als **Durchsetzungsinstrument** einer (möglichst gerecht zu gestaltenden) Wirtschaftsordnung (*Laudien*, Der homo oeconomicus und das Strafrecht, in: Dieckmann/Sorge (Hrsg.), Der Homo Oeconomicus in der Rechtsanwendung, 2016, 233, 243). Gerade deshalb aber muss die strafrechtliche Sanktion und die strafprozessrechtliche Durchsetzung häufiger als sonst kritisch hinterfragt werden. Denn wie vielfach offenkundig wird, ist die Wirtschaftsordnung stetem Wandel unterworfen. Exemplarisch ist etwa im Korruptionsrecht heute mit erheblicher Strafe bedroht, was vor 25 Jahren noch erlaubt und steuerlich absetzbar war. Zu einem gerechten Wirtschaftsstrafrecht gehört daher die Frage, ob und wann bei einem häufig nur ausgeprägt gewinnorintierten Verhalten eine strafrechtliche Sanktion angebracht ist. Dabei sind auch die Auswirkungen beispielsweise eines geradezu elegant eingefädelten Börsenschwindels auf die um ihr Vermögen gebrachten Anleger zu beachten. Wie im später erörterte Fall *Madoff*, kann es zu Suiziden von Anlegern kommen, die beispielsweise ihre komplette Alterssicherung verloren haben. Auf der anderen Seite muss jedem Börsenanleger klar sein, dass man sich auf ein Feld begibt, in dem erhebliche Gewinne möglich sind, diese aber klassischerweise durch erhebliche Risiken erkauft werden. Zudem muss man sich bewusst sein, dass in dergestalt komplexen Situationen qua Natur der Sache erhebliche Informationsungleichgewichte bestehen können. Auf der Seite der potenziellen Täter ist dann wiederum darüber nachzudenken, ob der Umstand, dass diese häufig ihre Opfer niemals individualisieren (können), von strafrechtlicher Relevanz ist. Insgesamt ist das Wirtschaftsstrafrecht auf der tatsächlichen Seite häufig von komplexen und sehr dynamischen Situationen geprägt, die nicht immer und prima vista eine eindeutige rechtliche oder moralische Zuordnung erlauben.

III. Empirische Bedeutung

Unbestritten allerdings ist, dass der Wirtschaftskriminalität eine erhebliche gesellschaftliche Bedeutung zukommt. Insbesondere der volkswirtschaftliche Schaden ist auch unter Außerachtlassung eines vermutlich erheblichen Dunkelfelds immens. Hinzu kommt, dass strukturelle Wirtschaftskriminalität erhebliche soziale Auswirkungen haben kann, etwa im Bereich der Wohnraumbewirtschaftung und Verteilung oder der aureichenden und qualitätssicheren Versorgung mit Grundbedarfsartikeln bis hin zur Wasserversorgung. Ebenso können schadhafte Produkte oder Dienstleistungen minderer Qualität zu Schäden an Leib und Leben der Verbraucher oder sogar zu schweren Menschenrechtsverletzungen von Anwohnern in Abbaugebieten von Rohstoffen u. a. führen.

Im „Bundeslagebild Wirtschaftskriminalität", in welchem das Bundeskriminalamt (BKA) Ende Dezember 2020 die Zahlen für 2019 darstellte[8] ergibt sich ein Rückgang von knapp 20 % auf 40.484 Fälle, verbunden mit einem Rückgang um 9,5 % auf 22.290 Tatverdächtige. Der bekanntgewordene verusachte Schaden sank um 11,4 % auf 2973 Mrd. EUR. Die Aufklärungsquote blieb weiterhin mit erstaunlichen 90,5 % konstant. Als „bedeutende Phänomene" werden benannt, „**Cybertrading**" als moderne Form des klassischen Anlagebetrugs unter Nutzung von Call-Centern, sowie Investition in Fake-Angebote zu hochspekulativen Anlageprodukten im Internet mit Risiko für finanziellen Totalausfall (Aktien, Indizes, Initial Coin Offerings). Daneben spiele der „**Leistungsbetrug** durch Unionsbürger" eine wichtige Rolle, namentlich durch „unrechtmäßige Inanspruchnahme staatlicher Leistungen" und „betrügerisch agierende Netzwerke".

In der abschließenden **Gesamtbewertung** heißt es: „Der seit mehreren Jahren andauernde tendenzielle Rückgang der Fälle von Wirtschaftskriminalität hat sich auch im Berichtsjahr fortgesetzt. Die Ausnahme bleibt das Jahr 2017, in dem ein Umfangsverfahren in Sachsen zwischenzeitlich für einen erheblichen Anstieg der Fallzahl und der Schadenssumme sorgte. Dennoch ist das von Wirtschafts[straf]taten ausgehende Schadens- und Gefährdungspotenzial – aufgrund der hohen Schadenssumme v. a. im Bereich Wirtschaftskriminalität bei Betrug – weiterhin groß. Überdies muss bei Wirtschaftskriminalität von einem erheblichen Dunkelfeld ausgegangen werden, nicht zuletzt da einerseits ein Überlappungsbereich zur Organisierten Kriminalität besteht und andererseits die kriminelle Bedeutung schlechter Geschäfte

---

[8] BKA (Hrsg.), Wirtschaftskriminalität – Bundeslagebild 2019, https://www.bka.de/SharedDocs/Downloads/DE/Publikationen/JahresberichteUndLagebilder/Wirtschaftskriminalitaet/wirtschaftskriminalitaetBundeslagebild2019.html?nn=28030, zuletzt abgerufen am 03.01.2022.

auch auf der Opferseite leicht verkannt wird. Hinzu kommt, dass der Umstand, institutionelles Opfer von Wirtschaftskriminalität geworden zu sein, dem Image eines Unternehmens weiteren Schaden zufügen kann.

Ein Grund für die sinkende Fallzahl bei weiterhin hohem Niveau der Gesamtschadenssumme dürfte in einer höheren Komplexität und Qualität einzelner Ermittlungsverfahren mit längerer Verfahrensdauer liegen. Dafür könnte auch die Tatsache sprechen, dass der durchschnittliche Schaden pro Ermittlungsverfahren gestiegen ist. Überdies dürften verschiedene Verfahren, z. B. im Zusammenhang mit dem Phänomen Cybertrading, statistisch dem Bereich der Cybercrime anstelle dem der Wirtschaftskriminalität zugeordnet worden sein.

Ohnehin haben neue Modi Operandi im Cyberraum sowie die Nutzung digitaler Komponenten in der Wirtschaftskriminalität in den vergangenen Jahren zunehmend an Bedeutung gewonnen. Klassische Modi Operandi und Verschleierungsmechanismen werden nach wie vor genutzt, was z. B. beim Leistungsbetrug durch Unionsbürger oder beim Abrechnungsbetrug im Gesundheitswesen durch russischsprachige Pflegedienste deutlich wurde.

Beim Anlagebetrug mit betrügerisch angelegten Finanzinstrumenten hingegen verschiebt sich der Fokus der Täter in eine andere Richtung: Die Nutzung des Internet, die Einbindung sozialer Medien und kryptierte Kommunikationsmittel gehören in diesem Deliktsbereich zu den Grundwerkzeugen der Täter und erfordern Strafverfolgungsmaßnahmen, die mit den technologischen Entwicklungen Stand halten.

Ein frühzeitiges Erkennen neuer Modi Operandi und die Aufhellung von Tat-/Täterzusammenhängen, insbesondere in Bereichen, in denen digitale Tatmittel zur Anwendung kommen, sind für eine effiziente Strafverfolgung ebenso notwendig wie Aufklärungs- und Sensibilisierungsmaßnahmen. Zudem müssen zum Schutze der Anleger internationale Finanzbehörden rechtzeitig auf neue Kriminalitätsphänomene beim Anlagebetrug aufmerksam gemacht werden, um bei betrügerischen Angeboten zügig mit regulatorischen Maßnahmen einzugreifen.".[9]

Besonders interessant ist die Vermutung, dass der signifikante Rückgang an Fall- und Verdächtigenzahlen sowie in der Schadenssumme – abgesehen von dem erheblichen Dunkelfeld – in der fehlenden Ressourcenausstattung von Strafverfolgungsbehörden und Gerichten liegen könnte. Damit zwanglos vereinbaren ließe sich die mitgeteilte Erkenntnis, dass die Verfahrensdauer immer weiter ansteige, so dass dieselbe Anzahl an Behördenmitarbeitern nur noch weniger Verfahren betreiben können. Ein effektiver Rückgang der Wirtschaftskriminalität muss daher nicht vorliegen.

Im „Bundeslagebild Wirtschaftskriminalität" für das COVID-19-Pandemie-Jahr 2020[10] ergibt sich ein Anstieg von 21,5 % auf 49.174 Fälle, verbunden mit einem

---

[9] BKA (Hrsg.), Wirtschaftskriminalität – Bundeslagebild 2019, https://www.bka.de/SharedDocs/Downloads/DE/Publikationen/JahresberichteUndLagebilder/Wirtschaftskriminalitaet/wirtschaftskriminalitaetBundeslagebild2020.html?nn=28030, zuletzt abgerufen am 03.01.2022.

[10] BKA (Hrsg.), Wirtschaftskriminalität – Bundeslagebild 2020, https://www.bka.de/SharedDocs/Downloads/DE/Publikationen/JahresberichteUndLagebilder/Wirtschaftskriminalitaet/wirtschaftskriminalitaetBundeslagebild2021.html?nn=28030 und https://www.bka.de/DE/AktuelleInformationen/StatistikenLagebilder/Lagebilder/CovidAuswirkungen/covidAuswirkungen_node.html, zuletzt abgerufen am 03.01.2022.

Anstieg um 27,9 % auf 28.509 Tatverdächtige. Der bekanntgewordene verursachte Schaden stieg um 1,3 % auf 3011 Mrd. EUR. Die Aufklärungsquote ist leicht auf erstaunliche 91,5 % gestiegen. Als „bedeutende Phänomene" werden der Subventionsbetrug i. Z. m. COVID 19 in Form der unrechtmäßigen Beantragung staatlicher „Corona-Hilfen", Leistungsbetrug durch Unionsbürger durch unrechtmäßige Inanspruchnahme staatlicher Leistungen durch betrügerisch agierende Netzwerke und das betrügerische Cybertrading als Form des klassischen Anlagebetrugs unter Nutzung von Call-Centern genannt.

In der Gesamtbewertung wird die gestiegene Anzahl der Fälle von Wirtschaftskriminalität als Auswirkung der COVID 19-Pandemie beschrieben, wobei von deutlich höheren Dunkelziffern ausgegangen wird. Daneben verlagerte sich die Wirtschaftskriminalität immer weiter ins Digitale, was eine entsprechende Anpassung der Strafverfolgung erfordert.

B. Begriff und Funktion des Wirtschaftsstrafrechts

Literatur (neben der genannten)
Arzt/Weber, Strafrecht BT, 2000, § 19 Rn. 1 ff., 8 ff.; WiStR AT Rn. 39 ff.; *Achenbach*, Wirtschaftskriminalität und Wirtschaftsstrafrecht – Gedanken zu einer terminologischen Bereinigung, Schwind-FS, 2006, 177 ff.; *Kaiser*, Kriminologie, 9. Aufl. 1993, §§ 60–62; *Schwind*, Kriminologie, 23. Aufl. 2016, § 21.

Trivial und anspruchsvoll zugleich ist die Frage nach dem Wesen des Wirtschaftsstrafrechts. Was ist Wirtschaftsstrafrecht? Bildet es tatsächlich eine eigenständige Disziplin in unserem Rechtssystem? Was macht es aus und bestehen Abgrenzungskriterien gegenüber anderen Rechtsgebieten? Davon zu trennen ist die Frage nach der Funktion des Wirtschaftsstrafrechts.

In der Vergangenheit stellte das Wirtschaftsstrafrecht den Teil des Strafrechts dar, der den Schutz des Wirtschaftsverwaltungsrechts zum Gegenstand hatte. Heute sind u. a. auch der Schutz der Finanzwirtschaft, des Wettbewerbs, des Zahlungsverkehrs, der betrieblichen Leistungserstellung, der Arbeit sowie der Allgemeinheit bzw. des Verbrauchers und somit ein erheblich erweitertes Spektrum an potentiell gefährdeten Rechtsgütern miterfasst. Nicht ganz unumstritten sind in diesem Zusammenhang die konkreten Anforderungen, die deliktisches Handeln als wirtschaftsstrafrechtliches Verhalten qualifizieren.

I. Strafprozessualer Begriff

Einerseits erfolgt eine weitgehende Orientierung am umfassenden Straftatenkatalog des § 74c GVG. Hiernach ist eine Wirtschaftsstraftat zu bejahen, wenn sie in den Zuständigkeitsbereich der Wirtschaftsstrafkammer nach § 74c Abs. 1 Nr. 1–6 GVG fällt. Bei einigen der aufgeführten Straftatbestände, wie z. B. Vergehen nach dem Bank-, Depot- oder Börsengesetz, wird die Qualität eines Wirtschaftsdelikts unwiderlegbar vermutet. Bei anderen wiederum, z. B. bei Untreue, § 266 StGB und Be-

trug, § 263 StGB, wird sie nur angenommen, „soweit zur Beurteilung des Falles besondere Kenntnisse des Wirtschaftslebens erforderlich sind" (§ 74c Abs. 1 Nr. 6 GVG).
Zwar beinhaltet § 74c GVG keine Legaldefinition des Wirtschaftsstrafrechts, jedoch lässt sich ihm eine „organisatorische Zuweisung" und somit eine erste Abgrenzung und Erfassung der relevanten Straftaten wie der Steuerhinterziehung, Insolvenzdelikte, Kartellabsprachen, Verstöße gegen das Kriegswaffenkontrollgesetz oder Zollstraftaten entnehmen. Positiv hervorzuheben ist zudem die damit verbundene Möglichkeit zur Bildung von Schwerpunktstaatsanwaltschaften.
Kritisch bleibt aber anzumerken, dass die durch das 2. WiKG eingeführten Straftatbestände, wie etwa die Vorenthaltung und Veruntreuung von Arbeitsentgelt (§ 266a StGB) oder die Computerstraftaten (§§ 202a, 263a, 269, 270, 303a, 303b StGB), nicht komplett in den Katalog des § 74c GVG übernommen worden sind. Auch die einleitend dargestellte Überlappung mit Cyberstraftaten wird bislang nicht abgebildet.
An anderer Stelle wiederum ist die Norm insofern zu weit gefasst, als die sehr allgemeinen Tatbestände des Betruges, der Untreue, des Wuchers, der Vorteilsgewährung und der Bestechung ohne Einschränkung mit einbezogen sind, obwohl viele tatbestandsmäßige Verhaltensweisen nicht auf den Bereich des Wirtschaftsstrafrechts beschränkt bleiben. Die in § 74c Abs. 1 Nr. 6 GVG vorgenommene Eingrenzung auf die für die Beurteilung des Falles erforderlichen „besonderen Kenntnisse" hilft für eine materielle Definition nicht entscheidend weiter. Zudem werden viele dieser Tatbestände auch vor den Amtsgerichten verhandelt, wobei sie dort dann aber in aller Regel in den allgemeinen strafrechtlichen Abteilungen geführt werden.

II. Strafrechtsdogmatischer Begriff

Eine eher materiell-dogmatische Sicht unternimmt eine Klassifizierung wirtschaftsstrafrechtlichen Verhaltens primär anhand dogmatischer Kategorien, wie der des Tatstrafrechts, des Rechtsgüterschutzes sowie der Strafwürdigkeit. Das Wirtschaftsstrafrecht soll danach zuvorderst dem Schutz überindividueller Rechtsgüter, sog. Kollektivrechtsgüter, dienen. Zu diesen zählen bspw. ein fairer Wettbewerb oder die Funktionsfähigkeit der Kreditwirtschaft oder der Kapitalmärkte.
Vorzugswürdig lässt diese Ansicht erscheinen, dass Wirtschaftsstraftaten häufig zumindest auch die Allgemeinheit betreffen und in vielen Konstellationen eine personale Distanz zwischen Täter und Opfer aufweisen.
Aber gerade die Kategorisierung, überindividuellen Rechtsgütern dienen zu wollen, führt zur Kritik, denn diesen fehlt es oftmals an konturscharfen Abgrenzungskriterien. Ferner lässt sich nicht völlig leugnen, dass das Bemühen, überindividuelle Rechtsgüter aufzufinden oder ggf. zu schaffen, eher dem gelegentlichen Fehlen geeigneter Individualrechtsgüter geschuldet sein dürfte.
Einzelne Delikte, wie der Kreditbetrug (§ 265b StGB) – soweit ausschließlich individualschützend ausgelegt – oder aber die Untreue (§ 266 StGB) umfassen nach weitgehender Auffassung allein individualrechtlichen Schutz. Ihnen fehlt es

daher bereits an überindividuellen Belangen und müssten mithin der Qualifikation als wirtschaftsstrafrechtliches Verhalten entbehren, obwohl sie tatbestandlich wie auch ihrem Sachverhalt zufolge, bevorzugt den eigens auf Wirtschaftsdelikte spezialisierten Strafverfolgungsorganen zugewiesen werden. Somit verfügt auch der strafrechtsdogmatische Ansatz isoliert betrachtet über einen sehr beschränkten Erkenntniswert.

III. Kriminologische Sicht

In der insbesondere empirischen Kriminologie zeigen sich teils sehr differenzierte weitere Bemühungen, wirtschaftskriminelles Verhalten auch definitorisch zu erfassen (umfassend *Meier*, Kriminologie, § 11 Rn. 3 ff.). Zentrale Ansätze fokussieren bspw:

1. Täterbezogene Merkmale (Edwin H. Sutherland)
Eine täterbezogene Definition wird den Überlegungen *Sutherlands* entlehnt. Dieser prägte im Jahre 1949 den Begriff des „white-collar-crime" und postulierte damit erstmals wirtschaftskriminelles Verhalten als eine sozioökonomische Erscheinung, die entschieden von den übrigen Formen strafrechtlich relevanten Verhaltens abweiche (vgl. *Meier*, § 11 Rn. 4). Wirtschaftskriminalität könne demnach einer konkret abgrenzbaren Gruppe von Personen, namentlich den Angehörigen höherer sozialer Schichten und deren in Ausübung ihres Berufes begangenen Straftaten, zugerechnet werden.

Kern der Erkenntnis und gleichermaßen Schwachpunkt dieses Ansatzes ist jedoch ihr stereotypes Anknüpfen an die genannten konkreten, aber inkonsistenten täterbezogenen Merkmale. Einerseits sind Kriterien und Merkmale zu weit gefasst, weil sie jede während der Berufsausübung begangene Straftat erfassen, unabhängig davon, ob sie tatsächlich dem sog. Wirtschaftssektor zuzuordnen ist. Denkt man bspw. an einen Arzt, der in Ausübung seiner beruflichen Tätigkeit eine Körperverletzung herbeiführt, so ist trotz allgemeiner strafrechtlicher Relevanz dieses Verhaltens kein wirtschaftlicher Wirkungszusammenhang im Besonderen ersichtlich. Andererseits ist diese Ansicht aber u. U. auch zu eng, weil nur auf während der Berufsausübung verübte Straftaten einer ganz bestimmten Bevölkerungsschicht, nämlich der sog. Oberschicht, abgestellt wird. Nicht zuletzt werden auch von Angehörigen anderer sozialer Schichten Tatbestände mit wirtschaftlichem Bezug verwirklicht. Man denke nur an den „einfachen" Angestellten, der im Wege seiner überhöhten Reisekostenabrechnung ungerechtfertigt Gelder erlangt. Auch das Phänomen des sog. „Social Climbing" entfaltet in diesem Kontext Relevanz und kann von diesem Ansatz nur unzureichend abgebildet werden.

2. Unternehmensbezogene Merkmale
Ein zweiter Ansatz sieht hingegen vor, wirtschaftskriminelles Verhalten verstärkt an unternehmensbezogene Merkmale zu knüpfen. So werden in diesem Zusammenhang die Begriffe des „occupational crime" sowie des „corporate crime" genannt. Ersterer bezeichnet deliktisches Handeln einzelner Unternehmensangehöriger, die

in Ausübung ihrer beruflichen Tätigkeit eigennützig zulasten des betreffenden Unternehmens bzw. Arbeitgebers agieren. Demgegenüber sind „corporate crimes" all diejenigen Straftaten, die aus dem Unternehmen heraus zu dessen Gunsten begangen werden (vgl. die sog. „Verbandsstraftaten").

Aber auch diese Klassifizierung scheint nur unzureichend das gesamte Spektrum der tatsächlich begangenen Wirtschaftsstraftaten abzubilden, denn nicht zuletzt können (vermeintlich) unternehmenstypische Delikte auch durch Privatpersonen verwirklicht werden (z. B. Steuerhinterziehung, § 370 AO; Subventionsbetrug (des Bauern), § 264 StGB).

3. Wettbewerbsbezogene Merkmale

Vor dem Hintergrund der einer Gesamtökonomie immanenten Abhängigkeitsverhältnisse ihrer einzelnen Marktteilnehmer wird auf der Grundlage empirisch nachweisbarer Daten auch tatfolgenorientiert argumentiert. So ist bekannt, dass das Begehen bestimmter Straftaten durch einzelne Marktteilnehmer eine sog. „Sog- bzw. Ansteckungswirkung" zur Folge haben können und mithin zur Nachahmung seitens der übrigen Marktteilnehmer führen kann, um bestehende Marktanteile jedenfalls halten zu können. Gleichsam kann es auch zu einer „Spiralwirkung" kommen, die einen sich selbst verstärkenden Effekt hinsichtlich des Ausmaßes und der Intensität der Verwirklichung einzelner deliktischer Handlungen durch die jeweiligen Marktteilnehmer beschreibt (z. B. Bestechlichkeit und Bestechung im Geschäftsverkehr, § 299 StGB).

Der mit dieser Ansicht einhergehende Erkenntnisgewinn hat aus kriminologischer Perspektive erhebliche Bedeutung. Er bleibt jedoch für die Erklärung und Definition des Phänomens Wirtschaftskriminalität von mittlerer Reichweite und trägt insoweit (lediglich) wichtige Teilaspekte bei.

4. Theorie des Vertrauens in die allgemeine Funktionsfähigkeit des Marktes

Eine weitere Ansicht versucht letztlich die Abgrenzung wirtschaftskriminellen Verhaltens nach Maßgabe des Umfangs der konkreten Schädigung des gesamtgesellschaftlichen Vertrauens in die allgemeine Funktionsfähigkeit der Wirtschaftsordnung durch die jeweilige (Einzel-)Tat vorzunehmen. *Zirpins* und *Terstegen* (1963) verstehen Wirtschaftskriminalität mithin als allgemeine Störung der Wirtschaftsordnung sowie als eine damit einhergehende Enttäuschung des gesellschaftlich notwendigen Vertrauens in den Wirtschaftsverkehr.

Kritisch wird diesem Ansatz jedoch entgegengehalten, dass wiederum primär neue unbestimmte Rechtsbegriffe eingeführt werden. Sowohl die „Störung des Wirtschaftslebens/der Wirtschaftsordnung" als auch der sog. „Vertrauensschutz der Allgemeinheit" entbehren einer gesicherten normativen Anknüpfung und bedürfen ihrerseits der Konkretisierung.

Wie alle anderen ist auch der letztgenannte Ansatz nicht geeignet, eine umfassende Erklärung der Wirtschaftskriminalität zu liefern. Wie teilweise auch von vornherein beabsichtigt, liefern sie jeweils Bausteine einer Gesamtdeutung und stehen weitgehend gleichberechtigt nebeneinander. Sucht man ein Handwerkszeug für die Strafrechtspraxis, so erscheint dürfte der strafprozessuale Begriff vorzugswürdig erscheinen, allerdings um den Preis des geringsten phänomenologischen Erkenntniswerts.

5. Exkurs: Das Täterprofil im Wirtschaftsstrafrecht

In Anknüpfung an die Vorstellungen *Sutherlands* sowie aktuellerer kriminologischer Befunde lässt sich feststellen, dass ein Großteil derjenigen Personen, die durch wirtschaftskriminelles Verhalten auffällig werden, zumeist über einen guten allgemeinen Ausbildungsstand verfügen. Der weit überwiegende Teil der Delinquenten ist männlich, verheiratet und im Durchschnitt 30–50 Jahre alt (*Schwind*, Kriminologie, § 21 Rn. 21). Weitgehend stammen sie aus der sog. Mittelschicht. Vorstrafen sind regelmäßig nicht registriert. Im Übrigen gelten die Betroffenen gemeinhin als sozial voll integriert (*Wittig*, Wirtschaftsstrafrecht, § 2 Rn. 7; *Schwind*, Kriminologie, § 21 Rn. 20).

Ungefähr 50 % der Wirtschaftskriminellen sind offenbar selbständig und mehr als 34 % sind als Gesellschafter, Vorstand oder leitende Angestellte tätig. Vor dem Hintergrund, dass sie nur selten sozialen Randschichten – d. h. der sog. Unter- oder Oberschicht – entstammen, lässt sich überdies das Phänomen beobachten, dass es sich bei den potenziellen Tätern regelmäßig um sog. „soziale Aufsteiger" handelt, die eine höhere gesellschaftliche oder auch unternehmerische Position erreicht haben oder aber eine solche (unbedingt) noch erreichen wollen (umfassend *Schwind*, Kriminologie, § 21 Rn. 21 f. m. w. N.). Allerdings lässt sich die jeweilige Tat allem Anschein nach nicht notwendig selbst als Mittel dieses Aufstiegs begreifen, sondern kommt auch nach erfolgreichem Erklimmen der nächsten oder auch höchsten Hierarchiestufe vor. Vor diesem Hintergrund läge es nahe „social climbing" eher als eine an eine Person geknüpfte Eigenschaft zu verstehen.

Mit dem Zusammenfallen von vollständiger sozialer Integration und dem energischen Verfolgen der genannten persönlichen Ziele, kommt es auf Seiten der Wirtschaftsstraftäter oftmals zur Annahme und Anwendung charakteristischer (psychologischer) Neutralisierungstechniken sowie einem damit einhergehenden verlustigen Unrechtsbewusstsein (vgl. *Meier*, Kriminologie, § 11 Rn. 27a). Insoweit greifen allgemeine Erkläräungsmuster übergreifender Kriminalitätstheorien.

IV. Exceptionalism in economic behavior and financial profit-making – Vorüberlegungen zu einem strukturellen Erklärungsansatz

Mit modernen soziologisch-historischen Theorien, die abnorme Situationen zur Erklärung ungewöhnlichen Verhaltens heranziehen, lässt sich möglicherweise auch ein anderer Erklärungsansatz finden. Die Darstellung der vorgenannten „klassischen" Ansätze zeigt deutlich, dass nur ein holistischer Ansatz den Kriminalitätsbereich umfassend erfassen kann, denn alle konkret-phänomenologisch orientierten Begriffsbildungen können nur, wenngleich möglicherweise sehr trennscharf, Teilbereiche erklären. So ist offenkundig, dass der „white-collar" Ansatz teilbereiche der organisierten Kriminalität oder auch der neuerdings vielbeachteten sog. „Clan"-Kriminalität nicht als Wirtschaftskriminalität erfassen kann, obwohl gerade diese Bereiche evident wirtschaftlich relevant werden und auch im Übrigen teilweise alle sonstigen Kennzeichen einer Wirtschaftsstraftat ausweisen. Ebenso kann der sog. „strafrechtliche" Ansatz nicht erklären, sondern lediglich rechtspositivistisch zuordnen.

Was dagegen als eine Art verdecktes Gerüst die meisten Ansätze durchzieht, ist der Umstand, dass Wirtschaftskriminalität sich häufig in einem rechtlich nicht umfassend geregelten Bereich abspielt, der teilweise auch moralisch ein Graubereich ist. Hinzu kommt die Innovativität der Protagonisten und Komplexität der Begehungssituation, welche vorhandene Institutionen und Instrumente der Strafverfolgung ins Leere laufen lässt. Diese Situation ermöglicht es den Akteuren häufig, sich hinter Strukturen oder Begehungsmodalitäten als Individuen unsichtbar zu machen oder zumindest unauffällig zu agieren, da sich das Verhalten äußerlich nicht als abweichend darstellt. Wenn man nun versucht, den Bereich des kriminellen Handelns über den Bereich (noch) legaler wirtschaftlicher Tätigkeit zu definieren, so wird man häufig feststellen, dass der Grenzbereich unternehmerischer oder persönlicher Handlungsfreiheit betroffen ist. Die Straftat stellt daher nicht selten so etwas wie ein Sonderrecht, dass sich der Täter nimmt, indem er seinen an sich vorhandenen Spielraum legalen Verhaltens (über-) dehnt.

Hinzu tritt, dass im Bereich wirtschaftlicher Tätigkeit einerseits Transparenz wichtig und teilweise (straf-) rechtlich geschützt ist, andererseits aber faktisch permanente und teils erhebliche Informationsungleichgewichte bestehen. Wird nun abweichend von der Regel von einigen Teilnehmern am Wirtschaftsverkehr dieses Ungleichgewicht, das auch finanziell, politisch oder durch sonstige Machtpositionen begründet sein kann, bewusst zum Nachteil unterlegener Teilnehmer am Wirtschaftleben ausgenutzt, um gerade dadurch einen maximalen Profit zu erreichen, so könnte man mit dieser Perspektive zu einer Eingrenzung des Bereichs der Wirtschaftskriminalität kommen.

Offensichtlich ist dieser Ansatz noch weiter klärungsbedürftig nicht mehr als eine Skizze. Er kann aber bspw. im Bereich von Menschenrechtsverletzungen durch Unternehmen nutzbar gemacht werden, ebenso im Rahmen der Frage, ob ein eBay-Betrug oder bestimmte Formen organisierter Kriminalität oder der Umweltkriminalität zugleich Wirtschaftskriminalität darstellen. In dieser Form könnte die teils „akademische" Diskussion nach der Natur des Wirtschaftsstrafrechts neue Dynamik gewinnen, da es um die Konkretisierung von Haftungspartnern bzw. -gegnern und die Zuschreibung von Verantwortung für die Vermeidung von Schäden geht.

In einem Lehrbuch kann dieses Gedankenspiel unmittelbar wenig zur Lösung von Klausuren beitragen. Es kann aber deutlich machen, warum die Beschäftigung mit dem Wirtschaftsstrafrecht gerade dann lohnend und befriedigend ist, wenn das Strafrecht als Steuerungsinstrument in einem sehr viel breiteren Gefüge begriffen wird. Die Idee des gerechten Wirtschaftsstrafrechts verlangt neben der selbstverständlichen Aufhellung ökonomischer und betriebswirtschaftlicher Zusammenhänge auch nach der Beschäftigung mit kriminologischen, historischen, soziologischen, psychologischen Hintergründen, um die Normen richtig interpretieren und setzen zu können. Last not least wird man sich immer wieder auch mit moralischen Fragen und Problemen der praktischen Ethik auseinanderzusetzen zu haben. Wer will, kann aber auch einen Zugang zum Wirtschaftsstrafrecht über die vielfältigen Aspekte der Digitalisierung finden. Nur einige von vielen aktuellen Fragen: Ist der Programmierer, der einen Algorithmus für den Hochfrequenz-Aktienhandel schreibt, welcher bspw. für die sog. „Cum-Ex" und „Cum-Cum" Geschäfte ausgenutzt werden kann, ein Wirtschaftsstraftäter? Ist das Ganze überhaupt strafbar oder nur die Ausnutzung einer Regelungslücke zum gesellschaftlich akzeptierten Gewinnstreben? Wie sieht es aus, wenn der Vorsitzende eines Kulturvereins gemeinsam mit seinen Mitarbeitern gegenüber Geflüchteten anbietet, Formulare zur Unterhaltsunterstützung auszufüllen? Diese Formulare werden auch mit Unterstützung der staalichen Antragsstellen ausgefüllt. Der Verein allerdings macht dies nur gegen eine geringe Gebühr, die fällig wird, wenn die Unterstützung wirklich bewilligt wird. Wirtschaftskriminalität, weil die Informationsdefizite der Antragsteller ausgenutzt werden, oder soziales Engagement, nur eben nicht pro bono, was eigentlich moralisch erwartet wird? Schließlich: Sind inländische Unternehmen dafür verantwortlich, dass bspw. in Ländern des sog. „globalen Südens" die Menschenrechte eingehalten und/oder die Umwelt und die Lebensgrundlagen nicht zerstört werden? Damit lässt sich auch begründen, dass das aktuell diskutierte „Klimaschutzstrafrecht" zumindest in Teilaspekten Wirtschaftsstrafrecht ist (siehe § 11 B.).

C. Überblick über das Verfahren im Wirtschafts- und Steuerstrafrecht

I. Verfahrensarten

Im Bereich des Wirtschaftsstrafrechts sind neben dem Strafverfahren der StPO zuvorderst das Steuerstrafverfahren der §§ 385 ff. AO und das Ordnungswidrigkeitenverfahren der §§ 35 ff. OWiG von hoher praktischer Bedeutung. Dies gilt für Letzteres gerade auch im Zusammenhang mit der Sanktionierung von Unternehmen, die zwar nicht Beschuldigte eines Strafverfahrens, wohl aber Adressaten von Geldbußen etwa nach § 30 OWiG sein können (siehe § 2 E.)

In engem Zusammenhang kann das Strafverfahren – insb. bei Vorwürfen etwa nach § 15a Abs. 4 InsO, §§ 283 ff. StGB – auch mit dem Insolvenzverfahren stehen. Im Bereich des Kreditwesens, des Versicherungswesens und des Wertpapierhandels spielen überdies die aufsichtsrechtlichen Befugnisse der **Bundesanstalt für Finanzdienstleistungsaufsicht (BaFin)** eine große Rolle. Stellt die BaFin in diesen Bereichen Anhaltspunkte für einen Missstand fest, wird zunächst ein auf Gefahrenabwehr zielendes Verwaltungsverfahren ausgelöst. Ergibt sich dabei der (Anfangs-) Verdacht eines aufsichtsrechtlichen Verstoßes, wird ein Bußgeldverfahren eingeleitet; ergibt sich der Verdacht einer Straftat, wird die Staatsanwaltschaft informiert.

Aus Sicht des Betroffenen können sich Verhältnis und Übergang zwischen den verschiedenen Verfahren insbesondere in diesem Bereich durchaus als unscharf darstellen, was zu Unklarheiten über seinen Status und damit einhergehende Mitwirkungspflichten oder aber Beschuldigtenrechte führen kann (näher Momsen/Grützner/*Laudien*, Hdb Wirtschafts- und Steuerstrafrecht, Kap. 6 § 23 Rn. 1, 11 ff.). Auch im Übrigen bestehen zwischen den verschiedenen Verfahren oftmals enge Verschränkungen.

II. Verfahrensbeteiligte

Mit Blick auf die **Beteiligten des Strafverfahrens** ergeben sich Besonderheiten zunächst auf staatlicher Seite. Auf Ebene der Staatsanwaltschaft gibt es in den Bundesländern **Schwerpunktstaatsanwaltschaften**, bei denen gemäß § 143 Abs. 4 GVG über die örtliche Zuständigkeit nach § 143 Abs. 1 S. 1 GVG hinaus die Bearbeitung bestimmter Delikte konzentriert ist. Ein solcher Schwerpunkt ist die Wirtschaftskriminalität.

Auf Landgerichtsebene gibt es gemäß § 74c GVG **Wirtschaftsstrafkammern**, die für Verfahren wegen einer Katalogtat des § 74c Abs. 1 S. 1 Nr. 1 bis 6 GVG zuständig sind, wenn diese der Zuständigkeit des Landgerichts als Eingangs- oder Berufungsinstanz unterfallen. In Fällen des § 74c Abs. 1 S. 1 Nr. 6 GVG gilt dies nur, sofern die Sache besondere Kenntnisse des Wirtschaftslebens erfordert (s. BeckOK-GVG/*Huber*, 14. Edition 2022, § 74c Rn. 5). Dies soll die kompetente Bewältigung der häufig komplexen Sachverhalte des Wirtschaftsstrafrechts sicherstellen und gewährleisten, dass die Sachkunde des Gerichts jener der spezialisierten Verteidigung, die finanzkräftige Beschuldigte in diesem Bereich oftmals zu engagieren vermögen, auf Augenhöhe begegnet (BT-Drs. 6/670).

Beschuldigte können zwar nach wie vor nur natürliche Personen sein (zur Diskussion über die Etablierung eines Unternehmenssanktionsrechts s. § 14 B). Kommt im Strafverfahren indes die Anordnung einer Geldbuße nach § 30 OWiG gegen eine juristische Person oder eine Personenvereinigung in Betracht, sieht § 444 Abs. 1 StPO die Anordnung von deren Verfahrensbeteiligung als **Nebenbeteiligte** vor. Die näheren Umstände ergeben sich aus § 444 Abs. 2 StPO. § 444 Abs. 3 StPO betrifft die selbständige Festsetzung einer Geldbuße nach § 30 Abs. 4 OWiG. Nach § 46 OWiG gilt die Norm im Ordnungswidrigkeiten-Verfahren entsprechend.

Die **BaFin** ist in zahlreichen wirtschaftsstrafrechtlichen Bereichen neben ihrer aufsichtsrechtlichen Funktion auch für das Bußgeldverfahren als gesetzlich bestimmte Verwaltungsbehörde i. S. d. § 36 Abs. 1 Nr. 1 OWiG verantwortlich (§ 60 KWG; § 333 VAG; § 121 WpHG; § 24 Abs. 9 WpPG; § 340 Abs. 10 KAGB; § 29 Abs. 4 VermAnlG), sofern nicht die (Schwerpunkt-)Staatsanwaltschaft das Verfahren nach § 42 OWiG übernimmt (vgl. Momsen/Grützner/*Laudien*, Hdb Wirtschafts- und Steuerstrafrecht, Kap. 6 § 23 Rn. 6). In Strafverfahren wegen Taten nach § 119 WpHG ist sie nach Maßgabe des § 122 WpHG informations- und beteiligungsberechtigt.

Beispiel
Die zuständige Handelsüberwachungsstelle (HÜSt, s. § 7 Abs. 1 S. 1 BörsG) stellt Anhaltspunkte für marktmanipulative Aktivitäten im Zusammenhang mit Aktiengeschäften der X-AG fest. Hierüber unterrichtet sie die BaFin (§ 7 Abs. 5 S. 4, 5 BörsG). Deren Überprüfung erhärtet den Verdacht der handelsgestützten Marktmanipulation ausgehend vom Vorstand der X-AG. Parallel zum aufsichtsrechtlichen Verfahren informiert die BaFin die zuständige Staatsanwaltschaft (§ 11 S. 1 WpHG). Diese leitet ein Ermittlungsverfahren ein und erhebt im Ergebnis Anklage gegen die Mitglieder des Vorstands wegen bandenmäßiger Marktmanipulation gemäß § 119 Abs. 1 Nr. 1, Abs. 5 Nr. 1 WpHG zum Landgericht.

Die gemäß § 74c Abs. 1 S. 1 Nr. 2 GVG zuständige Wirtschaftsstrafkammer eröffnet das Hauptverfahren und informiert die BaFin, die bereits zuvor von der Staatsanwaltschaft die Anklageschrift erhalten hat (§ 122 Abs. 1 S. 3 WpHG), nach § 122 Abs. 2 WpHG.

Da den Vorstandsmitgliedern eine Straftat vorgeworfen wird, die auf die Bereicherung der X-AG zielte, kommt die Festsetzung einer Geldbuße gegen diese nach § 30 Abs. 1 Nr. 1 OWiG in Betracht. Das Gericht ordnet deshalb die Beteiligung der X-AG als Nebenbeteiligte i. S. d. § 444 Abs. 1 S. 1 StPO an. Da die zur Vertretung der AG berechtigten Vorstandsmitglieder im selben Verfahren Beschuldigte sind und die AG somit nicht als Nebenbeteiligte vertreten können, bestellt das Gericht der X-AG gemäß §§ 444 Abs. 2 S. 2, 428 Abs. 2 S. 1 StPO – spätestens jetzt – einen Rechtsanwalt zum Vertreter.

D. Strafverfahrensrechtliche Besonderheiten

Zwar ist weder jeder wirtschaftsstrafrechtliche Sachverhalt hochkomplex noch jedes entsprechende Strafverfahren über die Maße umfangreich. Doch ist beides überdurchschnittlich häufig der Fall. Die daraus resultierenden **Großverfahren** bringen das klassische Strafverfahren in mehrfacher Hinsicht an seine Grenzen. Dies gilt zum einen mit Blick auf die Formen des Strafprozesses, die in der Konsequenz Einschränkungen erfahren – teils, wie etwa das Unmittelbarkeitsprinzip, rein faktisch, teils, wie etwa das Mündlichkeitsprinzip, durch ein Tätigwerden des von den Erfahrungen vergangener Großprozesse motivierten Gesetzgebers (s. zur Einführung des Selbstleseverfahrens gemäß § 249 Abs. 2 StPO infolge von LG Aachen JZ 1971, 507; *Tiedemann*, Rn. 53). Zum anderen gilt es hinsichtlich der notwendigen Ressourcen. Letztere – bzw. ihr Mangel, der allein durch die Etablierung fachkundiger Strafkammern und Staatsanwaltschaften (s. o.) nicht behoben ist – fördern in der Praxis **Absprachen** und verwandte informelle Erledigungen, die Verfahren – insb. nach § 153a Abs. 1 S. 2 Nr. 2 StPO gegen Zahlung eines Geldbetrags – mit geringerem Aufwand zum Abschluss bringen. Dies wiederum führt zu einer gewissen Intransparenz und wenig Einheitlichkeit im Umgang mit

Wirtschaftskriminalität (krit. *Tiedemann*, Rn. 55; zum Verhältnis von § 153a und § 257c StPO mit Blick auf den „Fall *Ecclestone*" *Kudlich*, ZRP 2015, 10).

Ebenfalls im Zusammenhang mit den Kapazitäten der staatlichen Strafverfolgung steht die Praxis der **internen Ermittlungen**: Ergibt sich der Verdacht pflichtwidrigen Verhaltens innerhalb eines Unternehmens, wird dieses – oft durch Beauftragung externer Berater, Rechtsanwältinnen und Wirtschaftsprüfer – häufig eigene Untersuchungen vornehmen und deren Ergebnisse den Behörden zur Verfügung stellen. Hierbei handelt es sich um einen Aspekt der repressiven Compliance, der eine Vielzahl an Folgefragen mit Blick auf die Verwertbarkeit und mögliche Beschlagnahme der gewonnenen Beweise aufwirft und einerseits die zuständigen Behörden entlasten kann, andererseits aber die Gefahr einer Privilegierung finanzstarker Unternehmen mit sich bringt, die zu den entsprechenden Aufwendungen in der Lage sind (zum Ganzen näher § 14).

§ 2 Einzelne Problemfelder des Allgemeinen Teils

Literatur
Achenbach, Aus der Rechtsprechung zum Wirtschaftsstrafrecht, NStZ 2000, 524; 2001, 525; 2002, 523; 2003, 520; 2004, 549; 2005, 621; 2006, 614; 2007, 566; 2008, 503; *Achenbach*, Die Sanktionen gegen die Unternehmensdelinquenz im Umbruch, JuS 1990, 601; *Bloy*, Die strafrechtliche Produkthaftung auf dem Prüfstand der Dogmatik, in: FS Maiwald 2010, 35; *Dannecker/Blüte*, Die Entwicklung des Wirtschaftsstrafrechts in der Bundesrepublik Deutschland, in: Wabnitz/Janovsky (wie § 2 III. 3.), 1.; *Heinz*, Konzeption und Grundsätze des Wirtschaftsstrafrechts (einschließlich Verbraucherschutz), Kriminologischer Teil, ZStW 96 (1984), 417; *Heinz*, Art. Wirtschaftskriminalität, in: Kaiser/Kerner/Sack/Schellhoss (Hrsg.), Kleines kriminologisches Wörterbuch, 3. Aufl. 1993, 589; *Heinz*, System und Gliederung der Wirtschaftsstraftaten im deutschen Recht, in: Eser/Kaiser (Hrsg.), Zweites deutsch-ungarisches Kolloquium über Strafrecht und Kriminologie, 1995, 155; *Heinz*, Begriffliche und strukturelle Besonderheiten des Wirtschaftsstrafrechts, in: Gropp (Hrsg.), Wirtschaftskriminalität und Wirtschaftsstrafrecht, 1998, 13; *Heinz*, Wirtschaftskriminalität, in: Handbuch der Wirtschaftsethik, Band 4, 1999, 671; *Lampe*, Art. Wirtschaftsstrafrecht, in: Handwörterbuch der Wirtschaftswissenschaft, 1981, Bd. 9, 310; *Otto*, Konzeption und Grundsätze des Wirtschaftsstrafrechts (einschließlich Verbraucherschutz), Dogmatischer Teil I, ZStW 96 (1984), 339; *Otto*, Die Tatbestände gegen Wirtschaftskriminalität im Strafgesetzbuch. Kriminalpolitische und damit verbundene rechtsdogmatische Probleme von Wirtschaftsdelikten, Jura 1989, 24; *Tiedemann*, Wirtschaftsstrafrecht – Einführung und Übersicht, JuS 1989, 689; Horizontale und vertikale Haftung (im Unternehmen) – dazu instruktiv *Tiedemann*, Rn. 421; zu den dogmatischen Besonderheiten *Kubiciel*, Unentbehrliches Wirtschaftsstrafrecht, entbehrliche Tatbestände ZStW 2017, 473; zur Systematisierung von unechten und echten Blanketttatbeständen sowie deskriptiven, normativen und gemischt normativ-deskriptiven Tatbestandsmerkmalen *Schneider/Kaltenhäuser*, An den Grenzen des kreativen Strafrechts – Das Problem der akzessorischen Begriffsbildung im Wirtschaftsstrafrecht des Arztes, medstra 2015, 24 (26 f.) m. w. N.; zur Akzessorietät des Wirtschaftsstrafrechts umfassend Wagner, Die Akzessorietät des Wirtschaftsstrafrechts. Zugleich ein Beitrag zu Begriff und Wesen des Wirtschaftsstrafrechts, 2016; *Jung/Nitschmann* Das ultima ratio-Prinzip und seine Bewährung im Grenzbereich von Strafrecht und Verwaltungs(straf)recht. Ein Tagungsbericht, GA 2017, 41; zum Problem der asymmetrischen Akzessorietät – Strafrechtliche Auslegung darf nicht über die außerstrafrechtliche Auslegung hinausgehen: *Schneider/Kaltenhäuser*, An den Grenzen des kreativen Strafrechts – Das Problem der akzessorischen Begriffsbildung im Wirtschaftsstrafrecht des Arztes, medstra 2015, 24, 27 unter Verweis auf *Lüderssen*, Gesellschaftsrechtliche Grenzen der strafrechtlichen Haftung des Aufsichtsrats, in: FS Lampe 2003, 727, 729; *Hilgendorf*, Fragen der Kausalität bei Gremienentscheidungen am Beispiel des Lederspray–Urteils, NStZ 1994, 561; Knauer, Die Kollegialentscheidung im Strafrecht. Zugleich

ein Beitrag zum Verhältnis von Kausalität und Mittäterschaft, 2001; *Röckrath*, Kollegialentscheidung und Kausalitätsdogmatik. Zurechnung überbestimmter Erfolge in Straf- und Haftungsrecht, NStZ 2003, 641; *Greco*, Kausalitäts- und Zurechnungsfragen bei unechten Unterlassungsdelikten, ZIS 2011, 674; *Dannecker*, Die Folgen der strafrechtlichen Geschäftsherrenhaftung der Unternehmensleitung für die Haftungsverfassung juristischer Personen. Zugleich: Besprechung von BGH, Urt. v. 10.7.2012 – VI ZR 341/10, NZWiSt 2012, 441; Zur Geschäftsherrenhaftung *Geneuss*, Unternehmensbezogene Vorgesetztenverantwortlichkeit, betriebsbezogene Straftaten und „Firmenpolitik", ZIS 2016, 259; BGH, Beschl. v. 6.2.2018 – 5 StR 629/17 = NStZ 2018, 648 zur Garantenpflicht von Betriebsinhabern bzw. Vorgesetzten; *Hasselbach*, Haftungsfreistellung für Vorstandsmitglieder, NZG 2016, 890; *Timpe*, Die strafrechtliche Produzentenhaftung, HRRS 2017, 272; *Siepelt/Pütz*, Die Compliance-Verantwortung des Aufsichtsrats, CCZ 2018, 78 (83); *Rotsch*, „Lederspray" redivivus – Zur konkreten Kausalität bei Gremienentscheidungen. Zugleich ein Beitrag zu der vermeintlichen Notwendigkeit der Abgrenzung von Tun und Unterlassen und den Voraussetzungen der Mittäterschaft, ZIS 2018, 1; *Puppe*, Das „Gremienproblem", die Kausalität und die Logik. Replik auf *Rotsch*, ZIS 2018, 1, ZIS 2018, 57; *Rönnau/Becker*, Vorsatzvermeidung durch Unternehmensleiter bei betriebsbezogenen Straftaten NStZ 2016, 569; *Schneider/ Rieks*, Zur Abgrenzung von Irrtümern im Wirtschaftsstrafrecht im Allgemeinen und dem Vorenthalten von Sozialversicherungsbeiträgen im Speziellen, HRRS 2019, 62; vgl. auch *Ransiek*, Blankettstraftatbestand und Tatbestandsirrtum, wistra 2012, 365; *Bülte*, Der Irrtum über das Verbot im Wirtschaftsstrafrecht, NStZ 2013, 65; *ders*., Blankette und normative Tatbestandsmerkmale: Zur Bedeutung von Veweisungen in Strafgesetzen, JuS 2015, 769; zur Abgrenzung von Tatumstands- und Verbotsirrtum BGH NZWiSt 2018, 339 (m. Anm. Beyer); *Planas*, Notwehr, Unternehmen und Vermögen zugleich zum Vorrang der rechtlich institutionalisierten Verfahren und den Einschränkungen des Notwehrrechts, ZIS 2018, 14; *Goette/Goette*, Managerhaftung: Abgrenzung unternehmerischer Entscheidungen nach Maßgabe der Business Judgement Rule von pflichtverletzendem Handeln, DStR 2016, 815; *Momsen*, Neutrale Verhaltensweisen und Unterlassungen im Insiderstrafrecht, in: FS Maiwald 2010, 561; zur Strafbarkeit berufstypischer Handlungen BGH NStZ 2018, 328 (m.Anm. Kudlich); *Bachmann*, Die Geschäftsleiterhaftung im Fokus von Rectsprechung und Rechtspolitik, BB 2015, 771; *Paefgen*, Organhaftung: Bestandsaufnahme und Zukunftsperspektiven, AG 2014, 554; *Sahan/Altenburg*, Der „faktische Nicht-Geschäftsführer", NZWiSt 2018, 161; zu Strohmann-Geschäften auch BGH wistra 2017, 64; zum Begriff des faktischen Geschäftsführer aus zivilrechtlicher Sicht vgl. *Strohn*, Faktische Organe – Rechte, Pflichten, Haftung, DB 2011, 158; *Spring*, Die Geschäftsherrenhaftung, 2009; *Momsen*, Der „Compliance-Officer" als Unterlassungsgarant, in: FS Puppe 2010, 751; *Beulke*, Der „Compliance Officer" als Ausichtsgarant, in: FS Geppert 2011, 23; *Achenbach*, Die Sanktionen gegen die Unternehmensdelinquenz im Umbruch, JuS 1990, 601; *Achenbach*, Die Einführung einer „unternehmensgerichten Sanktion" und einer Ausfallhaftung im Kartellordnungswidrigkeitenrecht durch die 9. GWB-Novelle, wistra 2018, 185.

A. Einleitung

Gem. Art. 1 EGStGB gilt für alle Wirtschaftsstraftaten – i. R. d. StGB und Nebenstrafrechts gleichermaßen – der allgemeine Teil des StGB (AT). Insoweit bleibt es prinzipiell bei den **allgemeinen Regeln**. Hier kann im Grundsatz also auf die bereits erworbenen Kenntnisse zurückgegriffen werden.

Allerdings gibt es speziell im Wirtschaftsstrafrecht einige Besonderheiten. Diese beginnen mit dogmatischen Eigenheiten beispielsweise was die Ausgestaltung vieler Strafnormen betrifft. Weiterhin gibt es bei Kausalität und objektiver Zurechnung, insbesondere im Zusammenhang mit Kollegialentscheidungen, diverses zu beachten. Besonderheiten finden sich auch bei der Feststellung von Vorsatz und

Irrtümern, bei der Unterlassensstrafbarkeit, auf Rechtfertigungsebene sowie im Bereich von Täterschaft und Teilnahme. Auch im Verfahrensrecht weist das Wirtschaftsstrafrecht Spezifika auf.

B. Dogmatische Besonderheiten

Die Frage nach der Legitimation von Straftatbeständen ist umstritten. Die Rechtsgutlehre sieht das Strafrecht als Instrument gegen sozialschädliches Verhalten und erachtet nur die Verletzung von Rechtsgütern für strafwürdig, wobei der Begriff des Rechtsguts seinerseits umstritten ist.[1] Die Pflichtverletzungslehre hingegen stellt bei Rechtfertigung von Verboten auf Zweckverfolgung ab und verzichtet auf Rechtsgüterschutz (NK-StGB/*Hassemer/Neuman*, Vor § 1 Rn. 112). Da das Wirtschaftsstrafrecht ein sehr dynamisches Rechtsgebiet ist, entsteht überdurchschnittlich häufig die Notwendigkeit, Rechtsgüter bzw. strafrechtlich schutzwürdige und -bedürftige Interessen an aktuelle Entwicklungen des Wirtschaftslebens anzupassen oder neu zu definieren.

Ungeachtet der Anwendbarkeit der allgemeinen Vorschriften, ist es daher nicht selten erforderlich, die Auslegung der Normen des AT an die jeweiligen tatbestandsspezifischen Merkmale des Besonderen Teils (BT) anzupassen. Allen voran zeigen sich im Wirtschaftsstrafrecht in folgenden Bereichen Besonderheiten:

I. Vorfeldtatbestände

Einzelne Tatbestände sind bisweilen als Vorfeldtatbestände ausgestaltet, sodass eine etwaige Versuchsstrafbarkeit gänzlich entfällt oder aber in den Bereich der ansonsten straflosen Vorbereitungshandlungen verschoben wird.[2] Grundsätzlich ist hier eine restriktive Auslegung angezeigt. Allerdings ist zu berücksichtigen, dass der Gesetzgeber in einigen Fällen bewusst eine weite Formulierung gewählt hat, um auch künftig entstehende und im Unrecht vergleichbare Begehungsmodalitäten ohne erneute Gesetzesänderung erfassen zu können.

II. Sonderdelikte

Im Gegensatz zum übrigen Strafrecht kennt vor allem das Wirtschaftsstrafrecht eine Vielzahl an Sonder- und Pflichtdelikten. Ein Beispiel von vielen findet sich in § 266a StGB mit dem Merkmal „Arbeitgeber". In Abgrenzung zu den Allgemeinde-

---

[1] Hefendehl/von Hirsch/Wohlers(Hrsg.): Die Rechtsgutstheorie. Legitimationsbasis des Strafrechts oder dogmatisches Glasperlenspiel? Baden-Baden 2003; das BVerfG erteilte der Rechtsgutslehre allerdings eine Absage, BVerfG NJW 2008, 1137.
[2] Abstrakte Gefährdungsdelikte; z. B. § 263 StGB vs. §§ 264a, 265b StGB.

likten kann hiernach nur Täter sein, wer innerhalb eines bestimmten Pflichtenkreises tätig wird.[3] Wirtschaftsstrafrecht kann in diesen Fällen auch als Berufsstrafrecht verstanden werden.

III. Kausalität und objektive Zurechnung

Weitere Fragen betreffen vor allem die Kausalität sowie die objektive Zurechnung. Etwa bei Fallgestaltungen der (strafrechtlichen) Produkthaftung und bei Gremienentscheidungen (Vorstand, Aufsichtsrat; vgl. zu Kollegialentscheidungen unten C.II).

IV. Leichtfertigkeit- und Fahrlässigkeitsstrafbarkeit

Im Wirtschaftsstrafrecht gibt es auch Tatbestände, für deren Erfüllung eine leichtfertige oder fahrlässige Begehung genügt, z. B. §§ 261 Abs. 5, 264 Abs. 4, 283 Abs. 5 StGB. Häufig wählt der Gesetzgeber auch den Weg, vorsätzliches Verhalten als Straftatbestand und fahrlässiges Verhalten als Ordnungswidrigkeit auszugestalteten oder die Strafbarkeit an den Eintritt bestimmter Erfolge zu knüpfen und es ansonsten bei der Ordnungswidrigkeit zu belassen. Das gilt insbesondere im Nebenstrafrecht, bspw. §§ 119, 120 WpHG; §§ 17–19 AWG.

V. Blankettgesetze

Blankettgesetze sind Tatbestände, die nicht alle Tatbestandsvoraussetzungen selbst beinhalten, sondern auf weitere Vorschriften verweisen. Sie kommen im Wirtschaftsstrafrecht häufig vor.

Nimmt man die §§ 32, 34 oder aber § 17 StGB in den Blick, so wird deutlich, dass etwa der Bereich eines möglichen Verbotsirrtums im Wirtschaftsstrafrecht aufgrund vielfältiger Verwendung der Blankett-Gesetzgebungstechnik erheblich weiterreicht als bspw. bei Tötungsdelikten, die tatbestandlich eine weitaus stärkere normative Ausprägung besitzen. Hier spielen zudem schwerer fassbare Elemente, wie die Internalisierung der Norminhalte auf Seiten der Täter, eine gewichtige Rolle.

Daneben gewährleistet die Blankett-Gesetzgebungstechnik, dass ansonsten „autonome" Straftatbestände (u. a. §§ 263, 299, 331 ff. StGB) ebenso oder vor allem auch im Kontext wirtschaftsstrafrechtlichen Verhaltens Anwendung finden können. Im Übrigen sind auch alle sonstigen Normen zu berücksichtigen, die nicht ausschließlich der Bekämpfung wirtschaftsstrafrechtlichen Verhaltens gewidmet sind, soweit jedenfalls ein wirtschaftsstrafrechtlicher Wirkungszusammenhang besteht.

---

[3] Zum Beispiel, §§ 266, 266a, 283 StGB, § 15a Abs. 4 InsO.

B. Dogmatische Besonderheiten

In diesen Fällen verweisen diese sodann konkludent auf außerstrafrechtliche Normen (vgl. Tatbestandsmerkmal der „Pflichtwidrigkeit" aus § 266 StGB, § 4 A. V., VI., VII.).

Bei den Blankettgesetzen differenziert man zwischen solchen in engerem und in weiterem Sinne. Der Unterschied liegt dabei beim Gesetzgeber: Verweist der Tatbestand auf eine andere Normsetzungsinstanz, zum Beispiel auf Unionsrecht, liegt eine Verweisung im engeren Sinne vor. Stammt die Norm, auf die verwiesen wird dagegen von derselben Normsetzunginstanz, z. B. verweisen die §§ 82 ff. WpHG auf andere Vorschriften des Gesellschaftsrechts, handelt es sich um einen Blanketttatbestand im weiteren Sinne (*Wittig*, Wirtschaftsstrafrecht § 6 Rn. 15 f.).

Die Verweisung kann zudem statisch sein, das heißt auf ein Gesetz in einer bestimmten Fassung Bezug nehmen, oder aber dynamisch und dabei auf das Gesetz in seiner jeweils geltenden Fassung verweisen. Der Verweis kann einfach, mehrfach oder auch supranational mehrfach gestuft sein (MAR i. V. m. WpHG).

> **Hinweis**
>
> Ein Beispiel für eine mehrfache Verweisung aus dem Bank- und Kapitalmarktrecht zeigt, wie komplex das Regelungssystem ist. So sanktioniert der am 03.01.2018 in Kraft getretene § 119 Abs. 1 WpHG Verstöße gegen das Verbot der Markmanipulation. Unter Strafe gestellt ist, eine in § 120 Abs. 2 Nr. 3 oder Abs. 15 Nr. 2 bezeichnete vorsätzliche Handlung zu begehen und dadurch auf eine der in Nr. 1–4 genannten Gegenstände einzuwirken. § 120 Abs. 2 Nr. 3 WpHG wiederum verweist auf § 25 in Verbindung mit Art. 15 der Verordnung (EU) Nr. 596/2014 (MAR), der das Verbot einer Marktmanipulation beinhaltet. Auch Abs. 15 Nr. 2 verweist auf Art. 15 MAR. Es handelt sich hierbei um einen mehrstufigen Blanketsstraftatbestand, der über eine sehr unübersichtliche Verweisungskette auf Art. 15 MAR verweist, den seinerseits wiederrum Art. 12 MAR definiert (Wittig, Wirtschaftsstrafrecht § 30 Rn. 8 f.). Gerade diese Unübersichtlichkeit ist mit Blick auf das Bestimmtheitsgebot in Art. 103 Abs. 2 GG problematisch.
>
> Weitere Beispiele für solche Verweisungen sind § 18 Abs. 1 AWG und § 81 Abs. 1 S. 1 GWB. ◄

Wenn die Voraussetzungen der Strafbarkeit nicht so konkret umschrieben sind, dass Tragweite und Anwendungsbereich der Straftatbestände zu erkennen sind und sich durch Auslegung ermitteln lassen, kann ein Verstoß gegen das verfassungsrechtlich verankerte Bestimmtheitsgebot aus Art. 103 Abs. 2 GG vorliegen (Grundentscheidung: BVerfGE 78, 374 = NJW 1989, 1663). Für die Verfassungsmäßigkeit einer verweisenden Norm ist also insbesondere erforderlich, dass hinreichend erkennbar ist, welche Verhaltensweisen sanktioniert werden.

Beispiel
Ein häufig bemühtes Beispiel sind die Regelungen des RindfleischetikettierungsG,[4] BVerfG, Beschl. v. 21.09.2016 – 2 BvL 1/15 – **RindfleischetikettierungsG** (BVerfG wistra 2017, 60; *Hoven*, NStZ 2016, 377).

Ein Fleischgroßhändler wurde wegen Verstoßes gegen § 10 Abs. 1 RiFlEtikettG i. V. m. § 1 Abs. 1 Nr. 2 RiFlEtikettStrV i. V. m. Art. 13 VO (EG) 1760/2000 zu einer Geldstrafe verurteilt; die Berufungsinstanz legte die Frage nach der Verfassungsmäßigkeit der Norm dem Bundesverfassungsgericht vor. Der Ausgangsstraftatbestand des § 10 Abs. 1 RiFlEtikettG enthält eine Ermächtigung des Bundesministeriums, eine Rechtsverordnung zu erlassen, die die strafbaren Handlungen festlegt. Die daraufhin erlassene RiFlEtikettStrV verwies auf die Etikettierungsvorschriften in Art. 13 VO (EG) 1760/2000. Für eine Strafbarkeit musste sowohl gegen einen Rechtsakt der EG/EU verstoßen werden, als auch eine Rechtsverordnung des Bundesministeriums die konkreten Tatbestände des Rechtsaktes bezeichnen und auf § 10 Abs. 1 RiFlEtikettG verweisen.

Im Einzelnen lauteten die einschlägigen Normen, wie folgt:

Mit Freiheitsstrafe bis zu einem Jahr oder mit Geldstrafe wird bestraft, wer einer unmittelbar geltenden Vorschrift in Rechtsakten der Europäischen Gemeinschaft oder der Europäischen Union im Anwendungsbereich des § 1 Abs. 1 zuwiderhandelt, soweit eine Rechtsverordnung nach Absatz 3 für einen bestimmten Tatbestand auf diese Strafvorschrift verweist (§ 10 Abs. 1 RiFlEtikettG).

Dieses Gesetz dient der Durchführung der Rechtsakte der Europäischen Gemeinschaft oder der Europäischen Union über die Etikettierung von Rindfleisch und Rindfleischerzeugnissen sowie über die Verkehrsbezeichnung und Kennzeichnung von Fleisch von weniger als zwölf Monate alten Rindern (§ 1 Abs. 1 RiFlEtikettG).

Mit § 10 Abs. 3 RiFlEtikettG wurde das Bundesministerium ermächtigt, soweit es zur Durchsetzung der Rechtsakte der Europäischen Gemeinschaft oder der Europäischen Union erforderlich ist, durch Rechtsverordnung ohne Zustimmung des Bundesrates die Tatbestände zu bezeichnen, die als Straftat nach Absatz 1 zu ahnden sind. Die hierauf gestützte RiFlEtikettStrV verwies auf die Etikettierungsvorschriften in Artikel 13 VO (EG) 1760/2000. Mithin lag eine Rückverweisung vor, die nach dem Bundesverfassungsgericht verfassungswidrig war, weil die Voraussetzungen von Art. 103 Abs. 2 i. V. m. Art. 104 Abs. 1 und Art. 80 Abs. 1 S. 2 GG nicht vorlagen: Denn die Verweisung in § 10 Abs. 1 RiFlEtikettG lässt nicht hinreichend klar erkennen, welche Verstöße gegen unionsrechtliche Vorgaben sanktioniert werden sollen.

---

[4] Vgl. auch *Kretschmer*, in: Rotsch (Hrsg.), Zehn Jahre ZIS – Zeitschrift für internationale Strafrechtsdogmatik, 2018, 917; zu Auswirkungen auf Beweisgewinnung, -standards und -verwertung im Strafverfahren näher *Momsen*, in: FS Rössner, 2015, 871 ff.

Zudem kann ein Verstoß gegen das Demokratie- bzw. Rechtsstaatsgebot (Art. 20 Abs. 3 GG) durch eine unzureichende demokratische Legitimation gegeben sein, insoweit das Strafmaß durch die Exekutive im Wege einer Rechtsverordnung (Art. 80 Abs. 1 S. 2 GG) festgelegt werden soll; es obliegt im Lichte des Gewaltenmonopols allein dem unmittelbar legitimierten Souverän des Volkes, dem Parlament, und unterfällt mithin dessen Einschätzungsprärogative.

VI. Akzessorietät des Wirtschaftsstrafrechts

Große Teile des Wirtschaftsstrafrechts (z. B. auch §§ 266, 324 ff. StGB) sind überdies **akzessorisch**, d. h. von außerstrafrechtlichen, bspw. wirtschaftsrechtlichen Regelungen, abhängig. Als relevante Beispiele seien § 34 Abs. 1 AWG (Genehmigungspflicht der Ausfuhr von Waren) oder §§ 58, 59 LFGB (Lebensmittel-, Bedarfsgegenstände- und Futtermittelgesetzbuch) genannt. Aus sich heraus sind diese Strafvorschriften regelmäßig nur schwer zu verstehen. Deren Sinn und Zweck ergibt sich oftmals erst im Zusammenhang mit dem jeweiligen (Straf-)Gesetz, was z. B. Auswirkungen auf die Irrtumsproblematik haben kann. Weitere Beispiele lassen sich aber auch im GmbHG, HGB, GenG, u. a. finden.

> **BGHSt 24, 54 (= NJW 1971, 521) – Teerfarben**
> Vertreter verschiedener bedeutenden Europäischer Teerfarbenhersteller trafen sich im August 1967 beim Unternehmen S zu einem Austausch von Erfahrungen und Informationen über die Marktlage. In den folgenden Wochen erhöhten die betroffenen Unternehmen infolge entsprechender Ankündigungen bei diesem Treffen ihre Preise für Teerfarbstoffe gleichförmig zum 16.10.1967 um 8 %. Der BGH bestätigte die Aufhebung des Bußgeldsbescheids durch das KG gegen die deutschen Teilnehmer wegen Vereinbarung einer Wettbewerbsvereinbarung gem. §§ 1 bzw. 38 Abs. 1 Nr. 1 GWB a. F., da keine vertragliche Vereinbarung bestanden habe. Zum Wesen eines Vertrages i. S. des § 1 GWB gehöre – trotz strittigen Vertragsbegriffs bei § 1 GWB – jedenfalls, dass durch gegenseitige, einander entsprechende Willenserklärungen der Beteiligten eine Einigung zustande komme. Das abgestimmte Verhalten im vorliegenden Fall war jedoch zur Zeit der Tat nicht durch das Verbot in § 1 GWB erfasst. Trotz einer anderen Interpretation der Norm im Kartellverwaltungsverfahren wurde eine restriktive Anwendung im Strafrecht vorgezogen und mithin eine Akzessorietät in vorbenannter Weise gerade abgelehnt (Problem der sog. „Normspaltung"). Diese aus Gründen der Rechtssicherheit durchaus zweifelhafte Entscheidung ist mittlerweile gegenstandslos, da die gesetzliche Lücke geschlossen wurde.

Ferner gilt es aber auch, **auslegungsrelevante (kriminalpolitische) Grundsätze** im Rahmen des Wirtschaftsstrafrechts zu berücksichtigen.

Zivilrechtlich bzw. öffentlich-rechtlich erlaubtes Handeln ist grundsätzlich nicht strafbar. Die sog. **Zivilrechts-** bzw. **Verwaltungsrechtsakzessorietät des Strafrechts** kann dazu führen, dass ein ansonsten strafrechtlich relevantes tatbestandliches Handeln gerechtfertigt bzw. bereits auf Tatbestandsebene ausgeschlossen ist (überwiegende Ansicht).

Zivilrechtlich unerlaubtes Verhalten kann aber auch strafrechtlich erlaubt bzw. unbeachtlich sein. Man spricht dann von sog. „asymmetrischer Akzessorietät". Zudem lässt sich argumentieren, dass aufgrund der Ultima Ratio-Funktion des Strafrechts nicht jedes zivilrechtlich missbilligte Verhalten unmittelbar strafrechtliche Sanktionen zur Folge haben kann und darf.

VII. Problem einer rein faktischen Auslegung (Problem der Akzessorietät)

Im Übrigen kennt das Wirtschaftsstrafrecht aber keine festen rein wirtschaftsstrafrechtsspezifischen Auslegungsregeln. So ist vor allem bei faktischer Auslegung, d. h. bloßer „wirtschaftlicher" Auslegung von Gesetzestexten als Variante teleologisch-systematischer Auslegung, Vorsicht geboten. Die faktische Auslegung gibt es auch im Zivilrecht so dass mit Blick auf mögliche Akzessorietät die dortigen Regeln und ihre Auslegung im Blick zu behalten sind.

Im Grundsatz gilt daher, dass die strafrechtliche Auslegung nicht über den durch die zivilrechtliche Auslegung festgelegten Anwendungsbereich hinausgehen darf.[5]

Das Paradebeispiel der „faktischen Auslegung" bildet die Einbeziehung sog. „faktischer Geschäftsführer" (dazu G II. 1 b), also solcher Personen, die lediglich tatsächlich Geschäftsführungsaufgaben in dem Pflichtenkreis der formal bestellten Geschäftsführer wahrnehmen (*Dierlamm*, NStZ 1996, 153).

BGHSt 31, 118 (= NJW 1983, 240)

In BGH NJW 1983, 240 ging es um eine Strafbarkeit nach § 84 Abs. 1 Nr. 2 GmbHG aF, der dem heutigen § 15a Abs. 4 InsO entspricht.

Der Angeklagte hat das betreffende Geschäft selbständig geführt. Hauptgesellschafterin der GmbH war formell allerdings die Ehefrau des Angeklagten. Es kommt zu einer Insolvenz, jedoch stellt keiner der beiden einen Insolvenzantrag. Bei der Frage nach der Strafbarkeit des Angeklagten nach § 84 Abs. 1 Nr. 2 GmbHG stellt sich allerdings das Problem, das die Norm ein Sonderdelikt ist, das an die Geschäftsführereigenschaft anknüpft, die dem Angeklagten in formeller Hinsicht nicht zukommt.

---

[5] Exemplarisch zur Strafbarkeit der Entnahmen aus dem GmbH-Vermögen als Untreue BGHSt 34, 384 ff. = NJW 1988, 1397 – korrigiert durch BGHSt 35, 336 ff.; vgl. auch *Tiedemann*, Fall 18, Rn. 391.

B. Dogmatische Besonderheiten

Für die Frage der tatsächlichen Geschäftsführereigenschaft kommt es jedoch nicht allein auf die Rechte an, die dem für die Gesellschaft Handelnden förmlich übertragen worden sind. Maßgeblich ist vielmehr seine tatsächliche Verfügungsmacht. Dies gilt auch für die einzelnen Tätigkeitsmerkmale des § 84 Abs. 1 Nr. 2 GmbHG aF, die in ihrer Zusammenschau den Schluss auf eine entsprechende Stellung zulassen. Das gilt nach der bisherigen Rechtsprechung des BGH jedenfalls dann, wenn dies – wie hier – mit dem Einverständnis der Gesellschafter geschah (vgl. BGHSt 3, 32, 38 f.; BGHSt 21, 101, 103 = NJW 1966, 2225).

Eine Zurechnung über § 14 StGB ist hier im Übrigen mangels Anwendbarkeit der Vorschrift nicht möglich, da weder der juristischen Person selbst (§ 14 Abs. 1 Nr. 1 StGB) noch dem Betriebs- oder Unternehmensinhaber (Abs. 2 S. 1, 2) eine Geschäftsführereigenschaft zukommt, die allein als besonderes persönliches Merkmal der Vorschrift in Betracht kommt. Sie ist aber auch nicht erforderlich, da bereits die faktische Geschäftsführung den Tatbestand erfüllt.

Ohne die Rechtsfigur des faktischen Geschäftsführerers wäre der Angeklagte jedoch straflos. Dies wäre nicht sachgerecht, da ansonsten durch den Verzicht auf jegliche Art von Beauftragung oder Bestellungsakt die Zurechnung nach § 14 StGB umgangen werden kann.

BGHSt 21, 101 (= NJW 1966, 2225) als Fortführung von BGHSt 3, 32
Beiden zu beurteilenden Sachverhalten lag eine „Strohmann-Konstellation" zugrunde. Die bestellten, formellen Geschäftsführer wurden lediglich herangezogen, wenn dies zur Wahrung der gesetzlichen Formvorschriften zwingend erforderlich war, im Übrigen hatten sie keine eigenständige Funktion im Unternehmen. Der Angeklagte führte sämtliche Geschäfte selbst und war damit faktischer Geschäftsführer, der wie ein tatsächlich bestellter bestraft werden kann. Offen gelassen wurde hier, ob zur Annahme einer faktischen Geschäftsführung auch das Einverständnis der Gesellschafter erforderlich ist. Denn jedenfalls sei der Angeklagte die maßgebliche Person hinter nur vorgeschobenen Gesellschaftern gewesen.

Auch wenn die Rechtsfigur des faktischen Geschäftsführers (dazu G II. 1 b) aus Strafwürdigkeitsgesichtspunkten erforderlich ist, müssen die strafbegründenden Voraussetzungen der faktischen Geschäftsführung auf erkennbar abgegrenzte Sachverhalte beschränkt bleiben. Denn aus Art. 103 Abs. 2 GG ergibt sich, dass die Grenzen strafwürdigen Verhaltens hinreichend bestimmt und damit für den Bürger vorhersehbar sind (*Dierlamm*, NStZ 1996, 153, 155). Unter Berücksichtigung der normadresseneigenen Sicht markiert nach stRspr. jedenfalls „der mögliche Wortsinn des Gesetzes [...] die äußerste Grenze zulässiger richterlicher Interpretation" (BVerfGE 92, 1, 12 = NJW 1995, 1141; *Tiedemann*, Rn. 272).

Mit Blick auf die sich auch hier eröffnende Perspektive einer deutlichen Ausweitung des Strafrechts de facto im Wege der Auslegung, erscheint es aus dogmatischen wie auch rechtspolitischen Gesichtspunkten als grundsätzlich sinnvoll die strafrechtliche Verfolgung auf eindeutige oder grobe Verstöße zu beschränken.

C. Kausalität und Objektive Zurechnung

Bei der Prüfung von Erfolgsdelikten zeigten sich in der Vergangenheit vor allem in drei Konstellationen wirtschaftsstrafrechtlich spezifische Problemstellungen im Hinblick auf Kausalität und objektiver Zurechnung.

I. Produkthaftung

Die strafrechtliche Produkthaftung (siehe auch unter E. I.) folgt im Ausgangspunkt den im zivilrechtlichen Haftungsrecht entwickelten Grundsätzen. Sie hat sich aber insoweit verselbstständigt, als dass sie zur Modifikation spezifisch strafrechtlicher Zurechnungsparameter führt. Das Kernproblem der Produkthaftung ist, dass der Gebrauch einzelner Produkte zu Gesundheitsschäden führen kann, ohne dass jedoch die naturwissenschaftliche Wirkweise, d. h. ein etwaiger Zusammenhang zwischen der Produktverwendung und der in Rede stehenden Erfolgsverursachung hergestellt und abschließend nachgewiesen werden kann.

> **BGHSt 37, 106 (= NJW 1990, 2560) – Lederspray (dazu *Rotsch*, ZIS 2018, 1 ff.)**
> Bei den Benutzern eines von der Firma Erdal vertriebenen Ledersprays kam es zu erheblichen Gesundheitsschäden. Ein konkreter Wirkungszusammenhang zwischen dem Spray und den aufgetretenen Gesundheitsschäden konnte aber nicht bewiesen werden. Obwohl die konkrete, schädliche Substanz nicht sicher ermittelt werden konnte, hielt es der BGH gleichwohl für ausreichend, dass alle anderen Ersatzursachen ausgeschlossen wurden. Ungeachtet der praktischen Bedeutsamkeit dieses Vorgehens muss auffallen, dass mit dieser Negativabgrenzung aber gerade nicht „die" Kausalität der Tathandlung nachgewiesen wurde.
> Zu problematischen Wirkzusammenhängen siehe ebenso:
> LG Aachen JZ 1971, 507 – Contergan: Hier ging es um den Zusammenhang zwischen der Einnahme des Schlafmittels Contergan während der Schwangerschaft und dauerhaften Missbildungen beim Embryo. Das Verfahren endete mit der Einstellung des Hauptverfahrens wegen fehlenden öffentlichen Interesses an der Strafverfolgung (§ 153 StPO) nach Entschädigungszahlungen durch „Chemie-Grünenthal".

> BGHSt 41, 206 (= NJW 1995, 2930) – Holzschutzmittel: Hier konnte eine Feststellung der Kausalität nur durch Falsifikation möglicher anderer Faktoren erreicht werden.
> Siehe auch die Fälle: Fa. Bayernei[6] Salmonellenvergiftung; kein Rückruf von betroffenen Eiern; falsch entsorgter Hühnerkot; vgl. auch aus dem Jahr 2017 (Niedersachsen): Eier aus den Niederlanden[7] – Einsatz von Fipronil (hier wohl keine Kenntnis von Handel, Viehmastbetreiber; sondern allein Kenntnis beim Hersteller des Desinfektionsmittelherstellers; Gefahr für Kinder – Werte insoweit grenzwertrelevant).

Der entscheidende Schritt des BGH zur Lösung derartiger Konstellationen liegt in der Feststellung, dass bereits die bloße **Mitursächlichkeit** des fraglichen Produktes zur Begründung strafrechtlicher Haftung ausreichen kann. Erforderlich ist allerdings eine Gesamtbewertung. Diese kann aber angesichts der z. T. diffusen und völlig unterschiedlichen, hervorgerufenen Krankheitsbilder im Einzelfall durchaus schwierig sein. Ist abschließend daher keine Feststellung konkreter Ursachen bzw. des Ursachenzusammenhangs möglich, so sind zumindest im Wege einer sog. **Falsifikation** – als taugliches Eliminierungsverfahren – sonstige Alternativursachen auszuschließen.

Fraglich ist jedoch, ob sich der **materiell-rechtliche Begriff der Kausalität** damit seinem Charakter nach verändert:

Teilweise wird vermutet, die Rspr. neige dazu, das Tatbestandsmerkmal der „Kausalität" durch das – wesentlich weiter gefasste – Erfordernis eines „**plausiblen Zusammenhangs**" zu ersetzen. Besondere Bedeutung kommt dieser Entwicklung v. a. in den (häufigen) Fällen kumulativer Kausalität zu (z. B. bei Gewässerverunreinigungen). Dabei stellt sich die Frage, ob bei mehreren ineinandergreifenden Ursachen sodann jeder Beteiligte für den ganzen Erfolg verantwortlich sein soll. Die Kausalität kann zwar zunächst bejaht werden, weil keine der kumulativ wirkenden Ursachen hinweggedacht werden kann, ohne dass der konkrete Erfolg i. S. d. conditio-sine-qua-non-Formel entfiele. Eine objektive Zurechnung ist jedoch kaum vorstellbar, weil sich regelmäßig gerade nicht das Risiko der Einzelursache im Erfolg niederschlägt.

Soweit damit der Unrechtstatbestand angesichts des faktisch ausgeweiteten Kausalitätsbegriffs als erfüllt angesehen wird, führt dies im Ergebnis contra legem zu einer Schuldannahme ohne wirklichen Kausalitätsnachweis.

Wenn auch nicht materiell-rechtlich in vergleichbarer Weise, so aber zumindest im Hinblick auf einen etwaigen Vertrauensschutz sind zudem jene Spezialfälle nicht minder problematisch, in denen bislang anerkannte Heilmittel fragliche Gesund-

---

[6] https://www.sueddeutsche.de/bayern/bayern-prozess-bayern-ei-geht-zuende-1.4784032, zuletzt abgerufen am 26.07.2021.
[7] https://www.sueddeutsche.de/panorama/lebensmittel-eier-skandal-die-spur-fuehrt-in-die-niederlande-1.3613766, zuletzt abgerufen am 26.07.2021.

heitsschäden hervorrufen sollen, sich also mögliche Risiken erst während der Verwendung herausstellen.

> **StA Frankfurt a.M., 65 Js 17084.4/91 – Amalgam-Zahnfüllungen (Degussa)**
> In dem Fall der Amalgam-Füllungen der Fa. Degussa – deren Produkte vormals als anerkannte Heilmittel dienten – genügte letztlich die (bloße) Vermutung, dass durch diese ein größerer Anteil an Quecksilber in den menschlichen Körper gelange und dort verschiedene Krankheitsbilder auslösen oder verstärken könne. Das Verfahren wurde daraufhin gegen Auflagen nach § 153a StPO eingestellt. Eine Verfahrenseinstellung gem. § 170 Abs. 2 StPO galt indessen als ausgeschlossen, da die StA bereits von einem schuldhaften Handeln der Verantwortlichen überzeugt war.

Die materiell-rechtlichen Haftungsrisiken bei der Produkthaftung ergeben sich sowohl aus Straftatbeständen, aber auch aus dem Ordnungswidrigkeitenrecht. So kann bspw. zum einen eine fahrlässige Körperverletzung vorliegen, wenn ein schädliches Produkt auf den Markt gebracht wird, gleichzeitig aber auch das Unternehmen nach §§ 30, 130 OWiG sanktioniert werden (dazu G III. 2., 3.).

Um diese Haftungsrisiken zu verringern ist eine Product Compliance auch im Krisenfall nötig; hier werden dann ad-hoc Maßnahmen wie der Aufbau von Risikobewertungen erforderlich. Die Produktverantwortung der verantwortlichen Entscheidungsträger begründet zudem auch Pflichten wie den Rückruf, sofern konkrete Anhaltspunkte für die Schädlichkeit des betreffenden Produktes vorliegen. Auch Melde- und Kooperationspflichten des Unternehmens gehören dazu. Unter Umständen muss auch der Umfang von Regressansprüchen der geschädigten Personen bestimmt und diese gesichert werden.

Zu den Risikovermeidungsstrategien gehören insbesondere ein Versicherungsschutz. Aber auch eine entsprechende Vertragsgestaltung kann das spätere Haftungsrisiko in Grenzen präventiv verringern.

Die zivilrechtlichen Haftungsrisiken, der die strafrechtliche Produkthaftung im Ausgangspunkt folgt, ergeben sich bspw. aus Gewährleistungen oder übernommenen Garantien. Insbesondere relevant ist auch die Haftung nach § 1 Produkthaftungsgesetz, der den Hersteller eines fehlerhaften Produktes im Falle einer Schädigung zum Schadensersatz verpflichtet. Eine Schadensersatzpflicht kann auch durch die deliktische Produzentenhaftung nach § 823 BGB begründet werden, ggf. besteht dabei eine Haftung auch für Unterlieferanten.

II. Kollegialentscheidungen

Produkthaftung und sog. Gremienentscheidungen fallen regelmäßig zusammen. Auch bei sog. Kollegial- oder auch Gremienentscheidungen, bei denen mehrere potentielle Verantwortliche gemeinsam eine einem tatbestandsmäßigen Erfolg unmittelbar vorgelagerte Entscheidung treffen, kann die individuelle Erfolgszurechnung schwierig sein.

C. Kausalität und Objektive Zurechnung

Charakteristisch ist in diesen Konstellationen, dass der individuelle Schädiger im Rahmen seiner Gremientätigkeit weitestgehend unbekannt bleibt bzw. sich hinter der Kollegialentscheidung zu „verstecken" droht.

> **BGHSt 37, 106 (= NJW 1990, 2560) – Lederspray**
> Alle Mitglieder der Geschäftsleitung seien ursächlich beteiligt gewesen, soweit sie für das Unterlassen des Produktions- und Auslieferungsstopps gestimmt hatten (weitergehend BGHSt 50, 331 – Mannesmann).
> Ursächlich für die fortwährende Produktion bzw. Auslieferung des mutmaßlich schädigenden Sprays war allein das Abstimmungsverhalten der Geschäftsleitung als einstimmig handelndes Organ, d. h. die Geschäftsführer agierten mithin „insgesamt ursächlich". Daher liege es nahe, die Regeln des „konstruktiven Zusammenwirkens" aus dem Bereich der Mittäterschaft auch auf Fälle des kumulativen Zusammenwirkens im Wege einer Gremienentscheidung zu übertragen. Hierzu führte das OLG Stuttgart aus, dass es „[...] insofern [...] lediglich auf die Ursächlichkeit dieser Kollektiventscheidung ankommen [kann]. Wollte man anders entscheiden, so könnte praktisch nie eine positive Kausalitätsfeststellung getroffen werden; denn für Kollektiventscheidungen ist kennzeichnend, dass im Zweifel – also unter Berücksichtigung des Grundsatzes von in dubio pro reo – die Einzelstimme sich immer wegdenken ließe, ohne dass der Erfolg entfiele. Doch würde auch damit wiederum das Wesen der Kollektiventscheidung verfehlt; denn bei diesem Entscheidungsverfahren begibt sich der Einzelne in der Regel gerade der Möglichkeit, dass seine Stimme allein etwas bewirkt: Er will zwar mitentscheiden, sich jedoch gegebenenfalls der Mehrheitsentscheidung unterwerfen [...]" (OLG Stuttgart JZ 1980, 774 ff.).
> Alternativ zu dieser Begründung wurden die Erwägungen der Risikoerhöhung angedacht. Diese sind ursprünglich im Zusammenhang mit sog. „Erschießungskommandos" bekannt, weil dort jeder Schütze einen wesentlichen Tatbeitrag leistet (Gruppendynamik), auch wenn nur wenige Kugeln treffen, was jedem bewusst ist.

> **BGHSt 50, 331 (= NJW 2006, 522, s. auch LG Düsseldorf NJW 2004, 3275) – Mannesmann**[8]
> Den Mitgliedern des Aufsichtsrates für Vorstandsangelegenheiten der ehemaligen Mannesmann AG J. F., J. A. und K. Z. wurde vorgeworfen, mehreren Vorstandsmitgliedern im Zusammenhang mit der Übernahme durch das britische Telekommunikationsunternehmen Vodafone Sonderzahlungen für deren

---

[8] juris.bundesgerichtshof.de/cgi-bin/rechtsprechung/document.py?Gericht=bgh&Art=en&Datum=2005&nr=73038&pos=20&anz=3103&Blank=1.pdf, zuletzt abgerufen am 25.03.2022.

> Ausscheiden aus dem Unternehmen bewilligt und sich dadurch wegen Untreue zum Nachteil der Mannesmann AG strafbar gemacht zu haben. Die Zahlungen beliefen sich auf eine Höhe von mehreren Millionen EUR und wurden als Anerkennungsprämien für in der Vergangenheit erbrachte besondere Leistungen deklariert.
> Im Verfahren gegen den Vorstandsvorsitzenden der Mannesmann AG, K. E., und die weiteren Mitglieder des Aufsichtsratpräsidiums J. F., J. A., K. Z. und J. L., sowie D. D., ein damaliger Mitarbeiter der Direktionsabteilung, wurde den Angeklagten vorgeworfen, dass sie sich im engen zeitlichen Zusammenhang mit der Übernahme der Mannesmann AG durch das britische Telekommunikationsunternehmen Vodafone Airtouch plc durch Zuerkennung freiwilliger Sonderzahlungen und Abgeltung von Pensionsansprüchen wegen Untreue in einem besonders schweren Fall gem. §§ 266 Abs. 1 Alt. 2, Abs. 2, 263 Abs. 3 Nr. 2, 25 Abs. 2 StGB zum Nachteil der Mannesmann AG strafbar gemacht hätten
> Die Entscheidungen bzgl. der Prämienzahlungen wurden im Rahmen des Mehrheitsprinzips durch eine kollektive Willensbildung im (Aufsichtsrats-) Präsidium getroffen, wobei alle Mitglieder das gleiche Stimmrecht besaßen.

Eine Strafbarkeit wegen Untreue setzt jedoch einen ursächlichen Zusammenhang zwischen Handlung und Erfolg voraus. D. h. es muss der konkrete Erfolg einem individuellen Verursacher zugeordnet werden können. Auch für den Fall der Gremienentscheidungen kann eine **individuelle Erfolgszurechnung** mithin nur erfolgen, soweit zwischen der Stimmenabgabe des Einzelnen und dem Zustandekommen des (Gremien-)Beschlusses ein Zusammenhang besteht. Der konkret eingetretene Erfolg muss sich damit als das Werk des (Einzel-)Täters darstellen, ihm also zuzurechnen sein, obwohl die Entscheidung von mehreren Personen gemeinschaftlich getroffen wurde.

Dabei bedarf es zunächst einer Differenzierung nach der **Art der Beschlussfassung**. Mehrere Personen fassen nach bestimmten Regeln, meist nach dem Mehrheitsprinzip, einen Beschluss, der in der Folge umgesetzt wird und dann zu strafrechtlich relevanten Erfolgen führen kann. Es ist insbesondere fraglich, inwieweit eine Kausalität zwischen Stimmabgabe und Schaden bzw. Rechtsgutsverletzung vorliegt. Unterschiede entstehen hierbei v. a. zwischen Begehungs- und Unterlassungsdelikten sowie zwischen einstimmigen bzw. eindeutigen Mehrheitsentscheidungen und solchen Beschlüssen, die mit lediglich einer Stimme Mehrheit entschieden wurden.

Der Akzessorietät des Strafrechts entsprechend ist der Beschluss nach dem Aktienrecht Ausdruck **kollektiver Willensbildung**, der jedem Einzelnen, gleich welche Entscheidung er persönlich getroffen hat, zugerechnet wird. Das überstimmte Aufsichtsratsmitglied muss daher, um seine Verantwortlichkeit dennoch auszuschließen, versuchen, die **Aufhebung des Beschlusses** zu erwirken.

C. Kausalität und Objektive Zurechnung

Fortsetzung BGHSt 50, 331 – Mannesmann

Die einzelnen Stimmen in den im Rahmen des Mannesmann-Prozesses beleuchteten Beschlüssen waren, wie auch vom LG Düsseldorf festgestellt wurde, jeweils kausal für den gefassten Beschluss.

Anerkennungsprämie für K. E. (Vorstandsvorsitzender):

In der Abstimmung über die Anerkennungsprämie für K. E. nahmen die Aufsichtsratsmitglieder J. F., J. A. und K. Z. teil. Die beiden erstgenannten stimmten mit Ja, K. Z. enthielt sich der Stimme. Aufgrund des Abstimmungsergebnisses von 2:0 liegt hier ein Fall einer Mehrheitsentscheidung mit einer geringen Mehrheit vor. Hätte einer von beiden mit Nein gestimmt, wäre eine Patt-Situation eingetreten und der Beschluss wäre in dieser Weise nicht getroffen worden. Somit sind beide Ja-Stimmen für den Beschluss ursächlich. Bzgl. der Enthaltung eines Gremiumsmitglieds lässt das LG Düsseldorf offen, ob diese grundsätzlich als kausal für das Zustandekommen eines Beschlusses angesehen werden kann, sieht dies im vorliegenden Fall aber als gegeben an, da das Präsidium ohne das Mitglied K. Z., wie dieser auch wusste, gar nicht beschlussfähig gewesen wäre. Da er mit dem Ergebnis „kein Problem" hatte, billigte er dieses durch seine Enthaltung. Dem ist zuzustimmen. Zwar kann grundsätzlich einer Stimmenthaltung nicht die Bedeutung einer Ja-Stimme zugeordnet werden, jedoch ist im hiesigen Fall offensichtlich, dass der Angeklagte K. Z. der Zahlung einer solchen Anerkennungsprämie offen gegenüber stand, dies aber aufgrund seiner Position als „Gewerkschaftsboss" nicht mit einer offiziell zustimmenden Haltung darlegen konnte. Somit war auch die Enthaltung des Angeklagten K. Z. conditio-sine-qua-non für das Zustandekommen des Beschlusses.

Auch eine wechselseitige Zurechnung über das Kriterium der Mittäterschaft scheint hier möglich, ist aufgrund der vorliegenden Kausalität der Einzelstimmen für eine Strafbarkeit aber nicht zwangsläufig notwendig.

Anerkennungsprämie für K, G, W und B (weitere Vorstandsmitglieder):

Bei den Anerkennungsprämien für K, G, W und B wurde die Abstimmung mit dem gleichen Ergebnis durchgeführt.

Anerkennungsprämie für J. F. (ehemaliger Vorstand/Aufsichtsrat):

Bzgl. der Anerkennungsprämie zugunsten von J. F. stimmten sowohl J. A., als auch J. F. selbst für die Ausschüttung dieser Prämie. K. Z. enthielt sich erneut. Aufgrund der Tatsache, dass der Angeklagte J. F. über seine eigene Prämie abstimmte und seine Stimme somit gem. § 34 BGB analog nichtig war, bestand zum Zeitpunkt der Abstimmung keine Beschlussfähigkeit des Gremiums. Es wurde somit mit der Stimme von J. A. und der Enthaltung von K. Z. ein rechtswidriger Beschluss mit lediglich einer einzigen Stimme Mehrheit gefasst. Der Angeklagte K. Z. hätte durch eine Nein-Stimme eine Patt-Situation schaffen können. Wie oben waren sowohl die Stimme von J. A., als auch die von K. Z. conditio-sine-qua-non für den gefassten Beschluss.

> Sowohl für die Abfindung der Alternativpensionsansprüche, den Wiedereinbeziehungsbeschluss, als auch die Erhöhung der Abfindung des Alternativpensionsanspruchs des Zeugen M wurden die Beschlüsse in gleicher Weise wie im Falle der Anerkennungsprämie für K. E. gefasst. Es gilt somit das dort Gesagte (zu Gremienentscheidungen siehe auch unter E. II).

III. „Opfer-(wahl-)feststellung"

Bei den Konstellationen der sog. Opfer-(wahl-)feststellung stellt sich das Problem, dass ein konkretes Opfer wirtschaftsstrafrechtlichen Verhaltens unbekannt bleibt bzw. nicht individualisiert werden kann. Mithin fehlt es an einem konkret geschädigten Rechtsgutsträger.

> **Hinweis**
>
> So war es beispielsweise 2017 im Zusammenhang mit dem Wannacry-Virus der Fall. Es handelte sich hierbei um einen Computer Virus, der dem PC-Nutzer die Kontrolle über seinen PC entzog und zur Zahlung eines Geldbetrages in Bitcoins aufforderte, um anschließend die Freigabe in Form eines Passworts zu erhalten. Die Zahl der Geschädigten ist allerdings unbekannt.[9]
>
> Ähnlich verhielt es sich im Facebook Daten-Skandal i. V. m. DS-GVO/BDSG von 2018, bei dem die britische Analysefirma Cambridge Analytica dazu in der Lage war, sich Zugang zu Daten von bis zu 87 Millionen Nutzern zu verschaffen (Cambridge Analytica, Cristopher Wylie, Mindf*ck, 2019). ◄

> **BGHSt 19, 37 – VW-Privatisierung**
> Da die Aktie überzeichnet war, wurde in Bezug auf die Antragssteller, die mehr als zwei Aktien gezeichnet hatten, per Los über den Erhalt der zusätzlich begehrten Aktien entschieden. Infolge betrügerischen Verhaltens erhielten aber nur bestimmte Antragsteller Aktienpakete zugewiesen, andere gingen trotz gleicher Voraussetzungen leer aus. Wer hingegen keine Aktien erhielt, konnte nicht abschließend festgestellt werden – die Aktie war so stark überzeichnet, dass es mehr nicht berücksichtigte Antragsteller als manipulativ einem bestimmten Personenkreis zugewandte Aktienpakete gab.

Ähnliche Fälle bilden auch **sog. Medikamentenstudien mit Vergleichsgruppen**, bei denen die Mitglieder der einen Gruppe mit und die jeweils der anderen

---

[9] https://www.spiegel.de/netzwelt/web/wannacry-attacke-fakten-zum-globalen-cyber-angriff-a-1147523.html, zuletzt abgerufen am 26.07.2021.

Gruppe ohne Medikamenteneinnahme teilnimmt. Sterben in der Gruppe mit dem neuen Medikament prozentual mehr Personen als in der anderen Gruppe, so ist eine Ursächlichkeit wahrscheinlich. Allerdings kann unklar bleiben, welche konkreten Personen nur wegen des neuen Medikaments und welche aufgrund anderer bereits individuell angelegter Ursachenzusammenhänge verstorben sind. Theoretisch ist nicht einmal auszuschließen, dass diese Gruppe mehr unerkannt Vorgeschädigte aufwies als die Vergleichsgruppe.

Nach e.A. soll für die Feststellung der Kausalität auch bei Erfolgs- bzw. Verletzungsdelikten eine **generelle oder statistisch gestützte Kausalität** ausreichen, da „ein Mensch" bzw. „eine andere Person" i. S. d. Tötungs- und Körperverletzungstatbestände nicht notwendig eine individualisierte Person sein müsse (vgl. *Samson*, NJW 1978, 1182, 1184). Dem steht allerdings entgegen, dass prozessual für eine strafrechtliche Verurteilung grundsätzlich der Nachweis einer bestimmten Tat und damit der Erfolgseintritt bei einer bestimmten Person sowie der Kausalitätsnachweis zwischen Handlung und Erfolg erbracht werden muss.

Das klassische Beispiel für eine (tatbezogene) Wahlfeststellung ist etwa gegeben, wenn der Täter das Opfer zweifelsfrei mit Aids infiziert hat, aber nicht aufzuklären ist, bei welchem von zwei Sexualkontakten die rechtlich relevante Gefahr gesetzt wurde, die sich sodann gerade in diesem Zeitpunkt tatbestandlich realisiert hat (vgl. BGH NJW 1990, 129).

Bei der Opfer-(wahl-)feststellung bezieht sich nun die **Alternativität nicht auf Handlungen, sondern auf das Erfolgsobjekt**. Im Fall des Betruges im Zuge der Privatisierung von VW hat sich der BGH mit der bloßen Feststellbarkeit der Anzahl der Geschädigten begnügt, dann jedoch nur unter Versuchsgesichtspunkten zugerechnet, da hier nach allgemeinen Grundsätzen die bloße Tätervorstellung maßgebend ist.

Nach anderer Ansicht müsse die sog. **statistische Kausalität** bemüht werden. Diese reicht aber nur in den Grenzen prozessual zulässiger Opfer-(wahl-)feststellung aus. Insgesamt ist die statistische Kausalität „wenig geklärt" (vgl. Lackner/Kühl/*Heger*, Vor § 13 Rn. 11). Problematisch ist vor allem die Frage der Grenzwerte bzw. der Werte statistischer Signifikanzen.

D. Vorsatz und Irrtum

Das sog. Nebenstrafrecht besteht in Deutschland aus annähernd 1000 Gesetzen (vgl. *Tiedemann*, in: FS Geerds 1995, 96). Damit stellt sich auch und vor allem im Wirtschaftsstrafrecht häufig die Frage der rechtlichen Behandlung von Irrtümern, welche in der Nichtkenntnis außertatbestandlicher Normen wurzeln. Dabei kommt es insbesondere auf die Problematik der Abgrenzung zwischen den unter § 16 StGB fallenden Tatbestandsirrtümern und den § 17 StGB unterfallenden Verbotsirrtümern an. Zwar ergibt sich eine gewisse Abmilderung aus dem Umstand, dass vor allem im Nebenstrafrecht oft neben der vorsätzlichen auch die fahrlässige Begehung unter Strafe steht (vgl. *Tiedemann*, Rn. 408). Allerdings sind die fahrlässigen Begehungsweisen etwa im Steuer- und Lebensmittelstrafrecht nur als Ordnungswidrigkeiten ausgestaltet.

In diesem Zusammenhang stellt sich die Frage:
→ Was muss ein Unternehmer wissen? Was muss ein Unternehmer wollen?
Die Antwort hängt maßgeblich von den Sorgfaltsmaßstäben ab, die an Unternehmen angelegt werden. Im Ausgangspunkt ist dies stets die Sorgfalt eines ordentlichen und gewissenhaften Kaufmanns nach dem HGB, vgl. § 347 HGB und § 116 AktG. Hinzu kommen dann jeweils bereichsspezifische Sonderanforderungen.

> **Fortsetzung BGHSt 50, 331 (= NJW 2006, 522) – Mannesmann**
> Bei der Prüfung der Strafbarkeit nach § 266 Abs. 1 StGB stellte sich die Frage, inwieweit das Merkmal der „Pflichtwidrigkeit" erfüllt war.
> Die „Pflichtwidrigkeit" stellt nach überwiegender Ansicht und Rspr. ein normatives Tatbestandsmerkmal dar (näher unter II.). Gemäß § 116 AktG besteht daher die Pflicht mit der „Sorgfalt eines ordentlichen und gewissenhaften Aufsichtsrates" zu handeln.
> Allerdings gab es keine weiteren spezifischen, dies konkretisierende Regelungen. Danach wurde § 93 AktG neugefasst, der dem Vorstand zubilligte, Risiken im Rahmen einer verantwortungsvollen unternehmerischen Entscheidung einzugehen (Business Judgement Rule, siehe unten § 3 A VI).

I. Blankettstrafgesetze

Die Beurteilung von Irrtümern bei Blankettgesetzen ist umstritten. Zum einen stellt sich die Frage, ob § 16 oder § 17 StGB einschlägig ist, zum anderen wird in dieser Hinsicht die Abgrenzung von normativen Tatbestandsmerkmalen relevant. Das Bundesverfassungsgericht (BVerfGE 78, 205) stellt darauf ab, ob die Strafnorm der Ausfüllung eines anderen Gesetzes bedarf oder ob sie das unter Strafe gestellte Verhalten bereits vollständig beschrieben hat. So sind die §§ 242, 246 StGB keine Blankettstrafgesetze, auch wenn die Vorfrage nach den Eigentumsverhältnissen im Einzelfall durch Landesrecht festgelegt werden kann. Schwieriger ist die Abgrenzung zum Beispiel die Pflichtwidrigkeit bei § 370 AO (für ein normatives Tatbestandsmerkmal *Rotsch*, ZIS 2014, 579, 589 f.) oder § 298 StGB (Graf/Jäger/Wittig/*Böse*, § 298 StGB Rn. 3: die Norm sei eine unechte Blankettnorm, die durch das GWB ergänzt werde).

Relevant ist die Unterscheidung deshalb, weil der Bestimmtheitsgrundsatz aus Art. 103 Abs. 2 GG nur bei den unvollständigen Blankettstrafgesetzen, nicht aber den vollständigen Straftatbeständen mit normativen Tatbestandsmerkmalen Anwendung finden soll. Die Differenzierung allein genügt aber nicht, um herauszufinden, ob es sich um einen Tatbestands- oder einen Verbotsirrtum handelt.

Die überwiegende Ansicht fordert bei einem Straftatbestand mit einem normativen Tatbestandsmerkmal, dass der Täter Bedeutungskenntnis (*Roxin/Greco*, StR AT I, 5. Aufl. 2020, § 12 Rn. 100; Kühl StrafR AT § 5 Rn. 91; Schönke/Schröder/*Sternberg-Lieben/Schuster*, § 15 Rn. 43 f.) erlangt. Er unterliegt demnach einem Irrtum nach § 16 StGB, wenn er die (laienhafte) Wertung eines Merkmals nicht verstanden hat.

D. Vorsatz und Irrtum

Bei Blankettstraftatbeständen kann es sich nach der überwiegenden Ansicht nur um einen Tatbestandsirrtum handeln, wenn es sich um die „Umstände" handelt, die zum zusammengelesenen Tatbestand gehören. Um einen Verbotsirrtum nach § 17 StGB handelt es sich, wenn über die Existenz oder Wirksamkeit der ausfüllenden Norm geirrt wird (BGH NStZ 1993, 594, 594; 2007, 644; nach der anderen Ansicht soll § 16 StGB greifen, wenn die ausfüllende Norm nicht gekannt wird, NK-StGB/ *Puppe* § 16 Rn. 64; NK-WiStR/*Kaspar*, § 16 StGB Rn. 34f.).

Die überwiegende Ansicht liest die Blanketttatbestände mit den in Bezug genommenen Ausfüllungsnormen schlicht zusammen und bildet daraus den „gesetzlichen Tatbestand".

> **„Verschiedene Bilanzen" Beispiel nach BGHSt 29, 396**
> A ist Geschäftsführer einer in wirtschaftlich in Not geratenen, kleinen GmbH. Obwohl ihm das Finanzamt zur Aufstellung der Steuerbilanz des Vorjahres eine Frist bis August des folgenden Jahres bewilligt hatte, wird er u. a. wegen verspäteter Bilanzaufstellung nach § 283 Abs. 1 Nr. 7b StGB angeklagt. A wusste nicht, dass die in § 264 Abs. 1 S. 3 HGB für kleine GmbHs vorgesehene gesetzliche Bilanzierungsfrist längstens 6 Monate beträgt und dass die entsprechende Verpflichtung hinsichtlich der Handelsbilanz nicht durch Erklärungen des Finanzamtes zur Steuerbilanz beeinflusst wird.
> Die überwiegende Ansicht liest dabei die Norm des § 283 Abs. 1 Nr. 7b StGB wie folgt: „Wenn der Täter es unterlässt (StGB) [...] innerhalb der ersten 6 Monate (HGB) [...], dann wird er mit Freiheitsstrafe bis zu fünf Jahren oder Geldstrafe bestraft." Demnach handelte A vorsätzlich. Er wusste, dass er in den ersten sechs Monaten keine Bilanz aufgestellt hat, er hielt sich lediglich für nicht verpflichtet. Damit befand sich A lediglich im Gebotsirrtum, der jedoch durch Einholung von Rechtsrat vermeidbar war und somit lediglich eine Strafmilderungsmöglichkeit nach § 49 Abs. 1 StGB eröffnet (vgl. § 17 S. 2 StGB).

Diese Auffassung erfuhr bereits Ende der 50er-Jahre durch Lange in der mit Welzel geführten Kontroverse deutliche Kritik (vgl. JZ 1956, 73 ff., 238 ff., 519 f.). Der Ausgangspunkt der Kritik liegt dabei in der Feststellung, dass bei sozialadäquaten Handlungen nicht die Handlung selbst das Schuldsubstrat ist, sondern die Zuwiderhandlung gegen die ausfüllende Norm. Mit anderen Worten enthält das Verhalten per se keinen Unrechtsgehalt, sondern gewinnt diesen erst als Vorschriftswidrigkeit. Zudem zeigte Lange auf, dass es in den weitaus häufigeren Fällen der Strafandrohung für Fahrlässigkeit im Nebenstrafrecht um Rechtsfahrlässigkeit und nicht um Tatfahrlässigkeit geht. Als Beispiel hierfür führt er den damaligen § 2 WiStG an und zeigt auf, dass mit fahrlässigen Verstößen gegen Preisbestimmungen wohl kaum nur solche Fälle gemeint sein können, in denen sich etwa jemand bei der Preisauszeichnung von Waren verschreibt. Die Umdeutung der Rechtsfahrlässigkeit als Teil des Unrechtsbewusstseins würde daher der bestehenden Gesetzeslage nicht gerecht.

Die überwiegende Ansicht tendiert heute daher zu einer „weichen" oder „elastischen" Anwendung der Schuldtheorie. Vor allem die im Nebenstrafrecht häufigen Genehmigungserfordernisse bleiben daher Teil des Unrechtstatbestandes. Umstritten ist insofern allerdings noch das Kriterium, welches Klarheit darüber verschaffen soll, wann die Kenntnis der ausfüllenden Norm eine Frage des Vorsatzes und wann eine Frage des Unrechtsbewusstseins ist. Nach Tiedemann soll es darauf ankommen (vgl. *Tiedemann*, Rn. 407.), ob der Tatbestand an sich unrechtsneutral oder sogar sozialadäquat ist, während Roxin danach fragen will (vgl. *Roxin/Greco*, StR AT I, 5. Aufl. 2020, § 21 Rn 39 ff.), ob der Verbotsirrtum vermeidbar war, wobei es bereits genügen soll, wenn der Täter für die Annahme der Erlaubtheit seines Tuns verständige Gründe hatte.

> **„Tatbestands- oder Verbotsirrtum?" Beispiel zur Irrtumsproblematik**
> § 298 StGB sanktioniert bei einer Ausschreibung über Waren oder Dienstleistungen die Abgabe eines Angebots, das auf einer rechtswidrigen Absprache beruht, die darauf abzielt, den Veranstalter zur Annahme eines bestimmten Angebots zu veranlassen. Rechtswidrig ist die Absprache, wenn gegen das Verbot aus § 1 GWB verstoßen wird (Graf/Jäger/Wittig/*Böse*, § 298 StGB Rn. 3) § 2 GWB normiert wiederum Ausnahmen von dem Verbot in § 1 GWB.
>
> Geht der Täter nun irrigerweise davon aus, dass eine Freistellung nach § 2 GWB vorläge, stellt sich die Frage, ob dieser Irrtum ein Tatbestands- oder ein Verbotsirrtum ist.
>
> Bei Blankettstraftatbeständen, wie bspw. auch § 298 StGB, kann es sich nach der überwiegenden Ansicht nur um einen Tatbestandsirrtum handeln, wenn es sich um die „Umstände" handelt, die zum zusammengelesenen Tatbestand gehören. Um einen Verbotsirrtum nach § 17 StGB handelt es sich, wenn über die Existenz oder Wirksamkeit der ausfüllenden Norm, hier § 2 GWB, geirrt wird (BGH NStZ 1993, 594, 594; 2007, 644). Danach wäre der Irrtum über dessen Einschlägigkeit als Verbotsirrtum zu werten.
>
> Die andere Ansicht lässt an dieser Stelle § 16 StGB greifen (NK-StGB/Puppe § 16 Rn. 67; NK-WiStR/*Kaspar*, § 16 StGB Rn. 34.): der Irrtum des Täters, die Voraussetzungen einer Legalausnahme i. S. d. § 2 Abs. 1 GWB lägen vor, begründet einen vorsatzausschließenden Tatbestandsirrtum (MüKo-StGB/*Hohmann* § 298 Rn. 86; *O. Hohmann*, ZIS 2007, 38 (41 f.); *Fischer*, § 298 Rn. 18a; Graf/Jäger/Wittig/*Böse*, § 298 StGB Rn. 32 m. w. N.)
>
> Bei der Abgrenzung stellt sich zudem auch die Frage, ob die überwiegende Ansicht, die § 17 StGB anwendet, gerechte Ergebnisse erzielt. Denn der Irrtum geht so zu Lasten des Irrenden, da eine Vermeidbarkeit i. S. d. § 17 S. 2 StGB in der Regel nicht vorliegen wird. Die Gegenansicht, die nahezu jeden Irrtum über § 16 StGB löst, ist in dieser Hinsicht sachgerechter.

II. Normative Tatbestandsmerkmale

Bezüglich normativer Tatbestandsmerkmale – d. h. wertungsbedürftiger Merkmale, die Rechte und Rechtsverhältnisse erfassen – wird überwiegend lediglich eine **sog. Parallelwertung in der Laiensphäre** verlangt (vgl. *Jescheck/Weigend*, StR AT, 5. Aufl. 1996, § 29 II 3a; Lackner/Kühl/*Kühl*, § 15 Rn. 14; *Roxin/Greco*, StR AT I, 5. Aufl. 2020, § 12 Rn. 101.; *Wessels/Beulke/Satzger*, AT Rn. 361). Somit handelt derjenige, welcher etwa das Rechtsinstitut des Eigentumsvorbehaltes auch dem Sinn nach nicht kennt und daher zu einer falschen Einschätzung der Eigentumslage gelangt, nicht vorsätzlich. Es bedarf mithin einer genauen **Unterscheidung zwischen Blanketten und normativen Merkmalen.**

> **Fortsetzung BGHSt 50, 331 – Mannesmann (zum Problem der blankettartigen Verweisungen)**
> Unter anderem im Mannesmann-Fall kann man zunächst die Frage aufwerfen, inwieweit das Merkmal der „Pflichtwidrigkeit" gem. § 266 Abs. 1 StGB „blankettartig" auf Vorschriften des Gesellschaftsrechts verweist. Dies lässt sich am Beispiel der Prämienzahlungen besonders gut differenzieren, da es zum damaligen Zeitpunkt keine einschlägige gesetzliche Konkretisierung gab, welche auf den Fall anzuwenden gewesen wäre. Zwar werden an verschiedenen Stellen des Aktien- und GmbH-Rechts verschiedene organschaftliche Pflichten in Bezug genommen, aber die konkrete Lösung musste gewissermaßen aus einer Zusammenschau der gesellschaftsrechtlichen Normen gefunden werden.
>
> Nach überwiegender Ansicht – auch im Einvernehmen mit der Rspr. – wird in der „Pflichtwidrigkeit" ein normatives Tatbestandsmerkmal gesehen. Gemäß § 116 AktG besteht daher die Pflicht mit der „Sorgfalt eines ordentlichen und gewissenhaften Aufsichtsrates" zu handeln. Und nach § 87 Abs. 1 AktG müssen die Gesamtbezüge eines Vorstandsmitglieds stets in einem „angemessenen Verhältnis" zu den Aufgaben (Leistungen) stehen.
>
> Solche Kriterien sind zwar bei der strafrechtlichen Beurteilung zu berücksichtigen, aber wie alle generalklauselartigen Maßstäbe („Angemessenheit", „Unternehmensinteresse", „unternehmerische Entscheidung") sind sie restriktiv anzuwenden. Hinsichtlich der Konkretisierung des „Unternehmensinteresses" spielt dies z. B. eine entscheidende Rolle Auf dieser Grundlage. zeigt sich hier, dass der strafrechtliche Maßstab (vorliegend in Anlehnung an § 283 Abs. 1 Nr. 2 StGB) erst bei eindeutig unvertretbaren, objektiv nicht nachvollziehbaren Leistungen eine strafrechtlich relevante unternehmerische Fehlentscheidung, d. h. eine i. S. d. § 266 StGB schädigende Pflichtwidrigkeit, anerkennt.
>
> Im Mannesmann-Fall lässt es der Senat zu Beginn hinsichtlich der an (den lediglich der Beihilfe angeklagten Vorstandsvorsitzenden) K. E. und vier weitere Vorstandsmitglieder geleisteten Anerkennungsprämien noch dahinstehen, ob die Angeklagten (im Aufsichtsrat) sich insofern in einem Tatbestands- oder unvermeidbaren Verbotsirrtum befanden. Da nach seiner Ansicht die

Feststellungen des LG keine Grundlage bildeten, um die Freisprüche aufrechtzuerhalten, geht er am Ende jedoch noch einmal auf diese Frage ein. Dabei stellt der Senat zunächst klar, dass sich die Abgrenzung zwischen §§ 15, 16 StGB und § 17 StGB bei Tatbeständen mit stark normativ geprägten objektiven Tatbestandsmerkmalen häufig als schwierig erweist und verweist insofern auch auf die sich widersprechenden Stellungnahmen innerhalb der Literatur. Weiterhin erteilt das Gericht in diesen Fällen der schlichten Anwendung einfacher Formeln ohne Rückgriff auf wertende Kriterien und differenzierende Betrachtungen eine Absage (vgl. BGH NJW 2006, 522, 531).

> „(83) [...] Die Annahme etwa, dass jede (worin auch immer begründete) fehlerhafte Wertung, nicht pflichtwidrig zu handeln, stets zum Vorsatzausschluss führt, weil zum Vorsatz bei der Untreue auch das Bewusstsein des Täters gehöre, die ihm obliegende Vermögensfürsorgepflicht zu verletzen, kann nicht überzeugen. Umgekehrt könnte der Senat auch der Auffassung nicht folgen, dass es für die Bejahung vorsätzlichen Handelns ausreicht, wenn der Täter alle die objektive Pflichtwidrigkeit seines Handelns begründenden tatsächlichen Umstände kennt und dass seine in Kenntnis dieser Umstände auf Grund unzutreffender Bewertung gewonnene fehlerhafte Überzeugung, seine Vermögensbetreuungspflicht nicht zu verletzen, stets nur als Verbotsirrtum zu werten ist."

Letztlich legt der Senat seine Neigung der Bewertung der Vorstellungen der Angeklagten hinsichtlich der Anerkennungsprämien für den Angeklagten K. E. dar:

> „(85) War den Präsidiumsmitgliedern – was allerdings kaum anders vorstellbar sein dürfte – bewusst, dass die Sonderzahlungen für die Mannesmann AG in der gegebenen Situation (Übernahme des Unternehmens durch Vodafone und Ausscheiden von K. E.) ohne jeden Nutzen war(en), so dürfte ihre irrige Annahme, zur Bewilligung der Prämien gleichwohl berechtigt gewesen zu sein, den Vorsatz unberührt lassen und lediglich einen Verbotsirrtum begründen. Wer als Verwalter fremden Vermögens in Kenntnis seiner Vermögensfürsorgepflicht eine Maßnahme trifft, die dem Inhaber des betreuten Vermögens keinen Vorteil bringen kann und deswegen einen sicheren Vermögensverlust bedeutet, kennt nicht nur die Tatsachen, die rechtlich als Verletzung der Vermögensfürsorgepflicht zu bewerten sind. Er weiß, weil das Verbot, alles das Vermögen sicher und ausnahmslos Schädigende zu unterlassen, zentraler Bestandteil der Vermögensfürsorgepflicht ist, vielmehr zugleich auch, dass er diese Pflicht verletzt. Wenn die Angekl. Prof. F., J.A. und K. Z. – wie es nach den Feststellungen des angefochtenen Urteils der Fall war – gemeint haben, „auf Grund ihrer unternehmerischen Handlungsfreiheit" zu den Zahlungen berechtigt gewesen zu sein, liegt es nahe, dass sie in Kenntnis dessen, dass ihr Verhalten für die Mannesmann AG sicher nachteilig war und mithin ihre Vermögensfürsorgepflicht eigentlich verletzte, gleichsam einen nicht bestehenden Erlaubnissatz in Anspruch genommen haben. Eine solche Fehlvorstellung wird aber von § 17 StGB und nicht von § 16 StGB geregelt. (86) Dasselbe gilt noch deutlicher hinsichtlich der Anerkennungsprämie für J. F.: sollten die Angekl. J. A. und K. Z. tatsächlich geglaubt haben, zu der das Vermögen der Mannesmann AG schädigenden Zuwendung allein deswegen berechtigt zu sein, weil diese dem Wunsch des Angekl. J. F. entsprochen habe, so liegt die Annahme eines den Vorsatz ausschließenden Tatbestandsirrtums fern."

D. Vorsatz und Irrtum

In einem Fall, indem sich der Angeklagte nicht der Zollpflichtigkeit der Einfuhr von Kakaobutter bewusst war, entschied der BGH (BGH NJW 1954, 241), dass Gegenstand des Straftatbestandes der Steuerhinterziehung bei natürlicher Betrachtungsweise nicht die tatsächliche Steuereinnahme, sondern der bestehende Steueranspruch sei. Der Vorsatz setzt somit die Kenntnis des Steueranspruchs voraus. Es handelt sich um ein normatives Merkmal. Da eine natürliche Betrachtungsweise aber immer auch eine Wertungsfrage darstellt, sollte man sich aufgrund der Reichweite der praktischen Konsequenzen dieser Frage um deutliche Abgrenzungskriterien bemühen.

Roxin etwa beschreibt Blankettstrafgesetze als Strafdrohungen (vgl. *Roxin/Greco*, StR AT I, 5. Aufl. 2020, § 5 Rn. 40), die bezüglich der Strafbarkeitsvoraussetzungen auf andere Vorschriften verweisen. In den Fällen, in denen sich das Strafrecht an Begriffsbildungen anderer Rechtsgebiete anschließt, soll es sich um normative Merkmale handeln.

Das BVerfG unterscheidet in BVerfGE 78, 205, 213 (= NJW 1988, 2593) danach, ob der Tatbestand das mit Strafe bedrohte Verhalten vollständig und ohne Bezugnahme auf andere Vorschriften umschreibt. Der Nachteil dieser Methode ist sicherlich darin zu sehen, dass es zahlreiche Normen gibt, bei denen es eine Wertungsfrage darstellt, ob es sich jeweils um ein Blankettstrafgesetz mit Verweisung auf außerstrafrechtliche Normen handelt oder eben um einen geschlossenen Straftatbestand mit dem normativen Erfordernis, zur Ausfüllung die steuerrechtlichen Normen heranzuziehen (vgl. auch *Tiedemann*, Rn. 410 f.).

> **Fortsetzung BGHSt 50, 331 – Mannesmann**
> Bspw. ist differenziert zu beurteilen, ob § 266 StGB aus sich selbst heraus verständlich ist oder ggf. der Ausfüllung durch andere Normen bedarf.
> Es existiert keine Regelung über Anerkennungsprämien im AktG, lediglich für andere – prospektiv ausgerichtete – Sonderzahlungen; daher ist der Rückgriff auf das AktG als argumentum e contrario notwendig, um das Verbot von Anerkennungsprämien zu kennen. Nach Auffassung des BGH ist dies wohl nicht der Fall. Andererseits würde eine positive Regelung den Regelungsgehalt des § 266 StGB verändern.

Bei den **Fälschungs- und Täuschungsdelikten** nehmen sowohl Rspr. als auch die überwiegende Ansicht an, dass vorsätzliches Handeln nur dann gegeben ist, wenn der Täter den **rechtlichen Sollzustand** kennt. Nur dann hat ihn der Unrechtsappell erreicht und nur dann kann der Täter davon auch abweichen, indem er eine Fälschung vollzieht oder eben eine Täuschung verübt.

III. Gesamttatbewertende Merkmale

Hinsichtlich der gesamttatbewertenden Merkmale vertritt ein Teil der Lehre die Ansicht (vgl. *Roxin/Greco*, StR AT I, 5. Aufl. 2020, § 10 Rn. 45 ff.), dass deren Verwendung eine abschließende, die Gesamttat betreffende Unrechtsbewertung enthielten, weshalb ihnen bereits das Merkmal der Rechtswidrigkeit immanent sei. Diese Ansicht hat insbesondere für die Irrtumslehre praktische Konsequenzen. Irrt nämlich der Täter lediglich über ein gesamttatbewertendes Merkmal, wie etwa die rechtliche Bewertung seiner Drohung als „verwerflich", so befindet er sich nicht in einem den Vorsatz ausschließenden Tatbestandsirrtum nach § 16 StGB, sondern nur in einem Verbotsirrtum nach § 17 StGB, welcher die Strafbarkeit im Falle der Vermeidbarkeit bestehen lässt. Nach Schünemann soll auch die Pflichtwidrigkeit in § 266 StGB ein solches gesamttatbewertendes Merkmal mit den beschriebenen Konsequenzen darstellen (vgl. LK/*Schünemann*, § 266 Rn. 193 f.). Dies ist aber mit der vom Bundesverfassungsgericht und teilweise auch vom BGH vertretenen Auffassung, nach der die Untreue eine „gravierende" Pflichtwidrigkeit voraussetzt, wohl kaum noch in Einklang zu bringen.

E. Unterlassen

I. Produkthaftung und Verkehrssicherungspflichten

Bei der Einführung eines Produktes wird das erlaubte Risiko nur selten überschritten.[10] Die strafrechtliche Verantwortlichkeit in Produkthaftungsfällen knüpft also oft daran an, dass der Verkauf eines nachträglich als schädigend in Verdacht geratenen Produkts nicht gestoppt worden ist und Warn- bzw. Rückrufaktionen unterblieben sind (vgl. BGHSt 37, 106 – Lederspray, 10). Von besonderer Bedeutung für das Wirtschaftsstrafrecht sind also **Garantenstellungsfragen** und damit einhergehende **Überwachungspflichten**.

Mit einer Überwachungsgarantenstellung i. S. d. § 13 Abs. 1 StGB obliegen dem Überwachungsgaranten besondere Sicherungspflichten für die ihm zurechenbaren Gefahrenquellen. Überwachungsgarantenstellungen werden typischerweise kraft Verantwortlichkeit für **Sachen als Gefahrenquelle** (vgl. auch *Fischer*, § 13 Rn. 34, 39), für **(andere) Personen als Gefahrenquelle** (dazu siehe III.) oder aber kraft **vorangegangenen pflichtwidrigen Verhaltens** (Ingerenz) begründet (vgl. *Rengier*, AT, 13. Aufl. 2021, § 50 Rn. 70 ff.).

Schwierigkeiten kann im Rahmen der strafrechtlichen **Produkthaftung** (s. o. C. I.) die Abgrenzung bereiten, ob es sich beim Inverkehrbringen gefährlicher Produkte um einen Fall der **Ingerenz** oder um einen Fall der **Verkehrssicherungspflicht** und damit um Betriebsgefahren sächlicher Art handelt.

---

[10] Solch eine Konstellation liegt aber bspw. dem Monza Steel-Fall zu Grunde: LG München II, abgedruckt bei Schmidt-Salzer ES, Nr. IV.28 (S. 296 ff., 330).

Nach BGHSt 37, 106, 114 (Lederspray) löst bereits das (bloße) Inverkehrbringen eines objektiv gefährlichen Produkts eine Ingerenz-Garantenstellung aus. Soweit über die objektive Gefährlichkeit des betreffenden Produkts im Zeitpunkt des Inverkehrbringens noch keine Kenntnis besteht, soll es auf die Pflichtwidrigkeit als Konstitutivelement der Ingerenz nicht länger ankommen. Das Merkmal der Pflichtwidrigkeit des Vorverhaltens ist in diesen Konstellationen als (notwendige und differenzierende) Voraussetzung einer Garantenstellung aus Ingerenz somit aufgegeben worden.

Nach a. A., die das Ergebnis des BGH im Lederspray-Fall mit entgegenstehender Argumentation zu halten versucht, wird hinsichtlich einer Ingerenz-Garantenstellung nicht ein explizit pflichtwidriges, sondern lediglich ein „gesteigert riskantes Vorverhalten" vorausgesetzt (*Kühl*, AT, § 18 Rn. 103). Problematisch erscheint jedoch, dass damit schon das Inverkehrbringen eines riskanten Produkts eine strafrechtliche Pflicht auslöst, obwohl dieses Sonderrisiko bereits durch die zvilrechtliche Produktbeobachtungspflicht aufgefangen wird und das Entstehen einer möglichen Erfolgsabwendungspflicht bei Inverkehrbringen ein bloßes (abstraktes) Potential ist. Bei einer Einbeziehung derartiger außerstrafrechtlicher Verkehrssicherungspflichten sollte aber grundsätzlich Zurückhaltung geboten sein. Da auch das Recht der strafrechtlichen Produkthaftung im Wesentlichen im Wege richterlicher Rechtsfortbildung entstanden ist, ist grundsätzlich eine restrikitve Auslegung geboten, wenn weitere Abwandlungen oder Extensionen der Haftung vorgenommen werden sollen.

Eine Ansicht spricht sich dafür aus, eine Garantenstellung mit Hilfe von Sondernormen zu begründen. Teilweise wird eine Ingerenz-Garantenstellung expressis verbis aufgrund rechtmäßigen Vorverhaltens unter der Voraussetzung anerkannt, dass eine (geeignete) Verkehrssicherungspflicht besteht (*Maiwald*, JuS 1981, 473, 482 f.). Dann aber ist die Garantenstellung bereits im Kern in der Verkehrssicherungspflicht verankert; denn es geht in diesen Fällen um die Reichweite der Verantwortlichkeit für einen räumlich-gegenständlichen Organisationskreis. Garantenstellung und Pflicht würden also zusammenfallen.

Überzeugender ist insofern eine Trennung von – Garantenstellungen auslösenden – Verkehrssicherungspflichten und der Ingerenzgarantenstellung. Sie harmoniert im Übrigen mit der auch sonst angebrachten Trennung von Garantenstellung und Garantenpflicht.

> **„Gefährlicher Herd" Beispiel**
> L betreibt ein Geschäft für Haushaltsgeräte und verkauft an verschiedene Ehepaare ein bestimmtes, geprüftes Gasherdmodell, das er von Hersteller X bezog. Einige Wochen später erfuhr er von X, dass erhebliche Sicherheitsmängel bezüglich der Gaszufuhr festgestellt wurden. L, dessen Geschäft keine großen Gewinne erwirtschaftete, fürchtete, die Gasherde auf eigene Kosten ersetzen zu müssen. Daher unterließ er es, die Käufer dieses Modells über die Sicherheitsmängel in Kenntnis zu setzen und hoffte, dass es keine

Unfälle geben werde. In der Folgezeit gab es bei einem der Ehepaare eine kleine Gasexplosion, die den Ehemann M leicht verletzte und Teile der Küche beschädigte. Für eine Strafbarkeit des L bedarf es einer bestehenden Garantenstellung. Fraglich ist jedoch, woraus sich diese – ob beispielsweise aus Kaufvertrag, culpa in contrahendo, culpa post pactum finitum oder aber aus pflichtwidrigem Vorverhalten – ergeben kann (siehe auch *Hellmann*, Wirtschaftsstrafrecht, 5. Aufl. 2018, Rn. 1047).

Nach BGHSt 37, 106, 114 (Lederspray) wird bereits eine Garantenstellung begründet, wenn der Täter ein objektiv gefährliches Produkt, d. h. ein derart beschaffenes Gut in den Verkehr bringt, bei dessen bestimmungsgemäßer Verwendung für den Verbraucher – entgegen seiner berechtigten Erwartungen – die Gefahr des Eintritts gesundheitlicher Schäden besteht. „(34) […] insoweit haftet nicht nur, wer den Schaden durch positives Tun verursacht, sondern auch derjenige, der die Abwendung des drohenden Schadens unterläßt." Vorliegend könnte aber bereits L Verbraucher der Gasherde sein, die der Hersteller X in den Verkehr brachte. Auch L kraft vorangegangenem pflichtwidrigen Vorverhaltens (Ingerenz) strafrechtlich haften zu lassen, könnte indessen der persönlichen Vorwerfbarkeit zuwiderlaufen, da im Zeitpunkt der Verwendung subjektiv keine Kenntnis der schädigenden Wirkung der Gasherde bestand. Eine gemeinschaftliche Haftung bei (bzw. ab) Kenntnis der Gefährlichkeit scheint ebenfalls nicht überzeugend, da die Haftung damit noch weiter ausgedehnt würde.

Unberührt dessen könnte sich aber eine Haftung für L als Nicht-Hersteller für betriebstypische Gefahren ergeben; mithin also nicht kraft Sachherrschaft, sondern wohl eher kraft Verkehrssicherungspflicht/betriebstypischer Gefahren.

Problematisch erscheint dies aber nicht nur in Bezug auf den Schuldgrundsatz, sondern auch für den Fall eines Wechsels der Unternehmensführung. Für den Fall fahrlässigen Verhaltens wäre dies andererseits wohl unter Rückgriff auf den dort etablierten Vertrauensgrundsatz kompatibel (vgl. Straßenverkehr; BGHSt 37, 106, 114 Rn. 33 f.; vgl. auch *Wittig*, Wirtschaftsstrafrecht, § 6 Rn. 63).

Unklar bleibt aber, ob ein allgemeines strafrechtliches Institut geschaffen werden soll, welches abstrakt für die Fallgruppe anwendbar ist, oder ob vielmehr eine im Einzelfall besonders zu begründende Transformation zivilrechtlicher Verkehrssicherungspflichten ins Strafrecht zu erfolgen hat (vgl. *Bloy*, in: FS Maiwald, 35 ff.).

Entscheidend für die Bearbeitung von Fällen ist jedenfalls, dass Verkehrssicherungspflichten darauf ausgerichtet sind, dass mit der Herrschaft über eine Sache die von ihr ausgehenden Gefahren jedenfalls faktisch i. d. R. leichter beherrscht werden können, als durch einen gefährdeten Dritten. Faktisch überzeugt dieser Ansatz in einfach gelagerten Fällen. In Bezug auf die Rückrufpflicht gefährlicher Produkte hat das Produkt aber regelmäßig schon den Herrschaftsbereich verlassen, sodass sich jedenfalls Produktbeobachtungspflichten daher nicht bereits aus (bloßen) Sachherrschaftsgesichtspunkten ableiten lassen können.

Herstellergarantenstellungen werden daher, um den entsprechenden Konnex herstellen zu können, vereinzelt auch als „Verlängerung" der Sachherrschaftsgarantenstellung kraft fortbestehender Organisationszuständigkeit verstanden (so *Kühl*, AT, § 18 Rn. 110 m. w. N.).

Roxin nimmt eine Garantenstellung des Produzenten aus Übernahme einer Schutzfunktion an (*Roxin*, StR AT II, § 32 Rn. 210 ff.): Der Erwerber habe in der modernen Warengesellschaft i. d. R. keine Möglichkeit, die gesundheitliche Unbedenklichkeit gekaufter Waren zu überprüfen. Er müsse sich daher nicht nur auf die Einhaltung der Sicherheitsstandards durch die Produzenten verlassen, sondern auch darauf, dass entsprechende Informationen in Bezug auf nachträglich bekannt gewordenen Risiken erfolgen.

Anerkannte Pflicht des Herstellers ist es, dafür zu sorgen, dass seine Produkte bei bestimmungsgemäßer Verwendung keine Schäden verursachen. Hierauf darf sich der Konsument verlassen, ohne es selbst überprüft zu haben, denn ansonsten wären standardisierte Situationen der anonymen Bedarfsdeckung, wie sie für die moderne Gesellschaft charakteristisch sind, nicht zu bewältigen (*Maiwald*, ZStW 1979, 975.).

Schwierig sind dabei die Grenzen und die Reichweite des Vertrauensgrundsatzes bei Verwendung fremder Leistungen zu bestimmen; die herausgearbeiteten Kriterien wie Herrschaft, Vertrauen etc. umschreiben zwar mehr oder weniger treffend faktische Gegebenheiten, liefern jedoch keine klare Antwort auf die Begründung einer Rechtspflicht Auch insoweit zeigt sich der einzefall- und beispielsbezogene Charakter des Wirtschaftsstrafrechts (s.o. „Case-Law").

II. Fortbestehende Garantenpflichten trotz Majorisierung bei Mehrheitsbeschluss

Bei Gremienentscheidungen (siehe auch unter C. II.) können komplexe Probleme im Bereich der Zurechnung des Unterlassens auftreten. So ist etwa die strafrechtliche Verantwortlichkeit eines Gremiumsmitgliedes, das mit der Mehrheit für das Unterbleiben einer Warn- oder Rückrufaktion gestimmt hat, nicht ohne weiteres zu begründen. Denn ein solcher gemeinschaftlicher Unterlassungsbeschluss ist von vornherein bedeutungslos, insoweit es sich lediglich um das Unterlassen eines Beschlusses handelt, der die gebotene Aktivität zum Gegenstand hätte haben müssen. Dadurch aber ändert sich an der Lage des bedrohten Gutes nichts. Entscheidend ist daher, welchen Verantwortlichkeit für das Unterlassen der gebotenen Rettungsaktion bei welche Gremienmitgliedern gegeben ist. Hier ist genau zu differenzieren. Denn diese Verantwortlichkeit entsteht unabhängig und in der Regel bereits vor konkreten Gremienbeschlüssen (vgl. *Bloy*, in: FS Maiwald, 35 ff.).

Insbesondere stellt sich die Frage, ob überstimmte Mitglieder gegenüber einer **rechtswidrigen Beschlussfassung** nur die **gesellschaftsrechtlich** möglichen organinternen Maßnahmen oder aber weitergehend alle **faktisch** möglichen Maßnahmen bis hin zur Amtsniederlegung und/oder Benachrichtigung der Polizei und Staatsanwaltschaft ergreifen müssen.

Die wohl überwiegende Ansicht lässt interne Bemühungen genügen. Im Vergleich zur strafrechtlichen Haftung des Betriebsinhabers besteht demnach hier die zusätzliche Besonderheit, dass es sich um **gleichgeordnete Organmitglieder** handelt, sodass die Personenautonomie gegen eine Pflicht spricht, Straftaten infolge freier Willensentschlüsse gleichgeordneter Organmitglieder zu verhindern.

Die Rspr. schränkt hier tendenziell die Personenautonomie als Argument gegen eine Zurechnung ein und nimmt eine Verpflichtung jedes Geschäftsführers an (vgl. BGHSt 9, 203, 216; 37, 106, 131.), auf den anderen einzuwirken. Trotz strafrechtlicher Anerkennung der Zuständigkeitsaufteilung der Geschäftsführer für jeweils besondere Geschäftsbereiche (sog. **Ressortprinzip**) und trotz Begrenzung der Handlungspflichten wird ein **Prinzip der Gesamtverantwortung** und damit eine „allgegenwärtige" Pflicht zum Einschreiten postuliert (siehe sogleich). I. E. muss daher jedes Organ intervenieren, sobald es ein rechtswidriges Verhalten des an sich zuständigen Organs erkennt. Die Handlungs- bzw. Garantenpflichten sind dabei allerdings begrenzt.

III. Ressortprinzip und Gesamtverantwortung

In dem vorstehend thematisierten Zusammenhang spielt auch die Frage nach der Abgrenzung von Ressort- und Gesamtverantwortung eine wichtige Rolle. Bei einer Ressortaufteilung der Gesamtgeschäftsleitung nimmt jedes Mitglied einen bestimmten Aufgabenkreis eigenverantwortlich wahr, ist für diesen verantwortlich, und braucht sich nicht um die Ressorts der anderen Mitglieder zu kümmern (*Schmidt-Salzer*, NJW 1996, 1, 4). Im Rahmen des arbeitsteiligen Handelns etwa auf Unternehmens- bzw. Konzernebene erkennt die Rechtsprechung die Existenz verschiedener Verantwortungsbereiche an. Im Lederspray-Fall (BGH NJW 1990, 2560) etwa führte der BGH aus, eine Aufteilung der Geschäftsbereiche unter mehreren Geschäftsführern einer GmbH bleibe zwar ohne Einfluss auf die Verantwortung jedes einzelnen für die Geschäftsführung insgesamt. Ob dieser gesellschaftsrechtliche Grundsatz aber auch für die strafrechtliche Pflichtenstellung entscheide, sei zweifelhaft. Unzweifelhaft greife der **Grundsatz der Gesamtverantwortung** hingegen dann ein, wenn das Unternehmen aus besonderem Anlass, etwa in Krisen- oder Ausnahmesituationen, als Ganzes betroffen sei. Im Ergebnis hat man sich daher regelmäßig die Frage zu stellen, welchen Personen innerhalb des Unternehmens bestimmte Handlungspflichten des Unternehmens zuzurechnen sind.[11] Dabei darf unter Berücksichtigung des Vertrauensgrundsatzes jeder Beteiligte darauf vertrauen, dass andere die ihnen zugewiesenen Aufgaben ordnungsgemäß erfüllen. Ansonsten wäre eine effektive Arbeitsteilung nicht möglich. Erlaubtes Vertrauen scheidet allerdings immer dann aus, wenn dem an sich Zuständigen erkennbar die Kenntnis der einzuhaltenden Regeln fehlt oder er zu deren Befolgung aus sonstigen Gründen nicht in der Lage ist. Dies gilt letztlich auch dann, wenn es zum Aufgabenkreis des Einzelnen gehört, ein etwaiges Fehlverhalten des anderen zu kompensieren.

> **Fortsetzung BGHSt 37, 106 (= NJW 1990, 2560) – Lederspray**
> Der Entschluss, einen Produktions- und Auslieferungsstopps eines potenziell gesundheitsschädigenden Produktes zu unterlassen, wurde nicht von einer einzelnen Person, sondern einem mehrköpfigen Gremium getragen. Dabei waren nicht alle positiv stimmenden auch für den entsprechenden Produktbereich zuständig.

---

[11] BGH, Beschl. v. 12.12.2017 – 2 StR 308/16 = FD-StrafR 2018, 403202 (m. Anm. Rathgeber): keine generelle „Vorgesetztenverantwortlichkeit" in Unternehmen.

Nach einer Ansicht ist die strafrechtliche Verantwortlichkeit auf den **Bereich der innerbetrieblichen Verantwortung** zu beschränken (LK/*Schünemann*, § 14 Rn. 53). Danach wären nur die Gremienmitglieder verantwortlich, die den Beschluss mittragen und zudem nach Aufgabenverteilung im Betrieb für den entsprechenden Bereich auch zuständig waren.

Nach anderer Ansicht hat jeder Geschäftsführer, unabhängig von der internen Geschäftsverteilung, für die Erfüllung der **besonderen Pflichten des Vertretenen** – hier der GmbH – einzustehen (OLG Düsseldorf, NStZ 1981, 265; Schönke/Schröder/*Perron*, § 14 Rn. 19). Nach dieser Ansicht wären die Gremienmitglieder aufgrund ihrer Kenntnis gleichermaßen für die Folgen des Beschlusses verantwortlich.

Nach der Rechtsprechung des BGH besteht dann eine **Allzuständigkeit** aller Geschäftsführer, wenn es sich um ein **ressortübergreifendes Problem** handelt. Andernfalls könne eine Beschränkung der Pflichtenerfüllung auf den jeweiligen Verantwortungsbereich hinreichen.[12] Der Grundsatz der Generalverantwortung ist insbesondere in Krisensituationen, wo aus besonderem Anlass das ganze Unternehmen betroffen ist, gegeben. Im Lederspray-Fall bedeutet dies, dass jedes Gremienmitglied seinen Einfluss dazu nutzen muss, um einen Beschluss zu erwirken, der nicht zum Eintritt eines strafrechtlichen Erfolges führt. Wer dies nicht tut, macht sich strafbar.

Die Zivilsenate des BGH vertreten hingegen eine strengere, zur Allzuständigkeit neigende Linie für die deliktische Haftung (BGHZ 133, 170 ff.).

> „Textilien" Beispiel
> Stoffhersteller S verkauft in Meter-Einheiten. Mitarbeiter M kommt auf die Idee, pro bestelltem und bezahltem Meter nur 0,95 m abzuschneiden und zu liefern, um den Gewinn so auf Dauer etwas zu steigern. S erfährt dies, unternimmt jedoch nichts, weil ihm eine Gewinnsteigerung nur recht ist (siehe auch *Hellmann*, Wirtschaftsstrafrecht, 5. Aufl. 2018, Rn. 1055).

Wirtschaftunternehmen sind in der Regel hierarchisch strukturiert. Daraus folgt eine gestufte und segmentierte Verantwortungsteilung. Häufig zu entscheiden ist deshalb die Frage, ob eine (vorgesetzte) Person eine Verantwortung trifft, Straftaten anderer (nachgeordneter) Personen zu hindern. Die Qualifikation einersolchen **Garantenpflicht zur Verhinderung fremder Straftaten** konfligiert mit der verfassungsrechtlich verankerten Personenautonomie und ist im Kontext des Wirtschaftsstrafrechts immer noch sehr umstritten.

Nach überwiegender Ansicht kann sich eine (Überwachungs-)Garantenstellung aus der „Befehlsgewalt der Leitungsperson" (vgl. *Roxin*, StR AT II, § 32 Rn. 135) oder Autoritäts- und Weisungsbefugnissen, wie etwa im Beamtenrecht (vgl. § 357 Abs. 1 Alt. 3 StGB), ergeben.

---

[12] BGHSt 37, 106 ff., 124 ff. „Lederspray" – für die Veranlassung eines Produktionsstopps und einer Rückrufaktion bei lebensgefährdenden Produkten.

Verfolgt man diese Argumentation weiter, so stellt sich letztendlich die Frage nach der Geschäftsherrenhaftung. Der Begriff der **Geschäftsherrenhaftung** ist dabei nicht zu verwechseln mit dem Geschäftsherrenmodell aus § 299 Abs. 1 Nr. 2, Abs. 2 Nr. 2 StGB. Dort geht es nicht um die Haftung bestimmter Organe, vielmehr wird einer Strafbarkeit von deren fehlender Einwilligung abhängig gemacht.

---

(1) BGHSt 54, 44 (= NJW 2009, 3173 = BKR 2009, 422 m. Anm. Rolshoven) – BSR-Entscheidung

Bei der Berliner Stadtreinigung haben zwei hochrangige Funktionsträger, ein Vorstandsmitglied und ein Leiter der Innenrevision und der Rechtsabteilung gegenüber den Grundstückseigentümern überhöht abgerechnet. Das LG Berlin hatte ersteren wegen Betruges verurteilt, weil er zunächst versehentlich zu hoch angesetzte Tarife dann als unrichtig erkannte und gleichwohl abrechnete; letzteren wegen Beihilfe zum Betrug durch Unterlassen, da er es unterließ, das Aufsichtsgremium zu unterrichten, obwohl er die unzutreffende Tarifbildung kannte. Der BGH bestätigte, dass dem Leiter der Innenrevision und Rechtsabteilung eine Garantenstellung zukommt. Denn mit der Übertragung von Obhutspflichten für eine bestimmte Gefahrenquelle treffen ihn auch eine „Sonderverantwortlichkeit" für die Integrität des in seine Zuständigkeit fallenden Bereiches.

Das Aufgabengebiet von Compliance Officers in Unternehmen, sei die Verhinderung von Rechtsverstößen, insbesonderen Straftaten, die aus dem Unternehmen heraus begangen werden und diesem erhebliche Nachteile in Gestalt von Haftungsrisiken oder Ansehensverlust bringen könnnen. Solche Beauftragte treffe regelmäßig eine Garantenpflicht i. S. v. § 13 Abs. 1 StGB, Straftaten aus dem Unternehmen heraus zu verhindern.

---

(2) BGHSt 57, 42, „Baukolonne" (= NJW 2012, 1237 = CCZ 2012, 157 m. Anm. Poguntke)

Bei dem Angeklagten handelte es sich um den Vorarbeiter einer Baukolonne. Die Mitarbeiter der Kolonne fügten einem Mitarbeiter einer anderen Kolonne über einen längeren Zeitraum erhebliche Verletzungen zu. Der Vorarbeiter war bei den Taten anwesend, ohne dass eine psychische Unterstützungsleistung vorgenommen wurde. Das Landgericht verurteilte ihn mangels Garantenpflicht nicht wegen Beihilfe durch Unterlassen.

Der BGH stellt hierzu fest, dass einen Betriebsinhaber bzw. Vorgesetzten im Einzelfall zwar eine Garantenpflicht zur Verhinderung von betriebsbezogenen Straftaten nachgeordneter Mitarbeiter in seinem personellen Verantwortungsbereich treffen kann. Indes handelte es sich bei dem Verhalten der Mitarbeiter nicht um betriebsbezogene Taten, da sie in keinem Zusammenhang zur der im Rahmen des Arbeitsverhältnisses zu erbringenden Tätigkeit standen (siehe zur Betriebsbezogenheit in diesem Bsp. genauer unten unter G II. 2. a.). Daher kam dem Vorarbeiter hier keine Garantenstellung zu.

E. Unterlassen

Weiterhin stellt sich die Frage, inwiefern sich der Geschäftsherr selbst durch Delegation seiner strafrechtlichen Verantwortung entledigen kann. Insofern ist in § 14 Abs. 1 StGB der Grundsatz enthalten, dass sich der Prinzipal seiner Verantwortung nicht vollends entziehen kann. Der Vertreter ist dem Wortlaut des Gesetzes entsprechend auch, nicht aber ausschließlich, verantwortlich. Demzufolge macht sich der Vertretene auch dann strafbar, wenn er die Pflichtverletzung des Vertreters oder Beauftragten erkennt oder erkennen konnte und diese vorsätzlich oder auch fahrlässig geschehen lässt. Dabei kann Delegation für den Geschäftsherrn (Unternehmensinhaber) nur in begrenztem Umfang zur Strafbefreiung führen, da dieser in rechtlicher Hinsicht stets die oberste Organisations- und Überwachungsmacht behält. Eine solche (abgeleitete) **Geschäftsherrenhaftung** besteht entsprechend für jeden betrieblich Vorgesetzten für den ihm unterstellten betrieblichen Bereich. Sie erstreckt sich hingegen nicht auf Exzesstaten des untergebenen Vertreters.[13] Nach Auffassung des BGH soll eine betriebsbezogene Straftat und somit keine Exzesstat dann gegeben sein, wenn die Tat einen „inneren Zusammenhang mit der betrieblichen Tätigkeit des Begehungstäters oder mit der Art des Betriebes aufweist".

Hier ist allerdings auf mögliche Friktionen im Hinblick auf die rechtliche Beurteilung der sog. „**Allzuständigkeit**" des Leitungsorgans zu achten, so dass nicht nur in horizontaler, sondern auch in vertikaler Ebene zu differenzieren sein kann, namentlich dann, wenn sich, wie praktisch die Regel, horizontale und vertikale Kompetenzstrukturen überlagern.

Im Hinblick auf fahrlässiges Handeln oder Unterlassen kommen – bspw. nach Schünemann – fünf verschiedene Formen der Sorgfaltswidrigkeit in Betracht (vgl. LK/*Schünemann*, § 14 Rn. 68):

(1) Unsorgfältige **Auswahl** eines unzuverlässigen bzw. überforderten Substituten,
(2) Unklare und deshalb für Defizite bei der Zusammenarbeit prädestinierte **Aufgabenverteilung**,
(3) Unzulängliche **Instruktion** des Substituten,
(4) Fehlendes oder unzulängliches **Durchgreifen** nach bekannt gewordenen Unregelmäßigkeiten des Substituten und
(5) Nichtvornahme gelegentlicher überraschender **Stichproben**.

Letztere sollen auch bei langjährig bewährten Mitarbeitern nicht entbehrlich sein (vgl. LK/*Schünemann*, § 14 Rn. 68). Allerdings fehlt es in einer solchen Konstellation regelmäßig an einer Kausalität des Unterlassens (der Durchführung der Stichprobe) für den Erfolg, da festgestellt werden müsste, dass die unterlassene Stichprobe den Erfolg verhindert hätte.

Die Geschäftsherrenhaftung ist in Hinblick auf Art. 103 Abs. 2 GG problematisch. Die Haftung von Betriebsinhabern und Vorgesetzten darf diesbezüglich nicht zu extensiv gehandhabt werden (*Schlösser*, NZWiSt 2012, 281, 285).

---

[13] Siehe BGH BB 2012, 150 ff. m. Anm. *Grützner*; in dem Urteil wurde zuvor auch erstmals ausdrücklich eine derartige Garantenstellung vom BGH grundsätzlich bejaht.

Die sich daraus ergebende spezifische strafrechtliche Unterlassensverantwortlichkeit wird von der überwiegenden Ansicht mit dem „Herrschaftsargument" begründet: Eine Geschäftsherrenhaftung müsse bestehen, da es sich bei Unternehmen oft um eine große organisatorische Einheit handele, in der stark arbeitsteilig vorgegangen werde, sodass die Eigenverantwortlichkeit des Einzelnen darüber, wie, wo und in welchem Maße die eigene Arbeitskraft eingesetzt werde, zurücktrete und den übergeordneten Weisungen der Geschäftsleitung folge (Befehl- und Organisationsherrschaft; dazu Lackner/Kühl/*Heger*, § 13 Rn. 14; *Roxin*, StR AT II, § 32 Rn. 137; *Schünemann*, ZStW 96 (1984), 287, 310). Dies rechtfertige ein Zurücktreten des Grundsatzes der Eigenverantwortlichkeit und ermögliche die **Zurechnung** gegenüber der Geschäftsleitung. Nach anderer Ansicht soll das „Gefahrenargument" durchgreifen: Der Mensch bildet eine Gefahrenquelle, über die die Geschäftsleitung zu wachen habe (vgl. *Wittig*, Wirtschaftsstrafrecht, § 6 Rn. 58 f.). Es bestehe eine Verkehrssicherungspflicht betreffend den Betrieb (Personen- und Sachgefahr; *Dannecker/Dannecker*, JZ 2010, 981, 990; so auch NK-StGB/*Gaede*, § 13 Rn. 53). Maßgeblich ist im Rahmen dieser Konstruktion, dass die Geschäftsleitung tatsächliche und rechtliche Einflussmöglichkeiten besitzt, (präventive) Anordnungen und ggf. (repressive) Untersuchungen zu treffen (*Dannecker/Dannecker*, JZ 2010, 981, 989).

F. Rechtfertigung

I. Rechtfertigender Notstand, § 34 StGB

Die Frage der Anwendbarkeit des § 34 StGB bei Begehung einer (Wirtschafts-) Straftat zur Erhaltung von Arbeitsplätzen oder der Fortführung der Produktion zur Erhaltung des Betriebes ist grundlegend dahingehend zu beantworten, dass **„gesetzesadäquate" Gefahren** vom Täter hinzunehmen sind; mithin begründen die genannten Motive für sich noch keine tauglichen Rechtfertigungsgründe. Insofern ist davon auszugehen, dass der Gesetzgeber die gesamtgesellschaftlichen Interessen offensichtlich als schutzwürdiger angesehen hat. Allerdings erscheint von diesem Grundsatz eine Ausnahme dann gerechtfertigt, soweit es sich um die **Abwendung einer außergewöhnlichen, vom Gesetzgeber nicht einkalkulierten Gefahr** handelt (vgl. Schönke/Schröder/*Perron*, § 34 Rn. 35).

Von besonderer Bedeutung erscheint in diesem Zusammenhang die Frage des Eingreifens von § 34 StGB bei drohendem Geldverlust, etwa zur Rechtfertigung des Untreue- bzw. Unterschlagungstatbestandes.

F. Rechtfertigung

„Musikakademie – Konzertreise" Beispiel 1 (nach BGHSt 12, 299 = NJW 1959, 584)

D ist Verwaltungsleiter einer staatlichen Musikakademie. Als F, Verwaltungsangestellter der Musikakademie und Vorsitzender der ansässigen Singakademie, eine Konzertreise ins Ausland durchführen möchte, an der auch zahlreiche Mitglieder der Musikakademie als Chormitglieder oder Solisten und das gesamte Orchester der Musikakademie einschließlich seines musikalischen Leiters teilnehmen sollen, stellt sich die Frage der Finanzierung der Reise. Nachdem das Auswärtige Amt einen Zuschuss von 2500 EUR gezahlt und eine Ausfallgarantie i. H. v. 5000 EUR übernommen hat, beantragt D bei der örtlichen Kreissparkasse einen Kredit i. H. v. 5000 EUR für die Singakademie. Weil diese die Ausfallgarantie allerdings nicht als geeignete Kreditunterlage anerkennt, verbürgen sich acht Personen, darunter D. Außerdem verpfändet F im Einverständnis mit D ein auf Fs Namen lautendes Sparguthaben. Dieses entstammt allerdings der Konzertkasse, in der sich auch Gelder der Musikakademie befinden. Nachdem die Reise mit einem finanziellen Verlust endet, überweist das Auswärtige Amt die 5000 EUR an die Kreissparkasse, woraufhin diese das verpfändete Sparguthaben i. H. v. 2500 wieder freigibt.

In dem hier vorliegenden Fall entschied der BGH wie folgt:

> „Nicht gebilligt werden kann insbesondere die Auffassung der Strafkammer, die Abwehr des bei plötzlicher Absage der Reise drohenden Verlustes sehr erheblicher Vorbereitungskosten der Singakademie (die Revision spricht – möglicherweise richtig – von etwa 40 000 EUR) stelle im Vergleich zu der vorübergehenden Inanspruchnahme weit geringerer Mittel der Staatlichen Musikakademie keinesfalls den Schutz eines höherwertigen Rechtsgutes dar, wobei der Umfang der auf beiden Seiten in Betracht kommenden Schädigung nicht entscheide. Sollte dieser Auffassung die Meinung zugrunde liegen, dass bei beiderseitiger Gefährdung geldlicher Mittel schon die Gleichartigkeit der zu vergleichenden Rechtsgüter die Höherwertigkeit des größeren Verlustes ausschließe, so wäre dem nicht zu folgen. Der in gewissen Fällen als Rechtfertigungsgrund anzuerkennende Notstand beruht auf dem ernstlichen Widerstreit unvereinbarer Interessen. Eine solche Lage kann nach der Erfahrung des Lebens gerade auch dann eintreten, wenn sich – wie hier – gleichartige wirtschaftliche Verluste sehr verschiedener Größenordnung gegenüberstehen …"

„Kanzlei in Not" Beispiel 2 (vgl. BGH NJW 1976, 680)

R hat sich als Rechtsanwalt auf die Abwicklung und Regulierung von Verkehrsunfallschäden spezialisiert. Dabei überweist die Haftpflichtversicherung die Beträge jeweils auf ein Postscheckkonto des R, welche dieser dann jeweils bestimmungsgemäß an die Mandanten weiterleitet. Als R jedoch erfährt, dass erhebliche Verbindlichkeiten ohne Hilfe Dritter nicht mehr erfüllt werden können und auch ein aufgrund einer Bürgschaft seiner Schwiegermutter ausgezahltes Bankdarlehen nicht mehr zur Tilgung der Verbindlichkeiten ausreicht, entschließt sich R, zur Rettung der Kanzlei von Fall zu Fall zur Beglei-

> chung der dringendsten Verbindlichkeiten auch auf genanntes Postscheckkonto zurückzugreifen. Letztlich beantragt R die Eröffnung des Konkursverfahrens wegen Zahlungsunfähigkeit. Dieses endet mit einer Vergleichsquote von 20 %. Dabei entsteht den Mandanten ein Schaden von insgesamt knapp 50 000 EUR.
> Der BGH stellte in diesem Fall unter Bezugnahme auf den oben beschriebenen Fall BGHSt 12, 299 klar, dass es vor dem Hintergrund der Erfordernisse des wesentlichen Überwiegens des geschützten Interesses und der Angemessenheit der zur Gefahrabwendung erforderlichen Tat nicht ausgeschlossen erscheine, dass bei Kollision gleichartiger Vermögenswerte der quantitativ größere Verlust durch eine tatbestandsmäßige Handlung abgewendet wird. Allerdings erfordere es **außergewöhnliche Umstände**, um das durch die Tat wahrgenommene Vermögensinteresse in der konkreten Lebenssituation als schutzwürdiger ansehen zu können. Der rechnerische Schadensvergleich sei dabei nur ein die Abwägung mitbestimmender Umstand. Grundsätzlich trage jeder das kleine oder große Risiko seiner finanziellen Dispositionen. Letztlich lehnt der BGH den Verweis der Revision auf das zuvor genannte Urteil BGHSt 12, 299 (= NJW 1976, 680) ab: „Die frühere Entscheidung hatte es mit einer Konfliktlage zu tun, die nicht in wirtschaftlich riskantem Handeln der Täter ihren Ursprung hatte. Für ihre Annahme, der Schaden werde nicht endgültig eintreten, sondern sich auf die „vorübergehende Blockierung verhältnismäßig geringer Beträge" beschränken, sprachen gute Gründe. Das (möglicherweise) tatbestandsmäßige Handeln stand auch im Dienste **„gewichtiger kulturpolitischer Interessen"** und **„gesamtpolitischer Belange."**

Die Inanspruchnahme fremden Vermögens zur Rettung eigener „Geldinteressen" kann also nur dann gerechtfertigt sein, wenn gewichtige andere (Gemeinwohl-)Interessen hinzutreten (BGH NJW 1976, 681; BGHSt 12, 299).

Tiedemann verlangt weiterhin eine Konnexität zwischen Eingriffs- und Erhaltungsgut (*Tiedemann*, Rn. 370). Diese wäre dann auch bei BGHSt 50, 331 – Mannesmann gegeben, wenn die Zahlungen beschlossen worden wären, um eine freundliche Übernahme zu ermöglichen und somit den Fall der Aktie zu verhindern.

II. Behördliche Genehmigung und Einwilligung

Die behördliche Genehmigung ist **Ausdruck der besonderen Kompetenz zur Bewirtschaftung eines Rechtsgutes** und unterscheidet sich dadurch von der Einwilligung, die auf die **Inhaberschaft eines Rechts** Bezug nimmt (vgl. Lackner/Kühl/*Kühl*, Vor § 32 Rn. 10).

Hinsichtlich der Frage, ob die **Genehmigung** tatbestandsausschließenden oder rechtfertigenden Charakter hat, muss nach der Funktion der Genehmigung im Rahmen des jeweiligen Delikts unterschieden werden. Liegt ein **präventives Verbot**

F. Rechtfertigung

mit **Erlaubnisvorbehalt** (sog. Kontrollerlaubnis) vor, wird der Tatbestand ausgeschlossen. Es handelt sich dann insoweit um ein (grundsätzlich) sozialadäquates Verhalten, welches nur vor dem Hintergrund etwaig entstehender Gefahren genehmigungspflichtig ist. Handelt es sich hingegen um ein sog. **repressives Verbot mit Befreiungsvorbehalt** (sog. Ausnahmebewilligung), stellt sich die Situation anders dar: Weil hier ein an sich unerwünschtes und häufig gefahrgeneigtes, an sich verbotenes Verhalten lediglich aufgrund einer Abwägung der kollidierenden Interessen gestattet wird, entfällt nur die Rechtswidrigkeit.

> **Hinweis**
>
> Präventive Verbote mit Erlaubnisvorbehalt findet man bspw. im Bank- und Kapitalmarktstrafrecht. Bankgeschäfte sind regelmäßig erlaubnispflichtig, vgl. § 32, 54 KWG. Auch bedarf ein Versicherungsvermittler einer Erlaubnis nach § 34d GewO. Erlaubnispflichten gibt es auch im Steuerstrafrecht, vgl. § 20 UstG, nach dem Unternehmer sich die Ist-Besteuerung vom Finanzamt gestatten lassen müssen.
>
> Insbesondere im Umweltstrafrecht findet man regelmäßig Genehmigungspflichten, siehe z. B. § 324 Abs. 1 StGB (Gewässerverunreinigung), § 326 StGB (Unerlaubter Umgang mit Abfällen) („unbefugt"). § 330 Abs. 1 Nr. 5 StGB bestimmt dabei ausdrücklich, dass ein Handeln ohne Genehmigung oder sonstige Zulassung auch ein Handeln aufgrund einer durch Drohung, Bestechung oder Kollusion erwirkten oder durch unrichtige oder unvollständige Angaben erschlichenen Genehmigung oder sonstigen Zulassung ist.
>
> Auch der Betrieb kerntechnischer Anlagen ist nach § 327 StGB strafbar, sofern keine entsprechende Genehmigung vorliegt. Die Abwägung, ob eine solche noch erteilt werden kann, ist heute vor dem Hintergrund des von der Bundesregierung beschlossenen Ausstiegs aus der Kernkraft bis 2022[14] vorzunehmen, wonach neue Genehmigungen nicht zu erwarten sind. Wie dynamisch sich diese Beurteilungsgrundlage verändern kann, zeigen die aktuellen (2022) Erwägungen zum „Ausstieg aus dem Ausstieg" infolge des russischen Angriffs auf die Ukraine und die damit verbundenen Unsicherheiten der konventionellen Energieversorgung.
>
> Eine Erlaubnispflicht besteht auch bzgl. des Betreibens einer Abfindungsbrennerei, § 10 Abs. 1 S. 1 AlkStG. Hier müssen die in Abs. 1 Nr. 1 bis 3 normierten Voraussetzungen gegeben sein, darunter fehlende Bedenken bzgl. einer steuerrechtlichen Zuverlässigkeit, damit die Erlaubnis erteilt wird. ◄

Die **Einwilligung** kann grundsätzlich nur Straftaten gegen Individualrechtsgüter rechtfertigen. Sobald aber auch andere rechtlich geschützte Interessen, wie etwa das staatliche Interesse an einem vollständigen Steueraufkommen hinzutreten, ist eine Einwilligung, etwa durch den sog. „Schwarzarbeiter" nicht möglich.

Hinsichtlich des Untreuetatbestandes ist vor allem die Organuntreue von praktischer Relevanz. Dabei kann die Einwilligung sowohl das Merkmal der Pflichtwid-

---

[14] https://www.bundesregierung.de/breg-de/suche/bundesregierung-beschliesst-ausstieg-aus-der-kernkraft-bis-2022-457246, zuletzt abgerufen am 09.09.2021.

rigkeit der Vermögensverfügung als auch den Vermögensnachteil ausschließen. Aufgrund der Tatsache, dass es sich jeweils um Tatbestandsmerkmale handelt, wird insofern auch vom **Einverständnis** gesprochen. Innerhalb welcher Grenzen ein solches Einverständnis allerdings wirksam sein soll, ist umstritten.

> „Luftrechnungen" Beispiel (Vgl. BGHSt 35, 333 = NJW 1989, 112)
> Der Angeklagte ist alleiniger Geschäftsführer und Mitgesellschafter einer GmbH, deren Unternehmensgegenstand insbesondere der Bau und die Veräußerung von Kaufeigenheimen und Eigentumswohnungen war. Bei der Errichtung von insgesamt 76 Häusern zeichnen sich Gewinne von insgesamt 4 Mio. EUR vor Steuerabzug ab. Daraufhin beschließt der Angeklagte, 750 000 EUR auf private Objekte zu verlagern, womit die übrigen Gesellschafter einverstanden sind. Die von der GmbH eingesetzten Bauunternehmen veranlasst er zur Ausstellung überhöhter und fiktiver Rechnungen, wodurch der Gewinn der GmbH entsprechend gemindert wird. Auch hiermit sind die Mitgesellschafter einverstanden.
>
> Das Landgericht Osnabrück hat den Angeklagten wegen Körperschaftsteuerhinterziehung in Tateinheit mit Gewerbesteuerhinterziehung, wegen Umsatzsteuerhinterziehung und letztlich auch wegen Untreue verurteilt.
>
> Der BGH hob die Verurteilung wegen Untreue auf. Die Urteilsbegründung liefert dazu insbesondere vier wesentliche Ausführungen:
>
> 1. Einverständliche Entnahmen bereits erzielter Gewinne sind an sich erlaubt, also i. d. R. kein rechtswidriger Nachteil für die GmbH, da die Gesellschafter – soweit nichts anderes bestimmt ist – ohnehin nach § 29 Abs. 1, 2 GmbHG einen Anspruch auf den Jahresüberschuss oder den Bilanzgewinn haben.
> 2. Ein solcher klagbarer Anspruch entsteht zwar erst mit dem Feststellungs- oder Gewinnverteilungsbeschluss, allerdings ist auch die Zahlung von Gewinnvorschüssen zulässig. Ist dies nicht im Gesellschaftsvertrag vorgesehen, muss die Gesellschafterversammlung über sie beschließen, wobei es auf die Einhaltung der Formen des § 46 Nr. 1 GmbHG nicht ankommt.
> 3. Die unrichtige Buchführung allein macht die Einwilligung nicht unwirksam; jedoch nimmt der BGH eine **Unwirksamkeit bei Verstoß der Maßnahme gegen die Grundsätze des ordentlichen Kaufmanns** an (BGHSt 34, 379, 387 ff.).
> 4. Eine andere Beurteilung kann sich dann ergeben, **wenn eine an sich zulässige Gewinnentnahme schädliche Folgen hat**, die über die durch die Entnahme bewirkte Vermögensminderung hinausreichen und daher als rechtswidriger Nachteil für die GmbH zu werten sind. Solche Folgen dürfen auch die Gesellschafter nicht einverständlich herbeiführen, sofern sie dadurch ihre Gesellschafterstellung missbrauchen. Das ist insbesondere der Fall, wenn durch die Entnahme die **Existenz** oder **Liquidität der GmbH** gefährdet bzw. das **Stammkapital** angegriffen wird.

F. Rechtfertigung

Auch wenn die Grundsätze der Eigentums- und Unternehmensfreiheit als solche unangetastet bleiben, werden ihnen doch in einer sozialen Marktwirtschaft Grenzen gezogen. Eine der wichtigsten Ausnahmen bildet der Fall des **existenzgefährdenden Eingriffes**. Hier überwiegt das gesellschaftliche (Stakeholder-) Interesse am Erhalt von Arbeitsplätzen und Erwerbsmöglichkeiten das individuelle (Shareholder-) Interesse, mit eigenem Vermögen nach Belieben zu verfahren – soweit es existenziell in Betriebe investiert ist. Die genannten Grundsätze gelten sinngemäß auch für Fragen der sog. **Konzernuntreue**.

> **BGHZ 149, 10 (= NJW 2001, 3622) – Bremer Vulkan**
> Hier hatten die Mitglieder des Vorstandes der Gesellschaft Gelder ihrer beiden ostdeutschen Tochtergesellschaften in das Gesamt-Cash-Flow-System des dann später in Konkurs gefallenen Konzernverbundes überführt. Nachdem der BGH der Annahme des LG Bremen, die Verträge über den Kauf der Ostwerften hätten eine Vermögensbetreuungspflicht der Angeklagten i. S. d. § 266 Abs. 1 StGB begründet, widersprach und auch eine besondere Pflichtenstellung des Subventionsempfängers mangels Wahrnehmung von Vermögensinteressen der öffentlichen Hand verneinte, beschäftigte sich der Senat mit dem Gesichtspunkt des existenzgefährdenden Eingriffes.
>
> Unter Bezugnahme u. a. auf das zuvor besprochene Urteil wird die Vermögensverfügung gegenüber der Gesellschaft dann als treuwidrig angesehen, wenn die Verfügung entweder zur Beeinträchtigung des Stammkapitals geeignet ist oder durch sie eine konkrete und unmittelbare Existenzgefährdung eintritt, weil der GmbH ihre Produktionsgrundlagen entzogen würden oder ihre Liquidität gefährdet wäre.

III. Betriebliche oder gesellschaftsrechtlich verbindliche Weisungen

Bei betrieblichen und gesellschaftsrechtlichen Weisungen ist zunächst nach der Rechtmäßigkeit der erteilten Weisung zu differenzieren:

Bei **rechtmäßiger Weisung** ist grundsätzlich auch deren Ausführung gerechtfertigt. Eine Ausnahme hiervon besteht allerdings bei der Anordnung staatlichen Zwanges, wenn der Untergebene einen Irrtum seines Vorgesetzten erkennt oder ein solcher Irrtum offensichtlich ist (vgl. *Jescheck/Weigend*, StR AT, 5. Aufl. 1996, § 35 II 4.).

Bei **rechtswidriger Weisung** ist auch die Ausführung grundsätzlich rechtswidrig. Im Sonderbereich des Militärs und des Vollzugsdienstes besteht die Besonderheit, dass eine Gehorsamspflicht besteht, die allerdings nur durch **verbindliche Weisungen** begründet wird (vgl. hierzu auch für die Person des Hintermanns, siehe G. II. 2. b). Bezüglich der Verbindlichkeit ist dabei von einer Vermutung der Rechtmäßigkeit auszugehen. Diese ist zumindest dann widerlegt, wenn der Befehl die Rechtsordnung offensichtlich verletzt (vgl. *Jescheck/Weigend*, StR AT, 5. Aufl. 1996, § 35 II 2.).

Diese Grundsätze gelten auch für betriebliche oder gesellschaftsrechtlich verbindliche Weisungen (vgl. u. a. § 665 BGB oder § 37 GmbHG), jedoch mit der Maßgabe, dass bei rechtswidrigen Weisungen die Grenzen – anders als in den oben genannten Sonderbereichen – enger sind, da es im Wirtschaftsleben gerade keine diesen Dienstverhältnissen vergleichbare Ordnungs- und Befehlsstrukturen gibt.

IV. Sozialadäquanz und berufsgemäßes (neutrales) Verhalten

Aufgrund der ultima-ratio Funktion des Strafrechts (*Roxin/Greco*, StR AT I, 5. Aufl. 2020, § 2 Rn. 97) sollen sozial tolerierte oder sogar erwünschte Verhaltensweisen von Straftatbeständen nicht erfasst werden. Dennoch werden Tatbestände insbesondere auch im Wirtschaftsstrafrecht gelegentlich zu weit gefasst und erfassen rein wirtschaftliches Handeln ohne schädigende Intention, die über dieErzielung eines Gewinns bei einem Geschäft hinausgeht (*Momsen*, in: FS Maiwald, 561 f.). Daher stellt sich die Frage, an welcher Stelle die Schwelle strafunwürdigen Verhaltens überschritten wird. Dort, wo der Täter eine alltägliche und abstrakt sozial akzeptierte (neutrale) Handlung vornimmt, kann nur unter zusätzlichen Voraussetzungen eine Strafbarkeit gegeben sein.

Ein solches neutrales Verhalten liegt vor, wenn der Täter äußerlich betrachtet kein strafrechtlich relevantes Verhalten aufweist, indem er etwa eine berufstypische Handlung ausführt.

> **Beispiel (nach BGHSt 46, 107 = NJW 2000, 3010)**
> Ein Bankmitarbeiter unterstützt den anonymen Geldtransfer seiner Kunden nach Luxemburg bzw. in die Schweiz, wobei sich der Mitarbeiter darüber bewusst war, dass durch die Anonymisierung des Geldtransfers das Entdeckungsrisiko für die Verheimlichung von Kapitalerträgen stark verringert werden sollte.

Dem Vorwurf der **Beihilfe zur Steuerhinterziehung** sind in solchen und vergleichbaren Konstellationen regelmäßig Angehörige rechts-, steuer- und wirtschaftsberatender Berufe ausgesetzt.

Nach **e.A.** soll die Mitwirkung von Bankangestellten bei anonymen Kapitaltransfers nicht generell die Voraussetzungen einer strafbaren Beihilfe erfüllen. Zum einen fehle ein Bezug zwischen dem Kapitaltransfer und der zu einem späteren Zeitpunkt vom Bankkunden eingereichten Steuererklärung. Zum anderen fehle es an dem für die Annahme der Beihilfe erforderlichen „Angewiesensein" der Bankkunden auf die mitwirkende Hilfe irgendwelcher Banktätigkeiten. Der Strafgrund betreffe ausschließlich deren eigenes Verhältnis zu den zuständigen Finanzbehörden (vgl. *Harzer/Vogt*, StraFO 2000, 39, 44).

Demgegenüber will die **überwiegende Ansicht** eine Strafbarkeit nicht generell ausschließen, diese jedoch aus Gründen einer ansonsten zu weit gehenden Beihilfestrafbarkeit begrenzen. Zur Begrenzung der strafrechtlichen Haftung existieren verschiedene Ansätze:

F. Rechtfertigung

(1) *Lehre von der objektiven Zurechnung:* Für eine objektive Zurechenbarkeit muss der Täter zunächst eine rechtliche missbilligte Gefahr geschaffen haben; das Verhalten muss eine gewisse Möglichkeit des Erfolgseintritts herbeiführen. In Fällen neutralen Verhaltens fehlt es aber an der Schaffung eines unerlaubten Risikos/einer rechtlich missbilligten Gefahr (*Stratenwerth/Kuhlen*, Aufl. 6, § 12 Rn. 161), sodass auch die objektive Zurechnung ausscheidet. Berufstypische Alltagshandlungen, also nach außen neutrales Verhalten, sind rechtlich gebilligt. Das tatbestandliche Risiko des Steuerdelikts entsteht erst bei einer weiteren unabhängigen Handlung des Steuerpflichtigen.

(2) *Rechtfertigungsgrund „berufsgemäßen Verhaltens":* Danach scheidet eine Beihilfestrafbarkeit dann aus, wenn es sich bei den Handlungen des Bankangestellten um neutrales oder berufstypisches Verhalten handelt oder sich der Handelnde noch im Rahmen seiner professionellen Adäquanz bewege (vgl. *Hassemer*, wistra 1995, 41, 43 ff., 81 ff.). Unter dem Stichwort professionelle Adäquanz sei dabei normales, sozial akzeptiertes und regelgeleitetes berufliches Handeln zu verstehen. Der strafrechtlich relevante Bereich wird beim Bankmitarbeiter erst dann erreicht, wenn die für Banken geltenden Regeln verletzt werden, um rechtswidrige Ziele zu erreichen. Solange sich für das jeweilige Handeln nicht nur deliktische, sondern auch neutrale Gründe finden lassen, liegt ein strafloses berufsübliches Verhalten des Bankangestellten vor.

(3) *Deliktischer Sinnbezug:* Roxin will auf den „deliktischen Sinnbezug" der in Frage stehenden Handlung abstellen (vgl. *Roxin*, StR AT II, § 26 Rn. 250): Ein solcher deliktischer Sinnbezug soll gegeben sein, wenn der Außenstehende bewusst eine Handlung von deliktischer Natur fördert. Entsprechend sei wegen Beihilfe zum Einbruchsdiebstahl strafbar, wer Schraubenzieher und ähnliche Werkzeuge an einen Mann veräußere, den er als Chef einer Diebesbande kenne und von dem er wisse, dass er die Geräte für Einbrüche verwenden werde. Darüber hinaus liege ein deliktischer Sinnbezug auch dann vor, wenn die unmittelbar geförderte Handlung als solche legal sei, der einzige Zweck ihrer Vornahme für den Täter jedoch in der Ermöglichung oder Erleichterung einer Straftat bestehe und der Außenstehende dies erkenne. So liege es etwa im oben beschriebenen Beispiel des Kapitaltransfers nach Luxemburg (*Roxin*, StR AT II, § 26 Rn. 222 ff.).

(4) *„Angelegensein der Tat":* Der BGH stellt sinngemäß fest (vgl. BGHSt 46, 107, 113 f.), dass es darauf ankomme, ob der Außenstehende von der Absicht des Täters weiß oder diese zumindest für überaus wahrscheinlich hält. Seien diese Voraussetzungen gegeben, lasse sich der Außenstehende „die Förderung dieser Taten angelegen sein". Im zu Beginn des Abschnitts wiedergegebenen Fall argumentiert der BGH (S. 114) weiter: „Er passte damit sein berufliches Verhalten unter Verwendung eines vorhandenen Verschleierungssystems dem von ihm angenommenen deliktischen Ziel der Kunden an." Dazu BGH NStZ 2004, 41: „Bei berufstypischen neutralen Handlungen setzt Beihilfe regelmäßig die positive Kenntnis der Haupttat voraus. Nicht berufstypische Handlungen verlieren jedenfalls dann ihren Alltagscharakter, wenn sich der Handelnde die Förderung eines erkennbar tatgeneigten Täters angelegen sein lässt."

(5) *Sozialadäquanz:* Die von Welzel entwickelte Lehre der sozialen Adäquanz besagt, dass solche Handlungen, die sich innerhalb der sozialethischen Ordnung bewegen und somit sozialadäquat sind, niemals von strafrechtlicher Relevanz sein können (*Welzel*, ZStW 58 (1939), 514 ff.). Dem Wesen nach ist dieses Kriterium vergleichbar mit dem Kriterium der „professionellen Adäquanz", welches eine Präzision des recht unbestimmten Begriffs der Sozialadäquanz darstellt (so *Roxin*, AT II, § 26 Rn. 232). Allerdings ist für die „professionelle Adäquanz" stärker auf die Bedeutung der Regelhaftigkeit der Handlung in einem Organisationsablauf abzustellen („Automatismus des Handlungsvollzugs" bzw. Erfordernis einer bewussten Entscheidung gegen die Vornahme).

(6) *Vertrauensgrundsatz:* Der Vertrauensgrundsatz besagt, dass jeder darauf vertrauen darf, dass andere keine vorsätzlichen Straftaten begehen, solange keine „erkennbare Tatgeneigtheit" des anderen vorliegt (*Roxin/Greco*, StR AT I, 5. Aufl. 2020, § 24 Rn. 21 f., 26 ff.; Stratenwerth/Kuhlen § 15 Rn. 64 ff.). Im Ergebnis bleibt der Gehilfe nach dieser Ansicht häufig straflos.

Zusammenfassend sind die objektivierenden Ansätze nur unvollkommen geeignet, eine dem Sozialleben entsprechende sinnvolle Diffenenzierung zu leisten. Denn tatsächlich kann eine Handlung, wie etwa die Beratung zur Kapitalanlage sich in keinem Detail von einer anderen Beratung unterscheiden, welche niemals zu einer strafrechtlichen Überprüfung führen wird, wenn es keine Rechtsgutsverletzungen gibt. Eine solche Differenzierung leisten die subjektiven Ansätze. Ihr Problem liegt im forensischen Nachweis, wenn die Beschuldigten sich nicht zur Sache einlassen. Gerade weil das Verhalten mehrdeutig ist, wäre eigentlich in dubio pro reo zu verfahren und zu unterstellen, dass keine Kenntnis bzgl. der strafbaren Folgehandlungen vorliegt. Hier aber werden in der Regel objektivierende Kriterien als Indizien herangezogen. Die Gefahr besteht, Wahrscheinlichkeiten an die Stelle von Tatsachenbeweisen zu setzen und die Kenntnis im Hinblick auf die nachfolgenden Verhaltensweisen im Sinne einer normativen Erwartung an durchschnittliche Mitglieder des Verkehrskreises schlicht zu unterstellen.

G. Täterschaft und Teilnahme

I. Grundlagen

Wirtschaftskriminalität ist häufig komplexe Kriminalität. Die in Frage stehende Straftat selten von einer einzelnen Person allein, sondern oftmals als Folge einer arbeitsteiligen Industrie- und Dienstleistungsgesellschaft unter Beteiligung diverser Akteure begangen. Dabei kann man grundlegend zwischen der Beteiligung voneinander mehr oder weniger unabhängiger Personen (horizontale Ebene) und der innerhalb einer Hierarchie auf unterschiedlichen Stufen stehenden Personen (vertikale Ebene) unterscheiden.

Im Rahmen der vertikalen Ebene erlangen auch die Top-down- und bottom-up-Haftung eine Bedeutung. Diese Begriffe bezeichnen verschiedene Führungsstile.

Bei der Top-down-Planung werden Aufgaben und Ziele von der obersten Führungsebene aus bearbeitet bzw. verteilt. Die Bottom-up-Planung stellt das Gegenteil hiervon dar. Hier werden Aufgaben zunächst von der untersten Hierarchieebene bearbeitet und gelangen schrittweise zur Führungsebene, wodurch sich die Mitarbeiter engagiert einbringen können. Dies hat entsprechende Auswirkungen auf die Haftung für die einzelnen Erledigungsschritte. Bei der Top-down-Planung haftet grundsätzlich die Führungsebene für die Erledigungsweise der Aufgaben, die sie an die Mitarbeiter delegiert. Bei der Bottom-up-Planung, wo die Mitarbeiter eigenverantwortlich Entscheidungen treffen, sind sie die primär Haftenden. Dabei haben sich einige Besonderheiten entwickelt.

Das deutsche Strafrecht geht – wie das Strafrecht der meisten Mitgliedstaaten der EU – von einer Differenzierung zwischen Täter, Anstifter und Gehilfen aus und steht somit im Gegensatz zum sog. Einheitstäterprinzip, das u. a. in Dänemark, Italien oder auch in Österreich Anwendung findet (vgl. *Tiedemann*, in: FS Nishihara, 496, 499). Im deutschen Recht gilt das Einheitstäterprinzip allerdings im Rahmen der Ordnungswidrigkeiten nach § 14 OWiG. Das Problem des Differenzierungsmodells liegt v. a. darin, dass zumeist, wie in Deutschland, den Niederlanden, der Schweiz, Portugal und Spanien, eine vorsätzliche Haupttat gefordert wird. Ist eine solche nicht nachzuweisen, drohen Strafbarkeitslücken. Während besonders das englische Strafrecht in diesen Fällen auf die Figur der mittelbaren Täterschaft zurückgreift, reagierte man in Frankreich und zum Teil auch in Deutschland (etwa durch § 271 StGB) mit der Schaffung entsprechender besonderer Straftatbestände.

Ebenfalls problematisch erscheint die Teilnahme an Sonderdelikten, etwa wenn als Täter nur Arbeitgeber, Kaufleute, Betreiber einer Anlage etc. in Frage kommen. Während das Einheitsmodell es insofern ausreichen lässt, wenn einer der Beteiligten die geforderte Sondereigenschaft aufweist, können andere Personen (Extranei) im Rahmen des Differenzierungsmodells konsequenterweise nur Teilnehmer sein.

II. Individualverantwortung im Wirtschaftsstrafrecht

Die moderne Arbeitswelt ist geprägt durch arbeitsteiliges Vorgehen. Insbesondere haftungsrechtliche Aspekte können hiervon nicht unberührt bleiben. Mithin wurden verschiedene Grundkategorien und Haftungsregime entwickelt, die den besonderen Verhältnissen des Wirtschaftslebens Rechnung tragen und ungeachtet seiner Komplexität die Zuweisung individueller Verantwortung ermöglichen.

1. Repräsentanten- und Organhaftung gem. § 14 StGB und § 9 OWiG

Bei der Verwirklichung von Wirtschaftsdelikten kann es zu einem Auseinanderfallen von Normadresseneigenschaft und Handlungsurheberschaft kommen. Bspw. in den Fällen der §§ 266a, 283 ff., 288 sowie auch des § 325 StGB kann Adressat der jeweiligen Norm ein Unternehmen sein, was sich entsprechend im Tatbestand niederschlägt (z. B. durch die Formulierung „Arbeitgeber"/„Schuldner"), wohingegen die eigentlich strafbewehrte Verursachung bzw. tatbestandliche Verwirklichung erst durch ein schuldfähiges Individuum erfolgt.

Das Auseinanderfallen von Normadressat und Verursacher regelt der Gesetzgeber strafrechtlich in § 14 StGB und ordnungswidrigkeitenrechtlich in § 9 OWiG. Soweit ein schuldfähiges Individuum für einen anderen, namentlich für eine juristische Person handelt, so wird auf die natürliche Person die strafrechtliche wie ordnungswidrigkeitenrechtliche Verantwortung für ein konkretes Fehlverhalten der juristischen Person überwälzt. § 14 StGB stellt mithin einen Zurechnungstatbestand dar, der die Zurechnung von Merkmalen ermöglicht, welche die Täter qualifizieren (*Fischer*, § 14 Rn. 1b; Göhler/*Gürtler/Thoma*, § 9 Rn. 1). Diese Zurechnung der Täterqualifikation einer natürlichen Person erfolgt gleichermaßen, wenn normativ ausschließlich das Unternehmen angesprochen wird.

Damit stellt dieses Haftungsregime eine erhebliche Strafausdehnung dar (*Fischer*, § 14 Rn. 1b). Angesichts zahlreicher Sonderdelikte im Wirtschaftsstrafrecht hat der Gesetzgeber die §§ 14 StGB, 9 OWiG geschaffen, um so rechtspolitisch unerwünschte Strafbarkeitslücken im Bereich unternehmerischer Tätigkeit auszuschließen (Göhler/*Gürtler/Thoma*, § 9 Rn. 2).

a. (Reine) Repräsentantenhaftung
§ 14 StGB und § 9 OWiG sind in ihrem Wortlaut nahezu identisch und unterscheiden sich nur in den jeweiligen gesetzesspezifischen Termini des Straf- bzw. Ordnungswidrigkeitenrechts. Die Absätze 1 und 2 betreffen die Zurechnung einzelner Handlungen im Rahmen **vertikaler Delegation**. Vertretungsberechtigte Organe, vertretungsberechtigte Gesellschafter einer rechtsfähigen Personengesellschaft und gesetzliche Vertreter derselben haften danach für Verletzungen all derjenigen Pflichten, die das Unternehmen bzw. den Verband treffen (Abs. 1). Sog. gewillkürte Stellvertreter haften nur dann als Täter, wenn sie beauftragt wurden, den Betrieb ganz oder teilweise zu leiten bzw. aufgrund ausdrücklichen Auftrags Aufgaben in eigener Verantwortung wahrnehmen, die dem Inhaber des Betriebes obliegen (Abs. 2). Die materiellrechtlichen Voraussetzungen erschöpfen sich in dem Vorliegen sog. „**besonderer persönlicher Merkmale**". Diese sind strafbarkeitsbegründend und müssen zumindest in der Person des Vertretenen gegeben sein.

Auf diese Weise erfolgt eine Zurechnung von oben nach unten innerhalb unternehmensinterner Organisationsstrukturen, sodass kein Freizeichnen auf der Leitungsebene durch bloße Übertragung von Aufgaben auf untere Hierarchieebenen möglich ist. Häufig spricht man auch von einer reinen **Repräsentantenhaftung**.

Beispiel „Schwarzarbeit am Bau"
X ist Kommanditist der Bau-GmbH & Co. KG und gleichzeitig der Geschäftsführer der Bau-GmbH (Komplementär-GmbH). Die zu erbringenden Bauleistungen lässt X von illegal beschäftigten Mitarbeitern durchführen, die er nicht bei der zuständigen Einzugsstelle zur Sozialversicherung meldete, obwohl er wusste, dass er hierzu verpflichtet war. Dabei ist ihm die ganze Zeit über bewusst, dass die Sozialversicherungsbeiträge der Arbeitnehmer nicht abgeführt

G. Täterschaft und Teilnahme

würden. Die Einzugsstelle erhielt dementsprechend am Fälligkeitstag keine Beiträge von der Bau-GmbH (vgl. BGH, Beschl. v. 13.11.2019 – 1 StR 58/19).[15] Strafbarkeit der Beteiligten?

I. Das Vorenthalten von Sozialversicherungsbeiträgen gem. § 266a Abs. 1 StGB ist ein Sonderdelikt des Arbeitgebers. X ist als Geschäftsführer nicht Arbeitgeber. Dies ist allein die KG, unabhängig davon, ob X persönlich Einstellungen vornimmt. Die KG scheidet als juristische Person jedoch als taugliche Täterin aus, da sie nicht schuldhaft handeln kann.

II. Eine Strafbarkeit des X selbst kommt nur in Betracht, wenn ihm die Arbeitgebereigenschaft der KG zugerechnet werden kann. Die entscheidende Norm hierfür ist § 14 StGB – für ordnungsrechtliche Sachverhalte gilt hingegen § 9 OWiG. Danach können „besondere persönliche Merkmale" (bpM), zu denen die Arbeitgebereigenschaft zählen müsste, auf die in § 14 StGB benannten Organe und Vertreter einer juristischen Person „überwälzt" werden. BpM sind persönliche Eigenschaften, Verhältnisse oder Umstände, die mit der Person als solcher verbunden sind und – entsprechend dem Normzweck des § 14 StGB – übertragen werden können. Hierzu zählen auch die im Wirtschaftsleben relevanten sozialen Beziehungen des Täters zu anderen Personen, Institutionen oder Sachen. Dazu gehören Sonderpflichten, die bestimmten – auch juristischen – Personen auferlegt sind, besondere Beziehungen einer Person oder Personengruppe zum geschützten Rechtsgut sowie Täterbeschreibungen, die auch Personen oder Personengruppen einschließen, für die ein Organ, Vertreter oder Beauftragter handeln kann. Die Arbeitgebereigenschaft ist demnach ein bpM i. S. d. § 14 StGB.

X könnte als Kommanditist der Bau-GmbH & Co. KG zunächst vertretungsberechtigter Gesellschafter gem. § 14 Abs. 1 Nr. 2 StGB sein. Persönlich haftende Gesellschafterin der KG als Personengesellschaft ist jedoch die Komplementär-GmbH. Kommanditisten sind indessen von der Geschäftsführung gem. §§ 164, 170 HGB grundsätzlich ausgeschlossen. Nichtsdestotrotz ist aber auch die GmbH schuldunfähig.

Allerdings ist X als deren Geschäftsführer ein vertretungsberechtigtes Organ i. S. v. § 14 Abs. 1 Nr. 1 StGB und somit (dennoch) tauglicher Täter nach § 266a Abs. 1 StGB.

X müsste zudem „als" Organ, also gerade in Ausübung seiner Geschäftsführerstellung gehandelt haben. Dies liegt vor, wenn er zumindest „auch im Interesse" der vertretenen juristischen Person gehandelt hat. Da er vorsätzlich handelte, hat X sich gem. § 266a Abs. 1 StGB strafbar gemacht.

---

[15] http://juris.bundesgerichtshof.de/cgi-bin/rechtsprechung/document.py?Gericht=bgh&Art=en&-Datum=Aktuell&Sort=12290&nr=102800&pos=0&anz=472, zuletzt abgerufen am 25.03.2022.

b. Faktische Geschäftsführung

Ein weiteres Zurechnungsproblem kann entstehen, wenn Leitungskompetenzen faktisch von anderen Personen wahrgenommen als denjenigen, denen sie rechtlich zugeordnet sind. So wird als faktischer Geschäftsführer derjenige bezeichnet, der nicht zum Vertreter bestellt wurden, rein tatsächlich aber Entscheidungen trifft, die ausschließlich der Geschäftsleitung obliegen. Faktische Organe handeln also, ohne dass dem ein intentionaler, rechtswirksamer – ggf. auch rechtsunwirksamer – Bestellungsakt zugrunde liegt (MüKo-GmbHG/*Stephan/Tieves*, § 35 Rn. 38). Der in der Praxis relevanteste Fall ist das bewusste und tatsächliche Ausfüllen einer Position als Vorstand einer AG oder als Geschäftsführer einer GmbH, die der Vertreter aufgrund eines Berufsverbotes (z. B. § 76 Abs. 3 S. 2 Nr. 3, S. 4 AktG; § 6 Abs. 2 S. 2 Nr. 3, S. 3 GmbHG) nicht innehaben darf (zur Begründung einer faktischen Stellung durch gesellschaftsrechtliche Mehrheitsentscheidung vgl. OLG Karlsruhe NJW 2006, 1364; näher BeckOK-StGB/*Momsen/Laudien*, § 14 Rn. 67 f.).

Im Zusammenhang mit unwirksam begründeten Vertretungs- oder Auftragsverhältnissen verweist § 14 Abs. 3 StGB auf die vorangegangenen Absätze und greift mithin das Problem des **faktischen Geschäftsführers** und dessen Zurechnungstauglichkeit für die Verletzung unternehmerischer Pflichten auf.

Der **faktische Geschäftsführer wider Willen des Geschäftsherrn**, d. h. der Geschäftsherr wollte den Geschäftsführer wirksam bestellen – die Bestellung erfolgte aber unwirksam, wird unproblematisch durch den Wortlaut des Abs. 3 erfasst. Die Fehlerhaftigkeit begründet zwar eine unwirksame Bestellung, diese ist jedoch im Hinblick auf die strafrechtliche Zurechnungstauglichkeit gem. § 14 Abs. 3 StGB unschädlich. Tatbestandlich zwingend ist in diesem Zusammenhang aber, dass tatsächlich ein Versuch zur Herbeiführung eines wirksamen Bestellungsakts unternommen wurde. Das bloße Dulden geschäftsführender Handlungen durch die hierfür Zuständigen ist ungenügend (BGHSt 47, 318, 324).

Die Einbeziehung **des faktischen Geschäftsführers mit Willen des Geschäftsherrn**, d. h. desjenigen GF, dessen Bestellungsakt bewusst nicht gewollt ist, ist wesentlich problematischer. Fraglich ist, ob auch hier dem faktischen Geschäftsführer gleichwertige Haftungsrisiken, wie sie den ordentlich bestellten Geschäftsführer treffen, überwälzt werden können oder ob dies aus Gründen des Analogieverbotes ausgeschlossen ist.

„Faktische Geschäftsführung" Beispiel (BGHSt 31, 118 = NJW 1983, 240)
Die X-GmbH ist in finanziellen Schwierigkeiten. Ausweislich des Handelsregisterauszuges ist die E Geschäftsführerin. De facto werden die Geschäfte aber von ihrem Ehemann geleitet. Dieser stellt Angestellte ein und entlässt sie, knüpft Geschäftsverbindungen zu einer Lieferantenfirma und führt wesentliche Gespräche über Zahlungsmodalitäten. Er betraut allein den Steuerberater mit der Führung der Geschäftsbücher und erteilt Steuerbevollmächtigten Buchungsanweisungen. Er sieht die GmbH als „sein" Geschäft an, mit dem er sich identifiziert und vermittelt Lieferanten und Angestellten durch

G. Täterschaft und Teilnahme

sein Verhalten den Eindruck, dass es von seiner Entscheidung abhinge, ob die Geschäftsbeziehungen zu der GmbH aufrechterhalten würden oder nicht. Schließlich erklärt die E – die formale GFin – der Kredit gebenden Bank, die Anwesenheit ihres Mannes sei notwendig, denn in Wirklichkeit sei er „die treibende Kraft" und „sie handle nur formell für die Firma".
Über das Vermögen der X-GmbH wird das Insolvenzverfahren eröffnet. Ermittlungen der StA ergeben, dass sie schon 6 Monate vor Stellung des Insolvenzantrags zahlungsunfähig gewesen war.

Nach Ansicht des BGH ist auch der faktische Geschäftsführer Normadressat der § 15a InsO. Dass der eingetragene Geschäftsführer ebenfalls Geschäfte für die Gesellschaft vornimmt, steht der Annahme, jemand sei daneben faktischer GF, jedenfalls dann nicht entgegen, wenn dieser die überragende Stellung in der Geschäftsführung hat. § 14 StGB sei auf Fälle vorliegender Art allerdings nicht anwendbar.

Kritik besteht an dieser Rechtsprechung insoweit, als dass der faktische Geschäftsführer in Ermangelung einer wirksam erlangten Rechtsposition gegenüber dem eingetragenen Geschäftsführer eine *rechtlich* schwächere Stellung einnimmt. Insbesondere fehlt es ihm an der Möglichkeit, einen Insolvenzantrag in Bezug auf das Vermögen der von ihm „vertretenen" GmbH zu stellen. Ohne explizite gesetzliche Grundlage könne ihm daher auch nicht der Vorwurf der **Insolvenzverschleppung gem. § 15a Abs. 4 InsO** gemacht werden.

Dies steht wiederum dem allgemein anerkannten kriminalpolitischen Bedürfnis zur strafrechtlichen Erfassung eben jener Konstellationen gem. § 14 StGB entgegen. Andernfalls entstünden rechtspolitisch unerwünschte Strafbarkeitslücken für die Fälle der „Strohmann"-Geschäftsführung. Angesichts dieses dogmatisch bislang unbefriedigenden Ergebnisses bedarf es dringend einer gesetzgeberischen Intervention (MüKo-StGB/*Radtke*, § 14, Rn. 44 ff.).

Soweit eine extensive Anwendung der vom BGH praktizierten **faktischen Betrachtungsweise** erfolgt, stellt sich ein ähnliches Problem in der bislang ungeklärten Konstellation des **faktischen Gesellschafters**. Angesichts bestehender Strafnormen (z. B. § 82 Abs. 1 Nr. 1 GmbHG) könnte auch diesbezüglich eine Ausdehnung strafrechtlicher Verantwortung erforderlich sein (ablehnend *Joerden*, JZ 2001, 310, 311 f.). Andererseits lassen sich hier § 14 Abs. 2 und 3 StGB nicht in vergleichbarer Weise anwenden.

Zudem sind auch die Begründungsmodalitäten der faktischen Gesellschafterstellung bislang nicht abschließend geklärt. Zum einen lässt sich an eine unwirksam begründete Gesellschafterstellung denken. Ferner ist – vermutlich nur bei Personengesellschaften – aber auch ein mittelbar faktischer Gesellschafter kraft stiller Beteiligung denkbar (BGH NZG 2005, 755).

Eine gewillkürte faktische Geschäftsführerstellung kann aber auch rechtlich geboten sein, insoweit es etwa im Rahmen einer zivilrechtlichen Streitigkeit auf die Aussage des Geschäftsführers ankommt. Da in diesen Fällen zu erwarten stünde, dass der Klagegegner einer ebenso möglichen Parteivernahme widerspricht (§ 447 ZPO) und einer (bloßen) Parteianhörung (§§ 141 Abs. 1 S. 1, 286 Abs. 1 S. 1 ZPO) ein nur geringer Beweiswert beigemessen wird, wäre dem Geschäftsführer zu raten, sein Geschäftsführeramt niederzulegen, um als Zeuge (vgl. §§ 373 ff. ZPO) aussagen zu können.

2. Der Geschäftsherr als mittelbarer Täter

a. Überblick

Eine zentrale Zurechnungsfigur im Wirtschaftsstrafrecht ist die Geschäftsherrnhaftung, die letztlich einen gedanklichen ersten Schritt zur strafrechtlichen Haftung des Unternehmes selbst darstellt. Als aus dem AllgemeinenTeil bekannte und zugleich bekannt problematische Zurechnungsfigur geht es darum, dass eine Person (der Geschäftsherr oder „Prinzipal") für das freiverantwortliche Handeln einer anderen Person haften soll. Der Grundgedanke, hier eine Ausnahme von der Beschränkung auf Haftung für eigenes Verhalten (vgl. auch das sog. „Regreßverbot") zu machen, liegt in der komplexen Struktur eines Unternehmens begründet, welche bestimmte Abläufe gleichsam automatisiert. Auch wenn in einem solchen Ablauf immer noch bewusste Entscheidungen der nachgeordneten Mitarbeiter handlungsleitend sind, wird doch die Refektion über die Entscheidung durch die festgefügte und ggf. tradierte Organisationsstruktur überlagert. Damit rückt der für diese Struktur Verantwortliche in den Fokus – das ist in der Regel der Geschäftsherr. Diesem ist jedoch in der Regel zwar die Struktur bewusst, nicht aber das konkrete Verhalten, das sich im einzelnen Fall daraus ergibt. Damit steht die Geschäftsherrnhaftung zwischen Selbstverantwortungsprinzip und Bestimmtheitsgebot (zur dogmatischen Herleitung der Geschäftsherrenhaftung siehe auch oben unter E III.):

Die Geschäftsherrenhaftung ermöglicht es, Geschäftsherren oder andere Leitungspersonen für Straftaten, die ihnen nachgeordnete Mitarbeiter begehen, strafrechtlich zur Verantwortung zu ziehen (grundlegend BGHSt 57, 42). Voraussetzung hierfür ist aber eine entsprechende Garantenstellung i. S. d. § 13 Abs. 1 StGB. Der Vorgesetzte müsste dafür einzustehen haben, dass von seinen Mitarbeitern oder Dritten aus dem Unternehmen heraus Straftaten begangen werden. § 357 Abs. 1, 2 StGB bspw. ordnet dies für den Fall an, dass der Untergebene zu einer rechtswidrigen Tat verleitet wird. Darüber hinaus ist umstritten, inwiefern solche Garantenstellungen bestehen (Siehe allgemein dazu Rotsch, Criminal Compliance/*Rotsch* § 4 Rn. 9 ff.; Achenbach/Ransiek/Rönnau/*Achenbach* 1. Teil Kap. 3 Rn. 31 ff.).

Der BGH differenziert dabei zunächst die Frage danach, ob der Betriebsinhaber/ Arbeitgeber oder Vorgesetzte gegenüber seinen Mitarbeitern eine Beschützergarantenstellung innehat, von der Frage nach einer Überwachergarantenstellung, die ihn zur Verhinderung von Straftaten seiner Untergebenen aus dem Unternehmen heraus verpflichtet.

Anhaltspunkte für eine Beschützergarantenstellung gegenüber den eigenen Untergebenen können sich aus gesetzlichen Pflichten wie bspw. der Fürsorgepflicht des Arbeitgebers aus § 618 BGB ergeben, allerdings müssen für die Annahme einer Garantenpflicht weitere materielle, strafrechtliche relevante Erwägungen hinzukommen (*Wittig*, Wirtschaftsstrafrecht § 6 Rn. 57a; Schönke/Schröder/*Stree/Bosch* § 13 Rn. 7 f.). Bzgl. unternehmensfremden Dritten lässt sich eine solche Garantenstellung weder aus zivilrechtlichen generellen Sorgfaltspflichten noch aus bspw. § 43 Abs. 1 GmbHG oder § 93 Abs. 1 S. 1 AktG herleiten, da insbesondere letztere unternehmensinterne Regelungen darstellen (BGH NJW 2012, 3439), zumal zu Dritten regelmäßig auch nicht das erforderliche Näheverhältnis besteht, um eine Garantenpflicht zu begründen (*Wittig*, Wirtschaftsstrafrecht § 6 Rn. 57b).

Die Annahme einer Überwachergarantenstellung des Vorgesetzten/Arbeitgeber-Betriebes für die Mitarbeiter ist vor allem mit Blick auf das im Grundsatz geltende Selbstverantwortungsprinzip problematisch. Für das Verhalten einer voll verantwortlichen Person kann danach kein anderer verantwortlich gemacht werden (*Tiedemann*, Rn. 352).

Die überwiegende Ansicht nimmt gleichwohl eine solche Überwachergarantenstellung an. Begründet wird dies auf verschiedene Weise.

Überwiegend wird hierzu das Herrschaftsargument angeführt – Eine Geschäftsherrenhaftung müsse bestehen, da es sich bei Unternehmen oft um eine große organisatorische Einheiten handele, in der stark arbeitsteilig vorgegangen werde, sodass die Eigenverantwortlichkeit des Einzelnen, wie, wo und in welchem Maße die eigene Arbeitskraft eingesetzt wird, zurücktritt und den übergeordneten Weisungen der Geschäftsleitung folgt (Befehl- und Organisationsherrschaft).[16] Dies rechtfertige ein Zurücktreten des Grundsatzes der Eigenverantwortlichkeit und ermögliche die **Zurechnung** gegenüber der Geschäftsleitung.

Immer häufiger wird aber auch anhand des Gefahrenargumentes begründet: Der Mensch bildet eine Gefahrenquelle, über die die Geschäftsleitung zu wachen habe (*Wittig*, Wirtschaftsstrafrecht § 6 Rn. 58 f.). Es bestünde eine Verkehrssicherungspflicht betreffend den Betrieb (Personen- und Sachgefahr, *Dannecker/Dannecker*, JZ 2010, 981, 990; so auch NK-StGB/*Gaede*, § 13 Rn. 53). Maßgeblich ist insoweit jedoch, dass die Geschäftsleitung tatsächliche und rechtliche Einflussmöglichkeiten besitzt, (präventive) Anordnungen und ggf. (repressive) Untersuchungen zu treffen (*Dannecker/Dannecker*, JZ 2010, 981, 989).

Problematisch ist die Annahme einer solchen Garantenstellung mit Blick auf den Bestimmtheitsgrundsatz aus Art. 103 Abs. 2 GG. Ein bestehendes Geschäftsherrenhaftungsverhältnis muss vorhersehbar sein; eine unbegrenzte Haftung für eine insgesamt straflose Lebensführung von Mitarbeitern bspw. wäre evident zu weitgehend (BGHSt 57, 42, 47 f.). Die Haftung von Betriebsinhabern und Vorgesetzten darf diesbezüglich also nicht zu extensiv gehandhabt werden (*Schlösser*, NZWiSt 2012, 281, 285). Daher stellt sich hier die Frage nach der Reichweite einer solchen Haftung.

Die erforderliche Eingrenzung der Haftung wird über das Merkmal der Betriebsbezogenheit errreicht (*Roxin*, AT II § 32 Rn. 141). Eine vom Mitarbeiter begangene Straftat ist dann betriebsbezogen, wenn sie einen inneren Zusammenhang mit der

---

[16] Dazu Lackner/Kühl/*Heger*, § 13 Rn. 14; *Roxin*, StR AT II, § 32 Rn. 137; *Schünemann*, ZStW (96) 1984 287, 310; *Tiedemann*, Rn. 357; LK/*Weigend* § 13 Rn. 56 und SK-StGB/*Stein* § 13 Rn. 44 dahingehend einschränkend, dass Leitungspersonen nur dann Garanten seien, wenn sich aus der Eigenart des Betriebes besondere typische Gefahren ergäben.

betrieblichen Tätigkeit oder der Art des Betriebes aufweist und nicht nur bei Gelegenheit erfolgt; dies ist konkret im Einzelfall und nicht abstrakt zu bestimmen (BGHSt 57, 42, 46). Im Einzelnen bestehen aber auch hier noch Unsicherheiten (*Wittig*, Wirtschaftsstrafrecht § 6 Rn. 58b).

> **Fortsetzung BGHSt 57, 42 „Die Baukolonne" (siehe auch unter E. III.)**
> Der Angeklagten A war Vorarbeiter einer Baukolonne. Die Mitarbeiter der Kolonne fügten einem Mitarbeiter einer anderen Kolonne über einen längeren Zeitraum erhebliche Verletzungen zu. Der Vorarbeiter war bei den Taten anwesend, ohne dass er eine psychische Unterstützungsleistung vornahm. Das Landgericht verurteilte ihn mangels Garantenpflicht nicht wegen Beihilfe durch Unterlassen.
> Der BGH stellt hierzu fest, dass einen Betriebsinhaber bzw. Vorgesetzten im Ein-zelfall zwar eine Garantenpflicht zur Verhinderung von betriebsbezogenen Straftaten nachgeordneter Mitarbeiter in seinem personellen Verantwortungsbereich treffen kann. Eine Betriebsbezogenheit liegt vor, wenn ein innerer Zusammenhang mit der betrieblichen Tätigkeit des Täters oder der Art des Betriebes gegeben ist und sich eine betriebsspezifische Gefahr verwirklicht und die Tat nicht nur bei Gelegenheit erfolgt. Indes handelte es sich nicht um betriebsbezogene Taten, da diese Voraussetzungen nicht erfüllt waren. Sie standen in keinem Zusammenhang zur der im Rahmen des Arbeitsverhältnisses zu erbringenden Tätigkeit. Ebenso wenig hat sich in ihnen eine gerade dem Betrieb des städtischen Bauhofs spezifisch anhaftende Gefahr verwirklicht. Die Schikanierung des Geschädigten war weder von der Betriebsleitung als Teil der „Firmenpolitik" aufgetragen worden, noch nutzten die Täter ihnen durch ihre Stellung im Betrieb eingeräumte arbeits-technische Machtbefugnisse zur Tatbegehung aus. An der fehlenden Garantenstellung ändert auch die Tatsache nichts, dass die Taten über einen längeren Zeitraum wiederholt begangen wurden.

Mit der soeben beschriebenen Repräsentanten- und Organhaftung kann erreicht werden, dass bei einem **Handeln auf vertikaler Ebene** eine Zuweisung individueller Verantwortung von oben nach unten erfolgt. Darüber hinaus kann es auch erforderlich sein, dass eine Zuweisung individueller Verantwortung in entgegengesetzter Richtung stattfindet (Wabnitz/Janovsky/Schmitt/*Knierim*, Hdb des Wirtschafts- und Steuerstrafrechts, 5. Kap. Rn. 41). So obliegt es dem Geschäftsführer – über eine etwaige Delegation einzelner Aufgaben hinaus – im Rahmen der Geschäftsherrenhaftung gegen Straftaten im Unternehmen vorzugehen. Grundsätzlich kann sich der Geschäftsherr durch eine wirksame (vgl. zu den Voraussetzungen hierzu *Kudlich/ Oğlakcıoğlu*, Wirtschaftsstrafrecht Rn. 114 f.) vertikale Delegation von Aufgaben auch der strafrechtlichen Haftung entledigen (Rotsch, Criminal Compliance/*Dannecker* § 5 Rn. 75), sofern der Delegat den Pflichtenkreis tatsächlich übernimmt

(Momsen/Grützner/*Momsen*, HdB Wirtschafts- und Steuerstrafrecht § 3 Rn. 44). Allerdings verbleiben ihm dennoch gewisse (Rest-)Pflichten wie die korrekte Auswahl und Kontrollpflichten (*Wittig*, Wirtschaftsstrafrecht § 6 Rn. 58d). Andernfalls droht eine Unterlassensstrafbarkeit (vgl. auch E. III.) oder jedenfalls eine Aufsichtspflichtverletzung i. S. d. § 130 OWiG. Der genaue Umfang der Garantenpflicht in Delegationsfällen ist einzelfallabhängig zu bestimmen, relevant hierbei kann z. B. die vertragliche Ausgestaltung sein (*Wittig*, Wirtschaftsstrafrecht § 6 Rn. 58d).

> **BGHSt 47, 224 „Wuppertaler Schwebebahn" (= NJW 2002, 1887)**[17]
> Für die Erneuerung einiger Teile des Traggerüsts der Wuppertaler Schwebebahn hatte der Betriebsleiter folgende Vorgehensweise angeordnet: Sowohl der Bauleiter X, als auch der für die bautechnische Aufsicht verantwortliche M und der für die Bauüberwachung verantwortliche L sollten die Strecke getrennt voneinander vor der Inbetriebnahme nach den Bauarbeiten auf die Kollisionsfreiheit überprüfen und ihm darüber Meldung erteilen. Die drei meldeten nach einer jeweils unzureichendenden Prüfung, dass die Strecke wieder freigegeben werden könne.
> Bauleiter X hatte im Rahmen der Beendigung der Bauarbeiten den Arbeitern A und B aufgetragen, zwei zwecks Erneuerungsarbeiten angebrachte Stahlkrallen zu entfernen. A und B bauten eine Kralle ab, die andere wollten die Arbeiter C und D übernehmen. A und B überprüfen nicht, ob dies geschehen war. Einer der Arbeiter meldete Bauleiter X den erfolgten Abbau der Krallen. Da die zweite Kralle jedoch nicht entfernt wurde, kam es nach Inbetriebnahme zu einem Absturz einer Schwebebahn aufgrund der Kollision, wobei mehrere Menschen zu Tode kamen.
> Der BGH bestätigte in seiner Entscheidung die Verutteilung von X, M und L zu fahrlässiger Tötung und fahrlässiger Körperverletzung.
> Selbes gilt für den Freispruch des Betriebsleiters. Der ursprüngliche Garant muss seine Pflicht nicht zwangsläufig eigenhändig durchführen, sondern kann sie an Dritte delegieren. Die Pflichtenübernahme durch die Dritten führt dann zu einer Modifizierung der Garantenpflicht. Abhängig vom Einzelfall bestehen dabei bestimmte Sorgfaltspflichten.Die Garantpflicht erlischt im Zuge einer Aufgabendelegation also nicht, sie erlischt vielmehr erst dann, wenn die Schutzaufgabe vollständig erfüllt ist.
> Im vorliegenden Fall erachtete der BGH das Sicherheitskonzept des Betriebsleiters für ausreichend, um seinen durch die Delegation an X, M und L verminderten Garantenpflichten gerecht zu werden. Die voneinander unabhängige Überprüfung der Kollisionsfreiheit der Strecke sei dem Konzept nach angemessen – der Betriebsleiter habe nicht damit rechnen können, dass alle drei fehlerhaft prüfen.

---

[17] http://juris.bundesgerichtshof.de/cgi-bin/rechtsprechung/document.py?Gericht=bgh&Art=en&nr=18860&pos=0&anz=12, zuletzt abgerufen am 25.03.2022.

Eine Zurechnung kann neben der Geschäftsherrenhaftung auch über die Grundsätze der mittelbaren Täterschaft erwogen werden. Unter Umständen muss hier auch eine Abgrenzung erfolgen. Eine mittelbare Täterschaft setzt allerdings grundsätzlich ein Verantwortungsdefizit des Vordermanns voraus.

b. Erweiterung des Anwendungsbereichs der Figur der mittelbaren Täterschaft im Unternehmenskontext („Täter hinter dem Täter")
In Wirtschaftsstrafsachen kann oft nur der Tatbeitrag des sog. Tatnächsten eindeutig zugeordnet werden. Der Tatnachweis und die rechtliche Bewertung der hinter dem Tatnächsten stehenden Personen erweist sich in aller Regel als ungleich schwieriger, insbesondere, weil der Hintermann oft gar nicht genau weiß, wann und gegen wen es zur Tatbestandsverwirklichung kommt bzw. kommen wird (Wabnitz/Janovsky/Schmitt/*Raum*, Hdb des Wirtschafts- und Steuerstrafrechts, Kap. 4 Rn. 59). Ausgangspunkt der Lösung dieser Problematik sind die von der Rechtsprechung im Zusammenhang mit der strafrechtlichen Bewältigung der Mauerschützen-Fälle entwickelten **Grundsätze der Organisationsherrschaft**. BGHSt 40, 218, 236 f. stellt klar, dass der Hintermann regelmäßig nicht mittelbarer Täter sei, wenn der unmittelbar Handelnde irrtumsfrei und uneingeschränkt schuldfähig agiere. Es gebe aber Fallgruppen, bei denen der Tatbeitrag des Hintermannes trotz vollen deliktischen Handelns des unmittelbaren Täters nahezu automatisch zur erstrebten Tatbestandsverwirklichung führe, etwa wenn der Hintermann durch Organisationsstrukturen bestimmte Rahmenbedingungen ausnutze, innerhalb derer sein Tatbeitrag regelhafte Abläufe auslöse. Solche Rahmenbedingungen sollen etwa bei staatlichen, unternehmerischen, geschäftsähnlichen oder mafiaähnlichen Organisationsstrukturen in Betracht kommen. Auch das Problem der Verantwortlichkeit beim Betrieb wirtschaftlicher Unternehmen ließe sich so lösen. In diesen Fällen, in denen der Hintermann aufgrund genannter Strukturen die Tatherrschaft besitze, handle er als mittelbarer Täter. Für den wirtschaftlichen Bereich käme hier beispielsweise eine feste Organisationsstruktur der Großbanken zur Verschleierung von Kapitalströmen ins Ausland zwecks Umgehung der Quellenbesteuerung in Betracht.[18]

> **„Abfallbeseitigung" Beispiel 1**
> Ein Mitarbeiter ist mit der Beseitigung chemischer Abfälle betraut. Diese führt er auf Anweisung des Firmenleiters sodann „kostengünstig" durch, indem er sie in ein nahegelegenes Gewässer leitet.

---

[18] Vgl. BGHSt 40, 307 f.; die Ausdehnung dieser Konstellation auf Wirtschaftsunternehmen wird vom BGH auch in z. B. BGHSt 43, 219, 231 f.; BGHSt 49, 147, 163; BGH NStZ 2008, 89 ausdrücklich anerkannt.

> **„Die Drückerkolonne" Beispiel 2**
> Eine betrügerische Warentermin-Vermittlung bedient sich einer mit verschiedensten Aufgaben versehenen sog. „Drückerkolonne". Eine Gruppe ist dabei für die Herstellung des Erstkontaktes zu den potenziellen Anlegern bzw. Opfern zuständig, während eine andere Gruppe auf den ersten Geschäftsabschluss und eine dritte Gruppe wiederum auf die Überredung zur Investition höherer Beträge spezialisiert ist. Die Kontrolle hierüber liegt stets bei den Hintermännern, welche die „Drückerkolonnen" häufig nicht nur durch finanzielle Anreize, sondern in vielen Fällen auch **durch reale Bedrohungen** unter Kontrolle halten. Auch wenn sie somit zwar das einzelne Opfer nicht kennen, sind sie dennoch als Täter zu betrachten.

Kritik hat die **Ausdehnung der mittelbaren Täterschaft** im Hinblick auf die im Rahmen der Rechtsordnung am Geschäftsverkehr teilnehmenden Unternehmen u. a. durch Roxin erfahren (vgl. Roxin, StR AT II, § 25 Rn. 129 ff.). Solange ein Unternehmen auf Basis der Rechtmäßigkeit arbeite, müsse erwartet werden, dass rechtswidrige Weisungen nicht befolgt würden. Es fehle daher an der Austauschbarkeit der Ausführenden, wie sie etwa bei (rechtsstaatswidrigen) staatlichen oder terroristischen Organisationen gegeben sei.

III. Grenzen der Individualverantwortung

Auch die bislang genannten Haftungsregimes vermögen nicht alle denkbaren Konstellationen und Sachverhalte adäquat zu lösen und umfassend den gegebenen kriminalpolitischen Bedürfnissen gerecht zu werden. Mithin stellt sich die Frage nach weiteren, darüberhinausgehenden möglichen Haftungsregelungen. Dabei ist jedoch zu bedenken, dass bereits mit den genannten Regelungen ein komplexes System entwickelt worden ist, das gerade den z. T. immer komplizierteren Strukturen und Abläufen und damit den tatsächlichen Gegebenheiten des Wirtschaftslebens Rechnung zu tragen versucht. Mit weitergehenden Regelungsbemühungen verbindet sich daher auch regelmäßig die Kritik einer übermäßigen Regelungsdichte. Gleichzeitig muss beachtet werden, dass aufgrund der tatsächlichen Abläufe im Wirtschaftsleben ohnehin Grenzen für die Zuweisung individueller Verantwortung bestehen. Daher bleibt häufig nur Raum für eine Sanktionierung von Unternehmen und mithin für eine Kollektivierung individueller Verantwortung.

1. Zulässigkeit unmittelbarer Unternehmensstrafbarkeit
Bei der Frage der Sanktionierung von Unternehmen stellt sich vorab jedoch das Problem der generellen Strafbarkeit von Unternehmen und etwaiger unmittelbarer Sanktionsmöglichkeiten.

Eine Unternehmenspersönlichkeit in dem Sinne, dass die strafrechtliche Verantwortung daran anknüpfen kann, existiert nicht – vielmehr gilt der Grundsatz der Individualverantwortlichkeit (vgl. Momsen/Grützner/*Rotsch*, HdB Wirtschafts- und Steuerstrafrecht § 2 Rn. 85). Die Zurechnung strafrechtlich relevanten Verhaltens kann nach geltendem Recht also nur an einzelne, natürliche Personen erfolgen.

Wirtschaftsunternehmen und andere Verbände können sich also nach deutschem Recht mangels eigener Schuldfähigkeit nicht strafbar machen[19] (zu den Gesetzesentwürfen siehe § 15). Diese wird nämlich in einem sozial-ethischen Sinne verstanden, weshalb nur eine natürliche Person Schuld auf sich laden kann, da nur diese ein Gewissen besitzt. *Tiedemann* sieht in der Lehre vom **„Good Corporate Citizen"** trotzdem einen theoretischen Rahmen zur Einführung einer Unternehmensschuld und beruft sich dabei zum einen auf BGHSt 47, 148, der diesen Begriff in die Strafrechtsprechung eingeführt hat und zum anderen auf das BVerfG (*Tiedemann*, Rn. 446 f.), welches in einem obiter dictum in BVerfGE 20, 323, 335 f. keine Bedenken gesehen hat, die Schuld einer natürlichen Person (z. B. eines Organs) einer juristischen Person zuzurechnen. Entscheidend ist aber, dass es damit allein bei einer Zurechnung einer im Ursprung fremden Schuld bleibt (*Trüg*, wistra 2010, 241).

Dabei können Unternehmen aus wirtschaftlichen Gründen durchaus ein Interesse daran haben, dem Bild eines sog. „Good Corporate Citizen" zu entsprechen, zumal beispielsweise sanktionsbewehrte Berichtspflichten auch eine Auswirkung auf die tatsächliche Geschäftspraktik haben können (Momsen/Grützner/*Momsen* HdB Wirtschafts- und Steuerstrafrecht § 3 Rn. 35).

Daneben wird auch das Sanktionsinstrumentarium als unzureichend angesehen. So ist auf Kritik an der Konzeption der Geldbuße nach § 17 OWiG hinzuweisen, wonach zwar ein abschöpfender und ein ahndender Teil besteht, aber aufgrund dessen, dass der ahndende Teil absolut gedeckelt ist, damit zu rechnen sei, dass dies nur bedingt Wirkung zeitigt. Dies schein nicht nachvollziehbar, wenn man davon ausgeht, dass es für ein Unternehmen letztlich vor allem auf die Gesamthöhe der ausgesprochenen Geldbuße ankommen dürfte. Ein rein rational agierender Verband, was dem Wesen eines Unternehmens entspricht, könnte dabei die Abwägung vornehmen, was es ein Verstoß kostet, wobei die zivilrechtlichen Ansprüche traditionell höhere Beträge erreichen können, als ordnungswidrigkeitenrechtliche Geldbußen (vgl. u. § 15).

2. § 30 OWiG als Kollektivierung individueller Verantwortung

Das derzeitige Strafrecht knüpft an natürliche Personen an. Verbände als solche sind strafrechtlich nicht zur Verantwortung zu ziehen. Dennoch ist es nach § 30 OWiG möglich, Geldbußen gegen eine juristische Person oder Personenvereinigung zu verhängen. Diese Geldbußen werden auch Verbandsgeldbußen genannt (*Achenbach*, NZWiSt 2012, 321) und stellen keine Kriminalstrafen, sondern Sanktionen

---

[19] Ein erster Gesetzesentwurf des Landes Nordrhein-Westfalen, der die Einführung der strafrechtlichen Verantwortlichkeit von Unternehmen zum Gegenstand hat findet sich im Internet unter folgendem Link: https://www.landtag.nrw.de/portal/WWW/dokumentenarchiv/Dokument/MMI16-127.pdf, zuletzt abgerufen am 03.01.2022.

G. Täterschaft und Teilnahme

gegen sog. „Verwaltungsunrecht" dar, setzen also statt individueller Schuld eine sog. „Verantwortlichkeit" voraus.

Die Norm geht auf § 26 OWiG a. F. zurück, die zur Schaffung einer einheitlichen Verbandsgeldbuße 1968 ins OWiG aufgenommen wurde. Durch das EGStGB von 1974 wurde diese Vorschrift mit einer Erweiterung als § 30 übernommen (BeckOK-OWiG/*Meyberg*, § 30 Rn. 6f.). Die Einführung der Norm verfolgte eine präventive Zielsetzung, die darauf abzielte, die Motivation für eine Auswahl rechtstreuer Leitungspersonen zu schaffen. Daneben sollte sie aber auch repressiven Ansätzen wie der Möglichkeit, Gewinne abzuschöpfen, vgl. § 30 Abs. 3 OWiG, dienen (*Wittig*, Wirtschaftsstrafrecht § 12 Rn. 9).

Die Geldbuße kann eine Höhe von bis zu 10 Mio. EUR erreichen, §§ 30 Abs. 2 S. 1 Nr. 1, 17 OWiG. Voraussetzung hierfür ist, dass eine leitende Person eine Straftat oder Ordnungswidrigkeit begangen hat, durch die Pflichten der juristischen Person oder der Personenvereinigung verletzt worden sind oder die juristische Person oder die Personenvereinigung bereichert wurde oder werden sollte. Die Geldbuße tritt dabei neben und nicht an die Stelle der Sanktionierung der Leitungsperson.

Im Ordnungswidrigkeitenrecht findet der Gedanke der **Unternehmensstrafbarkeit** mit der Verbandsgeldbuße nach § 30 OWiG als eigenständig verantwortungsbegründender Norm modifiziert Berücksichtigung. Entsprechend der höchstrichterlichen Anforderungen gilt § 30 OWiG nach überwiegender Ansicht als **bloße Zurechnungsnorm**, wohingegen nach anderer Auffassung von einer eigenen täterschaftlichen Haftung, mithin von einem eigenständigen Ordnungswidrigkeitentatbestand auszugehen sein soll.[20] § 30 OWiG soll aber gerade keine Verantwortlichkeit i. S. d. Schuld, sondern ausschließlich sog. Verwaltungsunrecht sanktionieren.

§ 30 OWiG rechnet dem Verband also die von einer ihrer Leitungspersonen begangene Straftat oder Ordnungswidrigkeit zu, weshalb die begangene Straftat bzw. Ordnungswidrigkeit die sogenannte Anknüpfungs- bzw. Bezugstat für die Sanktionierung des Unternehmens darstellt (Wittig, Wirtschaftsstrafrecht § 12 Rn. 1).

Eine besondere Bedeutung kommt § 30 OWiG im Zusammenhang mit den Regelungen der § 14 StGB, §§ 9, 130 OWiG zu (*Többens*, NStZ 1999, 1). § 14 StGB und § 9 OWiG begründen durch die Möglichkeit der Zurechnung besonderer persönlicher Merkmale auf bestimmte Organe, Vertreter und Beauftragte deren Strafbarkeit, die wiederum die Bezugstat i. S. v. § 30 OWiG darstellt (Wittig, Wirtschaftsstrafrecht § 12 Rn. 9).

Gewissermaßen als Ersatz für eine fehlende originäre Unternehmensstrafbarkeit dient zudem § 30 Abs. 4 OWiG, welcher im Zuge der Verschärfung der Sanktionen gegen Unternehmen und der Zurechnungsregeln unternehmensbezogenen Verhaltens eine deutliche Ausweitung erfahren hat (*Achenbach*, wistra 2002, 441). Eine sog. **selbstständige Verbandsgeldbuße** kann danach bereits dann festgesetzt werden, wenn eine Strafe gegen eine natürliche Person jedenfalls möglich sein erscheint, d. h. sie muss zumindest parallel als Anknüpfungspunkt einer gedachten Zurechnung

---

[20] Näher zum Streitstand über die konkrete Rechtsnatur des § 30 OWiG: vgl. Wittig, Wirtschaftsstrafrecht, § 12 Rn. 3 ff.

dogmatisch erfolgen können. Insoweit unschädlich ist etwa eine Einstellung der Ermittlungsverfahren gegen die betroffenen natürlichen Personen (§§ 153 ff. StPO). In einem Strafverfahren hat prozessual die Anordnung der Nebenbeteiligung der juristischen Personen zu erfolgen (§ 444 Abs. 1 S. 1 StPO).

> **Hinweis**
>
> Grundsätzlich kann gegen eine wegen Verschmelzung erloschene GmbH keine Verbandsgeldbuße verhängt werden. Ausnahmsweise kann der Gesamtrechtsnachfolger aber haften, wenn zwischen der früheren und der neuen Vermögensverbindung nach wirtschaftlicher Betrachtungsweise Identität oder nahezu Identität besteht (BGH BeckRS 2011, 26167). Eine solche wirtschaftliche Identität besteht, wenn das Vermögen des Vorgängers beim Rechtsnachfolger „unterscheidbar vorhanden ist, in gleicher oder ähnlicher Weise eingesetzt wird und in der neuen juristischen Person einen wesentlichen Teil des Gesamtvermögens ausmacht" (BGH BeckRS 2007, 17562).
>
> Angenommen der Betriebs- bzw. Unternehmensinhaber i. S. des § 130 OWiG ist die B. GmbH. So handelt sie als juristische Person durch ihre Organe, d. h. die Geschäftsführer. Unterlassen diese Organe Aufsichtsmaßnahmen, die zur Verhinderung von Zuwiderhandlungen im Betrieb oder Unternehmen erforderlich sind, und begehen dadurch eine Ordnungswidrigkeit nach § 130 Abs. 1 OWiG, kann gem. § 30 Abs. 1 Nr. 1 OWiG gegen die juristische Person eine Geldbuße verhängt werden (vgl. KK-OWiG/*Rogall*, § 130 Rn. 6; *Többens*, NStZ 1999, 1, 8). Gibt es mehrere Geschäftsführer, kann sich aus der unternehmensinternen Geschäftsaufteilung eine spezielle Pflichtigkeit für denjenigen Geschäftsführer ergeben, in dessen Aufgabenkreis die Wahrnehmung der Aufsichtspflicht fällt (Göhler/*Gürtler/Thoma*, § 9 Rn. 15; vgl. OLG Celle, Beschl. v. 29.03.2012 – 2 Ws 81/12). ◄

Tatbestandlich setzt § 30 Abs. 1 OWiG grundsätzlich **voraus**, dass der Repräsentant eines Verbands eine Straftat oder Ordnungswidrigkeit begangen hat, durch welche eine den Verband treffende Pflicht verletzt wurde oder für den Verband eine Bereicherung eingetreten oder angestrebt worden ist.

Repräsentanten sind die in § 30 Abs. 1 Nr. 1–5 OWiG aufgezählten Leitungspersonen. Als Repräsentanten kamen anfangs ausschließlich die vertretungsberechtigten Organe einer juristischen Person in Betracht. Im Rahmen des Zweiten Gesetzes zur Bekämpfung der Umweltkriminalität vom 27.06.1994 wurde die Anknüpfung an die formelle Rechtsstellung des Täters aufgegeben, um eine Umgehung der Vorschrift durch Delegation von Verantwortung auf Angehörige der zweiten Hierarchiestufe zu vermeiden (vgl. *Eidam*, wistra 2003, 447, 451). Ab sofort kamen auch Generalbevollmächtigte, Prokuristen und Handlungsbevollmächtigte als **taugliche Täter der Bezugstat** in Betracht.

Mit einer Gesetzesänderung vom 30.08.2002 trat schließlich § 30 Abs. 1 Nr. 5 OWiG in Kraft, nach dem auch sonstige verantwortlich handelnde Personen erfasst werden, wozu auch die Überwachung der Geschäftsführung oder die sonstige Aus-

G. Täterschaft und Teilnahme

übung von Kontrollbefugnissen in leitender Stellung gehört. Damit knüpft die Vorschrift als Generalklausel nicht mehr nur an die formelle Rechtsposition, sondern auch die faktische Ausübung leitender Aufgaben an. Dadurch sollte einem Missbrauch durch Umgehung mittels Delegation von Aufgaben auf Führungskräfte ohne die in den Nr. 1–4 verlangte Stellung entgegengewirkt werden (vgl. BT-Drucks. 14/8998, 11).

Als Täter der Nr. 1 kommen als vertretungsberechtigtes Organ oder als Mitglied eines solchen Organs konkret der Vorstand einer AG, §§ 76, 78 Abs. 1 AktG, einer Genossenschaft, §§ 24, 26 Abs. 1 GenG, eines rechtsfähigen Vereines, § 26 BGB oder der Geschäftsführer einer GmbH, §§ 35, 37 GmbHG in betracht.

Vertretungsberechtigte Gesellschafter i. S. d. Nr. 3 sind zum Beispiel die Gesellschafter einer OHG, § 125 HGB, einer GbR, §§ 714 i. V. m. 709 Abs. 1 BGB, und die Komplementäre einer KG, §§ 161, 127, 170 HGB (*Wittig*, Wirtschaftsstrafrecht § 12 Rn. 13).

Unter die Generalklausel der Nr. 5 können beispielsweise auch Insolvenzverwalter und Compliance-Beauftragte fallen (BeckOK-OWiG/*Meyberg*, § 30 Rn. 53 f.).

Voraussetzung ist dabei stets, dass die Person zum Zeitpunkt der Tatbegehung als Organ tätig wird. Aus diesem Grunde scheiden Straftaten von Mitarbeitern als taugliche Bezugstat aus (vgl. *Helmrich*, wistra 2010, 331, 334).

Handeln mehrere Personen, genügt es, wenn einer von ihnen eine Stellung nach § 30 Abs. 1 OWiG innehat.

Den **Adressatenkreis** von § 30 OWiG regelt der dortige Abs. 1 abschließend.

Zu den juristischen Personen i. S. v. § 30 Abs. 1 Nr. 1 OWiG gehören alle Organisationen mit eigener Rechtspersönlichkeit, also beispielsweise AG, KGaA, SE, GmbH, eingetragene Vereine und Stiftungen. Auch juristische Personen des öffentlichen Rechts fallen hierunter, sofern sie privatrechtlich tätig werden (OLG Frankfurt a. M., NJW 1976, 1276). Nr. 2 erfasst den nichtrechtsfähigen Verein i. S. v. § 54 BGB.

Eine rechtsfähige Personengesellschaft i. S. d. Nr. 3 ist eine rechtsfähige Personengesellschaft, die mit der Fähigkeit ausgestattet ist, Rechte zu erwerben und Verbindlichkeiten einzugehen, § 14 Abs. 2 BGB. Dazu zählen beispielsweise OHG (§§ 105 ff. HGB), KG (§§ 161 ff. HGB) und GmbH & Co KG, seit Einführung des EU-Rechtsinstrumente-Ausführungsgesetz v. 22.8.2002 aber auch sämtliche Partnergesellschaften wie die rechtsfähige GbR.

Bei der fehlerhaften Gesellschaft gilt wie sonst auch, dass sie dann wie eine gültige behandelt wird und damit auch unter § 30 Abs. 1 Nr. 1 OWiG fällt, wenn sie in Vollzug gesetzt wurde (KK-OWiG/*Rogall*, § 30 Rn. 45; Göhler/*Gürtler/Thoma*, § 30 Rn. 7). Dies gilt für juristische Personen, Personengesellschaften sowie Vereine gleichermaßen.[21]

Fraglich ist die Anwendung von § 30 OWiG in den Fällen, in denen ein Unternehmen übernommen wird und so eine Rechtsnachfolge eintritt. Bei § 30 OWiG gilt

---

[21] Zu dem Sonderfall der Vorgesellschaft und Vorgründungsgesellschaft siehe BeckOK-OWiG/*Meyberg*, § 30 Rn. 33 f.

das Rechtsträgerprinzip, das heißt die Geldbuße trifft diejenige juristische Person oder Personenvereinigung, die das Unternehmen betreibt. Damit kann nicht grundsätzlich auch der Rechtsnachfolger, der das Vermögen oder wesentliche Teile eines Unternehmens übernimmt, für die Tat seines Vorgängers sanktioniert werden.

> **„Bußgeld gegen die Rechtsnachfolgerin" Beispiel: BGHSt 57, 193, 197 (= NJW 2012, 164)[22] [vereinfacht]**
> Gegen die in der Versicherungsbranche tätige GKA-AG wurde am 17. März 2005 durch das Bundeskartellamt ein Bußgeldbescheid erlassen, der gegen die GKA-AG ein Bußgeld i. H. v. 19 Mio. EUR festsetzte. Dem Bescheid lag zu Grunde, dass das Bundeskartellamt zur Überzeugung gelangt war, dass sich ein Organ der GKA-AG sowie ein leitender Angestellter an unzulässigen wettbewerbsbeschränkenden Preisabsprachen beteiligt hatten. An der GKA-AG hielt die G-Beteiligungsgesellschaft die Anteilsmehrheit.
>
> Ausgehend vom Jahre 2006 und damit nach Erlass des Bußgeldbescheids übertrug die G-Beteiligungsgesellschaft ihre Anteile auf die T-AG, eine Tochtergesellschaft aus der T-Konzernstruktur. Im Zuge weiterer Umstrukturierungsmaßnahmen wurden die zunächst vollständig auf die T-AG übergegangenen Bestände der GKA-AG in Gestalt von Versicherungsverträgen auf andere Schwestergesellschaften aus der T-Konzernstruktur verteilt. Nach Abschluss dieser Maßnahmen gehörten nur noch ca. 4 % des ursprünglichen Bestands an Versicherungsverträgen der GKA-AG zum Bestand der T-AG. In Relation zum Gesamtbestand der T-AG entspricht dies einem Bestand von 28 %. Die auf die Versicherungsverträge geleisteten Beiträge entsprechen 42 % des gesamten Beitragsvolumens der T-AG.
>
> Das Bundeskartellamt betrieb das ursprüngliche Bußgeldverfahren gegen die T-AG als vorgebliche Rechtsnachfolgerin der GKA-AG weiter.
>
> Hiergegen wandte sich die T-AG im Wege des Einspruchs gem. §§ 67 ff. OWiG i. V. m. § 83 Abs. 1 S. 1 GWB. Schon der im Einspruchsverfahren erstinstanzlich zur Entscheidung berufene Kartellsenat des OLG Düsseldorf (vgl. § 83 Abs. 1 S. 1 GWB) legte die Rechtsauffassung zu Grunde, dass eine Erstreckung der Bußgeldhaftung auf den Rechtsnachfolger einzig dann in Betracht komme, wenn zwischen der früheren und der neueren Vermögensverbindung Identität oder jedenfalls nahezu Identität besteht. Dies gebiete schon der Wortlaut des § 30 OWiG. Denn tatbestandlicher Bezugspunkt und Rechtsfolge des § 30 OWiG sei die Verhängung eines Bußgelds gegen die konkrete Gesellschaft („diese"), deren Organ oder gleichgestellte natürliche Person eine Bezugstat begangen hat. Eine richterrechtliche Erstreckung der Haftung über diese engen Grenzen hinaus verletzten das auch im Ordnungswidrigkeitenrecht geltende Gesetzlichkeitsprinzip des Art. 103 Abs. 2 GG und erschie-

---

[22] http://juris.bundesgerichtshof.de/cgi-bin/rechtsprechung/document.py?Gericht=bgh&Art=en&nr=58187&pos=0&anz=1, zuletzt abgerufen am 25.03.2022.

nen insoweit rechtsstaatlich nicht tragbar. Eine solche Identität habe im Fall der T-AG im Verhältnis zur GKA-AG indes nicht vorgelegen. Auf dieser Grundlage sprach das Oberlandesgericht die nebenbeteiligte T-AG vom Vorwurf einer ihr zurechenbaren Ordnungswidrigkeit frei.

Der Kartellsenat des BGH beanstandete diese Entscheidung nicht und wies die insoweit von Seiten der Staatsanwaltschaft zuungunsten der T-AG gegen die Entscheidung des Oberlandesgerichts erhobene Rechtsbeschwerde als unbegründet zurück.

Dabei konkretisierte der Kartellsenat die vom Oberlandesgericht zugrundegelegten Anforderungen an die wirtschaftliche Identität zwischen dem ursprünglichen Adressaten des Bußgeldbescheids und dessen Rechtsnachfolger. Zwar sei die Angabe von konkret bezifferbaren Schwellenwerten nicht möglich. Gleichwohl sei aber entscheidend, dass die Vermögenswerte des neuen Rechtsträgers gegenüber den übernommenen Vermögenswerten weitgehend in den Hintergrund treten. Nur dann könne die Rede davon sein, dass das Bußgeld trotz der an sich bestehenden gesellschaftsrechtlichen Trennung faktisch dieselbe juristische Person treffe. Anschaulich stellt der Kartellsenat des BGH ergändend dar, dass damit konsequent eine „Haftungserstreckung" in Fällen einer Fusion von Unternehmensträgern mit annähernd gleicher Größe und fast identischem Marktanteil regelmäßig ausscheiden muss. Der Umstand, dass die Anteile auf andere Schwestergesellschaften eines übergeordneten Konzerns übertragen wurden, ändere hieran nichts. Denn auch eine solche „Konzernhaftung" sei dem Ordnungwidrigkeitenrecht fremd.

Insoweit habe zwischen der GKA-AG und der T-AG allenfalls eine „Verschmelzung unter Gleichen" stattgefunden, die eine „Haftungserstreckung" auf die (Teil-)Rechtsnachfolgerin der GKA-AG nicht rechtfertige.

BGH NStZ 2015, 523: „Kaffee und Unternehmensnachfolge"
Die Melitta Kaffee GmBH wurde durch eine andere Organisation aufgenommen, nachdem ihr Vermögen durch eine Regelwidrigkeit der leitenden Personen haftete. Das Vermögen der Melitta Kaffee GmBH befindet sich im Wesentlichen ungeschmälert im Vermögen der aufnehmenden Gesellschaft. Es ist von deren übrigen Vermögen allerdings faktisch getrennt, weil das Kaffeegeschäft aus derselben Betriebsstätte unter Fortbestand der Leitung mit unveränderter Belegschaft und damit räumlich, organisatorisch und personell getrennt vom Geschäftsbereich Haushaltsprodukte der früheren Melitta Haushaltsprodukte GmbH & Co. KG weitergeführt wird. Mit dem unverändert fortgeführten Kaffeevertrieb erzielt die aufnehmende Organisation mehr als die Hälfte ihrer Umsätze. Der neu aufgenommene Kaffeebereich trägt erheblich zum Gewinn des Unternehmens bei.

> Das haftende Vermögen der Melitta Kaffee GmBH macht damit einen wesentlichen Teil des Vermögens der aufnahmenden Organisation aus, was die Annahme einer wirtschaftlichen Nahezu-Identität der Melitta Kaffee GmbH mit der Nebenbetroffenen rechtfertigt.
> Der BGH (grundlegend BGH wistra 1986, 221) fordert in seiner Rechtsprechung hierfür, dass das in einer anderen Organisation weiterhin vom Vermögen des gemäß § 30 OWiG Verantwortlichen getrennte, in gleicher oder ähnlicher Weise wie bisher eingesetzte Vermögen in der neuen juristischen Person einen wesentlichen Teil des Gesamtvermögens ausmacht. Das übrige Vermögen der neuen juristischen Person muss demgegenüber nicht in jedem Fall vollständig oder nahezu vollständig in den Hintergrund treten. Es genügt, wenn das Vermögen durch die Umwandlung von wesentlicher Bedeutung ist (BGH vom 11. März 1986).
> Da die Nahezu-Identität im Wege einer wirtschaftlichen Betrachtungsweise festgestellt wird (BGH a. a. O.), genügt es, wenn das übernommene Vermögen eine wirtschaftlich selbständige, die neue juristische Person prägende Stellung behalten hat, demgegenüber der neue Rechtsträger – insofern einem Wechsel der Rechtsform ähnlich – lediglich einen neuen rechtlichen und wirtschaftlichen Mantel bildet.
> Eine Erstreckung der bußgeldrechtlichen Verantwortlichkeit auf den Rechtsnachfolger liegt daher vor.

Für eine Sanktionierung auch des Rechtsnachfolgers ist erforderlich, dass

- erstens, die nun zu sanktionierende juristische Person Gesamtrechtsnachfolgerin der Organisation, deren Organe die Bezugstat begangen hat sein und
- zweitens, dass die frühere Organisation und die Gesamtrechtsnachfolgerin nahezu wirtschaftlich identisch sind.

Diese wirtschaftliche Nahezu-Identität ist dem BGH zufolge an folgenden Kriterien festzumachen (BGHSt 57, 193, 198; NZWiSt 2013, 180, 188; 2016, 245; BGH NJW 2012, 164; 2007, 3652; 2005, 1381; BGH wistra 1986, 221, 222):

- Das ursprüngliche Vermögen darf nicht mit dem des Rechtsnachfolgers vermengt werden, sondern muss eigenständig bleiben. Dies kann bspw. dann der Fall sein, wenn die Geschäftsbereiche der ursprünglichen und neuen Gesellschaft räumlich, organiatorisch und/oder personell getrennt bleiben.
- Es muss weiterhin für die ursprünglichen oder ihnen ähnliche Zwecke/auf die gleiche oder ähnliche Weise eingesetzt werden.
- Es muss einen wesentlichen Teil des Gesamtvermögens der juristischen Person, die die Rechtsnachfolge übernimmt, ausmachen. Das Vermögen der neuen juristischen Person muss dabei nicht völlig in den Hintergrund treten.
- Das übernommene Vermögen muss die neue juristische Person prägen, sodass diese bloß einen „neuen rechtlichen und wirtschaftlichen Mantel" bildet.

Diese Auslegung verstößt nicht gegen den Wortlaut des § 30 OWiG oder das Bestimmtheitsgebot aus Art. 103 Abs. 2 GG (BVerfG NJW 2015, 3641; *Wittig*, Wirtschaftsstrafrecht § 12 Rn. 11b f.).

Keinen Einfluss auf die Anwendbarkeit von § 30 OWiG hat es hingegen, wenn Änderungen im Gesellschafterkreis vorgenommen werden oder beispielsweise eine Umfirmierung stattfindet (Göhler/*Gürtler/Thoma*, § 30 Rn. 38 f.). Selbes gilt auch für einen Wechsel der Rechtsform (BGH NJW 2012, 164; BeckOK-OWiG/*Meyberg*, § 30 Rn. 36 ff.).

Mit dem zum 30.06.2013 in Kraft getretenen § 30 Abs. 2a OWiG wurde eine ausdrückliche Rechtsgrundlage geschaffen, aufgrund derer Geldbußen auch gegenüber den Gesamt- und Teilrechtsnachfolgern einer Organisation festgesetzt werden kann. Grund für die Einführung dieser Vorschrift war, dass auf diese Weise verhindert werden sollte, dass Geldbußen von den Unternehmen durch Umwandlungen umgangen wurden (dazu auch *Waßmer*, NZWiSt 2012,187).

Die Regelung des § 30 Abs. 2a OWiG greift dann, wenn nicht bereits nach der Rspr. der BGH eine wirtschaftliche Identität gegeben ist (BeckOK-OWiG/*Meyberg*, § 30 Rn. 42a ff.). Sie erfasst Fälle der Gesamtrechtsnachfolge, bspw. durch Verschmelzung (§§ 2 ff. UmwG) oder einer Vollübertragung (§ 174 Abs. 1 UmwG).

Die Höhe der Geldbuße ist allerdings auf den Wert des übernommenen Vermögens sowie die gegenüber dem Rechtsnachfolger angemessene Geldbuße beschränkt, § 30 Abs. 2a S. 2 OWiG.

Ob auch der faktische Geschäftsführer unter die Vorschrift fallen soll, ist umstritten.[23] Jedenfalls wird durch die Einbeziehung der „sonstigen Leitungspersonen" in Abs. 1 Nr. 5 die gesetzgeberische Intention deutlich, eine **nicht-formale Betrachtungsweise** durchzusetzen. Dementsprechend dürfte bspw. der Aufsichtsrat erfasst sein.

Anknüpfungshandlung i. S. d. § 30 Abs. 1 OWiG ist eine tatbestandsmäßige, rechtswidrige und schuldhafte bzw. vorwerfbare Straftat oder Ordnungswidrigkeit, die durch einen oder mehrere Verbandsrepräsentanten begangen wurde, und durch welche eine Pflicht verletzt wird, die die juristische Person oder Personenvereinigung trifft, begründet oder die juristische Person oder Personenvereinigung bereichert worden ist oder bereichert werden sollte.

Nach § 30 Abs. 4 OWiG muss wegen der Bezugstat kein Straf- oder Bußgeldverfahren eingeleitet worden sein. Die Geldbuße kann bereits bei einer Verfolgbarkeit selbständig festgesetzt werden.

Bei Begehung der Anknüpfungshandlung muss die Leitungsperson eine **betriebsbezogene Pflicht verletzt** haben. Darunter versteht man solche Pflichten, die sich aus dem spezifischen Wirkungsbereich des Unternehmens ergeben (*Eidam*, wistra 2003, 447, 453). Insbesondere kommt hier die Verletzung der Aufsichtspflicht in Betracht, die gem. § 130 OWiG mit einem Bußgeld bedroht ist (*Tiedemann*, NJW 1988, 1173; siehe unter 3.) Sonstige betriebsbezogenen Pflichten sind solche, die die juristische Person oder Personenvereinigung adressieren, beispiels-

---

[23] Dafür Göhler/*Gürtler/Thoma*, § 30 Rn. 14; dagegen *Eidam*, wistra 2003, 447, 452; KK-OWiG/*Rogall*, § 30 Rn. 86; *Wegner*, NJW 2001, 1980.

weise als Steuerpflichtiger, als Arbeitgeber usw. Aber auch Allgemeinpflichten, die jedermann treffen, können dann betriebsbezogen sein, wenn ein Sachzusammenhang mit der juristischen Person oder Personenvereinigung besteht. Dies betrifft bspw. die Pflicht des Arbeitgebers, seine Arbeitnehmer vor Gefahren zu schützen oder die Einhaltung von Verkehrssicherungspflichten durch den Kaufhausbetreiber (BeckOK-OWiG/*Meyberg*, § 30 Rn. 80 f.).

Die begangenen Straftaten oder Ordnungswidrigkeiten müssen keinen Vermögensbezug aufweisen.

Für den Fall der **Bereicherung,** die jeden nach überwiegender Ansicht rechtswidrigen Vermögensvorteil umfasst (KK-OWiG/*Rogall*, § 30 Rn. 99 m. w. N.; Göhler/*Gürtler/Thoma* OWiG § 30 Rn. 22), bedarf es keiner Pflichtverletzung, da es insofern lediglich um die Abschöpfung der dem Unternehmen bzw. Verband zu Unrecht zugeflossenen Gewinne geht. Durch den Zusatz „oder bereichert werden sollte" wird klar, dass eine tatsächliche Bereicherung nicht notwendig ist. Es genügt vielmehr die Absicht derselben. Diese muss zum Tatzeitpunkt vorhanden und auch realistisch gewesen sein.[24] Nicht erforderlich hingegen ist, dass sie der Hauptzweck der Begehung der Straftat oder Ordnungswidrigkeit gewesen ist.

Die Vortat ist in Wahrnehmung der Angelegenheiten des Unternehmens, namentlich als besagter Repräsentant vorzunehmen. Nach der sog. Funktionstheorie muss zwischen der Tat und dem Aufgabenkreis ein **funktionaler Zusammenhang** bestehen.[25] Es ist also erforderlich, dass der Täter in Ausübung seiner Tätigkeit handelt und nicht nur bei Gelegenheit (*Eidam*, wistra 2003, 447, 454).

Nicht erforderlich ist die Klärung der Frage, wer von mehreren in Frage kommenden Verantwortlichen die Anknüpfungshandlung begangen hat. Ausreichend ist die Feststellung, dass ein nach § 30 Abs. 1 OWiG Verantwortlicher gehandelt hat.[26]

Dem Wortlaut entsprechend („kann") ist die Entscheidung, eine Geldbuße festzusetzen, eine Ermessensentscheidung. Nach § 47 OWiG gilt das **Opportunitätsprinzip**. Die Verhängung von Sanktionen gegen Unternehmen dem Ermessen der Ermittlungsbehörden zu entziehen, war eine der zentralen Erwägungen, die zu den Entwürfen eines Unternehmenssanktionsgesetzes geführt haben.

Die **Höhe der Geldbuße** ist in § 30 Abs. 2 OWiG begrenzt und variiert je nach Art der Bezugstat. Der Bußgeldrahmen wurde zum 30.06.2013 verzehnfacht (BeckOK-OWiG/*Meyberg*, § 30 Rn. 96 ff.).

Bei Ordnungswidrigkeiten gilt § 30 Abs. 2 S. 2 OWiG, wonach sich das Höchstmaß der Geldbuße nach dem für die Ordnungswidrigkeit angedrohten Höchstmaß der Geldbuße bestimmt. Im Falle fahrlässigen Handelns regelt zudem § 17 Abs. 2 OWiG an, dass die Ordnungswidrigkeit nur mit der Hälfte des angedrohten Höchstbetrages der Geldbuße geahndet werden kann. Verweist das Gesetz, gegen das verstoßen wurde, zudem auf diese Vorschrift, so verzehnfacht sich das Höchstmaß der Geldbuße, § 30 Abs. 2 S. 3 OWiG. Dies ist insbesondere bei § 130 Abs. 3 S. 2 OWiG der Fall.

---

[24] KK-OWiG/*Rogall*, § 30 Rn. 104 m. w. N.
[25] KK-OWiG/*Rogall*, § 30 Rn. 107 ff.
[26] BGH NStZ 1994, 346; Göhler/*Gürtler/Thoma*, § 30 Rn. 27b.

G. Täterschaft und Teilnahme

Bei vorsätzlichen Straftaten kann die Geldbuße bis zu 10 Mio. EUR betragen, § 30 Abs. 2 S. 1 Nr. 1 OWiG, bei fahrlässigen 5 Mio. EUR, § 30 Abs. 2 S. 1 Nr. 2 OWiG. § 30 Abs. 2 S. 4 OWiG ordnet zudem an, dass in den Fällen, wo die Bezugstat gleichzeitig eine Straftat und eine Ordnungswidrigkeit darstellt, die Begrenzung in § 30 Abs. 2 S. 2 OWiG auch dann gilt, wenn das für die Ordnungswidrigkeit angedrohte Höchstmaß der Geldbuße das Höchstmaß nach Satz 1 übersteigt.

Über § 30 Abs. 3 OWiG sind zudem § 17 Abs. 4 und § 18 OWiG anwendbar. Hiernach kann die Geldbuße auch dazu dienen, dem Unternehmen die aus der Straftat oder Ordnungswidrigkeit stammenden Gewinne abzuschöpfen. (KK-OWiG/Rogall, § 30 Rn. 140) Die Geldbuße soll dabei den wirtschaftlichen Vorteil übersteigen, den das Unternehmen aufgrund des rechtswidrigen Verhaltens gezogen hat; hier ist die Begrenzung durch das gesetzliche Höchstmaß aufgehoben. Ein Verfall ist nach § 30 Abs. 5 OWiG allerdings ausgeschlossen, weil die Geldbuße bereits die umfassendere Maßnahme zur Abschöpfung unrechtmäßiger Gewinne ist (*Wittig*, Wirtschaftsstrafrecht § 12 Rn. 26).

Die gegen eine Nebenbeteiligte festgesetzten Geldbußen sind denselben **Verjährungsregeln** unterworfen wie die zugrundeliegenden Taten; die insoweit kürzere Frist nach § 31 OWiG gilt nur für eigenständige Bußgeldtatbestände (BGH NZG 2017, 910, 911, 914 (mAnm. Wessing/Hiéramente)).

3. § 130 OWiG – die praktisch bedeutsamste Anknüpfungshandlung

Von erheblicher praktischer Relevanz als Anknüpfungshandlung des Ordnungswidrigkeitenrechts ist bei § 30 OWiG insbesondere die spezifische **Aufsichtspflichtverletzung des Betriebsinhabers aus § 130 Abs. 1 OWiG**.

Bei § 130 OWiG handelt es sich um einen Bußgeldtatbestand, der die vorsätzliche oder fahrlässige Aufsichtspflichtverletzung durch den Inhaber eines Betriebes oder Unternehmen sanktioniert. Es handelt sich um einen echten Unterlassungstatbestand, der verhindern soll, dass in dem Betrieb oder Unternehmen solche Pflichten, die den Inhaber treffen und deren Verletzung mit Strafe oder Geldbuße bedroht ist, nicht eingehalten werden, weil die entsprechende Aufsicht unterlassen wurde, die den Pflichtverstoß verhindert oder wesentlich erschwert hätte.

Die Vorschrift soll Gesetzeslücken schließen, die sich durch eine Delegation der dem Betriebsinhaber obliegenden betriebsbezogenen Pflichten auf Dritte, die selbst nicht pflichtig sind, ergeben können (*Rogall*, ZStW 98 (1986), 573, 578). Zwar kann eine Zurechnung unter Umständen nach § 9 OWiG und § 14 StGB stattfinden – immer ist dies aber nicht der Fall (BeckOK-OWiG/*Beck*, § 130 Rn. 6). Insbesondere bei fehlender Kenntnis oder Vorstellung des Prinzipals von möglichen Risiken kann der strafrechtliche Schutz entfallen, wenn nicht wie mit § 130 OWiG die defizitäre Organisation, Auswahl und Überwachung selbst Anknüpfungspunkt der Sanktion sein kann.

§ 130 OWiG übernimmt damit eine Auffangfunktion gegenüber einer Beteiligung des Betriebsinhabers an einer Straftat oder Ordnungswidrigkeit des Mitarbeiters (KK-OWiG/*Rogall*, § 130 Rn. 124 m. w. N).

Die Norm stieß zum Teil auf Bedenken bzgl. ihrer Verfassungsmäßigkeit. Aufgrund der nicht näher bestimmten Tathandlung (Unterlassen der erforderlichen und zumutbaren Aufsichtsmaßnahmen) wird zum einen die Einhaltung des Bestimmtheitsgrundsatzes angezweifelt. Zum anderen wird ein Verstoß gegen das Schuldprinzip darin gesehen, dass die jeweiligen Straf- und Bußgeldtatbestände dadurch erheblich erweitert würden, dass die Strafbarkeit der leicht fahrlässigen Aufsichtspflichtverletzung selbst bei Zuwiderhandlungen, die nur vorsätzlich oder grob fahrlässig begangen werden können, angenommen wird (BeckOK-OWiG/*Beck*, § 130 Rn. 20).

Da der Anwendungsbereich des § 130 OWiG viel weiter ist als der des § 30 OWiG, wird hier **zumindest mittelbar ein Durchgriff auf das Unternehmen** ermöglicht.

Allgemein kann eine Aufsichtspflichtverletzung in einem **Organisationsmangel** begründet sein (vgl. § 130 Abs. 1 OWiG), etwa wenn der Betriebsinhaber die Erfüllung betrieblicher Pflichten nicht durch geeignetes Personal sicherstellt oder Zuständigkeiten so unklar regelt, dass dadurch eine Gefahr der Verletzung der genannten Pflichten entsteht (vgl. *Tiedemann*, Rn. 453 m. w. N.).

Beispiel 1 (BGHSt 27, 196, 202 = NJW 1977, 1784)
Eine Aufsichtspflichtverletzung i. S. d. Norm ist bspw. gegeben, wenn Mitarbeiter mit dem Entwurf von im Ergebnis kartellrechtswidrigen Rundschreiben betraut werden, obwohl diese weder selbst mit dem Kartellrecht vertraut sind, noch sachkundigen juristischen Rat zur Verfügung haben.

Beispiel 2
H ist Geschäftsführer der V-GmbH, die diverse Produkte ins Ausland verkauft. Vertriebsleiter für den östlichen Markt ist M, der seit vielen Jahren zuverlässig arbeitet und daher von H alle Freiheiten gewährt bekommt. Die V-GmbH verfügt über einen großen Bestand eines Produktes, dessen Nachfolgermodell bereits in der Produktion ist und bald auf den Markt kommen soll. Um aber den derzeitigen Bestand noch schnell zum Originalpreis loszuwerden, macht er mit P, der bei einer japanischen Firma für den Einkauf zuständig ist, aus, dass dieser ihm die Restposten zum Originalpreis abnimmt, obwohl dieser genau weiß, dass sie mittlerweile einen erheblich geringeren Wert haben und er nach den Vorgaben in seinem Unternehmen nicht zu einem solchen Kauf befugt ist. Als „Dankeschön" zahlt M dem P später einen nicht unerheblichen Betrag auf dessen Privatkonto. Von dieser Zahlung wusste H nichts. Als alles herauskommt, lässt sich H unwiderlegt dahin ein, dass er von der Absprache und der darauffolgenden Zahlung keine Kenntnis hatte und sie auch nicht gebilligt hätte (siehe auch *Hellmann*, Wirtschaftsstrafrecht, 5. Aufl. 2018, Rn. 1066).

G. Täterschaft und Teilnahme

Täter des Tatbestandes kann der Inhaber eines Betriebs oder Unternehmens sein. Unter den Begriff des Betriebes fallen alle räumlich zusammengefassten Organisationseinheiten, mit der arbeitstechnische Zwecke, die über die Deckung des Eigenbedarfs hinausgehen unter Einsatz von personellen, sachlichen und immateriellen Mitteln fortgesetzt verfolgt werden (vgl. KK-OWiG/*Rogall*, § 9 Rn. 75 m. w. N.), nicht erfasst sind somit jedenfalls Tätigkeiten und Zusammenschlüsse, die, wie z. B. private Haushalte, der Deckung des Eigenbedarfs dienen (BeckOK-OWiG/*Beck*, § 130 Rn. 27). Bei der Bestimmung spielen dabei weder die betrieblichen Zwecke noch die Motivation der Tätigkeit eine maßgebliche Rolle, sodass auch nicht-gewerbliche Zusammenschlüsse von Büros freier Berufe und bspw. sonstige karikative Einrichtungen erfasst werden (KK-OWiG/*Rogall* § 9 Rn. 75). Nach **Abs. 1 S. 2** wird der Betriebsinhaber auch bei der Bestellung geeigneten Personals nicht von seiner Pflicht zur Überwachung dieser bestellten Personen frei (vgl. BayObLG NJW 2002, 766 f.; OLG Hamm wistra 2003, 469 f.).

Ferner ist die Aufsichtspflicht nach Auffassung des BGH niederlassungsbezogen (vgl. BGH NJW 1987, 267 m. Bespr. *Göhler*, wistra 1986, 113). So liegt bei relativ selbständig arbeitenden Niederlassungen nur dann eine einheitliche Aufsichtspflichtverletzung vor, wenn der Aufsichtspflichtige eine sich auf alle Niederlassungen auswirkende mangelhafte Organisationsstruktur zu verantworten hat.

Die Beurteilung von Eignung, Erforderlichkeit und Zumutbarkeit erfolgt einzelfallabhängig (BGH NStZ 1986, 34; *Többens*, NStZ 1999, 4). Die Eignung der Aufsichtsmaßnahme hängt dabei von der betrieblichen Situation und Verrichtung, der Größe, Organisation und Betätigungsfeld des Betriebs, der Sachkunde der Mitarbeiter, der generellen Anfälligkeit der Branche für Zuwiderhandlungen, der Vielfalt und Relevanz der zu beachtenden Vorschriften, den vorher bereits festgestellten Verstößen sowie den zur Verfügung stehenden Möglichkeiten zur Überwachung ab (*Bosch*, Organisationsverschulden in Unternehmen, 2002, 348; BeckOK-OWiG/*Beck*, § 130 Rn. 46, 60 ff.).

Konkret gehören folgende Tätigkeiten zu den von § 130 OWiG geforderten Aufsichtsmaßnahmen (*Wittig*, Wirtschaftsstrafrecht § 6 Rn. 141; BeckOK-OWiG/*Beck* § 130 Rn. 48):

- Eine sorgfältige Auswahl zuverlässiger Mitarbeiter und Aufsichtspersonen unter besonderer Berücksichtigung des Gefahrenpotentials der jeweiligen Stelle
- Eine sachgerechte Organisation und klare Aufgabenverteilung sowie eine angemessene Instruktion und wiederholende Aufklärung der Mitarbeiter über ihre Aufgaben und Pflichten
- Eine ausreichende Kontrolle der Mitarbeiter, auch durch stichprobenartige, unangekündigte Kontrollen
- Ein Vorgehen gegen festgestellte Regelverstöße sowie ggf. einer Sanktionsandrohung und -verhängung, bspw. durch die Errichtung einer Compliance-Abteilung erfolgen

Von mehreren geeigneten Maßnahmen kann diejenige gewählt werden, die den Betriebsinhaber am wenigsten belastet, mithin erforderlich ist (KK-OWiG/*Rogall*,

§ 130 Rn. 50). Die Zumutbarkeit der Aufsichtsmaßnahme ist notwendig, da es sich bei § 130 OWiG um ein Unterlassungsdelikt handelt (BeckOK-OWiG/*Beck*, § 130 Rn. 51; OLG Düsseldorf wistra 1999, 115, 116). Grenzen der Zumutbarkeit sind bspw. die rechtliche Zulässigkeit, angemessene Kosten und die erhebliche Störung eines effektiven Betriebsablaufes.

Im **subjektiven Tatbestand** ist erforderlich, dass der Betriebs- oder Unternehmensinhaber die Aufsichtsmaßnahme vorsätzlich oder fahrlässig unterlässt. Eine vorsätzliche Pflichtverletzung liegt vor, wenn der Inhaber das Ergreifen einer bestimmten Aufsichtsmaßnahme unterlässt, obwohl er weiß, dass er sie ergreifen müsste und könnte. Nicht erforderlich ist hingegen, dass er die konkrete Zuwiderhandlung – oder auch nur die Gefahr einer Zuwiderhandlung – erkannte, da es sich hierbei um eine objektive Bedingung der Ahndbarkeit handelt (BeckOK-OWiG/ *Beck*, § 130 Rn. 70). Fahrlässig handelt er, wenn er dies hätte erkennen können.

Sofern der Inhaber bestimmte betriebliche Umstände, die ein Eingreifen erforderlich machten, nicht kannte, liegt ein Irrtum über Tatbestandsmerkmale vor (Bohnert/Krenberger/*Krumm* OWiG, 6. Aufl. 2020, § 130 Rn. 32). Die Abgrenzung von Tatbestands- und Verbotsirrtum kann bei dieser Norm allerdings problematisch sein. Dies hängt damit zusammen, dass die Beurteilung einer erforderlichen und zumutbaren Aufsichtsmaßnahme eine Wertung erfordert, sodass eine Unterscheidung zwischen rechtlichen und tatsächlichen Einschätzungen oftmals nicht klar möglich ist.

Der Tatbestand des § 130 OWiG setzt zudem voraus, dass eine Zuwiderhandlung gegen die Pflichten, die den Inhaber treffen und deren Verletzung mit Strafe oder Geldbuße bedroht ist, (1) **durch eine zu beaufsichtigende Person** (2) **im Betrieb oder Unternehmen (3) bei der Wahrnehmung von Betriebsangelegenheiten** begangen wurde. Hierbei handelt es sich um eine **objektive Bedingung der Ahndbarkeit**, was bedeutet, dass sich Vorsatz und Fahrlässigkeit nicht auf diesem Umstand beziehen müssen. Diese Zuwiderhandlung muss nach herrschender Meinung, ander als bei der „rechtswidrigen Tat" nach § 11 Abs. 1 Nr. 5 StGB und der „mit Geldbuße bedrohten Handlung" gem. § 1 Abs. 2 OWiG, nur auf den äußeren Geschehensablauf einer Straftat oder Ordnungswidrigkeit bezogen sein (Göhler/*Gürtler/Thoma*, OWiG § 130 Rn. 21; BeckOK-OWiG/*Beck*, § 130 Rn. 80).

Erforderlich ist auch ein Zurechnungszusammenhang zwischen der erforderlichen Aufsichtsmaßnahme und der begangenen Zuwiderhandlung in der Form, dass im Falle der Ergreifung ersterer die Zuwiderhandlung verhindert oder zumindest wesentlich erschwert worden sein müsste. Ein hypothetisches Verhindern liegt vor, wenn die Zuwiderhandlung mit an Sicherheit grenzender Wahrscheinlichkeit unterblieben wäre, wenn die entsprechenden Aufsichtsmaßnahmen ergriffen worden wären. Bei der Bestimmung einer wesentlichen Erschwernis spielt der Gedanke der Risikoerhöhungslehre eine Rolle. Kriterien sind bei der Bestimmung etwa die Entschlossenheit des zuwiderhandelnden Mitarbeiters und dessen Geschick bei Vornahme und Verschleierung der Zuwiderhandlung sowie die Entdeckungsgefahr der Zuwiderhandlung durch die gebotene Maßnahme zu berücksichtigen (BeckOK-OWiG/*Beck*, § 130 Rn. 95; KK-OWiG/*Rogall*, § 130 Rn. 117).

Die Rechtsfolgen eines solchen Verstoßes sind in § 130 Abs. 3 OWiG geregelt. Abhängig von der Anknüpfungstat des Mitarbeiters ergibt sich folgender Sanktionsrahmen:

- Wenn die Pflichtverletzung mit Strafe bedroht ist, kann die Ordnungswidrigkeit mit einer Geldbuße bis zu einer Million EUR geahndet werden. Im Falle einer Fahrlässigkeit gilt zudem § 17 Abs. 2 OWiG, der diese Höhe halbiert. Verweist das Gesetz, gegen das verstoßen wird, auf diese Vorschrift, so verzehnfacht sich das Höchstmaß der Geldbuße nach §§ 130 Abs. 3 S. 2, 30 Abs. 2 S. 3 OWiG.
- Ist die Pflichtverletzung mit Geldbuße bedroht, so bestimmt sich das Höchstmaß der Geldbuße wegen der Aufsichtspflichtverletzung nach dem für die Pflichtverletzung angedrohten Höchstmaß der Geldbuße, § 130 Abs. 3 S. 3 OWiG.
- Dies gilt auch im Falle einer Pflichtverletzung, die gleichzeitig mit Strafe und Geldbuße bedroht ist, wenn das für die Pflichtverletzung angedrohte Höchstmaß der Geldbuße das Höchstmaß nach Satz 1 übersteigt, sprich, es bleibt die Obergrenze der Ordnungswidrigkeit maßgeblich.

Die Bemessung der konkreten Geldbuße erfolgt nach § 17 OWiG. Hierbei spielt die Bedeutung der Aufsichtspflichtverletzung und der Grad der Vorwerfbarkeit gegenüber dem Inhaber eine Rolle (BeckOK-OWiG/*Beck*, § 130 Rn. 110).

In der Gesamtschau zeigt sich damit, dass die jeweils nebeneinanderstehenden Tatbestände des Straf- und Ordnungswidrigkeitenrechts ein komplexes Haftungsgefüge schaffen, das sowohl **Individual- als auch Kollektivverantwortung** in Gestalt der Verbandsgeldbuße zu erfassen vermag. Insbesondere das Zusammenspiel zwischen den §§ 30, 130 und 9 OWiG – auch „Normentroika" genannt – schafft eine empfindliche Ausdehnung von Kollektivstrafbarkeiten.

H. Anwendbarkeit deutschen Strafrechts – Problembereich der Auslandstaten

Da Wirtschaftskriminalität nicht nur komplex, sondern häufig auch grenzüberschreitend organisiert ist, kommt dem Strafanwendungsrecht spezifische Bedeutung zu. § 3 StGB regelt die Geltung deutschen Strafrechts für Inlandstaten. Da Wirtschaftsstraftaten ebenso wenig wie das Geschäftsleben vor nationalen/territorialen Grenzen Halt machen, stellt sich insbesondere im Bereich des Wirtschaftsstrafrechts regelmäßig die Frage der Anwendbarkeit deutschen Strafrechts. Vereinzelt werden Wirtschaftsstraftaten gerade im Ausland begangen, weil davon ausgegangen wird, dass am Tatort keine Strafverfolgung droht.

Die §§ 5–7 StGB regeln, unter welchen Voraussetzungen im Ausland begangene Taten nach deutschem Strafrecht verfolgt werden können: so etwa dann, wenn sie einen besonderen Inlandsbezug aufweisen (siehe den Katalog in § 5 StGB), oder wenn sie gegen international geschützte Rechtsgüter gerichtet sind (siehe § 6 StGB). Abgesehen davon normiert § 7 StGB andere Konstellationen, in denen das deutsche

Strafrecht auch für Auslandstaten gilt, etwa, wenn die Auslandstat gegen einen Deutschen (§ 7 Abs. 1 StGB) oder von diesem (§ 7 Abs. 2 Nr. 1 Var. 1 StGB) begangen wurde (zu den Voraussetzungen *Reinbacher*, ZJS 2018, 142).

Bei der Bestimmung des Tatorts gilt § 9 StGB: Eine Tat ist an jedem Ort begangen, wo der Täter gehandelt hat oder der Taterfolg eingetreten ist oder nach Tätervorstellung hätte eintreten müssen (Tatortprinzip).

Nach dem StGB werden vereinzelt auch expressis verbis Auslandsstraftaten erfasst – wie etwa § 299 Abs. 1 Nr. 1 und Abs. 2 Nr. 1 StGB („ausländischen Wettbewerb") oder im Steuerstrafrecht (berücksichtige auch automatisierten Informationsaustausch).

Für das Ordnungswidrigkeitenrecht regelt § 5 OWiG das Territorial- und Flaggenprinzip; i. Ü. bedarf es ausdrücklicher Regelungen für Auslandstaten (Bohnert/Krenberger/*Krumm*, 6. Aufl. 2020, § 5 Rn. 1 ff., 12).

In § 2 Abs. 2 des RegE vom 21.10.2020 (BT-Drs. 19/23548) war für Auslandstaten vorgesehen, dass einer Verbandstat eine Tat gleichsteht, auf die das deutsche Strafrecht nicht anwendbar ist, wenn 1. die Tat nach deutschem Strafrecht eine Straftat wäre, 2. die Tat am Tatort mit Strafe bedroht ist oder der Tatort keiner Strafgewalt unterliegt, 3. der Verband zur Zeit der Tat einen Sitz im Inland hat und 4. es sich um eine Verbandstat handelt, also eine Straftat, durch die Pflichten, die den Verband treffen, verletzt worden sind oder durch die der Verband bereichert worden ist oder werden sollte (siehe zu den Gesetzesinitiativen in § 14).

§ 3 Untreue, § 266 StGB

Literatur

Albrecht, Zur Unmittelbarkeit des Nachteils bei der Untreue, GA 2017, 130; *Becker/Walla/Endert*, Wer bestimmt das Risiko – Zur Untreuestrafbarkeit durch riskante Wertpapiergeschäfte in der Banken-AG, WM 2010, 875; *Becker*, Und ewig lockt die Untereue – Randnotizen zum Stand der Dogmatik des § 266 StGB anlässlich von BGH HRRS 2011 Nr. 153, HRRS 2012, 237; *Bittmann*, Risikogeschäft – Untreue – Bankenkrise, NStZ 2011, 361; *Hamm*, Kann der Verstoß gegen Treu und Glauben strafbar sein?, NJW 2005, 1993; *Hoven*, Die vertragsärztliche Vermögensbetreuungspflicht gegenüber der Krankenkasse, NJW 2016, 3213; *Jahn/Ziemann*, „Untreuestrafrecht 2.0" Theoretische und systematische Grundlagen der Dogmatik des § 266 StGB im Rechtsstaat, ZIS 2016, 552; *Krause*, Strafrechtliche Haftung des Aufsichtsrates, NStZ 2011, 57; *Kuhlen*, Sponsoring und Korruptionsstrafrecht, JR 2010, 148; *Marwedel*, Der Pflichtwidrigkeitszusammenhang bei § 266 StGB – Jagd nach einem weißen Schimmel, ZStW 2011, 548; *Leite*, Vorsatz und Irrtum bezüglich der Pflichtwidrigkeit bei der Untreue (§ 266 StGB). Pflichtwidrigkeit als gemischtes Blankett – bzw. gesamttatbewertendes Merkmal?, GA 2015, 517; *Maurach/Schroeder/Maiwald/Hoyer/Momsen*, Strafrecht Besonderer Teil, Teilband 1 – Persönlichkeits- und Vermögenswerte, 11. Aufl. 2019, § 45 – Untreue (§§ 266, 266a, 266b); *H. Mayer*, Die Untreue, in: Bundesjustizministerium, Materialien zur Strafrechtsreform I 1954, 333; *Radtke*, Untreue zu Lasten von Personenhandelsgesellschaften, NStZ 2016, 639; *Ransiek*, Untreue durch Vermögenseinsatz zu Bestechungszwecken, StV 2009, 321; *Rönnau*, „kick-backs": Provisionsvereinbarungen als strafbare Untreue, in: FS Kohlmann 2003, 239; *ders.*, Die Zukunft des Untreuetatbestandes, StV 2011, 753; *ders.*, Einrichtung „schwarzer" (Schmiergeld-)Kassen in der Privatwirtschaft – eine strafbare Untreue?, in: FS Tiedemann, 2008, 713; *Rönnau/Hohn*, Die Festsetzung (zu) hoher Vorstandsvergütungen durch den Aufsichtsrat – ein Fall für den Staatsanwalt?, NStZ 2004, 113; *Rönnau/Becker*, Untreue (§ 266 Abs. 1 StGB) durch verbotswidrige Zahlungen des GmbH-Geschäftsführers nach Insolvenzreife, NZWiSt 2014, 441; *dies.*, Von der Überholspur in den Totalschaden: die untreuestrafrechtliche Aufarbeitung der causa „Nürburgring", JR 2017, 204; *Sahan/Altenburg*, Der „faktische Nicht-Geschäftsführer", NZWiSt 2018, 161; *Schmidt*, Die zweckwidrige Verwendung von Fremdgeldern durch einen Rechtsanwalt, NStZ 2013, 498; *M. Schmidt*, Rechtsfigur der hypothetischen Einwilligung und ihre Übertragbarkeit auf die Untreue (§ 266 StGB), 1. Aufl. 2018, 343; *Schneider*, Untreuestrafbarkeit von Kommunalbeamten wegen riskanter Finanzgeschäfte am Beispiel von Zinsswaps, wistra 2018, 281; *Schramm*, Untreue durch Insolvenzverwalter, NStZ 2000, 398; *Schünemann*, Die „gravierende Pflichtverletzung" bei der Untreue: dogmatischer Zauberhut oder taube Nuss?, NStZ 2005, 473; *ders.*, Der Bundesgerichtshof im Gestrüpp des Untreuetatbestandes, NStZ 2006, 196; *Schwerdtfeger*, Untreuestrafbarkeit und Aufsichtsrat, NZWiSt 2018,

266; zum Verschleifungsverbot BVerfG, Beschl. v. 1.11.2012 – 2 BvR 1235/11 Rn. 18 m. w. N.; vgl. auch *Krüger*, Neues aus Karlsruhe zu Art. 103 II GG und § 266 StGB – Bespr. Von BVerfG, Beschl. vom 23.6.2021 – 2 BvR 2559/08, NStZ 2010, 626, NStZ 2011, 369.

A. Überblick

Die Untreue gehört im Wirtschaftsstrafrecht zu den praktisch wichtigsten Tatbeständen und stellt neben dem Betrug den zentralen Tatbestand zum Vermögensschutz (vgl. BGH NJW 1998, 913; BGH NJW 2006, 522, 525) dar.

Bei der Untreue handelt es sich um ein Fremdschädidungsdelikt, bei dessen Verwirklichung ein Vermögen von innen heraus durch eine Person geschädigt wird (vgl. *Brettel/Schneider*, Wirtschaftsstrafrecht, 3. Aufl. 2020, Rn. 339), die in der Regel zweckgebundene Verfügungsrechte über dieses Vermögen besitzt. Im Wirtschaftsbereich handelt es sich oftmals um Vermögen einer juristischen Person, das deren Organe für diese verwalten. Die Idee hinter der Vorschrift ist, dass es im Wirtschaftsverkehr (allgemein, nicht nur auf das Wirtschaftsstrafrecht beschränkt) wichtig ist, bestimmte Personen mit der Fürsorge für Vermögenswerte zu betrauen, wofür ihnen besondere Zugriffsrechte eingeräumt werden. Diese Rechte begründen eine besondere Verantwortung, ihre Verletzung ist die ratio der Strafbarkeit.

In der praktischen Anwendung stellen sich regelmäßig Schwierigkeiten ein, da die Norm relativ offen gefasst ist und viel Raum für Auslegung bietet. Aufgrund dieses Umstandes wird die Untreue in der Praxis häufig als Auffangtatbestand instrumentalisiert (*Schünemann*, NStZ 2006, 196; BeckOK-StGB/*Wittig*, § 266 Rn. 1). Daher ist die Rechtsprechung auch sehr uneinheitlich. Insbesondere die Tatbestandsmerkmale der Vermögensbetreuungspflicht und des Nachteils bereiten bei ihrer Auslegung in der Fallbearbeitung regelmäßig Probleme.

I. Zur Relevanz von § 266 StGB in Wirtschaftsstrafverfahren

Aufgrund des weit gefassten Tatbestandes spielt § 266 StGB im Wirtschaftsstrafrecht eine besondere Rolle. Als Auffangtatbestand eröffnet sich bei der Untreue eine Fülle von Ansätzen im Ermittlungsverfahren, da ein Anfangsverdacht häufig leicht begründbar erscheint. Dies führt in der Praxis auch dazu, dass neue und als potenziell strafwürdig erscheinende Handlungen über § 266 StGB erfasst werden (vgl. dazu vertiefend: *Lesch*, ZRP 2002, 159, 161; *Matt*, NJW 2005, 389, 390). Damit kommt dem Tatbestand zugleich kriminalpolitisch eine wichtige Rolle zu. Zwar gibt es weniger Untreue- als bspw. Betrugsfälle (die PKS 2020 weist für alle Betrugsdelikte gut 800.000 Fälle aus, für Untreue hingegen gut 6000, für § 266a StGB wiederum knapp 9000),[1] dennoch stellt die Vorschrift einen der zentralen Vermö-

---

[1] PKS 2020, Bund Falltabellen, T01 V1.0, https://www.bka.de/SharedDocs/Downloads/DE/Publikationen/PolizeilicheKriminalstatistik/2020/Bund/Faelle/BU-F-01-T01-Faelle_xls.xlsx?__blob=publicationFile&v=4, zuletzt abgerufen am 03.01.2022; auch die Diskrepanz zur Verurteilungszahl ist erheblich: *Statistisches Bundesamt*, Strafverfolgungsstatistik 2020, Fachserie 10, Reihe 3, Tab. 2.1: 1146 abgeurteilte Fälle (§ 266) im Vergleich zu 88.990 abgeurteilten Fällen (§ 263 einschl. § 263 III, V).

A. Überblick

genstatbestände dar (ausführlich Maurach/Schroeder/Maiwald/Hoyer/*Momsen*, StrR BT, § 45 Rn.11). Häufig gelangen Untreuefälle in den Blick der Öffentlichkeit, etwa, wenn sie von prominenten Tätern oder in bekannten Unternehmen begangen werden.[2] Besondere Bedeutung erlangen auch solche Fälle, in denen hohe Summen veruntreut wurden und immense wirtschaftlichen Schäden verursacht wurden (vgl. Momsen/Grützner/*Schramm*, Hdb Wirtschafts- und Steuerstrafrecht, § 19 Rn. 1a; SSW-StGB/*Saliger*, § 266 Rn. 5).

Der Tatbestand der Untreue erfasst u. a. Fälle, in denen in einem Unternehmen Vermögensinhaber und Vermögensverwalter auseinanderfallen und der Inhaber des Vermögens selbst nicht in gleicher Weise auf den Bestand des Vermögens Einfluss nehmen kann und er sich daher einer unterschiedlich ausgeprägten Abhängigkeit gegenüber dem Vermögensverwalter ausgesetzt sieht.[3] Aus dieser Abhängigkeit resultiert i. d. R. ein Unvermögen, schädigende Handlungen des Vermögensverwalters zu verhindern, ggf. zu bemerken. Dies gilt insbesondere auch dann, wenn der Vermögensinhaber eine juristische Person ist. Umfasst sind daher richtigerweise auch die Fälle der Organuntreue, vor allem in Kapitalgesellschaften.[4]

Die Verurteilung nach § 266 StGB kann auf gesellschaftsrechtlicher Ebene weitreichende Konsequenzen haben, da ein gesetzlicher Ausschluss von der Bestellung zum Geschäftsführer einer GmbH (§ 6 Abs. 2 S. 2 Nr. 3e GmbHG) oder zum Vorstand einer AG (§ 76 Abs. 3 S. 2 Nr. 3e AktG) jedenfalls bei einer Verurteilung wegen § 266 StGB zu einer Freiheitsstrafe von mindestens einem Jahr vorgesehen ist. Auch für Mitglieder des Aufsichtsrats einer AG können Untreuekonstellationen wie insbesondere die (unterlassene) Aufsichtsmaßnahmen (vgl. § 111 Abs. 1 AktG) oder bei Vergütungsentscheidungen (vgl. § 87 Abs. 1 S. 1 AktG) entstehen (dazu eingehend: *Schwerdtfeger*, NZWiSt 2018, 266).

Eine Einstellung nach Eröffnung des Hauptverfahrens etwa nach den §§ 153 ff. StPO durch das Gericht ist bei der Untreue deutlich häufiger als bei anderen Delikten.[5] Auf der Ebene des Ermittlungsverfahrens entspricht die Einstellungsquote hingegen weitestgehend der allgemeinen Einstellungsquote.[6] Grund hierfür könnte der häufig erhebliche Aktenumfang sowie letztlich auch die Verständigung nach § 257c StPO im Rahmen der Hauptverhandlung in Wirtschaftsstrafverfahren sein (dazu insgesamt: Momsen/Grützner/*Schramm*, Hdb Wirtschafts- und Steuerstrafrecht, § 19 Rn. 173; vgl. auch *Momsen*/*Washington*, in: FS-Kindhäuser, 2018, 923,

---

[2] Eine Aufzählung der prominentesten Verfahren bietet SSW-StGB/*Saliger*, § 266 Rn. 5.
[3] Zu diesem (viktimodogmatischen) Leitgedanken: *LK-StGB/Schünemann*, § 266 Rn. 1.
[4] Beispielhaft die Entscheidungen: BGHSt 49, 147 – „Bremer Vulkan"; BGHSt 50, 331 – „Mannesmann"; BGH NJW 2006, 453 – „Kinowelt"; BGH NStZ 2017, 227 – „HSH Nordbank"; dazu insgesamt: *Schünemann*, Organuntreue: Das Mannesmann-Verfahren als Exempel?, 2004, 7 ff.; vgl. auch *Momsen*, in: FS Schöch, 567 ff.
[5] *Statistisches Bundesamt*, Strafverfolgungsstatistik 2020, Fachserie 10, Reihe 3, Tab. 2.2: vgl. eine Einstellungsquote von 14 % insgesamt gegenüber 27 % bei § 266 StGB.
[6] *Statistisches Bundesamt*, Staatsanwaltschaften 2020, Fachserie 10, Reihe 2.6, Tab. 3.4.1: vgl. eine Einstellungsquote von etwa der Hälfte – freilich handelt es sich um gemeinsame Zahlen für Betrug und Untreue.

929 f.). 2020 wurden 97,1 % der bekannt gewordenen Untreuefälle polizeilich aufgeklärt.[7]

Aufgrund der soeben angesprochenen weiten Fassung des Tatbestandes der Untreue und der häufigen Anwendung in der beschriebenen Auffangfunktion ist es erforderlich, den Anwendungsbereich stetig zu überprüfen.

II. Rechtsnatur und Deliktsstruktur

Geschütztes Rechtsgut des Untreuetatbestands ist das **individuelle Vermögen des Treugebers** (*Fischer*, StGB § 266 Rn. 2). § 266 StGB ist ein reines Vermögensdelikt, dessen Handlungsunrecht in dem Fehlgebrauch der dem Täter eingeräumten Dispositionsmacht liegt. Das Erfolgsunrecht gründet indessen in der eigentlichen Schädigung des fremden Vermögens. Folglich sollen diejenigen Vermögensrisiken erfasst sein, die mit dem Auseinanderfallen von Vermögensinhaberschaft und Vermögensverwaltung einhergehen (*Kudlich/Oğlakcioğlu*, Wirtschaftsstrafrecht, Rn. 329). Da, anders als bspw. beim Betrug, keine Bereicherungsabsicht erforderlich ist, handelt es sich um ein reines Fremdschädigungsdelikt (SSW-StGB/*Saliger*, § 266 Rn. 1).

Die Untreue ist ein **Sonderdelikt**, da nur der mit einer entsprechenden Vermögensbetreuungspflicht Betraute tauglicher Täter ist. Obliegen dem Täter fremde Vermögensinteressen, so hat er diese i. S. v. § 266 Abs. 1 StGB auch „wahrzunehmen". Fehlt diese besondere Pflichtenstellung, kommt aber eine Teilnahme in Betracht.

> **Beispiel**
> Prokurist P veranlasst den im selben Unternehmen angestellten A während seines Urlaubs per Telefon dazu, gegen einen Beuteanteil Fahrzeuge jeweils weit unter Marktwert an eine andere Person zu verkaufen. P hat sich nach § 266 Abs. 1 Var. 2 StGB strafbar gemacht. A kommt als tauglicher Mittäter bezüglich § 266 Abs. 1 Var. 2 StGB nicht in Betracht, da er als Angestellter keine allgemeine nach § 266 StGB relevante Treuepflicht gegenüber dem Unternehmen hat. Er ist jedoch nach §§ 266 Abs. 1 Var. 2, 27, 28 Abs. 1 StGB, der Beihilfe zur Untreue, zu bestrafen. Da er selbst nicht zur Vermögensbetreuung verpflichtet ist, fehlt das für § 266 Abs. 1 StGB strafbarkeitsbegründende besondere persönliche Merkmal in seiner Person, so dass seine Strafe nach § 28 Abs. 1 StGB zu mildern ist.

---

[7] PKS 2020, Bund, Falltabellen, T01 V1.0, https://www.bka.de/SharedDocs/Downloads/DE/Publikationen/PolizeilicheKriminalstatistik/2020/Bund/Faelle/BU-F-01-T01-Faelle_xls.xlsx?__blob=publicationFile&v=4, zuletzt abgerufen am 03.01.2022; im Vergleich etwa zum Diebstahl ohne erschwerende Umstände mit einer Aufklärungsquote von 41,7 %.

A. Überblick

Eine Verletzung der Vermögensbetreuungspflicht kann damit nicht nur durch aktives Tun (Begehungsdelikt), sondern gleichermaßen durch Unterlassen erfolgen. Durch diese Struktur handelt es sich bei der Untreue um ein echtes Unterlassungsdelikt. Da die Vermögensbetreuungspflicht eine eigenständige Garantenpflicht darstellt, ist § 13 Abs. 1 StGB nicht heranzuziehen (SSW-StGB/*Saliger*, § 266 Rn. 40; siehe aber BGH NJW 2009, 89, 91). Die Abgrenzung zwischen Tun und Unterlassen spielt also regelmäßig keine entscheidende Rolle.

> **Beispiel: „Umgeleitete Rückvergütungen"**
> A betreibt eine Steuerberaterpraxis mit Büros in Koblenz und Remagen. Das koblenzer Büro wird von seinem Angestellten G selbstständig geleitet. Zu den von ihm betreuten Mandanten gehört auch die Firma K-GmbH. In den Unterlagen der Firma K bemerkt G eine Antwortkarte des Finanzamtes zur Benennung einer Kontoverbindung zwecks Überweisung zu viel gezahlter Gelder. G sah darin die Chance, an Geld zu kommen. Daher schlug er dem A vor, ein Konto für die K-GmbH einzurichten, über das nur G verfügen sollte und das Finanzamt im Namen der K-GmbH anzuweisen, die angegebene Kontoverbindung für Rückzahlungen zu nutzen. A hielt G's Plan für nicht durchführbar. Als es G doch gelang, ein entsprechendes Konto zu eröffnen, die Kontodaten in die Antwortkarte einzutragen und dem Finanzamt zuzusenden, erkannte A, dass G seinen Plan durchführte und unternahm nichts dagegen. Er ließ den G gewähren, um ihn nicht als Mitarbeiter zu verlieren.
> A ist wegen Untreue durch Unterlassen in Tateinheit mit Beihilfe zum Betrug durch Unterlassen strafbar (BGHSt 36, 227).

Die Untreue enthält zwei Tatbestandsvarianten: zum einen den Missbrauchstatbestand (§ 266 Abs. 1 Alt. 1 StGB), zum anderen den Treuebruchstatbestand (Alt. 2). Nach einer veralteten Ansicht sind Missbrauchs- und Treuebruchvariante als selbstständige Tatbestände anzusehen (**sog. dualistische Theorie**, *Labsch*, Jura 1987, 343. 345 f.; s. hierzu ausführlich LK/*Schünemann*, § 266 StGB Rn. 9, 18 ff. m. w. N.). Die überwiegende Ansicht sieht die Missbrauchsvariante hingegen als spezielleren Unterfall der Treuebruchsvariante (**sog. monistische Theorie,** BGH NJW 1984, 2539, 2540; BGH NJW 2002, 1585, 1586; BGH NJW 2006, 522, 525; BGH NJW 2006, 453, 454; instrukt. zum Streitstand *Fischer*, StGB § 266 Rn. 6a f. m. w. N.). Da die Missbrauchsalternative somit als lex specialis zum Treuebruchstatbestand fungiert, erfordert diese – folgt man der überwiegenden Ansicht – gleichermaßen eine (qualifizierte) Vermögensbetreuungspflicht (siehe unter VI.).

Gegen eine solche Pflicht auch bei Alt. 1 spricht, dass die Formulierung, „und dadurch dem, dessen Vermögensinteressen er zu betreuen hat", gerade nicht die Vermögensbetreuungspflicht (der Alt. 2) mit der Alt. 1 verbindet, sondern nur bedeutet, dass Geschädigter und Vermögensträger identisch sein müssen. Die Vermögensbetreuungspflicht diene nach diesem Wortlautverständnis mithin allein der Restriktion des zu weiten Treuebruchstatbestandes; denn der speziellere Missbrauchstatbestand wäre sonst überflüssig und damit bloßer „ausgestanzter Spezialfall des Treuebruchstatbestandes" (dazu *Fischer*, StGB § 266 StGB Rn. 6a; s. auch Momsen/Grützner/*Schramm*, Hdb Wirtschafts- und Steuerstrafrecht, § 19 Rn. 9). Für die Annahme einer Vermögensbetreuungspflicht – auch bei der Missbrauchsvariante – spricht jedoch gleichermaßen der insoweit ambivalente Wortlaut sowie der Umstand, dass auch die Missbrauchsalternative andernfalls insgesamt zu weit gefasst wäre. Damit wäre der Missbrauch tatsächlich nur ein speziell geregelter Unterfall des Treuebruchs, da schließlich beide Alternativen auch in den Rechtsfolgen gleich sind. Des Weiteren ist diese Ansicht deshalb vorzugswürdig, weil auf diese Weise nicht unterschiedlich hohe Voraussetzungen an Tatbestandsvarianten mit gleichem Unrechtsgehalt gestellt werden.

Die mehrheitliche Ansicht, die unter Zugrundelegung eines Spezialitätsverhältnisses auch seitens der Missbrauchsalternative eine (qualifizierte) Vermögensbetreuungspflicht i. S. d. sog. monistischen Lehre voraussetzt, ist daher vorzuziehen.

Ausbildungspraktische Auswirkungen hat dies zum einen für die Reihenfolge der Prüfung, da mit der Alt. 1 zu beginnen ist. Zum anderen gilt dadurch für beide Tatbestandsvarianten, dass das Vorliegen einer inhaltlich identischen (BGH NJW 2002, 1585, 1586; BGH NJW 2006, 522, 525; BGH NJW 2016, 3253) Vermögensbetreuungspflicht erforderlich ist. Auf Konkurrenzebene tritt der Treuebruchstatbestand zurück (*Wittig*, Wirtschaftsstrafrecht, § 20 Rn. 11).

Zu beachten ist zudem, dass der Versuch einer Untreue nicht strafbar ist, da es sich um ein Vergehen (§ 12 Abs. 2 StGB) handelt und das Gesetz die Strafbarkeit des Versuchs hier nicht ausdrücklich bestimmt (§ 23 Abs. 1 StGB).

III. Prüfungsaufbau – Missbrauchs- und Treuebruchstatbestand
I. Tatbestand
1. Objektiver Tatbestand
    a. **Missbrauchstatbestand, § 266 Abs. 1 Alt. 1 StGB** (lex specialis)
        aa. Verfügungs- od. Verpflichtungsbefugnis
        bb. Missbrauch dieser Befugnis (Tathandlung)
        cc. (Qualifizierte) Vermögensbetreuungspflicht (Treueverhältnis)
        dd. Vermögensnachteil (Taterfolg)
    b. **Treuebruchstatbestand, § 266 Abs. 1 Alt. 2 StGB**
        aa. (Qualifizierte) Vermögensbetreuungspflicht (Treueverhältnis)
        bb. Verletzung der Vermögensbetreuungspflicht (Tathandlung)
        cc. Vermögensnachteil (Taterfolg)
2. Subjektiver Tatbestand
II. Rechtswidrigkeit
III. Schuld
IV. Strafzumessung (§ 266 Abs. 2 i. V. m. § 263 Abs. 3 StGB)

A. Überblick

IV. Verfassungsmäßigkeit des § 266 StGB

Der Tatbestand der Untreue, dessen heutige Fassung auf die Zeit des Nationalsozialismus zurückgeht, wird bereits seit jeher angesichts seiner tatbestandlichen Offenheit hinsichtlich seiner verfassungsrechtlichen Vereinbarkeit mit dem **Bestimmtheitsgebot aus Art. 103 Abs. 2 GG** infrage gestellt (zum Streitstand m. w. N. *Fischer*, StGB § 266 Rn. 5; Schönke/Schröder/*Perron*, § 266 Rn. 1a). Dies gilt zuvorderst für den **Treuebruchstatbestand** (§ 266 Abs. 1 Alt. 2 StGB), da dieser neben den unbestimmten Merkmalen des „Treueverhältnisses" und der „Pflicht, fremde Vermögensinteressen wahrzunehmen" keine weitergehenden tatbestandlich fassbaren Tätigkeitsbeschreibungen kennt, die eine Tathandlung konkretisieren könnten (krit. MüKo-StGB/*Dierlamm/Becker*, § 266 Rn. 4). Nach dem Wortlaut genügt daher jedes Tun oder Unterlassen, das auf verschiedenste Art gegen Regeln der außerstrafrechtlichen Rechtsordnung mit entsprechender Vermögensrelevanz verstößt (vgl. *Hamm*, NJW 2005, 1993 ff.). Ungeachtet dessen gilt § 266 StGB aber nach einhelliger Auffassung als (noch) verfassungskonforme Strafvorschrift (BVerfG NJW 2010, 3209; Schönke/Schröder/*Perron*, § 266 Rn. 1a m. w. N.; zum Stand der Rspr. s. auch Momsen/Grützner/*Schramm*, Hdb Wirtschafts- und Steuerstrafrecht, § 19 Rn. 14 ff.). Allein die Anwendung habe restriktiv zu erfolgen (BVerfG NJW 2009, 2370, 2371).

Demgegenüber zeigt jedoch die Strafrechtspraxis, dass die Gefahr einer extensiven Anwendung tatsächlich Realität ist. Denn insbesondere dann, wenn es um neue Erscheinungsformen potenziell strafrechtlich relevanten Verhaltens geht, das anderweitig nicht oder nur schwer tatbestandlich zu fassen ist, ist nicht selten der Versuch der Strafverfolgungsorgane zu beobachten, das betreffende Verhalten (zumindest) unter den Tatbestand der Untreue zu subsumieren. Damit fungiert die Norm faktisch regelmäßig als Auffangtatbestand. Prozessual lässt sich die Rolle des Tatbestands demgegenüber als „Türöffner" beschreiben. Denn der zu vielen Ermittlungseingriffene legitimierende einfache Tatverdacht (Anfangsverdacht) lässt sich gerade in einem frühen Ermittlungsstadium unschwer begründen. Vereinzelt wird dies auch lakonisch dahingehend kommentiert, dass „sofern nicht einer der klassischen alten Fälle der Untreue vorliegt, [...] kein Gericht und keine Anklagebehörde [wisse], ob § 266 StGB vorliegt oder nicht" (*H. Mayer*, in: Bundesjustizministerium, Materialien zur Strafrechtsreform I, 337) oder etwas schlichter mit: „Untreue passt immer". Wie bereits erwähnt ist § 266 StGB daher einer fortwährenden Prüfung dahingehend zu unterziehen, ob seine tatbestandliche Reichweite überdehnt wird. Kehrseite dessen ist wiederum, dass mittlerweile eine umfangreiche und teilweise unübersichtliche Kasuistik entstanden ist.

V. Missbrauchsalternative, § 266 Abs. 1 Alt. 1 StGB

Die Missbrauchsalternative setzt zunächst eine durch Gesetz, behördlichen Auftrag oder Rechtsgeschäft **eingeräumte Befugnis**, über fremdes Vermögen zu verfügen oder einen anderen zu verpflichten, voraus.

Eine Verfügung ist jedes Rechtsgeschäft, das darauf gerichtet ist, das Recht an einem fremden Gegenstand, hier dem Vermögen, aufzuheben, zu übertragen, zu belasten oder inhaltlich zu verändern. Die Verpflichtungsbefugnis meint dabei das Recht, einen anderen (natürliche oder juristische Person) zu einer solchen Verfügung zu verpflichten.

Eine gesetzlich eingeräumte Befugnis liegt bspw. im Falle der elterlichen Sorge, §§ 1626, 1629 BGB, der Ehe, § 1357 BGB, oder des Insolvenzverwalters, §§ 56 ff. InsO vor. Eine entsprechende Befugnis durch behördlichen Auftrag besitzen bspw. durch Wahlen bestellte Amtsträger wie Bürgermeister.

Als im Rahmen des gewöhnlichen Wirtschaftsverkehrs regelmäßig wiederkehrende und gebräuchlichste Formen rechtsgeschäftlicher Befugnisse sind insbesondere die Vollmacht (§ 166 Abs. 2, 167 BGB), die Ermächtigung (§§ 183, 185 BGB) sowie die Prokura (§§ 49 f. HGB) zu nennen.

Weitere Bsp.

Rechtsanwälte (BGH NJW 1957, 597), Kommissionäre (§ 383 ff. HGB), Handelsvertreter (§§ 84 ff. HGB), Notare (BGH NJW 1990, 3220). ◄

Diese Befugnis muss über ein Vermögen eingeräumt sein, das für den Täter **fremd** ist. Dies ist entsprechend zivilrechtlicher Maßstäbe der Fall (BGHSt 1, 186, 187; *Fischer*, § 266 Rn. 11), wenn es nicht im Alleineigentum des Täters steht.

Das Vermögen einer juristischen Person ist sowohl für deren Organe als auch für ihre Anteilseigner fremd (BeckOK-StGB/*Wittig*, § 266 Rn. 13). Demnach ist das Vermögen einer AG sowohl für den Aufsichtsrat (BGH NJW 2006, 522, 525), als auch für die die Aktionäre (Momsen/Grützner/*Schramm*, Hdb Wirtschafts- und Steuerstrafrecht, § 19 Rn. 32) und sogar für den Vorstand (BGH NStZ 2002, 322) fremd. Das GmbH-Vermögen ist für den Geschäftsführer und den oder die Gesellschafter fremd, ebenso das Gesamthandsvermögen von Personengesellschaften wie der GbR, KG oder OHG für die einzelnen Gesellschafter (SSW-StGB/*Saliger*, § 266 Rn. 19), **nicht** aber für die Gesellschafter in ihrer gesamthänderischen Verbundenheit, da diese Vermögensinhaber sind (Momsen/Grützner/*Schramm*, HdB Wirtschafts- und Steuerstrafrecht § 19, Rn. 32 f.).

Dem Täter wird also eine rechtliche Befugnis eingeräumt, die ihn nach außen – d. h. gegenüber Dritten – befähigt, über das Vermögen seines Treugebers rechtswirksam zu verfügen. Die **Tathandlung** der ersten Tatbestandsvariante stellt einen Missbrauch dieser Befugnis dar. Ein Missbrauch der Verfügungs- bzw. Verpflichtungsbefugnis liegt vor, wenn der Täter die ihm im Innenverhältnis erteilte Verfügungsmacht im Außenverhältnis überschreitet. Mithin lässt sich die **Tathandlung des Missbrauchs der Befugnis** als Überschreiten des rechtlichen Dürfens (im Innenverhältnis) unter Ausnutzung des rechtlichen Könnens (im Außenverhältnis) konkretisieren. Maßgeblich ist hierbei also das Ausnutzen der Diskrepanz zwischen Können (Außenverhältnis) und Dürfen (Innenverhältnis) (BeckOK-StGB/*Wittig*, § 266 Rn. 15).

A. Überblick

Die Überschreitung im Außenverhältnis muss zudem **wirksam** sein (BGHSt 50, 299, 313 f.; *Fischer*, StGB § 266 Rn. 24; Momsen/Grützner/*Schramm*, Hdb Wirtschafts- und Steuerstrafrecht, § 19 Rn. 44), da der Vermögensinhaber ansonsten nach außen nicht rechtlich gebunden wird.

> **Beispiel „Der Prokurist"**
> Ein Prokurist geht eine Darlehensverpflichtung zulasten seines Unternehmens ein, obwohl ihm dies durch die Gesellschafterversammlung untersagt wurde.
> Nach handelsrechtlichen Bestimmungen ermächtigt die Prokura gem. §§ 49 f. HGB grundsätzlich zu allen Geschäften. Sie stellt eine Befugnis i. S. d. § 266 Abs. 1 Alt. 1 StGB dar. Auch wenn im Innenverhältnis mit der Entscheidung der Gesellschafterversammlung eine Beschränkung der Prokura erfolgte, so ist diese im Außenverhältnis nicht (zwingend) bindend (vgl. § 50 Abs. 1 HGB). Mithin bestand weiterhin eine Vermögensbetreuungspflicht, die mit Eingehung der Darlehensverpflichtung dahingehend missbraucht wurde, als der Prokurist sein rechtliches Dürfen – eingeschränkt durch die Entscheidung der Gesellschafterversammlung – unter Ausnutzung der bestehenden Prokura, also des rechtlichen Könnens, das Unternehmen auch weitergehend noch wirksam zu vertreten, überschritt.
> Eine wirksame Überschreitung im Außenverhältnis liegt dagegen gerade nicht vor, wenn der, mithilfe der Verfügungsbefugnis, vermeintlich geschlossene Vertrag wegen §§ 134, 138 BGB nichtig ist. So liegt es etwa im Köllner Müllskandal (BGHSt 50, 299):[8]

> **Beispiel „Müllentsorgung auf köll'sche Art"**
> Die Stadt Köln schloss mit der AVG (Abfallverwertungsgesellschaft) einen langfristigen Entsorgungsvertrag, wonach sie die AVG als so genannte „Dritte" mit der Wahrnehmung der Abfallentsorgungsaufgaben in zentralen Bereichen des Recyclings, der Kompostierung und der thermischen Behandlung beauftragte. Eine der zentralen Aufgaben der AVG war in den folgenden Jahren der Bau einer Restmüllverbrennungsanlage (RMVA) in Köln zum Zweck der thermischen Müllentsorgung. Nach der Ausschreibung der Aufträge zur Planung und zum Bau der RMVA gaben mehrere Firmen Angebote ab. Einer der Mitwettbewerber war die LCS. Zwischen dem alleinigen Geschäftsführer E der AVG, dem Geschäftsführer M der LCS sowie einem Mittelmann wurde gegen Zahlung eines Schmiergeldes die Vergabe an die LCS zu einem um den Schmiergeldanteil überhöhten Preis vereinbart. E hat durch dieses Verhalten nicht den Missbrauchstatbestand des § 266 Abs. 1 Var. 1 erfüllt. Zwar hat E eine Verfü-

---
[8] https://juris.bundesgerichtshof.de/cgi-bin/rechtsprechung/document.py?Gericht=bgh&Art=en&sid=c985de3e21e6866b2e7a62369a037c4b&nr=34961&pos=1&anz=2, zuletzt abgerufen am 6.10.2021.

gungsbefugnis gegenüber der AVG. Jedoch wirkt sich die Sittenwidrigkeit der kollusiven Absprache zwischen den Angekl. E und M, § 138 BGB, zur Schädigung der AVG durch Vereinbarung eines um den Schmiergeldanteil überhöhten Preises, auch auf den Hauptvertrag aus. Hieraus folgt, dass E durch Abschluss des dergestalt unerkannt nichtigen Vertrags mit einem kollusiv überhöhten Auftragspreis die Treubruchalternative des § 266 Abs. 1 Var. 2 verwirklicht und M zu dieser Tat Beihilfe geleistet hat. ◂

Bei der Überschreitung der Berechtigung aus dem Innenverhältnis kommt es zunächst auf die Bestimmung der Grenzen der Berechtigung nach zivil- (oder öffentlich-)rechtlichen Maßstäben an (BGH NJW 2011, 88, 91). Im Privat, Handels- und Gesellschaftsrecht werden solche Pflichten regelmäßig durch Rechtsgeschäfte begründet, die dann von weiteren rechtlichen Vorgaben und allgemeinen Sorgfaltspflichten oder bspw. auch Satzungen und Beschlüssen konkretisiert werden (Momsen/Grützner/*Schramm*, Hdb Wirtschafts- und Steuerstrafrecht, § 19 Rn. 48).

Bei der Bestimmung des Vorliegens einer Pflichtwidrigkeit ist aufgrund der Komplexität dieses normativen Tatbestandsmerkmals gerade mit Blick auf Art. 103 Abs. 2 GG darauf zu achten, dass die Anwendung von § 266 StGB auf solche Fälle beschränkt bleibt, in denen das pflichtwidrige Handeln klar und deutlich ist. Zudem muss der Charakter des Delikts als reines Vermögensdelikt bewahrt werden (BVerfG NJW 2010, 3209, 3215; BGH NJW 2011, 88, 91; BeckOK-StGB/*Wittig*, § 266 Rn. 21).

Sofern ein **Einverständnis** des Vermögensinhabers vorliegt, scheidet eine Strafbarkeit nach § 266 Abs. 1 StGB aus. Denn eine Disposition mit dessen Zustimmung erfüllt im Rahmen des Missbrauchstatbestandes mangels Überschreitung des rechtlichen Dürfens aus dem Innenverhältnis nicht die Voraussetzungen eines Missbrauchs der eingeräumten Befugnis. Beim Treuebruchstatbestand entfällt hingegen der Verstoß gegen die Vermögensbetreuungspflicht (Lackner/Kühl/*Heger*, § 266 Rn. 20). Deshalb handelt es sich in diesen Fällen nicht um eine rechtfertigende Einwilligung, sondern bereits um ein tatbestandsausschließendes Einverständnis.[9] Dennoch können die Wirksamkeitsvoraussetzungen ähnlich denen einer Einwilligung bestimmt werden (Momsen/Grützner/*Schramm*, Hdb Wirtschafts- und Steuerstrafrecht, § 19 Rn. 75, siehe zu den Voraussetzungen dort Rn. 75a ff.; siehe auch unter B. II. 1.). Insbesondere muss das Einverständnis vor der Tat gegeben sein (BGHSt 50, 331, 342; 60, 94, 108). Weiterhin muss eine Einsichtsfähigkeit vorliegen und das Einverständnis frei von Willensmängeln sein. Zudem darf es nicht gegen das Gesetz verstoßen (BGHSt 30, 247, 249; 55, 266, 278; *Wittig*, Wirtschaftsstrafrecht, § 20 Rn. 75).

Ob ein hypothetisches Einverständnis bei der Untreue möglich ist, ist umstritten (siehe dazu *Rönnau*, StV 2011, 753, 756; *Wittig*, Wirtschaftsstrafrecht, § 20 Rn. 72;

---

[9] Momsen/Grützner/*Schramm*, Hdb Wirtschafts- und Steuerstrafrecht, § 19 Rn. 74; stRspr; vgl. BGHSt 55, 266 Rn. 34 wobei der BGH hier missverständlich von einer Einwilligung spricht, 278; BGH wistra 2011, 463.

A. Überblick

daf. OLG Hamm, NStZ-RR 2012, 374, 375; abl. SSW-StGB/*Saliger*, § 266 Rn. 58 m. w. N.). Die überwiegende Ansicht lehnt dies ab, da sie zum einen als Konstruktion als solche problematisch und zudem aufgrund des Verhältnisses zwischen Treugeber und -nehmer bei der Untreue auch nicht erforderlich sei (Momsen/Grützner/ *Schramm*, Hdb Wirtschafts- und Steuerstrafrecht, § 19 Rn. 81; *Schmidt*, Rechtsfigur der hypothetischen Einwilligung und ihre Übertragbarkeit auf die Untreue, 2018, 343 ff.). Ein mutmaßliches Einverständnis wird zum Teil in solchen Fällen anerkannt, in denen es keinen (klaren) Handlungsauftrag gibt, und das Rechtsverhältnis zwischen Treugeber und -nehmer selbst für eilbedürftige Entscheidungen einen Handlungsspielraum vorsieht, der entlang der Linie des mutmaßlichen Willens des Treugebers auszufüllen ist (Momsen/Grützner/*Schramm*, Hdb Wirtschafts- und Steuerstrafrecht § 19 Rn. 82; NK-WiStR/*Jahn/Ziemann*, § 266 StGB Rn. 76; LK/ *Schünemann*, § 266 StGB Rn. 157).

Bei Kapitalgesellschaften, zu denen u. a. die AG und GmbH zählen, wirft die Frage nach dem Einverständnis in Bezug auf die Dispositionsbefugnis allerdings einige Probleme auf. Das Gesellschaftsvermögen ist rechtlich von dem Vermögen der Gesellschafter zu trennen, wird den Gesellschaftern in wirtschaftlicher Hinsicht aber zugerechnet. Insofern stellt sich die Frage, ob und inwiefern die Gesellschafter über das Gesellschaftsvermögen diesbzgl. verfügen können.

Zunächst galt das Einverständnis der Gesellschafter mit vermögensschädigenden Handlungen als nicht tatbestandsausschließend (strenge Körperschaftstheorie, RGSt 71, 353).[10] Da die Anteilseigner einer Kapitalgesellschaft jedoch grundsätzlich über die wirtschaftlichen Zwecksetzungen entscheiden, können diese grds. auch ein Einverständnis wirksam erteilen (BGH NJW 1989, 112; NK-StGB/*Kindhäuser*, § 266 Rn. 71; *Kutzner*, NStZ 2005, 270, 271 f.). Das setzt allerdings voraus, dass alle Gesellschafter an dem Beschluss beteiligt sind (BGH NJW 2006, 522, 525; BGH NJW 2010, 3458).

Das Gesellschaftsrecht erkennt jedoch nicht nur die Interessen der Gesellschafter an, sondern schützt die Gesellschaft als solche und das Vertrauen ihrer Gläubiger beispielsweise durch die Verpflichtung der GmbH-Gesellschafter zur Erhaltung des Stammkapitals nach §§ 30 ff. GmbHG. Um dem Rechnung zu tragen, ist die strenge Gesellschaftertheorie, die generell jedes Einverständnis genügen lässt, (Schönke/ Schröder/*Perron*, § 266 Rn. 21b) einzuschränken. Vielmehr wird eine Grenze gezogen, wenn das Einverständnis pflichtwidrig wäre, weil die vermögensschädigende Handlung die wirtschaftliche Existenz der Gesellschaft gefährdet (eingeschränkte Gesellschaftertheorie; BGH NJW 2010, 3458, 3461; BGH NJW 2004, 2248; BGH NJW 2009, 3666, 3667; BeckOK-StGB/*Wittig*, § 266 Rn. 33.1; NK-StGB/*Kindhäuser*, § 266 Rn. 71 m. w. N.).

Ein solcher existenzgefährdender Eingriff wird bei der GmbH angenommen, wenn der Kernbereich der GmbH angetastet wird (BGHSt 49, 147, 157; BGH NJW 2009, 2225; BGH NZWiSt 2012, 62 m.Anm. *Brand*, NZWiSt 2012, 64 und *Vale-*

---

[10] Siehe auch zur eingeschränkten Körperschaftstheorie BGHSt 9, 203, 216; LK-StGB/*Schünemann* § 266 Rn. 249.

rius, ebd. 65; BGH NStZ 2013, 715; BGH wistra 2017, 103; HK-KapMarktStrafR/ *Zieschang*, 5. Aufl. 2019, § 266 StGB Rn. 87), bspw., indem das zur Erhaltung des Stammkapitals erforderliche Vermögen unter Verstoß gegen die §§ 30 ff. GmbHG an die Gesellschafter ausgezahlt oder eine Überschuldung herbeigeführt oder vertieft wird (Momsen/Grützner/*Schramm*, Hdb Wirtschafts- und Steuerstrafrecht, § 19 Rn. 85). Dazu gehören aber auch Handlungen wie die Gefährdung der Liquidität durch verdeckte Entnahmen (BGH NJW 1989, 112) oder der Entzug von Produktionsgrundlagen (*Wittig*, Wirtschaftsstrecht, § 20 Rn. 87).

„Bremer Vulkan", BGHSt 49, 147[11]

H war Vorstandsvorsitzender der Bremer Vulkan AG (BVV-AG), eines Werftenverbunds mit dem Schwerpunkt Schiffbau. 1992 erwarb die BVV-AG von der Treuhandanstalt zwei ostdeutsche Werften, die zu diesem Zeitpunkt jeweils als GmbH im Handelsregister eingetragen waren. An den beiden Standorten sollten in Zukunft mithilfe von Investitionszuschüssen im Millionenumfang Arbeitsplätze gesichert werden und moderne konkurrenzfähige Werften entstehen.

In den Folgejahren befand sich die BVV-AG – bedingt durch die wirtschaftlichen Schwierigkeiten im Schiffbau – dauerhaft in einer angespannten finanziellen Situation. Um die Liquiditätsstruktur innerhalb des Konzerns zu verbessern, wurde ein zentrales Cash-Management-System eingeführt, durch das Finanzüberhänge innerhalb des Konzerns genutzt und so die Aufnahme von Bankkrediten reduziert werden konnten. Da die beiden Ostwerften auf Grund der erhaltenen Leistungen über hohe Liquiditätsreserven verfügten, wurden auch sie nach einiger Zeit in das automatische Cash-Management-System einbezogen. Nach anfänglichen Erfolgen bei der finanziellen Konsolidierung des Gesamtkonzerns gab es später weitere Rückschläge wegen Forderungsausfällen, so dass das Insolvenzverfahren eröffnet werden musste. Gelder der Ostwerften waren in erheblichem Umfang im Gesamtkonzern angelegt oder – als Transferleistungen im Cash-Management-System – von anderen Tochterunternehmen beansprucht. Insgesamt flossen dadurch rund 850 Millionen DM aus den beiden Ostwerften ab.

Den Organen der BVV-AG ist Untreue unter dem Gesichtspunkt eines existenzgefährdenden Eingriffs vorzuwerfen. Ihnen „kann nämlich gegenüber dem beherrschten Unternehmen insoweit eine Treupflicht zukommen, als sie dem beherrschten Unternehmen nicht Vermögenswerte in einem Umfang entziehen durften, welcher die Existenzfähigkeit des Unternehmens gefährdete" (BGH JuS 2004, 1117, 1118 f.).

„Der Zweck einer Kapitalgesellschaft erschöpft sich nämlich nicht in einer bloßen Vermögensanlage für die Gesellschafter. Jedenfalls wenn die Gesellschaft eine eigene wirtschaftliche Tätigkeit aufgenommen hat, handelt sie unter

---

[11] http://juris.bundesgerichtshof.de/cgi-bin/rechtsprechung/document.py?Gericht=bgh&Art=en&nr=29390&pos=0&anz=1, zuletzt abgerufen am 08.04.2022.

> eigener Rechtspersönlichkeit als Wirtschaftssubjekt im Geschäftsverkehr und wird Träger von Rechten und Pflichten. Dies lässt gleichzeitig Schutzerfordernisse entstehen, die sicherstellen, dass die Gesellschaft die Essenzialien einhält, die für das Funktionieren des Wirtschaftskreislaufs unerlässlich sind und auf die der Rechtsverkehr vertrauen können muss. Dementsprechend hat die Rechtsprechung eine Vermögensverfügung dann gegenüber der Gesellschaft als treuwidrig und wirkungslos angesehen, wenn die Verfügung geeignet ist, das Stammkapital der Gesellschaft zu beeinträchtigen ... Eine entsprechende Pflicht, die Gesellschaft nicht existenzbedrohend zu beeinträchtigen, trifft nicht nur den Geschäftsführer als das vertretungsberechtigte Organ, sondern in gleicher Weise den beherrschenden Alleingesellschafter ..." (BGHSt 49, 147).

Auch bei der AG kann ein Einverständnis der Anteilseigner aufgrund eines Beschlusses der Hauptversammlung bzgl. Handlungen des Vorstandes im Zusammenhang mit der Verwendung des Bilanzgewinns (vgl. §§ 57, 174 AktG) tatbestandsausschließend wirken (BGH NJW 2006, 522, 525; MüKo-StGB/*Dierlamm/Becker*, § 266 Rn. 165; *Wittig*, Wirtschaftsstrafrecht, § 20 Rn. 78).

> **Siemens/ENEL, BGHSt 52, 323**[12]
> K ist als Bereichsvorstand der Siemens AG im Geschäftsbereich „Power Generations" (PG) für die kaufmännische Geschäftsleitung verantwortlich. Schon lange vor seinem Eintritt wurden im Bereich der PG entgegen der bei Siemens geltenden Compliance-Vorschriften sog. „schwarze Kassen" eingerichtet, in denen Gelder verwaltet werden, die gegenüber dem Siemens-Zentralvorstand verdeckt gehalten werden und letztlich dazu dienen, Bestechungszahlungen gegenüber ausländischen Auftraggebern vornehmen zu können.
> Die ENEL S.p.a., der größte italienische Stromerzeuger, schrieb in zwei Fällen europaweit Aufträge für den Erwerb von Gasturbinen aus. Jeweils wurden unter Zustimmung und Billigung von K Bestechungszahlungen i. H. v. insgesamt 6,1 Millionen EUR an die für die Vergabeentscheidung zuständigen Personen veranlasst. Dadurch erhielt PG die – lukrativen – Aufträge. Der 2. Strafsenat des BGH hat K wegen Untreue durch Unterlassen verurteilt. So sei „hinsichtlich beider Fälle ... gleichermaßen darauf abzustellen, dass der Angekl. es unterließ, die von ihm vorgefundenen, auf verdeckten ... Konten verborgenen Geldmittel seiner Arbeitgeberin zu offenbaren". Die Verletzung der Vermögensbetreuungspflicht begründet sich in der Nichteinhaltung der u. a. für K geltenden Compliance-Vorschriften.

---

[12] http://juris.bundesgerichtshof.de/cgi-bin/rechtsprechung/document.py?Gericht=bgh&Art=en&nr=45994&pos=0&anz=1, zuletzt abgerufen am 08.04.2022.

Problematisch erscheint die Frage nach dem konkret zu beziffernden Nachteil. Dieser muss im Wege der Gesamtsaldierung bestimmt werden. D. h. grundsätzlich muss der gesamte Vermögenszuwachs und -abgang, den der Treugeber durch die Handlung erlangt und erlitten hat, betrachtet werden. Dies setzt voraus, dass auch die mit den Schmiergeldzahlungen erlangten Aufträge bei der Nachteilsbestimmung berücksichtigt werden. Es könnte daher an einem Schaden fehlen, weil dem Vermögen durch die erlangten Aufträge ein wirtschaftlich gleichwertiger Vorteil zuging. Fraglich bleibt aber, ob die erlangten Aufträge durch Schmiergeldzahlungen wirklich gleichwertig sind. Dies ist unter normativen Gesichtspunkten zu verneinen. So bekam die hiesige Entscheidung des BGH Bedeutung als Grundsatzurteil, da es entgegen des erstinstanzlich zuständigen LG Darmstadt entschied, dass es zur Annahme eines Vermögensnachteils nicht auf die Voraussetzungen einer schadensgleichen Vermögensgefährdung ankam, sondern vielmehr durch „das Entziehen und Vorenthalten erheblicher Vermögenswerte unter Einrichtung von verdeckten Kassen durch leitende Angestellte eines Wirtschaftsunternehmens" bereits zu einem endgültigen Nachteil i. S. von § 266 Abs. 1 StGB kommt. „Auf die Absicht, das Geld im wirtschaftlichen Interesse des Treugebers zu verwenden, kommt es nicht an."

Daneben stellt sich die Frage, ob auch der Vorstand einer AG im Rahmen seiner Geschäftsführungsbefugnisse gem. § 76 Abs. 1 AktG dispositionsbefugt ist (hierzu *Ransiek*, StV 2009, 321, 322; *Satzger*, NStZ 2009, 297, 301 f.). Nach BGHSt 55, 266, 281 kommt eine solche Befugnis jedenfalls dann nicht in Betracht, wenn es um sein eigenes pflichtwidriges Verhalten geht. Der Fall ist im Übrigen dadurch zu einer Ikone des Wirtschaftsstrafrechts geworden, dass hier erstmals in großem Umfang und auf Verlangen der amerikanischen Börsenaufsicht (Security and Exchange Commission – SEC) unternehmensinterne Untersuchungen durchgeführt und ein professionelles Compliance-Management System aufgebaut wurde.

Bei Personengesellschaften (GbR, OHG, KG, GmbH & Co. KG; Vor-GmbH) können die Gesellschafter ihr Einverständnis uneingeschränkt erteilen. Denn hier können ohnehin nur die Gesellschafter selbst geschädigt werden, da diese Gesellschaften mangels eigener Rechtspersönlichkeit keine Träger von Vermögen sein können (BGHSt 34, 222; Momsen/Grützner/*Schramm*, Hdb Wirtschafts- und Steuerstrafrecht, § 19 Rn. 84). Sofern nur einzelne Gesellschafter zustimmen, scheidet zumindest diesen ggü. eine Untreue aus (*Wittig*, Wirtschaftsstrafrecht, § 20 Rn. 90).

Des Weiteren bedarf es zur Erfüllung des Untreuetatbestandes einer (**qualifizierten**) **Vermögensbetreuungspflicht** (zu den Voraussetzungen siehe sogleich beim Treuebruchstatbestand). Deren Erfordernis gilt als traditionell umstritten. Die Frage gründet in dem Streitstand über das grundlegende dogmatische Verhältnis beider Tatbestandsalternativen, der mit der überwiegenden Ansicht im Sinne der monistischen Theorie aufzulösen ist (siehe dazu unter II.).

VI. Treuebruchstatbestand, § 266 Abs. 1 Alt. 2 StGB

Der Treuebruchstatbestand liegt vor, wenn der Täter die ihm kraft Gesetzes, behördlichen Auftrags, Rechtsgeschäfts oder eines Treueverhältnisses obliegende Pflicht, fremde Vermögensinteressen wahrzunehmen, verletzt und dadurch dem, dessen Vermögensinteressen er zu betreuen hat, Nachteile zufügt.

Dem Treuebruchstatbestand unterfallen viele Verhaltensweisen, die vom spezielleren Missbrauchstatbestand nicht erfasst sind. Zu nennen sind hier insbesondere rein tatsächliche (und nicht rechtsgeschäftliche) Einwirkungen auf das fremde Vermögen, rechtlich unwirksame Verpflichtungen und das Fehlen einer wirksamen Verfügungs- oder Verpflichtungsbefugnis bei gleichzeitigem Vorhandensein einer Überwachungspflicht. Insofern kommt der 2. Alt. eine Auffangfunktion zu.

Insbesondere die tatbestandlich (noch) offenere Treuebruchsalternative ist im Lichte der „ultima ratio" Funktion des Strafrechts und mit Blick auf Art. 103 Abs. 2 GG restriktiv anzuwenden. In der Praxis gerät diese verfassungsrechtliche Bewertung regelmäßig in Konflikt mit der beschriebenen kriminalpolitischen Funktion eines Auffang- und Türöffnungstatbestands.

Besonderes Augenmerk ist daher auf die vornehmlich durch die Rechtsprechung erfolgte Typisierung von Fallkonstellationen und den sich daraus ergebenden – einheitlich, jedenfalls nicht erweiternd anzuwendenden – Kriterien zu legen.

Taugliche Treueverhältnisse sind daher nur solche, denen bei fremdnützigem und eigenverantwortlichem Handeln des Treupflichtigen eine inhaltlich besonders qualifizierte Pflicht zur Betreuung fremder Vermögensinteressen, d. h. eine (**qualifizierte**) **Vermögensbetreuungspflicht**, immanent ist (BGH NJW 2013, 1615). Einfache vertragliche Pflichten, das Vermögen eines anderen nicht zu schädigen, begründen noch keine strafrechtlich relevante Vermögensbetreuungspflicht (vgl. Momsen/Grützner/*Schramm*, Hdb Wirtschafts- und Steuerstrafrecht, § 19 Rn. 94).

Eine solche qualifizierte Pflicht ist nur unter folgenden Voraussetzungen anzunehmen: Die dem Treupflichtigen obliegende Aufgabe der Betreuung fremden Vermögens muss

(1) sich nach Maßgabe des Innenverhältnisses als eine **wesentliche Pflicht bzw. Hauptpflicht** darstellen,
(2) die der Treupflichtige im Rahmen eines durch **Fremdnützigkeit** typisierten (Schuld-)Verhältnisses
(3) unter Einräumung einer gewissen **Selbstständigkeit** wahrnimmt (vgl. BGH wistra 1991, 265; 1992, 66; *Fischer*, StGB § 266 Rn. 21; Schönke/Schröder/*Perron*, § 266 Rn. 23b; *Kudlich/Oğlakcioğlu*, Wirtschaftsstrafrecht, Rn. 334).

Die erforderliche Fremdnützigkeit liegt vor, wenn die Geschäftsbesorgung nicht im eigenen Interesse oder zu übergeordneten Zwecken erfolgt (BGH GA 1977, 18, 19; OLG Hamm NStZ-RR 2015, 213, 214). Daher scheiden bspw. synallagmatische Verträge wie Kaufverträge als (alleinige) Grundlage einer Vermögensbetreuungspflicht aus, da hier jede Partei typischerweise im eigenen Interesse agiert (*Wittig*, Wirtschaftsstrafrecht, § 20 Rn. 109).

> **Hinweis**
>
> Als wesentliche Hauptpflicht kann die aus dem zwischen Mandant und Rechtsanwalt bestehenden Geschäftsbesorgungsvertrag (§ 675 BGB) resultierende Pflicht des Anwalts angesehen werden, den Mandanten umgehend von einem etwaigen Zahlungseingang zu unterrichten und die empfangenen Gelder unverzüglich bestimmungsgemäß weiterzuleiten (so etwa BGH, NStZ-RR 2004, 54; BGH NJW 1960, 1629, 1630; dazu eingehend *Schmidt*, NStZ 2013, 498).
>
> Keine Hauptpflicht stellt es hingegen dar, wenn ein Kreditkarteninhaber seiner Haushaltshilfe die Kreditkarte „zur freien Nutzung, also für eigene Zwecke" überlässt und diese auch nach seinem Ableben weitere Umsätze tätigt (OLG Hamm, NStZ-RR 2015, 213). Zwar könnte sich ein Missbrauch der Treuepflicht zum Nachteil der Erben des Verstorbenen daraus ergeben, dass der Karteninhaber bei Überlassen der Karte „rüstig und fit" war und nach dem Rechtsgedanken des § 168 BGB mit dem Tod des Kateninhabers ihre Berechtigung im Innenverhältnis geendet habe. Allerdings würde so verkannt, dass die Haushaltshilfe weder gegenüber dem Verstorbenen noch gegenübers seinen Erben eine Vermögensbetreuungspflicht trifft. Eine Untreue nach § 266 Abs. 1 StGB kommt daher mangels Hauptpflicht für sie nicht in Betracht, da es nicht ihre wesentliche Aufgabe war, die wirtschaftlichen Interessen des Verstorbenen zu vertreten. Vielmehr war ihr die Karte ausschließlich zur eigennützigen Verwendung überlassen worden. ◀

Eine Vermögensbetreuungspflicht ist regelmäßig dann anzunehmen, wenn der Pflichtige im Rahmen der Vemögensbetreuung eigenverantwortliche und selbständige Entscheidungen treffen kann, die gerade nicht durch Weisungen vorbestimmt sind (BGH NJW 1991, 2574; 2016, 3253; NStZ-RR 2011, 374, 375) und bei denen er nicht durch den Treugeber überwacht wird (BGH NStZ 2013, 407; NJW 2016, 2585, 2591; BeckRS 2008, 12627 Rn. 10).

> **Hinweis**
>
> Bei Verträgen, die gesetzes- oder sittenwidrigen Zwecken dienen (sog. „Ganovenuntreue"), kommt ein Treueverhältnis nach überwiegender Ansicht in Betracht, wenn sich jemand abredewidrig an Geldern bereichert, die ihm vom Auftraggeber zu gesetzes- oder sittenwidrigen Zwecken übergeben wurden (Momsen/Grützner/*Schramm*, Hdb Wirtschafts- und Steuerstrafrecht, § 19 Rn. 100; BGH NJW 1956, 151, 152). Es liegt deshalb ein Fall des Treuebruchs vor, wenn ein Rechtsanwalt Gelder erhält, die der Mandant durch Begehung von Straftaten, etwa durch Steuerhinterziehung oder Bestechung erlangt hat, er diese Gelder aber abredewidrig für verlustreiche Spekulationsgeschäfte einsetzt (Momsen/Grützner/*Schramm*, Hdb Wirtschafts- und Steuerstrafrecht, § 19 Rn. 100).
>
> Auch im Falle eines erloschenen Rechtsverhältnisses kann der Treuebruchstatbestand verwirklicht sein, wenn das erloschene Rechtsverhältnis vermögensfürsorglicher Art – auch einseitig – unter Wahrnehmung der eingeräumten Herrschaftsposition fortgesetzt wird. Dann besteht die Vermögensbetreuungspflicht

A. Überblick

aus dem früheren Rechtsverhältnis als Treuverhältnis tatsächlicher Art fort. So fallen beispielsweise vermögensschädigende Handlungen eines Gerichtsvollziehers bezüglich in dieser Funktion vereinnahmter Gelder deshalb auch nach Amtsenthebung unter den Treuebruchstatbestand des § 266 Abs. 1 Var. 2 StGB (BGH 4 StR 255/13). ◄

Das Bestehen eines tauglichen Treueverhältnisses ist für eine Vielzahl an Konstellationen anerkannt (Übersicht bei *Fischer*, StGB § 266 Rn. 48; ausführlich: Schönke/Schröder/*Perron*, § 266 Rn. 25). Von besonderem wirtschaftsstrafrechtlichem Interesse sind beispielsweise die Treueverhältnisse eines **Amtswalters**, der dispositionsbefugt auf staatliches oder kommunales Vermögen zugreifen kann (für das Amt des Bürgermeisters s. BGH NStZ 2003, 540; BGH NStZ-RR 2005, 83), eines angestellten **Filialleiters**, dessen Anstellungsverhältnis Elemente der Geschäftsbesorgung enthält (BGH wistra 2004, 105), eines **(Vermögens-)Beraters** (BGH NJW 1991, 2574; BGH NStZ 1994, 35), eines **Verwalters** (zum Insolvenzverwalter vgl. BGH NStZ 1998, 246; OLG Dresden, BeckRS 2011, 11928; ausführlich: *Schramm*, NStZ 2000, 398) oder (ein geradezu klassisches Beispiel) der **Organe von Personenhandels- und Kapitalgesellschaften** (vgl. auch Momsen/Grützner/*Schramm*, Hdb Wirtschafts- und Steuerstrafrecht, § 19 Rn. 113 ff. m. w. N.). Daneben gibt es aber auch auf den ersten Blick nicht selbstverständliche Vermögensbetreuungspflichten, so z. B. unter Umständen bei **Architekten** (BayObLG NJW 1996, 268).

Besteht bei Gesamtwürdigung aller Umstände des Einzelfalls eine (qualifizierte) Vermögensbetreuungspflicht, so ist taugliche **Tathandlung** des § 266 Abs. 1 Alt. 2 StGB die **Verletzung** eben dieser **Vermögensbetreuungspflicht**. Regelmäßig hat aber nicht jede Verletzung außerstrafrechtlicher, also bspw. zivilrechtlicher Vorschriften zugleich eine strafrechtliche Dimension. Das Bundesverfassungsgericht hat bezüglich der schon zuvor verschiedentlich beantworteten Frage,[13] ob die in Frage kommende Pflichtverletzung gravierend sein müsse, vor einigen Jahren Stellung genommen und entschieden, dass das Merkmal der Pflichtwidrigkeit im Lichte des Art. 103 Abs. 2 GG so auszulegen ist, dass nur **„gravierende" Pflichtverletzungen** relevant sind (BVerfG NJW 2010, 3209 ff.). Dabei wird gravierend jedoch offenbar synonym zu **„evident"** verstanden (BVerfG NJW 2010, 3209, 3215; BeckOK-StGB/*Wittig*, § 266 Rn. 22; anders: Momsen/Grützner/*Schramm*, Hdb Wirtschafts- und Steuerstrafrecht, § 19 Rn. 56 mit Erläuterung der Begriffe; kritisch *Fischer*, StGB § 266 Rn. 64a f. m. w. N.). Der Untreuetatbestand sei auf derartige Fälle klaren und deutlichen evident pflichtwidrigen Handelns beschränkt. Gravierende Pflichtverletzungen lägen nämlich nur dann vor, wenn sie evident seien (BVerfG NJW 2010, 3209, 3215). Außerdem muss die verletzte **Pflicht gerade vermögensschützend** sein (BGH NJW 2011, 88, 91).

---

[13] Siehe dazu die gravierende Pflichtverletzung postulierende Entscheidungen BGHSt 47, 148 (Sparkasse Mannheim) und BGHSt 47, 187 (SSV Reutlingen) einerseits und andererseits die diesbezüglich zurückhaltendere Entscheidung zum Mannesmann-Verfahren BGHSt 50, 331 ff. (anders aber noch die Vorinstanz LG Düsseldorf NJW 2004, 3275 ff.).

Kriterien für eine umfassende Gesamtwürdigung aller Umstände sind dabei die Ertrags- und Vermögenslage des Unternehmens, die innerbetriebliche Transparenz, der Umgang mit Informations- und Prüfpflichten, Entscheidungsbefugnisse, die Motive der Handelnden und die Art und Weise der Ermittlung der Entscheidungsgrundlagen.

Eine Pflichtverletzung ist dann ausgeschlossen, wenn sich die unternehmerische Entscheidung innerhalb der Grenzen der sog. Business Judgement Rule bewegt. In § 93 Abs. 1 S. 2 AktG ist hierzu geregelt, dass eine Pflichtverletzung nicht vorliegt, wenn das Vorstandsmitglied bei einer unternehmerischen Entscheidung vernünftigerweise annehmen durfte, auf der Grundlage angemessener Information zum Wohle der Gesellschaft zu handeln. Die Beachtung der unternehmerischen Sorgfaltspflicht (§ 93 Abs. 1 S. 1 AktG) stellt eine Hauptpflicht gegenüber dem zu betreuenden Unternehmen dar, bei deren Verletzung eine gravierende Pflichtverletzung i. S. d. § 266 StGB regelmäßig anzunehmen ist. „Eine Pflichtverletzung nach § 93 Abs. 1 AktG liegt vor, wenn die Grenzen, in denen sich ein von Verantwortungsbewusstsein getragenes, ausschließlich am Unternehmenswohl orientiertes, auf sorgfältiger Ermittlung der Entscheidungsgrundlagen beruhendes unternehmerisches Handeln bewegen muss, überschritten sind, die Bereitschaft, unternehmerische Risiken einzugehen, in unverantwortlicher Weise überspannt wird oder das Verhalten des Vorstands aus anderen Gründen als pflichtwidrig gelten muss." (BGH NJW 2017, 578). Diese Grundsätze dürften auch auf den Geschäftsführer einer GmbH anwendbar sein, § 43 Abs. 1 GmbHG.

BGHSt 50, 331[14] (= NJW 2006, 522) – Mannesmann
Den Mitgliedern des Aufsichtsrates für Vorstandsangelegenheiten der ehemaligen Mannesmann AG J. F., J. A. und K. Z. wurde vorgeworfen, mehreren Vorstandsmitgliedern im Zusammenhang mit der Übernahme durch das britische Telekommunikationsunternehmen Vodafone Sonderzahlungen für deren Ausscheiden aus dem Unternehmen bewilligt und sich dadurch wegen Untreue zum Nachteil der Mannesmann AG strafbar gemacht zu haben. Die Zahlungen beliefen sich auf eine Höhe von mehreren Millionen EUR und wurden als Anerkennungsprämien für in der Vergangenheit erbrachte besondere Leistungen deklariert. Dabei wurden diese Prämien erst kurz vor Auflösung des Unternehmens zugesprochen.

In der Anklage wurde der Standpunkt vertreten, die Zahlungen durch die Mannesmann AG, die lediglich Ersatz für die von Vodafone verweigerten Abfindungszahlungen darstellten, widersprechen dem Unternehmensinteresse und seien nicht von § 87 AktG erfasst. Das LG Düsseldorf hat alle Angeklagten freigesprochen.

---

[14] https://juris.bundesgerichtshof.de/cgi-bin/rechtsprechung/document.py?Gericht=bgh&Art=en&Datum=2005&nr=73038&pos=20&anz=3103, zuletzt abgerufen am 31.10.2021.

A. Überblick

Das Urteil hielt einer revisionsrechtlichen Überprüfung nicht stand. Der BGH begründete die Aufhebung der Freisprüche damit, dass in der nachträglichen Bewilligung einer nicht zuvor im Dienstvertrag vereinbarten Sonderzahlung durch den Aufsichtsrat einer Aktiengesellschaft, die ausschließlich belohnenden Charakter hat und dem Unternehmen zukünftig nicht nützt, eine treupflichtwidrige Schädigung des anvertrauten Gesellschaftsvermögens liegt. Das Verfahren wurde später durch eine andere Strafkammer des LG Düsseldorf nach § 153a Abs. 2 StPO gegen eine Geldauflage in Millionenhöhe eingestellt.

Die Beteiligten J. F., J. A. und K. Z., die jeweils als Aufsichtsratsmitglieder über die sog. Anerkennungsprämien entschieden, könnten sich nach § 266 Abs. 1 Alt. 2 StGB strafbar gemacht haben.

Nach §§ 116, 112, 93, 87 Abs. 1 S. 1 AktG sind die Aufsichtsratsmitglieder sowohl gegenüber der Mannesmann AG als auch gegenüber deren Aktionären verpflichtet, deren Vermögensinteressen fremdnützig und selbstständig zu wahren, mithin vermögensbetreuungspflichtig.

Mit dem Beschluss über die Anerkennungsprämien haben die Aufsichtsratsmitglieder gegen die aktienrechtlichen Vorschriften über die „Sorgfalt eines ordentlichen und gewissenhaften Aufsichtsrats" aus §§ 116, 93 AktG sowie gegen § 87 Abs. 1 AktG, wonach die Gesamtbezüge eines Vorstandsmitglieds in einem „angemessenen Verhältnis" zu dessen Aufgaben (Leistungen) stehen müssen, verstoßen. Ein Interesse der Mannesmann AG an einer über die bereits vereinbarte Vergütung hinausgehende Anerkennungsprämie für den Vollzug bzw. den Einsatz während der „feindlichen Übernahme" ist nicht zu bejahen. Denn die Prämien wurden erst spät, d. h. kurz vor der Auflösung des Unternehmens zugesprochen und stellten damit keinen betriebswirtschaftlichen Vorteil im Sinne eines Anreizes für gute Leistung für das Unternehmen dar. Insofern erfolgten diese Zahlungen „kompensationslos". Zudem waren diese Leistungen mit dem Dienstvertrag von K. E., dem einstigen Vorstandsvorsitzenden der Mannesmann AG, und J. F. bereits abgegolten. Die Gewährung der „kompensationslosen Anerkennungsprämien" erfolgte demnach pflichtwidrig. Hierbei spielt es nach Auffassung des BGH auch keine Rolle, ob es sich darüberhinausgehend um eine „gravierende Pflichtverletzung" handelt.[15] Dieses Kriterium sei nämlich nur in Fällen maßgeblich, in denen dem Aufsichtsrat ein Beurteilungsspielraum eröffnet ist, nicht hingegen bei ausschließlich nachteiligen Entscheidungen zu Lasten der Gesellschaft. Auf die Regelung des § 87 AktG soll es daher nach Ansicht des BGH letztlich auch gar nicht mehr ankommen, was kritisiert worden ist, da somit letztlich § 87 AktG ein bestimmtes Verständnis zu Grunde gelegt wird, welches aber in Wahrheit umstritten ist.[16]

---

[15] Hierzu und zu den folgenden Ausführungen BGHSt 50, 331 ff.
[16] Siehe nur *Kudlich/Oğlakcioğlu*, Wirtschaftsstrafrecht, Rn. 362.

> Ferner begründete die Gewährung auch einen Vermögensnachteil.
> Im Übrigen handelten die Beteiligten vorsätzlich und rechtswidrig.
> Die Beteiligten müssten auch schuldhaft gehandelt haben. Sie erkannten zwar die Pflichtwidrigkeit ihres Handelns, würdigten diese aber nicht als gravierend, sodass sie mithin einem Verbotsirrtum nach § 17 StGB unterlagen. Fraglich bleibt jedoch, ob sich rechtlich hervorragend beratende Vorstandsmitglieder auf eben diese „Unkenntnis" berufen können. Nach dem (zurückverweisenden) BGH war der in Betracht gezogene Verbotsirrtum augenscheinlich zumindest nicht unvermeidbar.

VII. Vermögensschaden

Für den **Vermögensnachteil** gelten die Erwägungen zum Vermögensschaden beim Betrug (s. § 5 A. IV.) entsprechend (MüKo-StGB/*Dierlamm/Becker*, § 266 Rn. 228).

Das geschädigte Vermögen muss gerade dasjenige sein, auf das sich die Vermögensbetreuungspflicht erstreckt (BGH NJW 2002, 2801, 2802).

Bei der Untreue ist darüber hinaus zu beachten, dass der Vermögensnachteil strikt von der Pflichtverletzung zu trennen ist (Verschleifungsverbot). Bei der Bestimmung des Nachteils kann zwar auch auf normative Erwägungen zurückgegriffen werden, allerdings muss hier eine wirtschaftliche Betrachtung im Vordergrund stehen, um den Charakter der Untreue als Vermögensdelikt zu wahren (BVerfG NJW 2010, 3209, 3215).

Das hier in gleicher Weise bestehende Problem eines sog. „**Gefährdungsschadens**" ist nach der Rspr. i. E. wie beim Betrug zu lösen (siehe auch BVerfG NJW 2010, 3209, 3220). Allerdings wird bei der Untreue von der Rspr. ein Schaden dann verneint, wenn der Täter uneingeschränkt bereit und jederzeit dazu imstande ist, den entsprechenden Betrag auszugleichen (BGH NJW 1961, 685; NStZ-RR 2004, 54). Die Parallelen sind in phänomenologischer Hinsicht sicherlich gegeben, dass die Praxis dementsprechend analog zum Betrug verfährt, ist nachvollziehbar. Dennoch ist die Anwendbarkeit der Konstellation des Gefährdungsschadens bei der Untreue auch aus verfassungsrechtlicher Sicht höchst problematisch, da auf diese Weise de facto eine erhebliche Vorverlagerung der Strafbarkeit erfolgt und de iure die Grenze zum straflosen Versuch der Untreue unterlaufen wird (MüKo-StGB/*Dierlamm/Becker*, § 266 Rn. 241).

A. Überblick

„Ungenaue Buchführung" BGHSt 47, 8[17] (= NJW 2001, 3638) [vereinfacht]

Der Angeklagte L betrieb ein Umzugsunternehmen. Er hatte mit der G-GmbH einen Rahmenvertrag geschlossen, auf dessen Grundlage er der Gesellschaft regelmäßig erbrachte Umzugsleistungen in Rechnung stellte. Allerdings rechnete er der G-GmbH durchweg den Einsatz zusätzlicher Möbelpacker ab, obwohl diese tatsächlich nicht tätig geworden waren. Diese insoweit überhöhten Rechnungen wurden vom Mitangeklagten M – einem Mitarbeiter der G-GmbH – als sachlich richtig gegengezeichnet und aus dem Gesellschaftsvermögen beglichen. Im Gegenzug erhielt der Mitangeklagte M in einer Vielzahl von Fällen aus der jeweils geleisteten Zahlung einen Anteil von 100 EUR ausgekehrt. Mit diesem Vorgang war der Geschäftsführer der G-GmbH einverstanden weil der Mitangeklagte M aus dem Vorruhestand reaktiviert wurde und seine Beschäftigung in der G-GmbH zum Erhalt von ungeschmälerten sozialversicherungsrechtlichen Ansprüchen „verdeckt" bleiben sollte. Der an den Mitangeklagten M über den Angeklagten L ausgezahlte Betrag diente damit der Erfüllung des Vergütungsanspruchs des M gegen die G-GmbH. Die Höhe des monatlichen Vergütungsanspruchs wurde anhand einer durch den Mitangeklagten M geführten Aufstellung seiner monatlichen Arbeitszeit bestimmt.

Das Landgericht hat den Angeklagten M wegen Untreue zu Lasten der G-GmbH und den Angeklagten L wegen Beihilfe zur Untreue verurteilt. Diese Verurteilung wurde vom 5. Strafsenat des Bundesgerichtshofs auf die allgemeine Sachrüge der Angeklagten hin aufgehoben und zur erneuten Entscheidung an eine andere Kammer des Landgerichts zurückverwiesen.

Dabei habe das Landgericht noch rechtsfehlerfrei angenommen, dass im bloßen Zahlungsabfluss bei der G-GmbH an den M vermittelt über L noch kein Vermögensschaden zu erblicken sei. Vielmehr bestand tatsächlich ein Anspruch des M gegen die G-GmbH auf Zahlung der Vergütung aus einem Arbeitsvertrag. Dabei stelle das Erlöschen dieses Anspruchs (§ 362 Abs.1 BGB i. V. m. § 267 Abs. 1 S. 1 BGB) eine gleichwertige Gegenleistung zur Zahlung aus dem Vermögen der G-GmbH dar. Mangels negativen Saldos scheide insoweit ein Vermögensschaden aus.

Das Landgericht hatte aber argumentiert und seine Verurteilung darauf gestützt, dass die letztlich unkontrollierte Form der Erfüllung des sich seiner Höhe nach auch nur auf Grundlage der eigenen Aufstellungen des Mitangeklagten M ergebenden Verbindlichkeit einen Vermögensschaden begründen könne. Die Kammer war davon ausgegangen, dass sich hieraus die Gefahr ergeben könnte, durch den Mitangeklagten M ein zweites Mal in Anspruch

---

[17] http://juris.bundesgerichtshof.de/cgi-bin/rechtsprechung/document.py?Gericht=bgh&Art=en&nr=19983&pos=0&anz=1, zuletzt abgerufen am 08.04.2022.

genommen zu werden. Nach der allgemeinen zivilprozessualen Beweislastverteilung müsste die G-GmbH die Darlegungs- und Beweislast für die an sich erfolgte Erfüllung tragen, da das eine für diese günstige Tatsache ist. Gerade wegen der maßgeblich durch den Mitangeklagten M selbst betriebenen instransparenten Buchführung sei ihr die Rechtsverteidigung insoweit aber erheblich erschwert, sodass letztlich tatsächlich die Gefahr einer zweiten, ggf. zwangsvollstreckungsrechtlich durchgesetzten Inanspruchnahme bestand. Letztlich liege insoweit also eine schadensgleiche Vermögensgefährdung vor.

Dem trat der Senat damit entgegen, dass die bloße ungenaue oder auch fehlerhafte Buchführung für sich betrachtet noch keine schadensgleiche Vermögensgefährdung in diesem Sinne trage. Dies war schon zuvor in der Rechtsprechung für den umgekehrten Fall angenommen worden, dass die ungenaue Buchführung die ursprüngliche Geltendmachung eines Anspruchs erschweren würde (vgl. etwa BGH NJW 1966, 261). Für den hier in Rede stehenden Fall einer Verteidigung gegen eine erneute Inanspruchnahme auf einen an sich bereits erfüllten Anspruch könne nichts Anderes gelten. So sei in jedem Fall zu verlangen, dass auf Grundlage der Umstände des Einzelfalls auch tatsächlich mit einer solchen doppelten Inanspruchnahme zu rechnen sei. Derartige Umstände hatte das Landgericht aber gerade nicht festgestellt. Die bloße „juristische Möglichkeit" einer doppelten Inanspruchnahme genüge insoweit nicht zur Begründung einer schadensgleichen Vermögensgefährdung und damit eines Vermögensschadens bei wirtschaftlicher Betrachtung.

VIII. Subjektiver Tatbestand

Die Untreue ist ein **Vorsatzdelikt**. Für die Erfüllung des subjektiven Tatbestandes genügt bedingter Vorsatz. Zu beachten ist, dass aufgrund des weit gefassten objektiven Tatbestandes der Untreue strenge Anforderungen an den subjektiven Tatbestand zu stellen sind (BVerfG NJW 2009, 2370, 2372; BGH NJW 1991, 990, 991; 2002, 2801, 2803; BGH NStZ 1997, 543; BGH BeckRS 2003, 07814; kritisch MüKo-StGB/*Dierlamm*, § 266 Rn. 283). Die alleinige Kenntnis des Täters von den Umständen, aus denen sich die Pflichtwidrigkeit ergibt, genügt zur Annahme eines Vorsatzes nicht. Vielmehr muss ihm auch bewusst sein, gegen die im Innenverhältnis ergebenden Pflichten zu verstoßen (BGH NJW 2018, 177, 179; Schönke/Schröder/*Perron*, § 266 Rn. 49).

Mit Blick auf das Verschleifungsverbot ist der Vorsatz auf die Pflichtverletzung und auf den Eintritt des Vermögensnachteils getrennt voneinander festzustellen (BGH NStZ-RR 2015, 81, 82; MüKo-StGB/*Dierlamm/Becker*, § 266 Rn. 318).

Bei Vorliegen einer **schadensgleichen Vermögensgefährdung** ist der Vorsatz wegen Art. 103 Abs. 2 GG zudem besonders genau zu prüfen, insbesondere, wenn nur bedingter Vorsatz vorliegt (BGH NJW 2007, 1760, 1766 ff.). Der Täter muss nicht nur wissen, dass es zu einem Schadenseintritt kommen kann, sondern gerade

A. Überblick

dies auch billigen. Dafür kann unter Umständen genügen, dass ein extrem hohes Risiko eingegangen wird (BGH NJW 2002, 1211, 1216; BeckOK-StGB/*Wittig*, § 266 Rn. 72).

Aufgrund der starken normativen Prägung des Untreuetatbestandes stellen sich komplexe Irrtumsfragen im Zusammenhang mit der Abgrenzung von § 16 und § 17 StGB (zur Irrtumsproblematik: *Marwedel*, ZStW 2011, 548; *Leite*, GA 2015, 517; siehe dazu auch oben unter § 2 D II.) Die Rspr. lehnt dabei eine schematische Betrachtungsweise ab (BGH NStZ 2006, 214, 217). Das bedeutet, dass sie weder (wie eine Ansicht) bei jeder fehlerhaften Wertung, nicht pflichtwidrig zu handeln, stets einen Vorsatzausschluss (MüKo-StGB/*Dierlamm/Becker*, § 266 Rn. 317) annimmt, noch, dass sie mit der gegenteiligen Auffassung stets § 17 StGB (NK-StGB/*Kindhäuser*, § 266 Rn. 122; *Ransiek*, NJW 2006, 814, 816; *Vogel/Hocke*, JZ 2006, 568, 571) anwendet, also den Vorsatz bei bloßer Kenntnis der zur objektiven Pflichtwidrigkeit führenden tatsächlichen Umstände und gleichzeitiger Annahme pflichtgemäßen Verhaltens immer annimmt (BGH NStZ 2006, 214, 217 f.; BeckOK-StGB/*Wittig*, § 266 Rn. 73).

Fortsetzung BGHSt 50, 331[18] (= NJW 2006, 522) – Mannesmann
Diese Irrtumsfragen erlangten im bereits oben beschriebenen Strafverfahren betreffend die Übernahme der Mannesmann AG durch Vodafone eine besondere Bedeutung. Neben den oben dargestellten Problemen bei der Begründung einer Verletzung der Vermögensbetreuungspflicht durch die Mitglieder des Aufsichtsrats, die dem Vorstand noch kurz vor der Übernahme eine Sonderzahlung gewährten, stellte sich auch die Frage, inwieweit den Aufsichtsratsmitgliedern eine mögliche Unkenntnis von der Pflichtwidrigkeit ihrer Entscheidung zugutekommen könnte. So stand nach der Überzeugung des Tatgerichts fest, dass der Vorsatz der Aufsichtsratsmitglieder die rein tatsächlichen Umstände der Gewährung der Sonderzahlung erfasste. Nicht zuletzt auf dem Boden einer durchaus auch im aktienrechtlichen Schrifttum nicht klaren Position zur Gewährung von Sonderzahlungen in der konkreten Geschäftssituation der Mannesmann AG blieb aber durchaus fraglich, ob die Aufsichtsratsmitglieder auch – jedenfalls auf dem Boden einer Deutung in der Laiensphäre – die rechtliche Wertung ihres Handelns als pflichtwidrig nachvollzogen haben.

Ordnete man die Pflichtwidrigkeit i. R. d. § 266 StGB als ein normatives Tatbestandsmerkmal ein, so ließe sich diese ggf. durch die Aufsichtsratsmitglieder nicht nachvollzogene rechtliche Wertung mit gem. § 16 Abs. 1 S. 1 StGB vorsatzausschließender Wirkung berücksichtigen. Betonte man hingegen den Charakter der Pflichtwidrigkeit als blankettartige Verweisung etwa auf die Vorschriften des Aktienrechts (z. B. § 87 AktG), so unterfiele dies ein-

---
[18] https://juris.bundesgerichtshof.de/cgi-bin/rechtsprechung/document.py?Gericht=bgh&Art=en&Datum=2005&nr=73038&pos=20&anz=3103, zuletzt abgerufen am 5.11.2021.

zig dem Anwendungsbereich des § 17 S. 1 StGB, sodass zusätzlich die Vermeidbarkeit des Irrtums auf der Ebene der Schuld zur Voraussetzung einer Straflosigkeit würde. Im Lichte der hohen Anforderungen an die Unvermeidbarkeit des Irrtums i. R. d. § 17 S. 1 StGB stellt letzteres die deutlich restriktivere Position dar.

Ohne sich insoweit ausdrücklich festzulegen, tendierte der BGH in seiner Entscheidung jedenfalls dazu, in dieser konkreten Konstellation die irrige Annahme, zu der Gewährung der Prämie berechtigt zu sein, nur nach § 17 StGB zu berücksichtigen. Zwar ließe sich insoweit keine Lösung durch die Anwendung „einfacher Formeln ohne Rückgriff auf wertende Kriterien" finden. Wenn jedenfalls – und so lag es mit der Ansicht des BGH in dem der Entscheidung zu Grunde liegenden Fall – eine Maßnahme im Raum steht, die dem Inhaber des betreuten Vermögens keinen Vorteil bringen kann und damit einen sicheren Vermögensverlust bedeutet, so weiß der Täter jedenfalls, dass er gegen das allgemeine Verbot, das von ihm betreute Vermögen nicht schädigen zu dürfen, verstößt. Diese Wertung wird von ihm auch auf Tatbestandsebene nachvollzogen. Die weitergehende Annahme der Aufsichtsratsmitglieder, die nach den Feststellungen des LG davon ausgingen, zu ihren Zahlungen dennoch „auf Grund ihrer unternehmerischen Handlungsfreiheit" berechtigt zu sein, stelle sich dann nur noch als von § 17 StGB erfasster Verbotsirrtum dar. Denn die Angeklagten wären – und hierin liegt wohl der Kern der vom 3. Strafsenat vorgeschlagenen „wertenden Betrachtung" – trotz Wahrnehmung der Pflichtwidrigkeit davon ausgegangen, dass für ihre Handlung „ausnahmsweise" ein positiver Erlaubnissatz bestanden hätte.

BGH 1 StR 346/18[19] (= NJW 2019, 3532)
Diese Differenzierung bei § 266 StGB wird deutlicher, wenn man daneben Fälle betrachtet, bei denen die rechtliche Wertung klarer dem subjektiven Tatbestand zugewiesen werden kann. Dies ist etwa bei § 266a StGB aber auch im Steuerstrafrecht bei § 370 Abs. 1 AO der Fall. Beide Tatbestände setzen voraus, dass der Täter zunächst die reinen die Tatbestandsmäßigkeit begründenden Tatsachen wahrgenommen hat. So etwa bei § 266a StGB diejenigen Umstände, die für eine rechtliche Bewertung als „Arbeitnehmer" vorliegen müssen oder bei § 370 Abs. 1 AO zur Grundlage der Steuerfestsetzung werden (Bsp.: Wissen um das im Erhebungszeitraum angefallene Einkommen als Bemessungsgrundlage der Einkommensteuer, vgl. § 2 Abs. 1 EStG).

---

[19] http://juris.bundesgerichtshof.de/cgi-bin/rechtsprechung/document.py?Gericht=bgh&Art=en&Datum=Aktuell&Sort=12288&nr=100769&pos=4&anz=473, zuletzt abgerufen am 08.04.2022.

Schon zuvor verlangte die Rspr. für § 370 Abs. 1 AO (vgl. BGH NStZ 2012, 160, 161 m. w. N.) aber auch, dass der Vorsatz des Täters darauf gerichtet ist, dass im Hinblick auf ein von ihm tatsächlich wahrgenommenes Einkommen ein Steueranspruch besteht. Macht der Täter bei dieser rechtlichen Bewertung einen Fehler, wird man ihm nur vorwerfen können, das Steuerrecht nicht verstanden zu haben (vgl. BeckOK-StGB/*Kudlich*, § 16 Rn. 14.1). Der spezifische Normapell etwa des § 370 Abs. 1 Nr. 2 AO über steuerlich erhebliche Tatsachen falsche Angaben zu machen, trifft ihn hingegen nicht. Gleiches gilt – unter Aufgabe der bisherigen Rspr. (vgl. etwa noch BGH NStZ 2014, 321, 322) – auch für § 266a StGB. Hier muss der Arbeitgeber, letztlich strukturell mit § 370 Abs. 1 Nr. 2 AO vergleichbar, seine Stellung als Arbeitgeber und die daraus resultierende sozialversicherungsrechtliche Abführungspflicht zumindest für möglich gehalten und deren Verletzung billigend in Kauf genommen haben.

Es zeigt sich, dass eine solche klare Trennung für § 266 StGB und das Merkmal der Verletzung der Vermögensbetreuungspflicht nicht ohne weiteres eingezogen werden kann. Doch wurde oben (§ 2 D II) schon dargestellt, dass gerade wegen der großen Bedeutung der Abgrenzung von Tatbestands- und Verbotsirrtum für die Rechtsposition des Täters respektive Beschuldigten eine Bemühung um klarere Abgrenzungsformeln durchaus geboten erscheint. Der vom 3. Strafsenat in der Mannesmann-Entscheidung das Wort geredeten „wertenden Betrachtung" unter Ablehnung formelhafter Abgrenzungen erscheint insoweit nicht unproblematisch. Es ist anzumerken, dass insbesondere der 2. Strafsenat in BGH NJW 2007, 1760, 1766 den Irrtum des Angeklagten über Verstöße gegen das Parteiengesetz als Grundlage der Verletzung der Vermögensbetreuungspflicht deutlich als Tatbestandsirrtum eingeordnet hat.

B. Einzelne Problemfelder der Untreue

I. Geschäftsführender Alleingesellschafter

Fraglich ist, ob der geschäftsführende Alleingesellschafter bei einer Ein-Mann-GmbH eine Untreue begehen kann. Kraft eigener Rechtspersönlichkeit der Gesellschaft bilden das **Gesellschaftsvermögen** sowie das **Vermögen des Gesellschafter**s nach dem **Trennungsprinzip** jeweils eigene, zu trennende Vermögenssphären (Vgl. MüKo-GmbHG/*Wicke*, § 3 Rn. 139; Baumbach/Hueck/*Fastrich*, GmbHG, § 13 Rn. 5). Das Gesellschaftsvermögen ist damit für den geschäftsführenden Alleingesellschafter **fremdes** Vermögen und mithin **taugliches Tatobjekt** für eine Untreuestrafbarkeit.

„Scheinbare Beratung" BGHSt 34, 379 (= BGH NJW 1988, 1397) [vereinfacht]
A war Alleingesellschafterin und Geschäftsführerin der X-GmbH, die über ein beträchtliches Gesellschaftsvermögen verfügte. Mit ihrem Privatvermögen war A hingegen unzufrieden, sodass sie dieses „aufzubessern" suchte. Hierzu reichte sie in der Buchhaltung der X-GmbH zahlreiche Rechnungen für angeblich von ihr in ihrer Eigenschaft als Geschäftsführerin wahrgenommene Beratungsdienstleistungen ein, im Rahmen derer sie die jeweils angefallenen Honorare zunächst selbst beglichen habe. Tatsächlich wurden keinerlei Beratungsleistungen erbracht. Es kam zur Auszahlung auf das Privatkonto der A.

I. A könnte sich gem. § 266 Abs. 1 StGB durch die Einreichung der Rechnungen wegen Untreue strafbar gemacht haben.

Eine Strafbarkeit nach § 266 Abs. 1 Alt. 1 StGB (Missbrauchstatbestand) ist ausgeschlossen, denn A handelte nicht unter Verstoß gegen eine vertragliche Innenbefugnis gegenüber den Gesellschaftern, da A Alleingesellschafterin ist und „sich selbst die Befugnis zu dieser Handlung erteilt hat".

Jedoch könnte sich A nach § 266 Abs. 1 Alt. 2 StGB (Treuebruchstatbestand) strafbar gemacht haben. Mit der Einreichung der Rechnungen für die angebliche Beratungsleistung müsste A eine Verletzung einer Treuepflicht, mithin einen Verstoß gegen eine spezifische – im funktionalen Zusammenhang mit ihrer Treuestellung stehende – Hauptpflicht, begangen haben. A sind Pflichten von wirtschaftlicher Bedeutung auferlegt, die nicht im Detail vorgegeben sind, sondern sie ist bei der Wahrnehmung ihrer Betreuungsaufgaben gegenüber dem GmbH-Vermögen (relativ) selbstständig. Eine Vermögensbetreuungspflicht ist daher zu bejahen.

Die Veranlassung der Zahlung müsste eine Verletzung einer Hauptpflicht darstellen. Grundsätzlich bedeutet die Veranlassung der Erfüllung einer gegen die Gesellschaft bestehende Verbindlichkeit keine Pflichtverletzung. Anders verhält es sich aber dann, wenn eine solche Verbindlichkeit in Wahrheit gar nicht bestand. Da jedoch A, in ihrer Funktion als Alleingesellschafterin, gleichzeitig auch die Interessen der GmbH festlegt, könnte hinsichtlich dieses Vorgangs ein tatbestandsausschließendes Einverständnis bestanden haben.

In diesem Zusammenhang stellt sich die Frage, ob und in welchem Maße der A eine Dispositionsbefugnis gegenüber dem Gesellschaftsvermögen zustand.

Nach früherer Auffassung erfüllte bereits jede Vermögensverschiebung, die unter Missachtung der Buchführungspflicht aus § 41 GmbHG verschleiert wird, den Tatbestand unabhängig davon, ob damit eine Beeinträchtigung des Stammkapitals oder aber nur der Liquidität der Gesellschaft einherging.

Nach heutiger Auffassung wird die Disponibilität nur abgelehnt, wenn die Vermögensverschiebung das Stammkapital beeinträchtigt oder die Existenz/Liquidität der GmbH gefährdet. Dafür spricht der Gedanke, dass nicht jeder Verstoß gegen (außerstrafrechtliche) Buchführungspflichten ein Strafbarkeitsrisiko bedeuten darf. Das Stammkapitalerhaltungsgebot aus § 30 GmbHG ist hierfür eine plausible Grenze.

B. Einzelne Problemfelder der Untreue

Folgt man indessen der früheren Ansicht, so begründet bereits die Veranlassung der Zahlung einen Vermögensnachteil, denn die GmbH leistet eine Zahlung, ohne dass sie eine Gegenleistung erhält. Kein Vermögensnachteil ließe sich bejahen, wenn die Entnahme aus dem Anspruch auf Jahresüberschuss bzw. Bilanzgewinn der Gesellschafter erfolgt (§ 29 Abs. 1 GmbHG). Dieser Gewinn kann ja dem Gesellschaftsvermögen ohnehin entzogen werden, sodass keine Minderung gegeben wäre.

Im Hinblick auf den Vorsatz der A könnte hier die Kenntnis der normativen Tatbe-standsmerkmale bezüglich der „Pflichtwidrigkeit" des Handelns problematisch sein. Jedenfalls bei vorheriger anwaltlicher Beratung bestünde aber keine Exkulpationsmöglichkeit.

II. A könnte sich nach § 283 Abs. 1 Nr. 1 StGB strafbar gemacht haben.

Objektive Strafbarkeitsbedingung der Bankrottdelikte ist jedoch, dass die fragliche Handlung im Zeitpunkt der „Krise" vorgenommen oder diese hierdurch kausal herbeigeführt wurde. Das ist hier nicht ersichtlich.

Eine **umfassende Dispositionsbefugnis** des geschäftsführenden Alleingesellschafters über das GmbH-Vermögen ist also streitig. In diesem Zusammenhang stellte sich im Fall „*Bremer Vulkan*" die Frage, ob es einen strafrechtlichen Schutz des Gesellschaftsvermögens vor Alleingesellschaftern auch im Konzern gibt.

BGHSt 49, 147 (= NJW 2004, 2248) – Bremer Vulkan:
Der Sachverhalt und die Hintergründe der verfahrensgegenständlichen Vermögensverschiebungen sind in den Entscheidungsgründen dargestellt. Zu besseren Übersichtlichkeit finden sich nachfolgend einige zentrale Entwicklungen zeitlich eingeordnet:

- Entwicklung und Krise des Konzerns: Werftenverbund Bremer Vulkan, gegründet 1893; einer der größten Betriebe im Bundesland Bremen (Anfang der 90er-Jahre über 20.000 Mitarbeiter bundesweit).
- ab 1991: Verhandlungen zwischen der Bremer Vulkan und der Treuhandanstalt über den Erwerb ostdeutscher Werften
- August 1992: Kaufvertrag und Anteilserwerb an der Werft in Wismar
- Herbst 1992: Einführung des zentralen Cash-Management-Systems für die westdeutschen Tochtergesellschaften
- Februar 1993: Kaufvertrag und Anteilserwerb an der Werft in Stralsund (11 % verbleiben bei der Stadt Stralsund)
- 1993: massive Verluste bei der Bremer Vulkan
- 1993/94: erste Festgeldanlage der Werft Wismar bei der Bremer Vulkan; das Geld wird Ende März ordnungsgemäß zurückgezahlt

- April/Mai 1994: neue Festgeldanlage der Werft Wismar bei der Bremer Vulkan i. H. v. 330 Mio. DM
- 1994: finanzielle Situation wird immer schlechter – die beiden ostdeutschen Werften werden im Rahmen eines Sanierungskonzepts in das zentrale Cash-Management-System mit einbezogen
- 1995: Forderungsausfälle – die finanzielle Situation verschlechtert sich weiter
- Ende August 1995: Aufnahme eines Konsortialkredits; Verpfändung aller nennenswerten freien Vermögenswerte
- Oktober 1995: Freigabe von Geldern an die Werft Wismar durch die Kommission; sofortige Einbringung in das zentrale Cash-Management-System
- Ende 1995: Aufnahme weiterer Kredite; dennoch weitere Verschlechterung der finanziellen Situation
- Februar 1996: Antrag auf Eröffnung eines Vergleichsverfahrens (heute: Insolvenzverfahren)
- Mai 1996: Eröffnung des Anschlusskonkursverfahrens für die BVV (Holding); Forderungen der Werft Wismar gegen die Bremer Vulkan: 590 Mio. DM; Forderungen der Werft Stralsund gegen die Bremer Vulkan: 260 Mio. DM
- Die ostdeutschen Werften wurden aus dem Verbund ausgegliedert und waren insoweit nicht betroffen (und später von norwegischen/dänischen Konzernen übernommen).
- ab 1997: Untersuchungsausschuss der Bremer Vulkan
- 2001: LG Bremen verurteilt Vorstände wegen Untreue zu Bewährungsstrafen
- 2004: Aufhebung des Urteils durch BGHSt 49, 147 ff. – Zurückverweisung
- 2008: 2.Verfahren vor dem LG Bremen (Sonderwirtschaftsstrafkammer)
- 2010: Einstellung des Verfahrens nach § 154 StPO.

Ausgehend von der Annahme, dass die GmbH ausschließlich den wirtschaftlichen Interessen der Gesellschafter dient – die GmbH ihren Gesellschaftern damit gegenüber auch keinen Anspruch auf Bestand hat – scheint der der Abzug der liquiden Mittel aus Tochtergesellschaften an die Muttergesellschaft (BVV) prima vista prinzipiell nicht zu beanstanden sein. Nach Ansicht des BGH gibt es aber eigenständige vom (einverständlichen) Willen der Gesellschafter abzulösende Interessen am Schutz des Vermögens der GmbH. **Gesellschaftsvermögen** und **Gesellschaftervermögen** sind ja gerade nicht identisch, es handelt sich nicht um dieselbe Vermögensmasse.

Daher muss das **Stammkapital** bzw. Kapital, welches zur Befriedigung von Gläubigern benötigt wird, der Dispositionsfreiheit der Gesellschafter entzogen sein. Die GmbH dient insoweit auch Gläubigerinteressen. §§ 30, 31 GmbHG normieren entsprechende Beschränkungen der Dispositionsfreiheit. Somit endet die Verfügungsmacht der Gesellschafter bei Verfügungen, welche die Liquidität der Gesellschaft gefährden (vgl. BGH NStZ-RR 2012, 80; Schönke/Schröder/*Perron*, § 266 Rn. 21b).

Entscheidendes Kriterium dafür, ob eine Gefährdung oder Eignung zur Gefährdung vorliegt, ist, dass stets die materielle Deckung der Gläubigerforderungen durch das Gesellschaftsvermögen gesichert sein muss. Insoweit ist das Vermögen gegenüber Verfügungen der Gesellschafter gebunden.

> **Beispiel**
> Ende 1995 war das Vermögen (liquide Mittel) der MTW vollständig in das Cash-Management-System der BVV integriert. Mit Aufnahme weiterer Kredite durch die BVV waren Gläubigeransprüche gegenüber der MTW nicht mehr gesichert und Verfügungen i. R. d. Cash-Managements oder als sonstige Anlagen zugunsten der BVV als Alleingesellschafterin daher zulässig.

Der zweite Leitsatz aus BGHSt 49, 147 lautete denn auch folgerichtig: „**In einem Konzern** verletzen die Vorstandsmitglieder der beherrschenden Aktiengesellschaft jedenfalls dann ihre Vermögensbetreuungspflicht gegenüber einer abhängigen GmbH, wenn deren Vermögenswerte in einem solchen Umfang ungesichert im Konzern angelegt werden, dass im Fall ihres Verlustes die Erfüllung von Verbindlichkeiten der Tochtergesellschaft oder deren Existenz gefährdet wäre."

II. Risikogeschäfte

1. Überblick

Im Rahmen der Missbrauchsalternative kann sich das Problem der sog. Risikogeschäfte stellen (Schönke/Schröder/*Perron*, § 266 Rn. 20; instruktiv am Beispiel der sog. **Bankenkrise** *Bittmann*, NStZ 2011, 361). Ein Risikogeschäft meint eine unternehmerische Entscheidung, bei der nicht vorhergesagt werden kann, ob die angestrebte Vermögensmehrung eintritt oder es vielmehr zu einer Vermögensminderung kommen wird (MüKo-StGB/*Dierlamm/Becker*, § 266 Rn. 260). Im Wirtschaftsleben ist es durchaus auch erwünscht, gewisse Risiken einzugehen. Daher kann nicht allein aufgrund des Eintritts einer Vermögensminderung auf ein pflichtwidriges Verhalten geschlossen werden (*Fischer*, StGB § 266 Rn. 64; *Otto*, JR 2000, 517). Da die Durchführung von Risikogeschäften bei unternehmerischen Entscheidungen regelmäßig zu einer Erweiterung der im Innenverhältnis maßgebenden Grenzen des rechtlichen Dürfens führen können, ist Kern des Problems die Risikoschwelle zu bestimmen, die erfolgloses unternehmerisches Handeln als **gravierende Pflichtverletzung** qualifiziert und mithin strafbar macht (vgl. *Nack*, NJW 1980, 1599).

Ob mit der Vornahme risikobehafteter Entscheidungen ein Missbrauch der Verfügungs- oder Verpflichtungsbefugnis i. S. d. § 266 Abs. 1 Alt. 1 StGB gegeben ist, bestimmt sich bei ex-ante Betrachtung danach, ob der Täter überhaupt Risikogeschäfte entsprechender Art und ob der Täter darüber hinaus das konkrete Risikogeschäft abschließen durfte. Eine Plichtverletzung ist dann nicht anzunehmen, wenn eine Entscheidung getroffen wurde, die sich ausschließlich am Wohl des Unternehmens orientierte und der eine sorgfältig ermittelte Entscheidungsgrundlage zugrunde lag (BGHSt 50, 331, 337; *Wittig*, Wirtschaftsstrafrecht, § 20 Rn. 49).

Insoweit können solche Risikogeschäfte vorn vorherein als pflichtwidrig erscheinen, zu deren Vornahme der Täter schlechthin nicht befugt war.

> „Kirchliche Liegenschaftsverwaltung" BGHSt 47, 100 (= NStZ 2001, 259) [abgewandelt]
>
> Dies zeigt etwa der Fall eines Verwaltungsleiters (V) einer kirchlichen Stiftung, der für den Zahlungs- und Finanzverkehr zuständig und entsprechend kontobevollmächtigt war. Dabei war er an die Weisungen des Kuratoriums gebunden. Vor allem war sein Aufgabenkreis vertraglich darauf beschränkt, das Stiftungsvermögen zur Erfüllung von Verbindlichkeiten einzusetzen, die die „laufenden Geschäfte" insbesondere beim Unterhalt der Liegenschaften der Gemeinden des Bistums betrafen. Gleichwohl erteilte er in 9 Fällen der N-AG Aufträge zum Erwerb von Aktien, Devisen und Aktienoptionen und wies daraufhin insgesamt Überweisungen mit einem Gesamtwert von 6 Mio. EUR zu Gunsten der N-AG an. Hierdurch überzog er ab einem Betrag von 5 Mio. EUR auch das Konto der kirchlichen Stiftung und ließ sich von der Darlehenskasse im Bistum M Überziehungskredite von 4,7 Mio. EUR zu Gunsten der Stiftung einräumen. V wollte hierdurch die Gelder der Stiftung beträchtlich vermehren, um auf diese Weise seine Eignung als Verwaltungsleiter unter Beweis zu stellen. Entgegen der getroffenen Vereinbarung wurden die Gelder indes von der N-AG nicht angelegt, sondern selbst verbraucht. Die Stiftung erhielt nach Einschaltung eines Rechtsanwalts lediglich 15.000 EUR von der N-AG zurück.
>
> Unabhängig von dem möglicherweise als Risikogeschäft zu klassifizierenden Vorgang zwischen der Stiftung und der N-AG steht hier a priori fest, dass der V mit diesem Geschäft jedenfalls seinen Pflichtenkreis gegenüber der Stiftung überschritten hat und damit seine Vermögensbetreuungspflicht verletzt hat.

Für den Fall, dass abstrakt-generelle Vorgaben bestehen, ist nur zu prüfen, ob diese das fragliche Geschäft decken (Vgl. MüKo-StGB/*Dierlamm/Becker*, § 266 Rn. 264; Schönke/Schröder/*Perron*, § 266 Rn. 20). Bestehen indes keine Vorgaben, so hat der Täter zumindest das Risiko sorgfältig zu kalkulieren. Entscheidendes Kriterium ist dann die **„Ordnungsgemäßheit des Abwägungsvorgangs"**.

B. Einzelne Problemfelder der Untreue

BGH 1 StR 571/04 (= NStZ 2006, 221)[20] – Kinowelt [vereinfacht]
A war Vorstand der Kinowelt AG, deren Kerngeschäft den Erwerb und die Vermarktung von Filmverwertungsrechten betraf. Ausgehend vom Jahr 1998 entwickelte sich die Kinowelt AG zu einer Holding, die Kopf von mehr als 60 weiteren Gesellschaften wurde. Der A beteiligte sich hierfür mit privaten Geldern an mehreren anderen Gesellschaften, die er im Erfolgsfall in die Holding einbringen wollte. Ende 1998 gründete der A die Sportwelt GmbH, die sich mit der Verwertung von Vermarktungsrechten an Fußballvereinen befasste.

Der A plante, die Sportwelt GmbH ebenfalls in die Holding einzugliedern.

Nach Fassung dieses Entschlusses leistete A auch mehrere Zahlungen an die Sportwelt GmbH aus dem Gesellschaftsvermögen der Kinowelt AG. Zu einer Übernahme der Sportwelt durch die Kinowelt kam es in der Folgezeit allerdings nicht mehr. Die Kinowelt-Gruppe geriet in Liquiditätsprobleme und war spätestens im Mai 2001 nicht mehr in der Lage, allen finanziellen Verpflichtungen nachzukommen. Das Sanierungskonzept scheiterte Anfang August 2001, da sich nicht alle Banken mit ihm einverstanden erklärten. Die Kinowelt war in der Folgezeit nicht mehr in der Lage, fällig gestellte Kreditverbindlichkeiten zu bedienen. Im Mai 2002 eröffnete das AG München das Insolvenzverfahren über das Vermögen der Kinowelt auf den Eigenantrag der Kinowelt vom 19.12.2001. Bereits ab August 2001 war dem A bewusst, dass eine Übernahme der Sportwelt-GmbH nicht mehr in Betracht würde.

Gleichwohl veranlasste er noch am 27.09.2001 eine Überweisung i. H. v. 200.000 EUR vom Konto der Kinowelt-AG auf das Konto der Sportwelt GmbH.

Vom 1. Strafsenat des Bundesgerichtshofs auf die Revision des Angeklagten gegen seine Verurteilung wegen Untreue hin unbeanstandet geblieben ist die Bewertung des LG, dass sich jedenfalls die veranlasste Überweisung vom 17.09.2002 i. H. v. nach dem Scheitern des Sanierungskonzepts als pflichtwidrig i. S. d. § 266 Abs. 1 Alt. 2 StGB erweist. Dazu führt der Senat aus, dass „Zuwendungen im Zusammenhang mit der beabsichtigten Übernahme nicht ohne weiteres als pflichtwidrig anzusehen [wären], sondern [...] sich als Investitionen mit einer zumindest langfristigen Rentabilitätserwartung im Hinblick auf den gemeinsamen Geschäftsplan der Unternehmen [darstellten]. Diese unternehmerischen Zielvorgaben waren angesichts des aus der Entwicklung an den Aktienmärkten folgenden wirtschaftlichen Niedergangs der Kinowelt ab Ende des Jahres 2000 indes immer schwieriger zu realisieren. Der Kinowelt fehlten finanzielle Mittel, die mit über 100 Mio. DM bewertete Sportwelt zu erwerben und den Geschäftsplan der Sportwelt, der hohe Anfangsinvestitionen in Form einer Unterstützung geeigneter Sportvereine vor-

---

[20] http://juris.bundesgerichtshof.de/cgi-bin/rechtsprechung/document.py?Gericht=bgh&Art=en&-sid=7e7d079b3b3a7552e687021968062a79&nr=34629&pos=0&anz=1, zuletzt abgerufen am 10.11.2021.

> sah, zu verfolgen. Spätestens mit dem endgültigen Scheitern des Sanierungskonzeptes für die Kinowelt Anfang August 2001 war einer Übernahme der Sportwelt der Boden entzogen." Von diesem Zeitpunkt an wären weitere Investitionen in die Sportwelt GmbH aus dem Vermögen der Kinowelt AG nicht mehr vertretbar gewesen.
> Anschaulich stellt der 1. Senat auf die von Seiten der Staatsanwaltschaft zuungusten des Angeklagten eingelegte Revision hin allerdings auch die Grenzen einer Pflichtwidrigkeit und damit Strafbarkeit unternehmerischer Risikoentscheidungen dar. So begründete die Staatsanwaltschaft ihre Sachrüge damit, dass bereits die ursprüngliche Entscheidung zur Übernahme der Sportwelt GmbH als unvertretbares Risikogeschäft und somit als pflichtwidrig i. S. d. § 266 Abs. 1 Alt. 2 StGB anzusehen sei. Allerdings entgegnet der 1. Strafsenat, dass es sich bei der Entscheidung zur Übernahme eines anderen Unternehmens zwar durchaus um eine von Prognosen abhängige und insoweit risikoreiche Entscheidung handele. Der hiermit verbundene Abwägungsvorgang wird aber jedenfalls dann vertretbar und insoweit nicht pflichtwidrig i. S. d. § 266 Abs. 1 Alt. 2 StGB vorgenommen, soweit dieser auf dem Boden einer durch „Analyse der Chancen und Risiken" ermittelter „breiten Entscheidungsgrundlage" erfolgt. Dem sei der A nachgekommen, etwa indem er sich umfassend mit den spezifischen Risiken des Geschäftsfelds der Sportwelt GmbH (Bsp.: Abhängigkeit des unternehmerischen Erfolgs von den sportlichen Leistungen der Vereine) durch die Vornahme interner und externer Risikoanalysen (sog. due diligence) auseinandergesetzt habe und sich auch mit dem Aufsichtsrat der Kinowelt AG abstimmte. „Eine weiter reichende, bis ins Einzelne gehende und nur mit hohem Aufwand zu erstellende Abschätzung des Geschäftsverlaufs" sei „von ihm nicht zu verlangen".

Die Wirksamkeit einer Einwilligung ist nach den Grundsätzen der rechtfertigenden Einwilligung zu beurteilen, sodass es zu Ausnahmen von der tatbestandsausschließenden Wirkung kommen kann. Hinsichtlich einer konkret erteilten Einwilligung sind insbesondere folgende Kriterien von entscheidender Bedeutung:

(1) Einwilligungsfähigkeit
(2) Rechtmäßigkeit der Einwilligung (also weder gesetzeswidrig noch pflichtwidrig)
(3) Autonome Entscheidung des Vermögensinhabers (ist bei Willensmängeln ausgeschlossen)

Die Bewertung, ob sich der Täter im Rahmen des rechtlichen Dürfens im Innenverhältnis bewegt, ist im Zweifelsfall immer einzelfallabhängig vorzunehmen (*Fischer*, StGB § 266 Rn. 92).

2. Kredituntreue

Ein Spezialfall des Risikogeschäfts ist die Kredituntreue. Die Gewährung eines Kredits ist für die Bank stets risikobehaftet. Das zentrale Risiko ist natürlich die Rückzahlung des ausgereichten Kredits. Um dieses zu kompensieren, sind Banken i. d. R. intern verpflichtet, sog. „**Sicherheiten**" zu bestellen, also etwa Pfandrechte oder Vorbehalts- bzw. Sicherungseigentum sowie Bürgschaften, um bei einem möglichen Zahlungsausfall keinen Schaden zu erleiden. Daher können sich Bankangestellte durch pflichtwidrige Gewährung eines Kredits zum Nachteil des betreffenden Kreditinstituts der Untreue strafbar machen. Sie können aber auch eine Pflichtverletzung begehen, wenn unzureichende Sicherheiten akzeptiert werden. In der Praxis tritt das Problem relativ häufig bei Kunden mit hohem Kreditrahmen und diversen Krediten auf, alternativ bei solchen Krediten bei denen aufgrund relativ geringer Höhe auf die Sicherheitenbestellung kein großer Wert gelegt wird, etwa um den Abwicklungsaufwand zu vermeiden.

Für (Bank-)Geschäfte, die dem KWG unterfallen, gilt in diesem Zusammenhang nach der Rechtsprechung des BGH, dass „für die Pflichtverletzung im Sinne des Missbrauchstatbestands des § 266 StGB bei einer Kreditvergabe [...] maßgebend (ist), ob die Entscheidungsträger bei der Kreditvergabe ihre banktypische **Informations- und Prüfungspflicht** bezüglich der wirtschaftlichen Verhältnisse des Kreditnehmers gravierend verletzt haben. Aus der Verletzung der in § 18 Abs. 1 KWG normierten Pflicht zum Verlangen nach Offenlegung der wirtschaftlichen Verhältnisse können sich Anhaltspunkte dafür ergeben, dass der banküblichen Informations- und Prüfungspflicht nicht ausreichend Genüge getan wurde." (BGHSt 47, 148; Fortführung von BGHSt 46, 30).

Fraglich ist aber, ob sich aus der Verletzung des § 18 Abs. 1 S. 1 KWG zwingend eine Verletzung der Vermögensbetreuungspflicht ergibt. Nach Auffassung der Rspr. können sich aus der Nichtbeachtung oder Verletzung der Vorschrift des § 18 Abs. 1 S. 1 KWG nur Anhaltspunkte dafür ergeben, dass dieser Informations- und Prüfungspflicht nicht ausreichend Genüge getan wurde (BGHSt 46, 30, 32): „Die Informationspflichten, deren Vernachlässigung eine Pflichtwidrigkeit im Sinne des Untreuetatbestands begründen, und die Pflicht zum Verlangen nach **Offenlegung der wirtschaftlichen Verhältnisse** nach § 18 KWG sind [damit] zwar nicht vollständig deckungsgleich [...]. Gravierende Verstöße gegen die bankübliche Informations- und Prüfpflicht begründen aber eine Pflichtwidrigkeit im Sinne des Missbrauchstatbestandes des § 266 StGB." (BGHSt 47, 148, 150). Häufig finden sich allerdings die Konkretisierungen der „Pflichten eines ordentlichen Bankkaufmanns", die sich aus § 18 KWG ergeben, in internen Betriebsanweisungen oder auch in den konkreten Arbeitsverträgen (vgl. Schönke/Schröder/*Perron*, § 266 Rn. 20a).

Anhaltspunkte für ein Fehlen der „Ordnungsmäßigkeit des Abwägungsvorgangs", mithin einer unzureichenden Risikoprüfung sind (Vgl. BGH NJW 2000, 2364, 2365):

(1) die Vernachlässigung von Informationspflichten,
(2) das Fehlen der erforderlichen Befugnis bei dem betreffenden Entscheidungsträger,

(3) unrichtige/unvollständige Angaben gegenüber mitverantwortlichen bzw. zur Aufsicht befugten Personen im Zusammenhang mit der Kreditvergabe,
(4) die Nichteinhaltung der vorgegebenen Zwecke,
(5) die Überschreitung der Höchstkreditgrenze,
(6) eigennütziges Handeln der Entscheidungsträger.

Eine Pflichtverletzung kann auch etwa durch die Vereinbarung eines bzgl. des eingeganenen Risikos relativ zu niedrigen Zinssatzes begründet werden (Schönke/Schröder/*Perron*, § 266 Rn. 20a).

Zu beachten ist dabei aber, dass nur derjenige Täter einer Untreue sein kann, dem eine entsprechende Vermögensbetreuungspflicht obliegt. Sofern bspw. einem Kreditsachbearbeiter kein eigenständiger Entscheidungsspielraum zugestanden ist (*Wittig*, Wirtschaftsstrafrecht, § 20 Rn. 57), kommt lediglich eine Teilnahmestrafbarkeit in Betracht.

Der Vermögensnachteil stellt sich regelmäßig als Ausfall des späteren Kredits dar. Dieser kann sich aber auch schon als Gefährdungsschaden zeigen. Ein (noch) weitgehender Risikoschaden ist jedoch nur in solchen Fällen anzunehmen, in denen ein objektiver, vom Markt als solcher eingestufter (und nicht nur ein durch eine Abweichung von der willkürlichen Risikovorgabe des Geschäftsherrn gekennzeichneter) Schaden vorliegt (Instruktiv zum Begriff des Risikoschadens *Nack*, NJW 1980, 1599, 1601 f.).

Finanzmarktkrise 2007 – Vergabe sog. Subprime-Kredite
Ein anschauliches Beispiel für einen derartig objektivierbaren Risikoschaden bilden etwa die als „Baustein" der Finanzmarktkrise 2007 ausgegebenen hypothekenbesicherten Darlehen in den USA im sog. „Subprime"-Segment. Diese zeichneten sich dadurch aus, dass sie – zu einem entsprechend hohen Zinssatz – an Schuldner zur Finanzierung eines Immobilienerwerbs ausgegeben wurden, die nur über eine geringe Bonität verfügten. In Extremfällen wiesen diese Personen weder einen Arbeitsplatz, noch ein sonstiges geregeltes Einkommen oder andere Real- oder Personalkreditsicherheiten auf. Dies brachte den Darlehensverträgen auch den Titel sog. „NINJA-Kredite" (no income – no job – no asset) ein. Wirtschaftlich gründete sich die Hoffnung auf eine Darlehensrückzahlung nebst Zinsen einzig auf die Aussicht, dass der Preis der zur Sicherung der Rückzahlungsverpflichtung hypothekenbelasteten (bebauten) Grundstücke einzig steigen oder zumindest stabil bleiben würde.

Indes fielen die USA ausgehend vom Jahr 2005 zusehends in eine wirtschaftliche Rezession. Hierdurch wurde es zahlreichen sich in nun wirtschaftlich noch prekärerer Lage befindlichen Darlehensnehmern zusehends schwieriger ihre Verbindlichkeiten aus den Darlehensverträgen zu bedienen. In der Folge trat im Hinblick auf die zur Darlehenssicherung bestellten Hypotheken massenhaft der Sicherungsfall ein, sodass diese im Wege der Zwangsversteigerung zur Befriedigung der Darlehensgeber veräußert wurden. Dieses plötz-

B. Einzelne Problemfelder der Untreue 121

liche Überangebot an Immobilien führte zu einem Einbruch der Immobilienpreise und ließ folglich den Wert der Kreditsicherheiten ggü. dem Zeitpunkt ihrer Bestellung ganz erheblich sinken. Faktisch sahen sich die Darlehensgeber damit wirtschaftlich nicht mehr durchsetzbaren Forderungen ausgesetzt.

Globale Ausmaße erlangte dieser „Teufelkreis" durch die Tatsache, dass eben diese Darlehensforderungen gebündelt und verbrieft zum Gegenstand des globalen Wertpapierhandels gemacht wurden. Für die Erwerber dieser Wertpapiere war eine abschließende Risikobewertung dabei insoweit mit Schwierigkeiten behaftet, als dass diese durch Ratingagenturen mit Bestnoten ausgezeichnet wurden.

III. Faktischer Geschäftsführer

Wird die Geschäftsführung durch eine unwirksam bestellte oder andere als durch die kraft Bestellung wirksam berufene Person geführt, ist streitig, ob auch dieser sog. faktische Geschäftsführer **tauglicher Täter** des Sonderdelikts der Untreue sein kann (vgl. Roth/Altmeppen/*Altmeppen*, GmbHG, § 84 Rn. 4; zur Figur des faktischen Geschäftsührers allgemein *Dierlamm*, NStZ 1996, 153).

Nach überwiegender Ansicht wird die Figur des faktischen Geschäftsführers zivilrechtsakzessorisch auf das Strafrecht übertragen (Baumbach/Hueck/*Beurskens*, GmbHG, § 6 Rn. 78 f.). Danach wird auch der faktische Geschäftsführer wie ein ordnungsgemäß bestellter behandelt. Entscheidend ist, dass der faktische Geschäftsführer mit Billigung der Gesellschafter tätig wird. In den Fällen, in denen nicht nur ein Mangel in der Organbestellung besteht, sondern der faktische Geschäftsführer neben einem bestellten Organwalter agiert, muss dieser zudem eine „überragende Stellung" einnehmen (BGH NJW 1983, 240; NJW 2000, 2285, 2286 m. w. N.; Roth/Altmeppen/*Altmeppen*, GmbHG, § 84 Rn. 6).

Die erforderliche und infrage stehende Vermögensbetreuungspflicht kann folglich angenommen werden, wenn der faktische Geschäftsführer jedenfalls einen wesentlichen Einfluss auf die Geschäftsführung ausübt. Dies ist dann gegeben, wenn er die Geschicke der Gesellschaft durch eigenes Handeln im Außenverhältnis, das die Tätigkeit eines Geschäftsführers prägt, maßgeblich in die Hand genommen hat (Vgl. BGH NJW 1988, 1789, 1790; Roth/Altmeppen/*Altmeppen*, GmbHG, § 43 Rn. 101).

Die Gegenansicht verweist hingegen darauf, dass die Geschäftsführerstellung ein besonderes persönliches Merkmal i. S. d. § 14 StGB darstelle. Ungeachtet des § 14 Abs. 3 StGB wäre danach zumindest der neben dem wirksam bestellten Organwalter tätige (faktische) Geschäftsführer entgegen der Auffassung der Rspr. nicht erfasst (vgl. Schönke/Schröder/*Perron/Eisele* § 14 Rn. 43a). Die Figur des faktischen Geschäftsführers verstößt nach dieser Ansicht gegen das verfassungsrechtliche Analogieverbot aus Art. 103 Abs. 2 GG.

Dabei bleibt jedoch unberücksichtigt, dass bei der Untreue im Unterschied zu der Fragestellung i. V. m. § 14 StGB das Vorliegen einer Vermögensbetreuungspflicht entscheidend ist, die aus unterschiedlichen Gründen entstehen kann. Es geht hier gerade nicht um die formale Stellung als Geschäftsführer, sondern um die rein tatsächliche Stellung und das Wirken des Handelnden.

Die Rückkehr des A
Der A war Geschäftsführer der in der Baubranche tätigen X-GmbH. Im Zusammenhang mit der Vergabe zinsloser Darlehen an Geschäftsfreunde durch die X-GmbH, die mangels Bestellung von Personal- oder Realsicherheiten risikoreich waren, wurde dieser im Jahr 2018 rechtskräftig wegen Untreue zu einer Freiheitsstrafe von einem Jahr und fünf Monaten verurteilt, deren Vollstreckung zur Bewährung ausgesetzt wurde. Nachdem sich A eine zweijährige Auszeit vom Geschäftsleben gegönnt hatte, wollte er ab dem Sommer 2020 wieder in der Baubranche tätig werden. Allerdings war ihm bewusst, dass einer erneuten Bestellung als Geschäftsführer seine rechtskräftige Verurteilung aus dem Jahr 2018 gem. § 6 Abs. 2 S. 2 Nr. 3 lit. e) Alt. 2 GmbHG entgegenstehen würde. Daher überzeugte er seinen geschäftlich unerfahrenen Freund Y, sich zum Geschäftsführer der zu gründenden Z-GmbH bestellen zu lassen, sowie neben A die Hälfte der Gesellschaftsanteile zu übernehmen. Zwar sollte Y für seine Position als „Strohmann" eine Vergütung erhalten. A und Y vereinbarten allerdings untereinander, dass Y gegenüber A vollständig hinsichtlich der Geschäftsführung der Z-GmbH weisungsgebunden sein sollte. Ferner trat A auch gegenüber seinen früheren Geschäftsfreunden umfassend für die Z-GmbH auf. Eigene Entscheidungsbefunisse sollten hingegen dem Y nicht zukommen.

Mit dem oben gesagten lässt sich eine Vermögensbetreuungspflicht des A hier zwar nicht bereits aus der formalen Stellung als Geschäftsführer der Z-GmbH und den hiermit einhergehenden Befugnissen im Hinblick auf das Gesellschaftsvermögen ableiten. Allerdings kann dieser rein faktisch durch die Vereinbarung mit Y und sein Auftreten für die Z-GmbH gegenüber Dritten auf das Vermögen der Z-GmbH „wie ein Geschäftsführer" einwirken. Jedenfalls aus dieser Perspektive kommt ihm damit eine Vermögensbetreuungspflicht i. R. d. § 266 StGB zu.

Auch für den lediglich als „Strohmann" agierenden Y tendiert eine verbreitete Auffassung in der Literatur für die Anerkennung einer Vermögensbetreuungspflicht im Verhältnis zur Gesellschaft (LK/*Schünemann*, § 266 Rn. 246; *Siegmann/Vogel*, ZIP 1994, 1821). Insoweit wirkt sich die faktische Betrachtung, die noch zur Begründung der Vermögensbetreuungspflicht des faktischen Geschäftsführers A geführt hatte, nicht zugleich entlastend für den Y aus. Dabei lässt sich zwar sagen, dass dem Y auf dem Boden des Gesellschaftsrechts (vgl. §§ 31 ff. GmbHG) formal klar solche Befugnisse zukommen, aus denen sich die für den Untreuetatbestand typische Hilflosigkeit des

Vermögensinhabers gegenüber seinem Vermögensverwalter ergibt. Wird allerdings der Einzelfall des Y in den Blick genommen, so kommen ihm derartige Befugnisse gerade ganz tatsächlich nicht zu. Bedenkt man, dass der Untreuetatbestand im Gegensatz etwa zu Tatbeständen des Insolvenzstrafrechts (§§ 283 ff. StGB i. V. m. § 14 Abs. 1 GmbHG) eben nicht ausdrücklich an eine formale Stellung etwa als Organ einer Kapitalgesellschaft anknüpft, so erscheint es systematisch überzeugender die Vermögensbetreuungspflicht konsequent sowohl zu Lasten des faktischen Geschäftsführers als auch zu Gunsten des faktischen „Nicht-Geschäftsführers" (Begriff nach: *Sahan/Altenburg*, NZWiSt 2018, 161) bzw. Strohmanns an Hand der faktischen Handlungsmöglichkeiten zu bestimmen. Es erscheint insoweit überzeugender, dem Y entgegen der verbreiteten Literaturauffassung eine Vermögensbetreuungspflicht abzusprechen (vgl. auch Maurach/Schroeder/Maiwald/Hoyer/Momsen, § 45 Rn. 59; Schönke/Schröder/*Perron*, § 266 Rn. 33; *Sahan*, in: FS I. Roxin, 295; *Sahan/Altenburg*, NZWiSt 2018, 161; Achenbach/Ransiek/Rönnau/*Seier*, Hdb. Wirtschaftsstrafrecht, Teil 5 Kap. 2 Rn. 317).

IV. „Schwarze Kassen"

Bestehen in einem Unternehmen oder in einer staatlichen Einrichtung Gelder, die entgegen einer ordentlichen Haushaltsführung einem nur einem beschränkten Personenkreis zugänglichen Sondervermögen zugeführt worden sind, so spricht man von sog. verdeckten bzw. schwarzen Kassen.[21] Diese wurden häufig zur Vorbereitung oder Durchführung von korruptiven Verhaltensweisen installiert.

Bzgl. der Untreue stellen sich im Zusammenhangen mit solchen schwarzen Kassen verschiedene Fragen. Zum einen ist zu prüfen, inwiefern durch ihre Einrichtung oder Unterhaltung eine Pflichtverletzung begangen wird. Zum anderen stellt sich die Frage nach dem Eintritt eines Vermögensschadens.

Die Strafbarkeit der Bildung solcher Kassen begründet sich mit Blick auf die Tathandlung (ausführlich zur Pflichtverletzung durch Einrichtung schwarzer Kassen: *Rönnau*, in: FS Tiedemann, 2008, 713, 716 ff.) darin, dass diese Gelder unter Verstoß gegen die Buchführungspflichten durch das Unterlassen der Offenbarung und ordnungsgemäßen Verbuchung der Geldmittel auf besondere Konten ausgesondert werden, um über diese unkontrolliert verfügen zu können (BGH CCZ 2009, 38; NJW 2010, 3458; *Jahn*, JuS 2009, 173). Der Schwerpunkt der Vorwerfbarkeit liegt hier also im Unterlassen der Einhaltung der Buchführungspflichten. Dabei kommt es nicht darauf an, dass in der Regel geplant ist, die Gelder später im Interesse des Unternehmens einzusetzen (BGH CCZ 2009, 38).

---

[21] Momsen/Grützner/*Schramm*, Hdb Wirtschafts- und Steuerstrafrecht, § 19 Rn. 142 ff. m. w. N.; vgl. auch Schönke/Schröder/*Perron*, § 266 Rn. 35a, 45c; BGH NStZ 2018, 105, 108 abzugrenzen von den Fällen, in denen ein „Schwarzbestand" an Gegenständen besteht, der den zuständigen Gremien nicht bekannt ist, für sich jedenfalls dann keine relevante Vermögensminderung darstellt, wenn sich die Gremien die Kenntnis, etwa durch eine Inventur, verschaffen können.

Sofern die schwarze Kasse bereits eingerichtet ist, der Vermögensbetreuungspflichtige aber erst später von ihr erfährt, hat er die Pflicht, diese aufzulösen.

Es stellt sich die Frage, ob und in welchem Umfang das Einrichten, Verwalten und Nutzen von schwarzen Kassen strafbar ist, wenn insbesondere dem Treugeber durch das Verhalten des mutmaßlichen Untreuetäters zunächst eigentlich kein **Vermögensnachteil**, sondern vielmehr ein -vorteil entstanden ist.

BGHSt 52, 323[22] – Siemens
Der Geschäftsbereich „Siemens Power Generation" (Siemens PG) war Teil des Gesamtkonzerns der Siemens AG und wurde in den Jahren 1991 bis 2004 durch den leitenden Angestellten K in der Funktion des „Bereichsvorstands" geführt. Ihm oblag als unmittelbar dem Konzernvorstand unterstellter „Bereichsvorstand" die kaufmännische Leitung des Geschäftsbereichs. Im Besonderen war hiervon die Verantwortung für das Controlling, die Betriebswirtschaft, sonstige zentrale Aufgaben, das Personal und die Revision umfasst. K war autorisiert, Zahlungen in unbegrenzter Höhe zu tätigen. Im Übrigen war es auch seine Aufgabe, Compliance-Vorschriften für seinen Geschäftsbereich umzusetzen.

Ungeachtet dessen existierte im Geschäftsbereich der Siemens PG ein etabliertes System zur Leistung von Bestechungsgeldern. Dieses nur innerhalb des Geschäftsbereichs der Siemens PG bekannte System setzte sich aus verschiedenen liechtensteinischen Konten, die durch unterschiedliche (fingierte) Unternehmen bzw. Stiftungen geführt wurden, zusammen. Die auf diesen Konten hinterlegten Gelder fanden in Kenntnis des K keine Berücksichtigung in der offiziellen Buchhaltung der Siemens PG. Für die Verwaltung und Verteilung dieser Gelder wurde eigens V als freier Mitarbeiter bzw. Berater im Geschäftsbereich Siemens PG beschäftigt.

Im Jahr 1998 erfolgte zu dem bereits bestehenden Kontensystem die Integration einer weiteren verdeckten Kasse. Diese stammte aus der früheren KWU AG, die durch die Siemens AG übernommen und sodann dem Geschäftsbereich der Siemens PG unterstellt wurde. Durch den ehemaligen Verwalter dieser Kasse in Kenntnis gesetzt, entschied K, auch diese Kasse der offiziellen Buchhaltung der Siemens PG zu entziehen und sie durch V in das bisherige Verwaltungssystem für Geldvermögen zur Leistung von „nützlichen Aufwendungen" einzugliedern.

Nachdem Enelpower S.p.A. von ENEL Produzione S.p.A. beauftragt wurde, in einer ihrer Stromerzeugungsanlagen den Einbau von Gasturbinen vorzunehmen, schrieb erstere im Jahr 1999 europaweit einen Auftrag zur Lieferung derartiger Gasturbinen aus. Als einziger deutscher Wettbewerber gab

---

[22] http://juris.bundesgerichtshof.de/cgi-bin/rechtsprechung/document.py?Gericht=bgh&Art=en&sid=8df21bf24c41df8c2b70e7961ff53c47&nr=45994&pos=1&anz=2, zuletzt abgerufen am 24.11.2021.

B. Einzelne Problemfelder der Untreue

Siemens PG ein Angebot ab. Anlässlich dieses Angebots gab Cr., Geschäftsführer der ENEL Produzione S.p.A., V zu verstehen, dass bei entsprechender „Schmiergeldzahlung" die Siemens PG den Zuschlag zur Lieferung der Gasturbinen erhalten könne. In dem folgenden Gespräch waren neben Cr. und V zudem Gi., geschäftsführendes Mitglied des Verwaltungsrates der Enelpower S.p.A., sowie der Zeuge B, zuständiger Leiter des Geschäftsbereichs Siemens PG für Italien, anwesend. In dieser Runde einigte man sich unter Kenntnis und Billigung von K auf eine Zahlung von insgesamt 2,65 Mio. EUR von Siemens PG an Cr. und Gi. zur Erlangung des Auftrags i. H. v. 132,5 Mio. EUR.

Im Juni 2000 schrieb Enelpower S.p.A. erneut im Auftrag von ENEL Produzione S.p.A. eine Lieferung von Gasturbinen europaweit aus. Auch hierfür gab Siemens PG als einziger deutscher Wettbewerber ein Angebot ab. Wiederholt kam es zu Absprachen über Schmiergeldzahlungen an Cr. und Gi. V veranlasste daraufhin mit erneuter Zustimmung von K Zahlungen i. H. v. knapp 3 Mio. EUR sowie 500.000 US-Dollar. Zurückgegriffen wurde hierbei auf die Vermögenswerte, die der verdeckten Kasse der früheren KWU AG entstammten. Siemens PG erhielt mithin auch für diese Ausschreibung den Zuschlag über das Auftragsvolumen von nunmehr 205,6 Mio. EUR.

Im Ergebnis erzielte die Siemens AG mit diesen Aufträgen einen Gesamtgewinn i. H. v. 103,8 Mio. EUR vor Steuerabzug.

Der leitende Angestellte K könnte sich mit dem Einrichten, Verwalten und Nutzen der schwarzen Kassen gem. § 266 StGB zulasten der Siemens PG strafbar gemacht haben.

Da es hinsichtlich der Vermögenswerte in den schwarzen Kassen an einer wirksamen Verpflichtungs- bzw. Verfügungsbefugnis fehlt, ist die Missbrauchsalternative i. S. d. § 266 Abs. 1 Alt. 1 StGB tatbestandlich ausgeschlossen. Jedoch könnte der Treubruchstatbestand nach § 266 Abs. 1 Alt. 2 StGB durch K erfüllt worden sein.

K ist Bereichsvorstands der Siemens PG und trägt in dieser Position die kaufmännische Leitung des Geschäftsbereichs. In dieser Funktion ist K umfassend vermögensbetreuungspflichtig gegenüber der (Konzern-)Muttergesellschaft, der Siemens AG.

K müsste aber diese Vermögensbetreuungspflicht auch verletzt haben. Entgegen der landgerichtlichen Entscheidung sieht der BGH nicht erst in der (kompensationslosen) Zahlung der „Schmiergelder", sondern bereits in dem Einrichten und Verwalten der schwarzen Kassen eine Verletzung des Kernbereichs der kaufmännischen Leitung. Richtig wäre es gewesen, die betreffenden Vermögenswerte bilanziell als Aktiva der Siemens PG zu verbuchen. Durch die systematische Einrichtung und Verwaltung mithilfe ausländischer Konten entzog K hingegen der Siemens PG sowie insbesondere der Siemens AG jegliche Verfügungshoheit über die ihr zustehenden Gelder und konnte fortan unter Ausschluss der Muttergesellschaft nach eigenem Ermessen über diese verfügen. Damit verletzte er seine Vermögensbetreuungspflicht. Das spätere Verwenden der eingerichteten schwarzen Kassen, also die Zahlung von Bestechungsgeldern, entfalte nach Ansicht der Rspr. lediglich eine schadensvertiefende Wirkung.

Die Pflichtwidrigkeit des Verhaltens des K könnte bei Vorliegen einer unternehmensinternen wirksamen Einwilligung entfallen. An einer solchen fehlt es hier aber. Nicht zuletzt sprechen auch die durch K bereits im Jahre 1999 umgesetzten Compliance-Vorschriften, die ausdrücklich schon Zahlungen unter der Schwelle einer etwaigen strafrechtlichen Verantwortung untersagen, gegen eine interne Einwilligung. Darüber hinaus entbehrt auch die Behauptung, dass unternehmensintern eine Nichtbeachtung dieser Vorschriften – wie es die Verteidigung vortrug – gebilligt wurde, jedweder Nachweisbarkeit. Mithin hat K die ihm obliegende Vermögensbetreuungspflicht pflichtwidrig verletzt.

Zudem bedarf es eines Vermögensnachteils: Die Siemens AG konnte aufgrund der getätigten Bestechungszahlungen einen erheblichen Gesamtgewinn erwirtschaften. Das Landgericht sah aber in der Zahlung der Bestechungsgelder zumindest eine „schadensgleiche Vermögensgefährdung" und somit einen Vermögensnachteil zulasten der Treugeberin i. S. d. § 266 Abs. 1 Alt. 1 StGB. Der BGH verwarf diese Auffassung und nahm angesichts des dauerhaften Entzugs der Vermögenswerte aus der Einflusssphäre der Siemens AG und der damit verbundenen alleinigen Verfügungsmacht im eigenen Ermessen des K gar den Eintritt eines endgültigen Vermögensschadens an. Unberücksichtigt konnte in diesem Zusammenhang bleiben, dass die Bestechungsleistungen einem „nützlichen" Zweck zugeführt werden sollten, da die geplante Zweckerreichung stets auch hochgradig risikobelastet war.

Ferner könne es nicht auf das möglicherweise vorteilhafte wirtschaftliche Ergebnis ankommen, wenn zuvor nur eine vage Chance auf die erwünschte Zweckerzielung bestand. Da es im Zeitpunkt der vermögenswirksamen Entziehung der Gelder für „nützliche Aufwendungen" zur Erlangung zukünftiger Aufträge an einer unmittelbaren schadensverhindernden Kompensation fehlte, erachtet der BGH die später herbeigeführten Vertragsabschlüsse zugunsten der Siemens AG nur als mittelbare Folge und damit als unbedeutend.

Der Siemens AG ist ein Vermögensnachteil in der Höhe der Vermögenswerte in den verdeckten Kassen entstanden, sodass sich K gem. § 266 Abs. 1 Alt. 2 StGB strafbar gemacht hat.

Auch für den Tatbestand der Untreue gilt nach überwiegender Ansicht grundsätzlich, dass ein **Vermögensnachteil** nicht erst in der Realisierung eines (tatsächlichen) Verlustes, sondern bereits in einem Gefährdungsschaden[23] (vgl. auch unter unter § 5 A. IV. 2) bestehen kann (*Fischer*, § 266 Rn. 150 m. w. N.).

---

[23] Insbesondere in früherer Rechtsprechung häufig terminologisch ungenau als „schadensgleiche Vermögensgefährdung" bezeichnet.

Der bereits durch die Errichtung der schwarzen Kasse eingetretene Schaden liegt darin, dass nur noch der Vermögensbetreuungspflichtige (oder ein Dritter) auf das Vermögen zugreifen kann, nicht aber der Treugeber. Mithin führt „das pflichtwidrige Entziehen und Vorenthalten erheblicher Vermögenswerte unter Einrichtung einer treuhänderisch verwalteten „schwarzen Kasse" durch Verantwortliche einer politischen Partei [...] auch dann zu einem Nachteil i. S. von § 266 Abs. 1 StGB, wenn durch Einsatz der vorenthaltenen Mittel unter Umgehung der satzungsgemäßen Organe politische oder sonstige Zwecke der Partei nach dem Gutdünken des Täters gefördert werden sollen." (BGH NJW 2007, 1760).

Einer anderen Ansicht zufolge stellt die Bildung einer schwarzen Kasse für sich genommen dann noch keinen Vermögensnachteil dar, wenn der Täter die Vermögenseinbuße durch bereitgehaltene Mittel kompensieren könne (*Satzger*, NStZ 2009, 297, 302 f.). Andere wiederum verneinen den Schaden, wenn die Mittel im Interesse des Unternehmens eingesetzt werden sollen (*Saliger*, NStZ 2007, 545, 547).

Nachdem der BGH damit in dem Einrichten, Verwalten und Nutzen von schwarzen Kassen zunächst eine sog. **schadensgleiche Vermögensgefährdung** gesehen hat (vgl. BGH NJW 2007, 1760) ging er in BGH CCZ 2009, 38 – Siemens insofern weiter, wonach „[...] schon das Entziehen und Vorenthalten erheblicher Vermögenswerte unter Einrichtung von verdeckten Kassen durch leitende Angestellte eines Wirtschaftsunternehmens [...] zu einem **endgültigen Nachteil** im Sinne von § 266 I StGB [führt]". Denn auch die Dispositionsfreiheit des Vermögensinhabers sei als faktische Möglichkeit der Disposition durch den Untreuetatbestand geschützt (BGH CCZ 2009, 38, 39; *Fischer*, StGB § 266 Rn. 139). Auf die Absicht, das Geld im wirtschaftlichen Interesse des Treugebers zu verwenden, kommt es dabei nicht an.

Die Verwendung der Gelder soll aber jedenfalls dann keinen Schaden (bzw. eine Schadensvertiefung) herbeiführen, wenn die Mittel lediglich zur Erfüllung von Aufgaben verwendet werden, für die das Unternehmen ansonsten ohnehin finanzielle Mittel aufbringen muss (vgl. auch BGH NJW 1995, 603, 605; *Wittig*, Wirtschaftsstrafrecht, § 20 Rn. 184).

V. „Kick-back" Zahlungen

Sog. Kick-backs sind Absprachen zwischen einem Treupflichtigen und dem künftigen Vertragspartner eines Unternehmens (Treugeber und Geschäftsherrn), die die Zahlung von Provisionen oder **Anerkennungshonoraren** in Form von Rückzahlungen zum Gegenstand haben. Als Gegenleistung für bestimmte Geschäftshandlungen, wie bspw. das Hinwirken auf einen Vertragsabschluss, wird dem Zuwendungsempfänger (Treupflichtigen) eine Rückvergütung gezahlt, die sich regelmäßig aus einem entsprechend **überhöht vereinbarten Preis** amortisiert und damit zulasten des Geschäftsherrn (Treugebers) des Zuwendungsempfängers geht.[24]

---

[24] Zum Begriff MüKo-StGB/*Dierlamm/Becker*, § 266 Rn. 307; *Schünemann*, NStZ 2006, 196, 199 ff.; die weiteren Ausführungen folgen im Wesentlichen Momsen/Grützner/*Schramm*, Hdb Wirtschafts- und Steuerstrafrecht, § 19 Rn. 147 f.

Zivilrechtlich betrachtet sind solche Abreden wegen § 134 BGB nichtig, da sie gegen § 299 Abs. 1 StGB verstoßen, der ein Verbotsgesetz darstellt. Der Hauptvertrag bleibt von dieser Nichtigkeit unberührt (BGH NJW 1999, 2266). Allerdings liegt aufgrund des Zusammenwirkens zum Nachteil des Vermögensinhabers eine Nichtigkeit nach § 138 BGB (**Kollusion**) vor (BGH NJW 2006, 925, 930). Mangels wirksamen Rechtsgeschäfts im Außenverhältnis scheidet die Missbrauchsvariante aus; Kick-back-Zahlungen unterfallen daher dem Treuebruchstatbestand (*Wittig*, Wirtschaftsstrafrecht, § 20 Rn. 39).

Steht fest, dass die vom Dritten erbrachte Leistung zu einem Preis erlangt wurde, der um die Kick-back-Zahlung er- und damit überhöht war, so stellt dies einen **Vermögensnachteil** dar (BGH NJW 1983, 1807, 1808; NJW 2001, 3718 für einen Betrugsschaden; NJW 2002, 2801, 2802; NJW 2005, 300, 305; NJW 2006, 925; *Fischer*, StGB § 266 Rn. 118). In diesem Fall ist davon auszugehen, dass der Geschäftspartner den Betrag, den er für die Kick-back-Zahlung aufwenden muss, in Form eines Preisnachlasses dem Geschäftsherrn des Empfängers hätte gewähren können (BGH NJW 2009, 3248, 3251). Zum einen muss der Treugeber dann mehr Mittel einsetzen, als es zur Verfolgung des Zwecks nötig gewesen wäre. Zum anderen entspricht die vom Dritten erbrachte Leistung nicht dem Gegenwert, so dass auch unter ökonomischen Gesichtspunkten ein Vermögensschaden zu bejahen ist. Hinsichtlich der Schadenshöhe bei Bestechung im geschäftlichen Verkehr praktiziert die Rechtsprechung folgende **Berechnungsmethode**: Der auf den Preis aufgeschlagene Betrag, der lediglich der Finanzierung der Kick-back-Zahlung dient, bildet regelmäßig die Mindestsumme des beim Auftraggeber entstandenen Vermögensnachteils i. S. v. § 266 Abs. 1 StGB (BGH NJW 2009, 3248, 3251).

Sind die gegenseitig erbrachten Leistungen nach marktüblichen Kriterien wirtschaftlich angemessen, spricht dies gegen einen Vermögensschaden (vgl. auch BGH NStZ-RR 2005, 343, 344).

Aus der Vereinbarung einer Kick-back-Zahlung kann nicht automatisch oder regelmäßig auf einen Vermögensnachteil bei dem zu betreuenden Vermögen geschlossen werden. Die Rechtsprechung tendiert jedoch zu einer solchen **Beweisregel**. Die Kick-back-Zahlungen seien „zwingende Beweisanzeichen" dafür, dass der ohne Preisabsprache erzielbare Preis den tatsächlich vereinbarten Preis unterschritten hätte (BGH NJW 2009, 3248, 3251). Dies mag im Regelfall faktisch so sein. Doch muss auch hier der „in dubio pro reo"-Grundsatz gelten und der Schaden positiv nachgewiesen werden. Es ist durchaus denkbar, dass derjenige, der den Vorteil gewährt, bewusst zu einer solchen selbstschädigenden Maßnahme greift, etwa, weil er die Geldzahlung anderweitig – etwa über den erzielten Gewinn – finanzieren kann, weil er – aus welchen Gründen auch immer (etwa um einen „Fuß in die Türe zu bekommen") – „um jeden Preis" mit dem Treugeber ins Geschäft kommen will oder weil er dem Treunehmer mit der Provision einen Gefallen erweisen möchte.

Der Treunehmer ist zwar ohnehin dazu verpflichtet, die erhaltene Kick-back-Zahlung nach § 667 BGB an den Treugeber als Geschäftsherrn herauszugeben. Die Nichtabführung dieses Betrags fällt jedoch nicht unter § 266 StGB, da die **Verletzung bloßer Schuldnerpflichten für sich genommen noch keine Treuepflichtverletzung** darstellt (siehe dazu das Geschäftsherrenmodell bei § 299, § 7 B. I., II. 1.).

VI. Sponsoring

Der Definition des Bundesgerichtshofs zufolge liegt sog. „klassisches Sponsoring" vor, wenn „Geld oder geldwerte Vorteile durch Unternehmen zur Förderung von Personen, Gruppen und/oder Organisationen in sportlichen, kulturellen, kirchlichen oder ähnlichen bedeutsamen gesellschaftspolitischen Bereichen vergeben, damit aber zugleich eigene unternehmensbezogene Ziele der Werbung oder Öffentlichkeitsarbeit verfolgt"[25] werden, häufig wird die Vereinbarung vertraglich fixiert.[26] Ähnliche Umschreibungen geben die für die Förderung der öffentlichen Hand formulierten Verwaltungsvorschriften des Bundes und der Länder.[27] Zugleich grenzt der BGH das Sponsoring von ohne Gegenleistung erbrachten, steuerlich absetzbaren Spenden und häufig stillschweigend erfolgendem Mäzenatentum ab (BGH NJW 2002, 1585, 1586).

Zuwendungen im Bereich des Sponsorings, etwa zur Förderung von Sport, Wissenschaft, Kunst oder sozialen Einrichtungen, werden vielfach von Kapitalgesellschaften erbracht, durch den Vorstand bzw. den Aufsichtsrat von Aktiengesellschaften veranlasst (vgl. BGHSt 47, 187 (SSV Reutlingen) m. Anm. *Beckemper*, NStZ 2002, 324; *Kuhlen*, JR 2010, 148; *Laub*, AG 2002, 308; *Sauer*, wistra 2002, 465). Sponsoring als solches ist grundsätzlich zulässig, üblich, in manchen Bereichen notwendig und gesellschaftspolitisch sowie finanzpolitisch – nicht zuletzt zur Entlastung der öffentlichen Kassen – ausdrücklich erwünscht.[28] Sponsoring kann als Imagewerbung betrachtet werden, da es das Ansehen – insbesondere wohl von Großunternehmen – steigern kann. Deshalb hat der Vorstand in diesem Bereich grundsätzlich einen weiten Ermessensspielraum. Zudem ist zu beachten, dass Sponsoringverträge grundsätzlich als gegenseitige Verträge einzustufen sind, so dass der Sponsor eine **werthaltige Gegenleistung** erlangt (*Momsen/Cherkeh*, Sciamus – Zeitschrift für Sport und Management, 3/2011, 32 ff.; *Laub*, AG 2002, 308).

Gleichwohl können solche Zuwendungen eine Untreuerelevanz gewinnen. Dies kann namentlich dann der Fall sein, wenn sie **unangemessen** sind und **intransparent** erfolgen (vgl. auch *Momsen/Cherkeh*, Sciamus – Zeitschrift für Sport und Management, 2011, 32 ff.), d. h. dann, wenn das **Spendenvolumen** angesichts der finanziellen Situation des Unternehmens zu hoch angesetzt ist, aber auch, wenn die

---

[25] BGH NJW 2002, 1585,1586; vgl. auch z. B. *Burgi/Hampe/Friedrichsmeier*, Der Rechtsrahmen des Verwaltungssponsoring, in Burgi (Hrsg.): Sponsoring der öffentlichen Hand, 2010, 71, 76 f.; zur Praxis des Sponsorings allgemein vgl. die Beiträge in Bagusat u. a. (Hrsg.), Handbuch Sponsoring, 2008.

[26] Die Ausführungen folgen im Wesentlichen Momsen/Grützner/*Voigtel*, Hdb Wirtschafts- und Steuerstrafrecht, § 32 Rn. 3.

[27] Allgemeine Verwaltungsvorschrift zur Förderung von Tätigkeiten des Bundes durch Leistungen Privater (Sponsoring, Spenden und sonstige Schenkungen), NJW 2004, 1367; dazu *M. Schröder*, NJW 2004, 1353; für Nordrhein-Westfalen z. B. Runderlass des Innenministeriums des Landes Nordrhein-Westfalen v. 26. 4. 2005 – IR 12. 2. 06 – Ziff. 4.

[28] Die Ausführungen folgen im Wesentlichen Momsen/Grützner/*Schramm*, Hdb Wirtschafts- und Steuerstrafrecht, § 19 Rn. 57.

Förderung den **Unternehmensinteressen** nicht entspricht weil bspw. der geförderte Gegenstand keinerlei Nähe zum Unternehmensgegenstand aufweist, sondern allein aus privatem Interesse eines Vorstands erfolgt, oder die interne Publizität und Zuständigkeitsverteilung nicht beachtet wurde.[29]

Sind alle diese Kriterien erfüllt, handelt es sich, zudem entsprechend den für das Unternehmensrecht geltenden Grundsätzen, zugleich um eine **gravierende Pflichtverletzung** (vgl. oben unter A. VI.). Ein Sponsoringkonzept kann darüber hinaus korruptiven Charakter i. S. d. §§ 299 ff., 331 ff. StGB erlangen (vgl. dazu unter § 8 G.; vgl. BGHSt 53, 6: EnBW-Freikarten für Fussball-WM).

„Sportliche Prämien" BGHSt 47, 187[30] (= NJW 2002, 1585)
Bestätigt wurden durch den BGH die Verurteilungen aufgrund von Zuwendungen des früheren Vorstandsvorsitzenden der SWEG, die er aus dem Vermögen des landeseigenen Verkehrsunternehmens zu Gunsten eines damals finanziell angeschlagenen Sportvereins tätigte. S, der Aufsichtsratsvorsitzender war, hatte den Verantwortlichen des Vereins versprochen, Gelder von Privaten zu beschaffen. Er veranlasste den Vorstandsvorsitzenden, ihm drei Beträge von 20.000, 15.000 und 10.000 DM aus dem Vermögen der AG zu übergeben, um diese dem Sportverein zukommen zu lassen. Der frühere Vorstandsvorsitzende vergab die Gelder, ohne die anderen Vorstandsmitglieder der SWEG an der Entscheidung zu beteiligen. Zudem verschleierte er die Zuwendungen, denn entgegen den sonstigen Gepflogenheiten wurden die Beträge bei der SWEG über eine Nebenkasse abgewickelt. Nach der Übergabe des Geldes in neutralen Briefumschlägen konnte in einem Fall der weitere Verbleib des Geldes nicht mehr festgestellt werden. In den Büchern des Sportvereins tauchten die Beträge nicht als Zuwendungen auf. Gegenüber der Hauptbuchhaltung der SWEG wurden sie jeweils wahrheitswidrig als „Zuwendung für Jugendarbeit des Sportvereins" bezeichnet.

Ein Zusammenhang zwischen den Zuwendungen und der Geschäftstätigkeit der SWEG lag nicht vor. Der Landesrechnungshof stellte später zudem fest, dass das Spendenvolumen hinsichtlich der finanziellen Lage des landeseigenen Unternehmens nicht angemessen war.

Der Bundesgerichtshof führte zur strafbaren Untreue bei unentgeltlichen Zuwendungen aus:

Vergibt der Vorstand einer AG aus deren Vermögen Zuwendungen zur Förderung von Kunst, Wissenschaft, Sozialwesen oder Sport, genügt für die Pflichtwidrigkeit im Sinne des Untreuetatbestandes des § 266 StGB nicht jede gesellschaftsrechtliche Pflichtverletzung; diese muss vielmehr gravierend

---

[29] Zu den maßgeblichen Kriterien BGH NJW 2002, 1585, 1587.
[30] http://juris.bundesgerichtshof.de/cgi-bin/rechtsprechung/document.py?Gericht=bgh&Art=en&nr=20208&pos=0&anz=1, zuletzt abgerufen am 08.04.2022.

sein. Ob eine Pflichtverletzung gravierend ist, bestimmt sich aufgrund einer Gesamtschau insbesondere der gesellschaftsrechtlichen Kriterien: fehlende Nähe zum Unternehmensgegenstand, Unangemessenheit im Hinblick auf die Ertrags- und Vermögenslage, fehlende innerbetriebliche Transparenz sowie Vorliegen sachwidriger Motive, namentlich Verfolgung rein persönlicher Präferenzen.

Jedenfalls, wenn bei der Vergabe sämtliche dieser Kriterien erfüllt sind, liegt eine Pflichtverletzung i. S. d. § 266 StGB vor. Das war bei den Spenden an den Sportverein der Fall.[31]

VII. Vertragsarztuntreue

Zu den typischen beruflichen Aufgaben von Kassenärzten (Ärzten, die das Recht und die Pflicht haben, Mitglieder einer gesetzlichen Krankenkasse zu behandeln) gehört das Verschreiben von Medikamenten. Diese werden von der Krankenkasse gezahlt. Bei der Verordnung von Arzneimitteln tritt der Arzt gegenüber dem Apotheker als Vertreter der Krankenkasse auf. Ihm obliegt insofern eine Verpflichtungsbefugnis (Schönke/Schröder/*Perron*, § 266 Rn. 8). Diese Befugnis missbraucht er, wenn er Medikamente verordnet, die nicht notwendig sind (BGH NStZ 2004, 568).

Der **Kassenarzt** hat gegenüber der Krankenkasse der Rechtsprechung zufolge zudem auch eine Vermögensbetreuungspflicht, wenn er Arzneimittel verschreibt. Dies folgt aus dem **Wirtschaftlichkeitsgebot** des § 12 Abs. 1 SGB V (BGH NJW 2016, 3253, 3254; NStZ 2004, 266, 268; BGH NStZ 2017, 32; OLG-Hamm NStZ-RR 2006, 13, 14). Einer anderen Ansicht nach kommt Vertragsärzten eine solche Pflicht nicht zu, da sie einen freien Beruf mit weitreichender Entscheidungskompetenz ausüben (*Dieners*, PharmR 2010, 613, 615 f.; *Reese*, PharmR 2006, 92, 99 f.). Das Wirtschaftlichkeitsgebot besagt, dass Versicherte nur notwendige, zweckmäßige und wirtschaftliche Leistungen beanspruchen und die Leistungserbringer nur solche Leistungen bewirken dürfen. Die Voraussetzungen einer Vermögensbetreuungspflicht sind hierbei erfüllt, weil der Vertragsarzt selbständig über die Notwendigkeit und Wirtschaftlichkeit der Behandlungsmethode entscheidet,[32] das Vermögen der Krankenkasse für ihn fremd ist und der Vertrag zwischen ihm und der Krankenkasse maßgeblich als Hauptpflicht vorsieht, dass er dem Wirtschaftlichkeitsgebot bei der Ausübung seiner ärztlichen Tätigkeit Rechnung trägt.

---

[31] Ausführlich Cherkeh/Momsen/Orth/*Vaudlet*, SportstrafR-HdB, 4. Kapitel A V.

[32] BGH NStZ 2004, 568, 569; daran hat auch die zu § 299 StGB ergangene Entscheidung BGH NJW 2012, 2530, die eine Stellung des Kassenarztes als Vertreter der Krankenkassen verneint, nichts geändert; BGH NJW 2016, 3253; *Taschke*, StV 2005, 406; Schönke/Schröder/*Perron*, § 266 Rn. 25

Einige strafwürdige Formen von Korruption im Gesundheitswesen werden vom Tatbestand des § 266 StGB nicht erfasst. So verletzt der Arzt etwa durch die Annahme von Zuführungsprämien grds. keine Vermögensbetreuungspflichten ggü. der Krankenkasse (BT-Drs. 18/6446, 12; *Momsen/Niang*, medstra 2018, 12, 18).

Kein Treueverhältnis besteht hingegen dann, wenn es um die Abrechnung ärztlicher Leistungen gegenüber der Kasse geht (LG Halle, wistra 2000, 279, 280; Lackner/Kühl/*Heger*, § 266 Rn. 12). In diesen Fällen kommt vielmehr eine Betrugsstrafbarkeit nach § 263 Abs. 1 StGB in Betracht.

Abzugrenzen ist die Vertragsarztuntreue von der **Korruption im Gesundheitswesen** nach §§ 299a f. StGB. Eine Strafbarkeit wegen Bestechlichkeit nach § 299a StGB kommt in Fällen in Betracht, in denen der Arzt eine bestimmte berufliche Handlung deswegen vornimmt, weil er dafür eine Gegenleistung erhält und seine medizinische Entscheidung aus diesem Grunde von sachfremden Erwägungen leiten lässt. Sofern der Arzt im Zusammenhang mit der Ausübung seines Berufes einen Vorteil o. ä. dafür fordert, dass er bei der Verordnung von Arzneiprodukten etc. einen anderen im Wettbewerb in unlauterer Weise bevorzugt, etwa, indem er auf Bitte eines Pharmavertreters statt der günstigen, sogar besser wirksamen Variante ein überteuertes Medikament verschreibt, und dafür von dem Vertreter kostenlosen Urlaub in dessen Ferienhaus erhält, kann auch § 266 StGB auch in Tateinheit mit der Bestechlichkeit im Gesundheitswesen nach § 299a StGB gegeben sein (BGH NStZ 2017, 32; BeckOK-StGB/*Momsen/Laudien*, § 299a Rn. 40).

Vergleicht man den Tatbestand des § 266 StGB des Weiteren mit dem Geschäftsherrenmodell des § 299 Abs. 1 und 2 jeweils Nr. 2 StGB, so zeigen sich auch hier einige Parallelen. Anders als § 299 StGB setzt § 266 StGB allerdings voraus, dass den Täter eine Vermögensbetreuungspflicht innehat und verlangt, anders als § 299 StGB, über die Pflichtverletzung hinaus den Eintritt eines Vermögensnachteils. Damit wird § 299 StGB in der Variante des Geschäftsherrenmodells zu einem Vorfeldtatbestand des § 266 StGB, allerdings beschränkt auf bestimmte Verhaltensweisen, sofern anders als von der überwiegenden Ansicht ein Wettbewerbsbezug vorauszusetzen ist. In diesem Fall wären die Tathandlungen gegenüber § 266 StGB beschränkt auf im engeren Sinne korrupten Verhaltensweisen. Nach der überwiegenden Ansicht bedarf es dieser Beschränkung allerdings nicht, sodass § 266 StGB die speziellere Norm wäre.[33] Zu berücksichtigen ist jedoch, dass § 299 StGB nicht auf vermögensschädigende Pflichtverletzungen beschränkt ist. Daher können – wie soeben bei § 299a StGB gezeigt – auch bei korrupten Verhaltensweisen im Gesundheitswesen im Ergebnis beide Vorschriften nebeneinander eingreifen (*Momsen/Niang*, medstra 2018, 12, 17 f.).

---

[33] Tateinheit kommt nach MüKo-StGB/*Krick*, § 299 Rn. 139 und Graf/Jäger/Wittig/*Sahan*, StGB, § 299 Rn. 70 in Betracht.

§ 4 Betrugsdelikte, §§ 263 ff. StGB

Literatur
Albrecht, Vorspiegeln von Bonität und Schadensbestimmung beim Betrug – Zugleich eine Besprechung von BGH, Urteil vom 20.3.2013 (5 StR 344/12), NStZ 2014, 17; *Becker*, Paradigmenwechsel in der Schadensdogmatik oder „viel Lärm um nichts?" – Zur aktuellen Kontroverse um die sog. „schadensgleiche Vermögensgefährdung", HRRS 2009, 334; *Bosch*, Sportwettenbetrug – Bestimmung des Erklärungsgehalts bei konkludenten Täuschungen und Schadensfeststellung beim Sportwettenbetrug, JA 2007, 389; *Cerny*, § 264a StGB – Kapitalanlagebetrug – Gesetzlicher Anlegerschutz mit Lücken, MDR 1987, 271; *Dannecker*, Vermögensschaden zwischen Verkehrswert, intersubjektiver Wertsetzung und Einbeziehung von Liquiditätsvorteilen – zugleich Anmerkung zu BGH Urt. v. 8.10.2014 – 1 StR 359/13 und zu BGH Urt. v. 20.3.2013 – 5 StR 344/12, BGHSt 58, 205, NZWiSt 2015, 173; *Dobrowski*, Die Gewerbsmäßigkeit im deutschen Strafrecht, wistra 2018, 97; *Fischer/Hoven/Huber/Raum/Rönnau/Saliger/Trüg* (Hrsg.), Dogmatik und Praxis des strafrechtlichen Vermögensschadens, 2015; Funck, Täuschungsbedingter Betrugsschaden, 2018; *Gaede*, Betrug durch den Abschluss manipulierter Fußballwetten: Das Hoyzer-Urteil als Sündenfall der Ausdehnung des Betrugstatbestands?, HRRS 2007, 16; *ders./Leydecker*, Subventionsbetrug mit Hilfe der Kurzarbeit im Schatten der globalen Finanzmarktkrise, NJW 2009, 3542; *Giesel/Schomburg*, Compliance. Strafbarkeitsrisiken des Arbeitgebers in der Pandemie, NStZ 2020, 327; *Greco*, Zur Bestimmung des Vermögensschadens beim Sportwettenbetrug, NZWiSt 2014, 334; *Haft*, Das Zweite Gesetz zur Bekämpfung der Wirtschaftskriminalität (2. WiKG) – Teil 2: Computerdelikte, NStZ 1987, 6; *Jäger*, Wettbetrug – Nicht nur ein Schaden für den Sport, sondern auch für das Vermögen!, JA 2013, 868; *Kasiske*, Der Vermögensschaden bei Risikogeschäften, NZWiSt 2016, 302; *Kilian*, Zur Strafbarkeit von Ponzi-schemes – Der Fall Madoff nach deutschem Wettbewerbs- und Kapitalmarktstrafrecht, HRRS 2009, 285; *Knauth*, Kapitalanlagebetrug und Börsendelikte im zweiten Gesetz zur Bekämpfung der Wirtschaftskriminalität, NJW 1987, 28; *Kubiciel*, Integrität des Sports – Konkretisierung eines Begriffs, KriPoZ 2018, 29; *Momsen*, Der „Compliance-Officer" als Unterlassungsgarant, in: FS Puppe 2011, 751; *ders.*, Integrität des Sports – Was sollen neue Tatbestände schützen?, KriPoZ 2018, 21; *Rönnau/Becker*, Grundwissen – Strafrecht: Der Irrtum beim Betrug (§ 263 StGB), JuS 2014, 504; *dies.*, Grundwissen – Strafrecht: Der Gefährdungsschaden bei Betrug (§ 263 StGB) und Untreue (§ 266 StGB), JuS 2017, 499; *Rönnau/Soyka*, Der „Quotenschaden" im Fall „Hoyzer" – ein Verstoß gegen das Bestimmtheitsgebot?, NStZ 2009, 12; *Rübenstahl/Loy*, Strafbarkeit wegen Betruges (§ 263 StGB) bei dem Erwerb von Gesellschaftsanteilen, NZG 2018, 528; *Saliger/Rönnau/Kirch-Heim*, Täuschung und Vermögensschaden beim Sportwettbetrug durch Spielteilnehmer – Fall „Hoyzer", NStZ 2007, 361; *Schilling*, Diskrepanzen beim Vermögensschaden, NStZ 2018, 316;

Schuhmacher, Zur Auslegung des neu gefassten Tatbestands des Missbrauchs einer Insider-Information, ÖBA 8/2005, 533; *Schünemann* (Hrsg.), Die sogenannte Finanzkrise – Systemversagen oder global organisierte Kriminalität?, 2010; *Stam*, Das „große Ausmaß" – ein unbestimmter Rechtsbegriff, NStZ 2013, 144; *Trüg/Habetha*, Zur Rechtsfigur des Betrugs durch schlüssiges Verhalten – Der Fall „Hoyzer", JZ 2007, 878; *Ullenboom*, Neuere Erscheinungen der Betrugskriminalität im Internet aus strafrechtlicher Perspektive – das sog. Carding, NZWiSt 2018, 26; *Wagner*, Das Problem des Vermögensschadens beim Betrug durch den Verkauf von Plagiaten, wistra 2017, 466.

A. § 263 StGB

I. Bedeutung und Rechtsgut

§ 263 StGB pönalisiert die Verursachung einer Vermögensschädigung, die sich das Opfer täuschungsbedingt selbst zufügt (unbewusste Selbstschädigung, d. h. dem Opfer ist zwar häufig bewusst, dass es verfügt, nicht aber, dass es sich durch diese Verfügung schädigt). Wo dabei geschicktes Geschäftsgebaren endet und strafwürdiges Unrecht beginnt, ist keineswegs immer klar; dies ist im Geschäftsleben in verstärktem Maße schwierig zu beurteilen. Denn dass im Wirtschaftsverkehr Geschäfte geschlossen werden, die für eine Seite mehr, für die andere weniger vorteilhaft – oder bis hin zur Existenzgefährdung nachteilhaft – sind, ist Alltag und entspricht der Natur des Warentauschs. Geschicktes Wirtschaften in diesem Sinne ist gesellschaftlich nicht nur akzeptiert, sondern durchaus angesehen. Dass die Grenze zwischen nützlichem Mehrwissen und Täuschung – insb. konkludent oder durch Unterlassen – ebenso wie jene zwischen gutem Geschäft und strafrechtlich missbilligter Vermögensschädigung im Rahmen der Subsumtion unter die Tatbestände des § 263 StGB und der zahlreichen Derivate, die der Gesetzgeber ihm über die Jahre nicht zuletzt wegen des technischen Fortschritts beigegeben hat,[1] kontinuierlich ausgelotet wird, begründet die spezifische **Bedeutung** des Betrugstatbestands im Strafrecht einer marktwirtschaftlich organisierten Gesellschaft[2] und macht ihn zugleich zu einem zentralen Delikt des Wirtschaftsstrafrechts.[3]

Ebenso wie § 266 stellt § 263 StGB einen wichtigen **Auffangtatbestand** des wirtschaftsstrafrechtlichen Vermögensschutzes dar. Während die Untreue mitsamt der ihr verwandten Delikte das Vermögen gegen Beschädigung aus dem Kreis der seiner Betreuung Verpflichteten schützt, bildet der Betrugstatbestand das Fundament des Vermögensschutzes gegen Selbstschädigung auf äußere Initiative hin.

---

[1] Zu einzelnen Delikten und ihrer Beziehung zu den einzelnen, in der durch das jeweilige Derivat abgedeckten Konstellation fehlenden Merkmalen des § 263 s. Maurach/Schröder/Maiwald/Hoyer/*Momsen*, § 41 Rn. 17.
[2] Momsen/Grützner/*Schröder*, HdB Wirtschafts- und Steuerstrafrecht, § 18 Rn. 8: „Durch ihn werden strafloses und strafbares Geschick im Geschäftsleben voneinander abgegrenzt."
[3] Das bedeutet freilich nicht, dass der Anwendungsbereich des § 263 StGB sich auf Konstellationen mit spezifischem Wirtschaftsbezug beschränkt, vgl. NK-WiStR/*Heger/Petzsche*, § 263 StGB Rn. 3 f.; instruktiv zur Abhängigkeit der Erscheinungsformen des Betrugs im Einzelnen von wirtschaftlichen und technischen Entwicklungen MüKo-StGB/*Hefendehl*, § 263 Rn. 61 ff.

Rechtsgut des § 263 StGB ist das **Vermögen** (BGHSt 16, 220; BGH NJW 2016, 3543, 3544; Lackner/Kühl/*Kühl*, § 263 Rn. 2; Schönke/Schröder/*Perron*, § 263 Rn. 1, jeweils m. w. N.). Ob auch die Dispositionsfreiheit des Opfers geschützt wird, ist umstritten (vgl. LK/*Tiedemann*, Vor § 263 Rn. 18 ff. m. w. N.). Nach der Struktur des Tatbestands denkbar erscheint dies nur, wenn man die Dispositionsfreiheit über das Vermögen als Bestandteil desselben begreift (vgl. NK-StGB/*Kindhäuser*, § 263 Rn. 13 ff.). Denn allein die täuschungsbedingt unfreie Disposition über Vermögen erfüllt die Tatbestandsvoraussetzungen gerade noch nicht; es bedarf *zudem* eines Vermögensschadens.[4] Dies erlangt angesichts des vom BVerfG an die Rechtsprechung gerichteten Verschleifungsverbots umso mehr Gewicht: Die hinreichende Bestimmtheit des § 263 StGB als Voraussetzung seiner Vereinbarkeit mit Art. 103 Abs. 2 GG verbietet es, die einzelnen Tatbestandsmerkmale ineinander aufgehen zu lassen und etwa das Vorliegen eines Vermögensschadens mit jenem einer Täuschung zu begründen (BVerfGE 126, 170 zu § 266 StGB; SK-StGB/*Hoyer*, § 263 Rn. 4). Ein Vermögensbegriff, der die freiheitsstiftende Funktion individuell verfügbaren Vermögens betont, mag sich stimmig in ein Konzept des Strafrechts als Instrument zum Schutz persönlicher Freiheit einfügen. Er nimmt auch das Element der unbewussten Selbstschädigung auf. Die Freiheit zu disponieren kennzeichnet jedoch eher die Relation einer Person zu einem Vermögen als den Bestand des Vermögens selbst. Bspw. können auch unmündige Personen Inhaber von Vermögen sein. Die Dispositionsfreiheit generell dem Schutz des § 263 StGB zu unterstellen, entspricht auch nicht der Konzeption des Gesetzgebers, der den Straftaten gegen die persönliche Freiheit einen eigenen – nämlich den 18. – Abschnitt des StGB zugedacht hat, zu dem der Betrug keine Verbindung aufweist (LK/*Tiedemann*, Vor § 263 Rn. 28). Zwar schützt auch die Erpressung nicht nur das Vermögen, sondern zugleich die individuelle Freiheit der Disposition über dasselbe. Anders als § 263 werden §§ 253, 255 durch das Erfordernis des (qualifizierten) Nötigungsmittels indes nicht erweitert, sondern eingeschränkt (vgl. Maurach/Schroeder/Maiwald/Hoyer/*Momsen*, § 41 Rn. 20). Als Rechtsgut des Betrugs ist mithin allein das Vermögen anzusehen. Dass Gesichtspunkte der Dispositionsfreiheit dessen Konturen im Einzelnen mitprägen, ist damit freilich nicht ausgeschlossen.

II. Prüfungsaufbau

Der Tatbestand des Betrugs weist eine Vielzahl von (teils ungeschriebenen) Merkmalen auf. Die Merkmale des objektiven Tatbestands müssten durch eine Kausalbeziehung miteinander verbunden sein.

---

[4] Anschaulich BGHSt 16, 220 („Hosen-Fall"); NK-StGB/*Kindhäuser*, § 263 Rn. 15 differenziert zwischen durch Täuschung verletzter und in den Vermögensbegriff aufgenommener Freiheit: Letztere stelle sich nicht als realisierter Freiheitsverlust, sondern als „Verkürzung eines Freiheitspotenzials" dar.

I. Tatbestand
1. Objektiver Tatbestand
   a. Täuschung über Tatsachen
   b. Irrtum (des Getäuschten)
   c. Vermögensverfügung
   d. Vermögensschaden
2. Subjektiver Tatbestand
   a. Vorsatz (bzgl. der o. g. Tatbestandsmerkmale)
   b. Absicht stoffgleicher rechtswidriger Bereicherung
      aa. Rechtswidrigkeit der (angestrebten) Bereicherung
          (Bereicherung als End- oder Zwischenziel, Stoffgleichheit)
      bb. Vorsatz bzgl. der Rechtswidrigkeit der Bereicherung
3. Ggf. Qualifikation, § 263 Abs. 5 StGB
II. Rechtswidrigkeit
III. Schuld
IV. Strafantrag, § 263 Abs. 4 i. V. m. §§ 248, 248a StGB
V. Regelbeispiele, § 263 Abs. 3 StGB

Der objektive Tatbestand des Betruges setzt sich aus vier Merkmalen zusammen:
(1) Einer **Täuschung**, (2) dem daraus folgenden **Irrtum**, (3.) einer **Vermögensverfügung des Getäuschten** und (4.) einem aus dieser resultierenden **Vermögensschaden**.

Der subjektive Tatbestand verlangt neben (1.) wenigstens bedingtem **Vorsatz** bezüglich der vorstehenden objektiven Merkmale insbesondere (2.) die **Absicht stoffgleicher rechtswidriger Bereicherung**.

III. Täuschung, Irrtum, Vermögensverfügung

1. Täuschung

Tathandlung und damit maßgeblich für Versuchsbeginn und Vollendung ist die Täuschung. Eine Täuschung liegt in jedem Einwirken auf das intellektuelle Vorstellungsbild eines anderen mit dem Ziel der Irreführung über Tatsachen. **Tatsachen** in diesem Sinne sind innere oder äußere Umstände, die dem Beweis zugänglich und damit intersubjektiv nachprüfbar sind (vgl. ausführl. Maurach/Schroeder/Maiwald/Hoyer/*Momsen*, § 41 Rn. 28 ff.).

Die Täuschung kann sowohl ausdrücklich als auch konkludent und durch Unterlassen erfolgen.

Neben der expliziten Äußerung falscher Tatsachen ist eine **ausdrückliche Täuschung** etwa durch die Vorlage falscher Urkunden, aber auch durch die Äußerung bei isolierter Betrachtung wahrer Tatsachen in irreführendem Kontext denkbar.

> **Beispiel Fall Madoff I – ausdrückliche Täuschung**
> M gab als Börsenmakler gegenüber zahlreichen Anlegern vor, von Ihnen eingesetztes Kapital nach einem komplexen System mit hohen Gewinnraten zu investieren. Tatsächlich tätigte er Investitionen in wesentlich geringerem Rahmen und stellte sie ab einem gewissen Zeitpunkt gänzlich ein. Rückforderungen alter Anleger bediente er mittels der Beträge, die ihm zwischenzeitlich vonseiten immer weiterer Investoren zuflossen. Als zu viele Anleger auf einmal Auszahlung verlangten, brach das Konstrukt zusammen. Die kulminierten Verluste der Investoren beliefen sich auf rund 65 Milliarden US-Dollar.
>
> Systeme wie das von M etablierte werden als *Ponzi scheme*[5] oder **Schneeballsystem**[6] bezeichnet.
>
> Grundlegend zu differenzieren ist zunächst nach der konkreten Ausgestaltung. Ob der Betreiber eines *Ponzi schemes* tatsächlich Anlagegeschäfte vornimmt, die indes in Art und Umfang von den gegenüber Investoren gemachten Versprechungen abweichen, oder aber von vornherein gar nicht beabsichtigt, investiertes Geld überhaupt anzulegen (*reines Schneeballsystem*), ist für die Frage der Betrugsstrafbarkeit sowohl auf Täuschungs- als auch auf Schadensebene (s. dazu sogleich und unter IV. 2.) von Relevanz.
>
> In Betracht kommt zunächst eine **ausdrückliche Täuschung**.
>
> Sofern M insb. in der frühen Phase seiner Unternehmung tatsächlich beabsichtigte, angelegte Beiträge gewinnbringend zu investieren, täuschte er weder über die Existenz eines Anlagesystems (äußere Tatsache) noch seine Anlagebereitschaft (innere Tatsache). Doch spiegelte er ein überhöhtes Maß an **Renditeträchtigkeit** seines Anlagekonzeptes vor und erweckte den Eindruck, die in Aussicht gestellten Renditen ergäben sich aus der Investition angelegter Gelder anhand seines Konzeptes. Tatsächlich aber war deren Auskehrung lediglich aus den Einzahlungen immer weiterer Anleger zu leisten, woraus sich ein gegenüber jenem einer Anlage wie der zugesicherten **wesentlich erhöhtes Ausfallrisiko** ergab. Denn jedes System, das zur Abdeckung etwaiger Rückzahlungs- und Renditeforderungen von Altanlegern zwingend auf steten Anlegerzuwachs angewiesen ist, geht mit der immerwährenden Möglichkeit seines abrupten Zusammenbruchs einher. Das erhöhte Risiko betraf nicht nur die Rendite, sondern insb. auch die als sicher versprochene Rückzahlung der angelegten Beträge.

---

[5] Deutsch auch „Ponzi-System"; Zum Fall des Namensgebers *Charles Ponzi* s. *Kilian*, HRRS 2009, 285; *U.S. Securities and Exchange Commission*: „A Ponzi scheme is an investment fraud that involves the payment of purported returns to existing investors from funds contributed by new investors" (https://www.sec.gov/fast-answers/answersponzihtm.html, zul. 13.07.2021).

[6] Zum Verhältnis zum u. U. abweichenden bzw. engeren Begriff des Schneeballsystems i. S. d. § 3 Abs. 3 Anhang Nr. 14 UWG als Fall nach § 16 Abs. 2 UWG strafbarer sog. *progressiver Kundenwerbung* s. MüKo-StGB/*Hohmann*, UWG § 16 Rn. 68 f.; *Radtke*, in Fischer/Hoven/Huber et al. (Hg.) 2015, 231 f.

> Sofern M von Investitionen später gänzlich absah, gleichwohl aber fortlaufend neue Gelder akquirierte, täuschte er die betroffenen Anleger bereits über sein Vorhaben, ihr Kapital überhaupt zu investieren (vgl. *Kilian*, HRRS 2009, 285, 287).
> In beiden Konstellationen ist mithin eine ausdrückliche Täuschung der Anleger durch M denkbar. Diese setzt freilich explizite Äußerungen des M über die betroffenen Tatsachen – Vorhaben der Investition von Geldern in der in Aussicht gestellten Weise und nicht anders, Renditeträchtigkeit sowie Sicherheit von Rendite und Einlagen – voraus.
> Zur Frage der konkludenten Täuschung s. sogleich; zu jener des Vermögensschadens s. u. IV. 2.

Ob eine **konkludente Täuschung** vorliegt, entscheidet sich im Einzelfall nach dem Erklärungsgehalt, den die Verkehrsanschauung einem bestimmten Verhalten zuweist (s. nur *Rengier*, BT I, 24. Aufl. 2022, § 13 Rn. 11; zur Schwierigkeit von dessen Ermittlung im Einzelfall vgl. Maurach/Schroeder/Maiwald/Hoyer/*Momsen*, § 41 Rn. 40; zur Vereinbarkeit der Figur der konkludenten Täuschung mit Art. 103 Abs. 2 GG s. BVerfG NStZ 2012, 496, 503). Wie weit dies im Wirtschaftsverkehr wie auch allgemein reichen kann, zeigt sich schon darin, dass grundsätzlich jedem Vertragsschluss der Erklärungsgehalt zugemessen wird, eingegangene Verpflichtungen erfüllen zu wollen (Lackner/Kühl/*Kühl*, § 263 Rn. 9).

> **Beispiel Fall Madoff II – konkludente Täuschung**
> Auch ohne ausdrückliche Zusicherungen kann M Anleger konkludent getäuscht haben. Hierzu müsste die Verkehrsanschauung seinem Verhalten im konkreten Fall einen Erklärungsgehalt beimessen, der zur irreführenden Einwirkung auf das Vorstellungsbild der Anleger geeignet ist. Mit dem Einwerben von Geldern zur Anlage am Markt geht nach diesen Maßstäben regelmäßig die stillschweigende Erklärung einher, dieselben zum Zweck der Kapitalvermehrung in rechtlich zulässiger Weise investieren zu wollen. Die mit der jeweiligen Anlageart verbundenen, fallspezifischen Risiken prägen die Anlegerentscheidung. Bezweckt der Einwerber des Kapitals – wie M – hingegen, die Gelder nicht zu investieren, sondern einem *„Ponzi Scheme"* bzw. Schneeballsystem zuzuführen, weichen die damit einhergehenden Verlustrisiken wesentlich von der stillschweigend bedienten Anlegererwartung ab (s. o.). Dies begründet auch ohne explizite Äußerungen des M über die relevanten Tatsachen eine konkludente Täuschung der betroffenen Anleger (vgl. *Jahn*, JuS 2009, 756, 757; LK/*Tiedemann*, § 263 Rn. 33).

Welche Art der Täuschung vorliegt, ist somit eine Frage des Einzelfalls und hängt von Vorhandensein und Detailliertheit etwaiger Äußerungen des M gegenüber den Anlegern (etwa in Werbeprospekten, vgl. *Kilian*, HRRS 2009, 286, 287 f.) ab. Im Ergebnis wird eine – ggf. konkludente – Täuschung im Fall von *Ponzi schemes* regelmäßig zu bejahen sein (zur Frage des Vermögensschadens s. u. IV. 2.).

So auch im folgenden, weiteren

Beispiel Sportwetten I[7] – Täuschung
A wettete in großem Maßstab auf Fußballspiele. Seine Erfolge brachten ihm diverse Beschränkungen vonseiten der Buchmacher ein, infolge derer er erhebliche Verluste erlitt. So wurde ihm etwa nur noch zu Wetten nach festen Quoten Zugang gewährt. In der Konsequenz verlegte A sich darauf, seine Gewinnchancen durch Bestechung von Spielern und Schiedsrichtern entscheidend zu erhöhen. Durch die Platzierung von Wetten auf solcherart manipulierte Begegnungen erzielte A hohe sechsstellige Beträge.

Mögliche täuschungsrelevante Tatsache ist die Nichtbeeinflussung des Gegenstands des Wettvertrags. Eine ausdrückliche Täuschung des A gegenüber den Buchmachern liegt mangels Erklärung, nicht auf den Spielausgang eingewirkt zu haben, nicht vor. Ob seinen Anträgen auf Abschluss der Wettverträge eine konkludente Täuschung innewohnt, ist nach den Gesamtumständen zu beurteilen, die den Empfängerhorizont der Buchmacher prägen. Entscheidend ist die Verkehrsanschauung mit Blick auf die Natur des konkreten Geschäfts (ausführlich und mit Fallgruppen-Übersicht Momsen/Grützner/*Schröder*, Hdb Wirtschafts- und Steuerstrafrecht, § 18 Rn. 39 ff.). Nach diesen Maßstäben ist zunächst allgemein nicht die generelle Erwartung redlichen Verhaltens, wohl aber jene eines Minimums an Redlichkeit im Rechtsverkehr und des Ausbleibens vorsätzlicher sittenwidriger Manipulation des Vertragsgegenstands „unverzichtbare Grundlage jeden Geschäftsverkehrs und deshalb zugleich miterklärter Inhalt entsprechender rechtsgeschäftlicher Erklärungen. Dem Angebot auf Abschluss eines Vertrags ist demnach in aller Regel die konkludente Erklärung zu entnehmen, dass der in Bezug genommene Vertragsgegenstand nicht vorsätzlich zum eigenen Vorteil manipuliert wird" (BGHSt 51, 165, 171; s. a. BGHSt 58, 102, 106 ff.; zust. *Gaede*, HRRS 2007, 16).

---

[7] Nach BGHSt 51, 165, Übersicht über die Rechtsprechung von RG und BGH zu Sportwett- und anderen Glücksspielverträgen bei *Funck*, Täuschungsbedingter Betrugsschaden, 2018, 173 ff.

> Konkret für **Sportwetten** bedeutet dies: Charakterisierend für das Wettgeschäft ist das von beiden Seiten eingegangene Risiko des ungewissen, dem Zugriff der Parteien entzogenen Ausgangs. Abweichend davon durch Manipulation Einfluss zu nehmen, verändert die Geschäftsgrundlage wesentlich. „Beim Abschluss einer Sportwette erklärt demnach regelmäßig jeder der Beteiligten konkludent, dass das wettgegenständliche Risiko nicht durch eine von ihm veranlasste, dem Vertragspartner unbekannte Manipulation des Sportereignisses zu seinen Gunsten verändert wird [...]" (BGHSt 51, 165, 172; Lackner/Kühl/*Kühl*, § 263 Rn. 9 m. w. N.; LK/*Tiedemann*, § 263 Rn. 31; *Saliger/Rönnau/Kirch-Heim*, NStZ 2007, 361; *Wittig*, Wirtschaftsstrafrecht § 14 Rn. 32a; krit. *Trüg/Habetha*, JZ 2007, 878).
> Somit liegt eine konkludente Täuschung der Buchmacher durch A vor (zur Frage des Vermögensschadens s. u. IV.).

Dem weiten Anwendungsbereich der konkludenten Täuschung entspricht eine eingeschränkte Bedeutung der Täuschung durch **Unterlassen** (MüKo-StGB/*Hefendehl*, § 263 Rn. 249 ff.). Sie setzt eine **Aufklärungspflicht** und mithin eine Garantenpflicht i. S. d. § 13 Abs. 1 StGB voraus. Eine generelle Pflicht, andere vor Irrtümern zu bewahren, besteht nicht (Momsen/Grützner/*Schröder*, Hdb Wirtschafts- und Steuerstrafrecht, § 18 Rn. 9); sie liefe dem Wesen der marktwirtschaftlich organisierten Gesellschaft zuwider. Weiter begrenzt wird das Feld des Betrugs durch Unterlassen vom Tatbestand der Untreue gemäß § 266 StGB. Denn jede Aufklärungspflicht, die im Rahmen von §§ 263 Abs. 1, 13 Abs. 1 StGB angenommen wird, stellt sich als Schutzpflicht für fremdes Vermögen dar (vgl. *Wittig*, Wirtschaftsstrafrecht § 14 Rn. 36: „vermögensbezogene Aufklärungspflicht, die gerade dem Schutz des Opfers vor vermögensbezogenen Selbstschädigungen im konkreten Fall dient"). Die Verletzung solcher Pflichten pönalisiert § 266 StGB indes nur im engen Rahmen der hohen Anforderungen an eine Vermögensbetreuungspflicht (s. § 3 A VI.). Diese gesetzgeberische Vorgabe darf nicht durch die extensive Annahme betrugsrelevanter Aufklärungspflichten umgangen werden (vgl. SK-StGB/*Hoyer*, § 263 Rn. 56, der vor diesem Hintergrund gegen eine „schuldrechtsakzessorische Konstituierung von Garantenpflichten" eintritt).

Aufklärungspflichten können sich ergeben

- aus **gesetzlichen Vorschriften** (oft, aber nicht nur, im Zusammenhang mit der Inanspruchnahme staatlicher Leistungen, LK/*Tiedemann*, § 263 Rn. 54), insb.: §§ 60 Abs. 1 S. 1 Nr. 2 SGB I, § 28a SGB IV, 23 Abs. 2 VVG, 666 BGB, 138 Abs. 1 ZPO;[8]

---

[8] Übersicht bei BeckOK-StGB/*Beukelmann*, § 263 Rn. 22.1; nach MüKo-StGB/*Hefendehl*, § 263 Rn. 253 sind Rechtsnormen nicht konstitutiv für die Entstehung von Garantenpflichten, sondern bieten lediglich „rechtssichere Auslegungshilfe"; gegen die Annahme einer Garantenstellung aus § 138 Abs. 1 ZPO LK/*Tiedemann*, § 263 Rn. 58 m. w. N.; mit Beispielen *Wittig*, Wirtschaftsstrafrecht § 14 Rn. 40.

- aus **Ingerenz**, konkret: vorangegangenem vermögensgefährdendem Verhalten;[9] aus (vertraglichen) Beziehungen, die durch ein **besonderes Vertrauensverhältnis** geprägt sind (BeckOK-StGB/*Beukelmann*, § 263 Rn. 19; SK-StGB/*Hoyer*, § 263 Rn. 60). Weder genügt dafür allein die lange Dauer einer Vertragsbeziehung, noch kann dieses besondere Vertrauen aus Verträgen abgeleitet werden, die gerade durch widerstreitende Parteiinteressen charakterisiert sind (LK/*Tiedemann*, § 263 Rn. 62 ff.). Von Bedeutung kann dabei auch sein, inwiefern sich eine Seite – etwa im Zusammenhang mit Beratungsleistungen – auf den **überlegenen Sachverstand** der anderen Seite verlässt (vgl. MüKo-StGB/*Hefendehl*, § 263 Rn. 288; SSW-StGB/*Satzger*, § 263 Rn. 110). Die Annahme einer Aufklärungspflicht stellt sich (auch) in diesem Zusammenhang letztlich als Frage der Risiko- und Verantwortungszuweisung dar (allg. BGH NJW 2000, 3013, 3014). Ob eine Aufklärungspflicht anzunehmen ist, kann demnach auch davon abhängen, inwiefern die ggf. durch Unterlassen getäuschte Partei die Umstände sinnvollerweise annehmen konnte, über deren Nichtvorliegen nicht aufgeklärt zu haben der anderen Seite als möglicherweise strafbedrohtes Unterlassen zur Last fällt. So kann etwa bei Bankgeschäften eine Aufklärungspflicht über die besondere Risikogeneigtheit eines Anlagemodells davon abhängen, ob Renditen in der in Aussicht gestellten Höhe überhaupt durch seriöse Geschäfte erwirtschaftet werden können. Ist dies nicht der Fall, ist der Charakter als Risikogeschäft von vornherein offenkundig. Auf der anderen Seite kann eine Aufklärungspflicht nicht angenommen werden, wenn ein ex-post ersichtliches Risiko ex-ante als allgemein ausgeschlossen galt.[10]
- aus **faktischer Übernahme** (zum Leiter der Innenrevision einer städtischen Stadtreinigung BGHSt 54, 44; str. für Compliance-Beauftragte im Allgemeinen, vgl. SSW-StGB/*Satzger*, § 263 Rn. 113; *Momsen*, in: FS Puppe 2011, 751);
- aus **Treu und Glauben** (§ 242 BGB) allenfalls in extremen Ausnahmefällen (BeckOK-StGB/*Beukelmann*, § 263 Rn. 21; SK-StGB/*Hoyer*, § 263 Rn. 61; der deutlich einschränkenden aktuellen Rspr. zustimmend Momsen/Grützner/*Schröder*, Hdb Wirtschafts- und Steuerstrafrecht, § 18 Rn. 59).

2. Irrtum

Einen **Irrtum** stellt jede positive Fehlvorstellung eines Menschen über Tatsachen dar, d. h. ein Widerspruch zwischen der Vorstellung des Getäuschten und der Wirklichkeit. Im Ausgangspunkt muss der Getäuschte die relevanten Tatsachen also überhaupt bedenken; das schlichte Fehlen einer zutreffenden Vorstellung (*ignorantia facti*) allein begründet noch keine *positive* Fehlvorstellung (*Rönnau/Becker*, JuS 2014, 504, 505; im Ganzen a. A. NK-StGB/*Kindhäuser*, § 263 Rn. 170 f., der

---

[9] SK-StGB/*Hoyer*, § 263 Rn. 59; nach BGH NJW 2017, 2052 muss das vorangegangene Verhalten seinerseits *keinen* objektiven Täuschungscharakter haben; krit. dazu *Becker*, NStZ 2017, 535 f.
[10] So zur ex-ante allgemein als „völlig unrealistisch" angesehenen Gefahr einer Pleite der US-Bank Lehman Brothers als Risiko für Erwerber von deren in Deutschland gehandelten Zertifikaten *Rönnau*, in Schünemann (Hg.) 2010, 43, 48.

Tatbestandsrestriktionen auf Täuschungs-, nicht aber auf Irrtumsebene vornehmen will).

Probleme – indes nicht genuin wirtschaftsstrafrechtlicher Art – können die Fragen der notwendigen Konkretheit der Fehlvorstellung und der Auswirkung von Zweifeln des Getäuschten bereiten.

Die Mindestanforderungen an die Konkretheit der Vorstellung markiert der Begriff des **sachgedanklichen Mitbewusstseins**: Der zu Täuschende muss sich nicht notwendig eine einzelfallbezogene, aktualisierte Meinung über die betroffenen Tatsachen bilden. Insbesondere in wirtschaftlichen Bereichen, in denen eine solche stets aktualisierte Bewusstseinsbildung ihrer Natur nach fernliegt, können bestimmte Erwartungen als derart selbstverständlich angesehen werden, dass sie die Entscheidungsfindung eines Getäuschten auch ohne jederzeitige Aktualisierung prägen, wenn er eine Vermögensdisposition trifft (BGH NJW 2016, 3383).

Voraussetzung ist freilich, dass den Tatsachen aus Sicht des zu Täuschenden überhaupt Relevanz zukommt. Hat er – etwa mangels jedweder Prüfpflichten – keinerlei Anlass, sie gedanklich zu berücksichtigen, kann ihm auch anhand normativer Erwägungen kein Irrtum über sie unterstellt werden. Gegenstand sachgedanklichen Mitbewusstseins sein kann nach diesen Maßstäben etwa die Zahlungsbereitschaft eines Warenabnehmers im Wirtschaftsverkehr.

Zweifel des Getäuschten an der Wahrheit vorgetäuschter Tatsachen hindern die Annahme eines Irrtums erst, wenn dem Adressaten der vorgespiegelte Sachverhalt nicht mehr möglich erscheint (BGH NJW 2003, 1198 f.; vgl. BeckOK-StGB/*Beukelmann*, § 263 Rn. 27 ff.). Auch die **Vermeidbarkeit des Irrtums** spielt keine Rolle (vgl. Lackner/Kühl/*Kühl*, § 263 Rn. 18 m. w. N.).

Viktimodogmatische Ansätze, die auf ein differenzierteres System der Risikoverteilung zielen und in unterschiedlichem Maße die Eigenverantwortung des Opfers für sein – bei Zweifeln ggf. bewusst – riskantes Agieren im Wirtschaftsverkehr auch bei der strafrechtlichen Bewertung des Täterverhaltens als Betrug berücksichtigen wollen (vgl. ausführlich und differenzierend MüKo-StGB/*Hefendehl*, § 263 Rn. 361 ff.), konnten sich demgegenüber bislang zurecht nicht durchsetzen (s. im Einzelnen Maurach/Schroeder/Maiwald/Hoyer/*Momsen*, § 41 Rn. 62). Bspw. im Rahmen offensichtlich spekulativer Geschäfte wird diese Frage relevant.

Auch einer Orientierung am „verständigen Verbraucher" des **Europäischen Verbraucherleitbilds** hat der BGH eine Absage erteilt (BGH NJW 2014, 2595; krit. zur Nichtvorlage an den EuGH sowie zur Ablehnung richtlinienkonformer Auslegung *Hecker*, JuS 2014, 1043; SSW-StGB/*Satzger*, § 263 Rn. 120 ff.; Momsen/Grützner/*Schröder*, Hdb Wirtschafts- und Steuerstrafrecht, § 18 Rn. 15 ff., 19).

3. Vermögensverfügung

Das ungeschriebene Tatbestandsmerkmal der **Vermögensverfügung** besteht in jedem (rechtlichen oder tatsächlichen) Handeln, Dulden oder Unterlassen, welches sich tatsächlich unmittelbar auf das eigene oder auf fremdes Vermögen auswirkt und somit vermögensrelevant ist.

Irrender und Verfügender, nicht aber Verfügender und Geschädigter müssen identisch sein. Im Wirtschaftsverkehr häufig ist der sog. **Dreiecksbetrug**, bei dem ein Irrender in schädigender Weise über das Vermögen einer anderen – oft juristischen – Person verfügt. Angesichts des Charakters des § 263 StGB als Selbstschädigungsdelikt verlangt die Einordnung dieser Konstellation als Betrug ein gewisses **Näheverhältnis** zwischen Verfügendem und Geschädigtem. Weitgehende Einigkeit besteht insoweit, als diese Anforderung bei **rechtlicher Verfügungsmacht** des Getäuschten über das Vermögen des Geschädigten – wie beispielsweise im Fall eines Prokuristen, § 49 Abs. 1 HGB – gewahrt ist. So häufig im Wirtschaftsverkehr die Frage des Dreiecksbetrugs aufzuwerfen sein wird, hat sie doch oft solche Fälle einer rechtlichen Verfügungsmacht vermittelnden **Organ- oder Vertreterstellung** zum Gegenstand, in denen die Zurechenbarkeit der Verfügung weithin anerkannt ist (vgl. *Fischer*, § 263 Rn. 81; zu Sach- und Forderungsbetrug LK/*Tiedemann*, § 263 Rn. 113 ff. m. w. N.). Relevant kann sie beispielsweise bei der Einschaltung von **Geschäftsvermittlern, Maklern oder Agenten** werden.

Darüber hinaus reicht es – in Abgrenzung zur rein faktischen Zugriffsmöglichkeit auf fremdes Vermögen (BGH wistra 2017, 484, 485) – auch aus, wenn der nicht rechtlich befugte Verfügende solcherart **im Lager des Geschädigten** steht, dass sich seine Verfügung bei wertender Betrachtung als diesem zuzurechnen darstellt (Vgl. BGH NStZ 2008, 339; zu Auswirkungen auf die Konstellation des Dreiecksforderungsbetrugs s. Momsen/Grützner/*Schröder*, Hdb Wirtschafts- und Steuerstrafrecht, § 18 Rn. 107).

IV. Insbesondere: Vermögensschaden

Von spezifisch wirtschaftsstrafrechtlichem Interesse ist neben dem Tatbestandsmerkmal der Täuschung insbesondere jenes des **Vermögensschadens** (vgl. auch Momsen/Grützner/*Schröder*, Hdb Wirtschafts- und Steuerstrafrecht, § 18 Rn. 3). Ein solcher liegt vor, wenn eine Minderung des Vermögens in seinem Gesamtwert eintritt, also ein Vergleich des Vermögenswertes vor und nach der Vermögensverfügung eine Abnahme ergibt.

1. Vermögensbegriff

Der Auseinandersetzung mit der Frage des Vermögensschadens vorgelagert ist die Bestimmung dessen, was § 263 StGB als Vermögen schützt. Der insbesondere im 19. Jahrhundert vertretene **rein juristische Vermögensbegriff** sah das geschützte Vermögen als Summe der Vermögensrechte einer Person an (zur historischen Entwicklung ausführlich BGH NStZ 2016, 596; Maurach/Schroeder/Maiwald/Hoyer/*Momsen*, § 41 Rn. 88 ff.), wohingegen der **ökonomische Vermögensbegriff** alle wirtschaftlich wertvollen Positionen einer Person – einschließlich etwa des Besitzes an Betäubungsmitteln – umfasst. Dieser Begriff prägt in weiten Teilen – ohne dabei stets konsequent durchgehalten zu werden (s. nur BGHSt 26, 346) – die gegenwärtige Rechtsprechung. Einen Anfragebeschluss des Zweiten Strafsenats des BGH, der entscheiden wollte, dass der seinerseits strafbewehrte Betäubungsmittelbesitz keinen strafrechtlichen Schutz genieße, lehnten die übrigen Senate kürzlich ab (BGH NStZ-RR 2017, 341 m. w. N.). Ganz im Sinne dieses Anfragebeschlusses aber versteht sich ein zwischen juristischem und ökonomischem Begriff gleichsam vermittelnder **juristisch-ökonomischer Vermögensbegriff**. Dieser geht von der grundlegenden Erkenntnis des wirtschaftlichen Vermögensbegriffs aus, dass zunächst die wirtschaftliche Wertigkeit von Positionen entscheidend ist, korrigiert dessen teils zu weitreichende Ergebnisse jedoch durch Ausklammerung rein faktischer, rechtlich missbilligter Möglichkeiten normativ (Maurach/Schroeder/Maiwald/Hoyer/*Momsen*, § 41 Rn. 100 ff.; zu div. Beschränkungsansätzen vgl. SK-StGB/*Hoyer*, § 263 Rn. 92). Vermieden wird dadurch nicht zuletzt die legitimatorische Bedrängnis, in die sich bringt, wer eine Position mit strafrechtlichen Mitteln einerseits pönalisieren (z. B. den Besitz von Betäubungsmitteln, vgl. § 29 Abs. 1 Nr. 3 BtMG) und andererseits zugleich schützen will.

Ausgehend von einem Vermögensbegriff, der allein solche wirtschaftlich werthaltigen Positionen ausnimmt, die von der Rechtsordnung, insb. durch Strafnormen, explizit missbilligt sind, unterfallen dem von § 263 StGB geschützten Vermögen etwa Eigentum und andere dingliche Rechte, Besitz und Nutzungsmöglichkeiten (sofern von der Rechtsordnung nicht grundlegend missbilligt), Gesellschaftsanteile, schuldrechtliche Forderungen, (Arbeits-)Leistungen und Immaterialgüterrechte. Gerade im Wirtschaftsverkehr ist überdies von besonderer Bedeutung, dass grundsätzlich auch **Erwerbsaussichten** (Expektanzen) Vermögensbestandteil sein können. Das Vermögen einer Person umfasst demnach Anwartschaftsrechte als rechtlich geschützte Erwerbsaussichten, darüber hinaus aber auch andere Expektanzen, sofern diese – anders als bloße Spekulationen und Gewinnhoffnungen – hinreichend gesichert und in ihrem Wert konkret bezifferbar sind (Müller-Gugenberger/*Hebenstreit*, § 47 Rn. 49: „besonders typisch für den Bereich der Wirtschaftskriminalität").

2. Schadensermittlung

Ob ein Vermögensschaden vorliegt, ergibt sich nach dem Prinzip der **Gesamtsaldierung** durch Abgleich der Vermögensgesamtheit des potenziell Geschädigten vor und nach der Vermögensverfügung (BGH NStZ 2017, 469, 470; Lackner/Kühl/*Kühl*, § 263 Rn. 36 m. w. N.; SK-StGB/*Hoyer*, § 263 Rn. 206, 208). Etwaige unkompensierte Vermögensabflüsse im Sinne der Verminderung von Aktiva oder die Begründung neuer Verbindlichkeiten, denen kein Forderungsäquivalent entgegensteht, tragen die Annahme eines Schadens. Dass das bloße Ausbleiben einer nicht hinreichend sicher zu erwartenden und bezifferbaren Vermögensmehrung dementgegen keinen Schaden begründet, folgt bereits daraus, dass die solcherart ungesicherte Hoffnung auf dieselbe nicht Bestandteil des von § 263 StGB geschützten Vermögens ist.

Im Grundsatz entscheidend ist stets der **objektive (Verkehrs-)Wert** der Vermögensgesamtheit und mithin auch der einzelnen Vermögenspositionen. Die Schadensberechnung erfolgt mithin zuvorderst **wirtschaftlich** (vgl. zur möglichen Differenzierung nach Verkehrskreisen Maurach/Schroeder/Maiwald/Hoyer/*Momsen*, § 41 Rn. 114 ff.). Nur in engen Grenzen sind die so ermittelten Ergebnisse **normativ-individualisierend** zu korrigieren. So kann auch ohne objektive Vermögensminderung ein Vermögensschaden zu bejahen sein, wenn nach den individuellen Umständen ein **persönlicher Schadenseinschlag** gegeben ist. Ein solcher liegt vor, wenn in einem Austauschverhältnis besondere Umstände die Gegenleistung trotz objektiver Wertentsprechung hinter den Erwartungen des potenziell Geschädigten zurückbleiben lassen. Dies wird weithin etwa dann angenommen, wenn

- eine objektiv zur Kompensation eines Vermögensabflusses geeignete Position für den Betroffenen weder in der vertraglich vorausgesetzten noch in irgendeiner anderen zumutbaren Weise brauchbar ist (krit. für Fälle des – unter § 263 Abs. 1 StGB zu subsumierenden – Kapitalanlagebetrugs *Trüg*, in Fischer/Hoven/Huber et al. (Hg.) 2015, 217);
- der Betroffene zu vermögensschädigenden (Folge-)Maßnahmen gedrängt oder
- in seiner wirtschaftlichen Existenz bedroht ist (zum Ganzen BGHSt 16, 321 – „Melkmaschinen-Fall"; *Kudlich*, in Fischer/Hoven/Huber et al. (Hg.) 2015, 123; Lackner/Kühl/*Kühl*, § 263 Rn. 48 ff.; mit Ausnahme der individuellen Unbrauchbarkeit krit. SSW-StGB/*Satzger*, § 263 Rn. 233 f.).

Der Grundsatz objektiver Schadensermittlung verhindert, dass Irrtum und Vermögensschaden in eins fallen, und ist damit unumgängliche Voraussetzung der – verfassungsrechtlich gebotenen, Art. 103 Abs. 2 GG – trennscharfen Differenzierung zwischen den einzelnen Merkmalen des Betrugstatbestands. Auch, soweit eine individualisierende Korrektur im Einzelfall notwendig ist, ist deshalb nicht allein die Perspektive des konkret Betroffenen von Bedeutung. Entscheidend ist vielmehr, ob ein vernünftig wirtschaftender Mensch an Stelle des Betroffenen eine faktische Einengung seiner wirtschaftlichen Bewegungsfreiheit wahrnähme. Denn allein die irrtumsbedingte Vornahme einer Vermögensverfügung, die in Kenntnis aller relevanten Umstände nicht erfolgt wäre, begründet gerade noch keinen Vermögensschaden (BGHSt 51, 10, 15 m. w. N.). Mit der Vermögensverfügung muss vielmehr eine **unbewusste Selbstschädigung** – durch eigene Verfügung des Geschädigten oder qua Zurechnung der Verfügung eines dem Vermögen hinreichend nahestehenden Dritten, s. o. – einhergehen.[11] Will man an der Prämisse festhalten, dass § 263 StGB nicht neben dem Vermögen auch die Dispositionsfreiheit über dasselbe schützt, muss daraus folgen, dass die Annahme eines Schadens bei **bewusster Selbstschädigung**, also der wissentlich kompensationslosen Weggabe von Vermögenswerten, grundsätzlich ausscheidet.[12] Denn in dieser Konstellation begibt

---

[11] So auch Lackner/Kühl/*Kühl*, § 263 Rn. 55 m. zahlr. w. N., der die Annahme eines Vermögensschadens in Zweckverfehlungsfällen sodann anhand des funktionalen Zusammenhangs der objektiven Merkmale des Betrugstatbestands begründet (ebd. Rn. 56); Schönke/Schröder/*Perron*, § 263 Rn. 41, 100 f.; a. A. BGHSt 19, 37, 45; BGH NJW 1995, 539; vgl. auch BGH NStZ 2006, 624, 625; SSW-StGB/*Satzger*, § 263 Rn. 205; Rengier, BT I, 24. Aufl. 2022, § 13 Rn. 148 m. w. N.

[12] Vgl. dazu MüKo-StGB/*Hefendehl*, § 263 Rn. 1030 ff., der mit ebenfalls rechtsgutsorientierter Argumentation die Eigenverantwortlichkeit des Opferverhaltens als Frage der Objektiven Zurechnung ins Zentrum rückt: Betreffe eine Täuschung lediglich die Dispositionsfreiheit des Opfers, handle dieses zwar im Irrtum, aber gleichwohl eigenverantwortlich. Erst mit Ausschaltung aller Entscheidungsmöglichkeiten des Opfers gehe die Tatherrschaft auf den Täter über. Wisse das Opfer um den nachteiligen Charakter seiner Vermögensverfügung, sei dies nicht der Fall.

sich der Betroffene freiwillig eines Teils seines Vermögens, so dass bei Lichte betrachtet nicht das *Ob*, sondern lediglich das *Warum* der Vermögensminderung aus dem Irrtum resultiert. Dem trägt die **Zweckverfehlungslehre** Rechnung. Sie geht davon aus, dass wirtschaftliches Handeln nicht nur die Verfolgung rein ökonomischer Ziele, sondern auch andere Zwecke umfassen kann, deren Erreichung mithin kompensierend wirkt. So lässt sich ein Vermögensschaden auch bejahen, wenn der Verfügende Vermögensleistungen in der täuschungsbedingten Fehlannahme erbringt, einen bestimmten Zweck zu fördern, und sie damit gleichsam zum Fenster hinauswirft (zur Vereinbarkeit mit dem verfassungsrechtlichen Verschleifungsgebot OLG München wistra 2014, 33 m.Anm. *Hecker*, JuS 2014, 561; *Wittig*, Wirtschaftsstrafrecht § 14 Rn. 129 m. w. N.). Dies freilich kann – wie abermals der Charakter des Betrugs als Delikt gegen das Vermögen, nicht gegen die Dispositionsfreiheit, verlangt – nur in engen Grenzen zulässig sein: Der Grad hinnehmbarer Subjektivierung des Schadensbegriffs ist mit der Anerkennung solcher Zwecke erreicht, die verallgemeinerungsfähig als sinnvolle Geldausgabe – insb. im Sinne der Förderung wirtschafts- und sozialpolitischer Ziele – anzusehen sind (nach Schönke/Schröder/*Perron*, § 263 Rn. 102 kommt die Erfüllung jeder Anstandspflicht in Betracht, die der Leistung einen sozialen Sinn gibt). Andere Interessen wie persönliche Affektionen oder rechts- bzw. sittenwidrige Zwecke sind hiervon nicht erfasst. Ungeachtet der im Einzelnen teils unterschiedlichen Herleitung ist die Möglichkeit eines Vermögensschadens durch Zweckverfehlung weithin anerkannt.[13]

Ein Vermögensschaden kann bereits aus der Eingehung eines schuldrechtlichen Verpflichtungsgeschäfts resultieren, wenn der Vergleich des Verkehrswerts der eingegangenen Leistungspflichten als Aktiva (Forderungen) und Passiva (Verbindlichkeiten) ein Minus des Vermögenswerts aufseiten des Opfers ergibt (**Eingehungsbetrug**; Lackner/Kühl/*Kühl*, § 263 Rn. 53 m. w. N.; zur Vereinbarkeit mit Art. 103 Abs. 2 GG s. BVerfG NStZ 2012, 496, 503 ff.). Werden die geschuldeten Leistungen in der Folge erbracht, vertieft sich der ggf. bereits entstandene Schaden nur noch (**unechter Erfüllungsbetrug**). Ebenso kann ein Vermögensschaden infolge einer Täuschung im Zeitraum zwischen Verpflichtungs- und Verfügungsgeschäft erst auf Ebene des letzteren auftreten (**echter Erfüllungsbetrug**; vgl. zum Ganzen SSW-StGB/*Satzger*, § 263 Rn. 259 ff.).

Ob und wie Positionen als Aktiva und Passiva in die Vermögenssaldierung einzustellen sind, ist weder inhaltlich noch zeitlich immer leicht zu beurteilen.

Ist ein Vermögensschaden nach Betrachtung der Vermögenslage im Zeitpunkt der Vermögensverfügung entstanden, können etwaige spätere Mehrungen des Opfervermögens durch den Täter diesen nicht mehr beseitigen. Sie sind allein auf Strafzumessungsebene von – strafmildernder – Bedeutung.

---

[13] BGH NJW 1995, 539; NStZ 2006, 624, 625; nach SSW-StGB/*Satzger*, § 263 Rn. 238 unterscheiden sich die verschiedenen Ansichten zu der Frage, ob die Selbstschädigung i. S. d. § 263 StGB unbewusst erfolgen muss, damit nicht im Ergebnis, das nach Anwendung der Zweckverfehlungslehre identisch ausfällt. Allein deren Funktion divergiert: Verlangt man eine unbewusste Selbstschädigung, wirkt die Zweckverfehlungslehre strafbegründend. Lässt man bewusste Selbstschädigung ausreichen, wirkt sie durch Beschränkung auf bestimmte Zwecke strafbegrenzend.

Beispiel Fall Madoff III – Vermögensschaden
Sachverhalt wie oben unter III. 1.

Ein Vermögensschaden getäuschter Anleger tritt mit Geldüberlassung in voller Höhe ein, wenn der Täter eine Rückzahlung von Beginn an nicht beabsichtigt (BGH NStZ 2017, 469, 470; 2018, 78; wistra 2018, 261, 262). So lag es im Fall des M jedoch nicht. Zwar sah er größtenteils davon ab, ihm überlassene Gelder in der zugesagten Weise zu investieren. Durchaus aber war er gewillt, Rückforderungen nach Möglichkeit zu bedienen und auch die versprochenen Gewinne auszuschütten. Fraglich ist, ob und ggf. in welcher Höhe ein Vermögensschaden auf Anlegerseite dennoch bereits im Zeitpunkt von Geschäftsschluss und Geldüberlassung (Vermögensverfügung) zu begründen ist.

Der Geldzahlung der Anleger an M standen **vertragliche Rückzahlungs- und Renditeansprüche** gegenüber, die den Vermögensabfluss **kompensieren** könnten. Entscheidend ist deren Werthaltigkeit.[14]

Anders als vertragliche Ansprüche sind **gesetzliche Ansprüche** – hier denkbar insb. gemäß § 812 Abs. 1 S. 1 Var. 1 BGB wegen Sittenwidrigkeit gemäß § 138 Abs. 1 oder infolge Anfechtung gemäß §§ 142 Abs. 1, 123 Abs. 1 BGB (vgl. dazu und zur Nichtanwendung des § 817 S. 2 BGB (analog) auf Schneeballsysteme BGH NJW 1997, 2314, 2315) – **nicht geeignet, Vermögensabflüsse auszugleichen**. Denn diese stehen nicht in unmittelbarem Zusammenhang mit der Vermögensverfügung, sondern sind rechtlich selbständig (*Rengier*, BT I, 24. Aufl. 2022, § 13 Rn. 156; *Wittig*, Wirtschaftsstrafrecht § 14 Rn. 103). Wollte man sie bei der Schadensermittlung berücksichtigen, wäre dem Betrugstatbestand weitgehend sein Anwendungsbereich entzogen. Anderes gilt für gesetzliche wie auch vertragliche Sicherungsrechte (etwa § 647 BGB; vgl. LK/*Tiedemann*, § 263 Rn. 167; SSW-StGB/*Satzger*, § 263 Rn. 227 f.).

Die Rechtsprechung nimmt bei „*Ponzi Schemes*" einen Vermögensschaden sämtlicher Anleger in Höhe des gesamten Anlagebetrags an, auch wenn der Systembetreiber wie M rückzahlungs- und gewinnausschüttungswillig ist. Etwaige tatsächliche spätere Rück- oder Gewinnauszahlungen sind allein auf Strafzumessungsebene relevant (Wiedergutmachung), da die Schadensbestimmung sich am Zeitpunkt der Vermögensverfügung orientiert. Die Ansprüche der Anleger gegen den Betreiber des Systems sieht der BGH als allein auf der Begehung von Straftaten fußende Aussicht auf Vertragserfüllung und damit von vornherein wirtschaftlich wertlos an. Denn obgleich gerade frühe An-

---

[14] BGH NStZ 2017, 469, 470: „Ein eventueller Minderwert ist dabei nach wirtschaftlicher Betrachtungsweise zu beurteilen und der Vermögensschaden unter Berücksichtigung banküblicher Bewertungsansätze konkret festzustellen und zu beziffern."; *Radtke*, in Fischer/Hoven/Huber et al. (Hg.) 2015, 231, 232.

leger Chancen auf tatsächliche Auszahlung der versprochenen Beträge hätten, ergäben sich diese doch nicht aus der Umsetzung des ihnen vorgestellten Anlagekonzepts, sondern allein aus dem weiteren Erfolg der täuschungsbedingten Geldeinwerbung bei immer neuen Anlegern. Damit seien sie nicht identisch mit der versprochenen Gegenleistung, sondern ein **Aliud ohne wirtschaftlichen Wert** (BGHSt 53, 199, 204; NStZ 2016, 280, 283; 409, 410; vgl. NK-StGB/*Kindhäuser*, § 263 Rn. 319a; LK/*Tiedemann*, § 263 Rn. 178 m. w. N.). Auch sei bei Beurteilung in diesem Zeitpunkt von einem schnellen Ende des naturgemäß fragilen Systems auszugehen (BGHSt 53, 199, 204; BGH NZWiSt 2022, 326, 333).

Der BGH behandelt *Ponzi schemes* bzw. Schneeballsysteme damit im Ganzen – jedenfalls, wenn tatsächlich keine Investition wie die gegenüber den Anlegern vorgegebene erfolgt (*reines Schneeballsystem*; vgl. BGH NStZ-RR 2016, 205, 207) – wie den Vertrieb faktisch wertloser Warenterminoptionen (BGHSt 31, 115, 117) und die Täuschung von Anlegern über den tatsächlichen Inhalt von Anlagemodellen (Investitionsfonds, BGHSt 51, 10, 15). Indes bestehen zwischen den verschiedenen Konstellationen erhebliche Unterschiede: Durch verdeckte Provisionen belastete Warenterminoptionen sind ebenso wie täuschungsbedingt erworbene Anteile an nicht im Sinne der Anleger bewirtschafteten Fonds aus Anlegersicht bereits *wirtschaftlich* wertlos. *Ponzi schemes* indes können – wie im Fall des M – u. U. auch über Jahre hinweg funktionieren und Anlegern erhebliche Gewinne bescheren (für nähere Differenzierung in der Praxis deshalb *Fischer*, § 263 Rn. 130).

Spricht der BGH den durch die Anleger erworbenen Ansprüchen dennoch jegliche kompensationstaugliche Werthaltigkeit ab und legt dem die deliktische Basis ihrer möglichen Erfüllung zugrunde, begründet er die Annahme eines Vermögensschadens, anders als er vorgibt, nicht rein wirtschaftlich, sondern *normativ* (vgl. *Becker*, NStZ 2016, 410, 411 zu BGH NStZ 2016, 409; *Fischer*, § 263 Rn. 130).

Dabei ist ihm zwar zuzustimmen, insoweit sich die Schadensbestimmung an der Lage im Zeitpunkt der Vermögensverfügung orientiert. Die Annahme wirtschaftlicher Wertlosigkeit sämtlicher Ansprüche aller Anleger überzeugt hingegen nicht. Es mag im Einzelnen kaum möglich sein, den weiteren Erfolg eines *Ponzi schemes* auf Grundlage der Findigkeit des Betreibers in der Akquise neuer Anleger ökonomisch vorherzusagen und so Vorliegen und Ausmaß eines Vermögensschadens für jeden Einzelfall zu bestimmen.[15] Der BGH setzt sich jedoch dem Vorwurf zirkelschlüssiger Argumentation aus, wenn er die Annahme eines Vermögensschadens bei einem Anleger – als Voraussetzung der Betrugsstrafbarkeit des Systembetreibers – auf den betrügerischen

---

[15] *Radtke*, in Fischer/Hoven/Huber et al. (Hg.) 2015, 231, 240; *Jahn*, JuS 2009, 756, 757, der gleichwohl den Widerspruch zum rein wirtschaftlichen Ausgangspunkt des Senats aufzeigt und auf die Problematik für andere, „weniger eindeutige" Risikogeschäftskonstellationen hinweist.

Charakter desselben Vorgehens gegenüber weiteren Anlegern stützt. Dabei ist ihm freilich zugutezuhalten, dass er weniger die normative Missbilligung als vielmehr die damit einhergehende wirtschaftliche Unsicherheit im Sinne hat.

Für die Annahme eines Schadens in Höhe des gesamten Anlagewerts könnte sprechen, dass Auszahlungen an einzelne Anleger eines *Ponzi schemes* bzw. Schneeballsystems der Insolvenzanfechtung (§§ 129 ff. InsO) unterliegen, also im Fall der Insolvenz des Systembetreibers u. U. zurückgefordert werden können (so *Radtke*, in Fischer/Hoven/Huber et al. (Hg.) 2015, 231, 240). Darin mag ein Risiko liegen, das den Wert von Anlegeransprüchen auch bei rein wirtschaftlicher Bewertung von Beginn an gegen Null tendieren lässt. Doch trifft dies zwar für Rendite-, nicht aber generell für Einlage-Rückzahlungen zu.[16]

Die Annahme eines wirtschaftlich wertlosen Aliuds rekurriert auf die Figur des individuellen Schadenseinschlags als Spielart normativer Schadensbegründung (vgl. *Trüg*, in Fischer/Hoven/Huber et al. (Hg.) 2015, 217). Dem Verständnis der außerjuristischen Welt näher läge es, das Vorliegen eines Vermögensschadens, wenn schon nicht strikt einzelfallbezogen, doch abgestuft nach der jeweiligen Phase des *Ponzi schemes* vorzunehmen und so zumindest die Annahme einer Schädigung solcher Anleger zu vermeiden, deren Renditehoffnungen über Jahre hinweg umfassend erfüllt werden.

Vorgeschlagen wird etwa ein dreistufiges System, das sich parallel zum Insolvenzrecht an der Liquidität des Betreibers im Zeitpunkt des jeweiligen Vertragsschlusses orientiert: Bei vollumfänglich möglicher Rück- und Renditezahlung liege kein Vermögensschaden vor. Sei das Unternehmen bereits derart „in Schieflage", dass für eine Auszahlung der Kapitalstock angegriffen werden müsse, seien Anlegeransprüche gefährdungsproportional abzuwerten. Sei der Kapitalstock bereits vollständig aufgezehrt, liege ein Vermögensschaden in voller Höhe des Anlagebetrags vor (so der Vorschlag von *Trüg*, in Fischer/Hoven/Huber et al. (Hg.) 2015, 217, 226 ff.).

Ungeachtet aller möglichen Differenzierungen von „*Ponzi schemes*", „*Pyramid systems*" oder *Schneeballsystemen* erscheint es richtig, im Grundsatz danach zu differenzieren, ob zum Anlagezeitpunkt überhaupt die vorgegebenen Investitionen erfolgten, ob also eine Rendite durch investive Anlage des Geldes und auch dessen Rückzahlung möglich war. Basiert das System also nicht ausschließlich auf Wertschöpfung durch weitere Einlagen, ist neben dem Zeitpunkt der Einzahlung bzw. Anlage des Geldes der Umfang dieser realen Investitionen entscheidend, um die Höhe des Schadens bestimmen zu können.

---

[16] Vollumfänglich der Anfechtung unterliegen nach BGH NJW 2014, 305 Auszahlungen nach Erwerb von Gesellschaftsanteilen; s. dagegen zur Anfechtbarkeit nur der Renditeausschüttung (Scheingewinnauszahlungen) als unentgeltlicher Leistung i. S. d. § 134 InsO BGH NJW 2009, 363.

Auch deutliche **Warnsignale** entsprechend der von der US-amerikanischen *Securities and Exchange Commission (SEC)* gesetzten „Red Flags" – beispielsweise Gewinnversprechen deutlich über dem marktüblichen Rahmen, Risikoangaben deutlich unter demselben, fehlende oder überkomplexe Angaben zur Investitionsstrategie usw. (SEC – *Investor Information Ponzi Scheme and Red Flag*, https://www.sec.gov/fast-answers/answersponzihtm.html#RedFlags, zul. 13.07.2021) – hindern die Annahme eines Schadens nicht und bleiben auch ohne Relevanz für dessen Umfang. Während sie in zivilrechtlicher Hinsicht die Annahme einer schadensmindernden Mitverantwortung des Anlegers tragen können (vgl. § 254 Abs. 1 BGB), kommt ihnen strafrechtliche Bedeutung allein auf Ebene des Irrtums zu.

Während die Frage des Vermögensschadens einzelner Anleger eines *Ponzi schemes* oder Schneeballsystems damit noch nicht als abschließend geklärt angesehen werden kann, machte sich M – nach deutschem Recht – doch zweifellos wegen Betrugs im besonders schweren Fall gemäß § 263 Abs. 1, 3 S. 2 Nr. 1 Var. 1, Nr. 2 Var. 1, 2 StGB strafbar.

Weiter in Betracht kommt bei Annahme einer – naheliegenden – Vermögensbetreuungspflicht gegenüber Anlegern eine Strafbarkeit wegen Untreue im besonders schweren Fall gemäß § 266 Abs. 1 Var. 2, Abs. 2 i. V. m. § 263 Abs. 3 S. 2 Nr. 1, 2 StGB (Zur Abhängigkeit des Konkurrenzverhältnisses von der zeitlichen Abfolge des Geschehens s. BeckOK-StGB/*Wittig*, § 266 Rn. 79); zu § 264a StGB s. u. B. III.

Eng mit der Figur des Eingehungsbetrugs verknüpft ist jene des **Gefährdungsschadens**.

Beispiel Sportwetten II – Vermögensschaden
Sachverhalt wie oben III. 1.

1. Gefährdungsschaden?

Bereits durch Abschluss des Wettvertrags könnte den durch A getäuschten Buchmachern ein Vermögensschaden in Gestalt eines Gefährdungsschadens entstanden sein (so die Vorinstanz zu BGHSt 51, 165: LG Berlin Urt. v. 17.11.3005 – (512) 68 Js 451/05 KLs (42/05)). Ein solcher muss konkret bezifferbar sein und setzt voraus, dass eine endgültige Vermögensminderung derart wahrscheinlich ist, dass sich bei wirtschaftlicher Betrachtung bereits daraus ein Schaden ergibt (BGHSt 51, 165, 177; 58, 102, 112; BGH NStZ 2017, 30; *Fischer*, § 263 Rn. 159 f. m. w. N.; *Saliger/Rönnau/Kirch-Heim*, NStZ 2007, 361, 364 f.; Schönke/Schröder/*Perron*, § 263 Rn. 143 f.; zur Figur des Gefährdungsschadens insg. krit. SK-StGB/*Hoyer*, § 263 Rn. 230 ff.). Der

Ausgang der Spiele, auf die A wettete – und damit eine spätere Auszahlung der erhofften Wettgewinne –, war aber angesichts der trotz aller Manipulationen verbleibenden Unwägbarkeiten noch höchst ungewiss. Die Annahme eines bereits mit Abschluss der Wettverträge eintretenden Gefährdungsschadens scheidet demnach aus.

2. „Quotenschaden"

Im *Fall Hoyzer* (BGHSt 51, 165) ging der BGH stattdessen vom Vorliegen eines „Quotenschadens" aus. Bei Sportwetten mit festen Quoten stelle sich die vom Wettanbieter ermittelte und vorgegebene Quote gleichsam als Verkaufspreis der Wettchance dar. Angesichts der Verschiebung des Wettrisikos durch die Manipulationen des A entsprächen die gegebenen Quoten nicht mehr dem der Kalkulation der Wettanbieter zugrundeliegenden Risiko. Damit seien die von A erworbenen erhöhten Gewinnchancen wesentlich mehr wert gewesen als der im Gegenzug entrichtete Wetteinsatz. Hierin liege bereits im Eingehungsstadium ein vollendeter – als „Quotenschaden" bezeichneter – Vermögensschaden aufseiten der Wettanbieter. Dieser müsse nicht beziffert werden. Komme es in der Folge zur Gewinnauszahlung, schlage das erhöhte Verlustrisiko ungeachtet dessen, ob die Manipulationen im Einzelnen für den Spielausgang entscheidend waren,[17] in einen (strafzumessungsrelevanten) endgültigen Vermögensverlust in Höhe der Differenz zwischen Wetteinsatz und Wettgewinn um.[18]

Dies erscheint in verschiedener Hinsicht zweifelhaft. Legt man zugrunde, dass § 263 StGB allein das Vermögen, nicht aber die Dispositionsfreiheit schützt, gelten für die Schadensermittlung **objektive – nicht intersubjektive – Grundsätze** (BGHSt 60, 1; für Fälle des Eingehungsbetrugs anders BGHSt 58, 205, 208 ff. m. krit. Anm. *Albrecht*, NStZ 2014, 17; *Sinn*, ZJS 2013, 625; s. a. *Dannecker*, NZWiSt 2015, 173, 178: Abstellen auf intersubjektive Wertbestimmung nur bei Annahme von Schutz der Dispositionsfreiheit und personalem Vermögensbegriff denkbar). Wie hoch der Geschädigte den Wert der Gegenleistung subjektiv ansetzt, ist nicht entscheidend (BGHSt 60, 1, 10 f.). Hier aber orientiert sich der BGH schlicht am durch die Wettanbieter vorgegebenen Preisverhältnis, ohne der – freilich kaum zu beantwortenden (anders *Greco*, NZWiSt 2014, 334, 337 f.) – Frage nachzugehen, welcher Marktwert einem Wettschein über ein manipuliertes Sportereignis zukommt. Dabei legt er Fehlannahmen darüber zugrunde, wie Wettquoten zustande kommen

---

[17] Insoweit krit. *Engländer*, JR 2007, 471, 479; zust. dagegen *Bosch*, JA 2007, 389, 391: Misslingen der Manipulation als irrelevante Schadenswiedergutmachung.

[18] Die gesamte Entwicklung der Figur des Quotenschadens in diesem (nicht insolvenzrechtlichen) Sinne entstammt BGHSt 51, 165, 175 f.

(*Saliger/Rönnau/Kirch-Heim*, NStZ 2007, 361, 366; mit Bsp. *Funck*, Täuschungsbedingter Betrugsschaden, 2018, 396; *Bosch*, JA 2007, 389, 391; *Fischer*, § 263 Rn. 132 m. w. N.; i. E. gegen diesen Einwand *Greco*, NZWiSt 2014, 334, 336). Die Annahme, der „Quotenschaden" bedürfe keiner Bezifferung, ist mit Art. 103 Abs. 2 GG unvereinbar (vgl. *Rönnau/Soyka*, NStZ 2009, 12): Wie jedem Tatbestandsmerkmal kommt jenem des Vermögensschadens strafbarkeitsbegrenzende Bedeutung zu; es charakterisiert den Betrug als Vermögens- und Erfolgsdelikt. Zur Verhinderung ausufernder Anwendung verlangt die Annahme eines Vermögensschadens somit grundsätzlich dessen **konkrete Bezifferung**.[19]

Den verfassungsrechtlichen Vorgaben versucht eine spätere Sportwetten-Entscheidung des BGH Rechnung zu tragen (BGHSt 58, 102, 108 ff.; vgl. *Hecker*, JuS 2014, 656, 658): Werde auf eine Wette über ein manipuliertes Spiel ein Gewinn ausgezahlt, liege ein endgültiger Schaden in Höhe der Differenz zwischen Gewinnauszahlung und Wetteinsatz vor (Erfüllungsbetrug). Irrelevant bleibe, ob die Manipulation ursächlich für den Spielausgang geworden sei, da die Wettanbieter Wetten bei Kenntnis der Manipulationsbestrebungen bereits nicht angenommen hätten (insofern krit. *Greco*, NZWiSt 2014, 334, 335, der die Figur des Quotenschadens indes für „zum großen Teil" zustimmungswürdig erachtet).

Auch schon im Eingehungsstadium entstehe ein – im Fall erfolgloser Manipulation und ausbleibender Gewinnauszahlung entscheidender – Schaden aufseiten der Wettanbieter. Denn bei Sportwettverträgen mit verbindlichen Quoten räumten Wettanbieter und Wettender einander im Alternativverhältnis stehende Ansprüche auf konkret bestimmte Geldbeträge ein. Der Wert des Anspruchs des Wettenden bestimme sich „Einsatz x Quote – Einsatz", jener des Wettanbieters unmittelbar anhand des Einsatzes. Werde durch eine nicht offengelegte Manipulation des Wettenden die Wahrscheinlichkeit des wettgegenständlichen Spielergebnisses erhöht, stiegen damit zugleich der Geldwert seines Anspruchs und das Haftungsrisiko des Wettanbieters. Der Geldwert des wettanbieterseitigen Anspruchs verringere sich dagegen. Das Gericht müsse deshalb die Wahrscheinlichkeit eines Wetterfolgs vor sowie nach Manipulation feststellen, um den wirtschaftlichen Wert der Ansprüche zu bestimmen, wobei die ursprünglich auf dem Wettmarkt ausgegebenen Quoten

---

[19] BVerfG NStZ 2012, 496, 504; die Position, eine solche sei nicht erforderlich, hat der 5. Strafsenat des BGH im Anschluss an diese Entscheidung des BVerfG aufgegeben: BGH NStZ 2012, 2370, 2371; krit. zur Möglichkeit konkreter Bezifferung und der aus diesem Gebot folgenden „Scheingenauigkeit" *Noll*, in Fischer/Hoven/Huber et al. (Hg.) 2015, 313.

als Anhaltspunkt dienen könnten.[20] Bei Unsicherheiten könne ein Mindestschaden tragfähig geschätzt werden.

Auch diese Schadensbegründung erfährt Kritik (vgl. zum Ganzen Esser/Rübenstahl/Tsambikakis/*Saliger*, StGB § 263 Rn. 223 f. m. w. N.). Diese trifft die mögliche Schätzung eines Mindestschadens, die als Einfallstor drohender „Umgehungen einer konkretisierenden Schadensbestimmung" sowie mit Blick auf das Bestimmtheitsgebot angesichts der Unklarheit anzulegender Maßstäbe als verfassungsrechtlich bedenklich angesehen wird[21] – wobei sie praktisch kaum mehr wegzudenken ist. Fragwürdig ist auch das Festhalten an der Annahme, eine tatsächliche Auswirkung der Manipulationen auf Spielergebnisse sei nicht notwendig (*Funck*, Täuschungsbedingter Betrugsschaden, 2018, 403 ff.). Im Ganzen bleibt zweifelhaft, inwieweit die Abwandlung der Schadensbegründung von der Figur des Quotenschadens abweicht (*Fischer*, § 263 Rn. 132a).

Nach der Rechtsprechung des BGH hat sich A im Ergebnis nicht nur in den Fällen tatsächlich erfolgter Gewinnauszahlung wegen vollendeten Betrugs (beachte auch § 263 Abs. 3 S. 2 Nr. 1, 2, Abs. 5) strafbar gemacht, sondern auch in jenen Fällen, in denen er seine Wetten verlor.

Ebenfalls verwirklicht wären *nach heutiger Rechtslage* die 2017 eingeführten Tatbestände des Sportwettbetrugs gemäß §§ 265c Abs. 2, 4, 265d Abs. 2, 4 im besonders schweren Fall gemäß § 265e S. 2 Nr. 2 StGB.

V. Subjektiver Tatbestand: Vorsatz und Bereicherungsabsicht

Da der tatsächliche Eintritt einer Bereicherung nicht notwendig ist, verleiht das Merkmal der **Absicht stoffgleicher, rechtswidriger Bereicherung** dem Betrug den Charakter eines Delikts mit überschießender Innentendenz. Die stoffgleiche Bereicherung muss vom Täter mit dolus directus 1. Grades, also zielgerichteter Absicht, erstrebt werden; sei es auch als notwendiges Zwischen- oder Nebenziel. **Bereicherung** ist dabei jede Verbesserung der Vermögenslage des Begünstigten. **Stoffgleichheit** setzt voraus, dass die Bereicherung unmittelbar aus derselben Vermögensverfügung resultiert wie der opferseitige Vermögensschaden und sich somit als

---

[20] Krit. zur Bestimmbarkeit der Wahrscheinlichkeiten und damit des Schadens *Schiemann*, NJW 2013, 883, 888; *Funck*, Täuschungsbedingter Betrugsschaden, 2018, 388 ff.; vgl. auch *Rengier*, BT I, 24. Aufl. 2022, § 13 Rn. 221: Die Annahme eines Schadens in dieser Konstellation liege „auf der Hand und verdient Zustimmung", wobei die Bezifferung schwierig bleibe.

[21] So *Jäger*, JA 2013, 868, 870, der zugleich auf die Billigung der Schadensschätzung durch das BVerfG (NStZ 2012, 496, 504) hinweist und in Fn. 11 Unterschiede des vorliegenden Falls zur gängigen Schätzungspraxis im Steuerstrafrecht aufzeigt; auch nach *Schiemann*, NJW 2013, 883, 888 bleibt abzuwarten, „ob solche Schätzungen nicht letztlich doch wieder zur Aushöhlung der Schadensfeststellung führen" und „die vom BVerfG angemahnte wirtschaftliche Bestimmung des Vermögens- und Schadensbegriffs doch wieder relativiert wird".

dessen Kehrseite präsentiert, ohne ihm aber in der Höhe notwendig identisch zu sein. Gerade in komplexen wirtschaftsstrafrechtlichen Konstellationen bedarf die Prüfung dieser Frage einiger Sorgfalt (vgl. etwa BGH Beschl. v. 15.07.2021 – 6 StR 182/21 –, BeckRS 2021, 21677).

Die Bereicherung ist objektiv rechtswidrig, wenn der Begünstigte keinen fälligen, einredefreien Anspruch auf die erwirkte Leistung hat. Gleiches gilt, wenn durch Täuschung abgewehrte Ansprüche gegen ihn objektiv bestehen. Die Rechtswidrigkeit der erstrebten Bereicherung stellt ihrer Natur nach ein objektives Tatbestandsmerkmal dar. Dementsprechend genügt insoweit bedingter Vorsatz des Täters. Ist dieser nicht gegeben, liegt ein Irrtum i. S. d. § 16 Abs. 1 S. 1 vor.

VI. Regelbeispiele des Abs. 3 und Qualifikation des Abs. 5

§ 263 Abs. 3 S. 1 StGB erhöht die Strafdrohung bei Vorliegen eines **besonders schweren Falls**.

Ein solcher ist nach Abs. 3 S. 2 Nr. 1 indiziert, wenn der Täter gewerbsmäßig *oder* als Mitglied einer Bande agiert, die sich zur fortgesetzten Begehung von Urkundenfälschung oder Betrug verbunden hat. **Gewerbsmäßig** handelt, wer sich aus wiederholter Begehung eine fortlaufende Einnahmequelle von einiger Dauer und einigem Umfang verschaffen will.[22] Es reicht aus, wenn die erstrebten Vorteile dem Täter mittelbar – etwa durch eine von ihm beherrschte Gesellschaft – zugutekommen sollen (MüKo-StGB/*Hefendehl*, § 263 Rn. 1212); entscheidend ist, dass er sie letztlich für sich selbst erstrebt (vgl. Esser/Rübenstahl/Tsambikakis/*Saliger*, StGB § 263 Rn. 279 m. w. N.).

Eine **Bande** i. S. d. Regelbeispiels liegt in jedem Zusammenschluss mindestens dreier Personen, die sich zur fortgesetzten Begehung im Einzelnen noch unbestimmter Taten verbunden haben, wobei es sich im Fall des Abs. 3 S. 2 Nr. 1 Var. 2 um Betrugs- oder Urkundenfälschungstaten handeln muss (s. zum Hintergrund der Bekämpfung organisierter Kriminalität LK/Tiedemann, § 263 Rn. 297 m. w. N.).

Ein **Vermögensverlust großen Ausmaßes** i. S. d. Abs. 3 S. 2 Nr. 2 Var. 1 setzt einen tatsächlich eingetretenen Vermögensschaden von objektiv gegenüber dem üblichen Maß gesteigerter Höhe – d. h. nicht unter 50.000 EUR – voraus (vgl. SSW-StGB/*Satzger*, § 263 Rn. 389 f.; zur Höhe BGHSt 48, 360: Vermögensverlust jedenfalls dann nicht von großem Ausmaß, wenn er den Wert von 50.000 EUR nicht erreicht). Entscheidend ist dabei nicht ein etwaiger Gewinn des Täters, sondern allein die opferseitige Vermögenseinbuße; eine Addition der Verluste mehrerer Opfer scheidet auch bei tateinheitlicher Begehung aus (BGH NJW 2011, 1825; NStZ 2012, 213). Handelt der Täter in der **Absicht** – ausreichend ist direkter Vorsatz –, durch fortgesetzte Begehung mehrerer rechtlich selbständiger Taten (vgl. BGH

---

[22] Vgl. nur NK-StGB/*Kindhäuser*, § 263 Rn. 391 m. w. N., der Gewerbsmäßigkeit indes entgegen der überwiegenden Ansicht bei Verwirklichung nur *einer* Betrugstat nicht für möglich erachtet; *Dobrowski*, wistra 2018, 97 ff. weist darauf hin, dass die gerichtliche Feststellung der Motivation zum wiederholten Tätigwerden oftmals nur anhand bereits erfolgter früherer Begehung möglich sein wird.

NJW 2011, 1825, 1827) eine **große Zahl von Menschen** in die Gefahr des Verlusts von Vermögenswerten zu bringen, kann das Regelbeispiel des Abs. 3 S. 2 Nr. 2 Var. 2 bereits bei der ersten Betrugstat gegeben sein (Lackner/Kühl/*Kühl*, § 263 Rn. 66). Wann eine große Zahl in diesem Sinne vorliegt, ist nicht abschließend geklärt. Teils wird von zehn Personen ausgegangen (etwa *Rengier*, BT I, 24. Aufl. 2022, § 13 Rn. 280); naheliegender erscheinen 20 (so auch NK-StGB/*Kindhäuser*, § 263 Rn. 396 m. w. N.). Auf juristische Personen erstreckt sich der Wortlaut nicht (BGH NStZ 2001, 319, 320). Gleichwohl kann das Merkmal bspw. im Fall von Anlagebetrügereien und Kursmanipulationen Bedeutung erlangen. Die dogmatische Schwierigkeit in den für wirtschaftsstrafrechtliche Zusammenhänge typischen Konstellationen liegt vielfach darin, dass einerseits keine unmittelbare Kommunikationsbeziehung zwischen Täter und Verfügendem besteht und andererseits die potentiell Geschädigten nicht einmal der Anzahl nach kalkulierbar sein müssen.

Wirtschaftliche Not i. S. d. Abs. 3 S. 2 Nr. 3 setzt voraus, dass eine Person ohne Hilfe Dritter ihren ihre Lebensunterhalt nicht mehr zu bestreiten vermag oder ihre geschäftliche Daseinsgrundlage in Gefahr gerät (vgl. BeckOK-StGB/*Beukelmann*, § 263 Rn. 108; Schönke/Schröder/*Heine/Hecker*, § 291 Rn. 43). Der Betroffene muss nicht mit dem Betrugsopfer identisch sein (*Wittig*, Wirtschaftsstrafrecht § 14 Rn. 166). Hier kann bspw. ein Betrug zu Lasten von Pensionsfonds oder sonstigen Alterssicherungen bedeutsam sein.

Einen besonders schweren Fall indiziert es schließlich, wenn der Täter gemäß Abs. 3 S. 2 Nr. 4 seine Befugnisse oder seine Stellung als Amtsträger (§ 11 Abs. 1 Nr. 2) oder Europäischer Amtsträger (§ 11 Abs. 1 Nr. 2a) missbraucht oder unter den Voraussetzungen des Abs. 3 S. 2 Nr. 5 (vgl. § 265 Abs. 1) einen Versicherungsfall vortäuscht (vgl. dazu Maurach/Schroeder/Maiwald/Hoyer/*Momsen*, § 41 Rn. 160 f.).

Abs. 4 verweist auf § 243 Abs. 2, der die Annahme eines besonders schweren Falls bei **Geringwertigkeit** zwingend ausschließt. Die Grenze wird teils bei 25 (*Fischer*, § 243 Rn. 25), teils bei 50 EUR gezogen (MüKo-StGB/*Hefendehl*, § 263 Rn. 1236). Ebenfalls in Bezug nimmt Abs. 4 die Strafantragserfordernisse der §§ 247, 248a StGB.

Liegen die Voraussetzungen des Abs. 3 S. 2 Nr. 1 kumulativ vor, agiert der Täter also gewerbsmäßig *und* als Mitglied einer Bande, die sich zur fortgesetzten Begehung von Delikten nach §§ 263 bis 264 oder 267 bis 269 verbunden hat, greift die **Qualifikation** des Abs. 5 ein, die die Tat zum Verbrechen (§ 12 Abs. 1 StGB) erhebt.

B. Betrugsnahe bzw. – verwandte Straftatbestände

I. Computerbetrug, § 263a StGB

1. Bedeutung und Rechtsgut
§ 263a StGB stellt keinen wirtschaftsstrafrechtlichen Tatbestand im engeren Sinne dar. Die Verursachung von Vermögensschäden durch Einflussnahme auf einen Datenverarbeitungsvorgang – ein Bereich, der in der digitalisierten Welt eine Viel-

zahl auch wirtschaftsstrafrechtlicher Fallgestaltungen umfasst – unterfällt mangels täuschungsbedingten Irrtums eines Menschen regelmäßig nicht dem Anwendungsbereich des § 263 StGB. Dies begründet das kriminalpolitische Bedürfnis, dem die Schaffung des § 263a StGB durch das Zweite Gesetz zur Bekämpfung der Wirtschaftskriminalität 1986 Rechnung trug. Ausschlaggebend waren dabei nicht zuletzt hohe Schadenssummen bekannt gewordener Fälle (krit. zum Zusammenhang von „Computerkriminalität" und Wirtschaftskriminalität sowie zur quantitativen und qualitativen Relevanz einschlägiger Taten aus damaliger Sicht *Haft*, NStZ 1987, 6; zur Statistik auch NK-WiStR/*Waßmer*, § 263a Rn. 7 ff). Bei der Fallprüfung ist zu berücksichtigen, dass gegenwärtig in der Praxis viele Betrugstaten durch die Verwendung oder Beeinflussung von IT-Systemen begangen werden. In diesen Fällen können § 263 Abs. 1 und § 263a Abs. 1 StGB (ggf. ideakonkurrierend) nebeneinander verwirklicht sein.

Entsprechend der ergänzenden Funktion, die § 263a im Verhältnis zu § 263 StGB zukommt, schützt auch der Tatbestand des Computerbetrugs allein das (Individual-)Vermögen (BGHSt 40, 331, 334; *Fischer*, § 263a Rn. 2).

Die später hinzugefügten Abs. 3 und 4 normieren eine Vorverlagerung der Strafbarkeit auf bestimmte Vorbereitungshandlungen (Abs. 3 in Umsetzung unionsrechtlicher Vorgaben)[23] sowie die diesbezügliche Möglichkeit tätiger Reue (Abs. 4).

2. Prüfungsaufbau[24]

I. Tatbestand, § 263a Abs. 1 StGB
1. Objektiver Tatbestand
    alternativ:
    a. Unrichtige Gestaltung eines Programms (Var. 1)
    b. Verwendung unrichtiger oder unvollständiger Daten (sog. Input-Manipulation, Var. 2)
    c. Unbefugte Verwendung von Daten (Var. 3)
    d. Sonstiges unbefugtes Einwirken auf den Ablauf (Var. 4)
    dadurch:
    e. Beeinflussen des Ergebnisses eines Datenverarbeitungsvorgangs
    dadurch:
    f. Vermögensschaden

---

[23] Vgl. MüKo-StGB/*Hefendehl/Noll*, § 263a Rn. 19 m. w. N.; Schönke/Schröder/*Perron*, § 263a Rn. 1 m. w. N.; in Umsetzung der RL (EU) 2019/713 zur Bekämpfung von Betrug und Fälschung im Zusammenhang mit unbaren Zahlungsmitteln und zur Ersetzung des Rahmenbeschlusses 2001/413/JI des Rates wurde zum 18.03.2021 der Abs. 3 um die Modalität des Herstellens, Verschaffens, Feilhaltens, Verwahrens oder Überlassens von Passwörtern oder sonstigen Sicherheitscodes, die zur Begehung von Taten nach Abs. 1 geeignet sind, ergänzt, https://www.bmj.de/SharedDocs/Gesetzgebungsverfahren/Dokumente/Bgbl_Aenderung_StGB_unbare_Zahlungsmittel.pdf;jsessionid=C5790E16CB2CA8EAACABAD07A823E8D3.1_cid334?__blob=publicationFile&v=2, zuletzt abgerufen am 25.03.2022.

[24] Das vorgeschlagene Prüfungsschema konzentriert sich auf den im Ausbildungsbereich im Verhältnis zu § 263a Abs. 3 ungleich wichtigeren Abs. 1. Ist stattdessen Abs. 3 zu prüfen, sollte stets an die Möglichkeit tätiger Reue gemäß Abs. 4 i. V. m. § 149 Abs. 2, 3 StGB gedacht werden.

B. Betrugsnahe bzw. -verwandte Straftatbestände

2. Subjektiver Tatbestand
   a. Vorsatz
   b. Absicht stoffgleicher rechtswidriger Bereicherung
      aa. Stoffgleichheit und Rechtswidrigkeit der angestrebten Bereicherung
      bb. Diesbezüglicher Vorsatz
II. Ggf. Qualifikation, § 263a Abs. 2 i. V. m. § 263 Abs. 5 StGB
III. Rechtswidrigkeit
IV. Schuld
V. Ggf. Regelbeispiele, §§ 263a Abs. 2 i. V. m. 263 Abs. 3 StGB
VI. Ggf. Strafantrag, § 263a Abs. 2 i. V. m. §§ 263 Abs. 4, 248, 248a StGB

3. Die Tatbestandsmerkmale im Einzelnen

a. Tatmodalitäten des Abs. 1
Sämtliche Begehungsformen des Computerbetrugs setzen die Beeinflussung des Ergebnisses eines **Datenverarbeitungsvorgangs** voraus. Daten i. S. d. § 263a StGB sind alle Informationen, die – ohne Rücksicht auf den Verarbeitungsgrad – Gegenstand eines Verarbeitungsvorgangs sein können (BeckOK-StGB/*Schmidt*, § 263a Rn. 6: „computer- und datenverarbeitungsgerechte, kodierte Form der Information"). Ein Datenverarbeitungsvorgang ist jeder technische Ablauf, der durch Aufnahme von Daten und ihre Verknüpfung nach Programmen Arbeitsergebnisse erzielt (NK-StGB/*Kindhäuser*, § 263a Rn. 12 m. w. N.). Das Ergebnis eines solchen Vorgangs ist **beeinflusst**, wenn die Tathandlung für dasselbe wenigstens mitursächlich wird (*Fischer*, § 263a Rn. 20). Dies setzt nicht voraus, dass der Datenverarbeitungsvorgang sich bereits vor der Tathandlung in Gang befindet.
Programm ist jede durch Daten fixierte, aus einer Folge von Einzelbefehlen bestehende Arbeitsanweisung an einen Computer (MüKo-StGB/*Hefendehl/Noll*, § 263a Rn. 34). Die unrichtige **Gestaltung** eines solchen (Abs. 1 Var. 1) kann durch das Neuschreiben ganzer Programme oder Programmteile ebenso wie das Hinzufügen, Verändern oder Löschen einzelner Programmabschnitte und den Einbau falscher Funktionen erfolgen. Denkbar ist dies sowohl durch die Veränderung programmimmanenter Arbeitsanweisungen als auch durch den Einsatz selbsttätiger Programme sowie die Vornahme solcher Manipulationen, die nicht die eigentlichen Ablaufschritte eines Programms verändern, sondern diese durch nicht vorgesehene Schritte überlagern (BGH NStZ-RR 2016, 371, 372 u.Verw. auf LK/*Tiedemann*, § 263a Rn. 28 m. w. N.). **Unrichtig** ist ein Programm, wenn es keine dem Zweck der jeweiligen Datenverarbeitung, der Beziehung zwischen den Beteiligten und der materiellen Rechtslage entsprechenden Ergebnisse mehr zu erzielen vermag (MüKo-StGB/*Hefendehl/Noll*, § 263a Rn. 37 m. w. N.; alternativ zu diesem *objektiven Unrichtigkeitsbegriff* wird teils auch auf *subjektive Unrichtigkeit* i. S. eines Widerspruchs zum Willen des Systembetreibers abgestellt, vgl. etwa Schönke/Schröder/*Perron*, § 263a Rn. 5).
Daten sind **unrichtig**, wenn der durch sie bezeichnete Sachverhalt in Wahrheit gar nicht oder anders gegeben ist (*Fischer*, § 263a Rn. 7). Sie sind **unvollständig**, wenn sie den Sachverhalt, auf den sie sich beziehen, nicht ausreichend erkennen

lassen (MüKo-StGB/*Hefendehl/Noll*, § 263a Rn. 49 m. w. N.). Ihre **Verwendung** (Inputmanipulation, Abs. 1 Var. 2) verlangt die Eingabe in einen Datenverarbeitungsvorgang (*Rengier*, BT I, 24. Aufl. 2022, § 14 Rn. 11).

Wann die Verwendung von Daten als **unbefugt** (Abs. 1 Var. 3) anzusehen ist, ist umstritten. Neben einem subjektiven, allein am Widerspruch zum Willen des Berechtigten orientierten Verständnis stehen sich „**computerspezifische**" und „**betrugsspezifische**" **Auslegung** gegenüber (*Fischer*, § 263a Rn. 10 ff. m. w. N.). Erstere nimmt Unbefugtheit an, wenn der im Programm niedergelegte entgegenstehende Wille des Berechtigten durch die Datenverwendung umgangen wird. Die betrugsspezifische Auslegung des Merkmals stützt sich auf die Parallelität von § 263 und § 263a StGB und nimmt Unbefugtheit an, wenn die Verwendung der Daten gegenüber einer natürlichen Person anstelle des Computers Täuschungscharakter hätte. Dies entspricht der ergänzenden Funktion des § 263a im Verhältnis zu § 263 StGB (zum Ganzen näher Maurach/Schroeder/Maiwald/Hoyer/*Momsen*, § 41 Rn. 240; *Rengier*, BT I, 24. Aufl. 2022, § 14 Rn. 15 ff.).

Der Auffangtatbestand des **sonstigen unbefugten Einwirkens** (Abs. 1 Var. 4) erfasst neben der sogenannten Output-Manipulation auch neue, noch nicht bekannte Techniken (insbesondere Hardware-Manipulationen; *Fischer*, § 263a Rn. 18 f. m. w. N.).

Der **Vermögensschaden** des Systembetreibers oder eines Dritten muss **unmittelbar** aus der Beeinflussung des Ergebnisses eines Datenverarbeitungsvorgangs resultieren. Im Übrigen gelten die Ausführungen zu § 263 (s. A. IV.) entsprechend.

b. Vorbereitungshandlungen des Abs. 3

Abs. 3 stellt – parallel zu § 149 Abs. 1 StGB – bereits die **Vorbereitung** von Taten nach Abs. 1 durch Herstellen, Verschaffen, Feilhalten, Verwahren oder Überlassen von deren Begehung dienenden Computerprogrammen unter Strafe (Nr. 1). Ein Programm stellt her, wer es erfolgreich – gebrauchsfertig – programmiert (zum Ganzen BeckOK-StGB/*Schmidt*, § 263a Rn. 50). Ein solches verschafft sich oder einem Dritten, wer die Verfügungsgewalt darüber erlangt oder dem Dritten eröffnet (MüKo-StGB/*Hefendehl/Noll*, § 263a Rn. 199 betonen zudem einschränkend, dass ein etwaiger Dritter zumindest *Verfügungsbewusstsein* haben muss). Feil hält ein Programm, wer es nach außen hin erkennbar zum entgeltlichen Erwerb anbietet (*Fischer*, § 263a Rn. 33); es verwahrt oder überlässt, wer es zur Verfügung hält bzw. zum eigenen Gebrauch freigibt (MüKo-StGB/*Hefendehl/Noll*, § 263a Rn. 200). Im Einzelnen umstritten sind die Anforderungen an die Bestimmung des Zwecks einschlägiger Programme, sofern dieser nicht von vornherein offen zutage liegt. Der Annahme der Gesetzesbegründung, der Programmzweck sei objektiv zu bestimmen (BT-Drs. 15/1720, 10 f.), wurde mit Blick auf sogenannte **Dual-Use-Programme** überzeugend entgegengetreten (BeckOK-StGB/*Schmidt*, § 263a Rn. 48; MüKo-StGB/*Hefendehl/Noll*, § 263a Rn. 189 m. w. N.). Jedenfalls in deren Fällen kann allein die subjektive Bestimmung, einem Zweck i. S. d. Abs. 1 zu dienen, entscheidend sein.

Seit dem 18.03.2021 erfasst Abs. 3 Nr. 2 auch das Herstellen, Verschaffen, Feilhalten, Verwahren oder Überlassen von Passwörtern oder sonstigen Sicherungscodes, die zur Begehung einer Tat nach Abs. 1 geeignet sind. Die Begriffe entsprechen dabei denen des § 202c StGB. Erfasst wird von Abs. 3 Nr. 2 insbesondere auch das sog. **Skimming**, also das Ausspähen von wobei Passwörtern mithilfe von Magnetkartenlesern zur Ermöglichung eines späteren Computerbetrugs (BeckOK-StGB/*Schmidt*, § 263a Rn. 49).

Subjektiv setzt das Vorbereiten einer Tat neben zumindest bedingtem Vorsatz voraus, dass der Handelnde eine Tat nach Abs. 1 in Aussicht nimmt, ohne dass diese konkret bestimmt sein müsste (Lackner/Kühl/*Heger*, § 263a Rn. 26c).

4. Verweis des Abs. 2 auf § 263 Abs. 2-6; Tätige Reue, Abs. 4; Konkurrenzen

Nach Abs. 2 i. V. m. § 263 Abs. 2 sind nicht nur vollendete, sondern bereits versuchte Taten nach Abs. 1 strafbar. Zu den übrigen Bezugsnormen des Abs. 2 – § 263 Abs. 3 bis 6 – s. o. A. VI.

Für Taten nach Abs. 3 statuiert Abs. 4 angesichts der erheblichen Strafbarkeitsvorverlagerung Straffreiheit im Fall tätiger Reue.

Auf Konkurrenzebene treten Handlungen nach Abs. 3 subsidiär hinter (dem Versuch des) Abs. 1 zurück (BGH Beschl. v. 29.07.2014 – 5 StR 233/14 –, BeckRS 2014, 16408; krit. Lackner/Kühl/*Heger*, § 263a Rn. 27). Gleiches gilt für § 263a StGB angesichts des fehlenden eigenen Unrechtsgehalts grundsätzlich gegenüber handlungseinheitlich verwirklichtem Betrug (s. dazu sowie zum Verhältnis zu anderen Delikten Maurach/Schroeder/Maiwald/Hoyer/*Momsen*, § 41 Rn. 246). Ist indes eines der beiden Delikte nur versucht, tritt dieses mangels gleichwertigen (Erfolgs-) Unrechts hinter dem vollendeten Delikt zurück (BeckOK-StGB/*Schmidt*, § 263a Rn. 53).

II. Subventionsbetrug, § 264 StGB

1. Bedeutung und Rechtsgut

Das Delikt des Subventionsbetrugs stellt originäres Wirtschaftsstrafrecht dar, denn der Subventionsbegriff umfasst nicht nur die Wirtschaftsförderung als Zweckbestimmung, sondern auch eine vermögenswerte Leistung an bzw. Förderung von Betrieben oder Unternehmen. Vergleichbare Handlungen im privaten Bereich unterfallen nach der ursprünglichen Konzeption ausschließlich den strengeren Voraussetzungen des Betrugstatbestands (bspw. BAföG-Betrug). § 264 StGB bewirkt im wirtschaftlichen Kontext eine deutliche Vorverlagerung der Strafbarkeit gegenüber § 263 StGB.

§ 264 StGB wurde 1976 durch das 1. WiKG eingeführt, um Lücken des § 263 StGB zu schließen (zur historischen Entwicklung ausführlich BeckOK-StGB/*Momsen/Laudien*, § 264 Rn. 1 ff.). Wurde die Legitimation der Norm zunächst auf die angenommene Unfähigkeit der Zweckverfehlungslehre gestützt, die Erschleichung öffentlicher Förderungsleistungen unter § 263 StGB zu fassen, überzeugt dies im Ergebnis nicht (krit. auch Schönke/Schröder/*Perron*, § 264 Rn. 1). Denn die hinter der Norm stehenden Interessen waren zuvorderst kriminalpolitischer Art und zielten darauf ab, Beweiserleichterungen im Vergleich zum Tatbestand des § 263 StGB zu schaffen (so überzeugend *Fischer*, § 264 Rn. 2 m. w. N.; NK-StGB/*Hellmann*, § 264 Rn. 5; s. auch unten). Mit Abs. 5 besteht zudem eine für Vermögensdelikte untypische Strafbarkeit leichtfertigen Handelns. Insbesondere mit Blick auf Subventionen der Europäischen Union (Abs. 8 S. 1 Nr. 2), bei denen auch Einzelpersonen Leistungsempfänger sein können, erscheint dies nicht unproblematisch (eingehend Schönke/Schröder/*Perron*, § 264 Rn. 2 m. w. N.).

Die teilweise Ausdehnung des Subventionsbegriffs auf Leistungen an Private sowie auf andere Zwecke als die der Wirtschaftsförderung kam mit dem Gesetz zu dem Übereinkommen vom 26. Juli 1995 über den Schutz der finanziellen Interessen der Europäischen Gemeinschaften (EG-Finanzschutzgesetz, BGBl. 1998 II, 2322 f.). Aufgrund dieser europarechtlichen Besonderheiten für Subventionen nach dem Unionsrecht kennt der Tatbestand des Subventionsbetruges damit **zwei unterschiedliche Subventionsbegriffe**; je nachdem, ob es sich um eine Subvention nach nationalem Recht oder nach Gemeinschaftsrecht handelt.[25]

Geschütztes Rechtsgut des § 264 StGB ist das **Vermögen**, da Subventionen „Leistungen aus öffentlichen Mitteln" (vgl. Abs. 8 S. 1), also Geldbeträge und somit Vermögensgüter darstellen. Der Wortlaut des Abs. 8 S. 1 erfasst dabei nur Mittel des Staatshaushalts. Nach überwiegender Ansicht ist auch die Funktionsfähigkeit der Subventionsvergabe als staatliches Lenkungs- und Steuerungsinstrument, mithin das **Allgemeininteresse an einer effektiven staatlichen Wirtschaftsförderung** bzw. die **Planungs- und Dispositionsfreiheit des Subventionsgebers**[26] geschützt. Dies trifft insoweit zu, als der Schutzbereich des § 264 zugunsten der staatlichen Wirtschaftsförderung über das (staatliche) Individualvermögen bis zu dem Punkt hinausgeht, an dem Schädigungen des Allgemeininteresses an effektiver staatlicher Wirtschaftsförderung sich nicht mehr negativ auf das (staatliche) Individualvermögen auswirken können (vgl. Maurach/Schroeder/Maiwald/Hoyer/*Momsen*, § 41 Rn. 173).

Im **Unterschied zum Betrug** ist zur Vollendung des Delikts weder eine Irrtumserregung noch eine irrtumsbedingte Vermögensverfügung notwendig. Auch auf das Erfordernis des Vermögensschadens wird verzichtet. § 264 StGB ist damit als **abstraktes (Vermögens-)Gefährdungsdelikt** im Vorfeld des § 263 StGB angesiedelt. Eine Ausnahme stellt insoweit Abs. 1 Nr. 2 als **Erfolgsdelikt** dar. Die Tat nach Abs. 1 Nr. 1, 3 und 4 ist schon mit der Täuschung vollendet (vgl. *Fischer*, § 264 Rn. 38; Schönke/Schröder/*Perron*, § 264 Rn. 66), selbst wenn diese erfolglos bleibt,

---

[25] Die Norm und ihre Auslegung bilden damit ein Spiegelbild der Wirtschaftsverfassung und des jeweiligen Wirtschaftsverständnisses: Je stärker der Liberalismus in der Wirtschaftspolitik vorherrscht, umso weniger kann es eine Berechtigung zur Subventionsvergabe geben. Je eher eine Lenkungs- und Ordnungsfunktion des Staates betont wird, umso mehr wird sich dieser der Subventionsvergabe als mittelbares Steuerungselement bedienen (vgl. BeckOK-StGB/*Momsen/Laudien*, § 264 Rn. 4).

[26] Nach LK/*Tiedemann*, § 264 Rn. 23 kann „kaum Zweifel daran bestehen, dass die Planungs- und Dispositionsfreiheit des Subventionsgebers in Bezug auf das Haushaltsvermögen im Vordergrund steht: Die Verfehlung der mit der Subventionierung angestrebten wirtschaftspolitischen (wirtschaftsfördernden) Zwecke, nicht der Verlust der ohnehin zur Ausgabe bestimmten Finanzmittel, prägt den Unrechtskern des Subventionsbetruges"; krit. Schönke/Schröder/*Perron*, § 264 Rn. 4; a. A. NK-StGB/*Hellmann*, § 274 Rn. 10.

weil sich etwa der Adressat durch die wahrheitswidrige Äußerung nicht irreführen lässt. Bei Abs. 1 Nr. 2 tritt Vollendung mit Beginn der beschränkungswidrigen Verwendung ein. § 264 StGB setzt keine Bereicherungsabsicht voraus; Vorsatz bzw. Leichtfertigkeit nach Abs. 5 reicht aus. Dennoch besteht insofern **Ähnlichkeit zum Betrug**, als Abs. 1 Nr. 1 und 4 eine täuschende, wahrheitswidrige Äußerung voraussetzen, die einem anderen gegenüber gemacht wird, der dadurch zu einer der Vermögensverfügung i. S. d. § 263 Abs. 1 zumindest ähnlichen Reaktion veranlasst werden soll. Abs. 1 Nr. 3 StGB gleicht aufgrund der Verletzung einer Pflicht zur wahrheitsgemäßen Information dem Betrug durch Unterlassen. Dagegen handelt es sich bei Abs. 1 Nr. 2, der auch insoweit eine Sonderstellung einnimmt, um eine **untreueähnliche** Begehungsform (vgl. BGHSt 49, 147 sowie BGHZ 149, 10, 24 = NJW 2001, 3622, 3625 – „Bremer Vulkan"; LK/*Tiedemann*, § 264 Rn. 106; Schönke/Schröder/*Perron*, § 264 Rn. 49a).

Nur für Fälle des Abs. 1 Nr. 2 normiert der mit dem Gesetz zur Umsetzung der Richtlinie (EU) 2017/1371 des Europäischen Parlaments und des Rates vom 05. Juli 2017 über die strafrechtliche Bekämpfung von gegen die finanziellen Interessen der Union gerichtetem Betrug vom 19.06.2019 neu gefasste Abs. 4 die Strafbarkeit des **Versuchs**.[27]

Gesondert strafbar nach §§ 1, 2 und 3 EUFinSchStG sind daneben nunmehr auch die *Missbräuchliche Verwendung von Leistungen der Europäischen Union*, die *Rechtswidrige Verminderung von Einnahmen der Europäischen Union* sowie *Bestechlichkeit und Bestechung mit Bezug zu den finanziellen Interessen der Europäischen Union*.

Nach § 6 Nr. 8 StGB (**Weltrechtsprinzip**) unterliegt der Subventionsbetrug unabhängig vom Tatortrecht auch bei einer Auslandstat dem deutschen Strafrecht. Somit können selbst im EU-Ausland durch Angehörige anderer Staaten zum Nachteil der Europäischen Union begangene Taten in Deutschland verfolgt werden. Begehen Deutsche die Tat im Ausland, greift § 7 Abs. 2 Nr. 1 StGB ein.

2. Prüfungsaufbau
I. Tatbestand
1. Objektiver Tatbestand
   a. Tatgegenstand: Subventionen i. S. d. § 264 StGB
   b. Tathandlungen des Abs. 1 (alternativ; ggü. Subventionsgeber)
      aa. Unrichtige oder unvollständige Angaben (Nr. 1)
      bb. Zweckwidrige Verwendung (Nr. 2)
      cc. Unterlassen von Mitteilungen (Nr. 3)
      dd. Gebrauchen bestimmter Bescheinigungen (Nr. 4)

---

[27] Zur Kritik mit Blick auf mangelnde, der ultima-ratio-Funktion des Strafrechts angemessene gesetzgeberische Begründung s. BeckOK-StGB/*Momsen/Laudien*, § 264 Rn. 4; krit. bereits zum Referentenentwurf des EUFinSchStGEU *Momsen/Leszczynska*, Stellungnahme vom 20.11.2018 (https://www.jura.fu-berlin.de/fachbereich/einrichtungen/strafrecht/lehrende/momsenc/mitarbeiter/momsen_carsten/StellungnahmeRefEEUFinSchStG.pdf); Momsen/Grützner/*Schröder*, Hdb Wirtschafts- und Steuerstrafrecht, § 18 Rn. 8.

2. Subjektiver Tatbestand (alternativ)
   a. Vorsatz (wenigstens dolus eventualis)
   b. Leichtfertigkeit, Abs. 5
II. Rechtswidrigkeit
III. Schuld
IV. Tätige Reue, Abs. 6
V. Regelbeispiele & Qualifikation, § 264 Abs. 2; Abs. 3 i. V. m. § 263 Abs. 5 StGB

3. Die Tatbestandsmerkmale im Einzelnen

a. Tatgegenstand: Subvention
Der Begriff der **Subvention** ist in Abs. 8 legaldefiniert. Es handelt sich um einen eigenständigen, mit dem formellen Subventionsbegriff nicht identischen strafrechtlichen Subventionsbegriff, der ausschließlich an materielle Kriterien anknüpft. Dieser umfasst Leistungen unabhängig von der Bezeichnung im Einzelfall (Subvention, Zuschuss etc.) und ist für einzelstaatliche und unionale Leistungen unterschiedlich ausgestaltet. **Inländische Subventionen nach Abs. 8 S. 1 Nr. 1** sind alle Leistungen aus öffentlichen Mitteln nach Bundes- oder Landesrecht an Betriebe oder Unternehmen, die wenigstens zum Teil ohne marktmäßige Gegenleistung gewährt werden und der Förderung der Wirtschaft dienen sollen. **Leistung** in diesem Sinne kann jede solche aus öffentlichen Mitteln sein. Dabei muss die Subvention direkten Charakter haben; für Steuervergünstigungen (indirekte Subventionen) gilt nicht § 264, sondern ausschließlich Steuerrecht (s. dazu BeckOK-StGB/*Momsen/Laudien*, § 264 Rn. 16, 61 m. w. N.). Sie muss gegenüber einem **Betrieb oder Unternehmen** erbracht werden. Leistungen an Privathaushalte und Einzelpersonen unterfallen somit nicht Abs. 8 S. 1 Nr. 1. Ein Betrieb ist jede, gleichgültig in welcher Rechtsform, auf Dauer angelegte organisatorische Zusammenfassung persönlicher und sachlicher Mittel zur Erreichung eines – nicht notwendig wirtschaftlichen – Zwecks, wobei die Erzeugung bzw. Zurverfügungstellung von Gütern oder Leistungen im Vordergrund steht (vgl. §§ 11 Abs. 1 Nr. 4 lit. b, 14 Abs. 2 StGB). Der ausdrücklichen Einbeziehung von Unternehmen kommt eher klarstellende denn materiell selbständige Bedeutung zu (zu einem „zwar engen, aber eigenständigen Regelungsbereich" s. MüKo-StGB/*Radtke*, § 14 Rn. 93). **Ohne marktmäßige Gegenleistung** werden Leistungen gewährt, soweit ihnen im Rahmen des betroffenen zweiseitigen Rechtsverhältnisses kein Äquivalent gegenübersteht, dessen objektiver Wert dem Marktpreis entspricht. Hier genügt jedes Zurückbleiben hinter dem Marktpreis; ein auffälliges Missverhältnis ist nicht erforderlich (vgl. NK-StGB/*Hellmann*, § 264 Rn. 27). Der **Förderung der Wirtschaft** dient eine Subvention, wenn ihr Endzweck nach der Zielsetzung des Subventionsgebers auf dieselbe gerichtet ist (näher sowie zur Ermittlung des (End-)Zwecks LK/*Tiedemann*, § 264 Rn. 64 ff.; NK-StGB/*Hellmann*, § 264 Rn. 39 ff.).

Einzelstaatliche Förderungen, die wenigstens eine dieser Anforderungen nicht erfüllen (und nicht dem Steuerrecht unterfallen), sind damit nicht vom Schutzbereich des § 264, wohl aber des § 263 StGB erfasst.

Leistungen der Europäischen Union i. S. d. Abs. 8 S. 1 Nr. 2 müssen hingegen weder ohne marktmäßige Gegenleistung gewährt werden noch auf die Förderung der Wirtschaft gerichtet sein. Umfasst sind demnach etwa auch Subventionen in Bereichen wie Umwelt, Kultur und Soziales. Auch mit Blick auf potenzielle Leistungsempfänger besteht hier keinerlei Einschränkung: Leistungen an Privathaushalte und Einzelpersonen sind tauglicher Tatgegenstand.

b. Unrichtige oder unvollständige Angaben, Abs. 1 Nr. 1
Die erste Tatbestandsmodalität meint eine **Täuschung im Subventionsverfahren**. Wenngleich die Täuschung auf eine Irrtumserregung gerichtet ist, ist der Eintritt einer Fehlvorstellung keine notwendige Strafbarkeitsvoraussetzung. Tatvollendung tritt bereits mit Zugang der Erklärung beim Subventionsgeber ein (LK/*Tiedemann*, § 264 Rn. 103 f. m. w. N.). Dieser ist bei schriftlichen Erklärungen gegeben, wenn diese so in den Machtbereich des Empfängers gelangt, dass den Umständen nach mit dessen Kenntnisnahme zu rechnen ist. Mündliche Erklärungen gehen mit tatsächlicher Kenntnisnahme des Empfängers zu. Vor diesem Zeitpunkt kann allenfalls ein strafloser Versuch angenommen werden.

Die Täuschung besteht in der Abgabe unrichtiger oder unvollständiger Angaben über subventionserhebliche Tatsachen, die für den Täter oder einen Dritten vorteilhaft sind. **Unrichtig** sind Angaben, wenn sie von der Wirklichkeit abweichen. Sie sind **unvollständig**, wenn sie subventionserhebliche Tatsachen verschweigen, dabei aber den falschen Eindruck vermitteln, umfassend zu informieren. Etwa durch einen gut sichtbaren Überprüfungsvorbehalt ausgewiesene offene Unvollständigkeit erfüllt diese Anforderungen nicht (s. dazu BeckOK-StGB/*Momsen/Laudien*, § 264 Rn. 32).

Zum Begriff der Tatsache s. o. A. III. 1. **Subventionserheblich** sind nach der gemischt formell-materiellen Legaldefinition des Abs. 9 zunächst solche Tatsachen, die durch Gesetz oder aufgrund eines Gesetzes von dem Subventionsgeber als subventionserheblich bezeichnet sind (**Abs. 9 Nr. 1**; vgl. § 2 SubvG; zur Reichweite des § 2 Abs. 1 SubvG LK/*Tiedemann*, § 264 Rn. 72). Die Bezeichnung von Tatsachen als in diesem Sinne relevant muss ausdrücklich sein, ohne aber zwingend den Begriff „subventionserheblich" zu verwenden (Schönke/Schröder/*Perron*, § 264 Rn. 30/31 m. w. N.). Gesetz i. S. d. Norm sind formelle und materielle Gesetze (Rechtsverordnungen) auf Landes-, Bundes- und Unionsebene sowie kommunale Satzungen (*Fischer*, § 264 Rn. 13; LK/*Tiedemann*, § 264 Rn. 74). Erfolgt die Bezeichnung durch den Subventionsgeber, muss dies durch Mitteilung an den Subventionsnehmer in Bezug auf den konkreten Fall geschehen. Sieht Abs. 9 Nr. 1 Var. 2 die Bezeichnung von Tatsachen als subventionserheblich aufgrund Gesetzes vor, weist dies auf den Vorbehalt des Gesetzes hin. Die Grenzen des gesetzlich Zulässigen sind insofern nach außerstrafrechtlichen Maßstäben zu ermitteln.[28] Von

---

[28] Vgl. dazu BeckOK-StGB/*Momsen/Laudien*, § 264 Rn. 26; nach Schönke/Schröder/*Perron*, § 264 Rn. 34 geht es nicht um einen Gesetzesvorbehalt i. S. einer Eingriffsermächtigung, sondern um ein Handeln des Subventionsgebers „in den Grenzen des rechtlich Zulässigen".

Bedeutung ist diese Voraussetzung insbesondere, wenn der Subventionsgeber bei der Benennung von Tatsachen als subventionserheblich die Grenzen des rechtlich Zulässigen überschreitet: In diesem Fall sind die Tatsachen nicht subventionserheblich i. S. d. § 264 StGB (NK-StGB/*Hellmann*, § 264 Rn. 58 m. w. N.). Nach **Abs. 9 Nr. 2** subventionserheblich sind Tatsachen, von denen die Bewilligung, Gewährung, Rückforderung, Weitergewährung oder das Belassen einer Subvention oder eines Subventionsvorteils gesetzlich oder nach dem Subventionsvertrag abhängig ist. Dies setzt voraus, dass das Gesetz die Abhängigkeit der Subventionierung von den benannten Voraussetzungen hinreichend deutlich statuiert, was im Fall von Vorschriften, die der Verwaltung einen diesbezüglichen Ermessensspielraum einräumen, regelmäßig nicht der Fall sein wird (BGH NStZ-RR 2011, 81). Bedeutung erlangt Abs. 9 Nr. 2, wenn der Subventionsgeber einer Verpflichtung zur konkreten Benennung subventionserheblicher Tatsachen nicht nachkommt. Auf Bundesebene ergibt sich eine solche Pflicht aus **§ 2 Abs. 1 SubvG**, der qua Verweisung meist auch auf Landesebene gilt. Weitere, eigenständige Bedeutung kommt Abs. 9 Nr. 2 bei Zuwendungen auf Europäischer Ebene zu, wo eine solche generelle Verpflichtung nicht besteht.

Die Subventionserheblichkeit der Tatsachen, über die der i. S. d. Abs. 1 Nr. 1 Handelnde gegenüber einem Subventionsgeber unrichtige oder unvollständige Angaben macht, muss als Tatbestandsmerkmal auch von seinem **Vorsatz** umfasst sein. Andernfalls irrt er i. S. d. § 16 Abs. 1 S. 1 (zu mögl. Vorsatzproblemen weitergehend BeckOK-StGB/*Momsen*/*Laudien*, § 264 Rn. 39 ff.; LK/*Tiedemann*, § 264 Rn. 78).

Das **Subventionsverfahren** als auf eine Entscheidung über die Subvention gerichtetes Verwaltungsverfahren beginnt mit dem Bewilligungsantrag und endet mit der Subventionsgewährung oder der endgültigen Ablehnung des Antrags (Schönke/Schröder/*Perron*, § 264 Rn. 40). Im Fall mehrerer Teilleistungen erstreckt sich das Verfahren bis zur Erbringung der letzten. Ein etwaiges Gerichtsverfahren gegen Bescheide der Subventionsbehörde gehört nicht dazu; ein Rückforderungsverfahren stellt ein eigenes Subventionsverfahren dar (zum Ganzen NK-StGB/*Hellmann*, § 264 Rn. 71 f.). Wahrheitswidrige Äußerungen außerhalb des Subventionsverfahrens – etwa im Privatverkehr gegenüber einer am Subventionsverfahren beteiligten Person – fallen aus dem Anwendungsbereich heraus, da nur so der Rechtsgutsbezug gewahrt werden kann.

Subventionsgeber kann nach der Legaldefinition des Abs. 1 Nr. 1 StGB zum einen eine für die Subventionsbewilligung zuständige Behörde, zum anderen aber auch eine andere in das Subventionsverfahren eingeschaltete Stelle oder Person sein. Stelle in diesem Sinne können öffentliche Einrichtungen oder Funktionsträger sein, denen mangels des für eine Behörde erforderlichen Organisationsgrades die Behördeneigenschaft fehlt (Schönke/Schröder/*Perron*, § 264 Rn. 41 mit Beispielen). Als Person kommt jede natürliche oder juristische Person des Privatrechts in Betracht; dies umfasst etwa (auch private) Kreditinstitute oder Treuhandgesellschaften ebenso wie alle anderen Akteure, die im Rahmen eines Subventionsverfahrens zumindest Teil- oder Vorprüfungen vornehmen (so LK/*Tiedemann*, § 264 Rn. 86, der als Beispiel für die Praxis des mehrstufigen Subventionsverfahrens etwa deutsche Stellen mit Blick auf bei ihnen zu beantragende Europäische Subventionen nennt).

B. Betrugsnahe bzw. -verwandte Straftatbestände

c. Zweckwidrige Verwendung, Abs. 1 Nr. 2

Die zweite Tatbestandsmodalität wurde durch das EG-Finanzschutzgesetz eingeführt und erfasst jede Verwendung von Subventionsleistungen oder -Gegenständen, die von einer bestehenden Verwendungsbeschränkung abweicht. Entscheidend ist allein die zweckwidrige Verwendung, nicht aber die Frage, ob der Täter zugleich eine Pflicht zur Anzeige der beschränkungswidrigen Verwendung (vgl. auf nationaler Ebene § 3 Abs. 2 SubvG) verletzt hat.[29] Von § 266 Abs. 1 StGB ist das tatbestandliche Verhalten trotz seiner Untreueähnlichkeit nicht erfasst, da der Subventionsnehmer gegenüber dem Subventionsgeber nicht vermögensbetreuungspflichtig ist (BGHSt 49, 147 sowie BGHZ 149, 10, 24 = NJW 2001, 3622, 3625 – „Bremer Vulkan"; LK/*Tiedemann*, § 264 Rn. 106).

Eine **Verwendungsbeschränkung** kann sich aus Rechtsnorm, Verwaltungsakt oder Vertrag ergeben (NK-StGB/*Hellmann*, § 264 Rn. 93) und den Umgang mit Geldmitteln ebenso wie jenen mit Gegenständen betreffen, die mithilfe von Subventionsleistungen angeschafft wurden oder deren Verwendung zu einem bestimmten Zweck subventioniert wird (vgl. Schönke/Schröder/*Perron*, § 264 Rn. 49b). Sie muss nicht eindeutig als solche statuiert werden, solange sie sich eindeutig aus Vergabeakt oder Vergabenorm ergibt (LK/*Tiedemann*, § 264 Rn. 107 m. w. N.). Die zweckwidrige **Verwendung** ist nicht nur durch aktives Tun, sondern – ohne Rückgriff auf § 13 Abs. 1 StGB – auch durch Unterlassen möglich (s. a. SK-StGB/*Hoyer*, § 264 Rn. 60 m. w. N.: echtes Unterlassungsdelikt, das nur aus Beweisgründen an positives Tun anknüpft; NK-StGB/*Hellmann*, § 264 Rn. 92). So etwa, wenn Geldmittel entgegen einer vom Subventionsgeber vorgegebenen Handlungspflicht nicht umgehend eingesetzt, sondern zu subventionsfremden Zwecken zunächst gehalten oder ohne Sicherung mit anderen Vermögensmassen verschmolzen werden (so Schönke/Schröder/*Perron*, § 264 Rn. 49c m. w. N.). Die Beschränkung muss im Hinblick auf die Subvention, also in Bezug auf den Subventionszweck erfolgt sein (dazu BeckOK-StGB/*Momsen/Laudien*, § 264 Rn. 34 m. w. N.).

d. Unterlassen von Mitteilungen, Abs. 1 Nr. 3

Abs. 1 Nr. 3 normiert ein **Sonderdelikt**. Täter kann nur sein, wer nach den Rechtsvorschriften über die Subventionsvergabe (i. R. d. Subventionsverfahrens) den Subventionsgeber über subventionserhebliche Tatsachen informieren muss. Trifft die Informationspflicht (wie häufig) einen Betrieb oder ein Unternehmen als Subventionsnehmer (vgl. Abs. 8 S. 1 Nr. 1), stellt sich die Frage einer Merkmalszurechnung nach § 14 StGB (näher LK/*Tiedemann*, § 264 Rn. 115). Wer auch unter

---

[29] Anders SK-StGB/*Hoyer*, § 264 Rn. 60, nach dessen Verständnis das eigentliche Unrecht des Abs. 1 Nr. 2 im Unterlassen der Aufklärung über das Vorhaben zweckwidriger Verwendung liegt. Sofern keine außerstrafrechtliche Aufklärungspflicht (etwa aus § 3 Abs. 2 SubvG) eingreife, konstituiere § 264 Abs. 1 Nr. 2 StGB eine solche unmittelbar; auch NK-StGB/*Hellmann*, § 264 Rn. 92 erblickt den maßgeblichen Unrechtsgehalt im Unterlassen der Aufklärung, ohne § 264 Abs. 1 Nr. 2 StGB jedoch aufklärungspflichtkonstituierende Wirkung zuzuschreiben. Strafbar sei zweckwidrige Verwendung i. E. ungeachtet des Bestehens einer Aufklärungspflicht (ebd. Rn. 96).

Beachtung des § 14 nicht informationspflichtig ist, kann sich nach Abs. 1 Nr. 3 nicht als Täter, sondern allenfalls als Anstifter oder Gehilfe strafbar machen. Da das pönalisierte Verhalten im Verstoß gegen eine Handlungspflicht besteht, handelt es sich zudem um ein **echtes Unterlassungsdelikt**.

Offenbarungspflichten, deren Verletzung Abs. 1 Nr. 3 unterfällt, können sich zuvorderst aus Vorschriften auf nationaler und Europäischer Ebene ergeben (Schönke/Schröder/*Perron*, § 264 Rn. 52 ff. zu § 3 SubvG und weiteren Beispielen). Im deutschen Recht besonders bedeutsam ist insoweit **§ 3 SubvG**. Dessen Abs. 1 erlegt dem Subventionsnehmer eine allgemeine Pflicht zur Offenbarung potenziell relevanter Tatsachen gegenüber dem Subventionsgeber auf. Abs. 2 verpflichtet jeden, der Geldmittel oder Gegenstände beschränkungswidrig verwenden will, zur Anzeige an den Subventionsgeber. Aus allgemeinen Grundsätzen, denen etwa Handlungspflichten i. S. d. § 13 Abs. 1 StGB entnommen werden, folgt keine solche Offenbarungspflicht.

Der Subventionsgeber muss über die betreffenden subventionserheblichen Tatsachen in **Unkenntnis** sein. Dies ist er, solange er die Sachlage nicht positiv kennt. Auf einen bloßen Verdacht o. ä. kommt es nicht an (MüKo-StGB/*Ceffinato*, § 264 Rn. 107). Sind die Tatsachen dem Subventionsgeber positiv bekannt, ist Strafbarkeit nach Abs. 1 Nr. 3 dagegen auch dann ausgeschlossen, wenn der Offenbarungspflichtige dies nicht weiß, da der – dann einzig noch in Frage kommende – Versuch des Abs. 1 Nr. 3 nicht strafbar ist.

Beispiel
A beantragt für ihr Unternehmen Subventionsleistungen des Bundes. Ihr Antrag hat Erfolg. Kurz nach Abschluss des Subventionsverfahrens erfährt A, dass die von ihr gutgläubig gemachten Angaben in wesentlicher Hinsicht unzutreffend waren, was sie nicht wissen konnte. Der Subventionsgeber hat davon keine Kenntnis. Nun bittet sie ihre Anwältin um strafrechtliche Bewertung der Situation.

Eine Strafbarkeit gemäß § 264 Abs. 1 Nr. 1 StGB scheidet aus: Weder machte A die unzutreffenden Angaben vorsätzlich, noch fällt ihr Leichtfertigkeit i. S. d. Abs. 5 zur Last. Allerdings greift § 264 Abs. 1 Nr. 3 StGB, wenn A gegen eine Pflicht zur Offenbarung ihrer neuen Erkenntnisse gegenüber dem Subventionsgeber verstößt. Eine solche Pflicht statuiert der auf Bundesebene unmittelbar geltende § 3 Abs. 1 SubvG u. a. für Tatsachen, die – wie im Fall der A – für die Rückforderung der Subvention erheblich sind. Die Anwältin wird A mitteilen, dass der Verzicht auf eine Mitteilung an den Subventionsgeber sie als für ihr Unternehmen Handelnde (§ 14 Abs. 1 StGB) dem Risiko einer Bestrafung nach § 264 Abs. 1 Nr. 3 StGB aussetzt.

e. Gebrauchen einer durch unrichtige oder unvollständige Angaben erlangten Bescheinigung, Abs. 1 Nr. 4

Abs. 1 Nr. 4 erfasst den Gebrauch einer durch unrichtige oder unvollständige Angaben erlangten Bescheinigung über eine Subventionsberechtigung oder über subventionserhebliche Tatsachen in einem Subventionsverfahren. Die Sinnhaftigkeit der gesetzgeberischen Intention, durch Abs. 1 Nr. 4 Lücken zu schließen, wird weithin bezweifelt (MüKo-StGB/*Ceffinato*, § 264 Rn. 111: „relevante Strafbarkeitslücken nicht ersichtlich"; LK/*Tiedemann*, § 264 Rn. 117: „in Sinnhaftigkeit und Tragweite [...] zweifelhaft, ja verunglückt"). Liegen die Voraussetzungen des Abs. 1 Nr. 4 vor, wird oftmals bereits Abs. 1 Nr. 1, ggf. auch Abs. 1 Nr. 3 erfüllt sein (anschaulich Schönke/Schröder/*Perron*, § 264 Rn. 57 f.).

Der **Gebrauch** einer Bescheinigung setzt voraus, dass diese der Wahrnehmung des Subventionsgebers zugänglich gemacht wird. Dies muss in einem Subventionsverfahren geschehen; nicht notwendig ist, dass der Subventionsgeber von der Bescheinigung tatsächlich Kenntnis nimmt (vgl. die Parallele zu § 267 Abs. 1 Var. 3 StGB).

Der Tatbestand ist insofern **zweiaktig** konzipiert, als dem Gebrauch der Bescheinigung als eigentlicher Tathandlung deren Erlangung durch Falschangaben vorausgehen muss. Der die Bescheinigung später Gebrauchende muss die Angaben nicht selbst gemacht haben. Entscheidend ist, dass sich deren Falschheit auf die Bescheinigung auswirkt. Soll die Verhältnismäßigkeit der Pönalisierung mittelbarer schriftlicher Lügen gewahrt werden, ist Abs. 1 Nr. 4 **restriktiv auszulegen**: Wenngleich dies aus dem Wortlaut nicht eindeutig hervorgeht, müssen die unrichtigen oder unvollständigen Angaben subventionserhebliche Tatsachen zum Gegenstand haben (*Fischer*, § 264 Rn. 30; nun auch LK/*Tiedemann*, § 264 Rn. 121; gestützt auf den Normzweck MüKo-StGB/*Ceffinato*, § 264 Rn. 114; a. A. wohl NK-StGB/*Hellmann*, § 264 Rn. 114).

In subjektiver Hinsicht ist zunächst irrelevant, ob die Angaben gut- oder bösgläubig gemacht wurden (*Fischer*, § 264 Rn. 29). **Vorsätzlich** muss allein der Gebrauch erfolgen. Anders als Abs. 1 Nr. 1 bis 3 kennt Abs. 1 Nr. 4 gemäß Abs. 5 **keine leichtfertige Begehung**.

f. Subjektive Voraussetzungen

Für die vorsätzliche Verwirklichung aller Modalitäten des § 264 Abs. 1 StGB reicht *dolus eventualis* in Bezug auf alle objektiven Tatbestandsmerkmale aus (ausführlich zu den Anforderungen der einzelnen Modalitäten BeckOK-StGB/*Momsen/Laudien*, § 264 Rn. 39 ff.; SK-StGB/*Hoyer*, § 264 Rn. 95 ff.). Dass Abs. 5 für Abs. 1 Nr. 1 bis 3 auch leichtfertiges Handeln unter Strafe stellt, ist als Ausnahme im Bereich der Vermögensdelikte Gegenstand deutlicher Kritik (*Fischer*, § 264 Rn. 36; Lackner/Kühl/*Heger*, § 264 Rn. 24 m. w. N.). **Leichtfertigkeit** verlangt eine besonders schwere Sorgfaltspflichtverletzung bei gesteigerter Vorhersehbarkeit (Lackner/

Kühl/*Heger*, § 264 Rn. 24). So muss etwa dem Täter im Fall des Abs. 1 Nr. 3 nach seinen individuellen Fähigkeiten die an sich gebotene Handlung ohne Weiteres erkennbar sein. Leichtfertigkeit in diesem Zusammenhang muss in einer groben Verkennung der Umstände liegen, die eine Unterrichtung der Subventionsbehörde geboten hätten (BGH wistra 2013, 149; zur Leichtfertigkeit im Ganzen ausführlich und m. w. N. Schönke/Schröder/*Perron*, § 264 Rn. 63 ff.).

4. Versuchsstrafbarkeit, Abs. 4; Tätige Reue, Abs. 6

Lediglich für Abs. 1 Nr. 2 stellt Abs. 4 den **Versuch** unter Strafe. In Fällen des Abs. 1 Nr. 1, 3 und 4 bleibt der bloße Versuch damit straflos (vgl. § 23 Abs. 1 StGB). Von vornherein nicht denkbar ist er bei leichtfertigem Handeln nach Abs. 5.

Dem Charakter des § 264 StGB als Vorfeldtatbestand entsprechend statuiert Abs. 6 gleichwohl einen Anreiz für den Täter der Abs. 1 und 5, von der Tatbegehung Abstand zu nehmen, indem er für den Fall **tätiger Reue** Straffreiheit vorsieht (**persönlicher Strafaufhebungsgrund**). Nach Abs. 6 S. 1 muss der Täter freiwillig verhindern, dass die Subvention gewährt – also (erstmals) tatsächlich zur Verfügung gestellt (vgl. Schönke/Schröder/*Perron*, § 264 Rn. 67) – wird. Wird die Subvention ohne sein Zutun nicht gewährt, reicht nach Abs. 6 S. 2 freiwilliges und ernsthaftes Bemühen des Täters aus, ihre Gewährung zu verhindern.

Da die tätige Reue allein die Strafbarkeit nach Abs. 1 und 5 hindert, umfasst ihre Wirkung zwar Konstellationen, in denen Regelbeispiele des Abs. 2 eingreifen. Denn diese prägen als Strafzumessungsvorschriften allein das Maß der Strafe, deren Grundlage unverändert Abs. 1 darstellt. Versperrt ist die tätige Reue dagegen, wenn die Qualifikation des Abs. 3 i. V. m. § 263 Abs. 5 (gewerbs- und bandenmäßiger Subventionsbetrug) vorliegt. Denn in diesem Fall tritt Abs. 1 hinter Abs. 3 im Wege der Spezialität zurück.

5. Regelbeispiele, Abs. 2; Qualifikation, Abs. 3 i. V. m. § 263 Abs. 5 StGB

Eine nicht gerechtfertigte Subvention **großen Ausmaßes** i. S. d. Abs. 2 S. 2 Nr. 1 kann ab einem nicht rückzahlungspflichtigen Betrag von 50.000 EUR vorliegen (SK-StGB/*Hoyer*, § 264 Rn. 84 m. w. N.; dazu sowie zur Gegenansicht, die auf eine erhebliche Überschreitung gewöhnlicher Subventionsbeträge abstellen will, BeckOK-StGB/*Momsen/Laudien*, § 264 Rn. 49 m. w. N.; *Stam*, NStZ 2013, 144). Das Regelbeispiel setzt voraus, dass eine solche tatsächlich **erlangt** wird; seine Voraussetzungen sind damit oftmals später als jene des Grundtatbestands erfüllt. Aus **aus grobem Eigennutz** handelt, wer in besonders anstößigem Maß nach eigenem Vorteil strebt. Die Verwendung **nachgemachter oder verfälschter Belege** verlangt deren unmittelbare Vorlage.

Ein **Amtsträger** (§ 11 Abs. 1 Nr. 2) oder **Europäischer Amtsträger** (§ 11 Abs. 1 Nr. 2a StGB) missbraucht seine Befugnisse (Handeln innerhalb der Zuständigkeit) oder seine Stellung (Handeln außerhalb der Zuständigkeit) i. S. d. Abs. 2 S. 2 Nr. 2, wenn diese ihm die Begehung der Tat ermöglichen (SK-StGB/*Hoyer*, § 264 Rn. 89 ff.). Die Amtsträgereigenschaft ist besonderes persönliches Merkmal i. S. d. § 28 Abs. 2 StGB.

Die Mithilfe eines seine Befugnisse oder seine Stellung missbrauchenden Amtsträgers **nutzt aus** (Abs. 2 S. 2 Nr. 3), wer bei Tatbegehung Kenntnis davon hat, dass ein (Europäischer) Amtsträger – als sein Mittäter oder Gehilfe – Abs. 2 S. 2 Nr. 2 verwirklicht.

Zur **Qualifikation** des gewerbs- *und* bandenmäßigen Subventionsbetrugs i. S. d. Abs. 3 i. V. m. § 263 Abs. 5 StGB s. o. A. VI.

6. Konkurrenzverhältnis zu § 263 StGB

Ist der Subventionsbetrug verwirklicht, der Betrug angesichts ausgebliebenen Vermögensschadens dagegen nur versucht, geht § 264 dem Versuch des § 263 als *lex specialis* vor. Ist hingegen ein Vermögensschaden eingetreten und § 263 mithin ebenso verwirklicht wie § 264, stehen die beiden Tatbestände im Verhältnis **klarstellender Idealkonkurrenz**: Ließe man den Betrug auch hier zurücktreten, ginge der Eintritt eines Vermögensschadens nicht aus dem Entscheidungstenor („Die Angeklagte ist des vorsätzlichen Subventionsbetrugs schuldig […]") hervor (SK-StGB/*Hoyer*, § 264 Rn. 109; a. A. *Fischer*, § 264 Rn. 5 m. w. N.).

> **Beispiel „Covid-19 Subvention"**
> A ist geschäftsführender Alleingesellschafter der mittelständischen A-GmbH, die diverse Arten von Walzen produziert und zur Weiterverarbeitung an Großunternehmen liefert. Als die COVID-19-Pandemie im Frühjahr 2020 Deutschland erreicht und erhebliche wirtschaftliche Unsicherheit gerade auch unter den Großabnehmern der A-GmbH mit sich bringt, verliert diese einen Teil der bis Ende 2020 eingeplanten Aufträge. Gleichwohl geht A davon aus, seine Belegschaft bis auf Weiteres vollständig auslasten zu können. Hierin sieht er eine Chance. Umgehend wendet A sich an die Agentur für Arbeit, um unter Verweis auf die auch die A-GmbH ungebremst treffende desolate Wirtschaftslage die Zahlung von Kurzarbeitergeld zu erwirken. Den Großteil seiner Angestellten könne er allenfalls noch zu 30 Prozent beschäftigen. Wenig später erhält er positive Rückmeldung. Fortan fließt Kurzarbeitergeld.
>
> In Betracht kommt Strafbarkeit des A gemäß § 264 Abs. 1 Nr. 1. StGB. Die Agentur für Arbeit, gegenüber der A *unrichtige*, für ihn *vorteilhafte* Angaben über die (jedenfalls) gemäß § 264 Abs. 9 Nr. 2 *subventionserhebliche Tatsache* des angeblichen Arbeitsausfalls als Voraussetzung der Zahlung von Kurzarbeitergeld (vgl. §§ 95 S. 1 Nr. 1, 96 SGB III) macht, ist die für dessen Gewährung zuständige Behörde. Fraglich ist allein, ob **Kurzarbeitergeld als Subvention i. S. d. § 264 Abs. 8 S. 1 StGB** anzusehen ist. Da es sich um eine Leistung auf nationaler Ebene handelt, kommt lediglich § 264 Abs. 8 S. 1 Nr. 1 in Betracht. Das Kurzarbeitergeld als *Leistung aus öffentlichen Mitteln nach Bundesrecht* wird *ohne marktmäßige Gegenleistung* ausgezahlt. Es müsste zudem wenigstens zum Teil der *Förderung der Wirtschaft* dienen. Nicht erfassen will § 264 reine Sozialleistungen (näher BGHSt 59, 244, 246 f.).

u. Verw. auf BT-Drs. 7/5291, 10 f.). Täuschungen etwa im Zusammenhang mit dem Bezug von BAföG-Leistungen unterfallen somit nicht § 264, sondern allein § 263 StGB (weitere Beispiele bei LK/*Tiedemann*, § 264 Rn. 54). Das Kurzarbeitergeld indes zielt über den Ausgleich arbeitnehmerseitiger Einkommensverluste hinaus auf die Erhaltung von Arbeitsverhältnissen (BeckOK-Sozialrecht/*Bieback*, SGB III, 64.Ed. 01.03.2022, § 95 Rn. 1) sowie die Vermeidung betriebsbedingter Kündigungen und damit auf die Förderung der Wirtschaft (*Gaede/Leydecker*, NJW 2009, 3542, 3545).

Weiterhin müsste das Kurzarbeitergeld *an einen Betrieb* geleistet werden. Die A-GmbH ist ein solcher. Das Kurzarbeitergeld wird durch die Agentur für Arbeit an sie ausgezahlt. Allerdings ist es gemäß § 95 S. 1 SGB III Gegenstand eines Anspruchs nicht des Arbeitgebers, sondern der Arbeitnehmer. Zunächst beschränkt sich der Subventionsbegriff des § 264 Abs. 8 S. 1 Nr. 1 nicht auf Leistungen, die *ausschließlich* Betrieben und Unternehmen zugutekommen können (BGHSt 59, 244, 248; a. A. Schönke/Schröder/*Perron*, § 264 Rn. 21). Doch könnte das Kurzarbeitergeld einen Fall bloßer *Subventionsvermittlung* darstellen. Eine solche liegt vor, wenn eine Subvention rein formal an einen Betrieb oder ein Unternehmen geht, von dem sie aber lediglich an ihre materiellen Adressaten weitergeleitet wird. Dies erfasst § 264 Abs. 8 S. 1 Nr. 1 nicht (s. dazu BeckOK-StGB/*Momsen/Laudien*, § 264 Rn. 18). Das Kurzarbeitergeld wird von staatlicher Seite formal an den Arbeitgeber geleistet, soll im Ergebnis aber zuvorderst den Arbeitnehmern zugutekommen. Andererseits liegt das gesamte Antragsverfahren in der Hand des Arbeitgebers (*Giese/Schomburg*, NStZ 2020, 327, 330), der überdies in Vorleistung geht: Er zahlt seinen Angestellten das Kurzarbeitergeld aus eigenen Mitteln aus, bevor die Agentur für Arbeit ihm die Auslage erstattet. Somit ist er an der staatlichen Leistung ebenso interessiert wie die Arbeitnehmer. Die staatliche Übernahme von Lohnkosten stützt den Arbeitgeber, der diese grundsätzlich trägt, in Situationen, in dem ihm das soziale Arbeitsrecht die kurzfristige Reaktion auf wirtschaftliche Entwicklungen etwa durch Kündigung von Arbeitnehmern erheblich erschwert (MüKo-StGB/*Ceffinato*, § 264 Rn. 53). Auch sind Subventionen im seltensten Fall zum Verbleib in der Kasse ihres Adressaten bestimmt; regelmäßig sind sie an konkrete Investitionsvorhaben gekoppelt (MüKo-StGB/*Ceffinato*, ebd.).

Sieht man Kurzarbeitergeld demnach mit guten Gründen als Subvention i. S. d. § 264 Abs. 8 S. 1 Nr. 1 an (So i. E. auch LK/*Tiedemann*, § 264 Rn. 67; a. A. NK-StGB/*Kindhäuser*, § 264 Rn. 47), macht sich der vorsätzlich handelnde A gemäß § 264 Abs. 1 Nr. 1 StGB strafbar. In welchem Konkurrenzverhältnis dazu bei fortlaufender Auszahlung das unter § 264 Abs. 1 Nr. 3 StGB zu subsumierende Schweigen gegenüber der Agentur für Arbeit steht, kann davon abhängen, ob der Vorsatz des A auf eine bestimmte Bezugsdauer gerichtet ist. Während Taten nach Abs. 1 Nr. 3 abhängig von der konkreten

Konstellation hinter solchen nach Abs. 1 Nr. 1 zurücktreten können,[30] können sie bei neuer Entschlussfassung und neuem Schadenseintritt auch als eigenständige weitere Taten in Tatmehrheit stehen.

Da das Kurzarbeitergeld tatsächlich ausgezahlt wird und damit staatlicherseits in Ansehung der Zweckverfehlungslehre ein Vermögensschaden vorliegt, tritt **§ 263 Abs. 1 StGB** in Idealkonkurrenz daneben.

Sieht man im Kurzarbeitergeld keine Subvention i. S. d. § 264 Abs. 8 S. 1 Nr. 1, ist gleichwohl § 263 Abs. 1 StGB verwirklicht.

Sofern die Angestellten der A-GmbH über den von der angemeldeten Kurzarbeit abgedeckten Rahmen hinaus weiterarbeiten, macht sich A zudem gemäß **§ 266a Abs. 1 StGB** sowie – bei Zahlung von Schwarzlohn – **§ 370 Abs. 1 AO** strafbar (vgl. *Giesel/Schomburg*, NStZ 2020, 327/330).

III. Kapitalanlagebetrug, § 264a StGB

1. Bedeutung und Rechtsgut

Die Schutzrichtung des § 264a StGB ist nach überwiegender Auffassung eine doppelte: Zum einen schütze die Norm das **Vermögen von Anlegern** gegen eine täuschungsbedingte Benachteiligung bei Geschäften am von Anonymität geprägten Kapitalmarkt (*Fischer*, § 264a Rn. 2 m. w. N.), zum anderen das Vertrauen der Allgemeinheit in die **Funktionsfähigkeit des Kapitalmarkts** als überindividuelles Rechtsgut (Schönke/Schröder/*Perron*, § 264a Rn. 1 m. w. N.). Nach a. A. ist der Schutz des Kapitalmarktes als „bloßer Reflex" des **Anlegerschutzes** anzusehen. Insbesondere vor dem Hintergrund der Genese des § 264a StGB – Abbau von Beweisschwierigkeiten mit Blick auf die Voraussetzungen des allgemeinen Betrugstatbestandes – und der grundlegenden Schwierigkeiten mit Allgemeinrechtsgütern scheint dies einerseits überzeugend. Andererseits ist der gesetzgeberische Wille unzweideutig auch auf den (überindividuellen) Schutz des Vertrauens in die Funktionsfähigkeit des Kapitalmarkts gerichtet (vgl. BT-Drs. 10/318, 22), was sich auch im tatbestandlichen Erfordernis der Täuschung eines größeren Personenkreises niederschlägt. Als Reflex stellt sich dieser über das Individualvermögen hinausgehende Schutzbereich demnach nur insofern da, als er dort endet, wo sich das Vertrauen in die Funktionsfähigkeit des Kapitalmarkts nicht mehr auf das Individualvermögen auswirken kann (s. a. Maurach/Schroeder/Maiwald/Hoyer/*Momsen*, § 41 Rn. 173). Die Bezugnahme beider Schutzaspekte aufeinander erscheint auch deshalb als überzeugend, weil die Norm anderenfalls als im Vorfeld angesiedelter Vermögensschutz konturenlos bleibt und anderseits das Vertrauen der Allgemeinheit in die Funktionsfähigkeit der Kapitalmärkte eine weitgehend artifizielle Annahme ist, die

---

[30] So zu einmaliger Auszahlung BGH NStZ-RR 2016, 140; zum Erwirken eines Bewilligungsbescheids und Abrufen der Geldmittel BGH NStZ 2007, 578: Tateinheit; *Fischer*, § 264 Rn. 54: Abs. 1 Nr. 3 werde von Abs. 1 Nr. 1 verdrängt.

ohne Bezugnahme auf konkrete vermögensbezogene Verhaltensweisen beinahe beliebig interpretiert werden könnte.

Als **Vorfeldtatbestand** des § 263 ist § 264a StGB **abstraktes (Vermögens-)Gefährdungsdelikt**. Seine Verwirklichung setzt weder einen Irrtum noch eine Vermögensverfügung oder gar einen Vermögensschaden auf Anlegerseite voraus. Das Machen unrichtiger vorteilhafter Angaben oder das Verschweigen nachteiliger Tatsachen reicht aus. Trotz kapitalanlagebezogener Wahrheits- und Aufklärungspflichten ist § 264a StGB **kein Sonderdelikt**.

Die Ansiedlung des Tatbestands weit im Vorfeld einer Rechtsgutsschädigung und seine Nutzung **Generalklausel**-artiger Formulierungen („Verschweigen nachteiliger Tatsachen"), zumal an der Grenze zur genuinen Risikogeneigtheit von Geldanlagen, können mit Blick auf das verfassungsrechtliche Bestimmtheitsgebot bedenklich erscheinen. Dem kann durch die – gebotene – **verfassungskonformrestriktive Auslegung** aber hinreichend Rechnung getragen werden: Der Tatbestand erfasst nur solche nachteiligen Tatsachen, die – aus Sicht eines verständigen, durchschnittlich vorsichtigen Anlegers – als erheblich anzusehen sind (vgl. BGHSt 30, 292; BGH NJW 2022, 1322; zur verfassungskonform-restriktiven Auslegung *Cerny*, MDR 1987, 275 f.). Auch der Begriff des „verständigen Anlegers" ist indes nicht unproblematisch.

2. Prüfungsaufbau
I. Tatbestand
1. Objektiver Tatbestand
   a. Geschäftsgegenstand
      aa. Vertrieb von Wertpapieren (Abs. 1 Nr. 1)
      bb. Erhöhungsangebote (Abs. 1 Nr. 2)
      cc. Anteile an Treuhandvermögen (Abs. 2)
   b. Tatmittel: Medien/Werbemittel i. S. d. Abs. 1
   c. Tathandlungen
      aa. Unrichtige vorteilhafte Angaben (Var. 1)
      bb. Verschweigen nachteiliger Tatsachen (Var. 2)
   d. Gegenüber einem größeren Kreis von Personen
2. Subjektiver Tatbestand
II. Rechtswidrigkeit
III. Schuld
IV. Tätige Reue (Abs. 3)

3. Die Tatbestandsmerkmale im Einzelnen

a. Geschäftsgegenstand

Voraussetzung der Subsumtion eines Verhaltens unter § 264a StGB ist zunächst, dass es im Zusammenhang (näher LK/*Tiedemann*, § 264a Rn. 30 ff.) mit dem Vertrieb von Wertpapieren, Bezugsrechten oder Anteilen, die eine Beteiligung am Ergebnis eines Unternehmens gewähren sollen (Abs. 1 Nr. 1), oder im Zusammenhang mit dem Angebot erfolgt, die Einlage auf solche Anteile zu erhöhen (Abs. 1

B. Betrugsnahe bzw. -verwandte Straftatbestände 173

Nr. 2). Nahezu sämtliche Aspekte dieser Definition erster Ebene sind ihrerseits konkretisierungsbedürftig:

Vertrieb ist eine auf Absatz gerichtete Tätigkeit, die sich an den Markt wendet und ein mehr oder weniger massenhaftes Angebot zum Gegenstand hat (vgl. BT-Drs. 10/318, 24). Nicht erfasst sind also Einzelangebote und solche aus individueller Beratung (*Fischer*, § 264a Rn. 5).

Die Bestimmung eines für § 264a StGB tauglichen Begriffs des **Wertpapiers** ist komplex. Der *klassische Wertpapierbegriff* umfasst jede Urkunde, die ein Recht in der Weise verbrieft, dass es ohne die Urkunde nicht ausgeübt werden kann (so die zutreffende Formulierung bei Lackner/Kühl/*Heger*, § 264a Rn. 3; s. a. MüKo-StGB/*Ceffinato*, § 264a Rn. 18 m. w. N.; zur künftigen Einbeziehung elektronischer Wertpapiere BeckOK-StGB/*Momsen/Laudien*, § 264a Rn. 12). Seine Anwendung auf § 264a StGB ist insofern nicht unproblematisch, als er auch Papiere des Zahlungs- und Kreditverkehrs umfasst.

Im Übrigen liefern **§ 2 WpHG, § 1 DepotG** nur Anhaltspunkte. Auch die Legaldefinition des **§ 151 StGB**, wonach ein Wertpapier ein verbrieftes Recht darstellt, das ohne die Urkunde nicht geltend gemacht werden kann, kann nicht übernommen werden. Denn § 151 stellt Wertpapiere unter den Fälschungsschutz der §§ 146 ff. StGB und stellt daher auf eine dem Papiergeld ähnliche Ausstattung ab (vgl. BT-Drs. 7/550, 229). Es bedarf somit einer eigenständigen, am Schutzzweck des § 264a StGB orientierten Begriffsbestimmung:

Wertpapiere i. S. d. § 264a StGB sind Urkunden über Rechte, die der Kapitalanlage dienen und bei massenhafter Ausgabe und Vertretbarkeit handelbar, insbesondere mit Gutglaubensschutz versehen und nicht bloß Beweisurkunden sind (LK/*Tiedemann*, § 264a Rn. 37). Erfasst sind davon insb. **Aktien**, Zwischenscheine, Nebenpapiere (z. B. Zinsscheine), Schuldverschreibungen (*bond obligations*) und Investmentzertifikate ebenso wie Wertpapiere **ausländischer Emittenten** (Aussteller) und supranationaler Organisationen (vgl. *Knauth*, NJW 1987, 29). **Rektapapiere** (Namenspapiere: Hypotheken- und Grundschuldbriefe, Schiffspfandbriefe, Namensschuldverschreibungen), die allein durch Abtretung übertragbare Rechte verbriefen, sind Wertpapiere i. S. d. § 264a StGB nur, wenn sie massenhaft gehandelt werden (vgl. LK/*Tiedemann*, § 264a Rn. 42; a. A. MüKo-StGB/*Ceffinato*, § 264a Rn. 20 f.; Schönke/Schröder/*Perron*, § 264a Rn. 5 m. w. N.).

Bezugsrechte sind unverbriefte Rechte auf den Erhalt von Leistungen, die sich aus einem durch den Kapitalanleger erworbenen Stammrecht ableiten (SK-StGB/*Hoyer*, § 264a Rn. 29), wie etwa das Recht des Aktionärs gem. § 186 Abs. 1 AktG, im Fall einer Kapitalerhöhung der AG einen seinem Anteil am bisherigen Grundkapital entsprechenden Teil neuer Aktien zu erhalten (s. auch § 221 Abs. 4 AktG).

Anteile, die eine Beteiligung an dem Ergebnis eines Unternehmens gewähren sollen, sind sowohl eigene Gesellschaftsanteile an (in- wie ausländischen) Unternehmen, etwa in Form von Kommanditanteilen, als auch sonstige unmittelbare Rechtsbeziehungen zu einem Unternehmen, die dem Anleger eine Beteiligung an dessen Ergebnis verschaffen. Dies umfasst nach dem Willen des Gesetzgebers (BT-Drs. 10/318, 22) auch partiarische Darlehen (Beteiligungsfinanzierung durch

Darlehen, deren Entgelt ein Anteil an Gewinn oder Umsatz einer Unternehmung ist). **Bauherren-, Bauträger- und Erwerbermodelle** (Immobilienerwerb) unterfallen dem nur, wenn sie über den bloßen Erwerb von Immobilien hinaus auf nach außen gerichtete Teilnahme am Wirtschaftsverkehr zielen – etwa, wenn die spätere Vermietung der Immobilien Teil des Konzepts ist (w. N. zur noch ungeklärten Einordnung bei *Fischer*, § 264a Rn. 8; im Ganzen gegen eine Einbeziehung Schönke/Schröder/*Perron*, § 264a Rn. 12 m. w. N.). Denkbar erscheint schließlich die Erfassung von etwa im Rahmen eines *Initial Coin Offerings* emittierten **Krypto-Assets** (*Currency Tokens, Security Tokens, Utility Tokens*), jedenfalls, soweit diese den vorgenannten Finanzinstrumenten aufsichtsrechtlich gleichgestellt werden (s. dazu BeckOK-StGB/*Momsen/Laudien*, § 264a Rn. 12).

Nicht erfasst sind als Differenz- und Spekulationsgeschäfte zu qualifizierende **Warenterminoptionen** (vgl. BT-Drs. 10/318, 46; Schönke/Schröder/*Perron*, § 264a Rn. 11 m. w. N.; diff. LK/*Tiedemann*, § 264a Rn. 45) sowie der Vertrieb von Vermögensanlagen in physischer Ware wie z. B. Gold, unverzinsliche Goldkonten bzw. Zertifikate oder Goldanlagen im Ausland (Schönke/Schröder/*Perron*, § 264a Rn. 11).

Abs. 1 Nr. 2 erstreckt den Anwendungsbereich des § 264a StGB auf **Erhöhungsangebote** gegenüber Personen, die bereits Anteile i. S. d. Abs. 1 Nr. 1 erworben haben (sog. Kapitalerhöhungen/Kapitalsammelmaßnahmen; vgl. BT-Drs. 10/318, 24).

Der Begriff des **Angebots** umfasst nicht nur Anträge i. S. d. §§ 145 ff. BGB, sondern bereits die *invitatio ad offerendum*. Dies folgt insb. aus der Schutzbedürftigkeit des bereits investierten Anlegers, der durch solche Erhöhungsofferten unter wirtschaftlichen Druck gerät.

Nach **Abs. 2** sind schließlich auch **Anteile an Treuhandvermögen** tauglicher Geschäftsgegenstand. Dies ist insb. insoweit von Bedeutung, als die von Abs. 1 erfassten Anlageformen regelmäßig von zwischengeschalteten Treuhändern verwaltet werden.

Gemeint ist damit ein Treuhandverhältnis zwischen dem Unternehmen und dem Anleger, kraft dessen der Treuhänder den Anteil erwirbt und verwaltet. Dabei ist ein echtes Treuhandverhältnis gefordert; bei unechten Treuhandverhältnissen ist Abs. 1 unmittelbar anwendbar. Das vom Unternehmen gehaltene und verwaltete Treuhandgut kann entweder in den Vermögenswerten, zu deren direktem Erwerb die von den Anlegern aufgebrachten Mittel bestimmt sind, oder in einem Recht bestehen, kraft dessen das Unternehmen sich für die Anleger – insb. durch Erwerb von Gesellschaftsanteilen – eine Beteiligung am Ergebnis eines anderen Vermögens verschafft (vgl. BT-Drs. 10/318, 22).

Der **Unternehmensbegriff** des Abs. 2 stimmt also nicht mit dem des Abs. 1 überein: Unter dem in Abs. 2 bezeichneten Unternehmen ist jenes des Treuhänders zu verstehen – auch, wenn er seinerseits Vermögensanteile verwaltet, die aus eigenen Beteiligungen an anderen Unternehmen bestehen (*Fischer*, § 264a Rn. 19).

b. Tatmittel

Prospekte sind Werbe- oder Informationsschriften, die zumindest den Eindruck erwecken, die für die Beurteilung einer Anlageentscheidung erheblichen Angaben zu enthalten, und zugleich Entscheidungsgrundlage sein sollen (Lackner/Kühl/*Heger*, § 264a Rn. 10 m. w. N.). Der Begriff der **Darstellung** ist untechnisch zu verstehen und umfasst Aussagen, Erklärungen und Berichte jeder Art (MüKo-StGB/*Ceffinato*, § 264a Rn. 62; vgl. BeckOK-StGB/*Momsen/Laudien*, § 264a Rn. 21 m. w. N.). **Übersicht über den Vermögensstand** ist jede einen Gesamtüberblick ermöglichende Zusammenstellung von Daten (weitergehend zum Ganzen *Fischer*, § 264a Rn. 12 m. w. N.).

c. Tathandlung

Als Tathandlung kommt zunächst das Machen **unrichtiger vorteilhafter Angaben** durch **aktives Tun** in Betracht (Var. 1). **Angaben** sind sowohl Behauptungen über tatsächliche Umstände als auch Werturteile, Meinungen und Prognosen (a. A. NK-StGB/*Hellmann*, § 264a Rn. 32 f.: nur Tatsachenerklärungen). Sie müssen sich auf Umstände beziehen, die für die Entscheidung über die (Erhöhung einer) Kapitalanlage erheblich, also aus Sicht eines verständigen, durchschnittlich vorsichtigen Dritten maßgeblich, sind (zu § 265b BGHSt 30, 285, 293; näher LK/*Tiedemann*, § 264a Rn. 67 f., 77). **Unrichtig** sind Tatsachenangaben, wenn sie nicht den objektiven Gegebenheiten entsprechen. Prognosen und Wertentscheidungen sind unrichtig, wenn die ihnen zugrunde gelegten Tatsachen unzutreffend oder unvollständig sind. **Vorteilhaft** sind Angaben, die die Aussichten auf eine positive Anlageentscheidung konkret verbessern können (NK-StGB/*Hellmann*, § 264a Rn. 46 m. w. N.).

Dem positiven Machen falscher Angaben gleichgestellt ist das **Verschweigen nachteiliger Tatsachen** (Var. 2). Es handelt sich um ein **echtes Unterlassungsdelikt** (näher BeckOK-StGB/*Momsen/Laudien*, § 264a Rn. 25; Schönke/Schröder/*Perron*, § 264a Rn. 27; a. A. NK-StGB/*Hellmann*, § 264 Rn. 34; SK-StGB/*Hoyer*, § 264a Rn. 14: konkludente Täuschung durch aktives Tun). Die Tatsachen müssen bewusst verschwiegen werden; solange sie – auch schwer verständlich oder auffindbar – mitgeteilt werden, greift Var. 2 nicht ein (OLG Dresden Urt. v. 30.08.2012 – 8 U 1546/11 –, BeckRS 2012, 19970; diff. Schönke/Schröder/*Perron*, § 264a Rn. 28 u. Verw. auf BVerfG NJW 2008, 1727). Der Begriff der **Tatsachen** entspricht dem für § 263 StGB geltenden (s. A. III. 1). Wie die Angaben in Var. 1 müssen sie sich auf Umstände beziehen, die anlageerheblich sind. **Nachteilig** sind Tatsachen, wenn ihre Kenntnis geeignet ist, einen verständigen, durchschnittlich vorsichtigen Anleger vom Anlageentschluss Abstand nehmen zu lassen (LK/*Tiedemann*, § 264a Rn. 87 u. Verw. auf BT-Drs. 10/318, 24). Diese Tatmodalität umfasst auch die Konstellation für sich betrachtet richtiger, dabei aber **unvollständiger Angaben**, die im Ergebnis ein unzutreffendes Gesamtbild erzeugen (MüKo-StGB/*Ceffinato*, § 264a Rn. 40; a. A. LK/*Tiedemann*, § 264 Rn. 80 m. w. N.: Verwirklichung auch der Var. 1 durch konkludente Täuschung).

d. Adressaten
Die Tathandlung muss gegenüber einem **größeren Kreis von Personen** erfolgen. Ein solcher muss Anleger in so großer Zahl umfassen, dass deren Individualität gegenüber dem sie verbindenden potentiell gleichen Interesse an der Kapitalanlage zurücktritt (NK-StGB/*Hellmann*, § 264a Rn. 52 ff.). Diese Voraussetzung schließt Täuschungshandlungen, die sich auf einzelne Anleger beschränken, aus dem Anwendungsbereich des § 264a StGB aus.

4. Vollendung
Die Tat vollendet bereits, wer Tatmittel (s. 3.b.), die unrichtige vorteilhafte Angaben enthalten oder nachteilige Tatsachen verschweigen, einem größeren Personenkreis so zugänglich macht, dass die **Möglichkeit der Kenntnisnahme** besteht (vgl. § 267 Abs. 1 Var. 3; Schönke/Schröder/*Perron*, § 264a Rn. 37 m. w. N.; LK/*Tiedemann*, § 264a Rn. 84, 90). Damit sind die Angaben i. S. d. Var. 1 gemacht, die Tatsachen i. S. d. Var. 2 verschwiegen; ob die Inhalte der Werbemittel tatsächlich wahrgenommen werden, ist auf Tatbestandsebene irrelevant und erlangt Bedeutung allenfalls für Abs. 3 sowie ggf. auf Strafzumessungsebene.
Der **Versuch** des Kapitalanlagebetrugs ist nicht strafbar.

5. Tätige Reue, Abs. 3
Der persönliche Strafaufhebungsgrund der Tätigen Reue (Abs. 3) setzt voraus, dass der Täter den gesamten von der Täuschungshandlung betroffenen Personenkreis vor Vermögensverlusten bewahrt: Er muss verhindern, dass die durch Anteilserwerb oder Einlagenerhöhung bedingte Leistung erbracht wird (Abs. 3 S. 1) oder sich darum, sofern die Leistung ohne sein Zutun unterbleibt, freiwillig und ernsthaft bemühen (Abs. 3 S. 2).

6. Konkurrenzverhältnis zu § 263 StGB
Ist neben § 264a handlungseinheitlich auch § 263 Abs. 1 StGB verwirklicht, stehen die Delikte in Idealkonkurrenz (so auch SK-StGB/*Hoyer*, § 264a Rn. 48; LK/*Tiedemann*, § 264a Rn. 110; a. A. BGH wistra 2001, 57, 58; NZWiSt 2022, 326: Subsidiarität des § 264a StGB; Lackner/Kühl/*Heger*, § 264a Rn. 17: Zurücktreten des § 264a hinter vollendetem, nicht aber nur versuchtem § 263 StGB; zum Konkurrenzverhältnis zu anderen §§ s. BeckOK-StGB/*Momsen/Laudien*, § 264a Rn. 33).

> **Beispiel Fall Madoff IV – Kapitalanlagebetrug**
> Werden Anlagen in *Ponzi schemes* bzw. Schneeballsysteme (vgl. oben A. III. 1., IV. 2.) – wie regelmäßig (vgl. *Kilian*, HRRS 2009, 285, 289) – mit Tatmitteln i. S. d. § 264a Abs. 1 StGB gegenüber einem größeren (oder, wie im Fall des M: gleichsam unüberschaubaren) Adressatenkreis beworben, kommt neben § 263 auch eine Strafbarkeit gemäß § 264a Abs. 1 sowie, mit Blick auf Taten gegenüber bereits investierten Anlegern, § 264a Abs. 2 StGB in Betracht.

B. Betrugsnahe bzw. -verwandte Straftatbestände

IV. Kreditbetrug, § 265b StGB

1. Bedeutung und Rechtsgut

Auch dieser Sondertatbestand verlagert die Schwelle strafbaren Verhaltens bereichsspezifisch in das **Vorfeld** des klassischen Betrugs. Eine Begründung dafür kann neben dem Hinzutreten von Allgemeininteressen wiederum darin gesehen werden, dass bestimmte Abläufe (hier des Kreditgeschäfts) in einer Weise schablonenhaft ablaufen bzw. automatisiert sind, dass im Normalfall nach einer erfolgreichen Täuschung die Prozesse nicht mehr unabhängig evaluiert werden. Damit werden die Täuschung bzw. ihr Äquivalent abstrakt gefährlich. **Geschütztes Rechtsgut** ist neben dem **(Individual-)Vermögen** der Kreditgeber das Allgemeininteresse an der **Funktionstüchtigkeit** des volkswirtschaftlich wichtigen **Kreditwesens** bzw. das Vertrauen in dessen Funktionstüchtigkeit (BGHSt 60, 15, 25 m. w. N.; Schönke/Schröder/*Perron*, § 265b Rn. 3 f.; a. A. *Fischer*, § 265b Rn. 3).

Ähnlich wie im Fall des § 264a StGB (s. o. III.) ergeben sich auch bei § 265b StGB verfassungsrechtliche Bedenken aus der Nutzung konturschwacher Rechtsbegriffe wie „für die Entscheidung erheblich", „im Zusammenhang", „unrichtig" und „vorteilhaft". Auch hier ist ihnen durch **verfassungskonform-restriktive Auslegung** Rechnung zu tragen: Die Tatbestandsmerkmale sind solange nicht als erfüllt anzusehen, wie selbst unter Sachkundigen Uneinigkeit über ihr Vorliegen besteht (s. a. BeckOK-StGB/*Momsen/Laudien*, § 265b Rn. 4; Schönke/Schröder/*Perron*, § 265b Rn. 2 m. w. N.).

Die Betrugsnähe des § 265b StGB kommt im Täuschungselement aus Abs. 1 Nr. 1 und Nr. 2 zum Ausdruck. Wie auch §§ 264, 264a verlangt § 265a im Unterschied zu § 263 StGB weder eine irrtumsbedingte Vermögensverfügung noch einen Vermögensschaden. Auch ist § 265b StGB **nicht *lex specialis*, sondern Vorfeldtatbestand des § 263 StGB**, der als **abstraktes Gefährdungsdelikt** den strafrechtlichen Schutz von Kreditgebern und Kreditwesen sicherstellen soll.

Vollendung tritt bereits mit der Vorlage unrichtiger oder unvollständiger Unterlagen (Abs. 1 Nr. 1 lit. a) bzw. schriftlicher Angaben (Abs. 1 Nr. 1 lit. b) oder dem Unterlassen berichtigender Mitteilungen (Abs. 1 Nr. 2) ein (BGHSt 30, 291).

2. Prüfungsaufbau

I. Tatbestand
1. Objektiver Tatbestand
   a. Tatgegenstand: Kredite (Abs. 3 Nr. 2) für einen Betrieb oder ein Unternehmen (Abs. 3 Nr. 1)
   b. Tathandlung
      aa. Unrichtige vorteilhafte Angaben (Abs. 1 Nr. 1) *oder*
      bb. Nichtmitteilung entscheidungsrelevanter Verschlechterungen (Abs. 1 Nr. 2)
         bezüglich wirtschaftlicher Verhältnisse gegenüber einem Betrieb oder Unternehmen
2. Subjektiver Tatbestand

II. Rechtswidrigkeit
III. Schuld
IV. Tätige Reue (Abs. 2)

3. Die Tatbestandsmerkmale im Einzelnen

a. Kredit; Betrieb oder Unternehmen, Abs. 3

Der Begriff des **Kredits** i. S. d. § 265b StGB ist in Abs. 3 Nr. 2 legaldefiniert. **Gelddarlehen aller Art** sind Verträge über die zeitweise Überlassung eines zurückzuzahlenden Geldbetrags (vgl. insb. §§ 488 ff. BGB). Nicht erfasst sind – von § 264a StGB geschützte – gesellschaftsrechtliche Beteiligungen (BT-Drs. 7/3441, 32), wohl aber diesen ähnliche Genussrechte (so BGHSt 60, 15, 29 ff.; a. A. MüKo-StGB/*Kasiske*, § 265b Rn. 14). **Akzeptkredite** sind solche, bei denen sich ein Kreditinstitut für einen Kunden durch Wechselakzept verpflichtet (vgl. Art. 25 WG). **Entgeltlicher Erwerb und Stundung von Geldforderungen** umfasst Konstellationen des Forderungskaufs, in denen eine Partei Forderungen erwirbt, die der anderen Partei gegen Dritte zustehen. **Diskontierung von Wechseln und Schecks** meint den Ankauf noch nicht fälliger Wechsel bzw. Schecks und damit gleichfalls den Erwerb von Geldforderungen. Zur **Übernahme von Bürgschaften** s. §§ 765 ff. BGB. Im Fall von **Garantien und sonstigen Gewährleistungen** haftet der Garantiegeber gegenüber einem Dritten für den Eintritt eines konkreten Erfolgs (s. zum Ganzen BeckOK-StGB/*Momsen/Laudien*, § 265b Rn. 8 ff.; LK/*Tiedemann*, § 265b Rn. 34 ff.).

Den im Grundsatz auch hier mit jenem der §§ 11 Abs. 1 Nr. 4b, 14 Abs. 2, 264 Abs. 7 StGB identischen weiten Begriff des **Betriebs oder Unternehmens**, der zuvorderst private Haushalte ausschließt (LK/*Tiedemann*, § 265b Rn. 28), schränkt Abs. 3 Nr. 1 für den Anwendungsbereich des § 265b StGB ein: Hier sind nur solche Betriebe und Unternehmen erfasst, die nach Art und Umfang einen **in kaufmännischer Weise eingerichteten Geschäftsbetrieb erfordern**. Entscheidend ist nicht, ob ein in kaufmännischer Weise eingerichteter Geschäftsbetrieb tatsächlich vorliegt, sondern allein, ob ein solcher erforderlich wäre. Ebenso wenig, wie vom Fehlen typischer Einrichtungen eines kaufmännischen Geschäftsbetriebs – etwa geordneter Buch- und Kassenführung (vgl. §§ 238 ff. HGB), Bestehen einer Bankverbindung, Aufbewahrung anfallender Korrespondenz – auf dessen Nichterforderlichkeit geschlossen werden kann, erlaubt das Vorhandensein solcher Anhaltspunkte den vorschnellen Schluss auf seine Erforderlichkeit (*Fischer*, § 265b Rn. 8). Notwendig ist eine Gesamtbetrachtung aller Umstände unter Einbeziehung von Art und Umfang des Unternehmens (ausführlich LK/*Tiedemann*, § 265b Rn. 29 ff.).

Das Erfordernis eines Betriebs oder Unternehmens sowohl auf Kreditgeber- als auch auf Kreditnehmerseite verschließt den Anwendungsbereich des § 265b StGB gegen Kredite von oder an Private(n): Die Norm erfasst allein Täuschungen im Zusammenhang mit Krediten eines Betriebs oder Unternehmens zugunsten eines ebensolchen. Auf Empfängerseite reicht es aus, wenn ein Betrieb oder Unternehmen vorgetäuscht wird, nicht aber, wenn der Handelnde (vorgibt, dass er) einen Betrieb oder ein Unternehmen erst noch gründen will (vgl. dazu BeckOK-StGB/*Mom-*

B. Betrugsnahe bzw. -verwandte Straftatbestände 179

sen/Laudien, § 265b Rn. 7 m. w. N.). Der Umfang des Kredits ist dagegen irrelevant (BT-Drs. 7/3434, 30). § 265b StGB pönalisiert Taten gegen in- wie ausländische Kreditgeber (BGHSt 60, 15, 26 ff.).

> **Beispiel**
> A will ein mittelständisches Unternehmen – die A-GmbH – gründen. Hierfür beantragt er bei der örtlichen C-Bank ein Darlehen über 350.000 EUR. Mit dem Kreditantrag reicht er einen Finanzierungsplan ein, der den Anteil des Eigenkapitals mit 125.000 EUR ausweist. Tatsächlich verfügt A kaum über eigene Finanzmittel.
> Die Bank traut der Vermögensaufstellung nicht. Auch das Unternehmenskonzept hält sie für nicht tragfähig. Deshalb lehnt sie den Antrag ab.
> Eine Strafbarkeit des A wegen Kreditbetrugs gemäß **§ 265b Abs. 1 Nr. 1a StGB** scheidet aus, da der Antrag keinen Betriebskredit i. S. d. Norm zum Gegenstand hat (vgl. BayObLG NJW 1990, 1677). Zwar werden „Gründungskredite" nicht vom Wortlaut des § 265b StGB ausgeschlossen. Doch ist zwingende Voraussetzung ihrer Erfassung durch § 265b StGB, dass ein Betrieb oder Unternehmen sie beantragt. A handelt hier jedoch als Privatperson.
> Stattdessen macht sich A wegen versuchten Betrugs gemäß **§§ 263 Abs. 1, 2, 22, 23 Abs. 1 StGB** gegenüber dem Sachbearbeiter und zulasten der C-Bank strafbar, indem er vorsätzlich und in der Absicht rechtswidriger stoffgleicher Bereicherung zur Täuschung des Sachbearbeiters (Dreiecksbetrug) ansetzt.

b. Im Zusammenhang mit einem Antrag
Die Tathandlung muss im Zusammenhang mit einem **Antrag auf Gewährung, Belassung oder Veränderung der Bedingungen eines Kredits** erfolgen. Die Form des Antrags – nicht: der Angaben – ist irrelevant. Erfasst sind nicht nur Anträge i. S. d. § 145 BGB, sondern sämtliche auf die Erlangung eines Kredits gerichteten Erklärungen, durch die der Kreditgeber zu einer ihn bindenden Erklärung veranlasst werden soll.[31]

c. Vorlegen vorteilhafter unrichtiger oder unvollständiger Unterlagen; unrichtige oder unvollständige schriftliche Angaben, Abs. 1 Nr. 1
Abs. 1 Nr. 1 verwirklicht, wer vorteilhafte unrichtige oder unvollständige Unterlagen über wirtschaftliche Verhältnisse vorlegt (**lit. a**) oder schriftlich vorteilhafte unrichtige oder unvollständige Angaben macht (**lit. b**).

---

[31] Schönke/Schröder/*Perron*, § 265b Rn. 25; restriktiver LK/*Tiedemann*, § 265b Rn. 53, der eine Bindung des Antragstellers verlangt und von § 145 BGB nur mit Blick auf „Willensmängel, Beschränkungen der Geschäftsfähigkeit und vergleichbare zivilistische Defekte" abweichen will.

Unterlagen i. S. d. lit. a sind die dort genannten Bilanzen, Gewinn- und Verlustrechnungen, Vermögensübersichten und Gutachten ebenso wie Kalkulationen, Kontoauszüge, Kostenvoranschläge und ähnliches. Ob sie vom Täter selbst oder Dritten stammen, ist unerheblich. **Schriftliche Angaben i. S. d. lit. b** umfassen als Auffangtatbestand alle sonstigen schriftlichen Erklärungen des Täters selbst; nähere Abgrenzung ist insofern nicht erforderlich (s. gleichwohl *Fischer*, § 265b Rn. 25; Schönke/Schröder/*Perron*, § 265b Rn. 34). Ebenso wie Unterlagen i. S. d. lit. a können sie auch Bewertungen und Prognosen zum Gegenstand haben (vgl. zu § 264a Abs. 1 unter III. 3.; LK/*Tiedemann*, § 265b Rn. 64; a. A. *Fischer*, § 265b Rn. 27). Beide Modalitäten sind mit Zugang der Informationen beim potenziellen Kreditgeber vollendet (vgl. § 130 BGB); dessen Kenntnisnahme ist nicht notwendig (MüKo-StGB/*Kasiske*, § 265b Rn. 34).

Unterlagen oder Angaben sind **unrichtig**, wenn sie vom wahren Sachverhalt abweichen (MüKo-StGB/*Kasiske*, § 265b Rn. 31), und **unvollständig**, wenn sie den falschen Eindruck umfassender Wiedergabe aller relevanten Informationen erwecken. Sofern Prognosen oder Werturteile in Rede stehen, folgt deren Unrichtigkeit aus jener ihrer Tatsachengrundlage (vgl. zu § 264a Abs. 1 unter III. 3. c.). Die Modalität unvollständiger Unterlagen oder Angaben begründet **keine umfassende Informationspflicht**. Entscheidend ist vielmehr zunächst – wie auch bei § 264 Abs. 1 Nr. 1, 4 StGB – das täuschende Element der Unvollständigkeit: Wer unvollständige Informationen vorlegt und dies deutlich kenntlich macht, verwirklicht den Tatbestand nicht. Restriktiv auszulegen ist das Merkmal mit Blick auf Art. 103 Abs. 2 GG zudem im Zusammenspiel mit dem Erfordernis der Erheblichkeit (vgl. *Fischer*, § 265b Rn. 29).

Vorteilhaft sind Unterlagen oder Angaben, die nach objektiver ex-ante-Beurteilung (Schönke/Schröder/*Perron*, § 265b Rn. 41 m. w. N.) geeignet sind, den Kreditantrag positiv zu unterstützen (Lackner/Kühl/*Heger*, § 265b Rn. 5). Dies umfasst abhängig von den jeweiligen Voraussetzungen sowohl besonders positive als auch negative Darstellungen.

Täter des Abs. 1 Nr. 1 kann nicht nur der Antragsteller, sondern jedermann sein. Auch interessierte Geschäftspartner des Antragstellers kommen deshalb als Täter in Betracht. Gleiches gilt für Angestellte des potenziellen Kreditgebers, insb. **Bankmitarbeiter**, soweit sie *institutsintern unzuständig* sind. Sind sie hingegen mit der Antragsbearbeitung befasst, muss eine Strafbarkeit nach § 265b StGB ausscheiden. Denn die Norm schützt Vermögen und Kreditwesen gegen Angriffe von außen, nicht jedoch von innen. In Betracht kommt in derartigen Konstellationen stattdessen eine Strafbarkeit nach § 266 StGB (s. zur Krediuntreue § 3 B. II. 2.).

d. Nichtmitteilung entscheidungsrelevanter Verschlechterungen, Abs. 1 Nr. 2
Abs. 1 Nr. 2 ist ein **echtes Unterlassungsdelikt** mit engem Anwendungsbereich: Der Tatbestand erfasst nur solche Fälle, in denen Unterlagen oder Angaben über wirtschaftliche Verhältnisse im Zeitpunkt ihrer Erstellung wahr und vollständig sind, *im Zeitpunkt ihrer Vorlage* beim potenziellen Kreditgeber jedoch nicht mehr den tatsächlichen Umständen entsprechen (LK/*Tiedemann*, § 265b Rn. 90; MüKo-StGB/*Kasiske*, § 265b Rn. 36). Die Angaben bzw. Unterlagen müssen nach dem

eindeutigen Wortlaut bereits bei ihrer Vorlage unrichtig sein. In diesen Fällen pönalisiert die Norm die Nichtmitteilung derjenigen eingetretenen Verschlechterungen, die die ursprüngliche Darstellung unrichtig machen. Werden Angaben bzw. Unterlagen erst *nach ihrer Vorlage* unrichtig, kommt allenfalls Betrug durch Unterlassen (§§ 263 Abs. 1, 13 StGB) in Betracht. Gleiches gilt, wenn der Handelnde die Unrichtigkeit subjektiv erst nach Vorlage erkennt.[32] Abs. 1 Nr. 2 statuiert somit **keine fortdauernde Mitteilungspflicht** des Kreditnehmers. Die Norm ist ein **Sonderdelikt**: Verwirklichen kann den Tatbestand nur, wer Unterlagen i. S. d. Abs. 1 Nr. 1 lit. a vorlegt oder Angaben i. S. d. Abs. 1 Nr. 1 lit. b macht (vgl. Lackner/Kühl/*Heger*, § 265b Rn. 6; SK-StGB/*Hoyer*, § 265b Rn. 22; dies wirft freilich die weitere Frage auf, wer im Einzelfall als Vorlegender anzusehen ist- s. dazu Maurach/Schroeder/Maiwald/Hoyer/*Momsen*, § 41 Rn. 198).

Erfasst sind allein die konkreten in Unterlagen bzw. Angaben enthaltenen Darstellungen. Diese müssen *unrichtig* werden; nachträglich sich einstellende *Unvollständigkeit* eröffnet den Anwendungsbereich des Abs. 1 Nr. 2 hingegen nicht (LK/*Tiedemann*, § 265b Rn. 91; a. A. *Fischer*, § 265b Rn. 37; SK-StGB/*Hoyer*, § 265b Rn. 21).

Meist wird die bewusste Vorlage unrichtig gewordener Unterlagen als konkludente Täuschung auch Abs. 1 Nr. 1 verwirklichen, was die eigenständige Bedeutung des Abs. 1 Nr. 2 weiter einschränkt: Relevanz kommt dem Unterlassungsdelikt nur zu, wenn die Vorlage von Unterlagen bzw. Angaben nicht mit der konkludenten Erklärung von deren Richtigkeit einhergeht. Dies kann etwa der Fall sein, wenn der Täter Unterlagen im Auftrag des Kreditnehmers übersendet (*Fischer*, § 265b Rn. 37 m. w. N.) oder auf eine konkrete Vorlageaufforderung des Kreditgebers reagiert (NK-StGB/*Hellmann*, § 265b Rn. 51).

e. Gegenstand: wirtschaftliche Verhältnisse

Gegenstand von Unterlagen oder Angaben i. S. d. Abs. 1 Nr. 1 sowie mitzuteilenden Verschlechterungen i. S. d. Abs. 1 Nr. 2 müssen wirtschaftliche Verhältnisse sein. Dies umfasst nicht allein die Verhältnisse des Antragstellers, sondern auch jene Dritter wie beispielsweise eines Sicherungsgebers (*Fischer*, § 265b Rn. 23 m. w. N.). Zu den wirtschaftlichen Verhältnissen zählen alle Faktoren, die die wirtschaftliche Leistungsfähigkeit einer Person ausmachen (Schönke/Schröder/*Perron*, § 265b Rn. 32).

f. Entscheidungserheblichkeit

Die unzutreffenden, unvollständigen oder unterbliebenen Informationen müssen stets entscheidungserheblich sein. Dieser Voraussetzung kommt **entscheidende strafbarkeitsbegrenzende Bedeutung** zu, insofern das Erheblichkeitserfordernis

---

[32] Vgl. Schönke/Schröder/*Perron*, § 265b Rn. 47; nach NK-StGB/*Hellmann*, § 265b Rn. 53 m. w. N. wird eine Strafbarkeit nach §§ 263 Abs. 1, 13 StGB regelmäßig „scheitern, weil – jedenfalls bei gewöhnlichen Kreditgeschäften – keine Garantenstellung des Kreditnehmers zur Wahrnehmung der Vermögensinteressen des Kreditgebers besteht".

die restriktive Auslegung anderer unbestimmter Tatbestandsmerkmale – etwa der wirtschaftlichen Verhältnisse oder der Unvollständigkeit von Informationen – ermöglicht.

Entscheidungserheblich sind Informationen, die üblicherweise – nach objektiven Kriterien – oder aufgrund besonderer Parteivereinbarung geeignet sind, als Basis einer Entscheidung über den Kreditantrag zu dienen (ausführlich LK/*Tiedemann*, § 265b Rn. 79 ff.). Nicht notwendig ist, dass eine Information die Entscheidung des Kreditgebers tatsächlich beeinflusst bzw. dies getan hätte (Mü-Ko-StGB/*Kasiske*, § 265b Rn. 33 m. w. N.).

g. Subjektiver Tatbestand
Der Täter muss stets vorsätzlich – zumindest mit *dolus eventualis* – handeln. Bereicherungsabsicht setzt § 265b StGB nicht voraus.

4. Tätige Reue (Abs. 2)
Abs. 2 belohnt **tätige Reue** mit Straffreiheit. Dies trägt dem Charakter des § 265b StGB als Tatbestand weit im Vorfeld einer möglichen Schädigung Rechnung (s. zu § 264 StGB unter II.; zu § 264a StGB unter III.). Der persönliche Strafaufhebungsgrund greift ein, wenn der Antragsteller freiwillig die Erbringung der beantragten Leistung verhindert (S. 1) oder sich darum, sofern die Leistung ohne sein Zutun nicht erbracht wird, freiwillig und ernsthaft bemüht (S. 2). Voraussetzung ist somit in jedem Fall ein abwendendes Tätigwerden des Reuigen *vor* der Leistungserbringung des Kreditgebers.

5. Konkurrenzverhältnis zu § 263 StGB
Werden mehrere Modalitäten des § 265b zusammenhängend verwirklicht, liegt gleichwohl nur ein Fall des Kreditbetrugs vor. Erkennt man die nicht vollends kongruente Schutzrichtung der beiden Delikte (s. unter 1). an, steht § 265b zu § 263 StGB bei handlungseinheitlicher Verwirklichung im Verhältnis klarstellender Idealkonkurrenz (Schönke/Schröder/*Perron*, § 265b Rn. 51 m. w. N.). Wer von einer einheitlichen Schutzrichtung ausgeht, wird § 265b StGB als Vorfeldtatbestand hinter vollendetem Betrug im Wege der Subsidiarität zurücktreten lassen (SK-StGB/*Hoyer*, § 265b Rn. 48 m. w. N.; so i. E. auch BGH NStZ 2011, 279, 280; NStZ-RR 2016, 245), während zwischen § 265b StGB und versuchtem Betrug auch nach diesem Verständnis Idealkonkurrenz bestehen kann.

V. §§ 265c ff. StGB

Die **Korruption sportlicher Wettbewerbe** insbesondere im Zusammenhang mit Sportwetten unterfällt nicht § 299 StGB, da Bestechung im Sportbereich nicht den geschäftlichen Verkehr betrifft. Der Ahndung eines mit der Manipulation evtl. einhergehenden vollendeten Betrugs steht oftmals die Unmöglichkeit der genauen Bezifferung eines Vermögensschadens entgegen. Erstmals pönalisieren § 265c und § 265d StGB als **abstrakte Gefährdungsdelikte** (MüKo-StGB/*Schreiner*, § 265c

B. Betrugsnahe bzw. -verwandte Straftatbestände

Rn. 5, § 265d Rn. 6) nunmehr zielgerichtet Manipulationsabsprachen zwischen einem Vorteilsnehmer und einem Vorteilsgeber in Bezug auf Verlauf oder Ergebnis eines Sportwettbewerbs. Dies bezweckt den Schutz des **Vermögens** sowie der **Integrität des Sports** (Lackner/Kühl/*Heger*, § 265c Rn. 1, § 265d Rn. 1; zur Diskussion um die Rechtsgüter des Sportstrafrechts, insb. die Integrität des Sports, Cherkeh/Momsen/Orth/*dies.*, SportstrafR-HdB Kap. 1 Rn. 2 m. w. N. (Fn. 6); *Momsen*, KriPoZ 2018, 21; *Kubiciel*, KriPoZ 2018, 29). § 265c erfasst allein solche Wettbewerbe, die Gegenstand einer öffentlichen Sportwette sind. § 265d StGB schließt auch Sportwettbewerbe ohne Wettbezug ein. Dementsprechend gilt der Vermögensschutz des § 265c zuvorderst Wettanbietern und redlichen Wettteilnehmern, während § 265d StGB primär (Profi-)Sportler und Vereine schützt (BT-Drs. 18/8831, 20; krit. zur schwer begründbaren Privilegierung des Profisports Cherkeh/Momsen/Orth/*Momsen*, SportstrafR-HdB Kap. 4 Rn. 170 ff.).

Insbesondere mit Blick auf Online-Wetten stellen sich Sportwetten als ein keineswegs unerheblicher Wirtschaftszweig dar. Die einschlägigen Betrugstaten erfolgen innerhalb des Systems oder unter dessen Ausnutzung. Das heißt: Der Betrieb des Gewerbes einer Sportwette birgt typische Strafbarkeitsrisiken. Ebenso erreichen die Schadensrisiken eine für Wirtschaftsdelikte typische Größenordnung. Allein für ein Endspiel der *UEFA Champions League* geht man von kumulierten Wetteinsätzen im zehnstelligen Bereich aus.

1. Sportwettbetrug, § 265c StGB

Die innere Systematik der in § 265c Abs. 1 bis 4 niedergelegten Tatbestände entspricht § 299 StGB: Spiegelbildlich zur möglichen Strafbarkeit von Sportlern und Trainern (Abs. 1) sowie Schieds-, Wertungs- oder Kampfrichtern (Abs. 3), die für die Beeinflussung eines Wettbewerbs des organisierten Sports einen Vorteil fordern, sich versprechen lassen oder annehmen, steht die Strafbarkeit derer, die Vorteile anbieten, versprechen oder gewähren (Abs. 2, 4).

Sportler ist nach der Gesetzesbegründung jeder Athlet, der an einem von verpflichtenden Regeln einer nationalen oder internationalen Sportorganisation geprägten Wettbewerb (vgl. Abs. 5 Nr. 1, 2) des Amateur- oder Profisports teilnimmt (BT-Drs. 18/8831, 15, 18).

Als **Trainer** i. S. d. Abs. 1 definiert Abs. 6 S. 1 jede Person, die bei einem sportlichen Wettbewerb über Einsatz *und* Anleitung von Sportlern entscheidet. Dies kann je nach den konkreten Befugnissen nicht nur Teamchefs, sondern auch Taktik-, Athletik-, Technik- und Co-Trainer umfassen. Der mit Blick auf Art. 103 Abs. 2 GG nicht unproblematische Abs. 6 S. 2 stellt Trainern solche Personen gleich, die aufgrund ihrer beruflichen oder wirtschaftlichen Stellung wesentlichen Einfluss auf Einsatz oder Anleitung von Sportlern nehmen können. Über die für die Täterqualität entscheidende Frage, was dabei als *wesentlich* anzusehen ist, gibt der Gesetzestext keine Auskunft. Während abhängig von Vorliegen und Ausmaß eines – arbeitgeberähnlichen – Weisungsrechts etwa Sportdirektoren, Vereinsleitung, Mannschaftsärzte, Mäzene oder Hauptsponsoren erfasst sein können, werden jedenfalls die Einflussmöglichkeiten von Spielerberatern oder Journalisten nicht in diesem Sinne wesentlich sein (s. a. Cherkeh/Momsen/Orth/*Vaudlet*, SportstrafR-HdB

Kap. 4 Rn. 182 f. m. w. N.; BeckOK-StGB/*Bittmann/Großmann/Rübenstahl*, § 265c Rn. 21 ff.).

Die durch Täter des Abs. 1 zugesagte Spielmanipulation muss eine solche zugunsten des Wettbewerbsgegners sein. Nicht notwendigerweise regelwidrig, wird sie regelmäßig in einem Zurückbleiben hinter den eigenen sportlichen oder taktischen Möglichkeiten liegen. **Schiedsrichter** i. S. d. Abs. 3 sind z. B. beim Fußball neben dem Spielleiter auch dessen Assistenten und der Videoschiedsrichter (näher Cherkeh/Orth/*Vaudlet*, SportstrafR-HdB Kap. 4 Rn. 184 f.; s. dort auch zu den Begriffen des **Wertungs-** und des **Kampfrichters**). Die durch Täter des Abs. 3 zugesagte Manipulation muss **regelwidrig** sein, also den durch die jeweilige Sportorganisation aufgestellten Regeln zuwiderlaufen (vgl. MüKo-StGB/*Schreiner*, § 265c Rn. 50).

Die Voraussetzungen der möglichen nehmerseitigen Tathandlungen – **Fordern, Sich-Versprechen-Lassen** oder **Annehmen eines Vorteils** – entsprechen jenen der §§ 299, 299a, 331, 333 StGB (vgl. unter § 7). Auch hier bedarf es einer **Unrechtsvereinbarung**, die den Vorteil und die Beeinflussung des Wettbewerbs verknüpft (Cherkeh/Momsen/Orth/*Vaudlet*, SportstrafR-HdB Kap. 4 Rn. 194 ff.). Nicht notwendig ist, dass eine Manipulation tatsächlich erfolgt. Der Tatbestand ist bereits mit ihrer Zusage im Rahmen der Unrechtsvereinbarung vollendet.

Der in Abs. 5 legaldefinierte Begriff des **Wettbewerbs des organisierten Sports** differenziert nicht zwischen Profi- und Amateurbereich; das Leistungsniveau ist nicht entscheidend.

In subjektiver Hinsicht ist zumindest bedingter Vorsatz erforderlich, der insb. auf Vorteilsnehmerseite auch eine auf die Manipulation zählende Wette umfassen muss (näher BeckOK-StGB/*Bittmann/Großmann/Rübenstahl*, § 265c Rn. 83; diff. zum notwendigen Vorsatzgrad Schönke/Schröder/*Perron*, § 265d Rn. 25).

2. Manipulation von berufssportlichen Wettbewerben, § 265d StGB

Auch § 265d lässt sich ohne weiteres als Wirtschaftsstrafrecht einordnen. Schutzgut ist der Wettbewerb in einem Segment von erheblicher Bedeutung. § 265d unterscheidet sich von § 265c StGB bei weitgehender Strukturgleichheit zuvorderst dadurch, dass der betroffene Wettbewerb nicht Gegenstand von Wetten, dafür aber berufssportlicher Natur sein muss.

Ein **berufssportlicher Wettbewerb** muss nach Abs. 5 von einem nationalen Verband auf Bundesebene oder einer internationalen Sportorganisation oder in deren Auftrag veranstaltet werden (Nr. 1), den Regeln einer nationalen oder internationalen Sportorganisation unterliegen (Nr. 2) und überwiegend von Sportlern bestritten werden, die durch ihre sportliche Betätigung unmittelbar oder mittelbar Einnahmen von erheblichem Umfang erzielen (Nr. 3).

Die Unbestimmtheit der Anforderungen der Nr. 3 begegnet Kritik: Unklar sind nicht nur die genauen Maßstäbe für die Frage, ab welchem Verhältnis von Berufs- und Amateursportlern erstere **überwiegend** vertreten sind, sondern auch, wann ihre Einnahmen **erheblich** sind (ausführl. Schönke/Schröder/*Perron*, § 265d Rn. 5 ff.). Fest steht, dass mindestens 50 Prozent der Wettbewerbsteilnehmer Profisportler sein müssen (*Fischer*, § 265d Rn. 10).

Anders als im Fall des § 265c muss sich die Unrechtsvereinbarung des § 265d StGB auf eine **wettbewerbswidrige** Beeinflussung des Wettbewerbsverlaufs oder -Ergebnisses beziehen. Diese regelmäßig gegebene Voraussetzung soll entfallen, wenn ausschließlich wettbewerbsimmanente Vorteile gewährt werden, die zumindest mittelbar auch den eigenen sportlichen Interessen dienen (BT-Drs. 18/8831, 21; Schönke/Schröder/*Perron*, § 265e Rn. 8; krit. BeckOK-StGB/*Bittmann/Großmann/Rübenstahl*, § 265d Rn. 46 ff.).

3. Besonders schwere Fälle, § 265e StGB

§ 265e S. 1 hebt den Strafrahmen der §§ 265c, 265d für den besonders schweren Fall an. Ein solcher ist nach S. 2 Nr. 1 indiziert, wenn die Tat sich auf einen **Vorteil großen Ausmaßes** bezieht. Gemeint ist nicht ein etwaiger Wettgewinn, sondern die Leistung des Vorteilsgebers an den Vorteilsnehmer, also typischerweise ein Bestechungsgeld (Cherkeh/Momsen/Orth/*Vaudlet*, SportstrafR-HdB Kap. 4 Rn. 206). Das besonders große Ausmaß ist im Verhältnis zum Durchschnitt in vergleichbaren Fällen gezahlter Beträge zu bestimmen (Schönke/Schröder/*Perron*, § 265e Rn. 3). Eine unbesehene Übernahme etwa der zu § 263 Abs. 3 S. 2 Nr. 2 Var. 1 StGB erwogenen Maßstäbe verbietet sich schon angesichts des erheblichen Auseinanderfallens der Strafrahmen (Cherkeh/Momsen/Orth/*Vaudlet*, SportstrafR-HdB Kap. 4 Rn. 206). Zu den Anforderungen an gewerbs- oder bandenmäßige Begehung (Abs. 2 Nr. 2) s. A. VI.

4. Konkurrenzverhältnis insb. zu § 263 StGB

Sind § 265c und § 265d StGB handlungseinheitlich verwirklicht, besteht Tateinheit (Cherkeh/Momsen/Orth/*Vaudlet*, SportstrafR-HdB Kap. 4 Rn. 235; anders der RegE, BT-Drs.18/8831, 20: § 265d trete hinter § 265c StGB zurück). Gleiches gilt angesichts der nicht gänzlich kongruenten Schutzgüter im Verhältnis von §§ 265c, 265d und (versuchtem) Betrug: Auch hier wird regelmäßig Idealkonkurrenz anzunehmen sein (MüKo-StGB/*Schreiner*, § 265c Rn. 66, § 265d Rn. 44).

C. Verfahrensrechtliche Besonderheiten

Unmittelbar aus den Tatbestandsvoraussetzungen des § 263 StGB ergeben sich vielerlei Nachweisschwierigkeiten. Konsequent umgab und umgibt der Gesetzgeber den Betrugstatbestand mit zahlreichen Strafnormen – sog. „Kranzdelikten" –, die oft im Vorfeld des § 263 StGB angesiedelt sind und auf einzelne seiner Voraussetzungen verzichten.

Auch in quantitativer Hinsicht kann § 263 StGB die Strafverfolgungspraxis vor erhebliche Herausforderungen stellen. Dies betrifft insb. Fälle des sogenannten **Massenbetrugs**, in denen ein oder mehrere Täter durch gleichförmige Begehung eine Vielzahl von Opfern täuschungsbedingt schädigen oder dies zumindest versuchen. Der faktischen Unmöglichkeit, in solchen Konstellationen im durch den prozessualen Beschleunigungsgrundsatz gesteckten Rahmen umfassend Beweis zu erheben, wird in verschiedener Weise zu begegnen versucht, ohne dass dabei eine überzeugende Lösung ersichtlich wäre (vgl. etwa BGH NStZ 2015, 98 m. krit. Anm. *Krehl;* BGH NZWiSt 2022, 326, 332). Wie dieses Problem – wohl letztlich gesetzgeberisch – zu lösen ist, bleibt Gegenstand anhaltender Diskussion (ausführlich MüKo-StGB/*Hefendehl*, § 263 Rn. 1267 ff. m. w. N.).

Der dringende Verdacht, dass ein Beschuldigter „wiederholt oder fortgesetzt eine die Rechtsordnung schwerwiegend beeinträchtigende Straftat" nach § 263 StGB begangen hat, kann bei Vorliegen der weiteren Voraussetzungen des § 112a Abs. 1 StPO, namentlich der tatsachenbasierten Gefahr weiterer gleichartiger, erheblicher Taten vor rechtskräftiger Verurteilung, den **Haftgrund der Wiederholungsgefahr** begründen.

§ 5 Geldwäsche

Literatur

Hennecke, „Darf ich in Bitcoin zahlen?" – Geldwäscherisiken für Industrie- und Handelsunternehmen bei Bitcoin-Transaktionen, CCZ 2018, 120; *Teixeira*, Die Strafbarkeit der Selbstgeldwäsche, NStZ 2018, 634; *Krais*, Zu den Änderungen der 5. EU-Geldwäscherichtlinie, NZWiSt 2018, 321; Strafbarkeitsrisiken in bargeldintensiven Branchen: Gastronomie, Taxi, Rotlicht: Unternehmereigenschaft vs. Scheinselbstständigkeit, Barkasse, Trinkgelder, Umsatzkalkulationen (Kassensysteme), Geldverkehrsrechnung; insb. auch Immobilienwirtschaft (WSNA 0618, 6): BT-Drs. 19/2449 auf kl. Anfrage BT-Drs. 19/1956; *Stiglitz/Pieth*, Die Schattenwirtschaft überwinden 2017 (Panama Papers, Paradise Papers); zum Anti-Geldwäsche-Register: Gemischte Bilanz für neues Anti-Geldwäsche-Register FD-StrafR 2018, 406670; *Gerlach*, Sanktionierung von Bankmitarbeitern nach dem Geldwäschegesetz-Entwurf, CCZ 2017, 176 (zur 4. EU-Geldwäsche-Richtlinie); zur Einschränkung des Geldwäschetatbestands bei Honorarannahme durch Rechtsanwälte – Anwendbarkeit des Vorsatzprivilegs, BVerfG NZWiSt 2015, 469; zur Frage der Zulässigkeit von Abfrage von Kontodaten eines Anwalts/Strafverteidigers: EGMR, Urteil v. 27.4.2017 – 73607/13; zur Genese (aktuell): Fünfte Geldwäsche-RL (RL (EU) 2018/834 v. 30.5.2018, ABl. 2018 L 156/43), umgesetzt durch das Gesetz zur Verbesserung der strafrechtlichen Bekämpfung der Geldwäsche vom 9. März 2021 (BGBl. I 2021, 327); **zur neuen Rechtslage:** *Wolf*, Das Verbot der Geldwäsche und seine Reform aus dem Blickwinkel der Vermögensabschöpfung, NJOZ 2021, 1025; *Ladiges*, Aktuelle Änderungen bei der Geldwäsche gem. § 261 StGB und dem Geldwäschegesetz, NotBZ 2021, 447; *Gazeas*, Das neue Geldwäsche-Strafrecht: Weitreichende Folgen für die Praxis, NJW 2021, 1041; Böhme/Busch, Das Gesetz zur Verbesserung der strafrechtlichen Bekämpfung der Geldwäsche: Richtlinienumsetzung und Neuausrichtung von § 261 StGB, wistra 2021, 169; *Müller*, Neufassung des Geldwäschetatbestands – Der „all-crimes-approach", NJW-Spezial 2021, 312; *El-Ghazi/Laustetter*, Das Gesetz zur Verbesserung der strafrechtlichen Bekämpfung der Geldwäsche – Ein Überblick über die wichtigsten Änderungen beim Straftatbestand des § 261 StGB und bei der selbständigen Einziehung nach § 76a Abs. 4 StGB, NZWiSt 2021, 209; Guthörl/Gans, Der neue Geldwäschestraftatbestand, WPg 2021, 1053; zu durch Steuerhinterziehung ersparten Aufwendungen und Geldwäsche: OLG Saarbrücken, NZWiSt 2021, 397.

A. Überblick

Der Tatbestand der Geldwäsche ist einer der unübersichtlichsten Tatbestände des StGB. Seitdem er 1992 erstmals durch das „Gesetz zur Bekämpfung des illegalen Rauschgifthandels und anderer Erscheinungsformen der Organisierten Kriminalität" (OrgKG v. 15.7.1992, BGBl. I 1302) eingeführt wurde, ist er durch viele weitere Gesetzesänderung erweitert und verkompliziert worden. Die jüngste Änderung erfolgte durch das Gesetz zur Verbesserung der strafrechtlichen Bekämpfung der Geldwäsche vom 9. März 2021 (BGBl. I 2021, 327). Die dort erneut vorgenommene Erweiterung des Tatbestandes lässt umso mehr daran zweifeln, ob der derart weit gefasste Tatbestand noch verfassungsgemäß (Art. 103 Abs. 2 GG) ist.

Der Begriff „Geldwäsche" wird im Gesetz nicht legaldefiniert. In strafrechtlicher Hinsicht meint er solche Taten, die sich auf die Erlöse aus rechtswidrigen Vortaten beziehen, § 261 Abs. 1 StGB. Aus kriminologischer Perspektive geht es dabei um einen Vorgang, bei dem illegale Gewinne aus der sog. Organisierten Kriminalität an den Strafverfolgungsbehörden vorbei geschleust werden, um sie weiter investieren zu können, indem sie als rechtmäßige Gewinne ausgewiesen werden. Mithin ist mit Geldwäsche die Einführung illegal erworbener Vermögensgegenstände in den Finanzkreislauf gemeint, bei der die wahre Herkunft dieser Gegenstände verschleiert wird (Momsen/Grützner/*Boerger*, HdB Wirtschafts- und Steuerstrafrecht, § 38 Rn. 1).

Die Vorschriften zur Geldwäsche im StGB sind das Ergebnis europarechtlicher Vorgaben, mit denen die internationale Bekämpfung von derartigen Handlungen bezweckt wurde. In der Richtlinie (EU) 2018/1673 des Europäischen Parlaments und des Rates vom 23. Oktober 2018 über die strafrechtliche Bekämpfung der Geldwäsche[1] wird Geldwäsche definiert als der Transfer, der Umtausch, die Verheimlichung, die Verschleierung, der Erwerb, der Besitz und die Verwendung von Vermögensgegenständen in Kenntnis der Tatsache, dass diese Gegenstände aus einer kriminellen Tätigkeit oder aus der Teilnahme an einer solchen Tätigkeit stammen.

Den Vorgang der Geldwäsche haben US-Zollbehörden in drei verschiedene Phasen unterteilt. In der ersten Phase, der sog. Platzierungsphase wird das aus der Vortat bzw. den Vortaten erlangte Bargeld erstmalig in den regulären Geldverkehr eingeschleust, regelmäßig in Unternehmen, die die Täter selbst betreiben und in denen eine hohe Bargeldintensität herrscht. Die Platzierung erfolgt dann häufig durch eine Einzahlung des Bargeldes bei Banken, wobei es entweder in Buchgeld umgewandelt oder zum Erwerb von kurzfristig liquidierbaren Vermögensgegenständen eingesetzt wird. Die Einzahlung erfolgt dabei meistens gestückelt, unter dem Schwellenwert für die Identifizierung gem. § 10 Abs. 3 Nr. 2b GwG von derzeit 15.000 EUR bleibend. Diese Stückelung eines hohen Geldbetrages in viele kleinere Geldbeträge zur

---

[1] Siehe auch die Definition in Art. 1 Abs. 3 der vierten EU-Geldwäscherichtlinie, RL (EU) 2015/849 zur Verhinderung der Nutzung des Finanzsystems zum Zwecke der Geldwäsche und der Terrorismusfinanzierung.

A. Überblick

Verschleierung der Einzahlung einer derart hohen Summe wird auch als „**smurfing**" bezeichnet. Die Einschleusung in den Wirtschafts- und Finanzkreislauf erfolgt dabei häufig im Zusammenhang mit falschen Rechnungen oder Verträgen (Momsen/Grützner/*Boerger*, HdB Wirtschafts- und Steuerstrafrecht, § 38 Rn. 4). In der zweiten sog. Streuungs- oder Verschleierungsphase soll die sog. Papierspur der illegalen Gelder verwischt werden, indem etwa verwirrende und scheinbar unzusammenhängende Transaktionen vorgenommen werden, bspw. durch den Einsatz bei Online-Sportwetten. In der letzten Phase, der sog. Integrationsphase, werden die Gelder nach erfolgter Verschleierung ihrer Herkunft wieder zurücktransferiert, etwa durch die Auszahlung von Wettgewinnen, wobei der Eindruck entstehen soll, diese seien das Ergebnis legaler wirtschaftlicher Betätigung. Dies geschieht z. B. durch den Erwerb von Vermögensgegenständen wie Immobilien oder Edelmetallen.

In der Praxis findet der Geldwäschetatbestand vor allem bei leichterer bis mittlerer Kriminalität Anwendung und dient regelmäßig dazu, die im Bereich der Hehlerei bestehenden Strafbarkeitslücken zu schließen. Im Verhältnis zu den weltweit jährlich „gewaschenen" Geldern werden hingegen immer noch verhältnismäßig wenige Verfahren wegen Geldwäsche geführt[2] (Momsen/Grützner/*Boerger*, HdB Wirtschafts- und Steuerstrafrecht, § 38 Rn. 8).

Bei der Geldwäsche handelt es sich, ähnlich wie bei der Begünstigung oder der Hehlerei, um ein Anschlussdelikt, dem eine rechtswidrige Tat i. S. v. § 11 Abs. 1 Nr. 5 StGB vorausgeht (BeckOK-StGB/*Ruhmannseder* § 261 Rn. 6).

Geschütztes Rechtsgut des Abs. 1 ist die Bewahrung des legalen Finanz- und Wirtschaftskreislauf vor Invasion von Sach- und Geldmitteln, die aus einem inkriminierten Umfeld stammen (str., zum Streitstand siehe MüKo-StGB/*Neuheuser* § 261 Rn. 8 ff.; BeckOK-StGB/*Ruhmannseder* § 261 Rn. 7 sieht als geschütztes Rechtsgut die inländische Rechtspflege, die durch diese Vorschrift in ihrer Aufgabe, die Wirkungen von Straftaten zu beseitigen, geschützt wird; ebenso OLG Karlsruhe NJW 2005, 767, 768; BT-Drs. 12/989, 27). Abs. 2 schützt neben der staatlichen Rechtspflege auch das durch die Vortat geschützte Rechtsgut (BGH NJW 2018, 2743; BT-Drs. 12/989, 27). Dieses Argument gewinnt an Schlüssigkeit, wenn man die Vermögensabschöpfung als Teil der Rechtspflege betrachtet.

Der Versuch einer Geldwäsche ist strafbar. Es handelt sich zwar um ein Vergehen, die Versuchstrafbarkeit ist jedoch explizit angeordnet, §§ 23 Abs. 1, 261 Abs. 3 StGB.

Aufbauschema § 261 StGB – Geldwäsche; Verschleierung unrechtmäßig erlangter Vermögenswerte

I. Tatbestand
1. Objektiver Tatbestand

---

[2] So gab es deutschlandweit ca. 8000–10.000 Ermittlungsverfahren (2011–2018) und ca. 700–950 Verurteilungen (2010–2017) pro Jahr, vgl. MüKo-StGB/*Neuheuser* § 261 Rn. 19 sowie die Fortschreibungen der dort erwähnten Statistiken, Momsen/Grützner/*Boerger*, HdB Wirtschafts- und Steuerstrafrecht, § 38 Fn. 18.

  a. Rechtswidrige Vortat
  b. Tauglicher Täter (beachte Abs. 7)
  c. Aus der Vortat herrührender Gegenstand
  d. Tathandlungen
    aa. Verbergen, Umtauschen, Übertragen, Verbringen, Verschaffen, Verwahren, Verwenden (Abs. 1)
    bb. Verheimlichen oder Verschleiern von Tatsachen, die für das Auffinden, die Einziehung oder die Ermittlung der Herkunft eines Gegenstands nach Absatz 1 von Bedeutung sein können (Abs. 2)
  e. Einschränkungen gem. Abs. 6
 2. Subjektiver Tatbestand
II. Rechtswidrigkeit
III. Schuld
IV. Regelbeispiele (Abs. 5)
V. Persönliche Straufausschließungs-/aufhebungsgründe (Abs. 8).

Inhalt der einzelnen Absätze
- Abs. 1, 2: Vereitelungs-, Verschleierungs- und Isolierungstatbestand
- Abs. 3: Strafbarkeit der versuchten Geldwäsche
- Abs. 4: Qualifikation
- Abs. 5: Besonders schwere Fälle
- Abs. 6: Leichtfertiges Verkennen der illegalen Herkunft des Tatobjekts
- Abs. 7, 8: Besondere Strafausschließungs – & Strafaufhebungsgründe
- Abs. 9: Auslandstaten
- Abs. 10: Einziehung

B. Der Tatbestand

Im objektiven Tatbestand zunächst vorausgesetzt ist das Vorliegen einer **rechtswidrigen Vortat** i. S. v. § 11 Abs. 1 Nr. 5 StGB. Anders als in § 261 StGB a. F. muss diese Tat keine bestimmte Katalogtat mehr sein. Mit der Streichung des bisherigen Vortatenkataloges hat der Gesetzgeber einen Paradigmenwechsel hin zum „All-Crimes-Ansatz" vollzogen; als taugliche Geldwäschevortaten kommen nunmehr sämtliche Straftaten in Betracht (BeckOK-StGB/*Ruhmannseder* § 261 Rn. 10).

Tauglicher Täter einer Geldwäsche kann grds. jeder sein. Es handelt sich nicht um ein Sonderdelikt. Zu beachten ist allerdings, dass nach Abs. 7 grds. keine Strafbarkeit gegeben ist, sofern der Täter an der rechtswidrigen Vortat beteiligt gewesen ist (zur Ausnahme siehe unten).

Taugliches Tatobjekt können bewegliche, unbewegliche Sachen und Rechte sind. Dazu gehören bspw. Bargeld, Buchgeld, Forderungen, Wertpapiere, Immobilien, Edelsteine, Kunstobjekte, Kontodaten usw. Diese müssen aus der Vortat **herrühren**. Der wenig bestimmte Begriff des „Herrührens" erfasst nach der Vor-

B. Der Tatbestand

stellung des Gesetzgebers bewusst auch eine Kette von Verwertungshandlungen, bei der der ursprüngliche Gegenstand unter Beibehaltung seines Wertes durch einen anderen ersetzt wird (BeckOK-StGB/*Ruhmannseder* § 261 Rn. 15; BT-Drs. 12/989, 27). Ein solches Herrühren aus der Vortat ist unbestritten bei allen unmittelbar aus der Vortat stammenden Gegenstände (= sog. Ursprungsgenstände/producta sceleris) gegeben. Ebenfalls hierunter fallen Gegenstände, die einer Vermischung unterfallen, bspw. bei Buchgeld. Der Begriff ist hier aber weiter als bei §§ 257, 259 StGB. Auf diese Weise soll auch der Zugriff auf Surrogate ermöglicht werden (BGH NStZ 2017, 28) und so Strafbarkeitslücken im Bereich der Ersatzhehlerei und der nur mittelbaren Begünstigung geschlossen werden.

Die **Tathandlungen** der Geldwäsche wurden mit der Gesetzesnovellierung neu strukturiert. Nach Abs. 1 wird bestraft, wer einen Gegenstand, der aus einer rechtswidrigen Tat herrührt, verbirgt (Nr. 1), in der Absicht, dessen Auffinden, dessen Einziehung oder die Ermittlung von dessen Herkunft zu vereiteln, umtauscht, überträgt oder verbringt (Nr. 2), sich oder einem Dritten verschafft (Nr. 3) oder verwahrt oder für sich oder einen Dritten verwendet, wenn er dessen Herkunft zu dem Zeitpunkt gekannt hat, zu dem er ihn erlangt hat (Nr. 4). Abs. 2 sanktioniert des Weiteren das Verheimlichen oder Verschleiern von Tatsachen, die für das Auffinden, die Einziehung oder die Ermittlung der Herkunft eines Gegenstands nach Absatz 1 von Bedeutung sein können.

Verbergen meint jedes Verhalten, das mittels einer einer unüblichen räumlichen Unterbringung oder einer den Gegenstand versteckenden Handlung den Zugang zum Tatobjekt erschwert (BeckOK-StGB/*Ruhmannseder* § 261 Rn. 23).

Der Umtausch oder Transfer (**umtauschen, übertragen, verbringen**) erfasst Tathandlungen, die dazu dienen sollen, die staatliche Ermittlungstätigkeit oder das staatliche Einziehungsrecht zu gefährden (BeckOK-StGB/*Ruhmannseder* § 261 Rn. 24). Es handelt sich insofern um ein abstraktes Gefährdungsdelikt, da der Eintritt einer konkreten Gefährdung nicht erforderlich ist (BT-Drs. 19/24180, 30 f.).

§ 261 Abs. 1 Nr. 3 StGB erfasst die Eigen- und Drittverschaffung. Durch die Ausgestaltung als abstraktes Gefährdungsdelikt und der Unterstrafestellung des Umgangs mit dem Gegenstand durch Dritte soll der Täter gegenüber der Umwelt isoliert bzw. praktisch verkehrsunfähig gemacht werden (BT-Drs. 12/989, 27; BGH NStZ-RR 2013, 253). Unter dem **Verschaffen** des Gegenstandes versteht man, wie auch bei § 259 StGB, dass der Täter oder ein Dritter die tatsächliche Verfügungsgewalt über den inkriminierten Gegenstand mit dem Einverständnis des Vorbesitzers erlangt (BeckOK-StGB/*Ruhmannseder* § 261 Rn. 26).

Verwahren (Nr. 4) bedeutet, einen Gegenstand in Gewahrsam zu nehmen oder zu halten, um ihn für einen Dritten oder für die eigene Verwendung zu erhalten (BeckOK-StGB/*Ruhmannseder* § 261 Rn. 27; vgl. BGH NJW 2019, 1311, 1314). **Verwenden** meint jeden bestimmungsgemäßen Gebrauch des aus der Vortat stammenden Gegenstandes. Insbesondere werden hiervon die vielfältigen Geldgeschäfte erfasst (BT-Drs. 12/989, 27). Die Begehungsweisen setzen beide voraus, dass der Täter die Herkunft des Gegenstandes in dem Zeitpunkt, in dem er ihn erlangt hat, kannte. Dafür genügt aber auch ein „für-möglich-Halten" i. S. e. bedingten Vorsatzes (BeckOK-StGB/Ruhmannseder § 261 Rn. 29).

Ein **Verschleiern** der Herkunft liegt vor, wenn ein Verhalten darauf gerichtet ist, einem Tatobjekt den Anschein einer anderen (legalen) Herkunft zu verleihen oder wenigstens die illegale Herkunft zu verbergen (BeckOK-StGB/*Ruhmannseder* § 261 Rn. 33 m. Bsp.). Sowohl das **Verschleiern** als auch das Verheimlichen setzt ein manipulatives Verhalten des Täters voraus (BT-Drs. 19/24180, 33).

In Abgrenzung zu § 257 StGB ist die straflose Ersatzbegünstigung sowie die bei § 259 StGB nicht strafbare Ersatzhehlerei erfasst.

> **Beispiel**
> B hat im Juweliergeschäft des J eine goldene Taschenuhr weggenommen. Diese verkaufte er an den Uhrmacher U, der von diesem Vorgang nichts wusste, zu einem Kaufpreis von 500 EUR, der von U in Bar beglichen wurde. Er beabsichtigte, mit diesem Betrag eine Verbindlichkeit aus einem Darlehensvertrag gegenüber dem D zu erfüllen, dem der gesamte Vorgang bekannt war. Dennoch nahm D die 500 EUR in Erfüllung seiner Forderung gegenüber B an.
>
> Mangels Sachidentität zwischen der durch Diebstahl erlangten Uhr und dem Bargeld, das sich der D verschafft hat, scheidet eine Strafbarkeit wegen Hehlerei gem. § 259 Abs. 1 StGB klar aus. Auch handelt es sich bei dem Geldbetrag nicht um einen unmittelbaren Tatvorteil, der Ansatzpunkt für eine Strafbarkeit wegen Begünstigung gem. § 257 Abs. 1 StGB sein könnte.
>
> Gerade diese „Lücke" vermag § 261 Abs. 1 StGB mit dem auf eine solche direkte Unmittelbarkeit verzichtenden Merkmal des aus der rechtswidrigen Tat (hier: § 242 Abs. 1 StGB) „herrührenden" Gegenstands zu schließen.

> **Beispiel**
> „Die Garderobiere": A, ein stadtbekanntes Mitglied der organisierten Kriminalität im Bereich des Handels mit Betäubungsmitteln, das öffentlichkeitsbekannt derzeit arbeitslos gemeldet ist, gibt abends in der Oper bei der Garderobiere G seinen Mantel ab. Diesen hatte er zuvor mit Taterlösen aus dem Verkauf von Betäubungsmitteln (strafbar etwa nach § 29 Abs. 1 Nr. 1 BtMG) erworben.
>
> Mit Blick auf das oben dargestellte weite Verständnis des Begriffs des „Herrührens aus einer rechtswidrigen Tat" i. R. d. § 261 Abs. 1 StGB, der gerade auch Ersatzgegenstände für den unmittelbar aus der Tat erlangten Gegenstände erfasst, handelt es sich bei dem Mantel um ein taugliches Tatobjekt. Dieses rührt auch aus einer tauglichen Vortat (§ 29 Abs. 1 Nr. 1 BtMG) her. Eine Verwirklichung des Verschleierungstatbestands des § 261 Abs. 2 StGB ist hier nicht ersichtlich. Hingegen kommt eine Verwirklichung von § 261

B. Der Tatbestand

Abs. 1 Nr. 4 StGB in Betracht, konkret betreffend die Tathandlung des Verwahrens.[3] Denn die Tätigkeit der Garderobiere stellt sich klar als eine solche dar, durch die sich der Mantel nicht lediglich in ihrem Gewahrsam befindet (vgl. zu dieser Abgrenzung BGH NStZ 2012, 321, 322), sondern diese ist gerade darauf gerichtet, den Gegenstand für den A zu erhalten. Jedenfalls in objektiver Hinsicht wird die Tätigkeit der Garderobiere damit zwanglos von § 261 Abs. 1 Nr. 4 StGB erfasst.

Schon hier zeichnet sich plastisch die erhebliche tatbestandliche Reichweite des § 261 StGB ab, die geeignet ist, auch solche Konstellationen zu erfassen, bei denen ein kriminalpolitisches Schutzbedürfnis wohl nur noch schwer auszumachen ist. Daher erscheint es nicht verwunderlich, wenn gerade im Hinblick auf den Tatbestand des § 261 Abs. 1 Nr. 4 StGB in der Literatur verschiedene Vorschläge einer teleologischen Reduktion unterbreitet werden. Diese versuchen etwa den Gedanken der Sozialadäquanz (vgl. zu § 261 Abs. 2 Nr. 2 StGB a. F. Barton StV 1993, 156, 161) oder die Grundsätze der „neutralen oder unverdächtigen Beihilfe" (zu § 261 Abs. 2 Nr. 2 StGB a. F. Barton StV 1993, 156, 162 f.; Vogel ZStW 109 (1997), 335, 355 f.) als tatbestandliches Korrektiv fruchtbar zu machen. Ferner finden sich Ansätze, die für die Anerkennung einer quantitativ zu bestimmenden Bagatellgrenze einstehen.[4] Allerdings haben sich derartige Ansätze weder in der überwiegenden Literatur (vgl. etwa umfassend abl.: MüKo-StGB/*Neuheuser* § 261 Rn. 90 ff.) noch zumindest in der Rechtsprechung des Bundesgerichtshofs betreffend den objektiven Tatbestand durchgesetzt.

Dies wirft insoweit Bedenken auf, als auch der subjektive Tatbestand erstens durch die in der Rechtsprechung anerkannte großzügige Handhabung des dolus eventualis i. R. d. § 261 StGB insbesondere im Hinblick auf das „Herrühren aus der Vortat" sich grundsätzlich nicht als Korrektiv[5] eignet (zur auf Betreiben des BVerfG nunmehr anerkannten bereichsspezifischen Einschränkung s. u.). So muss der Täter es zwar – nach der üblichen Definition des Gedankeninhalts des dolus eventualis in der Rechtsprechung – für möglich halten und sich damit im Sinne eines billigenden Inkaufnehmens abfinden, dass das Tatobjekt aus einer rechtswidrigen Vortat herrührt. Indes sei dabei weder zur verlangen, dass der

---

[3] Ein „Verschaffen" i. S. d. § 261 Abs. 1 Nr. 3 StGB scheidet mangels Erlangung einer umfassenden und von A losgelösten Verfügungsmacht aus. A verliert gerade nicht jede Möglichkeit auf den Gegenstand einzuwirken, vgl. zu diesem Kriterium BGH NZWiSt 2015, 272, 273.
[4] Ebenfalls zu § 261 Abs. 2 Nr. 2 StGB a. F.: *Barton* StV 1993, 156, 161; *Hund* ZRP 1996, 163, 166. Letzterer schlägt etwa eine Grenzziehung zwischen 1000 und 10.000 EUR vor.
[5] Gerade hier sind auch die Implikationen der Tendenz einer weiten, normativierenden Auslegung des dolus eventualis innerhalb sowie außerhalb des Wirtschaftsstrafrechts zu bedenken, vgl. umfassend: *Momsen* KriPoZ 2018, 76, 98; *Ders.*, ZStW 131 (2019), 1009, 1033 f.

Vorsatz des Täters den konkreten Vortäter noch die näheren Umstände der Vortat erfasst. Es genüge, dass der Täter die Umstände kenne, „aus denen sich in groben Zügen bei rechtlich richtiger Bewertung, die der Angeklagte nur laienhaft erfasst haben muß,[6] eine Katalogtat ergibt" (BGHSt 43, 158, 165). Mit Blick auf die im Beispielsfall genannten Indizien – Stadtbekanntheit des A, Wissen um die Arbeitslosigkeit – liegt es hier nahe, dass G es jedenfalls für möglich hielt, dass der Mantel mit Mitteln bezahlt wurde, die A aus der genannten Vortat erlangt hat und dieser insoweit aus einer Vortat herrührt. Hiermit hat sie sich – in Erfüllung ihrer arbeitsvertraglichen Pflichtenstellung – auch abgefunden. Durch den „all-crimes" Ansatz wird das korrigierende Potenzial des subjektiven Tatbestands noch weiter beschränkt.

Zweitens hat aber auch der Gesetzgeber mit der Einführung einer auf das Herrühren aus der Vortat bezogenen Strafbarkeit einer bloß leichtfertigen Tatbegehung in § 261 Abs. 6 StGB subjektiven Korrektiven weiter den Boden entzogen. Die in der Literatur insoweit vorgebrachten (auch verfassungsrechtlichen) Bedenken (umfassend etwa: Bottermann, Untersuchungen zu den grundlegenden Problematiken des Geldwäschetatbestandes, auch in seinen Bezügen zum Geldwäschegesetz, 1995, 130 ff.;) werden von der Rechtsprechung nicht geteilt (siehe nur BGHSt 43, 158, 165 f.). Stattdessen wird einer Ausscheidung von Bagatellkonstellationen anhand verfahrens- oder sanktionsrechtlicher Mittel (z. B. §§ 153 ff. StPO oder §§ 59, 60 StGB) das Wort geredet (BGHSt 43, 158, 167). Dies erscheint zwar als ein pragmatisches und nicht unübliches Mittel, um eine mögliche verfassungswidrige Strafbarkeit von Bagatellsachverhalten zu umgehen. Dies geht jedoch zulasten der Überprüfbarkeit und Einheitlichkeit der Rechtsanwendung. Das sehr weite Ermessen in der Rechtsanwendung führt zu möglichen Friktionen mit dem Schuldprinzip und ggf. auch dem Rechtsstaatsprinzip, da letztlich nicht verhindert werden kann, dass sich eine empirisch signifikant unterschiedliche Verfolgungspraxis etabliert.

Im subjektiven Tatbestand ist **Vorsatz** bzgl. aller objektiven Tatbestandsmerkmale erforderlich, wobei bedingter Vorsatz ausreichend ist (OLG Hamm wistra 2004, 73, 74).

Probleme können sich hier zum einen im Zusammenhang mit neutralem, berufstypischen Verhalten ergeben. An dieser Stelle sind die Grundsätze zur neutralen Beihilfe anzuwenden (siehe unter § 2 F. IV.). Gemeinsam mit der soeben dargestellten und schon im Allgemeinen problematischen erheblichen tatbestandlichen Reichweite des § 261 StGB entstanden hierdurch auch in Spezialbereichen weitere ganz erhebliche grundrechtliche und rechtsstaatliche Spannungslagen. Zum Teil wurden dies bei der aktuellen Gesetzesnovellierung berücksichtigt.

---

[6] Zu den sich ergebenden naheliegenden Irrtumsproblemen dieses normativen Tatbestandsmerkmals, s. u.

B. Der Tatbestand

Beispiel „Geldwäsche durch Strafverteidiger" – BVerfGE 110, 226 = NJW 2004, 1305 [vereinfacht]
Der Beschwerdeführer B ist Rechtsanwalt. Mit seiner Verfassungsbeschwerde wendet er sich gegen die Verurteilung wegen Geldwäsche (Tathandlung des Sichverschaffens), der die Annahme eines Strafverteidigerhonorars zu Grunde lag. Nach den Feststellungen des Landgerichts hatte der Beschwerdeführer die Verteidigung des S übernommen, der später als „Kopf" eines Schneeballsystems wegen Betruges verurteilt wurde. Nach der Verhaftung des S im Zuge des Ermittlungsverfahrens nahm der Beschwerdeführer als Honorarvorschuss einen Betrag von 200.000 EUR in bar von seinem Mandanten an, obwohl diese sicher wussten, dass dieses Geld aus den durch seinen Mandanten begangenen Betrugstaten herrührte.

Dieser der Verfassungsbeschwerde des B zu Grunde liegende Sachverhalt stand jedenfalls im Ausgangspunkt stellvertretend für ein durch § 261 StGB entstehendes Dilemma für die Berufstätigkeit von Strafverteidigern. Dabei zeichnet dieser sich zwar auch besonders dadurch aus, dass dem Beschwerdeführer B sicher bewusst war, dass das Honorar aus Mitteln bezahlt wurde, die aus der Vortat stammten. Mit Blick auf die oben dargestellten, geringen Anforderungen an die Feststellung des dolus eventualis wird aber deutlich, dass auch weniger eindeutige Sachverhaltskonstellationen von § 261 StGB erfasst werden konnten.

Im Ausgangspunkt warf dieser Befund ganz erhebliche rechtsstaatliche Bedenken auf. Denn in der Sache knüpft sich die Strafbarkeit nach § 261 StGB an den Kernbereich des Vertrauensverhältnisses zwischen dem Verteidiger und seinem Mandanten. Gerade vor dem Hintergrund der oben umrissenen Reichweite des § 261 StGB in subjektiver Hinsicht könnte dem Verteidiger nämlich gerade daran gelegen sein, in Vorbereitung der Verteidigung keine umfassenden Informationen mit seinem Mandanten auszutauschen, um so nicht seinerseits den Anfangsverdacht zu begründen, dass er es für möglich hielt, dass das Verteidigerhonorar aus einer Vortat herrühren könnte. Letztlich wird der Verteidiger hierdurch in eine Zwangslage zwischen der berufsethischen aber auch berufsrechtlichen (vgl. § 43a BRAO, § 1 Abs. 3 BORA) Pflichtenstellung zur Parteiinteressenvertretung und einer eigenen Strafbarkeit gebracht. Insoweit blieb dem Verteidiger anstelle einer mit der vorgenannten nicht vertretbaren defizitären Mandatsbearbeitung als Ausweg nur die rechtzeitige Niederlegung des Mandats, die aber freilich auch im erheblichen Maße die Interessen seines Mandanten und dessen Rechtsstellung im Verfahren betraf. Insoweit schwächte eine uneingeschränkte Strafbarkeit nach § 261 StGB, die Strafverteidigung als zwingende Institution im Rechtsstaat verletzt, damit sogleich die Justizförmigkeit des gesamten Verfahrens gegen den Beschuldigten der Vortat.

Das BVerfG nahm zutreffendermaßen auch die weitere Perspektive der betroffenen Berufs(-ausübungs-)freiheit des Verteidigers aus Art. 12 Abs. 1

> S. 1 GG in den Blick. Die Strafvorschrift des § 261 Abs. 2 Nr. 1 StGB a. F. sei als Grundlage einer entsprechenden Verurteilung insoweit nur dann verfassungsgemäß, wenn der Verteidiger sichere Kenntnis von der Herkunft des Honorars im Zeitpunkt dessen Annahme hat. Insoweit hat das BVerfG in der den o. g. Sachverhalt betreffenden Entscheidung eine erhebliche Einschränkung vorgebracht. In der Sache muss der Verteidiger damit jedenfalls mit direktem Vorsatz hinsichtlich des Herrührens des sich verschafften Gegenstands handeln, um sich wegen Geldwäsche strafbar zu machen. Dies hat nun auch der Gesetzgeber in § 261 Abs. 1 S. 3 StGB in den Gesetzeswortlaut mit aufgenommen. Danach muss der Strafverteidiger bei den Tathandlungen des Abs. 1 S. 1 Nr. 3 und 4 (verschaffen, verwahren, verwenden) sichere Kenntnis von der der Herkunft des Gegenstandes haben.

Bzgl. der Herkunft des Gegenstandes genügt es, dass der Täter **leichtfertig** nicht erkennt, dass dieser aus einer der in Abs. 1 genannten Katalogtaten herrührt. In dem Fall verringert sich das Strafmaß, § 261 Abs. 6 StGB. Leichtfertigkeit meint eine gravierende Fahrlässigkeit, also das Außerachtlassen der im Verkehr erforderlichen Sorgfalt in besonders hohem Maße. Dies liegt vor, wenn sich geradezu aufdrängt, dass der Gegenstand aus einer rechtswidrigen Tat stammt oder der Täter handelt, weil er diesbzgl. grob unachtsam oder ihm dies gleichgültig ist (BGH NStZ-RR 2019, 145, 146; BeckOK-StGB/*Ruhmannseder* § 261 Rn. 55).

> **Beispiel BGH NStZ-RR 2015, 13,[7] sog. „Finanzagent"**
> I. 1. Der Angeklagte A stellte anderweitig verfolgten Mitgliedern einer Tätergruppe, die in großem Stil sogenannte Phishing-Geschäfte betrieben, sein Girokonto zur Verfügung und erhielt im Gegenzug für den Empfang einer Überweisung eine Belohnung von etwa 200 EUR. Unbekannte hatten sich zuvor Zugang zu dem Konto der Geschädigten verschafft und das sogenannte mTAN-Verfahren eingerichtet, wobei sie die Nummer eines in ihrem Besitz befindlichen Mobiltelefons angaben. Nachdem A seine Kontodaten an die anderen Täter übermittelte, überwiesen diese insgesamt 14.000 EUR unter Verwendung des mTAN-Verfahrens in zwei Teilbeträgen vom Konto der Geschädigten auf das Konto des A. Noch am selben Tag sowie am Folgetag hob A in Anwesenheit zweier Mitglieder der Tätergruppe das Geld in verschiedenen Filialen seiner Bank ab.
> A war zum äußeren Tatgeschehen geständig, behauptete aber, gutgläubig gewesen zu sein. Er habe darauf vertraut, dass sein Girokonto lediglich für

---

[7] http://juris.bundesgerichtshof.de/cgi-bin/rechtsprechung/document.py?Gericht=bgh&Art=en&nr=69169&pos=0&anz=1, zuletzt abgerufen am 08.04.2022.

einen Pkw-Kauf von einem der anderweitig verfolgten Täter benötigt wurde, da dessen Konto gepfändet gewesen sei. Das LG nahm an, dass A zwar tatsächlich keine Details gewusst habe, aber ohne weiteres hätte erkennen können, dass die betreffenden Personen Teil eines kriminellen Netzwerks gewesen seien, das sich seines Kontos bedient habe, um in den Besitz unrechtmäßig verschobener Gelder zu gelangen.

II. Diese Verurteilung wegen leichtfertiger Geldwäsche i. S. v. § 261 Abs. 5 (Abs. 6 n. F.) StGB begegnet allerdings in zweifacher Hinsicht durchgreifenden rechtlichen Bedenken.

1. Die leichtfertige Verkennung des Täters muss sich auf die Herkunft des jeweiligen Vermögensgegenstandes aus einer rechtswidrigen Vortat beziehen. Dazu ist erforderlich, dass die konkreten Umstände, denen der Täter eine Katalogtat des Geldwäschetatbestandes als Vortat hätte entnehmen können, festgestellt werden. Dies war hier nicht der Fall.

Feststellungen dazu, dass A das tatsächliche Ausmaß der von den gesondert verfolgten Hintermännern mit hohem Organisationsgrad durchgeführten Phishing-Straftaten jedenfalls in den wesentlichen Grundzügen hätte erkennen können, wurden nicht getroffen. Vielmehr wurde lediglich davon ausgegangen, dass A insoweit keine Details gekannt habe.

Zudem gaben die als Haupttäter Angeklagten an, man habe ihm zu den Hintergründen schon deshalb nicht viel mitgeteilt, um zu verhindern, dass eine höhere Belohnung gefordert würde.

2. Die zur subjektiven Tatseite getroffenen Feststellungen können auch die gem. § 261 Abs. 5 a. F. (Abs. 6 n. F.) erforderliche Leichtfertigkeit nicht belegen. Denn es muss sich zum einen geradezu aufdrängen, dass ein Gegenstand aus einer Katalogtat herrührt; zum anderen muss der Täter gleichwohl handeln, weil er dies aus besonderer Gleichgültigkeit oder grober Unachtsamkeit außer Acht lässt.

Es ergibt sich damit folgende Struktur der Prüfung der Leichtfertigkeit:

1. Zuerst sind die Tatsachen zu ermitteln, die dem Täter zugänglich waren. Hieraus ergibt sich die Erkennbarkeit der Herkunft des Tatobjektes (potentielle Leichtfertigkeit).
2. Anhand dieser Tatsachen ist dann zu ermitteln, was der Angeklagte zumutbarer Weise hätte tun müssen, um auf Grundlage dieser Tatsachen sichere Kenntnis zu erlangen. Bestand für ihn eine solche Möglichkeit, nahm er sie aber aufgrund einer besonderen Nachlässigkeit nicht wahr, handelte er leichtfertig (konkrete Leichtfertigkeit).[8]

---

[8] Bei Fällen des sog. Finanzagenten kommt daneben auch eine Strafbarkeit wegen Betruges (§ 263 StGB) in Betracht, aber insbesondere geht es um Fälle der Geldwäsche. Insoweit sind auch die i. R. d. § 263 StGB weitergehenden Tatbestandsvoraussetzungen für die Beweisführung schwieriger.

Im Rahmen des Vorsatzes kann es zu verschiedenen Irrtümern kommen. Unerheblich ist es, wenn der Täter irrigerweise eine andere als die tatsächlich vorliegende rechtswidrige Vortat annimmt. Ein Tatbestandirrtum i. S. v. § 16 StGB hingegen liegt vor, wenn der Täter sich einen Sachverhalt vorstellt, der keine rechtswidrige Vortat begründet (BeckOK-StGB/*Ruhmannseder* § 261 Rn. 53). Kennt der Täter die Umstände, die das Herrühren aus einer entsprechenden Vortat begründen, hält den Umgang mit dem Gegenstand aber für erlaubt, so liegt ein Verbotsirrtum i. S. v. § 17 StGB vor (NK-StGB/*Altenhain* § 261 Rn. 133).

> **Beispiel**
> A nimmt von T 500 EUR in Bar an. Er geht davon aus, dass T dieses Geld aus der Handtasche der O entwendet hat. Tatsächlich hat T die O zuvor bewusstlos geschlagen, um sich so den Zugriff auf den Inhalt der Handtasche zu verschaffen. Zwar stellt sich A vor, dass das Bargeld aus einem Diebstahl i. S. d. § 242 StGB herrührt. Tatsächlich rührt das Bargeld aus einem Raub i. S. d. § 249 Abs. 1 StGB und damit einem Verbrechen (vgl. § 12 Abs. 1 StGB) her. Beide Taten stellen taugliche Vortaten i. S. d. § 261 Abs. 1 StGB dar. A unterliegt einem rein tatsächlichen Irrtum betreffend die Umstände der Vortat und keiner lediglich rechtlichen Fehlbewertung. Da A lediglich Umstände, die eine andere Vortat begründen, annimmt, liegt insoweit kein vorsatzausschließender Tatbestandsirrtum nach § 16 Abs. 1 S. 1 StGB vor.

Schärfend auf die **Strafzumessung** wirkt es sich gemäß § 261 Abs. 5 StGB aus, wenn der Täter eines der in Satz 2 genannten Regelbeispiele verwirklicht, er also gewerbsmäßig oder als Mitglied einer Bande, die sich zur fortgesetzten Begehung einer Geldwäsche verbunden hat, handelt.

In den Abs. 7 und 8 sind Strafausschließungs- und Strafaufhebungsgründe normiert. Ein persönlicher Strafaufhebungsgrund liegt bspw. in dem Fall vor, dass sich der Täter strafbefreiend selbst anzeigt, Abs. 8 Nr. 1, oder er die Sicherstellung des Gegenstandes bewirkt, Nr. 2 (tätige Reue). Wie bereits erwähnt kann sich auch derjenige nicht wegen § 261 StGB strafbar machen, der an der Vortat beteiligt war, Abs. 7. Die Vortat muss dafür nicht be- oder vollendet worden sein (BGH NStZ 2000, 653, 654). Dies gilt nur dann nicht, wenn der Täter oder Teilnehmer der Vortat einen aus einer Katalogtat stammenden Gegenstand in den Verkehr bringt und dabei die rechtswidrige Herkunft des Gegenstandes verschleiert (vgl. dazu etwa BGH NJW 2019, 533 mAnm. Jahn; *Neuheuse* NZWiSt 2016, 265).

C. Internationales Recht

Die Geldwäschebekämpfung in Deutschland ist im Kontext mit internationalen[9] und europäischen Vorschriften zu sehen.[10] Denn nahezu sämtliche wesentliche Vorschriften dienen der Umsetzung entsprechender EU-Richtlinien.

Der Tatbestand der Geldwäsche wurde in Umsetzung der Ersten Geldwäscherichtlinie 91/308/EWG v. 10.6.1991 (ABl. 1991 L 199, 77) durch das Gesetz zur Bekämpfung des illegalen Rauschgifthandels u. a. Erscheinungsformen der Organisierten Kriminalität (OrgKG) v. 15.7.1992 (BGBl. I 1992, 1302) in das StGB eingeführt (BeckOK-StGB/*Ruhmannseder* § 261 Rn. 1); danach folgte die Zweite Geldwäscherichtlinie von 2001 (ABl. 2001 L 344/76), durch die u. a. die organisierte Kriminalität miteinbezogen wurde sowie die dritte Geldwäscherichtlinie von 2005 (ABl. 2005 L 309/15), in der u. a. die Terrorismusfinanzierung ergänzt worden ist.

Neuerdings galt die fünfte EU-Geldwäscherichtlinie (RL (EU) 2018/834 v. 30.5.2018, ABl. 2018 L 156/43), die seit dem 9.7.2018 in Kraft ist und bis zum 10.1.2020 in nationales Recht umgesetzt werden musste, was durch das Gesetz zur Verbesserung der strafrechtlichen Bekämpfung der Geldwäsche vom 9. März 2021 (BGBl. I 2021, 327) geschehen ist. Kurz zuvor, am 1.1.2020 trat das entsprechende Gesetz zur Umsetzung der Änderungsrichtlinie zur Vierten EU-Geldwäscherichtlinie vom 12.12.2019 (BGBl. I 2019, 2602) in Kraft.

Das Geldwäscherecht besteht zum einen aus dem Geldwäschestrafrecht (§ 261 StGB), zum anderen aus dem Wirtschaftsverwaltungsrecht (GwG). Während das Strafrecht für jedermann geltende Verbote im Umgang mit entsprechenden Gegenständen normiert, richtet sich das Geldwäschegesetz nur an Unternehmen und bestimmte Berufsgruppen und legt diesen bestimmte Handlungspflichten auf.

Die neu vorgenommenen Änderungen des GwG beinhalteten vor allem strengere und erweiterte Meldevorschriften für Immobilienmakler, Notare, Goldhändler, Auktionshäuser und Kunsthändler einschließlich Vermittler und Lageristen. Weiterhin fallen unter anderem auch Dienstleistungen aus dem Bereich der Kryptowährung, der Vermittlung im Kunsthandel oder der Mietvermaklung in den Kreis der Geldwäsche. Des Weiteren erhielt die Öffentlichkeit Zugang auf das Transparenzregister, für das zudem erweiterte Eintragungs-, Mitteilungs- und Registrierungspflichten gelten. Zudem wurden auch die Kompetenzen beim Datenzugriff für die Geldwäschebekämpfungseinheit des Bundes FIU (Financial Intelligence Unit) und der Strafverfolgungsbehörden erweitert (BeckOK-StGB/*Ruhmannseder* § 261 Rn. 5).

Durch die starke Europäisierung sind bei der Auslegung gerade auch des Geldwäschetatbestandes europäische Vorgaben zu beachten (MüKo-StGB/*Neuheuser* § 261 Rn. 27 ff.)

---

[9] Völkerrechtliche Vorgaben: FATF (Financial Action Task Force on Money Laundering) Bericht mit 40 Empfehlungen zur Geldwäschebekämpfung.

[10] Näher zu den internationalen Grundlagen des Geldwäschetatbestands *Ambos* ZStW 114 (2002), 236; *Beulke*, in: FS Rudolphi, 2004, 391, 392 ff.; *Vogel*, ZStW 109 (1997), 335.

§ 6 Straftaten gegen den Wettbewerb und Kartellstrafrecht

Literatur

Achenbach, Die Verselbständigung der Unternehmensgeldbuße bei strafbaren Submissionsabsprachen – ein Papiertiger?, wistra 1998, 168; *ders.*, Das neue Recht der Kartellordnungswidrigkeiten, wistra 1999, 241; *P. Cramer*, Zur Strafbarkeit von Preisabsprachen in der Bauwirtschaft – Der Submissionsbetrug 1995; *Gottschalk/Lubner*, Die Einführung des bundesweiten Wettbewerbsregisters – ein komplizierter rechtlicher Dreiklang, NZWiSt 2018, 96; *Grützner*, Die Sanktionierung von Submissionsabsprachen, 2003; *Hoeren/Münker*, Die neue EU-Richtlinie zum Schutz von Betriebsgeheimnissen und die Haftung Dritter, CCZ 2018, 85; *Hohmann*, Die strafrechtliche Beurteilung von Submissionsabsprachen, NStZ 2001, 566; *Otto*, Wettbewerbsbeschränkende Absprachen bei Ausschreibungen, § 298 StGB, wistra 1999, 41; *Satzger*, Der Submissionsbetrug, 1994; *Willer*, Ermittlungen der Europäischen Kommission in Wettbewerbssachen, WiJ 2018, 14; *Achenbach*, Die Einführung einer „unternehmensgerichteten Sanktion" und einer Ausfallhaftung im Kartellordnungswidrigkeitenrecht durch die 9. GWB-Novelle, wistra 2018, 185; beachte (Entwurf eines) Gesetzes zur Einführung eines Wettbewerbsregisters (WRegG)[1] – siehe dazu BeckOK-StGB/*Momsen/Laudien*, § 298 Rn. 45; *Hotz*, JuS 2017, 922; *Bechtold/Bosch*, Gesetz gegen Wettbewerbsbeschränkungen: GWB, 10. Aufl. 2021; *Göpfert/Merten/Siegrist*, Mitarbeiter als Wissensträger, NJW 2008, 1703; *Fort*, Zivilrechtliche Sanktionen bei Kartellverstößen, Mäger (Hrsg.), Europäisches Kartellrecht, 2. Aufl. 2011, Kap. 11, 500–524; *Krebs/Eufinger/Jung*, Bußgeldminderung durch Compliance-Programme im deutschen Kartellbußgeldverfahren?, CCZ 2011, 213; *Langen/Hermann*, Kommentar zum deutschen und Europäischen Kartellrecht, Band 1, Deutsches Kartellrecht, 13. Aufl. 2018; *Wiedemann* (Hrsg.), Handbuch des Kartellrechts, 4. Aufl. 2020; *Wirth*, Das neue Wettbewerbsregister, CCZ 2018, 181.

---

[1] Siehe dazu Newsletter-Email der BRAK vom 01.03.2017; dazu auch WSNA 2/2017, S. 2 – Email v. 28.02.2017.

A. Wettbewerbsbeschränkende Absprachen bei Ausschreibungen, § 298 StGB

I. Überblick

Auf den ersten Blick erscheint es selbstverständlich, dass „Kartelle" (im untechnischen Sinn) verboten sein müssen, da sie in der Regel zumindest zu erhöhten Endverbraucherpreisen und unter Umständen auch zur Verknappung von Gütern führen können, ja im Einzelfall sogar dazu führen, dass schlechtere Produkte am Markt bleiben. Bei genauerer Betrachtung ist es aber schon nicht mehr gleichermaßen selbstverständlich, dass sich die führenden Unternehmen eines Marktsegments nicht informell austauschen und ggf. abstimmen dürfen, wer bspw. welche Marktstrategie umsetzt. Jedenfalls wäre ein völliges Verbot jeglichen Informations- und Meinungsaustausches ein Verstoß gegen die Berufs- und auch gegen die Unternehmensfreiheit. Diese Situation versucht der Gesetzgeber durch § 298 StGB aufzulösen. Die Norm wurde durch Art. 1 Nr. 3 des Korruptionsbekämpfungsgesetzes vom 13.8.1997 in den neu eingefügten 26. Abschnitt des StGB aufgenommen (BGBl. I 1997, 2038; *Fischer*, Vor § 298 Rn. 1).

Grundlage der marktwirtschaftlichen Organisation war rechtlich die Gewerbe- und Vertragsfreiheit; erst damit bestand ein freier Wettbwerb und die damit einhergehenden Missbrauchsmöglichkeiten, so etwa durch irreführende Werbung (§ 16 UWG), bestimmte aggressive Handlung und umfassende Formen der Absprachen. Das Gesetz gegen den unlauteren Wettbewerb (UWG) ist daher beachtlichen Alters. Für den bis heute im Wirtschaftsstrafrecht angelegten Zielkonflikt zwischen Bestimmtheitsgebot und Überregulierungsgefahr steht die Entscheidung des Reichsgerichts, wonach – ganz im positivistischen Sinne – alles (wettbewerbsrechtlich) erlaubt sei, was nicht ausdrücklich verboten ist (RGZ 3, 67, 69). Der Gesetzgeber war der Ansicht, dass die damals bestehenden Instrumentarien zum Schutz der Wirtschaft nicht ausreichend waren (BT-Drs. 13/3353, 8 ff.).

Die als **Blankettvorschrift** ausgestaltete Norm bedarf zu ihrer Ausfüllung weiterer Vorschriften, beispielsweise derjenigen des Gesetzes gegen Wettbewerbsbeschränkungen (GWB) oder des Gesetzes gegen den unlauteren Wettbewerb (UWG).

Die Vorschrift verzichtet als **abstraktes Gefährdungsdelikt** (*Wittig*, Wirtschaftsstrafrecht, § 25 Rn. 6; *Rotsch*, ZIS 2014, 579, 582 f.) im Vergleich zum Betrug auf den Eintritt eines Vermögensschadens sowie die Tathandlung der Täuschung und stuft einen Teil der Ordnungswidrigkeiten des GWB zu Vergehen hoch (LK/*Tiedemann*, § 298 Rn. 3). Dennoch ist der Vorwurf einer Verdachtsstrafe nicht angebracht, weil § 298 StGB primär volkswirtschaftliche Schäden verhindern will und sich insoweit von § 263 StGB, der primär auf individuellen Vermögensschutz ausgerichtet ist, unterscheidet. Die Norm verzichtet damit weitgehend auf Betrugsähnlichkeit (SK/*Rogall*, § 298 Rn.4; NK/*Dannecker*, § 298 Rn. 10; LK/*Tiedemann*, § 298 Rn. 3 ff.). Grund hierfür war die Erkenntnis, dass diese Verhaltensweisen in hohem Maße sozialschädlich sind (NK/*Dannecker*, § 298 Rn. 10). Die Vorschrift ist nach überwiegender Auffassung i. S. d. Wettbewerbsrechts auszulegen (SK/*Rogall*, § 298 Rn. 4; vgl. auch Lackner/Kühl/*Heger*, § 298, Rn. 1; *Fischer*, § 298 Rn. 1 f.).

Schutzgut des **sog. Submissions- bzw. Ausschreibungsbetruges** ist nach überwiegender Ansicht primär der **freie Wettbewerb**. Der Schutz dieses Allgemeinrechtsguts kann als ein institutionelles Rechtsgut nicht grundsätzlich mit den gebündelten Vermögensinteressen vieler gleichgesetzt werden (LK/*Tiedemann*, § 298 Rn. 6; NK/*Dannecker*, § 298 Rn. 11 ff. dort auch zum Vorrang des Schutzes der Institution Wettbewerb vor individuellen Rechtsgütern). Die Vermögensinteressen des Veranstalters sind nach der überwiegenden Ansicht vom Schutzbereich der Norm allerdings erfasst.[2] Strittig hingegen ist, ob auch die Vermögensinteressen der Konkurrenten geschützt sind (dafür *Fischer*, Vor § 298 Rn. 6; BT-Drs. 13/5584, 13; Lackner/Kühl/*Heger* § 298 Rn. 1; dagegen Hellmann, Wirtschaftsstrafrecht, 5. Aufl. 2018, Rn. 559; MüKo-StGB/*Hohmann* § 298 Rn. 4).

Der Schutz überindividueller Rechtsgüter ist typisch für neuere Gesetze zur Bekämpfung der Wirtschaftskriminalität (Lackner/Kühl/*Heger*, § 298 Rn. 1). Das Aufrechterhalten des Leistungsprinzips im Rahmen des Wettbewerbs und dessen Verankerung im Bewusstsein der Bevölkerung sind zentral für das Funktionieren des marktwirtschaftlichen Systems. Die Statuierung von „offenen" Rechtsgütern ist unproblematisch, wenn der Tatbestand klar umrissen ist (*Fischer*, Vor § 298 Rn. 6). Aufträge der öffentlichen Hand und der Privatwirtschaft sind im Wirtschaftsleben von herausragender Bedeutung, sodass Absprachen ein großes Schädigungspotential für das Vermögen des Ausschreibenden und den Wettbewerb bzw. die Volkswirtschaft insgesamt beinhalten (SK/*Rogall*, § 298 Rn. 1). Submissionsabsprachen konnten, obwohl der BGH durch Schätzung des hypothetischen Marktpreises den Anwendungsbereich des § 263 StGB erweiterte (BGH NJW 1992, 604), aufgrund von Beweisproblemen beim Vermögensschaden durch diese Vorschrift nach Ansicht des Gesetzgebers anscheinend nur unzureichend erfasst werden (BT-Drs. 13/3353, 8 ff.; SK/*Rogall*, § 298 Rn. 2).

II. Der Tatbestand im Einzelnen

Schema § 298 StGB
I. Tatbestand
1. Objektiver Tatbestand
   a. Ausschreibung über Waren oder gewerbliche Dienstleistungen (oder Teilnahmewettbewerb, Abs. 2)
   b. Abgabe eines Angebots

---

[2] BGH NJW 2012, 3318, 3319; BT-Drs. 13/5584, 13; *Fischer*, § 298 Rn. 2, 6; LK/*Tiedemann*, § 298 Rn. 7; Lackner/Kühl/*Heger*, § 298 Rn. 1: mitgeschützt seien das Vermögen des Veranstalters und der Mitbewerber; NK/*Dannecker*, § 298 Rn. 14: mitgeschützt sei nur das Vermögen des Veranstalters, weil es typischerweise gefährdet werde; SK/*Rogall*, § 298 Rn. 3 und MüKo-StGB/*Hohmann* § 298 Rn. 4 gehen hingegen davon aus, dass allein der freie Wettbewerb geschützt sei.

    c. Rechtswidrige Absprache
    d. Beruhen des Angebots auf der Absprache
  2. Subjektiver Tatbestand
II. Rechtswidrigkeit
III. Schuld
IV. Ggf. tätige Reue, § 298 Abs. 3 StGB

1. Anwendungsbereich

Abs. 1 erfasst in seinem **sachlichen Anwendungsbereich** Absprachen bei öffentlichen Ausschreibungen, also Verfahren, bei denen der Veranstalter Angebote einer unbestimmten Mehrzahl von Anbietern für die Lieferung von Waren oder Erbringung von Leistungen einholt (*Fischer*, § 298 Rn. 4). Dies gilt für eine öffentliche oder beschränkte Ausschreibung[3] bzw. ein nichtöffentliches Verfahren.[4]

Gemäß Abs. 2 ist dem die **freihändige Vergabe** nach Teilnahmewettbewerb gleichgestellt, dabei ist es irrelevant, ob ein Teilnahmewettbewerb angebracht gewesen wäre (LK/*Tiedemann*, § 298 Rn. 21). Andere Vergabearten, insbesondere solche ohne Teilnahmewettbewerb, können über § 263 StGB bzw. das GWB erfasst werden (*Fischer*, § 298 Rn. 4a; zu EG-Richtlinien und Schwellenwerten nach EG-Recht/GWB: Schönke/Schröder/*Heine/Eisele* § 298 Rn. 4). § 298 StGB ist sowohl auf **Vergabeverfahren der öffentlichen Hand** (VergabeVO)[5] als auch auf solche von **privaten Unternehmen und Privatpersonen** anwendbar. Eine inländische Ausschreibung ist dann gegeben, wenn das Angebot im Inland zugeht oder abgesandt wurde. Angebote, die im Ausland einem ausländischen Veranstalter zugehen, werden nach § 7 Abs. 1, 2 Nr. 1 StGB vom deutschen Strafrecht erfasst. **Deutscher** im Sinne dieser Vorschrift kann auch eine juristische Person sein.[6] Fraglich ist, ob Ausschreibungen nach EG-Recht in den Mitgliedsstaaten erfasst werden (*Fischer*, § 298 Rn. 5a; ausf. LK/*Tiedemann*, § 298 Rn. 52 ff).

2. Objektiver Tatbestand

Tauglicher Täter ist nach dem Wortlaut der Vorschrift jedermann, der das Angebot für das Unternehmen abgibt.

---

[3] SK/*Rogall*, § 298 Rn. 9f.; LK/*Tiedemann*, § 298 Rn. 20: nur bestimmte Unternehmen werden zur Abgabe von Angeboten aufgefordert, insbesondere im Baugewerbe; Schönke/Schröder/*Heine/Eisele*, § 298 Rn. 4ff. sieht hierin ein besonders kriminogenes (Verbrechen hervorrufendes) Faktum.
[4] *Fischer*, § 298 Rn. 4; ausführlich zu den Begrifflichkeiten LK/*Tiedemann*, § 298 Rn. 19ff.; auch NK/*Dannecker*, § 298 Rn. 23 ff., z. B. zu den Verdingungsordnungen – privaten Regelwerken, die Rechtsnormqualität erlangen, wenn die ausschreibende öffentliche Hand auf sie hinweist, öffentlichen und privaten Ausschreibungen und Arten von Vergabeverfahren.
[5] Ausführl. hierzu *Fischer*, § 298 Rn. 5; LK/*Tiedemann*, § 298 Rn. 20ff.: §§ 97 ff. GWB greifen ab einem bestimmten Schwellenwert ein.
[6] *Fischer*, § 298 Rn. 5b; LK/*Tiedemann*, § 298 Rn. 55; a. A. LK/*Werle/Jeßberger*, § 7 Rn. 62 unter Verweis auf das Analogieverbot des Art. 103 Abs. 2 GG.

In Bezug auf den persönlichen Anwendungsbereich ist mithin festzuhalten, dass § 298 StGB kein Sonderdelikt ist.[7] Eine Ansicht geht davon aus, dass sich aus dem Erfordernis des „Beruhens" ergibt, dass Außenseiter nach dem Sinn und Zweck nicht erfasst werden sollen – der persönliche Anwendungsbereich sei auf Kartellmitglieder zu beschränken (LK/*Tiedemann*, § 298 Rn. 15). Die Rechtsprechung hingegen hält auch eine Täterschaft Außenstehender für möglich (BGH NJW 2012, 3318 f.).

Des Weiteren werden nur Personen erfasst, die nach außen hin für das Unternehmen handeln und sich das Angebot zu Eigen machen. Insoweit kommt es zu einer Beschränkung des persönlichen Anwendungsbereichs für Hilfspersonen (LK/*Tiedemann*, § 298 Rn. 17).

Die Abgrenzung von **Täterschaft und Teilnahme** erfolgt nach den allgemeinen Regeln. Nur Kartellmitglieder oder für sie handelnde Personen können § 298 StGB täterschaftlich verwirklichen (NK/*Dannecker*, § 298 Rn. 98). Die Stellung des Täters im Unternehmen ist unbeachtlich, relevant ist nur, ob er handlungsbefugt ist bzw. so auftritt (*Fischer*, § 298 Rn. 17a). Des Weiteren muss er zumindest mitbestimmenden Einfluss auf den Inhalt des Angebots haben; ob er fremd- oder eigennützig handelt, ist nicht entscheidend.

Ob kollusiv mitwirkende Mitarbeiter des Veranstalters **Mittäter** sein können, war bereits vor der 7. GWB-Novelle 2005 umstritten.[8] § 1 GWB n. F. verbietet nunmehr alle Vereinbarungen zwischen Unternehmen, Beschlüsse von Unternehmensvereinigungen und aufeinander abgestimmte Verhaltensweisen, die auf eine Verhinderung, Verfälschung oder Einschränkung des Wettbewerbs abzielen. Die zuvor geltende Einschränkung, dass die Beteiligten miteinander im Wettbewerb stehen müssten, ist damit weggefallen; vielmehr sind auch vertikale Absprachen vom Tatbestand erfasst.

Hinsichtlich der Abgabe eines Angebots dürfte jedoch auch nach BGH NStZ 2013, 41 umstritten sein, ob die unmittelbar an der Absprache Beteiligten auch dann Mittäter sind, wenn sie nicht selbst ein auf der Absprache beruhendes Angebot abgegeben haben.[9] Richtig dürfte eine größere Zurückhaltung bei der Annahme von Mittäterschaft sein, da sich vielfach auch Gehilfenbeiträge als notwendig kausal darstellen.[10] Auch scheiden entgegen der wohl überwiegenden Ansicht (s. BGH NStZ 2013, 41, 42; OLG Celle wistra 2012, 318, 321; *Fischer*, § 298 Rn. 17 ff. m. w. N.) kollusiv mitwirkende **Mitarbeiter des Veranstalters** als Mittäter aus (NK/*Dannecker*, § 298 Rn. 99), denn dem auf Seiten des Veranstalters Handelnden

---

[7] *Wittig*, Wirtschaftsstrafrecht, § 25 Rn. 9; Differenzierend LK/*Tiedemann*, § 298 Rn. 13: kein Sonderdelikt im formellen Sinne, allerdings sei die Rechtswidrigkeit der Absprache nach dem GWB zu richten, welches sich wiederum nur an Unternehmen richtet. Deshalb seien Personen auf der Seite des Veranstalters keine tauglichen Täter. Ratio: keine Ausdehnung der Strafbarkeit; ebenso NK/*Dannecker*, § 298 Rn. 19.
[8] Die folgenden Ausführungen lehnen sich an BeckOK-StGB/*Momsen/Laudien*, § 298 Rn. 26 an.
[9] Schönke/Schröder/*Heine/Eisele*, § 298 Rn. 23: Mittäterschaft auch bei Nicht-Kartellmitgliedern denkbar; allerdings wird es meist an der Kausalität fehlen.
[10] Vgl. NK/*Dannecker*, § 298 Rn. 104, der Indizien wie Ausgleichszahlungen als nicht ausreichend ansieht; ähnlich auch LK/*Tiedemann*, § 298 Rn. 46.

wird es in der Regel an der Tatherrschaft fehlen (ausf. BeckOK-StGB/*Momsen/Laudien* § 298 Rn. 26). Bei der **mittelbaren Täterschaft** kann die BGH-Rechtsprechung zu unternehmerischen Organisationsstrukturen von Belang sein (vgl. *Fischer*, § 298 Rn. 17a). Der Anwendungsbereich der **Teilnahme**vorschriften hängt davon ab, in welchen Konstellationen man vorher Täterschaft bejaht hat. Daher kommen als Gehilfen (LK/*Tiedemann*, § 298 Rn. 16, 46) namentlich Kartellmitglieder, die kein Angebot abgegeben haben, in Betracht. Für eine **Teilnahme** spricht in diesem Fall, dass sich diese nicht an der eigentlichen Tathandlung, nämlich der Angebotsabgabe, sondern vielmehr nur an der vorherigen Absprache beteiligen (NK/*Dannecker*, § 298 Rn. 104). Andererseits wird vertreten, dass auch beispielsweise die Vereinbarung von Ausgleichszahlungen bereits eine **Mittäterschaft** begründen könne (*Fischer*, § 298 Rn. 17b; Schönke/Schröder/*Heine/Eisele*, § 298 Rn. 23).

> **Beispiel**
> Ein Veranstalter sorgt bei Ausschreibungen dafür, dass nur Angebote von Firmen in den Bieterkreis aufgenommen werden, die kein eigentliches Interesse an den Aufträgen haben, um dem „günstigerem" Angebot den Zuschlag erteilen zu können. Das günstige Angebot wurde von der GmbH abgegeben, mit der zuvor Absprachen durchgeführt wurden, um den Wettbewerb zu umgehen.
> Der BGH bestätigte die Aussage des LG und nahm die Tätereigenschaft des Veranstalters an. Auch Veranstalter können sich als Täter i. S. d. § 298 StGB strafbar machen, sofern ihnen nach den allgemeinen Regeln der Abgrenzung von Täterschaft und Teilnahme die Abgabe des Submissionsangebots i. S. d. § 25 StGB zugerechnet werden kann (BGH NStZ 2013, 41, 42; NJW 2012, 3318, 3319).

Diskutiert wird auch die Stellung von **Außenseitern**, die zufällig von der Absprache erfahren haben und ihre Angebote danach ausrichten und von Aussteigern, die ihr im Kartell gewonnenes Wissen verwerten (NK/*Dannecker*, § 298 Rn. 107; *Fischer*, § 298 Rn. 13). Da hierdurch aber gerade der „closed-shop" Charakter des Kartells unterlaufen und die vereinbarten Bedingungen dem Markt bekannt werden, erscheint die rechtspolitische Basis der Ausdehnung des Tatbestands hier fraglich. Eher dürfte in der Beweiswürdigung im Einzelfall zu hinterfragen sein, ob die Kenntnis der Absprache nicht ein Indiz für eine tatsächliche Beteiligung an derselben sein kann.

Auf § 14 StBG muss nicht zurückgegriffen werden, da ohnehin nur natürliche Personen ein Angebot abgeben können (NK/*Dannecker*, § 298 Rn. 98).

Erforderlich für die Erfüllung des Tatbestandes ist zunächst das Vorliegen einer **qualifizierten Ausschreibung.** Mit dem Ausschreibeverfahren fordert der Auftraggeber mehrere Anbieter bestimmter Bau-, Dienstleistungen oder Warenlieferung dazu auf, Angebote für das Erbringen einer solchen Leistung abzugeben. Mit derartigen Ausschreibungen wird bezweckt, einen künstlichen Markt zu schaffen, um den Markt-

A. Wettbewerbsbeschränkende Absprachen bei Ausschreibungen, § 298 StGB

preis einer bestimmten Leistung zu ermitteln (MüKo-StGB/*Hohmann*, § 298 Rn. 30). Ob bei einer **Ausschreibung von Waren** (LK/*Tiedemann*, § 298 Rn. 24 mit Bsp.) **oder gewerblichen Leistungen** gehandelt worden ist, ist anhand kartellrechtlicher Vorschriften zu beurteilen (Schönke/Schröder/*Heine/Eisele*, § 298 Rn. 310; NK/*Dannecker*, § 298 Rn. 52). Maßgeblich hierbei sind die §§ 97 ff. GWB. Für deren Anwendbarkeit ist gemäß § 106 Abs. 1 GWB zunächst Voraussetzung, dass bestimmte Schwellenwerte erreicht werden. Mithin kommt eine Strafbarkeit nach § 298 StGB nur bei Sachverhalten mit erheblichen Leistungswerten in Betracht.

Waren sind neben beweglichen Sachen auch Immobilien, Rechte aller Art und auch Unternehmen oder unkörperliche Gegenstände, die keine Rechte sind, wie etwa Ideen oder Gewinnchancen (NK/*Dannecker*, § 298 Rn. 54; LK/*Tiedemann*, § 298 Rn. 24). Leistungen sind Tätigkeiten für einen anderen, dem der Erfolg zufällt (NK/*Dannecker*, § 298 Rn. 55). Sie sind gewerblich, wenn sie im geschäftlichen Verkehr durch (auch staatliche) Unternehmen einschließlich Freiberuflern erbracht werden (*Fischer*, § 298 Rn. 8 – vertritt diesen sog. „funktionalen" Unternehmensbegriff); so bspw. bei Verpachtung einer Gaststätte, Veranstaltung einer Sportartikelmesse, Beratungen, Reparaturen und Transporten oder bei künstlerischen Werken, wenn sie in den Geschäftsverkehr gelangen, also verkauft oder Nutzungsrechte an ihnen eingeräumt werden (NK/*Dannecker*, § 298 Rn. 47). Auch die Betätigung privater Anbieter unterfällt dieser Vorschrift, nicht hingegen informelle Bemühungen außerhalb des Ausschreibungsverfahrens (*Fischer*, § 298 Rn. 8).

Des Weiteren ist eine **rechtswidrige Absprache** erforderlich, die auf einem Angebot des Täters beruht. Mindestens zwei Anbieter bzw. ein Anbieter und Personen auf der Seite des Veranstalters müssen eine **Vereinbarung** in Bezug auf ein hinreichend konkretisiertes Ausschreibungsverfahren getroffen haben. Diese Vereinbarung kann sich auf die Abgabe eines oder mehrerer bestimmter Angebote oder auf das Verhalten bei einer bestimmten Art von Ausschreibungen beziehen und muss von den Beteiligten als verbindlich angesehen werden. Deren tatsächliche rechtliche Bindungswirkung ist schon wegen § 134 BGB i. V. m. § 1 GWB irrelevant; erfasst werden auch gentlemen's agreements und abgestimmte Verhaltensweisen (Schönke/Schröder/*Heine/Eisele*, § 298 Rn. 16; ob abgestimmte Verhaltensweisen erfasst werden oder dies gegen das Analogieverbot verstößt, ist allerdings umstritten, näher NK/*Dannecker*, § 298 Rn. 66). Der Abschluss eines Vertrags ist nicht erforderlich; bloße allgemeine Erkundigungen reichen aber nicht aus.

Die **Rechtswidrigkeit** einer solchen Absprache ist jedoch nur bei einem Verstoß gegen das GWB oder das europäische Kartellrecht gegeben; Verstöße gegen §§ 134, 138 BGB i. V. m. nicht-kartellrechtlichen Normen reichen hingegen nicht aus (NK/*Dannecker*, § 298 Rn. 68). Ob die Erhaltung der unternehmerischen Selbstständigkeit in die Wertung der Rechtswidrigkeit mit einbezogen werden kann, erscheint zweifelhaft (so aber Schönke/Schröder/*Heine/Eisele*, § 298 Rn. 19 f). Die Rechtswidrigkeit ist nach überwiegender Ansicht Tatbestandsmerkmal. Ihr kommen jedoch zwei Funktionen zu: Tatbestandsbegrenzung und allgemeines Deliktsmerkmal (Schönke/Schröder/*Heine/Eisele*, § 298 Rn. 19, 26). Bezüglich der Verstöße gegen das GWB kommen insbesondere solche gegen den Verbotstatbestand des § 1 GWB in Betracht (LK/*Tiedemann*, § 298 Rn. 33; *Fischer*, § 298 Rn. 12).

Dies ist zu verneinen, wenn das Kartell nach den §§ 2, 3 GWB vom Verbot freigestellt ist oder europarechtlich gemäß Art. 101 Abs. 3 AEUV. Die §§ 2, 3 GWB, die durch die 7.GWB-Novelle 2005 in das Gesetz eingefügt worden sind, orientieren sich an der europarechtlichen Regelung des Art. 101 Abs. 3 AEUV. Die Novelle führte insofern zu einer erheblichen Vereinfachung, als nun ein Verbot mit Legalvorbehalt besteht, die Ausnahmetatbestände also von Gesetzes wegen eingreifen und nicht mehr – wie noch vor der Reform – auf eine behördliche Genehmigung abzustellen ist. Die Rechtswidrigkeit entfällt ferner ebenso in den Fällen der Bereichsausnahmen nach den §§ 28 ff. GWB (NK/*Dannecker*, § 298 Rn. 80).

Hinweis

§ 1 GWB ist beispielsweise dann verletzt, wenn die Preise des Gemeinschaftsangebotes und des Einzelangebotes denselben Personen bekannt sind und die Angebotspreise aller Einzelangebote abgesprochen werden, um dem Gemeinschaftsangebot den Zuschlag zu vermitteln (LG Düsseldorf WuW 2007, 1135).

Erlaubt hingegen sind aber sog. Bieter- und Arbeitsgemeinschaften, bei denen jedes Unternehmen nur einen Teil der Gesamtleistung erbringen soll. Dabei verstoßen diese Gemeinschaften nicht gegen § 1 GWB, wenn keiner der Beteiligten in der Lage ist, den Auftrag allein auszuführen oder diese erst durch die Bildung einer Arbeitsgemeinschaft in die Lage versetzt werden, den Auftrag übernehmen zu können (BGH GRUR 1984, 379). ◄

Eine Absprache ist **final**, wenn sie inhaltlich und nach der Vorstellung des Täters darauf abzielt, die Entscheidung des Veranstalters in eine bestimmte Richtung zu beeinflussen. Ob der Veranstalter ein anderes als das von den Tätern beabsichtigte Angebot annimmt, ist nicht entscheidend. Es genügt bereits, wenn die Absprache lediglich einen bestimmten Inhalt festlegt und es dem Täter freisteht, ein Angebot zu machen (BeckOK-StGB/*Momsen/Laudien*, § 298 Rn. 31, *Fischer*, § 298 Rn. 12a). Umstritten ist allerdings, ob auch solche Angebote erfasst werden, die allein eine Preisuntergrenze festlegen. Der Normzweck spricht dafür (LK/*Tiedemann*, § 298 Rn. 39; a. A. *Fischer*, § 298 Rn. 12a). Die Absprache muss nicht verheimlicht werden. Die Veranlassung scheitert deshalb nach überwiegender Ansicht weder an der Beteiligung von Mitarbeitern des Veranstalters noch an der Tatsache, dass die Absprache gegenüber dem kollusiv mitwirkenden Veranstalter offengelegt oder gar von diesem initiiert worden ist (Schönke/Schröder/*Heine/Eisele*, § 298 Rn. 18; Lackner/Kühl/*Heger* § 298 Rn. 3; a. A. *König*, JR 1997, 397, 402). Die Absprache darf jedoch nicht ausschließlich intern vorgenommen werden (s. sogleich).

Die **Tathandlung** ist das Abgeben eines Angebots in einer Form, die ohne weitere Verhandlungen den Zuschlag erlaubt (*Fischer*, § 298 Rn. 7, 13). Der Zeitpunkt der Abgabe bestimmt sich nicht nach Zivilrecht, sondern in Anlehnung an den Subventionsbetrug nach § 264 StGB (MüKo-StGB/*Hohmann*, § 298 Rn. 63; Schönke/Schröder/*Heine/Eisele*, § 298 Rn. 12): Eine **Abgabe** und damit eine **Vollendung** ist zu bejahen, wenn das Angebot dem Veranstalter so zugeht, dass es bei ordnungsgemäßem Ablauf im Ausschreibungsverfahren berücksichtigt werden kann; bei **kol**-

lusivem Zusammenwirken** mit einem Mitarbeiter des Veranstalters jedoch erst, wenn das Angebot in den ordnungsgemäßen Geschäftsgang gelangt ist (Schönke/ Schröder/*Heine/Eisele*, § 298 Rn. 12). Zwar liegt hierin de facto eine Privilegierung eines Täters, dessen erhöhte kriminelle Energie sich gerade in der Kollusion niederschlägt, dies ist jedoch angesichts der Schutzrichtung der Norm kaum anders zu begründen; ob eine solche Differenzierung einer Einstufung des § 298 StGB als Äußerungsdelikt widerspricht, muss daher dahingestellt bleiben (a. A. LK/*Tiedemann*, Rn. 30). Mit der Ausgestaltung des § 298 StGB als abstraktes Vermögensgefährdungsdelikt (*Fischer*, § 298 Rn. 3a; NK/*Dannecker*, § 298 Rn. 16 ff.) treten insoweit keine Probleme auf. Das Angebot muss **formellen Anforderungen** genügen (SK/*Rogall*, § 298 Rn. 20; Lackner/Kühl/*Heger*, § 298 Rn. 7), **nicht hingegen ernst gemeint** sein (MüKo-StGB/*Hohmann*, § 298 Rn. 62; LK/*Tiedemann*, § 298 Rn. 28). Erforderlich ist eine eindeutige, unterschriebene Erklärung, die sowohl die angebotene Leistung als auch den Preis samt der ihn beeinflussenden Umstände benennt (MüKo-StGB/*Hohmann* § 298 Rn. 55).

Die Absprache selbst ist trotz der Gefahr für das Rechtsgut nur eine straflose Vorbereitungshandlung (Lackner/Kühl/*Heger*, § 298 Rn. 7; NK/*Dannecker*, § 298 Rn. 56). Sie unterfällt aber als Ordnungswidrigkeit dem § 81 Abs. 1–3 GWB (Schönke/Schröder/*Heine/Eisele*, § 298 Rn. 11).

> **Hinweis**
>
> Ein Angebot i. S. d. § 298 StGB liegt nach BGH NStZ 2014, 400, 403 auch dann vor, wenn diesem die gem. § 8 Nr. 3 Abs. 1 c – e VOB/A erforderlichen Unterlagen nicht beigefügt waren; die Strafbarkeit nach § 298 StGB besteht unabhängig von der Frage, ob das Angebot zu Recht zu berücksichtigen war. Eine andere Ansicht verneint das Vorliegen eines Angebots wegen schwerwiegender Mängel gem. § 16 Abs. 1 VOB/A oder § 16 Abs. 3 VOL/A, da es zwingend auszuschließen und daher nicht geeignet war, das Vertrauen des Einzelnen in den freien und fairen Wettbewerb zu erschüttern (MüKo-StGB/*Hohmann*, § 298 Rn. 61 und NK-StGB/*Dannecker* § 298 Rn. 59).
>
> Auch ein versehentlich nicht ordnungsgemäß verschlossener Umschlag soll trotz seines Mangels von § 298 StGB erfasst sein (LG Düsseldorf, WuW 2007, 1135). ◄

Diskutiert wird die Frage, wann die Tat beendet ist und damit die **Verjährungsfrist beginnt**. Teils wird vertreten, wie bei §§ 263, 264 StGB auf die Erbringung der letzten Leistung durch den Veranstalter abzustellen (BeckOK-StGB/*Momsen/Laudien*, § 298 Rn. 34; Schönke/Schröder/*Heine/Eisele*, § 298 Rn. 27; *Fischer*, § 298 Rn. 15b). Dies steht in Einklang mit § 298 Abs. 3 StGB, ist aber unter Rechtsgutsgesichtspunkten problematisch (*Fischer*, § 298 Rn. 15b). Andere sehen den Zugang des Angebots[11] bzw. die Erteilung des Zuschlags (LK/*Tiedemann*, § 298 Rn. 57) als

---

[11] Lackner/Kühl/*Heger*, § 298 Rn. 7 mit der Konsequenz, dass keine sukzessive Beihilfe nach Vollendung möglich wäre, in Betracht käme aber eine Beteiligung an § 263 StGB.

relevanten Zeitpunkt für die Beendigung an. Dies würde dazu führen, dass tätige Reue noch nach Tatbeendigung möglich wäre. Aufgrund des Charakters der Norm, der nur eine abstrakte Vermögensgefährdung voraussetzt, spricht vieles für die letztgenannte Lösung.

Das Angebot muss auf der rechtswidrigen Absprache **beruhen**. Zwischen der Absprache und dem Angebot muss eine kausale Verknüpfung bestehen (LK/*Tiedemann*, § 298 Rn. 31; NK-StGB/*Dannecker*, § 298 Rn. 85; SK-StGB/*Rogall*, § 298 Rn. 30). Diese kann nach der allgemeinen Kausalitätslehre bestimmt werden (MüKo-StGB/*Hohmann*, § 298 Rn. 66). Ob auch absprachewidrige Angebote, also solche, bei denen der Täter trotz Ausstiegs aus dem Submissionskartell dort gewonnene Erkenntnisse bei der Angebotsabgabe nutzt, auf der Absprache beruhen, ist umstritten (dafür mit der überwiegenden Ansicht *Fischer*, § 298 Rn. 14; dagegen SK/*Rogall*, § 298 Rn. 9). Den Täter, der nicht nur den Wettbewerb beschädigt – was auch bei dieser Konstellation der Fall ist – sondern auch noch seine Mittäter hintergeht, zu privilegieren, überzeugt nicht. Anderes gilt nur, wenn das Angebot auf einer neuen Ursachenreihe beruht (Schönke/Schröder/*Heine/Eisele*, § 298 Rn. 20 mit Beispielen, in denen eine Strafbarkeit ausscheiden kann).

Beachtet ein Außenseiter den ihm zufällig bekannte Nullpreis, um einen Preiskampf zu verhindern, führt eine GWB-konforme Auslegung zur Verneinung der Kausalität der Absprache (zutr. LK/*Tiedemann*, § 298 Rn. 31, 15).

Die Tat kann auch durch **Unterlassen** begangen werden, wobei sich eine Garantenpflicht aus Ingerenz (etwa, wenn der Vorstand an einer Absprache teilnimmt und das formelle Angebot erst später durch einen Untergebenen abgeben lässt; *Fischer*, § 298 Rn. 16) oder der Verletzung einer Überwachungspflicht (etwa, wenn es vorher schon ähnliche Vorfälle im Betrieb gab; Schönke/Schröder/*Heine/Eisele*, § 298 Rn. 14) ergeben kann. Allerdings kommt der Stellung des Täters im Unternehmen entscheidende Bedeutung zu. Die Leitungsebene eines Unternehmens befindet sich grundsätzlich in einer Garantenstellung (NK/*Dannecker*, § 298 Rn. 64; BeckOK-StGB/*Momsen/Laudien*, § 298 Rn. 36). Da der Vertrag erst mit dem Zuschlag selbst zustande kommt, dürfte er für die Begründung einer Garantenstellung i. d. R. irrelevant sein (so zu Recht Schönke/Schröder/*Heine/Eisele*, § 298 Rn. 14; anders *Fischer*, § 298 Rn. 16). Aus einer nicht einmal durch gegenseitige Kommunikation begründeten einseitigen allgemeinen Erwartungshaltung für die Einhaltung von Ausschreibungsbedingungen lässt sich indes keine Garantenstellung herleiten. Vielfach überlagern sich Fragen des Unterlassens mit der Differenzierung von Täterschaft und Teilnahme. Denn die Verlagerung der Abgabe des Angebots auf einen Untergebenen kann sich gleichermaßen als mittelbare Täterschaft gem. § 25 Abs. 1 StGB darstellen.

3. Subjektiver Tatbestand

Der **Vorsatz** muss sich sowohl auf die Ausschreibung, die Absprache und deren Rechtswidrigkeit, die Angebotsabgabe und Kausalität zwischen Absprache und Angebot, das Ziel der Absprache und auf die Veranlassung der Annahme eines bestimmten Angebots beziehen. Letzteres muss zwar weder alleiniges noch bestimmendes Motiv sein, bedingter Vorsatz genügt (MüKo-StGB/*Hohmann*, § 298

Rn. 83). Eine weiter- und über das Finalitätserfordernis hinausgehende Absicht ist nicht erforderlich (*Fischer*, § 298 Rn. 18; zutr. NK/*Dannecker*, § 298 Rn. 91: Kenntnis der Zielrichtung der Absprache genügt). Die durch die überwiegende Ansicht vorgenommene Einstufung der Rechtswidrigkeit als Tatbestandsmerkmal führt dazu, dass sich ein Täter, der eine (wettbewerbs)rechtliche Fehlbewertung der ihm bekannten Tatsachen vornimmt, in einem Tatbestandsirrtum i. S. v. § 16 StGB befindet.[12] Für diese Einstufung spricht der Wortlaut.[13] Auch die **irrige Annahme** der Rechtswidrigkeit ist straflos, da der Versuch nicht pönalisiert ist (LK/*Tiedemann*, § 298 Rn. 43).

Hinweis

Irrtümer über das Vorliegen einer zulässigen Bieter- oder Arbeitsgemeinschaft oder über die Voraussetzungen einer Legalausnahme i. S. d. § 2 Abs. 1 GWB begründen einen Tatbestandsirrum nach § 16 Abs. 1 S. 1 StGB (MüKO-StGB/*Hohmann*, § 298 Rn. 86). ◀

4. Rechtfertigung

§ 193 StGB ist nicht analog anzuwenden (*Fischer*, § 298 Rn. 19). §§ 2, 3 GWB können jedoch einschlägig sein und gehen dann den allgemeinen Rechtfertigungsgründen vor (*Fischer*, § 298 Rn. 19). Bei § 34 StGB wird es meist an der Erforderlichkeit bzw. einem wesentlichen Überwiegen des bedrohten Rechtsguts fehlen. Insbesondere gilt dies bei der Abwehr von Gefahren, die dem wirtschaftlichen Wettbewerb immanent sind (Verlust von Arbeitsplätzen, wirtschaftliche Existenz etc.; *Fischer*, § 298 Rn. 19).

5. Tätige Reue

Die Ermöglichung der Erlangung von Straffreiheit durch **tätige Reue** wurde, wie bei §§ 264 Abs. 5, 264a Abs. 3, 265b Abs. 2 StGB auch, durch die Vorverlagerung des Vollendungszeitpunkts erforderlich gemacht. Sie setzt nach dem vielfach als verunglückt angesehenen Abs. 3 die Verhinderung entweder der Annahme des Angebots oder der Leistung voraus (*Fischer*, § 298 Rn. 21). Der ersten Alternative kommt nur Bedeutung zu, wenn der Veranstalter nicht leistet. Geht man, wie bei §§ 263, 264 StGB, davon aus, dass die Leistung erst mit der letzten Teilzahlung erbracht ist, könnte Straffreiheit über einen möglicherweise sehr langen Zeitraum und auch dann noch erlangt werden, wenn die Schädigung des Wettbewerbs unumkehrbar und ein möglicher Vermögensschaden weitgehend eingetreten ist.[14] Dies zeigt

---

[12] Vgl. *Fischer*, § 298 Rn. 18a; a. A. SK/*Rogall*, § 298 Rn. 25, der von einem Verbotsirrtum ausgeht, da es sich bei der Rechtswidrigkeit um ein gesamttatbewertendes Merkmal handele.
[13] NK/*Dannecker*, § 298 Rn. 83, führt zudem an, dass die Rechtswidrigkeit auf das GWB Bezug nehme.
[14] *Fischer*, § 298 Rn. 21; LK/*Tiedemann*, § 298 Rn. 44, hält dies bei Bauleistung aufgrund einer bedenklichen Annäherung an § 263 StGB für nicht sachgerecht; in Bezug auf die Beendigung stellt Lackner/Kühl/*Heger*, § 298 Rn. 7, auf die Abgabe des Angebots als Tathandlung ab; NK/*Dannecker*, § 298 Rn. 110, will demgegenüber auf die Erteilung des Zuschlags abstellen.

sich insbesondere in Konstellationen, in denen der Anbieter den Veranstalter vor vollständiger Leistungserbringung in die Insolvenz drängt. Tätige Reue ist nur hinsichtlich § 298 StGB möglich, nicht aber bezüglich mitverwirklichter Delikte wie § 263 StGB, wobei dort, wenn es sich nicht um einen Eingehungsbetrug handelt, § 24 StGB eingreifen kann. Bei der Beteiligung mehrerer sind die Grundsätze des § 24 Abs. 2 StGB anzuwenden (LK/*Tiedemann*, § 298 Rn. 45).

6. Konkurrenzen

Mehrere Handlungen, die die Abgabe eines Angebots bezwecken, bilden eine rechtliche Bewertungseinheit (*Fischer*, § 298 Rn. 22). Bei Abgabe mehrerer Angebote liegt Realkonkurrenz vor; die Annahme einer fortgesetzten Handlung ist seit BGH NJW 1994, 1663 nicht mehr möglich. § 263 und § 298 StGB stehen, da sie unterschiedliche Rechtsgüter schützen, in Tateinheit. Eine abweichende Ansicht, die § 298 StGB als lex specialis ansieht (*Wolters*, JuS 1998, 1100, 1102), dürfte bereits deshalb abzulehnen sein, weil § 298 StGB keine Regelung für besonders schwere Fälle oder die bandenmäßige Begehung beinhaltet – diese ist jedoch, da, anders als bei einer kriminellen Vereinigung, eine lose Gruppe mit gleicher Zielsetzung genügt, auch bei Submissionsabsprachen oft gegeben (LK/*Tiedemann*, § 298 Rn. 50). Da § 298 StGB die Vermögensgefährdung zum Ausdruck bringt, kann §§ 263, 22 hinter § 298 StGB zurücktreten, allerdings ist zwischen abstrakter und konkreter Gefährdung zu differenzieren. Auch wenn bei kollusivem Zusammenwirken mit Mitarbeitern des Veranstalters zusätzlich die §§ 299, 331 ff. StGB erfüllt sind, ist regelmäßig Tateinheit zur Hilfeleistung zu § 298 StGB gegeben. Auch die §§ 266, 203 StGB können mit § 298 StGB ideal konkurrieren. Falls der Zuschlag auch die Gewährung einer Subvention beinhaltet, ist Idealkonkurrenz zwischen § 264 StGB und § 298 StGB gegeben. Nötigungshandlungen konkurrieren hingegen meist real. Neben der Bestrafung von natürlichen Personen können empfindliche Unternehmensgeldbußen nach § 30 OWiG i. V. m. §§ 130 OWiG, 81 GWB verhängt werden.

7. Verfahrensrecht

Gemäß § 74 Abs. 1 Nr. 5 a GVG ist für Straftaten nach § 298 StGB die Wirtschaftsstrafkammer zuständig. Für das Bußgeldverfahren sind nach § 82 GWB ausschließlich die Kartellbehörden zuständig; das selbstständige Bußgeldverfahren ist erweitert worden (MüKo-StGB/*Hohmann*, § 298 Rn. 108 ff.). Treffen in einer Handlung Straftat und Ordnungswidrigkeit zusammen, ist für die Verfolgung der Tat die Staatsanwaltschaft zuständig, §§ 21 Abs. 1, 41 Abs. 1 OWiG. Bei Verfahren der Kartellbehörde wegen Festsetzung einer Geldbuße gegen eine juristische Person oder Personenvereinigung (§ 82 GWB) besteht hingegen keine Pflicht zur Abgabe an die Staatsanwaltschaft. Allerdings kann die Kartellbehörde das § 30 OWiG betreffende Verfahren nach § 82 S. 2 GWB an die Staatsanwaltschaft abgeben (ausf. hierzu MüKo-StGB/*Hohmann* § 298 Rn. 110 f.). Zudem bestehen weitreichende Informationspflichten zwischen Staatsanwaltschaft und Kartellbehörde, sodass regelmäßig mit parallel durchgeführten Ermittlungsverfahren zu rechnen ist.[15]

Ein paralleles gerichtliches Verfahren kommt aufgrund des Legalitätsgrundsatzes (≠ Kartellrecht: Opportunitätsprinzip) und der umfassenden Ermittlungspflicht der Strafgerichte nicht in Betracht. Allerdings wird häufig mit zunächst parallelen Ermittlungen zu rechnen sein, soweit die Ermittlungskompetenz der Kartellbehörden reicht. Der Rechtsausschuss des Bundestages ging offenbar davon aus, dass durch die Möglichkeit eines selbstständigen OWi-Verfahrens gegen juristische Personen die Durchführung paralleler Ermittlungsverfahren durch ausschließlich zuständige Verfolgungsbehörden besteht. Dies soll jedoch nach teilweise vertretener Aufassung. § 41 Abs. 1 OWiG widersprechen, sodass ein isoliertes OWi-Verfahren gegen eine juristische Person nur eingeleitet werden kann, wenn ein staatsanwaltschaftliches Ermittlungsverfahren nicht eingeleitet oder bereits wieder eingestellt worden ist. Andere gehen davon aus, dass die Verhängung von Geldbußen nach § 30 OWiG gemäß § 82 GWB allein den Kartellbehörden obliege – diese Zuweisung bleibe auch bestehen, wenn gleichzeitig gegen § 298 StGB verstoßen werde (Lackner/Kühl/*Heger*, § 298 Rn. 10, der die gespaltenen Kompetenzen völlig zutr. als problematisch ansieht; ebenso Schönke/Schröder/*Heine/Eisele*, § 298 Rn. 30). Hierfür spricht, dass die Sanktion gegen den Verband selbstständig und keine bloße Nebenfolge ist, sodass Strafe und Sanktion prozessual nicht als eine Tat betreffend anzusehen sind und kein Widerspruch zu Art. 103 Abs. 2 GG besteht (NK/*Dannecker*, § 298 Rn. 122, der die Spaltung der Kompetenzen nicht als problematisch ansieht). Die weitergehende Gegenmeinung, dass das OWi-Verfahren ruhen müsste, während die Staatsanwaltschaft ermittelt, widerspricht insoweit der Intention des Gesetzgebers.

Die Feststellung der Rechtswidrigkeit durch die Vergabekammer im Nachprüfungsverfahren hat keinen Einfluss auf die Strafbarkeit. Soweit man das Individualvermögen als mitgeschütztes Rechtsgut ansieht, ist § 298 StGB als ein Schutzgesetz i. S. d. § 823 Abs. 2 BGB einzustufen. Die Tat ist ein Offizialdelikt. Der Strafanzeige kommt allerdings eine große faktische Bedeutung zu, wobei andere staatliche Stellen, anders als etwa bei § 264 StGB, nicht verpflichtet sind, Strafanzeige zu erstatten. Die Verjährungsfrist beträgt nach § 78 Abs. 3 Nr. 4 StGB fünf Jahre und beginnt gemäß § 78a S. 2 StGB mit dem Erfolgseintritt.

Rechtskräftige Verurteilungen wegen § 298 StGB sind gemäß § 2 Abs. 1 Nr. 1e WRegG in das vom Bundeskartellamt geführte Wettbewerbsregister einzutragen, § 1 WRegG (BeckOK-StGB/*Momsen/Laudien* § 298 Rn. 45).

8. Internationales Strafrecht

Die Globalisierungs- und Internationalisierungstendenz des Vergaberechts zeigt, dass das in den §§ 97 ff. GWB geregelte neue Vergaberecht auf EG-Maßnahmen

---

[15] Nr. 242 Abs. 1 RiStBV; so auch *Simonis*, CCZ 2016, 70, 72. Im Ermittlungsverfahren strafprozessual zulässig ist etwa die Durchführung einer Telekommunikationsüberwachung (§ 101a Abs. 1 Nr. 1, Abs. 2 Nr. 1s StPO; einschließlich Quellen-TKÜ iSv § 100a Abs. 1 S. 2 und 3 StPO), BeckOK-StGB/*Momsen/Laudien*, § 298 Rn. 43.

zurückgeht, die ihrerseits auf Harmonisierungsakten der WTO beruhen. Inwiefern das Rechtsgut „Wettbewerb" auch bei ausländischen Verfahren tangiert wird, ist allerdings unklar. Bei gemeinschaftsfreundlicher, weiter Auslegung des § 298 StGB erfasst dieser auch Ausschreibungen der EG, zumal Ausschreibungsverfahren innerhalb der Mitgliedstaaten der EG durch Sekundärrecht vereinheitlicht worden sind. Verfahren, die außerhalb der EG durchgeführt werden, fallen jedoch nicht in den Schutzbereich des § 298 StGB;[16] Inlandstaten hingegen schon. Bezüglich des maßgeblichen Tätigkeitsort kann sowohl auf den Ort der Absendung als auch auf den Ort des Zugangs abgestellt werden. Auslandstaten werden nach § 7 Abs. 1, Abs. 2 Nr. 2 StGB vom deutschen Strafrecht erfasst, wenn der Täter oder der Veranstalter (der auch eine deutsche juristische Person sein kann) Deutscher ist und die Tat im Ausland mit Strafe bedroht ist (BeckOK-StGB/*Momsen/Laudien*, StGB § 298 Rn. 46).

B. Kartellstrafrecht i. e. S. und Ordnungswidrigkeitenrecht

I. Überblick

Der freie Wettbewerb ist maßgeblich für eine funktionierende **Marktwirtschaft**. Daher ist es erforderlich, diesen Wettbewerb vor Beeinträchtigungen zu schützen. Dies zum Ziel haben das deutsche und das europäische Kartellrecht. Um die Institution des Wettbewerbs als Steuerungs- und Verteilungsinstrument des Wirtschaftslebens (vgl. *Tiedemann*, Rn. 766) abzusichern, werden das Kartellrecht durch die Sanktion von Verstößen flankiert. (*Wittig*, Wirtschaftsstrafrecht § 32 Rn. 1).

II. Zentrale Tatbestände

Die zentrale Norm ist das in § 1 GWB (Art. 101 Abs. 1 AEUV) geregelte **Kartellverbot**. Danach sind bspw. keine Absprachen bzgl. einer Preiserhöhung zwischen Anbietern zulässig. Verboten ist etwa auch der Missbrauch einer marktbeherrschenden Stellung, §§ 19 f. GWB (Art. 102 AEUV).

Die strafrechtliche Regelung findet sich in § 298 StGB (dazu soeben unter A.). Aber auch § 263 StGB kann in bestimmten Konstellationen relevant werden, etwa im Falle von Submissionsabsprachen (siehe dazu *Hotz*, JuS 2017, 922 ff.).

Das Ordnungswidrigkeitenrecht ist in den §§ 81 f. GWB geregelt. Bei den Tatbeständen des § 81 Abs. 1–3 GWB handelt sich dabei um Blanketttatbestände, die einen Rückgriff auf die Verbote in Artt. 101 f. AEUV und des GWB erforderlich machen (Graf/Jäger/Wittig/*Böse* GWB § 81 Rn. 2 f.). § 81 GWB beinhaltet Buß-

---

[16] LK/*Tiedemann*, § 298 Rn. 53 ff.; NK/*Dannecker*, § 298 Rn. 116, geht davon aus, dass ausländische Ausschreibungen, auf die EG-Recht Anwendung findet, dem Schutzbereich des § 298 StGB unterfallen.

geldvorschriften, die bei Verstößen gegen Ver- und Gebotsnormen des AEUV und des GWB greifen.

C. Schutz des Wettbewerbs und gewerbliche Schutzrechte außerhalb des StGB

I. Überblick

Der Schutz von **Geschäftsgeheimnissen** war zunächst v. a. durch § 17 UWG, das Markenrecht oder das Patentrecht gewährt. Durch das Geschäftsgeheimnisschutzgesetz vom 26.04.2019 (Gesetz zum Schutz von Geschäftsgeheimnissen vom 18.4.2019; BGBl. 2019 I 466) wurden einige Neuerungen eingeführt, die allerdings gegenüber den alten §§ 17–19 UWG, die ersetzt wurden, kaum Änderungen brachten (Synopse bei Stage jurisPR-StrafR 12/2019, Anm. 1).

Eingeführt wurde nunmehr auch eine faktische Beweislastumkehr, d. h. für die Geltendmachung muss (nur) nachgewiesen werden, dass bei Bestehen eines Geschäftsgeheimnisses betriebsintern angemessene Schutzmaßnahmen ergriffen wurden, um das Geschäftsgeheimnis zu schützen.

Bei Verstößen gegen die Geheimhaltungspflicht gibt es Strafvorschriften; denkbar sind auch Unternehmenssanktionen (soweit entsprechende Regelungen erfolgen sollte). Jedenfalls Geldbußen gegen das Unternehmen und gegen leitende Angestellte (§§ 30, 130 OWiG), zivilrechtlicher Schadesersatz, Unterlassensschutz, sowie Auskunfts-, Vernichtungsschutz- und Herausgabepflichten können Folge entsprechender Verstöße sein.

Die vermutlich größte Schwachstelle im Rahmen der Geheimhaltung vertraulicher Unternehmensinformationen sind die eigenen Unternehmensmitarbeiter, die insbes. durch finanzielle Anreize zum Verrat gebracht werden können. Strafrechtlich greift hier in erster Linie § 23 Abs. 1 GeschGehG. § 23 Abs. 1 Nr. 3 GeschGehG erfasst dabei betriebliche Geheimnisbesitzer, die Geheimnisse weitergeben (Momsen/Grützner/*Heghmanns*, HdB Wirtschafts- und Steuerstrafrecht, § 26 Rn. 8).

II. Straftaten gegen Geheimnispflichten

1. Verrat durch Geheimnisträger, insb. § 23 Abs. 1 Nr. 3 GeschGehG

Die insoweit zentral einschlägige Norm des § 23 GeschGehG enthält verschiedene Straftatbestände in den Abs. 1 – 3. Für die tatsächliche Reichweite des Schutzes von Geschäftsgeheimnissen und die Ausgestaltung eines gegenläufigen öffentlichen Interesses an der Offenlegung unlauterer Geschäfts- oder Anstellungspraktiken wird entscheidend sein, wie der Gesetzgeber die **EU-Whistleblower-Richtlinie** in nationales Recht umsetzen wird. Die Umsetzungsfrist lief Ende 2021 ab, gleichwohl wurde der Entwurf zu einem **Hinweisgeberschutzgesetz** 2021 durch Teile der damaligen großen Koalition abgelehnt.

§ 23 Abs. 1 Nr. 3 GeschGehG bestraft, wer zur Förderung des eigenen oder fremden Wettbewerbs, aus Eigennutz, zugunsten eines Dritten oder in der Absicht, dem Inhaber eines Unternehmens Schaden zuzufügen, entgegen § 4 Abs. 2 Nr. 3 GeschGehG als eine bei einem Unternehmen beschäftigte Person ein Geschäftsgeheimnis, das ihr im Rahmen des Beschäftigungsverhältnisses anvertraut worden ist, während der Geltungsdauer des Beschäftigungsverhältnisses offenlegt.

Es handelt sich hierbei um ein **Sonderdelikt**, da taugliche Täter nur Angehörige eines Unternehmens sein können. Der Begriff des **Geschäftsgeheimnisses** ist in § 2 Nr. 1 GeschGehG legaldefiniert: Gemeint ist eine Information, die weder insgesamt noch in der genauen Anordnung und Zusammensetzung ihrer Bestandteile den Personen in den Kreisen, die üblicherweise mit dieser Art von Informationen umgehen, allgemein bekannt oder ohne Weiteres zugänglich und daher von wirtschaftlichem Wert ist und die Gegenstand von den Umständen nach angemessenen Geheimhaltungsmaßnahmen durch ihren rechtmäßigen Inhaber ist und an deren Geheimhaltung ein berechtigtes Interesse besteht. **Offenlegung** meint die Eröffnung des Geheimnisses gegenüber Dritten, nicht notwendigerweise zugleich gegenüber der Öffentlichkeit (BT-Drs. 19/4724, 27). In § 5 GeschGehG finden sich diesbzgl. einige Einschränkungen. Die Nr. 2 erfasst dabei die sog. **Whistleblower**. Hierdurch wird ein lediglich fragmentarischer Schutz durch eine bereichsspezifische „Safe-Harbour" Regelung erzielt.

§ 23 Abs. 1 Nr. 1 GeschGehG erfasst die Fälle, in denen der Verrat durch Mitarbeiter erfolgte, die das Geschäftsgeheimnis zuvor nicht kennen sollten, sondern sich die Kenntnis auf andere Weise verschafften.

§ 23 Abs. 1 Nr. 2 GeschGehG sanktioniert die nach unbefugter Erlangung des Geschäftsgeheimnisses anschließende Offenlegung, eine Form der Geheimnishehlerei (Momsen/Grützner/*Heghmanns*, HdB Wirtschafts- und Steuerstrafrecht, § 26 Rn. 50).

Abs. 4 enthält eine Qualifikation für Fallkonstellationen besonderer Schwere, Abs. 5 stellt den Versuch unter Strafe. Abs. 8 enthält eine relative Strafantragserfordernis.

2. Verletzung der Geheimhaltungspflichten, § 333 HGB, § 404 AktG

§ 333 HGB ist ein Sonderdelikt für Abschlussprüfer und deren Gehilfen und stellt das unbefugte Offenbaren von Betriebs- oder Geschäftsgeheimnissen der Kapitalgesellschaft, eines Tochterunternehmens, eines gemeinsam geführten Unternehmens usw., das ihm bei der Prüfung von Abschlüssen bekannt wurde, unter Strafe.

§ 404 AktG stellt ein Sonderdelikt dar und sanktioniert das unbefugte Offenbaren von Betriebs- oder Geschäftsgeheimnissen durch Mitglieder des Vorstands, des Aufsichtsrats oder Abwickler sowie Abschlussprüfer und deren Gehilfen.

3. Geheimnisverrat nach dem KWG

Auch im KWG finden sich Straftatbestände, die den Geheimnisverrat unter Strafe stellen. Namentlich ist dies zum einen die unbefugte Verwertung von Angaben über Millionenkredite, **§ 55a KWG**. Taugliche Täter sind hier nur die Beschäftigten der anzeigepflichtigen Unternehmen. Verwertung meint jede wirtschaftliche Nutzung der Informationen, die keine Offenbarung ist und dem Zweck des § 14 KWG entgegenläuft. Zum anderen stellt **§ 55b KWG** die unbefugte Offenbarung von Angaben über Millionenkredite unter Strafe. Die Tathandlung des Abs. 1 ist das Offenbaren von Angaben über Millionenkredite, wobei genügt, dass die Angaben in irgendeiner Weise an einen Dritten gelangen. Abs. 2 stellt eine Qualifikation zu § 55b Abs. 1 KWG dar, die eine Offenbarung der Angaben gegen Entgelt in der Absicht, einen anderen zu schädigen, erfordert.

III. Strafbare Werbung, § 16 UWG

§ 16 UWG enthält zwei voneinander unabhängige Straftatbestände, die bestimmte Werbemethoden erfassen. Es handelt sich hierbei um abstrakte Gefährdungsdelikte.

1. Strafbare Werbung, § 16 Abs. 1 UWG

Wer in der Absicht, den Anschein eines besonders günstigen Angebots hervorzurufen, in öffentlichen Bekanntmachungen oder in Mitteilungen, die für einen größen Kreis von Personen bestimmt sind, durch unwahre Angaben irreführend wirbt, wird nach § 16 Abs. 1 UWG bestraft.

Das **geschützte Rechtsgut** entspricht dem des § 1 UWG. Erfasst ist der Schutz der Mitbewerber, der Schutz des Verbrauchers (auch der Schutz der von § 263 StGB nicht erfassten Dispositionsfreiheit, sodass es sich hierbei um einen Vorfeldtatbestand des Betruges und Schutzgesetz i. S. v. § 823 Abs. 2 BGB handelt), der Schutz der sonstigen Marktteilnehmer und der Schutz des Interesses der Allgemeinheit an einem unverfälschten Wettbewerb.

Tathandlung ist das Werben mit unwahren oder zur Irreführung geeigneten Angaben über geschäftliche Verhältnisse in öffentlichen Bekanntmachungen oder Mitteilungen, die für einen größeren Personenkreis bestimmt sind. **Angaben** sind nachprüfbare Aussagen über Tatsachen (BGH GRUR 2002, 182, 183 f.). Auch Schätzungen, Werturteile, Bewertungen oder Prognosen sind erfasst, sofern sie eine dem Beweis zugängliche Tatsachenbehauptung enthalten.

> **Hinweis**
>
> Der Slogan bei Babynahrung „Mutti gibt mir nur das Beste" kann zwar nicht als Behauptung der Alleinstellung verstanden werden, aber der Durchschnittsverbraucher wird mit dem Slogan die Vorstellung verbinden, es handele sich um eine Ware, die zu den Spitzenprodukten auf dem Markt gehört oder zumindest nicht minderwertig ist und deshalb einen Vergleich mit der Konkurrenz nicht scheuen muss. Mithin enthält der Slogan einen dem Beweis zugänglichen Tatsachenkern. ◄

Unwahr ist eine Angabe, wenn sie mit der Wirklichkeit nicht übereinstimmt. Maßgeblich für den festzustellenden Erklärungsinhalt der Angabe sind die Vorstellungen, die der angesprochene Verbraucherkreis von dem Inhalt der Erklärung hat. Es kommt also nicht auf den wörtlichen Sinn der Erklärung, sondern auf das Verständnis des Durchschnittsverbrauchers an. Aufgrund einer europarechtskonformen Auslegung ist das vom EuGH geprägte Verbraucherleitbild eines durchschnittlich informierten sowie aufmerksamen und verständigen Durchschnittsverbrauchers maßgebend. Die Erklärung einer wahren Tatsache kann nach überwiegender Ansicht keine unwahre Angabe sein. Nach a. A. sind sie aber dann nach § 16 Abs. 1 UWG strafbar, wenn sich bei der Auslegung ein Erklärungsinhalt, der nicht mit der Wirklichkeit übereinstimmt, ergibt (Achenbach/Ransiek/Rönnau/*Ebert/Weidenfaller*, 3. Teil Kap. 4 Rn. 20). Nicht hingegen erfasst sind reine Reklameübertreibungen.

Hinweis

Eine unwahre Angabe ist bspw. die Behauptung, dass ein Mittel das Kopfhaar in zehn Minuten verdoppelt würde (BGHSt 34, 199, 200 f.). ◄

Irreführend sind die Angaben, wenn sie einen Teil des durch die Werbung angesprochenen Personenkreises dazu veranlassen können, sie für wahr zu halten, vgl. § 5 UWG. Eine objektive Eignung genügt (BGHSt 52, 227, 235; a. A. Hellmann, Wirtschaftsstrafrecht, 5. Aufl. 2018, Rn. 465, 467: Angaben seien nur dann irreführend, wenn ein Teil der Adressaten die werbende Aussage für wahr halten und deshalb dazu veranlasst werden kann, dem beworbenen vor anderen Produkten den Vorzug zu geben). Dadurch erhält das Tatbestandsmerkmal neben der Unwahrheit auch eine eigenständige Bedeutung.

Eine notwendige Einschränkung des Tatbestandes erfolgt durch das Erfordernis der **geschäftlichen Verhältnisse**. Dadurch erfolgt eine Reduzierung auf Umstände, die eine gewerbliche Tätigkeit im Wettbewerb zu fördern vermögen und mit dem Geschäftsbetrieb unmittelbar in Beziehung stehen. Erfasst werden mithin nur Angaben, welche die Kaufentscheidung des Verbrauchers positiv beeinflussen können.

Öffentliche Bekanntmachungen sind schriftliche oder mündliche Mitteilungen, die sich an einen unbegrenzten Personenkreis richten (z. B. Werbeanzeigen in Zeitungen, Werbespots, Aufdrücke auf Waren). Eine Bestimmung der Mitteilungen für einen größeren Personenkreis ist gegeben, wenn sie sich nicht an die Allgemeinheit richten, sondern an einen bestimmten Teil der Öffentlichkeit, der kein fest umgrenzter Personenkreis ist (erfasst sind auch Mitteilungen, die einem unbestimmten Personenkreis nach und nach zugehen, wenn sie inhaltlich gleich bleiben, z. B. Angaben eines Telefonverkäufers).

Im **subjektiven Tatbestand** erfordert § 16 Abs. 1 UWG Vorsatz sowie die Absicht, den Anschein eines besonders günstigen Angebotes hervorzurufen. Bzgl. dieser Absicht ist dolus directus I erforderlich.

2. Progressive Kundenwerbung, § 16 Abs. 2 UWG

Gemäß § 16 Abs. 2 UWG wird bestraft, wer es im geschäftlichen Verkehr unternimmt, Verbraucher zur Abnahme von Waren, Dienstleistungen oder Rechten durch das Versprechen zu veranlassen, sie würden entweder vom Veranstalter selbst oder von einem Dritten besondere Vorteile erlangen, wenn sie andere zum Abschluss gleichartiger Geschäfte veranlassen, die ihrerseits nach der Art dieser Werbung derartige Vorteile für eine entsprechende Werbung weiterer Abnehmer erlangen sollen.

§ 16 Abs. 2 UWG ist ein Unternehmensdelikt (§ 11 Abs. 1 Nr. 6 StGB). Geschütztes Rechtsgut ist insbesondere die Dispositionsfreiheit der Verbraucher. Anders als § 6c UWG a. F., der alle Nichtkaufleute erfasste, ist § 16 Abs. 2 UWG auf Verbraucher (§ 2 Abs. 2 UWG, § 13 BGB) beschränkt, da nur insofern ein erhebliches Gefährdungspotential vorliege.

Erforderlich ist ein Tätigwerden im geschäftlichen Verkehr, womit jede Tätigkeit erfasst wird, die wirtschaftliche Zwecke verfolgt und in der eine Teilnahme am Erwerbsleben zum Ausdruck kommt.

Tathandlung ist die Unternehmung, Verbraucher zur Abnahme von Waren, Dienstleistungen und Rechten zu veranlassen. Das **Veranlassen** umfasst aufgrund einer weiten Auslegung alle Tätigkeiten, die darauf abzielen, dass der umworbene potenzielle Käufer im unmittelbaren räumlichen und zeitlichen Zusammenhang zur Abnahme der Ware oder Leistung bewogen wird. In Bezug auf den unmittelbaren zeitlichen Zusammenhang ist lediglich eine anhaltende Einflusswirkung erforderlich, die vom Täter ausgeht. **Rechte** beinhalten nicht nur Forderungen aller Art, sondern auch Mitgliedschaftsrechte. Mit den **besonderen Vorteilen** sind alle Leistungen, denen ein Vermögenswert zukommt und die den Empfänger wirtschaftlich oder rechtlich besserstellen, gemeint. Der Vorteil muss dem Kunden **zusätzlich** zum verkauften Recht bzw. zur verkauften Ware in Aussicht gestellt werden, da nur so die aleatorische Wirkung des Versprechens zu erzielen ist.

Hinweis

Vertiefender Hinweis: Probleme wirft die Anwendbarkeit des § 6 Abs. 2 UWG auf Gewinnsysteme/Pyramidensysteme auf:

Das **OLG Rostock** (OLG Rostock, wistra 1998, 234, 235 f.) vertrat die Auffassung, dass der Tatbestand des § 6c UWG a. F. die Anwendung progressiver Methoden nur dann mit Strafe bedrohe, wenn sie in einem wettbewerblichen Kontext stünden, weil das UWG den redlichen Wettbewerb schützen solle. Bei Gewinnspielsystemen fehle es aber am Wettbewerbszusammenhang, da hier kein wirtschaftlicher Bezugspunkt außerhalb des Gewinnsystems existiere.

Nach einer **anderen Ansicht** (u. a. *Hellmann*, Wirtschaftsstrafrecht, 5. Aufl. 2018, Rn. 506, 510 f.) bezwecke das UWG nicht nur den Schutz des redlichen Wettbewerbs, sondern auch den des Verbrauchers. Die progressive Mitgliederwerbung bei sog. Pyramidensystemen entspreche zudem der Anwerbung des Käufers einer Ware. Des Weiteren fehle es auch den warengebundenen Systemen in der Regel am wettbewerblichen Bezug, da diese Systeme nicht auf den unmittelbaren Verkauf von Waren angelegt sind, sondern den Aufbau eines Vertriebssystems zum Ziel haben.

Laut **BGH** (BGHSt 43, 270) sei der besondere Vorteil bei Gewinnsystemen die konkrete Provision oder Werbeprämie, die sich inhaltlich von der verkauften Ware bzw. dem verkauften Recht – der Mitgliedschaft im System – unterscheide.

Teile der **Rechtsprechung** (u. a. OLG Stuttgart wistra 1991, 234, 236) und **Literatur** (Otto, wistra 1998, 227) halten dagegen, dass die Provisionen nur die Verwirklichung der vom Veranstalter verkauften Gewinnchance seien, die deshalb bereits Teil des verkauften Rechts sei; die Realisierung der Chance sei davon ebenfalls erfasst und könne deshalb nicht zusätzlich den besonderen Vorteil darstellen. Eine der Gewinnchance entkleidete Mitgliedschaft sei völlig wertlos, so wie ein Lottoschein ohne Gewinnchance wertlos sei.

Hiergegen wiederum wird angeführt, dass beim Pyramidensystem das Mitglied das Recht erhalte, sich durch eigene Aktivitäten einen Anspruch zu verdienen. Zudem bestünde der Strafgrund der progressiven Kundenwerbung gerade darin, dass ein (subjektiv oder objektiv) wertloses Recht durch das Versprechen der Entlohnung einer erfolgten Kundenwerbung verkauft wird. Das Inaussichtstellen der Gewinnchance sei demnach nicht die Gegenleistung für den Mitgliedsbeitrag, sondern der vom Veranstalter gewährte entscheidende Anreiz für den Eintritt in das System (Hellmann, Wirtschaftsstrafrecht, 5. Aufl. 2018, Rn. 514 f.). ◄

In subjektiver Hinsicht genügt bedingter Vorsatz, der sich nur auf die Kenntnis der tatsächlichen Umstände, nicht hingegen auf das Verbot progressiver Kundenwerbung im Allgemeinen beziehen muss. Glaubt der Täter irrig, dass seine Handlungen legal seien, handelt es sich um einen (häufig vermeidbaren) Verbotsirrtum i. S. d. § 17 StGB (Momsen/Grützner/*Heghmanns*, HdB Wirtschafts- und Steuerstrafrecht, Kap. § 26 Rn. 109).

IV. Verletzungen des geistigen Eigentums

Zum geistigen Eigentum zählen etwa Marken, Urheberrechte, Patente und Geschmacksmuster. Deren Schutz erfolgt durch Straftatbestände und Bußgeldvorschriften, die vor allem in den weitgehend parallel ausgestalteten §§ 143–145 MarkenG, § 142 PatG, § 25 GebrMG, §§ 106–111a UrhG sowie den §§ 51 und 65 DesignG, §§ 39 und 40 SortSchG und § 10 HalblSchG geregelt sind.

Bei den Delikten handelt es sich um Antragsdelikte.

1. Verletzungen von Patenten, Gebrauchs- und Geschmacksmustern

§ 142 PatG sanktioniert die Patentverletzung. **Geschütztes Rechtsgut** ist das für Deutschland erteilte Patent (Patent = „große Erfindung"; maßgeblich ist der Grad der Neuheit; bei kleineren Erfindungen kommt der Schutz als Gebrauchsmuster in Betracht). Gemäß § 9 PatG wirkt ein Patent dahingehend, dass allein der Patentinhaber zur Nutzung der patentierten Erfindung befugt ist und ein Dritter dazu grundsätzlich der Zustimmung des Patentinhabers bedarf. Maßgeblich ist nicht der Inhalt des Patents, sondern der Inhalt der Patentansprüche (§ 14 S. 1 PatG), der durch Auslegung ermittelt wird. Nach der Lehre von der Äquivalenz erstreckt sich der Schutzbereich des Patents auf Handlungen, die vom Sinn und Zweck der Erfindung durch gleichwertige Austauschmittel Gebrauch machen.

Handlungen innerhalb der in §§ 11–13 PatG geregelten Schranken des Patentrechts verletzen das Patent nicht.

Um ein **Erzeugnispatent/Sachpatent** handelt es sich, wenn eine Sache, eine Vorrichtung, eine Anordnung, ein Stoff oder ein Mittel Gegenstand des Patents ist; ein **Verfahrenspatent** schützt eine Tätigkeit, durch die ein Erfolg hervorgebracht wird.

Tathandlungen der Sachpatentverletzung sind das Herstellen (meint die gesamte Tätigkeit, durch die das Erzeugnis geschaffen wird), das Anbieten (umfasst jede Handlung, die auf den Absatz von Gegenständen abzielt), das in den Verkehr bringen (ist gegeben, wenn die Verfügungsgewalt tatsächlich auf eine andere Person übergeht) und das Gebrauchen (meint die gewerbliche Anwendung der Benutzung des patentierten Erzeugnisses). **Tathandlungen der Verfahrenspatentverletzung** sind die Anwendung des geschützten Verfahrens, d. h. das Benutzen der zur Ausübung des Verfahrens dienenden Vorrichtung oder der dazu erforderlichen Hilfsmittel in verfahrensgemäßer Weise sowie das Anbieten zur Anwendung (zu den Tathandlungen Graf/Jäger/Wittig/*Zimmermann*, § 142 PatentG Rn. 43 ff.).

Im subjektiven Tatbestand ist dolus eventualis ausreichend.

§ 25 GebrMG stellt die Gebrauchsmusterverletzung unter Strafe. Der Tatbestand entspricht inhaltlich der Patentrechtsverletzung nach § 142 PatG. Gebrauchsmuster sind in der Praxis jedoch schneller und günstiger zu erlangen als Patente. Geschützt sind entsprechend § 1 Abs. 1 GebrMG Erfindungen, die neu sind, auf einem erfinderischen Schritt beruhen und gewerblich anwendbar sind. Die Eintragung ist allerdings lediglich deklaratorisch; eine Prüfung der Voraussetzungen erfolgt nicht. Die Entstehung eines materiellen Schutzrechts ist ggf. durch den Strafrichter zu überprüfen.

§ 51 i. V. m. § 38 Abs. 1 S. 1 GeschmMG regelt die Geschmacksmusterverletzung. Schutzgegenstand nach ständiger Rechtsprechung des BGH sind Farb- und Formgestaltungen, die bestimmt und geeignet sind, das geschmackliche Empfinden des Betrachters, insbesondere seinen Formensinn anzusprechen, und die deshalb dem Geschmacksmusterschutz zugänglich sind, wenn sich in ihnen eine eigenpersönliche Leistung verkörpert, die über das Landläufige, Alltägliche, dem Durchschnittskönnen eines Mustergestalters Entsprechende hinausgeht und die nicht den Rang eines Kunstwerkes zu erreichen braucht (BGH GRUR 1962, 144; Hellmann, Wirtschaftsstrafrecht, 5. Aufl. 2018, Rn. 647). Der Anwendungsbereich ist weit, da nicht nur Produkte der traditionellen Bereiche (Tapeten, Stoffe, Möbel), sondern gemäß § 1 Nr. 2 GeschmMG sämtliche Gebrauchsgegenstände Schutzgegenstände des GeschmMG sind.

2. Markenstrafrecht

Markenschutz entsteht gemäß § 4 MarkenG durch Eintragung in das vom Patentamt geführte Register (Nr. 1), durch Benutzung des Zeichens im geschäftlichen Verkehr, soweit das Zeichen innerhalb der beteiligten Verkehrskreise als Marke Verkehrsgeltung gewonnen hat (Nr. 2) sowie durch notorische Bekanntheit einer Marke (Nr. 3).

§ 143 MarkenG sanktioniert die Kennzeichenverletzung. § 143 MarkenG enthält Blankettstraftatbestände, die durch §§ 14, 15 MarkenG ausgefüllt werden.

§ 143 Abs. 1 Nr. 1, Abs. 2 i. V. m. § 14 Abs. 2 S. 1 MarkenG verbietet die Benutzung eines mit der geschützten Marke identischen Zeichens für identische Waren oder Dienstleistungen (§ 14 Abs. 2 S. 1 Nr. 1 MarkenG) sowie die Benutzung eines identischen oder ähnlichen Zeichens, wenn aufgrund der Identität oder Ähnlichkeit der Waren oder Dienstleistungen eine Verwechslung zu befürchten ist (Nr. 2).

Erforderlich ist ein Handeln im geschäftlichen Verkehr (MüKo-StGB/*Maske-Reiche*, MarkenG § 143 Rn. 74). Darunter fällt jede wirtschaftliche Betätigung, mit der die handelnde Person in Wahrnehmung oder Änderung eigener oder fremder Geschäftsinteressen am Erwerbsleben teilnimmt (nicht notwendig sind Gewinnabsicht, Entgeltlichkeit oder ein Wettbewerbsverhältnis).

Die in § 143 Abs. 1 MarkenG vorausgesetzte Widerrechtlichkeit, die vorliegt, wenn der Rechtsinhaber nicht zugestimmt hat (MüKo-StGB/*Maske-Reiche*, MarkenG § 143 Rn. 76), ist ein Hinweis auf das allgemeine Deliktsmerkmal der Rechtswidrigkeit; die Zustimmung lässt allerdings wegen § 14 MarkenG bereits den Tatbestand entfallen.

§ 143 Abs. 1 Nr. 2 i. V. m. § 14 Abs. 2 Nr. 3 MarkenG, die sog. Rufausbeutungs-, Rufbeeinträchtigungs- und Verwässerungstatbestände, stellen die Benutzung des Zeichens für nichtähnliche Waren und Dienstleistungen, wenn die Unterscheidungskraft oder Wertschätzung einer bekannten Marke in unlauterer Weise ausgenutzt oder beeinträchtigt wird, unter Strafe.

Hinweis

Darunter fällt bspw. die Verwendung der Marke Boss! für einen Energiedrink (OLG Köln WRP 1998, 1104, 1107). ◄

Eine **Rufschädigung** liegt vor, wenn negative Vorstellungen auf die geschützte Marke übertragen werden: z. B. Mac Dog für ein Tierfutter (BGH GRUR 1999, 161, 164), Nivea (BGH GRUR 1995, 57, 59) bzw. Mars (BGH GRUR 1994, 808, 811) für Kondome. **Verwässerungsgefahr** bedeutet, dass die Unterscheidungskraft einer Marke beeinträchtigt wird, indem der Täter ihre Anziehungskraft zur Werbung für sein Produkt verwendet, wobei die kollidierenden Zeichen identisch oder zumindest in charakteristischen Merkmalen mit den bekannten Marken übereinstimmen und das kollidierende Zeichen von den Verkehrskreisen der älteren Marke zumindest wahrgenommen werden muss.

§ 143 Abs. 1 Nr. 4, Abs. 2 i. V. m. § 15 Abs. 3 MarkenG erfasst die Tathandlung der Verletzung einer geschäftlichen Bezeichnung. Die **geschäftliche Bezeichnung** umfasst Unternehmenskennzeichen und Werktitel: **Unternehmenskennzeichen** sind Zeichen, die im geschäftlichen Verkehr als Name, Firma oder Bezeichnung eines Geschäftsbetriebes benutzt werden sowie Geschäftszeichen und sonstige zur Unterscheidung des Geschäftsbetriebes bestimmte Zeichen (§ 5 Abs. 2 MarkenG), wobei der Schutz mit Benutzung des Zeichens entsteht. **Werktitel** sind Namen oder besondere Bezeichnungen von Druckschriften, Film-, Ton-, Bild- und sonstigen vergleichbaren Werken (§ 5 Abs. 3 MarkenG).

§ 143 Abs. 1 Nr. 3 i. V. m. § 14 Abs. 4 MarkenG stellt bestimmte Vorbereitungshandlungen für die Benutzung von Zeichen unter Strafe.

§ 144 MarkenG sanktioniert die Verletzung von geographischen Herkunftsangaben. Die **geographische Herkunftsangabe** ist in § 126 Abs. 1 MarkenG legaldefiniert. **Tathandlung** ist die irreführende Verwendung (§ 127 Abs. 1 MarkenG) im geschäftlichen Verkehr. Die Widerrechtlichkeit ist wie bei § 143 MarkenG kein Tatbestandsmerkmal, sondern der Hinweis auf die Rechtswidrigkeit als allgemeine Deliktsvoraussetzung. Eine Irreführungsgefahr liegt laut BGH (GRUR 1999, 252, 255; 2001, 420) vor, wenn bei einem nicht ganz unbeachtlichen Teil der beteiligten Verkehrskreise eine unrichtige Vorstellung über die geographische Herkunft der Ware oder Dienstleistung hervorgerufen werden kann.

Der BGH hatte für § 127 MarkenG offengelassen (BGH GRUR 2002, 160, 162; WRP 2002, 1286, 1288), ob die Irreführungsgefahr darüber hinaus voraussetzt, dass die Angabe zur positiven Beeinflussung der Kaufentscheidung geeignet ist.

Bezeichnungen wie „Made in Germany" enthalten nur die Aussage, dass die wesentliche Endproduktion in Deutschland erfolgte.

Zum offensichtlich weit überzogenen Schutz der Rechte an allen **olympischen Bezeichnungen und Symbolen** zugunsten des IOC und des DOSB durch das „Olympiaschutzgesetz" näher *Cherkeh/Momsen*, Das Olympiaschutzgesetz – ein wirksamer Schutz gegen „Trittbrettwerber", in: Huber/Preuß/Schunk/Könecke (Hrsg.), Handbuch Marken und Sport, 2014.[17]

3. Urheberstrafrecht

Das Urheberrecht gilt für Werke eines Deutschen oder EU-Bürgers unabhängig vom Erscheinungsort (§ 120 UrhG) und für Werke eines EU-Ausländers, wenn sie im Geltungsbereich des UrhG erschienen sind (§ 121 Abs. 1 UrhG). Der Urheberrechtsschutz erlischt grundsätzlich 70 Jahre nach dem Tod des Urhebers (§ 64 UrhG).

Die **§§ 106 ff. UrhG** stellen die unerlaubte Verwertung urheberrechtlich geschützter Werke unter Strafe.

Tatobjekt ist das Werk (§§ 2 ff. UrhG), wozu bspw. die persönliche geistige Schöpfung der Literatur, Kunst oder Wissenschaft gehört, die durch ihren Inhalt oder durch ihre Form bzw. durch die Verbindung von Form und Inhalt etwas Neues und Eigentümliches darstellt (§§ 1, 2 UrhG), sowie eine Bearbeitung oder Umgestaltung des Werkes. Allgemein muss das Werk persönlich geschaffen sein, wahrnehmbar sein, Individualität aufweisen (dies ist gegeben, wenn sich der individuelle Geist des Urhebers im Werk ausdrückt und es sich dadurch von der Masse des Alltäglichen und anderen individuellen Leistungen abhebt) und eine notwendige Gestaltungshöhe erreicht haben (erforderlich hierfür ist ein Mindestmaß an

---

[17] Vgl. auch *Momsen*, Auswüchse beim Schutz der Marke „Olympische Spiele" und dem Gebrauch der Olympischen Ringe in: Emrich/Büch/Pitsch (Hrsg.), Olypmische Spiele – noch zeitgemäß? Werte, Ziele, Wirklichkeit in multidisziplinärer Betrachtung, 2013, 225 ff.; *Momsen*, Olympiaschutzgesetz im Jahr 2021 – zeitgemäßer Markenschutz?, in: Markenartikel Magazin, 2021.

Individualität; nach Werkart unterschiedlich, grundsätzlich jedoch geringe Anforderungen; zum Begriff des Werkes MüKo-StGB/*Heinrich*, UrhG § 106 Rn. 3 ff.).

Tathandlungen sind Vervielfältigung, Verbreitung oder öffentliche Wiedergabe ohne eine gesetzliche Gestattung oder die Einwilligung des Berechtigten (MüKo-StGB/*Heinrich*, UrhG § 106 Rn. 45 ff.).

Vervielfältigen meint die Herstellung einzelner oder mehrerer – dauerhafter oder vorübergehender – Festlegungen, die geeignet sind, ein Werk auf irgendeine Weise den menschlichen Sinnen unmittelbar oder mittelbar zugänglich zu machen, vgl. § 16 Abs. 1 UrhG. Verbreitung ist das öffentliche Anbieten oder Inverkehrbringen des Originals oder eines Vervielfältigungsstückes des Werkes, vgl. § 17 Abs. 1 UrhG. Öffentliche Wiedergabe meint eine Wiedergabe des Werkes in unkörperlicher Form gegenüber einer Mehrzahl von Personen, die nicht durch eine persönliche Beziehung mit dem Veranstalter oder untereinander verbunden sind, vgl. § 15 Abs. 3 UrhG.

Nach überwiegender Ansicht handelt es sich bei der Einwilligung um einen Rechtfertigungsgrund; anderen Vertretern zufolge würde diese bereits die Tatbestandsmäßigkeit ausschließen, da § 106 Abs. 1 UrhG den Schutz des § 242 StGB („Diebstahl geistigen Eigentums") ergänze, bei dem ein Einverständnis ebenfalls den Tatbestand entfallen lasse (Hellmann, Wirtschafsstrafrecht, 5. Aufl. 2018, Rn. 700).

Schranken des Urheberrechts finden sich in den §§ 44a ff. UrhG, für Computerprogramme gelten hier die §§ 69c, 69d UrhG. Zulässig ist ebenfalls die Weiterverbreitung gemäß §§ 17 Abs. 2, 69c Nr. 3 S. 2 UrhG.

Praktisch relevant sind Vervielfältigungen zum privaten Gebrauch (privat ist der Gebrauch, wenn die Vervielfältigungen persönliche Bedürfnisse des Vervielfältigers oder ihm durch persönliches Band verbundener Personen decken), die gemäß § 53 Abs. 1 S. 1 UrhG grds. erlaubt, jedoch in § 53 Abs. 4 UrhG beschränkt sind. § 53 Abs. 4 UrhG gestattet im Wesentlichen vollständige Vervielfältigungen nur durch Abschreiben oder mit Einwilligung des Berechtigten.

In subjektiver Hinsicht ist dolus eventualis ausreichend.

§ 7 Insolvenzdelikte

Literatur
Bittmann, Strafrechtliche Folgen des MoMiG, NStZ 2009, 113; *ders.*, Das Ende der Interessentheorie – Folgen auch für § 266 StGB?, wistra 2010, 8; *Bürger*, Der Arbeitgeberbegriff in § 266a StGB – ein komplexes normatives Tatbestandsmerkmal: Voraussetzungen und Irrtumsfolgen, wistra 2016, 169; *Dehne-Niemann*, Ein Abgesang auf die Interessentheorie bei der Abgrenzung von Untreue und Bankrott, wistra 2009, 417; *Ignor/Rixen*, Grundprobleme und gegenwärtige Tendenzen des Arbeitsstrafrechts – Das Gesetz zur Erleichterung der Bekämpfung von illegaler Beschäftigung und Schwarzarbeit und die Sanktionsregeln des neuen Arbeitsvermittlungsrechts, NStZ 2002, 510; *Kudlich*, (Schein-)Selbständigkeit von „Busfahrern ohne eigenen Bus" und Fragen des § 266a StGB, ZIS 2011, 482; *Richter*, Das Insolvenzstrafrecht – Überflüssiges (gar schädliches?) Bestrafen des wirtschaftlichen Scheiterns oder notwendiger Steuerungsmechanismus einer Marktwirtschaft?, in: Der Schrei nach Strafe – 41. Strafverteidigertag 2017, 197; *Tschakert*, Das Insolvenzstrafrecht, in: Der Schrei nach Strafe – 41. Strafverteidigertag 2017, 217; *Vormbaum*, Probleme der Gläubigerbegünstigung, GA 1981, 101; *Weyand*, Entscheidungen zum Insolvenzstrafrecht, WiJ 2017, 102; *Wittig*, Zur Auslegung eines missglückten Tatbestandes – Die neue Rechtsprechung des BGH zu § 266a Abs. 2 StGB und deren Folgen für § 266a Abs. 1 StGB, HRRS 2012, 63; *Wöhe/Kußmaul*, Grundzüge der Buchführung und Bilanztechnik, München 2018.

A. Überblick

Zum Insolvenzstrafrecht werden diejenigen Delikte gezählt, die die Einleitung und Durchführung des Insolvenzverfahrens absichern (Momsen/Grützner/*Rotsch*/*Wagner*, Hdb Wirtschafts- und Steuerstrafrecht, § 28 Rn. 1). Zu den Insolvenzstraftaten im engeren Sinne zählen die §§ 283 ff. StGB, § 15a Abs. 4 InsO, zu jenen im weiteren Sinne zudem § 370 AO sowie §§ 263, 264, 265b, 266, 266a StGB.

Von besonderer praktischer Bedeutung sind in diesem Bereich oft mögliche berufsrechtliche Konsequenzen strafbaren Verhaltens. So geht mit der Verurteilung zu einer mindestens einjährigen Freiheitsstrafe wegen eines vorsätzlichen Insolvenzdelikts etwa der für fünf Jahre ab Rechtskraft des Urteils andauernde Verlust der Fähigkeit, als Geschäftsführer einer GmbH (§ 6 Abs. 2 Nr. 3a GmbHG) oder Vorstandsmitglied einer AG (§ 76 Abs. 3 S. 2 Nr. 3a, b AktG) zu agieren, einher.

B. Zivilrechtliche Grundlagen

Die zwangsweise Durchsetzung zivilrechtlicher Forderungen erfolgt im Wege der Zwangsvollstreckung.

I. Einzel- und Gesamtvollstreckung

Grundlage der **Einzelvollstreckung** ist das zivilprozessuale Erkenntnisverfahren, in dem der Gläubiger einen vollstreckbaren Titel erlangt. Im Rahmen der Einzelvollstreckung wird in einzelne Vermögensgegenstände des Schuldners vollstreckt. Die Befriedigung der Gläubiger folgt dem Prioritätsgrundsatz. Dies kann dazu führen, dass allein die zeitliche Reihenfolge entscheidet, der schnellste Gläubiger also vollständig befriedigt wird, während andere Gläubiger leer ausgehen. Dem strafrechtlichen Schutz dieses Verfahrensabschnitts dienen etwa §§ 288, 289 StGB.

Das **Gesamtvollstreckungsverfahren** ist umfassend in der Insolvenzordnung (InsO) geregelt. Es hat die Vollstreckung in das gesamte Vermögen des Schuldners – einer natürlichen Person, juristischen Person oder Personengesellschaft – zum Gegenstand. Dessen Verwertung erfolgt durch einen Insolvenzverwalter. Alle Insolvenzgläubiger melden ihre Forderung zur Insolvenztabelle an und werden nach der gleichen Insolvenzquote befriedigt. Ausnahmen können für Gläubiger bestehen, die Aus- oder Absonderungsrechte für sich geltend machen können – etwa, wenn ein Gegenstand nicht zur Insolvenzmasse gehört (§§ 47 f. InsO) oder eine Verwertungsmöglichkeit des Insolvenzverwalters besteht (§§ 49 f. InsO).

II. Insolvenzrecht

1. Antragspflicht und Antragsrecht

Früher in verschiedenen Spezialgesetzen geregelt, folgt die **Pflicht** bestimmter Personen **zur Stellung eines Insolvenzantrags** bei Zahlungsunfähigkeit oder Überschuldung einer juristischen Person oder einer Gesellschaft ohne Rechtspersönlichkeit heute einheitlich aus § 15a Abs. 1 S. 1, 3 InsO.

Das **Recht zur Stellung eines Insolvenzantrags** hat gemäß § 13 InsO nicht nur der Schuldner, sondern auch jeder Gläubiger.

2. Eröffnungsgründe

Der nach § 16 InsO erforderliche Grund für die Eröffnung eines Insolvenzverfahrens kann in einer Zahlungsunfähigkeit (§ 17 Abs. 1 InsO), einer drohender Zahlungsunfähigkeit (§ 18 Abs. 1 InsO) oder einer Überschuldung (§ 19 Abs. 1 InsO) bestehen.

B. Zivilrechtliche Grundlagen

a. Zahlungsunfähigkeit, § 17 InsO

Gemäß § 17 Abs. 2 S. 1 InsO ist der Schuldner zahlungsunfähig, wenn er zur Erfüllung fälliger Zahlungspflichten nicht in der Lage ist. Dies ist nach § 17 Abs. 2 S. 2 InsO regelmäßig anzunehmen, wenn er seine Zahlungen eingestellt hat.

Bei der Ermittlung der Zahlungsunfähigkeit werden **nur Zahlungspflichten** erfasst. Forderungen auf tatsächliche Handlungen bleiben außen vor (Momsen/Grützner/*Rotsch*/*Wagner*, Hdb Wirtschafts- und Steuerstrafrecht, § 28 Rn. 50).

Die **Abgrenzung zur Zahlungsstockung**, einem nur vorübergehenden Liquiditätsengpass, orientiert sich – sofern eine Ermittlung nach betriebswirtschaftlichen Grundsätzen mangels verfügbarer Daten nicht möglich ist – nach der sogenannten „kriminalistischen Methode" maßgeblich an der Häufung von Krisenwarnzeichen wie etwa erfolglosen Pfändungen, dem Ausschöpfen bzw. Überschreiten des Kreditrahmens, Lastschriftrückgaben oder dem Nichtabführen von Sozialabgaben (krit. Momsen/Grützner/*Rotsch*/*Wagner*, Hdb Wirtschafts- und Steuerstrafrecht, § 28 Rn. 67).

Im Rahmen der Erstellung eines Liquiditätsstatus' werden fällige Verbindlichkeiten erwarteten Zahlungseingängen gegenübergestellt. Ab einer Unterdeckung von zehn Prozent besteht die widerlegbare Vermutung der Zahlungsunfähigkeit (BGH NJW 2005, 3062, 3065). Fraglich und vor dem Hintergrund des Zweifelssatzes durchaus problematisch erscheint die Heranziehung dieses Maßstabs für die strafrechtliche Bewertung.

b. Drohende Zahlungsunfähigkeit

Die drohende Zahlungsunfähigkeit als Grund für die Eröffnung des Insolvenzverfahrens – allein auf Antrag des Schuldners, § 18 Abs. 1 InsO – soll einen möglichst frühzeitigen Eintritt ins Insolvenzverfahren ermöglichen, um bessere Sanierungsaussichten zu schaffen. Zahlungsunfähigkeit droht gemäß § 18 Abs. 2 InsO, wenn der Schuldner voraussichtlich nicht in der Lage sein wird, die bestehenden Zahlungsverpflichtungen im Zeitpunkt der Fälligkeit zu erfüllen.

Es gilt die allgemeine Bestimmung der konkreten Gefahr als auf Grund der Umstände des Einzelfalls naheliegende Wahrscheinlichkeit (BT-Drs. 7/3441, 34; *Tiedemann*, NJW 1977, 777, 781).

c. Überschuldung

Überschuldet ist eine juristische Personen nach § 19 Abs. 2 S. 1 InsO, wenn im Rahmen einer Bilanz die Passiva die Aktiva übersteigen – unabhängig davon, ob der Schuldner in diesem Moment noch zahlungsfähig ist (Maurach/Schröder/Maiwald/Hoyer/Momsen, § 48 Rn. 13 m. w. N.). Anders liegt es, wenn die Fortführung des Unternehmens in den nächsten zwölf Monaten nach den Umständen überwiegend wahrscheinlich ist. Relevant ist für die Bestimmung mithin auch die **Fortführungsprognose**. Auch diese ist im Rahmen der strafrechtlichen Bewertung zu modifizieren: in dubio pro reo kann eine negative Fortführungsprognose nur dann gestellt werden, wenn der Fortbestand des Unternehmens gänzlich unwahrscheinlich ist (vgl. *Tiedemann*, Rn. 1116).

III. Grundbegriffe des Bilanz- und Handelsrechts

1. Buchführungspflicht

Handelsrechtlich ist gemäß § 238 Abs. 1 S. 1 HGB jeder Kaufmann (vgl. §§ 1 ff. HGB) verpflichtet, Bücher zu führen und in diesen seine Handelsgeschäfte und die Lage seines Vermögens nach den Grundsätzen ordnungsmäßiger Buchführung ersichtlich zu machen. Nach § 238 Abs. 1 S. 2 HGB muss die Buchführung geeignet sein, einem sachverständigen Dritten innerhalb angemessener Zeit einen Überblick über die Geschäftsvorfälle und über die Lage des Unternehmens zu vermitteln. Nach § 238 Abs. 1 S. 3 HGB müssen sich die Geschäftsvorfälle in ihrer Entstehung und Abwicklung verfolgen lassen.

§ 140 AO erweitert die Pflicht zur Buchführung auf die Besteuerung. Es müssen alle relevanten Daten eingetragen werden, sowohl für die Handelsbilanz wie auch für die von dieser zu trennenden Steuerbilanz.

2. Handelsbilanz

Eine Bilanzaufstellung, in die gemäß § 246 Abs. 1 HGB alle Vermögensgegenstände und Verbindlichkeiten einzubeziehen sind, soweit nichts anderes gesetzlich bestimmt ist, sieht im Wesentlichen wie folgt aus:

Aktiva	Passiva

• Anlagevermögen
  - Grundstücke
  - Fuhrpark
• Umlaufvermögen
  - Roh-, Hilfs- und Betriebsstoffe
  - Halbfertige Erzeugnisse
  - Fertige Erzeugnisse
  - Forderungen aus Lieferungen und Leistungen
• Rechnungsabgrenzungsposten
	• Eigenkapital
	• Fremdkapital
	  - Verbindlichkeiten ggü. Kreditinstituten
	  - Lieferantenverbindlichkeiten
	  - Verbindlichkeiten ggü. Gesellschaftern
	• Rückstellungen
	• Rechnungsabgrenzungsposten

Es gelten die **Bilanzierungsgrundsätze** der Richtigkeit und Willkürfreiheit, der Klarheit, Übersichtlichkeit und Vollständigkeit sowie das Verrechnungsverbot. Letzteres verlangt, dass in Gewinn- und Verlustrechnung oder Bilanz grundsätzlich keine Verrechnung erfolgt und Buchungen nicht über den Jahreswechsel hinausgeschoben werden.

Bewertungsgrundsätze ergeben sich aus §§ 252 ff. HGB, insb. § 252 Abs. 1 Nr. 1 bis 6. Formelle Bilanzkontinuität (Nr. 1) verlangt, dass Posten nicht von einer Bilanz zur nächsten nach anderen Prinzipien bewertet oder anders gegliedert werden. Das Unternehmensfortführungsprinzip (Nr. 2) gibt vor, dass grundsätzlich von der Fortführung des Unternehmens auszugehen ist. Zudem gelten Einzelbewertungs- und Stichtagsprinzip (Nr. 3), Vorsichts- und Realisationsprinzip (Nr. 4) sowie Periodisierungs- (Nr. 5) und Stetigkeitsprinzip (Nr. 6).

Aktiva dürfen nicht überbewertet, Passiva stets nur mit dem Höchstwert angesetzt werden. Insbesondere das Umlaufvermögen als Bestandteil der Aktiva wird unter Beachtung des strengen Niederstwertprinzips bestimmt.

> **Beispiel**
> Die A-AG ist Inhaberin einer Forderung gegen ihre langjährige Geschäftspartnerin X-GmbH i. H. v. 14.000 EUR. Während der letzten vier Monate beglich die X-GmbH Verbindlichkeiten entgegen ihrer bisherigen Gepflogenheit immer erst nach ein oder zwei Mahnungen. Gerüchteweise ist zu vernehmen, dass sie wegen eines Forderungsausfalls im sechsstelligen Bereich aufgrund der Insolvenz eines Kunden in Liquiditätsschwierigkeiten geraten sein soll.
> Die daraus folgenden Zweifel an der Einbringbarkeit der Forderung zwingt die A-AG, diese im Rahmen ihrer Bilanz nach dem Vorsichtsprinzip abzuwerten, wobei der Umfang der Abwertung von der Wahrscheinlichkeit des Ausfalls abhängt.

C. Insolvenzverschleppung, § 15a Abs. 4 InsO

I. Überblick und Rechtsgut

Die Insolvenzverschleppung ist heute einheitlich in § 15a Abs. 4 InsO unter Strafe gestellt (näher Momsen/Grützner/*Rotsch/Wagner*, Hdb Wirtschafts- und Steuerstrafrecht, § 28 Rn. 28).

Die Zahl der Insolvenzen war seit 2012 rückläufig (s. zur Gesamtentwicklung seit 1999 Statistisches Bundesamt, Fachserie 2 Reihe 4.1: Unternehmen und Arbeitsstätten – Insolvenzverfahren, November 2020, 3). Bedingt durch die COVID-19-Pandemie und ihre erheblichen nachteiligen Auswirkungen auf die Wirtschaft wird für die nahe Zukunft ein deutlicher Anstieg erwartet. Die Ermittlungsbehörden haben häufig mit Vorwürfen der Insolvenzverschleppung zu tun, was regelmäßig auf Strafanzeigen mutmaßlich geschädigter Gläubiger zurückgeht (vgl. *Wittig*, Wirtschaftsstrafrecht, § 23 Rn. 182).

Die Insolvenzantragspflicht und die Pönalisierung ihrer Verletzung schützen primär die **Vermögensinteressen** der tatsächlichen und potenziellen **Gesellschaftsgläubiger**, sekundär die **Gesellschaft** selbst und ihre **Gesellschafter**, zielen aber auch auf die Durchsetzung der **Schutzzwecke des Insolvenzverfahrens insgesamt** (s. zu verschiedenen Ansichten Momsen/Grützner/*Rotsch/Wagner*, Hdb Wirtschafts- und Steuerstrafrecht, § 28 Rn. 33). Es handelt sich um ein **abstraktes Gefährdungsdelikt**.

Aufgrund ihrer Erfolgsunabhängigkeit und der im Vergleich zu §§ 263, 283 ff. StGB leichteren Nachweisbarkeit wird § 15a Abs. 4 InsO häufig auch als „Formaldelikt" bezeichnet (*Tiedemann*, Rn. 1154 m. w. N.).

II. Prüfungsaufbau
I. Objektiver Tatbestand
1. Täterqualität
   a) Juristische Person: Mitglied des Vertretungsorgans oder Abwickler, Abs. 1 S. 1
   b) Gesellschaft ohne Rechtspersönlichkeit, bei der kein persönlich haftender Gesellschafter eine natürliche Person ist: Organschaftlicher Vertreter der zur Vertretung einer Gesellschaft ermächtigten Gesellschafter oder Abwickler, Abs. 1 S. 3 (ggf. i. V. m. Abs. 2)
   c) Führungslose GmbH: jeder Gesellschafter, der Kenntnis von Zahlungsunfähigkeit bzw. Überschuldung und Führungslosigkeit hat, Abs. 3
   d) Führungslose AG oder Genossenschaft: jedes Aufsichtsratsmitglied, das Kenntnis von der Zahlungsunfähigkeit bzw. Überschuldung und Führungslosigkeit hat, Abs. 3
2. „Krise"
   a) Zahlungsunfähigkeit *oder*
   b) Überschuldung
3. Tathandlung
   a) Nicht oder nicht rechtzeitiges Stellen eines Insolvenzantrags, Abs. 4 Nr. 1, *oder*
   b) Nicht richtiges Stellen eines Insolvenzantrags, Abs. 4 Nr. 2
2. Subjektiver Tatbestand
3. Objektive Bedingung der Strafbarkeit bei nicht richtig gestelltem Insolvenzantrag: rechtskräftige Zurückweisung des Antrags als unzulässig, Abs. 6
II. Rechtswidrigkeit, Schuld

Ggf. Fahrlässigkeit, Abs. 5

III. Die Tatbestandsmerkmale im Einzelnen

§ 15a Abs. 4 InsO ist ein **Sonderdelikt**: Die Pflicht zur Stellung eines Insolvenzantrags können nur die Personen verletzen, die nach § 15a Abs. 1 bis 3 InsO zur Antragstellung verpflichtet sind. Wer **Mitglied des Vertretungsorgans einer juristischen Person** oder **Abwickler** i. S. d. § 15a Abs. 1 InsO ist, richtet sich nach nationalem und internationalem Gesellschaftsrecht (*Bittmann*, NStZ 2009, 113, 114). In diesem Sinne verpflichtet sind etwa der Geschäftsführer einer GmbH (§ 35 Abs. 1 S. 1 GmbHG) und der Vorstand einer AG (§ 78 Abs. 1 S. 1 AktG) oder einer Genossenschaft (§ 24 Abs. 1 S. 1 GenG). Abwickler bzw. Liquidator sind, sofern nicht durch Gesellschaftsvertrag, Gesellschafter- oder Gerichtsbeschluss anders geregelt, die vorherigen Leitungsorgane (vgl. etwa § 66 Abs. 1 GmbHG, § 265 Abs. 1 AktG). Ihnen obliegt die Pflicht zur Antragstellung ab Eintritt der wirtschaftlichen Krise des Unternehmens, also bei Zahlungsunfähigkeit oder Überschuldung. Die bloß drohende Zahlungsunfähigkeit begründet zwar das Recht, einen Antrag zu stellen, aber noch keine Verpflichtung (s. o. B. II.).

Sofern die **Geschäftsführung mehrgliedrig ausgestaltet** ist, trifft die Antragspflicht nach dem Grundsatz der Allzuständigkeit jeden Geschäftsführer unabhängig von den anderen (BGHSt 37, 106, 124), ohne dass es des Rückgriffs auf § 14 StGB bedürfte. Fraglich ist, wie es sich auswirkt, wenn nur ein Teil der Vertretungsberechtigten den Antrag stellt. Teils wird angenommen, dass die Antragstellung durch einen Vertretungsberechtigten die Handlungspflicht der übrigen Verpflichteten enden lässt (MüKo-StGB/*Hohmann*, InsO § 15a Rn. 93 m. w. N.). Dagegen spricht zwar der Charakter der Insolvenzverschleppung als abstraktes Gefährdungsdelikt und echtes Unterlassungsdelikt. Allerdings ist eine Beeinträchtigung der geschützten Rechtsgüter ausgeschlossen, sobald einer der Verpflichteten den Insolvenzantrag stellt. Dies spricht für eine teleologische Reduktion und legt den Wegfall der Strafbarkeit nach diesem Zeitpunkt nahe (so Momsen/Grützner/ *Rotsch*/*Wagner*, Hdb Wirtschafts- und Steuerstrafrecht, § 28 Rn. 92).

Der **Insolvenzantrag eines Gläubigers** beendet die Antragspflicht unstreitig nicht (MüKo-StGB/*Hohmann*, InsO § 15a Rn. 94). In dieser Konstellation endet die Pflicht erst mit der Entscheidung des Insolvenzgerichts über die Eröffnung des Insolvenzverfahrens (BGHSt 53, 24).

Fraglich ist, ob auch der **faktische Geschäftsführer** einer GmbH als Täter des § 15a Abs. 4 InsO in Betracht kommt. Eine Pflicht zur Stellung des Insolvenzantrags trifft grundsätzlich nur den eingetragenen Geschäftsführer. Allerdings sieht die Rechtsprechung unter der Voraussetzung der Tätigkeit mit Einwilligung der Gesellschafter auch den faktischen Geschäftsführer als tauglichen Täter an (BGH NStZ 2015, 470 m. krit. Anm. *v. Galen*; BayObLG NJW 1997, 1936). Dies erfährt Kritik (s. nur *Tiedemann*, Rn. 1151), da die Strafnorm des § 15a Abs. 4 InsO an die Verletzung einer qua Organstellung bestehenden Pflicht anknüpft – und zivilrechtlich nicht einmal ohne Weiteres davon ausgegangen werden kann, dass der faktische Geschäftsführer zur Stellung eines Insolvenzantrags auch nur *berechtigt* ist. Die Rechtsprechung indes geht davon aus, dass der faktische Geschäftsführer als „Mitglied des Vertretungsorgans" unter den Wortlaut des § 15a InsO fällt, da er dem formellen Geschäftsführer gleichstehe. Dafür spreche auch der Wille des Gesetzgebers: § 15a InsO sei geschaffen worden, um die zuvor über diverse Einzelgesetze – GmbHG, AktG, GenG, HGB – verstreute Materie rechtsformübergreifend zu regeln und einheitlich zu fassen (BT-Drs. 16/6140, 55); eine Einschränkung der strafbewehrten Antragspflicht sei nicht bezweckt worden (BGH NStZ 2015, 470, 471; ausführlich dazu Momsen/Grützner/*Rotsch*/*Wagner*, Hdb Wirtschafts- und Steuerstrafrecht, § 28 Rn. 97 ff.).

Führungslos i. S. d. § 15a Abs. 3 InsO ist eine Gesellschaft, wenn ein organschaftlicher Vertreter tatsächlich oder rechtlich nicht mehr existiert (§ 35 Abs. 1 S. 2 GmbHG, § 10 Abs. 2 S. 2 InsO; AG Hamburg NJW 2009, 304). Die Regelung des § 15a Abs. 1 S. 3 InsO zielt insb. auf die GmbH & Co. KG, bei der als persönlich haftende Gesellschafterin eine GmbH und mithin keine natürliche, sondern eine juristische Person auftritt.

Die **Tathandlung** des § 15a Abs. 4 InsO verwirklicht, wer einen Insolvenzantrag pflichtwidrig überhaupt nicht, nicht rechtzeitig (Nr. 1) oder nicht richtig (Nr. 2) stellt. Es handelt sich demnach um ein echtes Unterlassungsdelikt.

Nicht oder nicht rechtzeitig gestellt ist ein Antrag, wenn er nicht gemäß § 15a Abs. 1 S. 1 InsO ohne schuldhaftes Zögern, nach § 15a Abs. 1 S. 2 InsO spätestens drei Wochen nach dem objektiven Eintritt der Zahlungsunfähigkeit bzw. sechs Wochen nach dem objektiven Eintritt der Überschuldung, erfolgt. Es handelt sich um eine **Höchstfrist**, die nicht generell, sondern nur ausnahmsweise ausgeschöpft werden darf (MüKo-StGB/*Hohmann*, InsO § 15a Rn. 84).

Nicht richtig gestellt ist ein Antrag, wenn die enthaltenen Angaben unzutreffend oder unvollständig sind (MüKo-StGB/*Hohmann*, InsO § 15a Rn. 86). Die bedenkliche Offenheit des Tatbestands (vgl. Momsen/Grützner/*Rotsch*/*Wagner*, Hdb Wirtschafts- und Steuerstrafrecht, § 28 Rn. 108 m. w. N.) wird durch die objektive Bedingung der Strafbarkeit gemäß Abs. 6 eingeschränkt (dazu sogleich).

In subjektiver Hinsicht ist (**zumindest Eventual-)Vorsatz** erforderlich, der im Rahmen der strafrechtlichen Bewertung – anders als im Zivilrecht – *nicht* vermutet wird (Momsen/Grützner/*Rotsch*/*Wagner*, Hdb Wirtschafts- und Steuerstrafrecht, § 28 Rn. 95). Die zivilrechtliche Beweislastregel des § 15a Abs. 3 InsO a. E. gilt insoweit nicht.

Abs. 5 stellt – bei verringerter Strafandrohung – auch **fahrlässiges Handeln** unter Strafe. Dies kommt insbesondere in Betracht, wenn die nach § 15a Abs. 1 bis 3 InsO Verpflichteten den wirtschaftlichen Verhältnissen der Gesellschaft keine hinreichende Aufmerksamkeit schenken (vgl. *Wittig*, Wirtschaftsstrafrecht, § 23 Rn. 197).

Hinweis

Wegen fahrlässiger Insolvenzverschleppung gemäß § 15a Abs. 4 i. V. m. Abs. 5 InsO kann sich demnach strafbar machen, wer sorgfaltswidrig Krisenanzeichen wie einen drastischen Umsatzrückgang, die Ablehnung von Kreditanfragen oder andere nicht als solche erkennt und infolgedessen nicht adäquat auf sie reagiert. ◄

IV. Objektive Bedingung der Strafbarkeit; Beteiligung; Konkurrenzen

Abs. 6 statuiert für Fälle des nicht richtig gestellten Antrags gemäß Abs. 4 Nr. 2 eine **objektive Bedingung der Strafbarkeit**, um der Unbestimmtheit dieser Tatmodalität zu begegnen (BT-Drs. 18/12154, 30). Dies beschränkt die Anwendung des zunächst sehr weiten Tatbestands des Abs. 4 Nr. 2 sinnvollerweise auf Fälle, in denen das Schutzgut tatsächlich betroffen ist, weil der gestellte Antrag die Einleitung eines Insolvenzverfahrens nicht ermöglicht (Momsen/Grützner/*Rotsch*/*Wagner*, Hdb Wirtschafts- und Steuerstrafrecht, § 28 Rn. 109).

Die Möglichkeit der **Beteiligung** an einer Tat i. S. d. § 15a Abs. 4 InsO folgt den allgemeinen Grundsätzen zu Sonderdelikten: Während täterschaftliche Begehung die in Abs. 1 bis 3 vorgesehene Täterqualität voraussetzt, kommen als Teilnehmer auch andere Personen in Betracht.

Auf Konkurrenzebene kann etwa § 266 StGB tateinheitlich zu § 15a Abs. 4 InsO hinzutreten, wenn durch die Insolvenzverschleppung eine Sanierung der Gesellschaft verhindert wird (MüKo-StGB/*Hohmann*, InsO § 15a Rn. 113 m. w. N.).

V. Generelle Aussetzung der Antragsfrist (Covid-19)

Aufgrund der Covid-19-Pandemie erfuhr das Insolvenzrecht im Jahr 2020 eine bislang einmalige Modifikation. Durch das Gesetz zur Abmilderung der Folgen der Corona-Pandemie im Insolvenzrecht (BGBl. 2020 I, 569; I Nr. 43) wurde die Insolvenzantragspflicht für Unternehmen ausgesetzt, die aufgrund der Pandemie in die Krise geraten sind, aber – ggf. unter Inanspruchnahme staatlicher Hilfsangebote – Aussicht auf Sanierung haben. Die Regelung wurde mehrmals verlängert und galt in dieser Form bis zum 30.04.2021. Seit Oktober 2020 wird zwischen überschuldeten und zahlungsunfähigen Unternehmen differenziert: Für letztere gilt die Verlängerung der Fristaussetzung nicht (s. dazu *Hörtnagel/Bode*, BC 10/20, https://rsw.beck.de/cms/?toc=DStR.192&docid=432461 (zuletzt abgerufen am 16.12.2021)). Einzelne Privilegierungen wirken nach derzeitiger Rechtslage bis Ende 2023 fort (vgl. § 2 Abs. 1 Nr.5 COVInsAG (https://dserver.bundestag.de/btd/19/262/1926245.pdf – zuletzt abgerufen am 28.4.2022)).

Nach Ende der Geltungszeit des Insolvenzaussetzungsgesetzes lebt die Pflicht zur Antragstellung – sofern dessen Voraussetzungen dann vorliegen – wieder auf.

Das Aussetzungsgesetz ist insoweit interessant, als es einen seltenen Versuch des Gesetzgebers darstellt, eine nur vorübergehend wirkungslos bzw. rechtsgutsschädigend gewordene Norm temporär zu suspendieren – einerseits mit Blick auf vorrangige Allgemeininteressen, andererseits, um die geschützten Gläubigerinteressen materiell optimal abzusichern (s. zum Ganzen BeckOK-InsO/*Wolfer*, 27. Ed. 15.04.2022, § 15a Rn. 28b ff.).

D. Bankrottdelikte, §§ 283 ff. StGB

I. Allgemeines

Das durch §§ 283 ff. StGB geschützte **Rechtsgut** ist die etwaige **Insolvenzmasse**, die vor unwirtschaftlicher Verringerung, Verheimlichung und ungerechter Verteilung zum Nachteil der **Gläubigergesamtheit** (vgl. § 1 InsO) bewahrt werden soll; dahinter stehen auch der **Schutz etwaiger Arbeitnehmer** des Täters sowie überindividueller Interessen mit Blick auf das **gesamtwirtschaftliche System** (BeckOK-StGB/*Beukelmann*, § 283 Rn. 1). Insbesondere soll die gemeinschaftliche

Befriedigung der geldwerten Ansprüche der Gläubiger gegen den Schuldner gesichert werden (BGHSt 55, 107, 115).

Bei den §§ 283 ff. StGB handelt es sich nach überwiegender Ansicht um **abstrakte Gefährdungsdelikte** (Lackner/Kühl/*Heger*, § 283 Rn. 1; diff. LK/*Tiedemann*, § 283 Rn. 2 ff.), da es nicht zu einem Schaden oder einer konkreten Gefährdung für das betreffende Vermögen kommen muss.

Wie § 15a Abs. 4 InsO sind auch die Bankrott-Tatbestände abgesehen von § 283d StGB allesamt **Sonderdelikte** (MüKo-StGB/*Petermann/Sackreuther*, Vor §§ 283 ff. Rn. 35 ff.). Eine Beschränkung auf Unternehmensinsolvenzen gibt es nicht. Auch Verbraucher kommen im Falle einer Insolvenz grundsätzlich als Täter in Betracht (BGHSt 55, 107 m.Anm. *Bosch*, JA 2011, 151; BGH NJW 2001, 1874) – allerdings nicht bei den Buchführungsdelikten (§ 283 Abs. 1 Nr. 5 bis 7 StGB), da sie nicht zur Buchführung verpflichtet sind. Eine deutliche Einschränkung der möglichen Strafbarkeit von Verbrauchern folgt aus der objektiven Bedingung der Strafbarkeit nach §§ 283 Abs. 6, 283b Abs. 3, 283c Abs. 3, 283d Abs. 4 StGB (vgl. BeckOK-StGB/*Beukelmann*, § 283 Rn. 92). Ein weiteres gemeinsames Merkmal ist das Handeln im Rahmen einer Krise (Ausnahme: § 283b StGB); bei Überwindung der Krise entfällt die Strafbarkeit (BGHSt 28, 231, 233), was indes nachhaltige Sanierung voraussetzt (BGH NJW 2002, 515, 518).

In systematischer Hinsicht sind die §§ 283 ff. StGB in **bestandsbezogene und informationsbezogene Tatbestände** zu unterteilen. Bei bestandsbezogenen Tatbeständen wird infolge der Tathandlung der Vermögensbestand vermindert. Hierzu zählen § 283 Abs. 1 Nr. 1 Var. 1, 3, Nr. 2 Var. 1, 2, Nr. 3 und Nr. 8 Var. 1, auch i. V. m. Abs. 2, § 283c und § 283d StGB mit Ausnahme der Tatmodalität des Verheimlichens. Bei informationsbezogenen Tatbeständen werden die Möglichkeiten zur Information über den Vermögensgegenstand verschlechtert. Hierzu zählen § 283 Abs. 1 Nr. 1 Var. 2, Nr. 4 bis 7, Nr. 8 Var. 2 und 3, auch i. V. m. Abs. 2, § 283b und § 283d StGB in der Tatmodalität des Verheimlichens (*Wittig*, Wirtschaftsstrafrecht, § 23 Rn. 11).

Darüber hinaus ist **§ 283b StGB** als **nicht-krisenbezogenes Insolvenzdelikt** von den übrigen – krisenbezogenen – Insolvenzdelikten zu unterscheiden (vgl. MüKo-StGB/*Petermann/Sackreuther*, Vor § 283 ff. Rn. 45 ff.).

II. Bankrott, §§ 283, 283a StGB

Die zentrale Vorschrift der Insolvenzdelikte stellt § 283 StGB dar.

1. Systematik

§ 283 StGB enthält verschiedene Bankrott-Tatbestände. „Bankrott" ist im allgemeinen Sprachgebrauch ein Synonym für die Insolvenz oder zumindest Zahlungsunfähigkeit des Schuldners, vergleichbar zum stärker umgangssprachlich gefärbten Begriff der „Pleite".

D. Bankrottdelikte, §§ 283 ff. StGB

Abs. 1 stellt die vorsätzliche Begehung der in Nr. 1 bis 8 aufgeführten Tathandlungen durch den Schuldner **in einer Krise** – bei Überschuldung oder bei drohender oder eingetretener Zahlungsunfähigkeit – unter Strafe.

Nr. 1 bis 3 erfassen dabei Handlungen, die die Aktiva des Vermögens mindern. Die Tathandlung der Nr. 4 erhöht die Verbindlichkeiten oder täuscht dies vor. Nr. 5 bis 7 erfassen diverse Verletzungen von Buchführungs- und Bilanzierungspflichten, die die Gefahr begründen, dass der Überblick über das Vermögen erschwert oder verunmöglicht wird. Nr. 8 enthält einen Auffangtatbestand.

Abs. 2 pönalisiert das vorsätzliche **Herbeiführen der Krise** – Überschuldung oder Zahlungsunfähigkeit – durch eine der in Abs. 1 genannten Verhaltensweisen.

Abs. 3 normiert die Strafbarkeit des **Versuchs**.

Abs. 4 und 5 sehen für diverse Konstellationen die Strafbarkeit auch **fahrlässigen bzw. leichtfertigen Handelns** vor.

Abs. 6 statuiert für alle Fälle des Bankrotts das Erfordernis der Zahlungseinstellung durch den Täter, der Eröffnung des Insolvenzverfahrens über sein Vermögen oder der Abweisung eines entsprechenden Antrags mangels Masse als **objektive Bedingung der Strafbarkeit**.

§ 283a StGB als Strafzumessungsregel normiert den besonders schweren Fall des Bankrotts.

2. Prüfungsaufbau: § 283 Abs. 1 StGB

I. Tatbestand
  1. Objektiver Tatbestand
     a) Täterqualität: Schuldner
     b) Bestehende Krise: Überschuldung oder drohende bzw. eingetretene Zahlungsunfähigkeit
     c) Bankrotthandlung der Nr. 1–8
  2. Subjektiver Tatbestand: Vorsatz
  3. Objektive Bedingung der Strafbarkeit, Abs. 6
     a) Zahlungseinstellung, Eröffnung des Insolvenzverfahrens oder Antragsablehnung mangels Masse
     b) Im Zusammenhang mit der Bankrotthandlung
II. Rechtswidrigkeit, Schuld
III. Strafzumessung: ggf. besonders schwerer Fall i. S. d. § 283a StGB

Beachte: Mögliche Fahrlässigkeitsstrafbarkeit gemäß Abs. 4 Nr. 1 sowie für Abs. 1 Nr. 2, 5, 7 gemäß Abs. 5 Nr. 1

3. Prüfungsaufbau: § 283 Abs. 2 StGB

I. Tatbestand
  1. Objektiver Tatbestand
     a) Täterqualität: Schuldner
     b) Bankrotthandlung i. S. d. Abs. 1 Nr. 1–8
     c) Überschuldung oder drohende bzw. eingetretene Zahlungsunfähigkeit

d) Kausalität zwischen b und c: *Herbeiführung* der Krise durch Bankrotthandlung
2. Subjektiver Tatbestand: Vorsatz
3. Objektive Bedingung der Strafbarkeit, Abs. 6
   a) Zahlungseinstellung, Eröffnung des Insolvenzverfahrens oder Antragsablehnung mangels Masse
   b) Im Zusammenhang mit der Bankrotthandlung
II. Rechtswidrigkeit, Schuld
III. Strafzumessung: ggf. besonders schwerer Fall i. S. d. § 283a StGB

Beachte: Mögliche Leichtfertigkeitsstrafbarkeit gemäß Abs. 4 Nr. 2 sowie für Abs. 2 i. V. m. Abs. 1 Nr. 2, 5, 7 gemäß Abs. 5 Nr. 2

4. Täterqualität: Schuldner

Schuldner und damit tauglicher Täter ist, wer für die Erfüllung von Verbindlichkeiten haftet und die Zwangsvollstreckung dulden muss. Dies können sowohl natürliche als auch juristische Personen sein. Dass nur der Schuldner Täter sein kann, ergibt sich aus § 283 Abs. 6 StGB (BGH NStZ 2009, 437, 438). Auf die Kaufmannseigenschaft kommt es dabei nicht an (BGH NStZ 2001, 1874, 1875). Allerdings setzen einige der Tatbestände – § 283 Abs. 1 Nr. 5, 7 StGB – voraus, dass dem Täter bestimmte Buchführungspflichten obliegen, die nur Kaufleute treffen (NK-StGB/ *Kindhäuser*, Vor §§ 283 ff. Rn. 39).

Bei der Schuldnereigenschaft handelt es sich um ein besonderes persönliches Merkmal i. S. d. § 28 Abs. 1 StGB (BGHSt 58, 115, 118).

> **Beispiel (nach BGHSt 55, 107)[1]**
> A nahm bei der Landesbank Sachsen (Sachsen LB) einen Kredit in Höhe von circa 200 Mio. DM auf. Um den Darlehensrückzahlungsanspruch abzusichern, verpfändete A ein ihm gehörendes Aktiendepot der MobilCom-AG an die Landesbank. Das Darlehen wurde valutiert. In der folgenden Zeit machte A von der ihm eingeräumten Möglichkeit der Zwischenanlage in Aktien der MobilCom-AG Gebrauch, um deren Kurs zu stützen. Allerdings fiel der Kurs der Aktie immer mehr, sodass die Sachsen LB und A eine neue Vereinbarung über die zu stellenden Sicherheiten trafen, infolge derer A der Bank eine Grundschuld über 19,5 Mio. EUR bestellte. Da die Sicherheiten jedoch nicht ausreichten, forderte die Sachsen LB den A wiederholt unter Androhung der fristlosen Kündigung auf, weitere Sicherheiten zu gewähren. Da A dieser Aufforderung nicht nachkam, erklärte die Bank ihm mit Schreiben vom 19.3.2002 die fristlose Kündigung des Darlehensvertrages, stellte das Darlehen zur Zahlung fällig und kündigte die Verwertung von Sicherheiten und

---

[1] http://juris.bundesgerichtshof.de/cgi-bin/rechtsprechung/document.py?Gericht=bgh&Art=en&Datum=2010-4&nr=52415&pos=3&anz=298, zuletzt abgerufen am 16.12.2021.

D. Bankrottdelikte, §§ 283 ff. StGB

die Einleitung von Zwangsvollstreckungsmaßnahmen an. Nach Erlass eines Mahnbescheids erhob die Sachsen LB am 19.09.2002 beim LG Flensburg Klage auf Zahlung von 20 Mio. EUR.

Daraufhin wies A am 24.09.2002 die I-Bank an, von seinem bei ihr geführten Konto 500.000 EUR sowie am 02.10.2002 weitere 240.000 EUR auf sein Konto bei der Liechtensteiner VP Bank Vaduz zu transferieren. In der Folgezeit versuchte die Sachsen LB ohne Erfolg, auf dieses Konto zuzugreifen.

Am 11.02.2003 stellte A beim Amtsgericht einen Eigeninsolvenzantrag, den er mit drohender Zahlungsunfähigkeit begründete. Am 02.03.2003 wurde das Insolvenzverfahren über sein Vermögen eröffnet.

Da § 283 Abs. 1 StGB auch Privat- bzw. Verbraucherinsolvenzen umfasst (BGH NStZ 2001, 485), kommt A als Bankrott-Täter in Betracht. Gleichwohl hat der BGH die Strafbarkeit des A wegen Bankrotts mangels tauglicher Tathandlung verneint. § 283 StGB zielt auf den Schutz der etwaigen Insolvenzmasse vor unwirtschaftlicher Verringerung zum Nachteil der Gläubigergesamtheit. Da die bloße Überweisung von Geld auf ein anderes – eigenes – Konto dessen rechtliche Zuordnung nicht tangiert, ist das Rechtsgut nicht verletzt. Ein Beiseiteschaffen i. S. d. § 283 Abs. 1 Nr. 1 StGB liegt somit nicht vor (s. dazu *Bosch*, JA 2011, 152).

Wenngleich auch natürliche Personen als Schuldner i. S. d. § 283 StGB in Betracht kommen, handelt es sich i. d. R. doch um juristische Personen (MüKo-StGB/*Petermann/Sackreuther*, Vor §§ 283 ff. Rn. 54). Mangels Verbandsstrafbarkeit (s. § 15) können diese nicht unmittelbar zur Verantwortung gezogen werden; vielmehr findet eine Zurechnung über § 14 StGB (s. § 2 G) statt. Die Strafbarkeit trifft mithin etwa die Mitglieder des Vertretungsorgans der juristischen Person (§ 14 Abs. 1 Nr. 1 StGB), bei Personengesellschaften die vertretungsberechtigten Gesellschafter (§ 14 Abs. 1 Nr. 2 StGB), bestimmte Beauftragte (§ 14 Abs. 2 StGB) oder auch den faktischen Geschäftsführer (§ 14 Abs. 3 StGB; s. zum Ganzen den Beispielsfall unter § 2 G. II.).

In diesem Zusammenhang kann auch die Abgrenzung der Insolvenzdelikte von der Untreue nach § 266 StGB relevant werden. Denn nur, wenn jemand gerade als Organ bzw. aufgrund eines Auftrags handelt, kommt eine Zurechnung der Schuldnereigenschaft über § 14 StGB und damit eine Strafbarkeit nach §§ 283 ff. StGB in Betracht (MüKo-StGB/*Petermann/Sackreuther* Vor §§ 283 ff. Rn. 53).

Die Anwendung des § 14 StGB hängt davon ab, ob der Vertreter im Geschäftskreis des Vertretenen und nicht nur „bei Gelegenheit" tätig geworden ist (Zurechnungsmodell, BGHSt 57, 229, 237 u.Verw. auf BT-Drs 14/8998, 8; BGH NStZ 2009, 437, 439; 2013, 284, 285; zur früheren Rspr. *Wittig*, Wirtschaftsstrafrecht, § 23 Rn. 29 ff.). Differenziert wird dabei im Falle rechtsgeschäftlichen Handelns danach, ob den Vertretenen die Rechtswirkungen des Geschäfts unmittelbar treffen bzw. der Vertretene sich zur Erfüllung seiner außerstrafrechtlichen Pflichten eines Vertreters bedient. Im Falle rein tatsächlichen Handelns ist entscheidend, ob der Vertretene zugestimmt hat.

5. Krise des Unternehmens

Der Begriff der Krise ist als **Überschuldung**, **drohende** oder **eingetretene Zahlungsunfähigkeit** legaldefiniert (s. o. D. I., II. 1.).

6. Tathandlungen

a. Beiseiteschaffen von Vermögensbestandteilen (Abs. 1 Nr. 1)

§ 283 Abs. 1 Nr. 1 StGB erfasst die Gefährdung des Gläubigerzugriffs durch rechtliche oder tatsächliche Verfügungen.

Vermögensbestandteile, die im Falle der Eröffnung des Insolvenzverfahrens zur Insolvenzmasse gehören, sind gem. § 35 Abs. 1 InsO unabhängig von etwaigen Rechten Dritter alle geldwerten Sachen, Forderungen und sonstigen Rechte, die dem Schuldner zur Zeit der Eröffnung gehören und die er im Verlauf des Verfahrens erlangt (BGH NJW 1954, 164; *Fischer*, § 283 Rn. 3a). Nicht zur Insolvenzmasse hingegen gehören gemäß § 36 Abs. 1 S. 1 InsO Gegenstände, die nicht der Zwangsvollstreckung unterliegen, sowie aussonderungsfähige Gegenstände i. S. d. § 47 Abs. 1 S. 1 InsO.

Ein **Beiseiteschaffen** liegt vor, wenn die Vermögensgegenstände dem Zugriff des Gläubigers entzogen sind oder der – tatsächliche oder rechtliche – Zugriff wesentlich erschwert ist (BGHSt 55, 107, 113; BGH NStZ 2016, 604). Wird im Austausch ein Äquivalent erlangt, eine fällige Forderung getilgt oder der angemessene Lebensbedarf gedeckt, ist kein Beiseiteschaffen anzunehmen (*Fischer*, § 283 Rn. 4b). Dies ist etwa der Fall, wenn eine Veräußerung oder Belastung im Rahmen des ordentlichen Geschäftsverkehrs dem Vermögen des Handelnden alsbald einen greifbaren Gegenwert einbringt; die Voraussetzung des Agierens „entgegen den Regeln einer ordnungsgemäßen Wirtschaft" bezieht sich auch auf die beiden ersten Tatmodalitäten (BGHSt 34, 310).

> **Beispiel**
> So kann der Tatbestand des § 283 Abs. 1 Nr. 1 StGB erfüllt sein, wenn zweckgebundene Gelder zur Begleichung anderer Verbindlichkeiten genutzt (BGHSt 30, 127, 129) oder ausländische Grundstücke zugunsten Dritter erworben werden. Denn in diesen Fällen fließt dem Vermögen des Handelnden kein Gegenwert zu. Ebenso tatbestandlich sein können sonstige Anlagen von Geld zugunsten Dritter ohne zureichenden Grund (RGSt 29, 413) sowie die Steuerung eingehender Gelder auf Fremdkonten, über die der Handelnde nicht selbst verfügen kann (BGHSt 34, 309: Konto einer Freundin). Eine Überweisung auf ein – eigenes – ausländisches Konto ist nur tatbestandsmäßig, wenn einem Insolvenzverwalter erhebliche Schwierigkeiten entstehen, auf den Geldbetrag in angemessener Zeit zuzugreifen (BGHSt 55, 107, 113 ff.; s. u. 4). Die Veräußerung von Gegenständen unterfällt dem Tatbestand, wenn die Gegenleistung nicht dem Wert der Sache entspricht; ebenfalls erfasst ist die unentgeltliche Übertragung eines Miteigentumsanteils auf einen Nichtgläubiger in Begünstigungsabsicht (NK-StGB/*Kindhäuser*, § 283 Rn. 22 m. w. N.).

Fraglich ist, ob die Tatmodalität des Beiseiteschaffens auch durch **Unterlassen** erfüllt werden kann. Dies kann etwa dann angenommen werden, wenn ein Dritter vom Schuldner nicht daran gehindert wird, über dessen Vermögen zu verfügen. Die Garantenstellung ergibt sich dabei aus allgemeinen Grundsätzen – etwa aus Ingerenz, wenn der Schuldner einem Dritten zuvor pflichtwidrig die Beiseiteschaffung von geschütztem Vermögen ermöglicht hat (MüKo-StGB/*Petermann/Sackreuther*, § 283 Rn. 12; Schönke/Schröder/*Heine/Schuster*, § 283 Rn. 4).

b. Unwirtschaftliche Ausgaben (Abs. 1 Nr. 2)
§ 283 Abs. 1 Nr. 2 StGB erfasst in **Var. 1** bestimmte **Risikogeschäfte**, die den Grundsätzen einer ordnungsgemäßen Wirtschaft widersprechen.

Verlustgeschäfte sind solche, die bereits nach einer Vorauskalkulation von Ausgaben und Einnahmen zu einer Vermögensminderung führen (Lackner/Kühl/*Heger*, § 283 Rn. 12). **Spekulationsgeschäfte** zeichnen sich durch schwer kalkulierbare Verlustrisiken bei gleichzeitig potenziell hohen Gewinnen aus (BT-Drs. 7/3441, 35; Momsen/Grützner/*Rotsch/Wagner*, Hdb Wirtschafts- und Steuerstrafrecht, § 28 Rn. 171).

> **Hinweis**
>
> Beispiele für Spekulationsgeschäfte sind etwa die Beteiligung an einem unseriös finanzierten Unternehmen oder die Zahlung hoher Schmiergelder ohne berechtigte Hoffnung auf ein gewinnbringendes Geschäft (LK/*Tiedemann*, § 283 Rn. 57 m. w. N.). ◄

Differenzgeschäfte mit Waren oder Wertpapieren sind Geschäfte, bei denen es dem Handelnden nicht auf die Lieferung, sondern auf die Zahlung der Differenz zwischen An- und Verkauf ankommt. Nicht darunter fallen Börsentermingeschäfte. Devisengeschäfte werden nur erfasst, wenn mit Bargeld gehandelt wird, das eine Ware darstellt (BT-Drs. 7/5291, 18).

Den Tatbestand des § 283 Abs. 1 Nr. 2 Var. 1 StGB erfüllen solche Geschäfte nur in dem Rahmen, in dem sie nicht mehr den **Anforderungen einer ordnungsgemäßen Wirtschaft** entsprechen. Dies ist einzelfallabhängig zu bestimmen und etwa dann nicht anzunehmen, wenn sich der Schuldner berechtigterweise gewinnbringende Anschlussgeschäfte verspricht (Schönke/Schröder/*Heine/Schuster*, § 283 Rn. 12). Art. 103 Abs. 2 GG verlangt dabei restriktive Auslegung: Die wirtschaftliche Sinnlosigkeit muss eindeutig sein.

> **Hinweis**
>
> Dies ist etwa bei von vorneherein aussichtslosen Sanierungsbemühungen oder Luxusanschaffungen der Fall. ◄

In **Var. 2** erfasst § 283 Abs. 1 Nr. 2 StGB den Verbrauch oder das Schuldigwerden übermäßiger Beträge durch unwirtschaftliche Ausgaben, Spiele oder Wetten. **Übermäßige Beträge** liegen vor, wenn die Vermögensverhältnisse des Schuldners zur Zeit der Tat überschritten werden (BT-Drs. 7/5291, 18). **Ausgaben** sind **unwirtschaftlich**, wenn sie wirtschaftlichen Zwecken in keiner Weise dienen oder außer Verhältnis zum erzielbaren Erfolg stehen (Maurach/Schröder/Maiwald/ Hoyer/Momsen, § 48 Rn. 23).

Ausgaben sind dabei in einem weiteren Sinne als jede vermögensmindernde Verfügung zu verstehen (NK-StGB/*Kindhäuser*, § 283 Rn. 36).

Die Begriffe **Spiel** und **Wette** entsprechen jenen des § 762 BGB. Hier kommt es nicht auf die Anforderungen einer ordnungsgemäßen Wirtschaft an (s. dazu Momsen/Grützner/*Rotsch*/*Wagner*, Hdb Wirtschafts- und Steuerstrafrecht, § 28 Rn. 178).

c. Schleuderverkauf (Abs. 1 Nr. 3)

Der Tatbestand des § 283 Abs. 1 Nr. 3 StGB besteht aus zwei Handlungsteilen. Zunächst beschafft sich der Täter Waren oder Wertpapiere – oder die aus ihnen hergestellten Sachen – auf Kredit, die er dann erheblich unter ihrem Wert in einer den Anforderungen einer ordnungsgemäßen Wirtschaft widersprechenden Weise veräußert oder sonst abgibt. Diese Tathandlungen sind unter Umständen schon durch Abs. 1 Nr. 1 bzw. Nr. 2 erfasst.

Unter die Nr. 3 fällt auch das Verschleudern von Waren, die unter Eigentumsvorbehalt erworben wurden (Maurach/Schröder/Maiwald/Hoyer/Momsen, § 48 Rn. 24).

Problematisch bei Nr. 3 sind außerdem Verlustgeschäfte infolge einer Mischkalkulation. Bei der Mischkalkulation handelt es sich um eine (durchaus übliche) Form der Preiskalkulation bspw. im Zusammenhang mit Sonderangeboten, bei denen nur kleine Gewinne, zum Teil sogar Verluste in Kauf genommen werden, allerdings zeitgleich mit entsprechend höheren Gewinnen bezüglich anderer Produkte gerechnet wird *(Schuster/Preuß*, JA 2016, 36, 40). Sofern die Veräußerung erheblich unter dem Wert der Ware erfolgte, kommt eine Strafbarkeit wegen § 283 Abs. 1 Nr. 3 StGB in Betracht (*Schuster/Preuß*, JA 2016, 36, 40).

d. Fiktion der Rechte anderer (Abs. 1 Nr. 4)

§ 283 Abs. 1 Nr. 4 StGB stellt das **Vortäuschen von Rechten anderer** oder das **Anerkennen erdichteter Rechte anderer** unter Strafe. Erfasst wird damit die künstliche Vergrößerung der Passiva mit Blick auf fremde Rechte jedweder – auch dinglicher – Art. Hintergrund ist auch hier, dass der Schuldner es ansonsten in der Hand hätte, die Insolvenzmasse willkürlich zugunsten Einzelner zu vermindern, bspw. um Gefälligkeiten zu erweisen, um dafür in der Zukunft Gegenleistungen zu erlangen.

Vortäuschen in diesem Sinne bedeutet, dass der Handelnde sich gegenüber Dritten auf ein nicht oder nicht in dieser Form existierendes Recht eines anderen beruft (Schönke/Schröder/*Heine/Schuster*, § 283 Rn. 25). Ein nicht existentes Recht erkennt an, wer sein Bestehen in Übereinstimmung mit dem Scheingläubiger bestätigt.

Hinweis

Unter Nr. 4 fallen etwa sachlich unbegründete, rückwirkende Gehaltserhöhungen. ◄

e. Buchdelikte (Abs. 1 Nr. 5 bis 7)

§ 283 Abs. 1 Nr. 5 StGB pönalisiert das Unterlassen der Führung von Handelsbüchern, zu deren Führung der Handelnde gesetzlich verpflichtet ist (Var. 1), sowie eine Führung oder Veränderung von Handelsbüchern, durch die die Übersicht über den Vermögensgegenstand erschwert wird (Var. 2). In der Sache geht es um Verstöße gegen den Grundsatz der **Bilanzklarheit**.

Um ein **echtes Unterlassen** i. S. d. Abs. 5 Var. 1 handelt es sich, sofern jegliche Buchführung unterbleibt. Sofern sie nur teilweise unterlassen wurde, handelt es sich um ein Erschweren der Übersicht i. S. d. Abs. 5 Var. 2 (NK-StGB/*Kindhäuser*, § 283 Rn. 60, 64).

§ 283 Abs. 1 Nr. 6 StGB erfasst das Beiseiteschaffen, Verheimlichen, Zerstören und Beschädigen von Handelsbüchern oder sonstigen Unterlagen vor Ablauf der gesetzlichen Aufbewahrungsfrist (vgl. §§ 257 ff. HGB). Auch hier ist erforderlich, dass die Übersicht über das Vermögen erschwert wird.

Dies gilt – im Unterschied zu § 283b StGB – auch dann, wenn der Schuldner nicht nach §§ 238 ff. HGB buchführungspflichtig ist.

Nach § 283 Abs. 1 Nr. 7a StGB macht sich strafbar, wer unter Missachtung handelsrechtlicher Vorschriften Bilanzen so aufstellt, dass die **Übersicht über den Vermögensgegenstand erschwert** wird. Etwaige Falschbewertungen sind jedoch erst erfasst, wenn diese willkürlich und nicht mehr vertretbar sind. Tatbestandsmäßig sind etwa das Eintragen nicht vorhandener Aktiva, das Weglassen bestehender Passiva oder das Vermischen von Bilanzposten (NK-StGB/*Kindhäuser*, § 283 Rn. 83 m. w. N.).

§ 283 Abs. 1 Nr. 7b StGB erfasst die **Nichtaufstellung der Vermögensbilanz oder des Inventars** innerhalb der handelsrechtlich vorgeschriebenen Zeit (vgl. § 264 Abs. 1 S. 3, 4 HGB: grundsätzlich drei Monate, für kleine Kapitalgesellschaften maximal sechs Monate nach Ende des Geschäftsjahres; die Einstufung als kleine, mittlere oder große Kapitalgesellschaft wird anhand verschiedener Kriterien wie z. B. Arbeitnehmerzahl und Bilanzsumme ermittelt).

Nr. 7a und Nr. 7b stellen auch über den generellen Charakter der Bankrott-Tatbestände als solche (s. o. I.) hinaus **Sonderdelikte** dar: Nur Kaufleute kommen als Täter in Betracht. Da Bilanzen und Inventare Teil der allgemeinen Buchführung sind, handelt es sich um Spezialfälle der Nr. 5 (Maurach/Schröder/Maiwald/Hoyer/Momsen, § 48 Rn. 28 m. w. N.).

Anders als Nr. 7a ist Nr. 7b ein **echtes Unterlassungsdelikt**. Auch hier gilt, dass dem Täter die Führung der Handelsbücher nicht (z. B. fachlich oder finanziell) unmöglich sein darf.

f. Grob unwirtschaftliche Handlungen (Abs. 1 Nr. 8)

§ 283 Abs. 1 Nr. 8 StGB stellt eine Generalklausel mit unklarem Anwendungsbereich dar. Sie dient als Auffangtatbestand (krit. Momsen/Grützner/*Rotsch*/*Wagner*, Hdb Wirtschafts- und Steuerstrafrecht, § 28 Rn. 238), um Strafbarkeitslücken zu vermeiden. Die erfassten Tathandlungen müssen jenen der Nr. 1 bis 7 in ihrem Unrechtsgehalt vergleichbar sein.

Sowohl die Verringerung des Vermögensgegenstandes als auch die Verheimlichung oder Verschleierung der wirklichen geschäftlichen Verhältnisse müssen den Anforderungen einer ordnungsgemäßen Wirtschaft grob widersprechen, also wirtschaftlich unter allen Umständen unvertretbar sein (Momsen/Grützner/*Rotsch*/*Wagner*, Hdb Wirtschafts- und Steuerstrafrecht, § 28 Rn. 239).

Ein Anwendungsfall des § 283 Abs. 1 Nr. 8 StGB sind Fälle der sogenannten **Firmenbestattung**.

Beispiel: BGH NStZ 2013, 284[2] m.Anm. *Wegner*, GWR 2013, 169
A, der faktische Geschäftsführer einer GmbH und weiterer Gesellschaften, entschied sich dazu, diese durch einen sog. Firmenbestatter verdeckt liquidieren zu lassen. Das hierzu beauftragte Unternehmen sollte dabei die Forderungen der Gläubiger nicht mehr erfüllen. Zudem sollten Strohmänner eingesetzt werden, an die die Geschäftsanteile für einen Euro verkauft und übertragen und die zudem auf dem Papier als Geschäftsführer eingesetzt werden sollten. Vor der Übertragung der Anteile wurden teilweise Geschäftsunterlagen vernichtet oder versteckt, damit weder die Gläubiger noch ein potenzieller Insolvenzverwalter Zugriff darauf haben würden.
Um diese Vorgänge zu verschleiern, wurde der Übertragungsvorgang an ausländische Strohmänner, die dafür ebenfalls Einmalzahlung i. H. v. 1000 EUR erhielten, wiederholt. Weitergeführt wurde das Unternehmen von einem von A beauftragten Nachfolgeunternehmen. Unter anderem wurden auch nach der Anteilsübereignung von A die Tankkarten der Unternehmen in betrügerischer Absicht weiter eingesetzt, um für die Nachfolgeunternehmen illegale Tanklager anzulegen. In einigen Fällen wurden von den eingesetzten Geschäftsführern auch Geldbeträge von den Konten der bereits veräußerten Gesellschaft abgehoben und an A weitergeleitet.
Durch das teilweise Vernichten und Verstecken der Geschäftsunterlagen ist der Tatbestand des § 283 Abs. 1 Nr. 6 StGB erfüllt. Bezüglich der Nr. 8 stellte der BGH fest, dass das Übertragen der Unternehmen auf einen zur Fortführung des Geschäfts ungeeigneten und unwilligen Strohmann den Tatbestand des Verschleierns der wirklichen geschäftlichen Verhältnisse i. S. v. § 283 Abs. 1 Nr. 8 Alt. 2 StGB verwirkliche. Das Merkmal der „geschäftlichen Verhältnisse" sei unter Berücksichtigung der Gläubigerinteressen so auszulegen, dass nicht nur Vermögensverhältnisse, sondern auch grundlegende unternehmerische Gesichtspunkte, namentlich Investitionsvorhaben, Planungsmaßnahmen und die zukünftige Entwicklung des Unternehmens erfasst seien. Über letztere seien die Gläubiger im konkreten Fall getäuscht worden, da durch den Übertragungsvorgang verschleiert worden sei, dass die Unternehmen tatsächlich liquidiert wurden.

---

[2] http://juris.bundesgerichtshof.de/cgi-bin/rechtsprechung/document.py?Gericht=bgh&Art=en&nr=63360&pos=0&anz=1, zuletzt abgerufen am 16.12.2021.

7. Vorsatz und Fahrlässigkeit (Abs. 4, 5)

§ 283 Abs. 1 und 2 StGB setzen voraus, dass der Täter sowohl bezüglich der Bankrotthandlung als auch bezüglich des Bestehens oder des Herbeiführens der Krise **vorsätzlich** agiert.

§ 283 Abs. 4 StGB stellt – mit geringerer Strafdrohung – auch die Kombination von Vorsatz bezüglich der Bankrotthandlung und Fahrlässigkeit bezüglich einer bestehenden Krise (**Abs. 4 Nr. 1**) bzw. Leichtfertigkeit bezüglich der Herbeiführung einer solchen (**Abs. 4 Nr. 2**) unter Strafe.

Während sich Taten i. S. d. Abs. 4 Nr. 1 im Ganzen als Fahrlässigkeitsdelikte darstellen, an denen keine Teilnahme möglich ist, normiert Abs. 4 Nr. 2 eine Vorsatz-Leichtfertigkeitskombination, die gemäß § 11 Abs. 2 StGB als Vorsatztat anzusehen und mithin teilnahmefähige Haupttat ist (MüKo-StGB/*Petermann/Sackreuther*, § 283 Rn. 78 ff.).

8. Objektive Bedingung der Strafbarkeit (Abs. 6)

Strafbarkeitsvoraussetzung ist weiterhin das Vorliegen der **objektiven Bedingung der Strafbarkeit, Abs. 6**. Der Handelnde muss seine Zahlungen eingestellt haben (eine vorübergehende Zahlungsstockung genügt nicht), über sein Vermögen muss das Insolvenzverfahren eröffnet worden oder der Eröffnungsantrag mangels Masse abgewiesen worden sein (§§ 26, 27 InsO). Hierauf muss sich der Vorsatz des Täters nicht beziehen.

9. Strafzumessung: besonders schwerer Fall, § 283a StGB

§ 283a StGB erhöht die Strafdrohung für **besonders schwere Fälle** des Bankrotts. Die Annahme eines solchen begründet nach § 283a S. 2 Nr. 1 StGB ein **Handeln aus Gewinnsucht**. Dieses soll vorliegen, wenn die Betätigung des Erwerbssinns in einem ungewöhnlichen, ungesunden und sittlich anstößigen Maß erfolgt (BGHSt 1, 388, 389). Die wissentlich verursachte **Gefahr des Verlusts anvertrauter Vermögenswerte vieler Personen** i. S. d. § 283a S. 2 Nr. 2 StGB muss konkret sein. Viele Personen sind ab einer Anzahl von zehn anzunehmen (*Fischer*, § 283a Rn. 3 m. w. N.). Zum Begriff der **wirtschaftlichen Not** s. § 4 A.VI.

III. Verletzung der Buchführungspflicht, § 283b StGB

§ 283b StGB erfasst über die Grenzen des § 283 StGB hinaus Verletzungen der Buchführungspflicht in Form eines Auffangtatbestandes. Es handelt sich nach überwiegender Ansicht um ein **abstraktes Gefährdungsdelikt** (*Wittig*, Wirtschaftsstrafrecht, § 23 Rn. 136) sowie um ein **Sonderdelikt**: Auch hier kommt als Täter nur in Betracht, wer Schuldner und zugleich buchführungs- und bilanzpflichtiger Kaufmann ist. Sofern Buchführungspflichten eine juristische Person treffen, ist eine Zurechnung über § 14 StGB denkbar.

Der entscheidende Unterschied zu § 283 StGB liegt darin, dass § 283b StGB **kein Handeln in der Krise** voraussetzt. Denn die falsche Buchführung erschwert es gerade, mögliche Krisensituationen rechtzeitig zu erkennen und begründet dadurch bereits als solche eine abstrakte Gefahr der Schädigung des Unternehmens und der Gläubiger. Im Einzelnen entsprechen die Tathandlungen jenen des § 283 Abs. 1 Nr. 5 bis 7 StGB.

Gemäß §§ 283b Abs. 3 i. V. m. 283 Abs. 6 StGB ist allerdings auch hier im Sinne einer objektiven Bedingung der Strafbarkeit erforderlich, dass der Täter seine Zahlungen eingestellt hat bzw. über sein Vermögen das Insolvenzverfahren eröffnet oder der Antrag auf dessen Eröffnung mangels Masse abgewiesen worden ist.

Bedeutung kann § 283b StGB im Verhältnis zu § 283 StGB auch entfalten, wenn ein Schuldner zwar objektiv in der Krise agiert, diese aber subjektiv ohne Vorsatz oder Fahrlässigkeit nicht erkennt und auch nicht vorsätzlich oder leichtfertig herbeigeführt hat (vgl. *Wittig*, Wirtschaftsstrafrecht, § 23 Rn. 137).

IV. Gläubigerbegünstigung, § 283c StGB

§ 283c StGB stellt es unter Strafe, in Kenntnis seiner Zahlungsunfähigkeit einem Gläubiger eine Sicherheit oder Befriedigung zu gewähren, die dieser nicht oder nicht in der Art zu der Zeit zu beanspruchen hat, und ihn dadurch zumindest wissentlich vor den übrigen Gläubigern zu begünstigen.

Dies stellt im Verhältnis zu § 283 Abs. 1 Nr. 1 StGB eine **Privilegierung** dar, da trotz Verminderung der Insolvenzmasse wenigstens an einen Gläubiger geleistet und so lediglich das Prinzip der gleichmäßigen Verteilung des Vermögens in der Insolvenz verletzt wird (BGHSt 8, 55, 56; 34, 221, 224 f.; 35, 357; MüKo-StGB/*Petermann/Hofmann*, § 283c Rn. 2).

Tauglicher Täter ist nach überwiegender Ansicht auch hier nur der Schuldner (**Sonderdelikt**). Der Begünstigte muss dessen Gläubiger sein – unabhängig davon, ob seine Gläubigerstellung vor oder nach Eintritt der Zahlungsunfähigkeit erworben wurde (BGHSt 35, 357; a. A. *Vormbaum*, GA 1981, 101, 107). Nicht erfasst ist hingegen der Fall, dass der Schuldner gleichzeitig Gläubiger ist und an sich selbst leistet (BGHSt 34, 221, 226).

Umstritten ist, ob auch Gesellschafter, Organe und Vertreter des Schuldners, die einen vermögensrechtlichen Anspruch gegen die Insolvenzmasse haben, als Gläubiger gelten, da ihnen die Schuldnereigenschaft gemäß § 14 StGB zugerechnet wird (gegen die Gläubigerstellung BGHSt 34, 221, 226; a. A. für Organe und Vertreter Lackner/Kühl/*Heger*, § 283c Rn. 2 m. w. N.). Mit Blick auf das auch hier geltende Telos der Privilegierung, nämlich den Umstand, dass die Leistung der – wenn auch insolvenzrechtlichen Vorgaben zuwiderlaufenden – Gläubigerbefriedigung dient, sollte auch diesem Personenkreis die Eigenschaft als Gläubiger i. S. d. § 283c nicht generell abgesprochen werden (s. auch Maurach/Schröder/Maiwald/Hoyer/Momsen, § 48 Rn. 37).

Tathandlung ist das Gewähren einer inkongruenten Deckung auf bestehende Ansprüche. Der Schuldner muss dem Gläubiger also eine Befriedigung oder Sicherheit gewähren, auf die er im Zeitpunkt der Tat keinen fälligen Anspruch hatte.

Eine **inkongruente Deckung** liegt vor, wenn geleistet wird, obwohl der Gläubiger nach zivilrechtlichen Maßstäben keinen fälligen und einredefreien schuldrechtlichen Anspruch auf die betreffende Sicherheit oder Befriedigung hat.

Sicherheiten sind rechtliche oder tatsächliche Positionen, die es einem Gläubiger ermöglichen, früher, leichter, besser oder sicherer wegen seiner Forderung befriedigt zu werden (RGSt 30, 261, 262). Ein **Gewähren** kann nur unter Mitwirkung des Gläubigers stattfinden (RGSt 29, 413, 414; Lackner/Kühl/*Heger*, § 283c Rn. 8).

Erforderlich ist auch hier das Vorliegen einer **Krise**. Da als Tathandlung strafbar ist, auf bestehende Ansprüche eine inkongruente Deckung zu gewähren, ist der **Begriff** der Krise **enger** gefasst als in § 283 StGB: Erforderlich ist, dass der Insolvenzschuldner **zahlungsunfähig** ist und hiervon Kenntnis hat.

Auch hier muss gemäß § 283c Abs. 3 StGB die objektive Bedingung der Strafbarkeit aus § 283 Abs. 6 StGB erfüllt sein.

V. Schuldnerbegünstigung, §283d StGB

Die Tathandlung des § 283d StGB entspricht der Bankrotthandlung des § 283 Abs. 1 Nr. 1 StGB. Auch hier müssen die tatbestandsmäßigen Handlungen im Rahmen einer – enger als in § 283 StGB definierten – Krise vorgenommen werden, nämlich in Kenntnis der eingetretenen Zahlungsunfähigkeit (Nr. 1) oder nach Zahlungseinstellung, in einem Insolvenzverfahren oder im Verfahren zur Herbeiführung der Entscheidung über dessen Eröffnung (Nr. 2).

Anders als im Fall des § 283 Abs. 1 Nr. 1 StGB schafft der Täter hier allerdings nicht Bestandteile seines eigenen Vermögens, sondern solche eines fremden Vermögens beiseite. Erforderlich ist weiter, dass er mit Einwilligung des Vermögensinhabers (objektives Tatbestandsmerkmal, MüKo-StGB/*Petermann/Hofmann*, § 283d Rn. 10 f.) oder zu dessen Gunsten agiert.

Anders als §§ 283 bis 283c StGB ist § 283d StGB kein Sonderdelikt; Täter kann jedermann sein (*Fischer*, § 283d Rn. 2). Der Schuldner allerdings kommt hier allenfalls als Teilnehmer in Betracht, wobei die Möglichkeit einer täterschaftlichen Verwirklichung des § 283 Abs. 1 Nr. 1 StGB nicht aus dem Blick geraten sollte (vgl. NK-StGB/*Kindhäuser*, § 283d Rn. 10).

In subjektiver Hinsicht muss der Handelnde die dem anderen drohende Zahlungsunfähigkeit sicher kennen (Nr. 1) bzw. dessen Zahlungseinstellung, ein laufendes Insolvenzverfahren oder Verfahren zur Herbeiführung der Entscheidung über dessen Eröffnung (Nr. 2) zumindest billigend für möglich halten.

§ 283d Abs. 4 StGB statuiert eine **objektive Bedingung der Strafbarkeit**, die jener des § 283 Abs. 6 StGB entspricht.

E. Vorenthalten und Veruntreuen von Arbeitsentgelt, § 266a StGB

I. Überblick

§ 266a StGB ist ein **Sonderdelikt**, dessen Verwirklichung die Stellung als Arbeitgeber voraussetzt. Diese ist ein besonderes persönliches Merkmal i. S. d. § 28 Abs. 1 StGB. Eine gewisse Erweiterung des Täterkreises bewirkt Abs. 5.

Die **Schutzrichtung** der einzelnen Tatbestände der Abs. 1 bis 3 ist **nicht einheitlich**. Abs. 1 und 2 schützen das Interesse der Solidargemeinschaft an der Sicherstellung des **Aufkommens der Sozialversicherungsmittel** (BGH NStZ 2010, 216) in Gestalt des Gesamtsozialversicherungsbeitrags. Dessen Zusammensetzung aus Arbeitnehmer- und Arbeitgeberanteilen bilden Abs. 1 und Abs. 2 nach: Abs. 1 pönalisiert die Nichtabführung von Arbeitnehmeranteilen, Abs. 2 hat die Vorenthaltung von Arbeitgeberanteilen zum Gegenstand. Abs. 3 schützt das **Individualvermögen betroffener Arbeitnehmer** (vgl. BeckOK-StGB/*Wittig*, § 266a Rn. 2 m. w. N.; s. a. Maurach/Schröder/Maiwald/Hoyer/Momsen, § 45 Rn. 67 m. w. N.).

Als „Zentralnorm des Arbeitgeberstrafrechts" (NK-WiStR/*Fuchs*, § 266a StGB Rn. 1) genießt § 266a StGB erhebliche wirtschaftsstrafrechtliche Bedeutung.

II. Prüfungsaufbau

I. Tatbestand
1. Objektiver Tatbestand
   a. Täterqualität: Arbeitgeber (beachte § 14 StGB) oder gleichgestellte Person (Abs. 5)
   b. Tathandlung:
      aa. Vorenthalten von Arbeitnehmerbeiträgen zur Sozialversicherung (Abs. 1) *oder*
      bb. Vorenthalten von Arbeitgeberbeiträgen zur Sozialversicherung *durch*
         (a) unrichtige oder unvollständige Angaben über sozialversicherungserhebliche Tatsachen (Abs. 2 Nr. 1) *oder*
         (b) pflichtwidriges Verschweigen sozialversicherungserheblicher Tatsachen (Abs. 2 Nr. 2) *oder*
      cc. Nichtabführen sonstiger einbehaltener Arbeitnehmerbeiträge ohne Unterrichtung des Arbeitnehmers (Abs. 3)
2. Subjektiver Tatbestand: Vorsatz
II. Rechtswidrigkeit
III. Schuld
IV. In Fällen der Abs. 1 und 2: Regelbeispiele (Abs. 4)
V. Fakultative (Abs. 6 S. 1) bzw. obligatorische Straffreiheit (Abs. 6 S. 2)

III. Die Tatbestandsmerkmale im Einzelnen

1. Arbeitsverhältnis

Sämtliche Tatbestände der Abs. 1 bis 3 setzen die Arbeitgebereigenschaft eines möglichen Täters voraus. Deren Vorliegen korrespondiert eng mit dem Bestehen eines Arbeitsverhältnisses zwischen dem potenziellen Täter und solchen Personen, bezüglich derer ihm eine der Tathandlungen aus Abs. 1 bis 3 vorgeworfen wird. Sie ist nach Maßgabe des Sozialversicherungsrechts (vgl. § 7 Abs. 1 SGB IV) und durch wertende Gesamtbetrachtung der tatsächlichen Umstände zu beurteilen (BGH

NJW 2014, 1975, 1976; NStZ 2013, 587; 2016, 348; Lackner/Kühl/*Heger*, § 266a Rn. 3): (In welchem Ausmaß) Ist der potenzielle Arbeitnehmer weisungsgebunden? Wer entscheidet, ob und wann er tätig wird? Wie ist die Entlohnung ausgestaltet? Wer trägt unternehmerische Risiken?[3] **Arbeitgeber** ist demnach derjenige, dem ein Arbeitnehmer nichtselbständige Dienste gegen Entgelt leistet und zu dem er in einem Verhältnis persönlicher Abhängigkeit steht, wobei im Rahmen einer abwägenden Gesamtbetrachtung besondere Bedeutung dem Weisungsrecht sowie der Eingliederung in den Betrieb des Arbeitgebers zukommt (BGH NStZ 2020, 163, 165; 2015, 648; ausführlich zur Rspr. *Bürger*, wistra 2016, 169).

Von zentraler Bedeutung ist in diesem Zusammenhang **§ 14 StGB**, der im häufigen Fall der Anstellung von Arbeitnehmern bei einer juristischen Person die Anwendung des § 266a StGB auf natürliche Personen in leitender Funktion ermöglicht (vgl. *Wittig*, Wirtschaftsstrafrecht, § 22 Rn. 12 ff.).

Beispiel
Die durch den Alleingeschäftsführer B geleitete A-Spedition GmbH & Co. KG beschäftigt zahlreiche weisungsgebundene, persönlich abhängige Angestellte. Als sich ein unvorhersehbarer Liquiditätsengpass einstellt, wird entschieden, die Abführung von Sozialversicherungsbeiträgen vorerst auszusetzen.

Das Sonderdelikt des § 266a Abs. 1, 2 StGB setzt als erstes Tatbestandsmerkmal strafbarkeitsbegründend die Stellung als Arbeitgeber voraus. Diese hat die A-Spedition GmbH & Co. KG als Personengesellschaft inne. Eine etwaige Anwendung des § 266a StGB auf natürliche Personen richtet sich nach § 14 StGB. Da die GmbH & Co. KG als Kommanditgesellschaft i. S. d. §§ 161 ff. HGB eine Personengesellschaft ist, erlegt § 14 Abs. 1 Nr. 2 StGB die strafrechtliche Verantwortlichkeit den vertretungsberechtigten Gesellschaftern der A-Spedition GmbH & Co. KG auf. Zur Vertretung einer KG befugt sind nach §§ 125 Abs. 1, 161 Abs. 2, 164 S. 1 HGB deren Komplementäre.

Komplementärin der A-Spedition GmbH & Co. KG ist mit der beteiligten GmbH wiederum eine juristische Person. Für die GmbH als Kapitalgesellschaft gilt § 14 Abs. 1 Nr. 1 StGB. Dieser ermöglicht die Anwendung des § 266a StGB, der als besondere persönliche Eigenschaft die Stellung als Arbeitgeber voraussetzt, auf die Mitglieder des vertretungsberechtigten Organs der GmbH.

Zur Vertretung der GmbH befugt ist nach § 35 Abs. 1 S. 1 GmbHG der B als Alleingeschäftsführer. Auf diesen ist § 266a StGB somit nach § 14 Abs. 1 StGB[4] anwendbar.

Ob B sich durch die Nichtabführung der Beiträge in der Unternehmenskrise nach § 266a Abs. 1 bzw. Abs. 2 StGB strafbar macht, richtet sich nach den Umständen des Einzelfalls (s. u. 2.).

---

[3] Zum Ganzen ausführlich am Beispiel von „Busfahrern ohne eigenen Bus" *Kudlich*, ZIS 2011, 482, 484 ff.
[4] Zur (doppelten) Anwendung des § 14 StGB auf die GmbH & Co. KG s. auch MüKo-StGB/*Radtke*, § 14 Rn. 80.

In welche Rechtsform die Beteiligten ihr Verhältnis kleiden, ist nicht entscheidend. Dies ist in der Praxis insbesondere mit Blick auf Fälle von **Scheinselbständigkeit** bedeutsam, in denen Arbeitskräfte formal als selbständig beschäftigt werden, sich nach faktischer Betrachtung allerdings als Arbeitnehmer herausstellen (vgl. *Wittig*, Wirtschaftsstrafrecht, § 22 Rn. 10).

Bei zulässiger **Arbeitnehmerüberlassung** bleibt der Verleiher Arbeitgeber. Bei nach § 9 AÜG unwirksamer Arbeitnehmerüberlassung fingiert § 10 Abs. 1 S. 1 AÜG hingegen ein Arbeitsverhältnis zwischen Arbeitnehmer und Entleiher. Sofern allerdings der Verleiher in dieser Konstellation zumindest Teile des Arbeitsentgelts an den Arbeitnehmer leistet, erlegen ihm §§ 10 Abs. 3 S. 1 AÜG, 28e Abs. 2 S. 3 SGB IV auch die Abführung darauf entfallender Beiträge auf; nach § 28 Abs. 2 S. 4 HS 1 SGB IV gilt er insoweit als Arbeitgeber. Verleiher und Entleiher haften dann gemäß §§ 10 Abs. 3 S. 2 AÜG, 28e Abs. 2 S. 4 HS 2 SGB IV gesamtschuldnerisch für die Beitragsabführung. In diesem Fall kommen somit sowohl Ver- als auch Entleiher als (einzelfallabhängig: Mit- oder Neben-)Täter des § 266a StGB in Betracht (MüKo-StGB/*Radtke*, § 266a Rn. 17).

2. Vorenthalten von Arbeitnehmerbeiträgen, Abs. 1

Den untreueähnlichen Tatbestand des Abs. 1 verwirklicht, wer als Arbeitgeber oder als nach Abs. 5 gleichgestellte Person der Einzugsstelle Arbeitnehmerbeiträge zur Sozialversicherung vorenthält. Ausdrücklich irrelevant ist dabei ebenso wie für die Frage der Beitragspflicht, ob das geschuldete Arbeitsentgelt, auf das die Sozialversicherungsbeiträge anfallen, tatsächlich gezahlt wird.[5]

Tauglicher Tatgegenstand des Abs. 1 sind Sozialversicherungsbeiträge des Arbeit*nehmers*. Als für den Gesamtsozialversicherungsbeitrag **zuständige Einzugsstelle** bestimmt § 28i S. 1 SGB IV im Grundsatz die Krankenkasse des jeweiligen Arbeitnehmers.

Beiträge **enthält vor**, wer sie bei Fälligkeit ganz oder teilweise nicht abführt (MüKo-StGB/*Radtke*, § 266a Rn. 49; Schönke/Schröder/*Perron*, § 266a Rn. 9). Fälligkeit tritt gemäß § 23 Abs. 1 S. 2 SGB IV spätestens am drittletzten Bankarbeitstag[6] des Monats ein, in dem die das Arbeitsentgelt begründende Beschäftigung erfolgt. Werden **Teilleistungen** ohne Tilgungsbestimmung erbracht, sind sie anteilig auf offene Arbeitnehmer- und Arbeitgeberanteile anzurechnen (vgl. § 7 RV-BZV; BGH NJW 1998, 1484; anders noch BGH NStZ 1990, 587). Daraus folgt, dass allein die vollständige Beitragszahlung nicht unter Abs. 1 fällt, da in jedem anderen Fall ein Anteil nicht abgeführter Arbeitnehmerbeiträge verbleibt (Lackner/

---

[5] Die früher sogenannte *Lohnpflichttheorie* ist seit 2002 (Gesetz zur Erleichterung der Bekämpfung von illegaler Beschäftigung und Schwarzarbeit v. 23.07.2002, BGBl. I, 2787) Teil des § 266a Abs. 1 StGB: „[…] unabhängig davon, ob Arbeitsentgelt gezahlt wird […]"; s. dazu *Ignor/Rixen*, NStZ 2002, 510, 512.

[6] Bankarbeitstag ist jeder Tag, an dem Banken üblicherweise geöffnet sind und Akkreditivhandlungen vornehmen, vgl. BeckOGK/*Damar*, ERA Art. 2 Rn. 6. Im Unterschied zum Begriff des Werktags sind Samstage hiervon regelmäßig nicht umfasst.

Kühl/*Heger*, § 266a Rn. 6). Mit Nichtentrichtung der Beiträge im Fälligkeitszeitpunkt ist das Delikt vollendet. Nachträgliche Zahlungen können dem keinen Abbruch tun, sondern allenfalls unter den Voraussetzungen des Abs. 6 zu Straffreiheit führen (s. u. VI.).

Als **echtes Unterlassungsdelikt** setzt Abs. 1 voraus, dass die Erfüllung der Beitragspflicht dem Arbeitgeber rechtlich und tatsächlich **möglich** sowie **zumutbar** ist (anschaulich BGHSt 47, 318, 319 f.).

Ist der Arbeitgeber im Fälligkeitszeitpunkt **zahlungsunfähig**, schließt die daraus folgende **tatsächliche Unmöglichkeit** der Beitragsleistung seine Strafbarkeit nach Abs. 1 grundsätzlich aus. Die Zahlungsunfähigkeit muss umfassend sein. Kann der Arbeitgeber zwar nicht alle, aber doch einen Teil seiner Verbindlichkeiten erfüllen, ist den Beiträgen der Arbeitnehmer zur Sozialversicherung grundsätzlich Vorrang einzuräumen (BGHSt 47, 318, 320 ff.). Dies gilt bis zur Stellung eines Insolvenzantrags (BGHSt 48, 307; näher BeckOK-StGB/*Wittig*, § 266a Rn. 20 ff.), verlangt dem Arbeitgeber jedoch keine anderweitig rechtswidrigen oder die Zahlungsunfähigkeit nur verzögernden Maßnahmen ab (Schönke/Schröder/*Perron*, § 266a Rn. 10 m. w. N.).

Hat der Arbeitgeber seine **Zahlungsunfähigkeit vorwerfbar herbeigeführt**, entlastet sie ihn nach BGHSt 47, 318 nicht: Entsprechend den allgemeinen Grundsätzen der *omissio libera in causa* fällt ihm der selbstverschuldete Verlust seiner Fähigkeit, die gebotene Handlung vorzunehmen, ebenso zur Last wie deren Nichtvornahme einem Handlungsfähigen (BGHSt 47, 318; zur *omissio libera in causa* s. Schönke/Schröder/*Bosch*, Vor §§ 13 ff. Rn. 144.). Dies setzt voraus, dass der Arbeitgeber im Fälligkeitszeitpunkt leistungsunfähig ist, nachdem er trotz objektiv erkennbarer Anzeichen für einen Liquiditätsengpass keine Sicherungsvorkehrungen wie Rücklagen oder einen Liquiditätsplan getroffen hat, obwohl diese möglich gewesen wären. In subjektiver Hinsicht ist wenigstens bedingter Vorsatz erforderlich: Der Arbeitgeber muss die Anzeichen des Liquiditätsengpasses erkennen und billigend in Kauf nehmen, dass das Unterlassen von Sicherungsbemühungen später die Beitragszahlung verunmöglichen kann (BGHSt 47, 318, 323; nicht ausreichend sind bloße Zweifel an der späteren Zahlungsfähigkeit, s. BeckOK-StGB/*Wittig*, § 266a Rn. 31.2; zum Ganzen krit. SSW-StGB/*Saliger*, § 266a Rn. 22).

Beispiel
War die A-Spedition GmbH & Co. KG in obigem Fall (s. 1.) aus tatsächlichen Gründen vollständig zahlungsunfähig, scheidet eine Strafbarkeit des B aufgrund der Unmöglichkeit pflichtgemäßen Verhaltens auch unter Berücksichtigung der Grundsätze der *omissio libera in causa* aus, da die Krise objektiv unvorhersehbar war.

Bei **illegalen Beschäftigungsverhältnissen** wirkt Unmöglichkeit regelmäßig nicht tatbestandsausschließend, da das Vorenthalten hier nicht in einem schlichten

Nichtzahlen besteht, sondern Folge einer aktiven Tathandlung des Abs. 2 ist (BGH NJW 2011, 3047).

Insbesondere in der praxisrelevanten Konstellation der Nichtabführung von Sozialversicherungsbeiträgen in der **unternehmerischen Krise** stellt sich die Frage der rechtlichen Unmöglichkeit. Bei Zahlungsunfähigkeit oder Überschuldung (§§ 17 ff. InsO) einer juristischen Person ist gemäß **§ 15a Abs. 1 InsO** innerhalb von drei Wochen die Eröffnung des Insolvenzverfahrens zu beantragen (s. o. C. III.). Zugleich verbietet **§ 64 S. 1 GmbHG** der Geschäftsführung einer GmbH – ebenso wie **§ 92 Abs. 2 S. 1 AktG** dem AG-Vorstand – im Fall der Zahlungsunfähigkeit oder Überschuldung der Gesellschaft die Erbringung weiterer Zahlungen (s. zu OHG und KG auch §§ 130a Abs. 1 S. 1, Abs. 2 S. 1, 177a S. 1 HGB). Hieraus folgt nach Auffassung der Rechtsprechung indes **keine rechtliche Unmöglichkeit**, sondern lediglich ein auf den Rahmen der Insolvenzantragsfrist, während derer die Sanierungsfähigkeit der Gesellschaft zu prüfen ist, begrenzter **temporärer Rechtfertigungsgrund** (BGHSt 48, 307, 310 f.; a. A. SSW-StGB/*Saliger*, § 266a Rn. 23 m. w. N.).

Die Rechtsprechung räumt der von § 266a StGB gestützten Pflicht zur Abführung der Sozialversicherungsbeiträge damit eine **weitreichende Vorrangstellung** gegenüber den dargestellten – schadensersatzbewehrten – zivilrechtlichen Pflichten der aufseiten des Arbeitgebers Vertretungsberechtigten ein (krit. MüKo-StGB/*Radtke*, § 266a Rn. 70 ff.; s. a. Momsen/Grützner/*Rotsch*/Wagner, Hdb Wirtschafts- und Steuerstrafrecht, § 28 Rn. 332 m. w. N.). Für ebenso nachrangig wird die Frage erachtet, ob Beitragszahlungen in einem folgenden Insolvenzverfahren nach §§ 129 ff. InsO anfechtbar sind (BGH NStZ 2006, 223).

Beispiel
Sah sich die A-Spedition GmbH & Co. KG im obigen Fall (s. 1.) der Zahlungsunfähigkeit nach § 17 Abs. 2 S. 1 InsO ausgesetzt, war sie aber gleichwohl noch zur Abführung von Sozialversicherungsbeiträgen in der Lage, rechtfertigt der Grundsatz der Massesicherung deren Nichtentrichtung lediglich innerhalb der dreiwöchigen Frist des § 15a Abs. 1, 2 InsO. Beantragt B nicht fristgemäß die Eröffnung des Insolvenzverfahrens, entfällt der Rechtfertigungsgrund.

Insbesondere, wenn die Beitragsabführung zwar möglich ist, aber die Existenz des Unternehmens gefährdet, wird teils erwogen, die Handlungspflicht wegen **Unzumutbarkeit** auf Tatbestandsebene einzuschränken.[7] Indes ist der Anwendungsbereich solcher Erwägungen auf Tatbestands- ebenso wie auf Rechtfertigungsebene

---

[7] LK/*Möhrenschlager*, § 266a Rn. 64 m. w. N.; mit Blick auf die Einschränkung durch Abs. 6 enger Schönke/Schröder/*Perron*, § 266a Rn. 10 a. E.: Unzumutbarkeit als Ausschlussgrund auf Tatbestandsebene im Wesentlichen nur bei Gefährdung höchstpersönlicher Rechtsgüter des Pflichtigen oder ihm nahestehender Personen; für eine stärkere Gewichtung des „Zumutbarkeitsprinzips" als Einschränkung der Vorrangrechtsprechung SSW-StGB/*Saliger*, § 266a Rn. 22.

(s. u. IV.) von vornherein begrenzt. Denn gerade für Fälle, in denen Zumutbarkeitserwägungen naheliegen, statuiert Abs. 6 konkrete Voraussetzungen möglicher Straffreiheit (s. u. VI.; Momsen/Grützner/*Momsen*, Hdb Wirtschafts- und Steuerstrafrecht, § 4 Rn. 33).

Auch ein etwaiges **Einverständnis des Arbeitnehmers** – naheliegend insb. im Zusammenhang mit Schwarzlohnabreden (s. u. V.) steht der Strafbarkeit des Arbeitgebers nicht entgegen. Denn der einzelne Arbeitnehmer ist nicht befugt, über das Allgemeinrechtsgut des Aufkommens der Sozialversicherungsmittel zu disponieren. Anders ein **Einverständnis der Einzugsstelle** mit späterer Zahlung: Dieses verschiebt die Fälligkeit anfallender Beiträge und wirkt damit für den betreffenden Zeitraum tatbestandsausschließend (BeckOK-StGB/*Wittig*, § 266a Rn. 41).

3. Vorenthalten von Arbeitgeberbeiträgen, Abs. 2

Den betrugsähnlichen Abs. 2 verwirklicht, wer als Arbeitgeber oder als nach Abs. 5 gleichgestellte Person der Einzugsstelle (s. 2.) über sozialversicherungsrechtlich relevante Tatsachen – durch aktives Tun – unrichtige oder unvollständige Angaben macht (Nr. 1) *oder* sie – durch Unterlassen – pflichtwidrig über solche Tatsachen in Unkenntnis lässt (Nr. 2) *und* dadurch Arbeit*geber*beiträge vorenthält. Auch hier ist nicht entscheidend, ob das beitragspflichtige Arbeitsentgelt tatsächlich gezahlt wird. Strukturell angelehnt ist die Norm an § 370 Abs. 1 Nr. 1, 2 AO (BT-Drs. 15/2573, 28).

Der Begriff der **Tatsachen** entspricht jenem der §§ 263 ff. StGB (s. § 4 A. III. 1.). **Sozialversicherungsrechtlich relevant** sind Tatsachen, die Grund oder Höhe der zu entrichtenden Sozialversicherungsbeiträge beeinflussen können. Als Beispiel dienten im Gesetzgebungsverfahren Angaben zu Zahl und Lohnhöhe beschäftigter Arbeitnehmer (BT-Drs. 15/2573, 28). Indiziell herangezogen werden können die Meldepflichtkataloge der § 28a Abs. 3 SGB IV, § 5 DEÜV (Schönke/Schröder/*Perron*, § 266a Rn. 11c; MüKo-StGB/*Radtke*, § 266a Rn. 82; LK/*Möhrenschlager*, § 266a Rn. 69 nennt weiter § 28f Abs. 1, 3 SGB IV). Angaben sind **unrichtig**, wenn sie von dem tatsächlichen Sachverhalt, den sie betreffen, abweichen. Sie sind **unvollständig**, wenn sie den Anschein von Vollständigkeit erwecken, diesem aber in wesentlicher Hinsicht nicht gerecht werden (vgl. zu § 264 StGB § 4 B. II.; Lackner/Kühl/*Heger*, § 266a Rn. 12).

In Unkenntnis lässt die Einzugsstelle, wer sie über mitteilungspflichtige Tatsachen nicht oder nicht rechtzeitig informiert, wobei sich die die Strafbarkeit wegen Unterlassens tragende Handlungspflicht – hier: die Mitteilungspflicht – aus § 28a SGB IV, § 5 DEÜV ableiten lässt (BeckOK-StGB/*Wittig*, § 266a Rn. 26; vgl. auch MüKo-StGB/*Radtke*, § 266a Rn. 82).

Vorenthalten sind Beiträge auch hier, soweit sie bei Fälligkeit nicht entrichtet sind (s. u. 2.). Der notwendige Zusammenhang zwischen unrichtiger, unvollständiger oder unterbliebener Mitteilung und Beitragsvorenthaltung ist nach Ansicht des BGH nicht zwingend strikt kausaler, sondern vielmehr *funktionaler* Natur (so in Anlehnung an die Rechtsprechung zu § 370 Abs. 1 AO BGH NJW 2011, 3047; a. A. *Wittig*, Wirtschaftsstrafrecht, § 22 Rn. 42). Gegenüber der Annahme, dass der Zusammenhang bestehe, sobald Beiträge im auf die unrichtige, unvollständige oder unterbliebene Mitteilung folgenden Fälligkeitszeitraum nicht erbracht sind, ist kritischen Stimmen beizutreten: Der so verstandene vorgebliche Zusammenhang erschöpft sich in schlicht kumulativem Vorliegen von tatbestandlicher Handlung bzw. Unterlassen und Taterfolg (MüKo-StGB/*Radtke*, § 266a Rn. 83 m. w. N.; *Wittig*, HRRS 2012, 63, 65). Dem Wortlaut, der ausdrücklich eine weitergehende Verknüpfung verlangt, wird dies schwerlich gerecht.

Auch hier kann ein etwaiges Einverständnis der Einzugsstelle tatbestandsausschließend wirken (s. u. 2.).

4. Nichtmitteilung unterlassener Abführung sonstiger Teile des Arbeitsentgelts, Abs. 3

Das echte Unterlassungsdelikt des Abs. 3 S. 1 verwirklicht, wer als Arbeitgeber oder nach Abs. 5 gleichgestellte Person Teile des Arbeitsentgelts, die er für den Arbeitnehmer an einen anderen zu zahlen hat, zwar dem gegenüber dem Arbeitnehmer einbehält, aber nicht an den anderen zahlt, ohne den Arbeitnehmer rechtzeitig darüber zu unterrichten.

Die Verpflichtung des Arbeitgebers, **Teile des Arbeitsentgelts** für den Arbeitnehmer an einen Dritten zu leisten, kann privat- oder öffentlich-rechtlicher Natur sein und neben vereinbarten Einzahlungen auf verschiedene Anlageformen u. a. auch aus einer Abtretung von Entgeltansprüchen durch den Arbeitnehmer oder einer Pfändung seiner Bezüge resultieren (vgl. BeckOK-StGB/*Wittig*, § 266a Rn. 29; m. w. Bsp. LK/*Möhrenschlager*, § 266a Rn. 73). Entscheidend ist, dass in Betracht kommende Leistungen, die der Arbeitgeber an den Dritten erbringen muss, von seiner grundsätzlichen Pflicht zur Entgeltzahlung an den Arbeitnehmer *abgeleitet* sind: *Eigene* Beitragspflichten des Arbeitgebers sind ungeachtet dessen, ob sie Interessen des Arbeitnehmers fördern, *nicht* erfasst (BGH NStZ-RR 2017, 214).

Ebenso entzogen sind dem Zugriff des Abs. 3 S. 1 nach dessen Wortlaut – „sonst", also außerhalb des Anwendungsbereichs von Abs. 1 und 2 – Arbeitnehmerbeiträge zur Sozialversicherung i. S. d. Abs. 1. Zugunsten des Steuerstrafrechts nimmt Abs. 3 S. 2 ferner als Lohnsteuer einbehaltene Anteile aus.

Als **einbehalten** sind Teile des Arbeitsentgelts anzusehen, wenn sie dem Arbeitnehmer nicht ausbezahlt werden (vgl. Schönke/Schröder/*Perron*, § 266a Rn. 13). Dies kommt nach verbreiteter Ansicht nur in Betracht, wenn für den betroffenen Zeitraum zumindest teilweise Arbeitsentgelt gezahlt wird. Dafür spricht, dass ein gänzliches Ausbleiben der an den Arbeitnehmer zu entrichtenden Entgeltzahlung dessen berechtigtem Vertrauen auf die Zahlung der an Dritte zu leistenden Anteile die Grundlage entziehen kann. Dann bleibt kein Raum mehr für die Pflicht des Arbeitgebers zur rechtzeitigen Mitteilung an den Arbeitnehmer, dass nicht an den Dritten geleistet wurde (MüKo-StGB/*Radtke*, § 266a Rn. 85 f. m. w. N.). Deren Verletzung aber statuiert Abs. 3 als weiteres Tatbestandsmerkmal, in dem nach Ansicht des Gesetzgebers der entscheidende Unrechtsgehalt des Abs. 3 S. 1 begründet liegt.[8] Andererseits sind Konstellationen denkbar, in denen der Arbeitgeber das gesamte Arbeitsentgelt an einen Dritten entrichtet, der seinerseits adäquate Leistungen an

---
[8] BT-Drs. 10/318, 29: „Hierin liegt der Kern des strafbaren Unrechts, welches im Grenzbereich zwischen den Tatbeständen der Untreue und des Betruges angesiedelt ist."; vgl. Schönke/Schröder/*Perron*, § 266a Rn. 14 m. w. N.

den Arbeitnehmer erbringt. In diesem Fall käme einem bestimmten (Nicht-) Zahlungsverhalten nicht notwendig vertrauensbildende oder -mindernde Wirkung zu (so NK-StGB/*Tag*, § 266a Rn. 115 ff., auch näher zum Hintergrund der Diskussion).

Gegenstand der **Mitteilungspflicht** des Arbeitgebers ist, dass er die Arbeitsentgeltanteile nicht an den Dritten zahlt. Sie ist **verletzt**, wenn der Arbeitgeber den Arbeitnehmer nicht spätestens im Zeitpunkt der Fälligkeit oder unverzüglich danach (vgl. § 121 Abs. 1 S. 1 BGB) über die unterbliebene Zahlung unterrichtet. Die zugrundeliegende gesetzgeberische Erwägung trägt dem Umstand Rechnung, dass das Ausbleiben der Mitteilung dem Arbeitnehmer die Möglichkeit nimmt, seinerseits rechtzeitig auf den Zahlungsausfall zu reagieren (vgl. BT-Drs. 10/318, 29).

5. Subjektiver Tatbestand

Subjektiv verlangt die Verwirklichung der Tatbestände des § 266a StGB wenigstens bedingten Vorsatz (vgl. zu Abs. 1 BGHSt 47, 318, 323). Dies gilt auch und insb. mit Blick auf die Arbeitgeberstellung und die entsprechende Pflicht zur Beitragsabführung: Der Täter muss die Wertungen des Arbeits- und Sozialrechts zumindest im Sinne einer Parallelwertung in der Laiensphäre nachvollzogen haben. Ist dies nicht der Fall, steht ein Tatumstandsirrtum i. S. d. § 16 Abs. 1 S. 1 StGB im Raum (BGHSt 64, 195; BGH NStZ-RR 2020, 110; so auch MüKo-StGB/*Radtke*, § 266a Rn. 90; ausführlich und i. Erg. krit. zur vielfach anderslautenden bisherigen Rspr. *Bürger*, wistra 2016, 169, 172 ff.).

Irrt der Täter hingegen in Kenntnis seiner Arbeitgeberstellung über die Pflicht zur Beitragsabführung als solche, greift allenfalls § 17 StGB ein.

Zu den konkreten subjektiven Anforderungen im Fall der *omissio libera in causa* s. o. 2.

Weitere subjektive Anforderungen im Sinne einer Vorteilserlangungs- oder Schädigungsabsicht statuiert § 266a StGB nicht (MüKo-StGB/*Radtke*, § 266a Rn. 89).

IV. Rechtswidrigkeit

Als temporärer Rechtfertigungsgrund ist der Rechtsprechung folgend der Grundsatz der **Massesicherung** in der Phase zwischen Zahlungsunfähigkeit oder Überschuldung und Stellung des Insolvenzantrags zu berücksichtigen, dazu s. o. 2.

Andere Rechtfertigungsgründe greifen nur selten ein. Der die Rechtsprechung prägende Grundsatz des Vorrangs der Beitragspflicht gegenüber anderweitigen Verpflichtungen lässt regelmäßig weder Raum für die an eine Interessenabwägung gebundene Annahme rechtfertigenden **Notstands** i. S. d. § 34 StGB (vgl. NK-StGB/*Tag*, § 266a Rn. 84). Gleiches gilt für eine **rechtfertigende Pflichtenkollision**, da etwaigen kollidierenden Pflichten mangels Strafbewehrung regelmäßig von vornherein die Gleichrangigkeit abgesprochen wird (BGHSt 47, 318, 321f.; vgl. BeckOK-StGB/*Wittig*, § 266a Rn. 42).

In Bezug auf Abs. 3 scheint eine Rechtfertigung ohnehin nahezu ausgeschlossen, müsste sie doch insbesondere die unterlassene Mitteilung der Nichtzahlung gegenüber dem Arbeitnehmer erfassen (vgl. Schönke/Schröder/*Perron*, § 266a Rn. 18).

V. Strafzumessung

Von zentraler Bedeutung für die Strafzumessung ist die Höhe der nicht abgeführten Beiträge. Wird Arbeitsentgelt aufgrund einer „**Schwarzlohnabrede**" zwischen Arbeitgeber und Arbeitnehmer verdeckt ausbezahlt, ist der vereinbarte Lohn in Anlehnung an § 14 Abs. 2 S. 2 SGB IV als **Nettolohn** anzusehen: Die geschuldeten und nicht abgeführten Sozialversicherungsbeiträge sind nicht als Anteil des tatsächlich vereinbarten Lohns zu ermitteln, sondern auf dessen als Nettowert verstandenen Betrag zur Ermittlung eines fiktiven Gesamtlohns aufzuschlagen (BGHSt 53, 71, 74 ff.).

Für besonders schwere Fälle der Abs. 1 und 2 erhöht Abs. 4 S. 1 die Strafdrohung; Abs. 4 S. 2 formuliert **Regelbeispiele**.

Grober Eigennutz i. S. d. Abs. 4 S. 2 Nr. 1 verlangt ein über bloße Bereicherungsabsicht hinausgehendes, besonders anstößiges Streben nach dem eigenen – mit jenem des Betriebs nicht identischen (LK/*Möhrenschlager*, § 266a Rn. 87) – Vorteil (BeckOK-StGB/*Wittig*, § 266a Rn. 57 m. w. N. und Bsp.). Zum **großen Ausmaß** s. § 4 A. VI. **Fortgesetzte Begehung** verlangt – anders als Gewerbsmäßigkeit (s. § 4 A. VI.) – die objektive Verwirklichung mindestens zweier rechtlich selbständiger Taten (SSW-StGB/*Saliger*, § 266a Rn. 33), bei denen sich der i. S. d. Abs. 4 S. 2 Nr. 2 Handelnde nachgemachter oder verfälschter Belege bedienen, sie also zur Tatverwirklichung *verwenden* muss.

Im Unterschied dazu verlangt Abs. 4 S. 2 Nr. 3 bei gleichfalls fortgesetzter Begehung lediglich, dass der Täter sich unrichtige, nachgemachte oder verfälschte Belege zur Verschleierung der tatsächlichen Beschäftigungsverhältnisse *verschafft* – und zwar von einem Dritten, der dieselben gewerbsmäßig anbietet. Hier kommen insb. Leistungsnachweise sogenannter Scheinfirmen in Betracht, die als vorgebliche Arbeitgeber, Subunternehmer o. ä. die tatsächliche Anstellung von Arbeitnehmern bei demjenigen, der sie i. S. d. Abs. 4 S. 2 Nr. 3 in Anspruch nimmt, der Sozialversicherungsbeitragslast entziehen soll.

Zum Begriff der Bande i. S. d. Abs. 4 S. 2 Nr. 4 s. § 4 A. VI., zu Befugnis- oder Stellungsmissbrauch eines mitwirkenden Amtsträgers (§ 11 Abs. 1 Nr. 2 StGB) s. § 4 B. II. 5.

VI. Fakultative bzw. obligatorische Straffreiheit, Abs. 6

Da Abs. 1 und Abs. 2 mit der Nichtzahlung der Beiträge im Fälligkeitszeitpunkt vollendet sind, tut deren nachträgliche Entrichtung der Strafbarkeit grundsätzlich keinen Abbruch. Dies ergibt sich auch aus der Regelung des Abs. 6, der in solchen

Konstellationen für die Erlangung von Straffreiheit formelle und materielle Voraussetzungen enthält. Dem entsprechen die Regelungen des Abs. 6 S. 1 und 2.

Abs. 6 S. 1 erlaubt in Fällen der Abs. 1 und 2 ein **fakultatives Absehen von Strafe**, wenn der Arbeitgeber der Einzugsstelle im Sinne einer **Selbstanzeige** bei Fälligkeit oder unverzüglich danach die Höhe der fälligen Beiträge (Nr. 1) und den Grund der Unmöglichkeit fristgemäßer Zahlung trotz ernsthafter Bemühung (Nr. 2) mitteilt. Aus dem systematischen Zusammenspiel mit Abs. 1 folgt zunächst, dass der Unmöglichkeitsbegriff der Nr. 2 keine vollständige Zahlungsunfähigkeit voraussetzen kann. Denn diese schlösse bereits die tatbestandliche Verwirklichung des Unterlassungsdelikts aus. Stattdessen soll Abs. 6 S. 1 die Straffreiheit solcher Arbeitgeber ermöglichen, die – etwa im Rahmen eines vorübergehenden Engpasses – zwar begrenzt zahlungsfähig bleiben, aber doch nicht sämtliche Verbindlichkeiten bedienen können und insbesondere zwischen der Zahlung von Nettolohn an ihre Arbeitnehmer und der Beitragszahlung an die Einzugsstelle entscheiden müssen.[9]

Nach Abs. 6 S. 2 ist die Straffreiheit in Fällen des Abs. 6 S. 1 **obligatorisch**, soweit geschuldete Beiträge innerhalb einer von der Einzugsstelle bestimmten Frist nachträglich entrichtet werden (zur dogmatischen Einordnung als Strafaufhebungsgrund, Strafausschließungsgrund, Tätige Reue u. a. s. SSW-StGB/*Saliger*, § 266a Rn. 34 m. w. N.).

Abs. 6 S. 3 dehnt den Anwendungsbereich der S. 1 und 2 auf Fälle des Abs. 3 aus.

VII. Konkurrenzen

Sind Abs. 1 und Abs. 2 handlungseinheitlich verwirklicht, liegt nur ein Fall des § 266a StGB vor (BGH wistra 2010, 408; Lackner/Kühl/*Heger*, § 266a Rn. 20). Entsteht durch die Beitragsvorenthaltung infolge aktiver Täuschung nach Abs. 2 Nr. 1 ein Vermögensschaden, können § 266a Abs. 2 und § 263 StGB in Idealkonkurrenz stehen (anders Rspr., s. BGH wistra 2007, 307, und Gesetzgeber, s. BT-Drs. 15/2573, 28; a. A. auch Schönke/Schröder/*Perron*, § 266a Rn. 28 m. w. N.). Zu § 370 AO besteht auch bei Gleichzeitigkeit Tatmehrheit.

VII. Verjährung und Prozessuales

Die Rechtsprechung knüpfte den Beginn der Verfolgungsverjährung (§ 78a StGB) mit Blick auf Abs. 1 und 2 bislang an das Erlöschen der Beitragspflicht durch Ent-

---

[9] So LK/*Möhrenschlager*, § 266a Rn. 93 f., der der Vorschrift in ihrer Anwendung auf Abs. 1 aufgrund bei Selbstanzeigen oftmals unterbleibender Strafanzeigen sowie den Diversionsmöglichkeiten der §§ 153 ff. StPO nur geringe praktische Relevanz bescheinigt und ihre Geltung auch für Abs. 2 kritisiert; in diesem Sinne auch BeckOK-StGB/*Wittig*, § 266a Rn. 43 ff.

richtung der Beiträge, ein Vorgehen der Einzugsstelle nach § 76 Abs. 2 SGB IV, den Wegfall des Schuldners oder den Eintritt sozialversicherungsrechtlicher Verjährung nach § 25 Abs. 1 SGB IV (LK/*Möhrenschlager*, § 266a Rn. 112 m. w. N.). So bewegte sich die Verfolgungsverjährung bei Vergehen nach § 266a Abs. 1, 2 StGB im Extremfall im Bereich der Fristen, die für mit lebenslanger Freiheitsstrafe bedrohte Delikte gelten. Dabei geht mit der schlicht unveränderten Nichtzahlung von Beiträgen nach Fälligkeitseintritt kein eigenständiges Unrecht gegenüber der ursprünglichen Nichtentrichtung einher. Zustimmung verdient vor diesem Hintergrund die auf einen Anfragebeschluss des Ersten Strafsenats zurückgehende Änderung der Rechtsprechung des BGH, die den Verjährungsbeginn nunmehr an den Zeitpunkt der Fälligkeit knüpft (BGH NJW 2020, 3469 m.Anm. *Klötzer-Assion*).

In prozessualer Hinsicht sind im Strafverfahren die genaue Zahl beitragspflichtig beschäftigter Arbeitnehmer, deren Beschäftigungszeiten, ihre Löhne und die daraus folgende Beitragshöhe im Grundsatz für jeden Fälligkeitszeitpunkt gesondert zu ermitteln und im Urteil darzustellen (BGH wistra 2006, 425, 426). Ist dies auf Grundlage der als Beweismittel vorliegenden Buchführung nicht möglich, kann ausnahmsweise geschätzt werden (BGH wistra 2007, 220, 221).

§ 8 Bilanzdelikte (Handels- und Gesellschaftsrecht)

Literatur
Becker/Endert, Außerbilanzielle Geschäfte, Zweckgesellschaften und Strafrecht, ZGR 2012, 699; *Theile/Meyer*, Bilanzierung nach Handels- und Steuerrecht, 31. Auflage 2021; *Bittmann*, Strafrechtliche Folgen des MoMiG, NStZ 2009, 113; *Momsen*, Einführung korruptionspräventionsbezogener Pflichten im Rahmen eines Sorgfaltspflichtengesetzes für transnationale Wertschöpfungsketten, Gutachten im Auftrag von Transparency International Deutschland e.V., 2019, https://www.transparency.de/publikationen/detail/article/einfuehrung-korruptionspraeventionsbezogener-pflichten-im-rahmen-eines-sorgfaltspflichtengesetzes-fuer/; *ders./Willumat*, Strafrechtliche Verantwortlichkeit von Unternehmen für Menschenrechtsverletzungen – Zurechnung von Verantwortung entlang von Wertschöpfungsketten, KriPoZ 2019, 323.

A. Überblick

Bilanzierung und Rechnungslegung sind in allen Unternehmensphasen von essentieller Bedeutung. In besonderer Weise gilt dies, wenn die Existenz des Unternehmens in Gefahr gerät. In dieser Situation bildet die korrekte Bilanzierung die Grundlage, um feststellen zu können, welche Maßnahmen geeignet und erforderlich sind, um die Interessen des Unternehmens und der weiteren Beteiligten (Anteilseigner, Mitarbeiter, Geschäftspartner und Gläubiger) so effektiv wie möglich zu schützen. Der strafrechtliche Schutz erstreckt sich über die durch das Insolvenzstrafrecht (siehe § 7) gewährleistete Absicherung von Bilanzierungs- und Rechnungslegungspflichten in der Krise hinaus in Gestalt des **Bilanzstrafrechts i. e. S.** auf die Absicherung von Bilanzierungs- und Rechnungslegungspflichten *außerhalb* von Unternehmenskrisen. Im Wesentlichen geht es um die (1) Sicherung eines ordnungsgemäßen Geschäftsbetriebs nach kaufmännischen Grundsätzen und um die (2) Sicherung einer hinreichenden Transparenz (Publizität) zum Geschäftsbetrieb eines Unternehmens.

Insgesamt lassen sich hierbei grundlegende und spezifische Regelungen unterscheiden: Bei wesentlichen strafrechtlichen Verstößen greifen zunächst ganz allgemein die §§ 331 ff. Handelsgesetzbuch (HGB) ein. Zum anderen gibt es eine Vielzahl spezialgesetzlicher Strafnormen (§§ 82 ff. GmbHG, §§ 399 ff. AktG, §§ 17 ff. PublG, §§ 147 ff. GenG; s. Momsen/Grützner/*Momsen/Laudien*, Hdb Wirtschafts- und Steuerstrafrecht, § 22 Rn. 20).

Die Bilanzdelikte haben im Grundsatz drei verschiedene strafrechtliche Anknüpfungspunkte. Strafbar ist zunächst – etwa gemäß § 331 Nr. 1 bis 3a HGB – die unrichtige Darstellung bzw. Verschleierung der Verhältnisse des Unternehmens. Ebenfalls erfasst sind – etwa in § 331 Nr. 4 HGB – Falschangaben gegenüber Prüfern sowie – etwa in § 332 HGB – die Verletzung der Berichtspflicht durch Prüfer oder ihre Gehilfen (Momsen/Grützner/*Momsen/Laudien*, Hdb Wirtschafts- und Steuerstrafrecht, § 22 Rn. 21 ff.).

B. Unrichtige Darstellung, § 331 HGB

§ 331 HGB stellt das unrichtige Wiedergeben oder Verschleiern der Unternehmensverhältnisse beim Aufstellen und Publizieren von Bilanzen unter Strafe.

Geschütztes Rechtsgut ist nach allgemeiner Auffassung das Vertrauen in die Richtigkeit und Vollständigkeit bestimmter Informationen über die Verhältnisse der Kapitalgesellschaft bzw. des Konzerns. Da der Tatbestand weder einen Schädigungs- noch einen konkreten Gefährdungserfolg voraussetzt, handelt es sich um ein **abstraktes Gefährdungsdelikt** (MüKo-StGB/*Leplow*, HGB § 331 Rn. 6).

I. Sonderdelikt

Sämtliche Tatbestände des § 331 HGB können durch die **Mitglieder des vertretungsberechtigten Organs einer Kapitalgesellschaft** – etwa des Vorstands einer AG, § 78 AktG – verwirklicht werden. Der Täterkreis der Nr. 1 und 2 umfasst darüber hinaus die **Mitglieder des Aufsichtsrats** einer Kapitalgesellschaft, jener der Nr. 4 die **vertretungsberechtigten Gesellschafter eines Tochterunternehmens** der Kapitalgesellschaft.

Der Kreis potentieller Täter des § 331a HGB (Unrichtige Versicherung: vormals § 331 Nr. 3a HGB; vgl. auch § 119a Wertpapierhandelsgesetz – WpHG) wird durch das Erfordernis eines Verstoßes gegen Verpflichtungen aus den dort in Bezug genommenen Normen eingeschränkt. Denn die dort normierte Pflicht zum sogenannten **Bilanzeid** trifft nur die Mitglieder des vertretungsberechtigten Organs solcher Kapitalgesellschaften, die Inlandsemittenten i. S. d. § 2 Abs. 14 WpHG sind und nicht unter § 327a HGB fallen.

> **Beispiel**
> Die A als Vorstandsmitglied der börsennotierten deutschen X-AG (Inlandsemittentin gemäß § 2 Abs. 14 Nr. 1 WpHG) kann den Tatbestand des § 331a HGB verwirklichen, indem sie den Bilanzeid i. S. d. § 264 Abs. 2 S. 3 HGB bewusst wahrheitswidrig abgibt. B als Vorstandsmitglied der *nicht* börsennotierten Y-AG hingegen ist nicht Adressat der Pflicht aus § 264 Abs. 2 S. 3 HGB und kann sie mithin auch von vornherein nicht verletzen. Er kommt als Täter des § 331a HGB *nicht* in Betracht.

Vom Kreis potentieller Täter generell miterfasst sind nach überwiegender Ansicht nicht nur Personen, die rechtswirksam mit Vertretungsmacht ausgestattet sind, sondern auch solche, die faktisch als Vertretungsberechtigte agieren (BeckOGK/*Waßmer*, HGB § 331 Rn. 125; MüKo-StGB/*Leplow*, HGB § 331 Rn. 19 ff.).

II. Tathandlungen

Die Tathandlungen der **Nr. 1** sind die unrichtige Wiedergabe und das Verschleiern der Verhältnisse der Kapitalgesellschaft in der Eröffnungsbilanz (§ 242 Abs. 1 HGB), dem Jahresabschluss (§ 242 Abs. 3 HGB) mitsamt Anhang (§ 264 Abs. 1 HGB), dem Lagebericht (§§ 289 ff. HGB) oder dem Zwischenabschluss (§ 340a Abs. 3 HGB).

Verhältnisse der Kapitalgesellschaft sind alle Tatsachen, Umstände, Vorgänge und auch Schlussfolgerungen, die für die wirtschaftliche Beurteilung der Gesellschaft von Bedeutung sein können (MüKo-StGB/*Leplow*, HGB § 331 Rn. 46).

Ihre **Wiedergabe** ist **unrichtig**, wenn die Darstellung dem Gebot der **Bilanzwahrheit** zuwiderläuft und den objektiven Gegebenheiten nicht entspricht.

> **Hinweis**
>
> Dies kann etwa aus der falschen Bewertung von Außenständen, aus der Aufnahme fremder oder der Nichtaufnahme eigener Vermögensgegenstände sowie aus der Aktivierung erst noch erwarteter Gewinne folgen. Der Tatbestand erfasst auch eine Unterbewertung der Gesellschaftsverhältnisse. ◄

Unrichtige **Bewertungen**, **Schätzungen** und **Prognosen** unterfallen dem Tatbestand, wenn sie auf einer unzutreffenden Tatsachengrundlage beruhen. Problematisch ist hingegen die Beurteilung tatsächlich gegebener Umstände bzw. Tatsachen: Die Regeln des Bilanzrechts und die Grundsätze der ordnungsgemäßen Buchführung enthalten nur wenige klare Vorgaben (vgl. § 253 Abs. 1 S. 1 HGB) zur Bewertung (relative Bilanzwahrheit).

Verschleiern meint, dass die Gesellschaftsverhältnisse zwar an sich zutreffend, einzelne Umstände aber entgegen dem Gebot der **Bilanzklarheit** so undeutlich wiedergegeben werden, dass der sachverständige Leser der Bilanz den tatsächlichen Sachverhalt nur schwer erkennt (MüKo-StGB/*Leplow*, HGB § 331 Rn. 63).

> **Hinweis**
>
> Dies kann etwa der Fall sein, wenn verschiedene Posten unter Verstoß gegen das allgemeine Verrechnungsverbot des § 246 Abs. 2 HGB zusammengebucht werden. ◄

In subjektiver Hinsicht verlangt die Nr. 1 zumindest **dolus eventualis**.

Die Tathandlung der **Nr. 1a** besteht in der Offenlegung eines Einzelabschlusses (s. §§ 315e, 325 Abs. 2a, 2b HGB), der die Verhältnisse der Kapitalgesellschaft unrichtig wiedergibt oder verschleiert (s. o.) und kann einerseits mit wenigstens bedingtem Vorsatz, andererseits aber auch **leichtfertig** verwirklicht werden. In beiden Fällen muss der Einzelabschluss offengelegt werden, um Befreiung i. S. d. § 325 Abs. 2a, 2b HGB zu erlangen (**Befreiungsabsicht**).

> **Hinweis**
>
> Leichtfertigkeit kann z. B. vorliegen, wenn ein Mitglied des Vertretungsorgans einer Kapitalgesellschaft einen durch eine andere Person erstellten Einzelabschluss i. S. d. §§ 315e, 325 Abs. 2a, 2b HGB offenlegt, ohne ihn zuvor wenigstens grob durchzusehen (vgl. MüKo-StGB/*Leplow*, HGB § 331 Rn. 41). ◄

Die Tathandlungen der **Nr. 2** stellen sich als Pendant zu jenen der Nr. 1 auf Konzernebene dar. Tatgegenstände sind dementsprechend der Konzernabschluss (§§ 290 ff. HGB), der Konzernlagebericht (§ 315 HGB), der gesonderte nichtfinanzielle Konzernbericht (vgl. § 315b Abs. 3 HGB) sowie der Konzernzwischenabschluss (§ 340i Abs. 4 HGB). Subjektiv ist wenigstens bedingter Vorsatz erforderlich.

Nr. 3 hat die vorsätzliche oder leichtfertige Offenlegung eines Konzernabschlusses oder Konzernlageberichts zum Gegenstand, der die Verhältnisse des Konzerns unrichtig wiedergibt oder verschleiert. Eine Ergänzung des Schutzes der Nr. 2 folgt daraus für Fälle, in denen die Aufstellung eines Konzernabschlusses oder Konzernlageberichts durch die Offenlegung eines ausländischen Abschlusses oder Lageberichts ersetzt werden darf (BeckOGK/*Waßmer*, HGB § 331 Rn. 224; vgl. Graf/Jäger/Wittig/*Olbermann* HGB § 331 Rn. 62 ff.).

§ **331a HGB** (vormals Nr. 3a; vgl. auch § 119a WpHG) pönalisiert den sogenannten **Bilanzmeineid**, also die Verletzung der Pflicht zur nach bestem Wissen zutreffenden Versicherung der Wahrheit von Jahresabschuss (§ 264 Abs. 2 S. 3 HGB), Lagebericht (§ 289 Abs. 1 S. 5 HGB), Konzernabschluss (§ 297 Abs. 2 S. 4 HGB) oder Konzernlagebericht (§ 315 Abs. 1 S. 5 HGB) bei bestimmten Unternehmen; Tathandlung ist hier die unrichtige Versicherung (*Wittig*, Wirtschaftsstrafrecht, § 29 Rn. 32a).

Nr. 4 stellt die unrichtige Wiedergabe und die Verschleierung der Gesellschaftsverhältnisse in Aufklärungen und Nachweisen **gegenüber dem Abschlussprüfer** (§§ 316 ff. HGB) unter Strafe.

III. Finanzielle und nichtfinanzielle Berichtspflichten

Die Pflicht zur **nichtfinanziellen Berichterstattung** (§§ 289b Abs. 1, 289c HGB) wird auch als Corporate-Social-Responsibility-Pflicht (**CSR-Pflicht**) bezeichnet. Auch Informationen nichtfinanzieller Art über eine Gesellschaft sind für Investoren zunehmend von Bedeutung. Entsprechende nichtfinanzielle, von erklärungspflichtigen Gesellschaften abzugebende Erklärungen betreffen nach § 289c Abs. 2 Nr. 1 bis 5 HGB etwa Umweltbelange (Nr. 1), Arbeitnehmer- oder Sozialbelange (Nr. 2, 3), die Achtung von Menschenrechten (Nr. 4) sowie die Bekämpfung von

Korruption und Bestechung (Nr. 5). Besondere Bedeutung hat dabei die Nachhaltigkeitsberichterstattung (*Sustainable Corporate Governance Reporting*).

Während das Unterlassen der Erklärung eine Ordnungswidrigkeit i. S. d. § 334 Abs. 1 Nr. 3, 4 HGB begründet, ist die unrichtige Darstellung oder Verschleierung wie dargestellt nach § 331 Nr. 1, 2 HGB strafbar (Momsen/Grützner/*Momsen/Laudien*, Hdb Wirtschafts- und Steuerstrafrecht, § 22 Rn. 51 ff.).

Der Inhalt der nichtfinanziellen Erklärung stellt für das Unternehmen eine Selbstverpflichtung dar, die im Rahmen von Compliance relevant wird. Auf diese Weise können durch Organisationsdefizite bedingte Menschenrechtsverletzungen über Compliance-Richtlinien strafrechtlich zugerechnet werden. Insofern kann auch über die Pflicht zur Bilanzwahrheit eine Organisations- und Überwacherpflicht abgeleitet werden. Bei der dabei erforderlichen Trennung des deutschen Unternehmens und seiner Zulieferer wurde die Einführung von Sorgfaltspflichten, deren Verstoß bußgeld- und strafbewehrt sein soll, diskutiert, gerade auch im Zusammenhang mit **Supply Chains** (Momsen/Grützner/*Momsen/Laudien*, Hdb Wirtschafts- und Steuerstrafrecht, § 22 Rn. 54 ff.). Supply-Chain-Management (SCM) meint dabei die strategische Koordinierung zwischen den Funktionen eines Geschäfts und dem Ziel der Steigerung der Leistungsfähigkeit sowohl eines Unternehmens als auch des Gesamtsystems von Lieferketten. Mit Blick auf die Praxisrelevanz arbeitsteiliger Lieferketten, u. a. bedingt durch Outsourcing, gewinnt dieser Aspekt zunehmend an Bedeutung (*Momsen*, Einführung korruptionspräventionsbezogener Pflichten im Rahmen eines Sorgfaltspflichtengesetzes für transnationale Wertschöpfungsketten, Gutachten im Auftrag von Transparency International Deutschland e.V., 2019, https://www.transparency.de/publikationen/detail/article/einfuehrung-korruptionspraeventionsbezogener-pflichten-im-rahmen-eines-sorgfaltspflichtengesetzes-fuer/; *ders./Willumat*, Strafrechtliche Verantwortlichkeit von Unternehmen für Menschenrechtsverletzungen – Zurechnung von Verantwortung entlang von Wertschöpfungsketten, KriPoZ 2019, 323). Das Gesetz über die unternehmerischen Sorgfaltspflichten in Lieferketten (Lieferkettensorgfaltspflichtengesetz – LkSG; BGBl. I 2021, S. 2959) ist zum 1. Januar 2023 in Kraft getreten. Erklärtes Ziel ist es, Menschenrechte und Umwelt in der globalen Wirtschaft besser zu schützen. Aus diesem Gesetz ergeben sich zwar keine unmittelbar strafbewehrten Pflichten (allerdings Bußgeldtatbestände), gleichwohl sind die dort aufgeführten teils dezidierten Pflichten für das Verständnis der Berichtspflicht von Bedeutung.

C. Unrichtige Darstellung, § 400 Abs. 1 Nr. 1 AktG u. a.

Der Tatbestand des § 400 Abs. 1 Nr. 1 AktG erfasst die unrichtige Wiedergabe bzw. Verschleierung der Verhältnisse der Gesellschaft in sämtlichen Darstellungen oder Übersichten über den Vermögensgegenstand sowie in Vorträgen oder Auskünften in der Hauptversammlung. Der Anwendungsbereich ist mithin weiter als der des § 331 Nr. 1, 1a HGB, hinter dem § 400 Abs. 1 Nr. 1 AktG im Wege formeller Subsidiarität zurücktritt.

Auch § 400 Abs. 1 Nr. 1 AktG ist ein **Sonderdelikt**: Mögliche Täter sind ausschließlich Mitglieder des Vorstands oder Aufsichtsrats einer AG sowie deren Abwickler. Als geschütztes Rechtsgut werden auch hier das Vertrauen in die Richtigkeit und Vollständigkeit der erfassten Informationen bzw. das Individualvermögen angesehen (BeckOGK/*Hefendehl*, AktG § 400 Rn. 2 ff.; MüKo-StGB/*Weiß*, AktG § 400 Rn. 6 ff., 1 f.).

Tatbestände, die jenem des § 400 Abs. 1 Nr. 1 AktG für andere Gesellschaftsformen entsprechen, enthalten § 82 Abs. 2 Nr. 2 GmbHG, § 147 Abs. 2 Nr. 1 GenG, § 17 Abs. 1 Nr. 1 PublG und § 313 Abs. 1 Nr. 1 UmwG.

D. Verletzung der Berichtspflicht und falsche Angaben gegenüber Prüfern

§ 332 Abs. 1 HGB, § 403 AktG, § 150 GenG, § 18 PublG, § 331 Abs. 2a VAG und § 314 UmwG stellen die Verletzung der Berichtspflicht durch die Prüfer unter Strafe. Täter können nur die genannten Prüfer und ihre Gehilfen sein, so dass es sich auch hier um **Sonderdelikte** handelt.

Geschütztes Rechtsgut ist nach überwiegender Ansicht das **Vertrauen** in die Richtigkeit des Prüfungsberichts und des Bestätigungsvermerks und damit **in die Richtigkeit und Vollständigkeit der geprüften Abschlüsse und Lageberichte**, die gewissenhaft und unparteiisch durch ein unabhängiges Kontrollorgan geprüft wurden.

Die größte praktische Bedeutung kommt **§ 332 Abs. 1 HGB** zu.

Abschlussprüfer können gem. § 319 Abs. 1 S. 1 HGB Wirtschaftsprüfer und Wirtschaftsprüfungsgesellschaften sein; bei mittelgroßen GmbHs i. S. d. § 267 Abs. 2 HGB oder mittelgroßen Personenhandelsgesellschaften i. S. d. § 264a Abs. 1 HGB auch vereidigte Buchprüfer und Buchprüfungsgesellschaften. **Gehilfen des Abschlussprüfers** sind Personen, die den Abschlussprüfer bei seiner Prüfungstätigkeit unterstützen und dabei prüfungsspezifische Aufgaben wahrnehmen. Vorausgesetzt wird damit eine Mitwirkung an der Prüfung selbst, so dass Bürokräfte als bloße Hilfspersonen des Abschlussprüfers nicht als Täter i. S. d. § 332 HGB in Betracht kommen.

Unrichtig ist die **Berichterstattung** über das Ergebnis der Prüfung, wenn sie von den Prüfungsfeststellungen abweicht. Ein Abweichen ist gegeben, wenn dem Bericht keine bzw. nur vorgetäuschte Feststellungen zugrunde liegen oder wenn die Prüfungsergebnisse nicht den Feststellungen entsprechen. Auf ein Abweichen von den tatsächlich gegebenen wirtschaftlichen Umständen kommt es *nicht* an (MüKo-StGB/*Leplow*, HGB § 332 Rn. 32). Der Bericht kann also trotz Übereinstimmung mit den wirtschaftlichen Gegebenheiten unrichtig sein, wenn der Prüfer abweichende Feststellungen getroffen hat. Ein **inhaltlich unrichtiger Bestätigungsvermerk** liegt vor, wenn der Bestätigungsvermerk nicht dem Ergebnis der Prüfung entspricht.

> **Hinweis**
>
> Dies kann etwa der Fall sein, wenn trotz zu erhebender Einwände gegen den Jahres- oder Konzernabschluss ein uneingeschränkter Bestätigungsvermerk i. S. d. § 322 Abs. 3 S. 1 HGB erteilt wird oder wenn der Vermerk Einschränkungen enthält, obwohl nach den getroffenen Feststellungen keine Einwendungen angebracht sind. ◄

Mehrere Tathandlungen nach § 332 Abs. 1 HGB stellen nur *eine* Verletzung der Berichtspflicht dar. Wird ein inhaltlich unrichtiger Bestätigungsvermerk erteilt, der sich auf einen unrichtigen Prüfungsbericht bezieht, ist § 332 Abs. 1 HGB gleichwohl nur einmal erfüllt.

In subjektiver Hinsicht ist wenigstens bedingter **Vorsatz** erforderlich: Der Täter muss bei Erstattung des Prüfungsberichts bzw. Erteilung des Bestätigungsvermerks zumindest die Möglichkeit einer unrichtigen Berichterstattung, des Verschweigens erheblicher Umstände oder des Erteilens eines inhaltlich unrichtigen Bestätigungsvermerks erkennen.

Die **Qualifikation nach § 332 Abs. 2 HGB** greift ein, wenn der Täter gegen Entgelt (§ 11 Abs. 1 Nr. 9 StGB) oder mit der Absicht handelt, sich oder einen anderen zu bereichern oder einen anderen zu schädigen. Dabei bedarf es eines synallagmatischen Zusammenhangs zwischen strafbarer Handlung und Entgelt. Keine Erfüllung des Qualifikationstatbestandes folgt somit aus der Zahlung des üblichen Honorars oder einer Entgeltvereinbarung erst *nach* der Tat.

Bereicherungsabsicht ist gegeben, wenn der Täter für sich oder andere durch die Tat einen Vermögensvorteil erstrebt. Schädigungsabsicht liegt vor, wenn der Täter mit seinem Handeln einem anderen einen Nachteil zufügen will, der nicht notwendig in einem Vermögensschaden bestehen muss.

E. Falsche Angaben bei Gründung und Anmeldung der Gesellschaft

I. Überblick

Den sog. **Gründungsschwindel** erfassen die strukturell und inhaltlich ähnlich formulierten Tatbestände der §§ 399 Abs. 1 AktG, 82 Abs. 1 GmbHG. Unterschiede bestehen insoweit, als dass der Tatbestand des § 82 Abs. 1 GmbHG nur Falschangaben unter Strafe stellt, während § 399 Abs. 1 AktG auch das Verschweigen erheblicher Umstände erfasst.

Es handelt sich um **Sonderdelikte**, da nur die im Gesetz genannten Personen Täter sein können. Zudem handelt es sich um **abstrakte Gefährdungsdelikte**.

Geschütztes Rechtsgut ist nach überwiegender Ansicht das Vertrauen aktueller und potentieller Gläubiger in die Richtigkeit und Vollständigkeit der öffentlichen Informationen über die Verhältnisse der Gesellschaft (Momsen/Grützner/*Momsen/Laudien*, Hdb Wirtschafts- und Steuerstrafrecht, § 22 Rn. 72).

II. AG-Gründungsschwindel, § 399 Abs. 1 Nr. 1 und Nr. 2 AktG

Tathandlungen des § 399 Abs. 1 AktG sind das Machen falscher Angaben und das Verschweigen erheblicher Umstände in den genannten Konstellationen.

Gegenstand des Gründungsschwindels i. S. d. **§ 399 Abs. 1 Nr. 1 AktG** sind zum einen die bei der Gründung einer Aktiengesellschaft zwingend zu machenden Angaben i. S. d. § 37 AktG, darüber hinaus aber auch alle sonst eintragungserheblichen Angaben, die sich auf die in Nr. 1 angeführten Gründungsvorgänge beziehen, auch wenn sie freiwillig gemacht werden.

Der Tatbestand des Gründungsschwindels i. S. d. **§ 399 Abs. 1 Nr. 2 AktG** erfasst Angaben im Gründungsbericht (§ 32 AktG), im Nachgründungsbericht (§ 52 Abs. 3 S. 1 AktG) sowie im Prüfungsbericht (§ 34 AktG). Anders als Nr. 1 bezieht sich Nr. 2 auch auf Tatsachen, die für die Eintragung unerheblich sind, da Nr. 2 das dahingehende Einschränkungsmerkmal – „zum Zwecke der Eintragung" – nicht enthält.

Das Gesetz unterscheidet zwischen **Bareinlagen,** die gemäß § 36 Abs. 2 AktG vor Anmeldung der AG ordnungsgemäß eingezahlt werden müssen (§ 54 Abs. 3 AktG), und **Sacheinlagen** (§ 27 Abs. 1 S. 1 AktG).

Stellt sich eine geleistete Bareinlage bei wirtschaftlicher Betrachtung und aufgrund einer entsprechenden Abrede als Sacheinlage dar, handelt es sich gemäß § 27 Abs. 3 AktG um eine **verdeckte Sacheinlage**. Im Hintergrund dieser praktisch häufigen Konstellation steht die Vermeidung der erhöhten Offenbarungs- und Prüfungspflichten, die mit Sacheinlagen einhergehen (BeckOGK/*Hefendehl*, AktG § 399 Rn. 144).

> **Beispiel**
> Inferent A erbringt seine gegenüber der X-AG geschuldete Bareinlage i. H. v. einer Million EUR. Wie von Beginn an abgesprochen, nutzt die AG die Hälfte dieser Bareinlage – 500.000 EUR – um diverse LKW von A zu erwerben.
>
> Bei rein wirtschaftlicher Betrachtung steht A nun, als hätte er die Hälfte seiner Einlage als Sacheinlage in Gestalt der LKW geleistet. Da dies zuvor genauso abgesprochen war, handelt es sich um eine verdeckte Sacheinlage i. S. d. § 27 Abs. 3 S. 1 AktG.
>
> Wird die Einlage des A nun bei der Anmeldung der X-AG zur Eintragung ins Handelsregister nicht als Bareinlage i. H. v. 500.000 EUR und als Sacheinlage im Wert der LKW, sondern schlicht als ordnungsgemäß eingezahlte (§§ 36 Abs. 2, 54 Abs. 3 AktG) Bareinlage i. H. v. einer Million EUR angegeben, ist diese Angabe falsch i. S. d. § 399 Abs. 1 Nr. 1 AktG. Denn gemäß § 27 Abs. 3 S. 1 AktG wird A durch die verdeckte Sacheinlage *nicht* von seiner Einlageverpflichtung befreit. Dass der Wert der LKW gemäß § 27 Abs. 3 S. 3 AktG im Zeitpunkt der Anmeldung der AG auf seine Einlageverpflichtung angerechnet wird, steht dem nicht entgegen, da die Anrechnung gemäß § 27

E. Falsche Angaben bei Gründung und Anmeldung der Gesellschaft

Abs. 3 S. 4 AktG nicht vor Eintragung der Gesellschaft ins Handelsregister erfolgt.

Nach überwiegender Ansicht ist die Falschangabe im Zusammenhang mit der verdeckten Sacheinlage somit geeignet, den Tatbestand des § 399 Abs. 1 Nr. 1 AktG zu erfüllen. Dies mag kritikwürdig sein, wenn man im Hintergrund des Vertrauens in die Richtigkeit der öffentlichen Angaben letztlich den Schutz des Individualvermögens potentieller Gläubiger erkennt. Denn dem tatsächlichen Umfang des Gesellschaftsvermögens tut die unzutreffende Deklarierung einer umstandslos liquidierbaren Sacheinlage als (gleichwertige) Bareinlage keinen Abbruch (BeckOGK/*Hefendehl*, AktG § 399 Rn. 155). Gleichwohl müsste sich selbst der Versuch einer teleologischen Reduktion mit dem eindeutigen Willen des Gesetzgebers auseinandersetzen, falsche Angaben gerade in dieser Konstellation von § 399 Abs. 1 Nr. 1 AktG erfasst zu wissen (BT-Drs. 16/12098, 36). Möglich bleibt freilich eine Berücksichtigung auf Strafzumessungsebene (vgl. MüKo-StGB/*Weiß*, AktG § 399 Rn. 62 m. w. N.).

III. Sonstige Tatbestände des § 399 AktG

Neben dem Gründungsschwindel der Nr. 1 und 2 pönalisiert **§ 399 Abs. 1 AktG** auch Falschangaben bzw. das Verschweigen erheblicher Umstände

- in öffentlichen Ankündigungen nach § 47 Nr. 3 AktG (**Ankündigungsschwindel**, Nr. 3);
- im Zusammenhang mit der Erhöhung des Gesellschaftskapitals (**Kapitalerhöhungsschwindel**, Nr. 4);
- im zur Eintragung der Fortsetzung einer Gesellschaft nach § 274 Abs. 3 AktG zu führenden Nachweis (**Abwicklungsschwindel**, § 399 Abs. 1 Nr. 5 AktG);
- bezüglich der in § 76 Abs. 3 AktG enthaltenen Versagungsgründe für die weitere Ausübung der Gesellschaftsleitung (**Eignungsschwindel**, Nr. 6).

§ 399 Abs. 2 AktG erweitert die Strafdrohung auf die wahrheitswidrige Abgabe einer Erklärung i. S. d. § 210 Abs. 1 S. 2 AktG im Zusammenhang mit einer Kapitalerhöhung.

IV. Falsche Angaben bei GmbH-Gründung, § 82 GmbHG

Die Tatbestände des § 82 Abs. 1 GmbHG entsprechen jenen des § 399 Abs. 1 AktG weitgehend. Auch mit Blick auf die GmbH werden falsche Angaben von Gesellschaftern, Geschäftsführern, Geschäftsleitern bzw. Liquidatoren zwecks Eintragung der Gesellschaft (**Gründungsschwindel**), im Sachgründungsbericht (**Sachgründungs-**

schwindel), zwecks Eintragung einer Kapitalerhöhung (**Kapitalerhöhungsschwindel**) und bezüglich der Eignung als Geschäftsführer, Geschäftsleiter oder Liquidator durch Geschäftsführer und Liquidatoren in den von ihnen abzugebenden Versicherungen über ihre Eignung (**Eignungsschwindel**) unter Strafe gestellt. Anders als im Fall des § 399 Abs. 1 AktG ist das Verschweigen erheblicher Umstände nicht explizit mitumfasst. Doch sind auch Angaben, die bezüglich der für den Gegenstand der Gesellschaft wesentlichen Umstände **unvollständig** sind, als falsch anzusehen (näher MüKo-StGB/*Hohmann*, GmbHG § 82 Rn. 13).

§ 82 Abs. 2 Nr. 1 GmbHG pönalisiert auch unwahre Angaben zum Zweck einer Herabsetzung des Stammkapitals (**Kapitalherabsetzungsschwindel**).

§ 9 Insiderhandel und Marktmanipulation

Literatur
Achenbach, Neue Sanktionen im Finanzmarktrecht – alte und neue Zweifelsfragen, wistra 2018, 13; *Böse*, Marktmanipulation durch Unterlassen – ein Auslaufmodell?, wistra 2018, 22; Brosig, Benchmark-Manipulation, 2018; *Einsele*, Verhaltenspflichten im Bank- und Kapitalmarktrecht. Öffentliches Recht oder Privatrecht? ZHR (180) 2016, 233; Höft, Strafrechtliche Aufarbeitung der Finanzkrise, 2018; *Momsen*, Neutrale Verhaltensweisen und Unterlassungen im Insiderstrafrecht, in: FS Maiwald 2010, 561.

A. Überblick und Rechtsgut

Zentrales Schutzgut der heute in §§ 119, 120 Wertpapierhandelsgesetz (WpHG) niedergelegten Straf- und Ordnungswidrigkeitsvorschriften gegen Insiderhandel und Marktmanipulation (zur historischen Entwicklung s. Park/*Hilgendorf/Kusche*, Kapitalmarktstrafrecht, Kap. 7.5, § 119 WpHG Rn. 1 ff.; zum Ganzen auch Bundesanstalt für Finanzdienstleistungsaufsicht (BaFin), Emittentenleitfaden Modul C - Regelungen aufgrund der Marktmissbrauchsverordnung (MAR): https://www.bafin.de/dok/13481154) ist die **Funktionsfähigkeit des Kapitalmarkts** (MüKo-StGB/*Pananis*, WpHG § 119 Rn. 5 m. w. N.; *Wittig*, Wirtschaftsstrafrecht § 30 Rn. 11, 52). Zu deren Voraussetzungen zählen entsprechend der von Art. 1 Marktmissbrauchsverordnung (Verordnung (EU) Nr. 596/2014 – *Market Abuse Regulation* – MAR) formulierten Zielsetzung die Marktintegrität, der Anlegerschutz und das Vertrauen der Anleger in den Markt (zum Anlegervertrauen als Voraussetzung eines funktionierenden Marktes s. Schwark/Zimmer/*Böse/Jansen*, § 119 WpHG Rn. 2). Letzteres wiederum setzt die Wahrung grundlegender informationeller Chancengleichheit zwischen den individuellen Anlegern voraus.[1]

---

[1] Vgl. MüKo-StGB/*Pananis*, WpHG § 119 Rn. 6; für informationelle Chancengleichheit als eigentliches Schutzgut Momsen/Grützner/*Hohn*, Hdb Wirtschafts- und Steuerstrafrecht, § 21 Rn. 27; im Ganzen krit. zur Grundlage und Entwicklung des Kapitalmarktstrafrechts Wabnitz/Janovsky/Schmitt/*Gehrmann*, Hdb des Wirtschafts- und Steuerstrafrechts, Kap. 11 Rn. 1 ff.

Der Begriff des **Insiderhandels** bezeichnet eine Vielzahl von Verhaltensweisen. Ihre Gemeinsamkeit besteht darin, dass jemand als Insider über nicht öffentlich zugängliches Sonderwissen verfügt, das einen Informationsvorsprung gegenüber Outsidern begründet, und dieses Wissen zum Abschluss vorteilhafter Geschäfte nutzt. In dieser Hinsicht beschränken sich die Strafnormen des WpHG nicht auf den Insiderhandel als solchen, sondern setzen bereits in dessen Vorfeld an. Der Begriff der **Marktmanipulation** umfasst alle Maßnahmen, die auf die unzulässige Beeinflussung der Preisbildung am Markt gerichtet sind.

B. Die Straftatbestände des § 119 WpHG

Die systematische Konzeption des § 119 WpHG als zentrale Strafvorschrift im Bereich von Insiderhandel und Marktmanipulation ist komplex. Die Abs. 1 bis 3 umfassen diverse Tatmodalitäten: Abs. 1 adressiert die Marktmanipulation, Abs. 2 Insiderdelikte im Zusammenhang mit Treibhausgasemissionszertifikaten und Abs. 3 Insiderdelikte im Ganzen. Dabei ist § 119 WpHG weitgehend als **Blankettnorm** (s. § 2 B. V.) ausgestaltet, deren Tatbestände sich umfänglicher Verweisungen einerseits auf unionsrechtliche Vorschriften der MAR, andererseits auf die Ordnungswidrigkeitstatbestände des § 120 WpHG bedienen, die ihrerseits meist weiter auf die MAR verweisen.[2] Die MAR bestimmt inhaltlich weitgehend die einzelnen Tatbestände des § 119 WpHG; sie enthält die Verhaltensnormen, deren Verletzung § 119 WpHG pönalisiert.

Von vornherein aus dem sachlichen Anwendungsbereich der MAR ausgenommen und damit auch dem Zugriff des § 119 WpHG nicht zugänglich ist der Handel mit eigenen Aktien im Rahmen von Rückkaufprogrammen unter den näheren Voraussetzungen des Art. 5 Abs. 1 bis 3 MAR. Gleiches gilt für den Handel mit Wertpapieren oder verbundenen Instrumenten zur Stabilisierung des Kurses von Wertpapieren (sog. Kurspflege) unter den näheren Voraussetzungen des Art. 5 Abs. 4 MAR.

I. § 119 Abs. 1 WpHG

Erste Voraussetzung des § 119 Abs. 1 WpHG ist eine **vorsätzliche Handlung i. S. d. § 120 Abs. 2 Nr. 3 oder § 120 Abs. 15 Nr. 2 WpHG**. Nach § 120 Abs. 15 Nr. 2 WpHG ordnungswidrig sind Verstöße gegen Art. 15 MAR, der Marktmanipulationen i. S. d. Art. 12 MAR untersagt. Nach § 120 Abs. 2 Nr. 3 gilt dasselbe für Verstöße gegen § 25 WpHG, der den Anwendungsbereich des Art. 15 MAR erweitert.

Die zusätzliche unrechtssteigernde Voraussetzung, die eine solche Handlung im gestuften Sanktionssystem der §§ 119, 120 WpHG (*Wittig*, Wirtschaftsstrafrecht § 30 Rn. 5) von der bloßen Ordnungswidrigkeit zur Straftat erhebt, liegt im Erfolg

---

[2] Zur Verfassungsmäßigkeit der statischen Verweisungen auf das Unionsrecht mit Blick auf Art. 103 Abs. 2 GG s. Schwark/Zimmer/*Bösel/Jansen*, § 119 WpHG Rn. 4; ausführlich auch Assmann/Schütze/Buck-Heeb/*Worms*, Hdb. des Kapitalanlagerechts, Kap. 3 § 10 Rn. 16.

B. Die Straftatbestände des § 119 WpHG

der **Einwirkung auf einen Preis oder Wert i. S. d. § 119 Abs. 1 Nr. 1 bis 4 WpHG**. Es handelt sich somit um ein **Erfolgsdelikt** (MüKo-StGB/*Pananis*, WpHG § 119 Rn. 10).

1. Prüfungsschema
VI. Tatbestand
1. Objektiver Tatbestand
   a. Handlung nach § 120 Abs. 2 Nr. 3 oder Abs. 15 Nr. 2 WpHG
      aa. Bezugsobjekt
         (a) § 120 Abs. 15 Nr. 2 WpHG, Art. 15, 12 Abs. 1 MAR:
             Finanzinstrument, damit verbundener Waren-Spot-Kontrakt, auf Emissionszertifikaten beruhendes Anlageobjekt, Referenzwert
         (b) §§ 120 Abs. 2 Nr. 3, 25 WpHG:
             Ware i. S. d. § 2 Abs. 5 WpHG, ausländisches Zahlungsmittel i. S. d. § 51 BörsG
      bb. Tathandlung, Art. 12 Abs. 1 MAR
         (a) Handelsgestützte Marktmanipulation (lit. a)
         (b) Handlungsgestützte Marktmanipulation (lit. b)
         (c) Informationsgestützte Marktmanipulation (lit. c)
         (d) Referenzwertmanipulation (lit. d)
   b. Tatererfolg: Einwirken auf ein Objekt i. S. d. § 119 Abs. 1 Nr. 1 bis 4 WpHG
   c. Kausalität; objektive Zurechenbarkeit des Tatererfolgs
   d. *Ggf.: Qualifikation i. S. d. § 119 Abs. 5 WpHG*
      aa. Gewerbs- oder bandenmäßige Begehung
      bb. Handeln in Ausübung der Tätigkeit für eine inländische Finanzaufsichtsbehörde, ein Wertpapierdienstleistungsunternehmen, eine Börse oder einen Handelsplatzbetreiber
2. Subjektiver Tatbestand: Vorsatz – Grunddelikt und etwaige Qualifikationsmerkmale

VII. Rechtswidrigkeit
VIII. Schuld

2. Die Tatbestandsmerkmale im Einzelnen

a. Vorsätzliche Handlung i. S. d. § 120 Abs. 2 Nr. 3 oder Abs. 15 Nr. 2 WpHG
Zentral ist die Vornahme einer durch Art. 15 MAR untersagten **Marktmanipulation**. Deren Voraussetzungen sind in Art. 12 MAR legaldefiniert. Art. 12 Abs. 1 MAR differenziert zwischen handelsgestützter (lit. a), handlungsgestützter (lit. b) und informationsgestützter Marktmanipulation (lit. c) sowie Referenzpreismanipulation (lit. d). Stets geht es dabei um die unzulässige Beeinflussung des Preises bzw. Kurses eines Finanzinstruments, eines damit verbundenen Waren-Spot-Kontrakts oder eines auf Emissionszertifikaten beruhenden Auktionsobjekts.

aa. Bezugsobjekte
Zur Bestimmung des Begriffs des **Finanzinstruments** bezieht sich Art. 3 Abs. 1 Nr. 1 MAR auf Art. 4 Abs. 1 Nr. 15 MiFID II (Richtlinie 2014/65/EU – *Markets in*

Financial Instruments Directive – MiFID II), der wiederum auf deren Anhang I Abschn. C verweist. Der dortige Katalog enthält u. a.

- übertragbare Wertpapiere (definiert in Art. 4 Abs. 1 Nr. 44 MiFID II), z. B. Aktien und Aktienzertifikate;
- Geldmarktinstrumente (definiert in Art. 4 Abs. 1 Nr. 17 MiFID II), z. B. Schatzanweisungen, Einlagenzertifikate und Commercial Papers;
- Anteile an Organismen für gemeinsame Anlagen und Optionen, also an Investmentfonds jedweder Rechtsform (Momsen/Grützner/*Hohn*, Hdb Wirtschafts- und Steuerstrafrecht, § 21 Rn. 34), sowie
- Derivate, z. B. Optionen, Terminkontrakte, Swaps und Termingeschäfte.

Den Begriff des **Waren-Spot-Kontrakts** definiert Art. 3 Abs. 1 Nr. 15 MAR; zu **Emissionszertifikaten** s. Anhang I Abschn. C Nr. 11 MiFID II.

Der **sachliche Anwendungsbereich** der MAR in Bezug auf Finanzinstrumente ist beschränkt (Art. 2 MAR; näher MüKo-StGB/*Pananis*, WpHG § 119 Rn. 36 ff.). Diese Beschränkung ist für § 119 Abs. 1 WpHG von Relevanz, insofern sie auch für § 120 Abs. 15 Nr. 2 WpHG gilt. Zu beachten ist jedoch, dass der von § 119 Abs. 1 WpHG ebenfalls in Bezug genommene § 120 Abs. 2 Nr. 3 WpHG auch Verstöße gegen § 25 WpHG sanktioniert, der das Verbot der Marktmanipulation auf **Waren** i. S. d. § 2 Abs. 5 WpHG sowie **ausländische Zahlungsmittel** nach § 51 BörsG erweitert. Kryptowerte (§ 1 Abs. 11 S. 1 Nr. 10, S. 4 KWG) sind keine MiFID II-Finanzinstrumente (MüKo-StGB/Pananis, WpHG § 119 Rn. 42; dazu auch Kunze/Laudien, Jahrbuch 2020/2021 der Kryptowerte). Von einer künftigen Erfassung durch die Verordnung über Kryptowerte (*Markets in Crypto-assets* - MiCA) ist vorgesehen.

bb. Tathandlung

Die Beeinflussung kann durch den Abschluss eines Geschäfts, die Erteilung von Handelsaufträgen oder andere Handlungen erfolgen, die preisrelevante *falsche oder irreführende Signalwirkung* entfalten oder ein *anormales oder künstliches Kursniveau* sichern. In beiden Fällen reicht es bereits aus, wenn der jeweilige Effekt der Handelsaktivität wahrscheinlich ist. Hierbei handelt es sich um die **handelsgestützte Marktmanipulation**. Zu beachten ist Art. 13 MAR, der Fälle zulässiger Marktpraxis nach näherer Festlegung der zuständigen Behörde aus dem Anwendungsbereich der Art. 12 Abs. 1 lit. a, 15 MAR ausnimmt.

Im Fall der **handlungsgestützten Marktmanipulation** bewirkt der Täter die Beeinflussung, indem er ein Geschäft abschließt, einen Handelsauftrag erteilt oder in sonstiger Weise am Finanzmarkt agiert, wobei er *falsche Tatsachen vorspiegelt* oder sich *sonstiger Kunstgriffe oder Täuschungsformen* bedient. Auch hier reicht bereits die Eignung zur Einwirkung auf den Kurs des betroffenen Objekts aus.

Informationsgestützte Marktmanipulation ist jede Verbreitung falscher oder irreführender Informationen, die preisrelevante *falsche oder irreführende Signale* geben oder ein *anormales oder künstliches Kursniveau* herbeiführen. Dies umfasst auch die Verbreitung von Gerüchten, wenn die Person, die diese Informationen verbreitet

B. Die Straftatbestände des § 119 WpHG

hat, wusste oder hätte wissen müssen, dass sie falsch oder irreführend waren. Wiederum reicht die Wahrscheinlichkeit der Signalwirkung bzw. Kursbeeinflussung aus.

Der Tatbestand der **Referenzpreismanipulation** erweitert den Anwendungsbereich der Norm auf sogenannte Referenzwerte (*benchmarks*), die für die Preisbildung mancher Finanzinstrumente von entscheidender Bedeutung sind (vgl. Wabnitz/Janovsky/Schmitt/*Gehrmann*, Hdb Wirtschafts- und Steuerstrafrecht, Kap. 11 Rn. 157).

Konkretisierende Beispiele enthält der nicht abschließende Katalog des Art. 12 Abs. 2 MAR. Einen ebenfalls nicht abschließenden Katalog von **Indikatoren** für handels- oder handlungsgestützte Manipulation formuliert Anhang I der Richtlinie, auf den Art. 12 Abs. 3 MAR verweist.

Insbesondere mit Blick auf die informationsgestützte Marktmanipulation ist unter den Voraussetzungen des § 13 StGB auch ein strafbares **Unterlassen** denkbar (Momsen/Grützner/*Hohn*, Hdb Wirtschafts- und Steuerstrafrecht, § 21 Rn. 122 ff.; MüKo-StGB/*Pananis*, WpHG § 119 Rn. 125 ff.; diff. *Wittig*, Wirtschaftsstrafrecht § 30 Rn. 26). Die notwendige Garantenpflicht kann sich etwa aus kapitalmarktrechtlichen Offenlegungspflichten (s. Art. 17, 19 Abs. 3 MAR), aber auch aus Ingerenz ergeben: Aus der gutgläubigen Verbreitung unzutreffender Informationen i. S. d. Art. 12 Abs. 1 lit. c MAR folgt mit Erkennen der Unrichtigkeit bzw. der irreführenden Wirkung die Pflicht zur Richtigstellung.

Beispiel Scalping I
Der bekannte und weithin geschätzte Finanzexperte P bezeichnet in einem Video, das er in seinen wöchentlich gepflegten, reichweitenstarken YouTube-Kanal einstellt, Aktien eines börsennotierten deutschen Unternehmens als lohnenswert und empfiehlt sie zum Kauf, nachdem er sie zuvor selbst in großem Umfang günstig erworben hat. Ein erheblicher Teil des Publikums folgt seiner Kaufempfehlung, so dass P die Papiere mit ansehnlichem Gewinn wieder abstoßen kann.

Die am deutschen Markt gehandelten Aktien sind übertragbare Wertpapiere i. S. d. Art. 4 Abs. 1 Nr. 44 MiFID II und damit Finanzinstrumente i. S. d. Art. 3 Abs. 1 Nr. 1 MAR i. V. m. Art. 4 Abs. 1 Nr. 15, Anhang I Abschn. C MiFID II.

Die Information über die Rentabilität von Aktien des betroffenen Unternehmens ist zumindest insofern **falsch**, als ihr Erwerb in Konsequenz des auf den kurzfristigen Kursanstieg zu erwartenden Kursabfalls allenfalls für diejenigen Anleger lohnenswert ist, die wie P selbst gewinnbringend wieder verkaufen können, bevor der Kurs sinkt (näher zur Falschheit verbreiteter Informationen MüKo-StGB/*Pananis*, WpHG § 119 Rn. 110).

P **verbreitet** die Information mittels des Internets, da er sie über seinen reichweitenstarken YouTube-Kanal einem nicht näher umgrenzten Kreis individuell nicht miteinander verbundener Personen zugänglich macht (vgl. *Wittig*, Wirtschaftsstrafrecht § 30 Rn. 25 m. w. N.).

Da der Kurs der Aktie ausschließlich aufgrund der durch die von P ausgegebene Information bedingten Kaufaktivitäten steigt, stellt sich sein **Niveau** auch als **anormal** bzw. **künstlich** dar: Es steht in keiner Beziehung zu den wahren wirtschaftlichen Verhältnissen.[3] Schließlich weiß P auch um die Falschheit der Information: Er zählt gerade darauf, seine Papiere gewinnbringend veräußern zu können, was im Ergebnis mit Verlusten anderer Anleger einhergeht.

Das Verhalten des P erfüllt somit die Voraussetzungen des Art. 12 Abs. 1 lit. c MAR. Überdies stellt es sich gem. Art. 12 Abs. 2 lit. d MAR als dessen typischer Anwendungsfall dar, da P den regelmäßigen Zugang zu seinem YouTube-Kanal als elektronischem Medium zur Abgabe einer Stellungnahme über Aktien ausnutzt, die er selbst zuvor in großem Umfang erwarb, und den daraus folgenden Interessenkonflikt nicht ordnungsgemäß und wirksam offenlegt.

Auch Art. 21 MAR, der für die Anwendung u. a. des Art. 12 Abs. 1 lit. c MAR auf journalistische Aktivitäten die Berücksichtigung der Meinungs- und Pressefreiheit sicherstellt, greift nicht zugunsten des P ein: Ihm erwächst ein Gewinn aus der Informationsverbreitung (Art. 21 lit. a MAR), die zudem auf die Irreführung des Markts zielt (Art. 21 lit. b MAR).

Das Verhalten des P stellt sich somit als informationsgestützte Marktmanipulation i. S. d. Art. 12 Abs. 1 lit. c, Abs. 2 lit. d MAR dar (zu den weiteren Voraussetzungen des § 119 Abs. 1 WpHG s. sogleich).

b. Einwirkungserfolg

Ein Einwirkungserfolg i. S. d. § 119 Abs. 1 WpHG liegt vor, wenn durch die Handlung nach § 120 Abs. 2 Nr. 3 oder Abs. 15 Nr. 2 WpHG eingewirkt wird auf

- den inländischen Börsen- oder Marktpreis eines Finanzinstruments oder eines damit verbundenen Waren-Spot-Kontrakts, einer Ware i. S. d. § 2 Abs. 5 WpHG oder eines ausländischen Zahlungsmittels i. S. d. § 51 BörsG (Nr. 1);
- den Preis eines Finanzinstruments oder eines damit verbundenen Waren-Spot-Kontrakts an einem organisierten Markt, einem multilateralen oder organisierten Handelssystem in einem anderen Mitgliedsstaat oder in einem anderen Vertragsstaat des Abkommens über den Europäischen Wirtschaftsraum (Nr. 2);
- den Preis einer Ware i. S. d. § 2 Abs. 5 WpHG oder eines ausländischen Zahlungsmittels i. S. d. § 51 BörsG an einem mit einer inländischen Börse vergleichbaren Markt in einem anderen Mitgliedsstaat oder in einem anderen Vertragsstaat des Abkommens über den Europäischen Wirtschaftsraum (Nr. 3);

---

[3] BGHSt 59, 80: „[...] künstlich, das heißt gegen die wahren wirtschaftlichen Verhältnisse erhöht, abgesenkt oder auch nur stabilisiert"; krit. zu gängigen Definitionsansätzen MüKo-StGB/*Pananis*, WpHG § 119 Rn. 66 m. w. N.; Zirkelschlüssigkeit attestiert auch Momsen/Grützner/*Hohn*, Hdb Wirtschafts- und Steuerstrafrecht, § 22 Rn. 129.

- die Berechnung eines Referenzwerts im Inland oder in einem anderen Mitgliedsstaat oder in einem anderen Vertragsstaat des Abkommens über den Europäischen Wirtschaftsraum (Nr. 4).

> **Beispiel Scalping II**
> Die Manipulationshandlung des P bewirkte, dass der Börsenkurs der betroffenen Aktie stieg, und verursachte somit kausal und objektiv zurechenbar einen Erfolg i. S. d. § 119 Abs. 1 Nr. 1 Var. 1 WpHG.

Liegt mangels eines durch die Manipulationshandlung kausal und objektiv zurechenbar herbeigeführten Einwirkungserfolgs kein Delikt nach § 119 Abs. 1 WpHG vor, kommen gleichwohl eine Ordnungswidrigkeit gemäß § 120 Abs. 1 WpHG sowie ein Versuchsdelikt i. S. d. § 119 Abs. 4 WpHG in Betracht (*Wittig*, Wirtschaftsstrafrecht § 30 Rn. 46).

3. Qualifikation, Abs. 5

§ 119 Abs. 5 WpHG qualifiziert Taten nach Abs. 1 zum Verbrechen, wenn sie gewerbsmäßig (s. § 4 A. VI.) oder bandenmäßig (s. § 4 A. VI.) begangen werden (Nr. 1).

Gleiches gilt, wenn Taten in Ausübung einer Tätigkeit für eine inländische Finanzaufsichtsbehörde (z. B. BaFin), ein Wertpapierdienstleistungsunternehmen (s. § 2 Abs. 10 WpHG), eine Börse oder einen Betreiber eines Handelsplatzes (s. § 2 Abs. 22 WpHG) verübt werden (Nr. 2), wobei Abs. 6 die Strafdrohung für minderschwere Fälle wieder reduziert.

II. § 119 Abs. 2 WpHG

§ 119 Abs. 2 WpHG pönalisiert bestimmte Arten des Insidertradings im Zusammenhang mit der Versteigerung von Treibhausgasemissionszertifikaten. Die Bedeutung der Vorschrift in Praxis und Prüfung ist begrenzt, da Emissionszertifikate, die anerkanntermaßen mit den Anforderungen der Emissionshandelsrichtlinie (Richtlinie 2003/87/EG) übereinstimmen, nach Art. 3 Abs. 1 Nr. 1 MAR, Art. 4 Abs. 1 Nr. 15 i. V. m. Anhang I Abschn. C Nr. 11 MiFID II-Finanzinstrumente darstellen und somit vom Schutzbereich des § 119 Abs. 3 WpHG umfasst sind (Momsen/Grützner/*Hohn*, Hdb Wirtschafts- und Steuerstrafrecht, § 21 Rn. 42).

III. § 119 Abs. 3 WpHG

§ 119 Abs. 3 WpHG stellt den Verstoß gegen das Verbot von Insidergeschäften und unrechtmäßiger Offenlegung von Insiderinformationen (Art. 14 lit. a bis c MAR) unter Strafe. Da kein Taterfolg vorausgesetzt wird, handelt es sich nach überwiegender Auffassung um ein **abstraktes Gefährdungsdelikt** (MüKo-StGB/*Pananis*, WpHG § 119 Rn. 11 m. w. N.; a. A. Momsen/Grützner/*Hohn*, Hdb Wirtschafts- und Steuerstrafrecht, § 21 Rn. 29: Verletzungsdelikt). Als Täter kommt jede Person in Betracht, die über Insiderinformationen verfügt, wobei die Art von deren Erlangung auf Tatbestandsebene irrelevant ist (vgl. Art. 8 Abs. 4 MAR). Die Norm stellt mithin ein **Allgemeindelikt** dar (MüKo-StGB/*Pananis*, WpHG § 119 Rn. 160).

1. Prüfungsschema
I. Tatbestand
 1. Objektiver Tatbestand: Handlung nach § 119 Abs. 3 WpHG
    a. Vornahme eines Insidergeschäfts i. S. d. Art. 8 Abs. 1 MAR entgegen Art. 14 lit. a MAR
    b. Empfehlung eines Insidergeschäfts oder Verleiten eines Dritten zu demselben i. S. d. Art. 8 Abs. 2 MAR entgegen Art. 14 lit. b MAR
    c. Unrechtmäßiges (Art. 10 Abs. 1 MAR) Offenlegen einer Insiderinformation i. S. d. Art. 7 MAR entgegen Art. 14 lit. c MAR
 2. Subjektiver Tatbestand: Vorsatz
II. Rechtswidrigkeit
III. Schuld

2. Die Tatbestandsmerkmale im Einzelnen
Strafbar macht sich, wer ein Insidergeschäft tätigt, einem Dritten ein solches empfiehlt oder ihn dazu verleitet oder eine Insiderinformation unrechtmäßig offenlegt.

3. Abs. 3 Nr. 1
Ein gegen Art. 14 lit. a MAR verstoßendes **Insidergeschäft** liegt nach Art. 8 Abs. 1 MAR vor, wenn eine Person

- über Insiderinformationen verfügt und unter Nutzung derselben für eigene oder fremde Rechnung direkt oder indirekt Finanzinstrumente (s. I. 2. a. aa.), auf die sich die Informationen beziehen, erwirbt oder veräußert (S. 1);
- einen bereits getätigten Auftrag unter Nutzung nachträglich erhaltener Insiderinformationen ändert oder storniert (S. 2);
- im Rahmen der Versteigerung von Emissionszertifikaten oder anderen darauf beruhenden Auktionsobjekten aufgrund einer Insiderinformation ein Gebot für eigene oder fremde Rechnung abgibt, ändert oder zurücknimmt (S. 3).

Insiderinformationen sind nach Art. 7 Abs. 1 lit. a MAR solche nicht öffentlich bekannten präzisen Informationen, die direkt oder indirekt einen oder mehrere Emittenten oder ein oder mehrere Finanzinstrumente betreffen und die, wenn sie öffentlich bekannt würden, geeignet wären, den Kurs dieser Finanzinstrumente oder den Kurs damit verbundener derivativer Finanzinstrumente erheblich zu beeinflussen. Diese Eignung liegt nach Art. 7 Abs. 4 vor, wenn die Informationen von einem verständigen Anleger wahrscheinlich zur (Mit-)Grundlage seiner Anlageentscheidung gemacht würden. Das Attribut der Präzision, das Art. 7 Abs. 2 MAR näher ausführt, dient der Abgrenzung relevanter Informationen von bloßen Vermutungen und Gerüchten (vgl. MüKo-StGB/*Pananis*, WpHG § 119 Rn. 165; näher zur Definition Momsen/Grützner/*Hohn*, Hdb Wirtschafts- und Steuerstrafrecht, § 21 Rn. 47 ff.).

Die **Nutzung** von Insiderinformationen verlangt eine Kausalitätsbeziehung zwischen der Kenntnis der Insiderinformation und dem Entschluss zur Vornahme der konkreten Geschäftshandlung (Park/*Hilgendorf*/*Kusche*, Kapitalmarktstrafrecht, Kap. 7.5, § 119 WpHG Rn. 22). Dies ist unter den näheren Voraussetzungen des Art. 9 – etwa bei Vorliegen bestimmter Sicherungsmechanismen im Unternehmen – bei Handlungen juristischer wie auch natürlicher Personen nicht anzunehmen.

> **Beispiel Texas Gulf Sulphur Company (TGS) I (vereinfacht, nach SEC v. Texas Gulf Sulphur Co., US Court of Appeals 2nd Circuit v. 13.08.1968–401 F.2d 833)**
> Bei Probebohrungen einer großen Schwefel-Lieferantin, deren Ergebnis zunächst geheim gehalten wurde, entdeckte man große Vorkommen an produktionswichtigen Edelmetallen. Sofort erwarb der leitende Unternehmensangehörige A Aktien zu ca. 17 US-Dollar. G, einer der beteiligten Geologen, legte Verwandten den Erwerb von Anteilen nahe. Bis die TGS die betreffenden Landgebiete erworben hatte, wurden alle Meldungen über die Vorkommen nachdrücklich dementiert. Gleichwohl erwarben weitere unternehmensnahe Insider noch Aktien zu Kursen von bis zu 30 US-Dollar. Nach Offenlegung der Funde stieg der Kurs der TGS-Aktie auf bis zu 71 US-Dollar.
> Der Aktienkauf des A stellte einen Erwerb von Finanzinstrumenten dar und basierte auf der Kenntnis vom Fund der Rohstoffe. Dieser war geeignet, verständige Anleger bei seinem öffentlichen Bekanntwerden zur Investition in Papiere der TGS zu motivieren und so erheblichen Einfluss auf den Kurs der TGS-Aktie zu nehmen. A tätigte den Kauf gerade wegen des Rohstofffunds und erfüllte damit – nach heutiger deutscher Rechtslage – durch Vornahme eines Insidergeschäfts i. S. d. Art. 8 Abs. 1 Nr. 1 MAR entgegen Art. 14 lit. a MAR den objektiven Tatbestand des § 119 Abs. 3 Nr. 1 WpHG.

4. Abs. 3 Nr. 2

§ 119 Abs. 3 Nr. 2 WpHG hat mit dem Verstoß gegen Art. 14 lit. b MAR durch Empfehlung eines Insidergeschäfts oder Verleitung zu demselben wie auch Abs. 3 Nr. 3 einen Vorfeldtatbestand in Bezug auf Abs. 3 Nr. 1 zum Gegenstand.

Die **Empfehlung eines Insidergeschäfts** liegt nach Art. 8 Abs. 2 MAR vor, wenn eine Person über Insiderinformationen verfügt und Dritten auf deren Grundlage den Erwerb oder Verkauf von Finanzinstrumenten, auf die sich die Informationen beziehen (lit. a), oder die Stornierung oder Änderung entsprechender Aufträge (lit. b) empfiehlt. Ein **Verleiten zu einem Insidergeschäft** liegt darüber hinaus in jeder auf die Beeinflussung des Willens eines Dritten zur Vornahme des Geschäfts gerichteten Verhaltensweise; ein Erfolg im Sinne der Vornahme des Geschäfts ist nicht erforderlich (MüKo-StGB/*Pananis*, WpHG § 119 Rn. 220 f.).

> **Beispiel Texas Gulf Sulphur Company (TGS) II**
> Indem der Geologe G auf Grundlage seiner Kenntnis von dem Rohstofffund Verwandten den Erwerb von Aktien der TGS nahelegte, empfahl er diesen die Vornahme eines Insidergeschäfts und erfüllte – nach heutiger deutscher Rechtslage – den objektiven Tatbestand des § 119 Abs. 3 Nr. 2 WpHG.

5. Abs. 3 Nr. 3

§ 119 Abs. 3 Nr. 3 WpHG betrifft das unrechtmäßige Offenlegen einer Insiderinformation (s. Nr. 3) entgegen Art. 14 lit. c MAR.

Ein **Offenlegen** ist gegeben, wenn einem Dritten die Möglichkeit eingeräumt wird, von der Information Kenntnis zu nehmen. Tatsächlicher Kenntnisnahme bedarf es nicht (MüKo-StGB/*Pananis*, WpHG § 119 Rn. 229). Dass die Offenlegung **unrechtmäßig** erfolgen muss, schließt als Tatbestandsmerkmal (Park/*Hilgendorf/Kusche*, Kapitalmarktstrafrecht, Kap. 7.5, § 119 WpHG Rn. 25) rechtmäßige Offenlegung aus dem Anwendungsbereich der Strafnorm aus. Rechtmäßig erfolgt eine Offenlegung nach Art. 10 Abs. 1 MAR, wenn sie im Zuge der normalen Ausübung einer Beschäftigung oder eines Berufs oder der normalen Erfüllung von Aufgaben geschieht. Dies wird insbesondere für den aus betrieblichen Gründen erforderlichen unternehmensinternen Informationsfluss (näher Baumbach/Hopt/*Kumpan*, HGB, MAR Art. 10 Rn. 2) und die Erfüllung von Informationspflichten (etwa Art. 17 MAR – Schwark/Zimmer/*Bösel/Jansen*, § 119 WpHG Rn. 54) angenommen.

Nicht unrechtmäßig ist unter den näheren Voraussetzungen des Art. 11 MAR auch die Informationsweitergabe zum Zweck der **Marktsondierung** vor einem möglichen Geschäft (näher Momsen/Grützner/*Hohn*, Hdb Wirtschafts- und Steuerstrafrecht, § 21 Rn. 89); hiervon ist nach Art. 11 Abs. 2 MAR auch die Vorbereitung eines Übernahmeangebots umfasst.

IV. Subjektive Voraussetzungen; Versuchsstrafbarkeit

In subjektiver Hinsicht verlangt die Verwirklichung der § 119 Abs. 1 bis 3 WpHG zumindest bedingten Vorsatz. Allein für Fälle des § 119 Abs. 2 Nr. 1 WpHG stellt Abs. 7 auch leichtfertiges Handeln unter Strafe.

Nach § 119 Abs. 4 WpHG ist in allen Fällen der Abs. 1 bis 3 der Versuch strafbar.

§ 10 Steuerstrafrecht

Literatur
Bauer, Praktische Fragen im Zusammenhang mit dem organisierten „Schmuggel" von Tabakwaren, NZWiSt 2018, 85; *Küchenhoff*, Strafbares Entziehen aus der zollamtlichen Überwachung – die Renaissance des Verbotsbannbruchs, NZWiSt 2018, 90; *Madauß*, Allgemeindelikte, Steuerhinterziehung und Verkürzungsberechnung, NZWiSt 2018, 141; *Meyer/Behrendt*, Das Steuerumgehungsbekämpfungsgesetz – Neue Datenmassen für die Finanzverwaltung?, WiJ 2018, 7; *Mückenberger/Hinz*, Die neue Vermögensabschöpfung im Steuerstrafrecht, BB 2018, 1435; *Rolletschke*, Auswirkungen der elektronischen Datenübermittlung (§ 93c AO) auf die Strafbarkeit nach § 370 Abs. 1 Nr. 2 AO, NZWiSt 2018, 185; *Roth*, Adressat der Selbstanzeige: unzuständige Behörde unschädlich?, NZWiSt 2018, 63; *Schmidt*, Notwendige Einbeziehung des internationalen Privatrechts und des Unionsrechts in die steuer(straf)rechtliche Würdigung bei innergemeinschaftlichen Lieferungen, NZWiSt 2018, 176; *Spatscheck/Spilker*, Grenzen für die Verfolgung von Vorsteuerbetrug bei Karussellgeschäften, DB 2018, 1239; *Stiglitz/Pieth*, Die Schattenwirtschaft überwinden, 2017; *Timpe*, Die Steuerhinterziehung durch Unterlassen (§ 370 Abs. 1 Nr. 2 AO), HRRS 2018, 243; *Wulf*, Anwendungserlass zu § 153 AO – Hilfreiche Handreichung für die Praxis?, wistra 2016, 337; *ders.*, Die neue Rechtsprechung des BGH zum „großen Ausmaß" im Steuerstrafrecht, wistra 2018, 57; *Groß*, Steuerstrafrechtliche Beratung von Kreditinstituten im Zusammenhang mit Cum-ex-Trades, PStR 2013, 296; vgl. auch *Spengel/Eisgruber*, Die nicht vorhandene Gesetzeslücke bei Cum/Ex-Geschäften, DStR 2015, 785 ff.; *Madauß*, Strafzumessung bei Hinterziehung von Einkommensteuer und Körperschaftsteuer aufgrund einer verdeckten Gewinnausschüttung, NZWiSt 2018, 433; *Spilker/Kremer*, Cum/Cum-Bankgeschäfte unter dem Radar der Gerichte und Behörden, BB 2018, 2775; zur Strafzumessung bei Steuerhinterziehung im Zusammenhang mit verdeckten Gewinnausschüttung BGH NZWiSt 2018, 469 mAnm. Gehm; zur Mittäterschaft bei Steuerhinterziehung BGH wistra 2018, 263; *Madauß*, Kurzbericht aus der Praxis. § 160 AO und Steuerstrafrecht, NZWiSt 2018, 325; zur Steuerhinterziehung beim Handel mit Emissionszertifikaten BGH NStZ 2018, 345; *Gehm*, Neuerungen des Steuerstrafrechts aufgrund des Zweiten Corona-Steuerhilfegesetzes, NZWiSt 2020, 368; *Bilsdorfer*, Die Entwicklung des Steuerstraf- und Steuerordnungswidrigkeitenrechts, NJW 2021, 1504.

A. Überblick

Fälle des Steuerstrafrechts gelangen regelmäßig in den Fokus der Öffentlichkeit. Zu nennen sind in diesem Zusammenhang etwa der Cum-Ex-Skandal,[1] Umsatzsteuerkarussels[2] oder die Steuer-CDs.[3]

Das Steuerstrafrecht besteht aus Blankettstraftatbeständen (siehe dazu unter § 2 D. I.), die von den Tatbeständen der Einzelsteuergesetze ausgefüllt werden. Hierzu gehören zB. Abgabenordnung (AO), Außensteuergesetz (AStG), Bewertungsgesetz (BewG), Einkommensteuergesetz (EStG), Energiesteuergesetz (EnergieStG), Erbschaftsteuer- und Schenkungsteuergesetz (ErbStG), Gewerbesteuergesetz (GewStG), Grundsteuergesetz (GrStG) und Umsatzsteuergesetz (UStG). Zudem gibt es diverse die Finanzbehörden bindende Durchführungsverordnungen sowie Richtlinien, Erlasse und Verfügungen der Bundes- und Landesfinanzbehörden zu den Rechtsgrundlagen des Steuerstraf- und -ordnungswidrigkeitenrechts; zu nennen sind hier insb. die Anweisungen für das Straf- und Bußgeldverfahren (Steuer) - AStBV (St) 2020 (BStBl I 2019, S. 1142; Momsen/Grützner/*Cordes*, HdB Wirtschafts- und Steuerstrafrecht, § 42 Rn. 8 ff.).

Welches das geschützte Rechtsgut ist, ist streitig. Die Mehrzahl der Straftatbestände schützt jedenfalls den Steueranspruch des Staates (insoweit handele es sich um Vermögensdelikte, Momsen/Grützner/*Cordes*, HdB Wirtschafts- und Steuerstrafrecht, § 42 Rn. 21; bzgl. § 370 AO Graf/Jäger/Wittig/*Rolletschke* AO § 370 Rn. 3).

B. Grundlagen des Steuerstrafrechts

I. Ablauf eines Steuerstrafverfahren

Den Ablauf des Steuerstrafverfahrens regeln die §§ 385 ff. AO. Gemäß den §§ 385 Abs. 1 AO, 152 Abs. 2, 160 Abs. 1 StPO, Nr. 9 AStBV gilt das Legalitätsprinzip.

Zuständig für die Ermittlungen ist grds. die Staatsanwaltschaft, wobei die Finanzbehörden Polizeiaufgaben übernehmen (§§ 402 Abs. 1, 388 Abs. 2 S. 2 AO). Besonderheit ist, dass aber auch die Finanzbehörde selbst ermitteln kann (§ 386 Abs. 1 S. 1 AO; dazu *Sediqi*, wista 2017, 259 ff.). Voraussetzung hierfür ist, dass die Tat ausschließlich eine Steuerstraftat darstellt oder zugleich andere Strafgesetze verletzt und deren Verletzung Kirchensteuer oder andere öffentlich-rechtliche Abgaben betrifft, die an Besteuerungsgrundlagen, Steuermessbeträgen oder Steuerbeträge anknüpfen (§ 386 Abs. 2 AO).

---

[1] Vgl. etwa https://www.tagesschau.de/investigativ/ndr-wdr/cum-ex-justiz-aufarbeitung-101.html, zuletzt aufgerufen am 18.09.2021.
[2] https://www.juve.de/nachrichten/verfahren/2018/08/dubiose-kupfer-geschaefte-berliner-gericht-verhaengt-haftstrafe-im-umsatzsteuerkartell, zuletzt aufgerufen am 18.09.2021.
[3] https://www.faz.net/aktuell/wirtschaft/wirtschaftspolitik/neue-steuer-cd-es-geht-um-unzaehlige-milliarden-13886629.html, zuletzt aufgerufen am 18.09.2021.

Nach § 386 Abs. 4 S. 2 AO hat die Staatsanwaltschaft in diesen Fällen allerdings ein sog. Evokationsrecht, das heißt sie kann die Strafsache jederzeit an sich ziehen. Andersherum kann die Finanzbehörde die Strafsache auch jederzeit an die Staatsanwaltschaft abgeben (§ 386 Abs. 4 S. 1 AO; Momsen/Grützner/*Cordes*, HdB Wirtschafts- und Steuerstrafrecht, § 42 Rn. 29).

Die meisten Länder haben von der Möglichkeit des § 387 Abs. 2 AO Gebrauch gemacht und sog. Bußgeld- und Strafsachenstellen (BuStra oder je nach Bundesland auch Straf- und Bußgeldsachenstellen (StraBu)) errichtet (Momsen/Grützner/*Cordes*, HdB Wirtschafts- und Steuerstrafrecht, § 42 Rn. 35). Auch die Steuerfahndungsstellen können für die Ermittlung von Steuerstraftaten und Steuerordnungswidrigkeiten zuständig sein (§ 208 Abs. 1 Nr. 1 AO).

Gemäß § 404 Abs. 1 S. 1 AO haben die Behörden des Zollfahndungsdienstes und die mit der Steuerfahndung betrauten Dienststellen der Landesfinanzbehörden sowie ihre Beamten im Strafverfahren wegen Steuerstraftaten dabei dieselben Rechte und Pflichten wie die Behörden und Beamten des Polizeidienstes nach den Vorschriften der StPO.

II. Bedeutung des Steuerstraf-(verfahrens-)rechts für andere Verfahren

Das Verhältnis des Strafverfahrens zum Besteuerungsverfahren regelt § 393 AO.

Diese beiden Verfahren laufen regelmäßig parallel, sind aber voneinander unabhängig. Insbesondere im Strafverfahren dürfen Erkenntnisse oder Berechnungen aus dem Steuerverfahren nicht unbesehen übernommen werden, da im Steuerstrafverfahren andere Grundsätze gelten. Im Steuerverfahren besteht bspw. die Möglichkeit, bei unklarer Bemessungsgrundlage für die Besteuerung diese Grundlage nach § 162 AO zu schätzen. Auch im Strafverfahren sind Schätzungen möglich, wobei hierbei andere Vorgaben wie namentlich der in dubio pro reo-Grundsatz zu berücksichtigen sind (zu den verschiedenen Schätzungsgrundlagen und -methoden *Stahlschmidt*, Steuerstrafrecht § 19 Rn. 1 ff.).

Die Finanzbehörden haben zudem Informations- und Mitteilungspflichten gegenüber anderen Behörden, insb. der Staatsanwaltschaft.

§ 153 AO normiert eine gesetzliche Informationspflicht des Steuerpflichtigen ggü. den Behörden bis zum Ende der Festsetzungsfrist. Diese Regelung hat auch erhebliche Bedeutung im Zusammenhang mit internal investigations, soweit es zu sog. Findings kommt (Rotsch, Criminal Compliance/*Sahan/Urban*, § 35 Rn. 23; beachte hierzu insb. auch BVerfG, Beschl. v. 6.7.2018 – 2 BvR 1405/17.)[4]

---

[4] Siehe auch https://www.bundesverfassungsgericht.de/SharedDocs/Pressemitteilungen/DE/2018/bvg18-057.html; https://www.juve.de/nachrichten/namenundnachrichten/2018/07/jones-day-urteil-internationale-kanzleien-nicht-vom-grundgesetz-geschuetzt; beides zuletzt abgerufen am 06.11.2021.

III. Deutsches Steuerstrafrecht im ausländischen Kontext

Deutsches Steuerstrafrecht (zum Strafrecht AT siehe unter § 2 H.) ist auch grenzüberschreitend von Bedeutung. Beispielhaft zu nennen sind folgende Fallkonstellationen:

(1) Die Täterschaft/Teilnahme von Bankmitarbeitern, die es technisch ermöglichen, bankintern eine anonyme Einzahlung zu machen, um in einer ausländischen Filiale den eingezahlten Betrag dort dem Bankkunden auf ein anonymes (Nummern-)Konto gutzuschreiben.
(2) Zahlung von Bestechungsgeldern
(3) Steuer-CDs (wichtige Aspekte: Strafbarkeit des Datenlieferanten; Strafbarkeit der datenannehmenden Person/Behörde; Strafbarkeit des auf der Daten-CD gelisteten Betroffenen)
(4) Umsatzsteuerkarussell (beruht auf der unionsrechtlichen umsatzsteuerlichen Privilegierung von Binnenmarkttransaktionen und dem umsatzsteuerlichen Vorsteuerabzug nach deutschem Recht)
(5) Die Daten in den sog. „Panama-papers": Als Reaktion hierauf wurde das Steuerumgehungsbekämpfungsgesetz (StUmgBG) geschaffen (BGBl. I 2017, S. 1682; dazu auch https://www.bundesfinanzministerium.de/Content/DE/Gesetzestexte/Gesetze_Gesetzesvorhaben/Abteilungen/Abteilung_IV/18_Legislaturperiode/Gesetze_Verordnungen/2017-06-24-Steuerumgehungsbekaempfungsgesetz/0-Gesetz.html, zuletzt abgerufen am 06.11.2021)
(6) Umsatzsteuerhinterziehung auf Online-Plattformen durch ausländische Verkäufer (siehe dazu http://www.faz.net/-gqi-96kms, zuletzt abgerufen am 06.11.2021)

Ankauf von Steuer-CDs
Im Kontext des Ankaufs von Steuer-CDs treten neben materiellrechtliche Problemfragen auch prozessuale Fragen, insbesondere im Hinblick auf die Verwertbarkeit der auf Grundlage der erlangten Steuer-CDs aufgefundenen Beweismittel.

Ausgehend vom Januar 2006 wurden erstmals von deutschen Behörden CDs mit Steuerdaten angekauft. Diesen Vorgängen lag die vorherige Tätigkeit eines Mitarbeiters (M) des Finanzunternehmens „LGT Treuhand" mit Sitz in Lichtenstein zugrunde. Diesem war es gelungen, Kundendaten zahlreicher deutscher Kunden zu erlangen und zu digitalisieren. Diese waren geeignet deutliche Anhaltspunkte für Steuerdelikte zu begründen. Unter Hinweis auf die Kundendaten versuchte M die Eigner der Bank dazu zu bringen, ihn bei der Bewältigung eines gegen ihn geführten Strafverfahrens wegen eines Immobiliengeschäfts zu unterstützen, was diese ablehnte. Im weiteren Verlauf trat er an den Bundesnachrichtendienst heran und bot diesem die Daten zum Kauf an. Nach Sichtung und Überprüfung einer Datenprobe durch die deutschen Finanzbehörden erwarben diese die auf einer DVD gespeicherten Daten zu einem Preis von 4,2 Mio EUR. Auf Grundlage der sich nunmehr bei den Finanzbehörden befindlichen Informationen kam es zur Einleitung von Steuerstrafverfahren, die im weiteren Verlauf auch zur Verurteilung einzelner Beschuldigter führte (vgl. zum historischen Verlauf: *Kölbel*, NStZ 2008, 241). Einer der prominentesten Fälle ist dabei derjenige des damaligen Vorstandsvorsitzenden der Deutschen Post (Klaus Zumwinkel), der nicht nur wegen der öffentlichen Stellung des Beschuldigten, sondern nicht zuletzt auch wegen der besonderen (öffentlichkeitswirksamen) Umstände der Durchführung einzelner Ermittlungsmaßnahmen auf großes öffentliches Interesse stoßen konnte.

Zur Zentralfrage wird damit die **prozessuale** Problemstellung, ob und inwieweit die auf Grundlage der Steuer-CDs erlangten Informationen überhaupt zur Begründung eines Anfangsverdachts verwertet werden dürfen, insbesondere um so den Anwendungsbereich weiterer Ermittlungsmaßnahmen (z. B. Durchsuchungen, vgl. § 102 StPO), oder ob die ggf. rechtswidrigen Umstände der Erlangung in Gestalt eines Beweisverwertungsverbots entgegensteht. Allerdings lehnt das BVerfG die Notwendigkeit eines solchen Beweisverwertungsverbots aus verfassungsrechtlicher Perspektive im Rahmen einer Nichtannahmeentscheidung (§ 93a BVerfGG) betreffend eine gegen eine Durchsuchungsanordnung respektive die diese bestätigende Beschwerdeentscheidung erhobene Verfassungsbeschwerde ab (BVerfG NStZ 2011, 103).

Dabei führt das BVerfG aus: „Im Ausland durch Privatpersonen rechtswidrig erlangte Steuerdaten dürfen grundsätzlich sowohl zur Einleitung eines Ermittlungsverfahrens als auch zur Anordnung der Durchsuchung der Wohnung des Beschuldigten herangezogen werden. Von Verfassungs wegen besteht ein Beweisverwertungsverbot insoweit bei schwerwiegenden, bewussten oder willkürlichen Verfahrensverstößen, sofern dadurch grundrechtliche Sicherungen planmäßig oder systematisch außer Acht gelassen worden sind."

C. Tatbestände des Steuerstraf- und Steuerordnungswidrigkeitenrechts

I. Überblick

§ 369 AO regelt, welche Taten als Steuerstraftaten einzuordnen sind. Zu den Steuerstraftaten i. S. d. § 369 Abs. 1 Nr. 1 AO zählen insbesondere die Steuerhinterziehung (§ 370 Abs. 1, 4 AO) sowie die gewerbs- oder bandenmäßige Schädigung des Umsatzsteueraufkommens (§ 26c UStG). Des Weiteren dazu gehören etwa der gewerbsmäßige, gewaltsame und bandenmäßige Schmuggel (§ 369 Abs. 1 Nr. 1 i. V. m

§ 373 AO), die Steuerhehlerei (§ 369 Abs. 1 Nr. 1 i. V. m. § 374 AO), der Bannbruch (§ 369 Abs. 1 Nr. 2 i. V. m. § 372 AO) oder die Wertzeichenfälschung (§ 369 Abs. 1 Nr. 3 i. V. m. §§ 148 ff. StGB).

Die Steuerordnungswidrigkeiten sind in den §§ 377 ff. AO geregelt. Dabei handelt es sich um Zuwiderhandlungen, die nach der AO oder anderen Steuergesetzen mit Geldbuße geahndet werden können (§ 377 Abs. 1 AO).

II. Steuerhinterziehung, § 370 AO

Gemäß § 370 Abs. 1 AO wird bestraft, wer in den Fällen der Nr. 1–3 Steuern verkürzt oder für sich oder einen anderen nicht gerechtfertigte Steuervorteile erlangt.

Geschütztes Rechtsgut ist nach überwiegender Ansicht das öffentliche Interesse des Staates am vollständigen und rechtzeitigen Aufkommen der einzelnen Steuern (BGH NJW 1998, 1568, 1575; MüKo-StGB/*Schmitz/Wulf* AO § 370 Rn. 2).

Die Steuerhinterziehung ist grds. ein Erfolgsdelikt (zu den Ausnahmen MüKo-StGB/*Schmitz/Wulf* AO § 370 Rn. 11 ff.).

Tauglicher Täter der Steuerhinterziehung ist jedermann. Täter kann mithin auch sein, wen selbst keine steuerrechtlichen Pflichten treffen, sofern zugunsten eines Steuerpflichtigen gehandelt wird (BGH wistra 2018, 214, 221).

> **Hinweis**
>
> Zum Täterkreis zählen dementsprechend auch Steuerberater (BGH wistra 2018, 214, 221), Rechtsanwälte (BGH wistra 1993, 103), Notare (BGH NStZ 2009, 273, 273), Finanzbeamte (BGH NJW 2007, 2864) oder Strohmänner (BGH NStZ 2014, 335, 336). ◄

Die **Tathandlung** des § 370 Abs. 1 Nr. 1 AO stellt eine Begehungsvariante für den Fall dar, dass den Finanz- oder andere Behörden unrichtige oder unvollständige Angaben über steuerlich erhebliche Tatsachen gemacht werden und dadurch Steuern verkürzt oder ungerechtfertigte Steuervorteile erlangt werden.

Tatsachen sind gegenwärtige Geschehnisse, Gegebenheiten, Zustände, Sachverhalte und Sachverhaltselemente, aber auch Rechtstatsachen und Rechtsverhältnisse, die dem Beweis zugänglich sind (BGH NStZ 1988, 276, 277). **Steuerlich erheblich** sind diese Tatsachen, wenn sie zur Ausfüllung eines Besteuerungstatbestandes herangezogen werden müssen, also eine Beeinflussung von Grund und Höhe des Steueranspruches oder des Steuervorteiles erfolgt (BGH NStZ-RR 2003, 20, 21).

Unrichtig ist eine Angabe, wenn ihr Erklärungsinhalt oder Erklärungsgehalt den tatsächlichen Verhältnissen widerspricht. **Unvollständig** ist sie, wenn sie den Anschein der Vollständigkeit erweckt, obwohl sie in wesentlichen Punkten lückenhaft ist (Momsen/Grützner/*Cordes*, HdB Wirtschafts- und Steuerstrafrecht, § 42 Rn. 84 ff.).

Die Angabe kann dabei sowohl ausdrücklich als auch konkludent und sowohl schriftlich als auch mündlich oder in elektronischer Form gemacht werden (MüKo-

StGB/*Schmitz/Wulf* AO § 370 Rn. 226; Momsen/Grützner/*Cordes*, HdB Wirtschafts- und Steuerstrafrecht, § 42 Rn. 83).

> **Beispiel**
> A gibt im Rahmen seiner elektronischen Einkommensteuererklärung ein jährliches Gesamteinkommen von 50.000 EUR an. Tatsächlich belief sich dieses auf 70.000 EUR. Es ergeht daraufhin ein Steuerbescheid, der einzig den geringeren Betrag als Bemessungsgrundlage aufweist.

Die **Nr. 2** sanktioniert als echtes Unterlassungsdelikt das pflichtwidrige Unterlassen von Angaben über steuerlich erhebliche Tatsachen gegenüber den Finanzbehörden.

Tauglicher Täter dieser Tatvariante ist allerdings nur, wer zur Abgabe einer Steuererklärung verpflichtet ist (§ 149 Abs. 1 AO) oder wem eine entsprechende Aufklärungspflicht obliegt (wer nach § 33 AO steuerpflichtig ist). Damit handelt es sich bei der Nr. 2 um ein **Sonderdelikt**.

> **Hinweis**
> Eine Mitteilungspflicht besteht etwa dann, wenn der Steuerpflichtige Vorteilszuwendungen in der steuerlichen Gewinn- oder Einkommensermittlung als Betriebsausgaben abgezogen hat (Momsen/Grützner/*Cordes*, HdB Wirtschafts- und Steuerstrafrecht, § 42 Rn. 105) – oder bei Einkünften i. S. v. § 22 EStG. ◄

Auch die **Nr. 3** stellt ein echtes Unterlassungsdelikt dar. Steuerzeichen sind Wertzeichen, die in Bezug auf einzelne Steuerarten als Banderolen oder Steuermarken zur Entrichtung der Steuer verwendet werden; Steuerstempler waren ausschließlich zur Entrichtung der Wechselsteuer anstelle von Steuermarken zugelassen (§ 4 Abs. 1 Nr. 2, § 14 WStDV aF.; Momsen/Grützner/*Cordes*, HdB Wirtschafts- und Steuerstrafrecht, § 42 Rn. 120 f.).

Tatserfolg ist das Verkürzen von Steuern oder die Erlangung ungerechtfertigter Steuervorteile. Da mit jeder Steuerverkürzung auch ein ungerechtfertigter Steuervorteil erlangt wird, ist das Verhältnis der beiden Varianten umstritten. Die Steuervorteile müssen daher von besonderer Natur sein (Momsen/Grützner/*Cordes*, HdB Wirtschafts- und Steuerstrafrecht, § 42 Rn. 124; Joecks/*Joecks/Jäger/Randt* AO § 370 Rn. 137). Eine Steuerverkürzung liegt vor, wenn die ihm gebührenden Steuern nicht, nicht vollständig oder nicht rechtzeitig an den Steuergläubiger gezahlt werden (§ 370 Abs. 4 S. 1 AO; vgl. Erbs/Kohlhaas/*Hadamitzky/Senge* AO § 370 Rn. 35). Dies ist insbesondere bei einer zu niedrigen Steuerfestsetzung der Fall. Eine nicht rechtzeitige Festsetzung wird mit einer nicht erfolgten gleichgesetzt. Die Abgrenzung erfolgt hier nach der subjektiven Tätervorstellung (BGH NStZ 2009, 510, 511).

Eine ungerechtfertigte Steuerverkürzung ist gem. § 370 Abs. 4 S. 2 AO gegeben, wenn Steuervorteile oder -vergütungen zu Unrecht gewährt oder belassen werden.

Unter einem Steuervorteil ist jeder Vorteil spezifisch steuerlicher Art zu verstehen, der auf dem Tätigwerden der Finanzbehörden beruht (BGH NJW 2009, 381, 383).

> **Hinweis**
>
> Zu den Steuervorteilen zählen bspw. Stundungen (§ 222 AO), Zahlungsaufschübe (§ 223 AO a.F.) oder Erlasse (§ 227 AO; Momsen/Grützner/*Cordes*, HdB Wirtschafts- und Steuerstrafrecht, § 42 Rn. 137). ◄

Der Begriff der Steuern ist in § 3 Abs. 1 AO legaldefiniert.

In **subjektiver Hinsicht** erfordert § 370 AO Vorsatz, wobei Eventualvorsatz ausreichend ist.

Gemäß § 370 Abs. 2 AO ist auch der **Versuch** strafbar.

§ 370 Abs. 3 AO regelt die **Strafzumessung** im Wege der Regelbeispielsmethode. Ein besonders schwerer Fall wegen einer Steuerverkürzung oder der Erlangung ungerechtfertigter Steuervorteile in **großem Ausmaß (Nr. 1)** ist gegeben, wenn der Hinterziehungsbetrag 50.000 Euro übersteigt (BGH NJW 2009, 528, 532; wistra 2018, 224, 226). Wer **Amtsträger i. S. d. Nr. 2** ist, ist in § 7 AO geregelt.

III. Die strafbefreiende Selbstanzeige, § 371 AO

Gemäß § 371 AO wird, wer gegenüber der Finanzbehörde zu allen Steuerstraftaten einer Steuerart in vollem Umfang die unrichtigen Angaben berichtigt, unvollständige ergänzt oder unterlassene nachholt, diesbzgl. nicht nach § 370 AO bestraft. Bei § 371 AO handelt es sich um einen persönlichen Strafaufhebungsgrund, weshalb nur strafbefreit wird, wer die Voraussetzungen in eigener Person erfüllt (MüKoStGB/*Kohler* AO § 371 Rn. 13).

> **Die Selbstanzeige – BGH DStR 2010, 1133 [abgewandelt]**
>
> Am 28. 4. 2005 wurden in dem gegen den Angeklagten geführten Ermittlungsverfahren wegen des Verdachts der Hinterziehung von Einkommensteuer und Solidaritätszuschlag für die Veranlagungszeiträume 2001 und 2002 in der Wohnung des Angeklagten und der Kanzlei seines Steuerberaters Durchsuchungsbeschlüsse vollstreckt. Der Anfangsverdacht, der zur Einleitung des Ermittlungsverfahrens führte, beruhte auf einer von Seiten des Angeklagten betreffend diese Veranlagungszeiträume erstatteten Selbstanzeige i. S. d. § 371 Abs. 1 S. 1 AO vom 02.04.2005. Im Rahmen der Durchsuchungsmaßnahmen ergaben sich Anhaltspunkte dafür, dass der Angeklagte nicht nur für die Jahre 2001 und 2002, sondern bereits für die Jahre 1999 und 2000 in seinen Einkommensteuererklärungen steuerpflichtige Einkünfte verschwiegen und hierdurch Einkommensteuer verkürzt hatte. Nachdem der die Ermittlungen leitende Beamte der Steuerfahndung dem Angeklagten mündlich

eröffnet hatte, dass das Ermittlungsverfahren auf den Verdacht der Hinterziehung von Einkommensteuer für die Jahre 1999 und 2000 erweitert worden sei, übergab der Steuerberater den Fahndungsbeamten zur Vermeidung der Beschlagnahme die vorhandenen sortierten und aufbereiteten Unterlagen für diese Veranlagungszeiträume. Die Belege waren in einer Tabelle erfasst, eine Steuererklärung hingegen noch nicht erstellt. Nachdem der Steuerberater die Unterlagen zurückerhalten hatte, fertigte er innerhalb von zwei Monaten die Einkommensteuererklärungen des Angeklagten für die Jahre 1999 bis 2002. Die aufgrund einer tatsächlichen Verständigung ergangenen Steuerbescheide wurden bestandskräftig; der Angeklagte beglich die Steuerforderungen nach und nach.

Der gegen seine Verurteilung gerichteten Revision des Angeklagten blieb der Erfolg verwehrt. So habe das LG zu Recht die Anwendung des persönlichen Strafaufhebungsgrunds des § 371 Abs. 1 S. 1 AO verneint.

Zum einen hätte der Angeklagte von vorneherein in seiner Selbstanzeige vom 02.04.2005 umfassend und damit auch über die Veranlagungszeiträume der Jahre 1999 und 2000 (berichtigende) Angaben machen müssen. Eine Beschränkung auf die Veranlagungszeiträume 2001 und 2002 steht insoweit der Wirksamkeit der strafbefreienden Selbstanzeige insgesamt entgegen. Der Steuerpflichtige muss damit gleichsam „reinen Tisch" machen, um in den Genuss der Straffreiheit zu kommen.

Einerseits werde nur dies dem Normzweck des § 371 Abs. 1 S. 1 AO gerecht, der nicht nur in fiskalischen Erwägungen begründet liegt, sondern vielmehr auch die Rückkehr in die Steuerehrlichkeit honorieren soll. Letzteres sei nach Ansicht des 1. Strafsenats aber nur dann der Fall, wenn auch eine umfassende Offenlegung aller unrichtigen Angaben erfolgt. Der Senat lässt sich dabei von der (kriminalpolitischen) Erwägung leiten, dass es gerade nicht in diesem Sinne als honorierungswürdig erscheint, wenn der Steuerpflichtige seine Selbstanzeige etwa nur auf bestimmte Veranlagungszeiträume in der Hoffnung beschränkt, dass hinsichtlich der anderen tatsächlich ebenfalls betroffen Veranlagungszeiträume kein Anfangsverdacht entstehen würde. Der Wortlaut des § 371 Abs. 1 S. 1 AO spricht jedenfalls in seiner aktuellen Fassung ebenfalls für eine solche Einschränkung.

Ferner sei hier zu berücksichtigen, dass die nunmehr erfolgte umfassende Berichtigung erst nach Durchführung der Ermittlungsmaßnahmen in der Wohnung des Angeklagten erfolgte. Insoweit sperre der Ausschlusstatbestand des § 371 Abs. 2 Nr. 1 d) AO (§ 371 Abs. 2 Nr. 1 a) AO a. F.) die strafbefreiende Wirkung der Selbstanzeige.

Zu beachten sind die Ausschlussgründe des **Abs. 2.** So wird bspw. auch derjenige nach § 370 AO bestraft, der vor der Selbstanzeige erfahren hat, dass gegen ihn ein Straf- oder Bußgeldverfahren eingeleitet worden ist (Nr. 1b). Die Tat ist dann entdeckt, wenn bei vorläufiger Tatbewertung die Wahrscheinlichkeit eines verurteilenden Erkenntnisses vorliegt (BGH NStZ 2000, 1133, 1135).

Sofern die Steuerverkürzung bereits eingetreten ist oder ungerechtfertigte Steuervorteile erlangt sind, muss der Täter die aus der Tat zu seinen Gunsten hinterzogenen Steuern, die Hinterziehungszinsen (§ 235 AO) und die Zinsen (§ 233a AO), soweit sie auf die Hinterziehungszinsen nach § 235 Abs. 4 AO angerechnet werden, innerhalb einer ihm bestimmten angemessenen Frist entrichten (**Abs. 3**).

§ 11 Umweltstrafrecht

Literatur
Saliger, Umweltstrafrecht, 2. Aufl. 2020; *Hecker/Lorenz*, Systematische Übersicht der Rechtsprechung zum Umweltstrafrecht, NStZ-RR 2018, 65; *Beckemper/Wegner*, Der Abfallbegriff – Geltung des § 3 Abs. 3 S. 1 Nr. 2 KrW/AbfG im Abfallstrafrecht, wistra 2003, 281; *Jakielski/Kirchner*, Autowracks und andere Probleme des Abfallstrafrechts, JA 2000, 813; Kloepfer/Heger, Umweltstrafrecht, 3. Aufl. 2014; *Lüthge/Klein*, Die materielle Genehmigungsfähigkeit im Umweltstrafrecht, ZStW 129 (2017), 48; *Mansdörfer*, Einführung in das Europäische Umweltstrafrecht, Jura 2004, 297; *Satzger/v.Malitz*, Das Klimastrafrecht – ein Rechtsbegriff der Zukunft, ZStW 133, 1; *Winkelbauer*, Die strafrechtliche Verantwortung von Amtsträgern im Umweltstrafrecht, NStZ 1986, 149; *ders.*, Die behördliche Genehmigung im Strafrecht, NStZ 1988, 201; zum strafrechtlichen Abfallbegriff BGH NStZ 2014, 89.

A. Überblick

Die Regelungen zum Umweltstrafrecht finden sich seit dem 18. StrÄndG 1980[1] im Wesentlichen im Kernstrafrecht, namentlich in den §§ 324–330d StGB. Auch die §§ 311, 312 StGB lassen sich hierzu zählen. Das in der Praxis am häufigsten begangene Umweltdelikt ist der unerlaubte Umgang mit Abfällen (§ 326 Abs. 1 StGB), gefolgt von der Verunreinigung eines Gewässers (§ 324 StGB; Momsen/Grützner/*Ventura-Heinrich*, HdB Wirtschafts- und Steuerstrafrecht § 41 Rn. 6).

Geschütztes Rechtsgut sind die einzelnen Bestandteile der Umwelt wie die Luft, das Wasser und der Boden sowie die Pflanzen und Tiere. Auch die Umwelt selbst ist als Ganzes geschützt; sie ist dabei ein Allgemeinrechtsgut, das aber nicht um ihrer selbst willen, sondern für die Menschen zur Erhaltung ihrer Umweltbedingungen geschützt ist (MüKo-StGB/*Schmitz* Vor §§ 324 ff. Rn. 18 ff.). Auch die Gesundheit zählt zu den geschützten Rechtsgütern.

---

[1] Gesetz vom 28.03.1980, BGBl. I, 373.

Die meisten Delikte des Umweltstrafrechts sind **abstrakte Gefährdungsdelikte**, vgl. etwa die §§ 325 Abs. 2, 326 Abs. 1 Nr. 1 bis Nr. 3, Abs. 2, 3, 327, 328 Abs. 1 Nr. 1, 329 Abs. 1, 2 StGB. Ausreichend zur Tatbestandserfüllung ist bereits der Verstoß gegen die verwaltungsrechtlichen Pflichten (Momsen/Grützner/*Ventura-Heinrich*, HdB Wirtschafts- und Steuerstrafrecht § 41 Rn. 11).

Da viele der Umweltdelikte auch Sonderdelikte sind, ist § 14 StGB zu beachten.

Kennzeichnendes Merkmal des Umweltstrafrechts ist seine **Akzessorietät** zum Verwaltungsrecht (VerwR). Insofern ist das Umweltstrafrecht bestes Beispiel für Akzessorietät im Wirtschaftsstrafrecht (siehe dazu unter § 2 B. VI.). Die Akzessorietät besteht darin, dass zur Auslegung von Tatbestandsmerkmalen verwaltungsrechtliche Vorschriften herangezogen werden müssen. Bspw. ist der Abfallbegriff derjenige des § 3 Kreislaufwirtschaftsgesetzes (KrWG). Es handelt sich bei den Umweltdelikten daher häufig um Blanketttatbestände (z. B. §§ 324a, 326 StGB; bei Letzterem verweist Abs. 3 explizit auf die „verwaltungsrechtlichen Pflichten"). Diese Abhängigkeit des Umweltstrafrechts vom Verwaltungsrecht wird als Verwaltungsrechtsakzessorietät bezeichnet (Momsen/Grützner/*Ventura-Heinrich*, HdB Wirtschafts- und Steuerstrafrecht § 41 Rn. 20).

Die Verwaltungsrechtsakzessorietät wird zum Teil als problematisch angesehen (dazu Lackner/Kühl/*Heger* Vor § 324 Rn. 3). Es wird moniert, dass das Unrechtsbewusstsein darunter leide, dass die verwaltungsrechtlichen Normen besonders komplex seien (*Fischer*, Vor § 324 Rn. 5a). Dem ist allerdings zu entgegnen, dass nicht nur die zugrundeliegende Regelungsmaterie komplex ist, sondern dass nur so eine vielfach notwendige dynamische Anpassung an neue Erkenntnisse erfolgen kann. Hinzu kommt, dass die rege Tätigkeit des europäischen Normengebers anderenfalls noch raschere Veränderungen des Strafrechts erfordern würde.

Eine Handlung, vor der keine **verwaltungsrechtliche Genehmigung** (bei einem repressiven Verbot mit Befreiungsvorbehalt - Ausnahmebewilligung) oder **Erlaubnis** (bei einem präventiven Verbot mit Erlaubnisvorbehalt - Kontrollerlaubnis) eingeholt wurde, bleibt strafbar, auch wenn die Voraussetzungen für eine entsprechende Genehmigung oder Erlaubnis vorliegen. Die Genehmigungsfähigkeit allein lässt mithin den Tatbestand nicht entfallen (BGH NJW 1990, 2477, 2479; *Fischer*, Vor § 324 Rn. 10; a.A. *Bloy*, JuS 1997, 577, 586, der eine tatbestandsausschließende bzw. rechtfertigende Wirkung annimmt).

Beispiel
A lagerte auf einem Gewerbehof für seine Geschäftspartner explosionsgefährliche Abfälle. Dabei hielt er die hierfür in den einschlägigen verwaltungsrechtlichen Vorschriften des KrWG vorgeschriebenen Anforderungen ein. Die Voraussetzungen für die Erteilung einer Genehmigung gem. § 35 Abs. 1 KrWG i. V. m. §§ 4 ff. Bundesimmissionsschutzgesetz (BImSchG) lagen vor. Indes war eine Genehmigung zu keinem Zeitpunkt beantragt und erteilt worden. Folglich kommt trotz der vorliegenden Genehmigungsfähigkeit nach überwiegender Ansicht eine Strafbarkeit nach § 326 Abs. 1 Nr. 3 StGB in Betracht.

A. Überblick

Wegen der Verwaltungsakzessorietät und der oben beschriebenen Dynamik der materiellen Regelungen kann es leicht zu **Irrtümern** kommen (dazu unter § 2 D.). Sofern der Täter irrigerweise von dem Vorliegen eines seine Handlung legitimierenden wirksamen Verwaltungsakts ausgeht, der bereits den Tatbestand ausschließt, liegt ein vorsatzausschließender Tatbestandsirrtum i. S. v. § 16 Abs. 1 S. 1 StGB vor. Ein Erlaubnistatbestandsirrtum liegt hingegen vor, wenn der vermeintliche Verwaltungsakt einen Rechtfertigungsgrund darstellt. Die Irrtumskonstellationen können unter anderen deshalb kompliziert werden, weil die Art des Irrtums immer von dem Tatbestandsmerkmal (deskriptiv/normativ) abhängt, über das der Täter irrt (Momsen/Grützner/*Ventura-Heinrich*, HdB Wirtschafts- und Steuerstrafrecht § 41 Rn. 28).

Fall: Die Genehmigung
Die A-GmbH betrieb seit dem 02.02.2020 einen Teil eine kerntechnische Anlage ohne die gem. § 7 Atomgesetz (AtG) erforderliche Genehmigung. Die A-GmbH hatte den Betrieb der Anlage aufgenommen, weil er davon ausging, dass es sich bei einem Schreiben der Behörde vom 25.01.2020 bereits um die entsprechende Genehmigung handelte. Indes hatte die Behörde einzig einen Vorbescheid betreffend diesen Teil der Anlage gem. § 7a AtG erlassen, dem zwar im weiteren Genehmigungsverfahren kraft der Tatbestandswirkung dieses Verwaltungsakts eine Bindungswirkung zugekommen wäre, der seinerseits allerdings noch keine Genehmigung enthielt. Der Geschäftsführer der A-GmbH (X) ging indes davon aus, dass es sich bei dem Bescheid nicht um einen Vorbescheid, sondern bereits um eine (Teil-)Genehmigung i. S. d. § 7 AtG handelte.
Jedenfalls in objektiver Hinsicht hat X (vgl. § 14 Abs. 1 Nr. 1 StGB i. V. m. §§ 6, 35 Abs. 1 GmbHG) die Anlage für die die A-GmbH – losgelöst von einer möglichen Genehmigungsfähigkeit der kerntechnischen Anlage – ohne die gem. § 7 AtG erforderliche Genehmigung betrieben. Die fehlende Genehmigung stellt dabei ein (negatives) Tatbestandsmerkmal dar. Jedenfalls in objektiver Hinsicht ist damit der Tatbestand des § 327 Abs. 1 Nr. 1 StGB erfüllt. Allerdings ging X davon aus, dass bereits eine Genehmigung erteilt worden war. Dabei ist zu berücksichtigen, dass er gerade nicht in rechtlicher Hinsicht über die Wirkung des Vorbescheids i. S. d. § 7a AtG irrte, sondern insgesamt davon ausging, dass bereits ein Genehmigungsbescheid i. S. d. § 7 AtG bezüglich eines Teils der Anlage erlassen wurde. Damit unterliegt er einem Tatbestandsirrtum betreffend das Merkmal der Unbefugtheit und handelt damit gem. § 16 Abs. 1 S. 1 StGB ohne Vorsatz.

> **Die Erlaubnis**
> B war Leiter des von der H-AG betriebenen Wasserwerks, das Teile des aufbereiteten aber weiterhin umweltschädlichen Abwassers in ein naheliegendes Gewässer einleitete. Dabei handelte es sich unter dem Gesichtspunkt des § 9 Abs. 1 Nr. 4, § 8 Abs. 1 Wasserhaushaltsgesetz (WHG) um eine erlaubnispflichtige Gewässerbenutzung. Allerdings ging er davon aus, dass der H-AG bereits eine derartige Erlaubnis zur Benutzung des Gewässers i. S. d. § 8 Abs. 1 WHG erteilt worden war. Dies war tatsächlich nicht der Fall.
> Zumindest der objektive Tatbestand des § 324 Abs. 1 StGB ist erfüllt. Fragen der Genehmigungspflichtigkeit und -fähigkeit betreffen i. R. d. § 324 Abs. 1 StGB einzig die Systemkategorie der Rechtswidrigkeit. Insoweit ist es i. R. d. subjektiven Tatbestands auch nicht von Bedeutung, dass der B davon ausging, dass eine entsprechende Erlaubnis zur Gewässernutzung bereits erteilt worden sei. Vielmehr ist der gesamte Unrechtstatbestand mit dem bloßen Verunreinigen des Gewässers erfüllt.
> Allerdings stellt sich die wasserrechtliche Erlaubnis im Hinblick auf das Merkmal der „Unbefugtheit" in § 324 Abs. 1 StGB als Rechtfertigungsgrund dar. Zwar lag eine solche Erlaubnis objektiv nicht vor. B ging allerdings davon aus, dass gerade dies der Fall sei. Insoweit unterlag er also einem Erlaubnistatbestandsirrtum. Auf dem Boden der durch den 2. Strafsenat des Bundesgerichtshofs vertretenen rechtsfolgenverweisenden eingeschränkten Schuldtheorie (BGH NStZ 2012, 272, 274) handelte er damit jedenfalls mangels „Vorsatzschuld" ohne Schuld. Nach anderer – insbesondere von Seiten der überwiegenden Rspr. der anderen Strafsenate vertretenen – Ansicht handelte er gem. § 16 Abs. 1 S. 1 StGB analog ohne Vorsatz (vgl. BGHSt 45, 219, 224 f.; 45, 378, 384; BGH NStZ 2014, 30; NStZ 2020, 725). Indes bleibt eine Fahrlässigkeitsstrafbarkeit gem. § 324 Abs. 3 StGB mit Blick auf § 16 Abs. 1 S. 2 StGB denkbar.

B. Einzelne Tatbestände

I. Gewässerverunreinigung, § 324 StGB

Gemäß § 324 Abs. 1 StGB wird bestraft, wer unbefugt ein Gewässer verunreinigt oder sonst dessen Eigenschaften nachteilig verändert.

Es handelt sich hierbei um ein **Erfolgsdelikt**; der **Versuch** ist in Abs. 2 unter Strafe gestellt.

Tauglicher Täter ist jedermann.

Ein Gewässer ist gem. § 330d Abs. 1 Nr. 1 StGB ein oberirdisches Gewässer, das Grundwasser und das Meer.

B. Einzelne Tatbestände

> **Hinweis**
> Nicht unter den Gewässerbegriff fallen damit das Abwasser in der Kanalisation oder künstlich angelegte Gartenteiche (BGH NStZ 1997, 189). ◄

Tathandlung ist das Verunreinigen oder das sonstige nachteilige Verändern der Gewässereigenschaft. Verunreinigen bedeutet, dass von außen ein Stoff in das Gewässer eingebracht wird (überwiegende Ansicht MüKo-StGB/*Alt* § 324 Rn. 24; a. A. SSW-StGB/*Saliger* § 324 Rn. 14). Vorübergehende Trübungen oder Verfärbungen sind nicht erfasst; auch muss keine Vermischung stattgefunden haben (MüKo-StGB/*Alt* § 324 Rn. 24). Es muss allerdings eine gewisse Bagatellschwelle überschritten werden.

Probleme können dabei aber im Hinblick auf den Zurechnungszusammenhang entstehen, insbesondere wenn eine Strafbarkeit wegen fahrlässiger Gewässerverunreinigung gem. § 324 Abs. 3 StGB in Frage steht.

> **Fall: Umweltschädigendes Überholen**
> Beispiel.: Trotz Überholverbots hat der X mit seinem LKW den PKW des H überholt und daraufhin einen Unfall verursacht. In der Folge des Unfalls kam es zum Austritt von Betriebsstoffen aus dem Fahrzeugtank, die in ein naheliegendes Gewässer flossen und dieses im o. g. Sinne verunreinigten.
>
> Zwar hat sich X hier sorgfaltswidrig verhalten, vgl. § 5 Abs. 3 Nr. 2 StVO. Das OLG Oldenburg lehnte mit Blick auf § 324 Abs. 1, 3 StGB hingegen eine Strafbarkeit ab (OLG Oldenburg NStZ-RR 2016, 14). Die hier verletzte Sorgfaltsnorm des § 5 Abs. 3 Nr. 2 StVO habe zwar den Schutz des Straßenverkehrs zum Zweck. Deren Schutzzweck erfasse aber gerade nicht den hier eingetretenen Erfolg der Gewässerverunreinigung. Folglich käme eine Strafbarkeit nur bei Übertretung solcher Straßenverkehrsvorschriften in Betracht, die auch den Schutz des Gewässers bezwecke (zust. etwa Schönke/Schröder/*Heine/Schittenhelm* § 324 Rn. 15).

Unbefugt dabei handelt, wer ohne behördliche Genehmigung für die entsprechende Tathandlung agiert. Hierbei handelt es sich nicht um einen Tatbestandsausschließungs-, sondern lediglich um einen Rechtfertigungsgrund mit der Folge, dass die Befugnis nicht bereits den Tatbestand, sondern erst die Rechtswidrigkeit entfallen lässt (Momsen/Grützner/*Ventura-Heinrich*, HdB Wirtschafts- und Steuerstrafrecht § 41 Rn. 44).

Auch die **fahrlässige** Begehung ist unter Strafe gestellt, Abs. 3.

II. Unerlaubter Umgang mit Abfällen, § 326 StGB

§ 326 StGB sanktioniert bestimmte Verfahrensweisen mit Abfall, um schwerwiegende (Gesundheits-)Gefahren für Menschen, Tiere und die Umwelt (Luft, Wasser, Boden) zu verhindern (vgl. MüKo-StGB/*Alt* § 326 Rn. 1, 3).

Während bei den Abs. 1 und 2 jedermann als tauglicher Täter in Betracht kommt, handelt es sich bei Abs. 3 um ein Sonderdelikt.

Tathandlung ist u. a. Abfall außerhalb einer dafür zugelassenen Anlage oder unter wesentlicher Abweichung von einem vorgeschriebenen oder zugelassenen Verfahren zu beseitigen usw., sodass entweder eine abstrakte Gefahr für die menschliche Gesundheit oder die Umwelt herbeigeführt werden kann (Nr. 1–3) oder eine konkrete Gefahr besteht, Gewässer, die Luft oder den Boden zu verunreinigen oder den Tier- oder Pflanzenbestand zu gefährden (Nr. 4) (Momsen/Grützner/*Ventura-Heinrich*, HdB Wirtschafts- und Steuerstrafrecht § 41 Rn. 64; zu den Tathandlungen im Einzelnen siehe MüKo-StGB/*Alt* § 326 Rn. 47 ff.).

Zum Merkmal **unbefugt** siehe soeben.

Von zentraler Bedeutung im Rahmen dieses Tatbestandes ist die Bestimmung des **Abfallbegriffs**. Herangezogen werden kann hier die Definition in § 3 KrWG. Die Rspr. betont dabei allerdings die grundsätzlich eigenständige Bestimmung des Abfallbegriffs, die freilich von den abfallrechtlichen Wertungen (und Systemkategorien „Gewillkürter Abfall vs. Zwangsabfall") geprägt wird, vgl. BGHSt 37, 21, 24, 26; 37, 333, 335; BGH NJW 2014, 91. Eine vollständig akzessorische Bestimmung scheidet insoweit aus (vgl. NK-StGB/*Ransiek*, § 326 Rn. 7).

Bei der Auslegung sind des Weiteren europäische Vorgaben zu beachten (BGH NJW 1991, 1621, 1622; NJW 2014, 91, 93). Die Qualifizierung einer Sache als Abfall kann sich sowohl aus subjektiven Erwägungen (§ 3 Abs. 3 KrWG) als auch aus objektiven (Abs. 4) ergeben. Das gilt vor allem für die gesetzlichen Vermutungen dieser Absätze (vgl. OLG Köln NuR 2002, 635 ff.; NK-StGB/*Ransiek*, § 326 Rn. 7). Der strafrechtliche Abfallbegriff ist gerade enger als derjenige des Verwaltungsrechts. In den Fällen des § 3 Abs. 3 KrWG will sich der Besitzer eine Sache entledigen, in den Fällen des Abs. 4 ist der Besitzer aus Gemeinwohlerwägungen dazu verpflichtet (bspw. bei einem Autowrack, LG Stuttgart NStZ 2006, 291).

Das gilt vor allem für die gesetzlichen Vermutungen, die im Rahmen dieser Absätze aufgestellt sind (vgl. OLG Köln NuR 2002, 635 ff.; NK-StGB/*Ransiek*, § 326 Rn. 7). Zusammenfassend ist der strafrechtliche Abfallbegriff enger als derjenige des VerwR. Dies folgt nicht zuletzt aus dem ultima-ratio Prinzip.

BGHSt 37, 333: Verunreinigtes Pyrolyseöl:
Nach den Feststellungen oblag den Angeklagten gemeinsam die Geschäftsführung der Firma SPG. Diese betrieb eine großtechnische Niedertemperatur-Pyrolyse-Anlage zur Beseitigung von Sonderabfällen mit Rohstoff- und Energierückgewinnung. Die Anlage befand sich seit Mitte 1984 in der Probe-

B. Einzelne Tatbestände

phase. Ende November/Anfang Dezember 1984 waren die Tanklager der SPG mit stark verunreinigtem Pyrolyseöl (60 % Wasser, 20 % Feststoffanteil, 20 % Öl) aus der Produktion gefüllt. Nachdem es trotz der Bereitschaft der Angeklagten, pro Tonne 285 DM für die Abnahme zu zahlen, wegen des Verdachts der gesundheits- und umweltschädlichen Kontamination des Pyrolyseöl mit Dioxinen und Furanen nicht gelungen war, einen Abnehmer zur Reststoffverwertung und Wiederaufarbeitung zu finden, ließen die Angeklagten Ende Dezember 1984 zwei Kesselwagen und Ende Januar 1985 vier weitere Kesselwagen mit Pyrolyseöl füllen; die Kesselwagen wurden auf das Gelände der V-GmbH gebracht und dort „zum Transport" bereitgestellt. Eine behördliche Genehmigung hatten die Angeklagten dafür nicht eingeholt. Ihre weiteren Bemühungen, einen Abnehmer zu finden, blieben erfolglos. Anfang März 1985 wurde das Pyrolyseöl aus allen 6 Kesselwagen auf Anordnung der zuständigen Behörden wieder in die Tanklager der Firma SPG zurückgepumpt.

Jedenfalls aus subjektiver Perspektive lässt sich hier anzweifeln, ob sich die Angeklagten tatsächlich des Pyrolyseöls i. S. d. § 3 Abs. 1 S. 1 KrWG entledigen wollten. Denn trotz der bisher gescheiterten Versuche einen Abnehmer für das Öl zu finden, erscheint es hier denkbar, dass dieses gerade für den Fall eines noch zu findenden Abnehmers „zum Transport" gelagert wurde. Es liegt damit kein „gewillkürter Abfall" aus subjektiver Perspektive vor, sodass auch bei strafrechtsspezifischer Auslegung des Abfallbegriffs in dieser Hinsicht kein Abfall i. S. d. § 326 Abs. 1 StGB gelagert wurde.

Allerdings ist zu berücksichtigen, dass auch i. R. d. strafrechtlichen Abfallbegriffs denkbar bleibt, dass ein Stoff unabhängig von der subjektiven Zwecksetzung des Täters als Abfall kategorisiert werden kann. Dies ist jedenfalls dann der Fall, wenn es sich um sog. Zwangsabfall (vgl. auch § 3 Abs. 4 KrWG) handelt. Unabhängig von einer Verwertungsabsicht des Stoffs als Wirtschaftsgut kann demnach Abfall vorliegen, wenn dieser auf Grund seines konkreten Zustandes geeignet ist, gegenwärtig oder künftig das Wohl der Allgemeinheit, insbesondere die Umwelt zu gefährden. Das zur erstinstanzlichen Entscheidung berufene LG hatte hierzu gerade keine Feststellungen getroffen und die Angeklagten freigesprochen. Der 5. Strafsenat hielt hingegen Feststellungen in dieser Hinsicht erstens für notwendig und sah es zweitens auch als naheliegend an, dass es sich angesichts der Gesundheitsschädlichkeit des Pyrolyseöls tatsächlich um „Zwangsabfall" in diesem Sinne handeln könne und hob das freisprechende Urteil auf die Revision der StA hin auf.

Für den Fall, dass eine schädliche Einwirkung auf die Umwelt, insbesondere auf Menschen, Gewässer, Luft, Boden, Nutztiere oder Nutzpflanzen, wegen der geringen Menge der Abfälle offensichtlich ausgeschlossen ist, beinhaltet § 326 Abs. 6 StGB einen objektiven Strafaufhebungsgrund.

C. Klimastrafrecht

In Zukunft wird das klassische Umweltstrafrecht mehr und mehr durch ein **Klimastrafrecht** ergänzt werden. Dieses erst in der Konturierung befindliche Rechtsgebiet wird systematisch auf zwei Säulen aufbauen. Einerseits bedarf es eines **Klimapräventions**-(straf-)rechts, das Handlungen im Zusammenhang mit der Entstehung des anthropogenen (menschengemachten) Klimawandels durch Strafandrohung zu verhindern versucht. Andererseits wird ein **Klimafolgen**-(straf-)recht notwendig. Dieses hat sich mit bislang unschädlichen Verhaltensweisen zu befassen, denen erst auf Grund des Klimawandels eine Schädigungsdimension zukommt. Grundlage dieses Ansatzes ist es, dass ein anthropogener Klimawandel existiert.

Hauptkennzeichen ist eine Intensivierung des natürlichen Treibhauseffekts durch eine Erhöhung der Treibhausgaskonzentration. Als Verursachen werden insbesondere fokussiert die folgenden Wirtschaftszweige: Energiewirtschaft, Industrie, Gebäudebau und -betrieb, Verkehr, Landwirtschaft, Abfallwirtschaft, Land(schafts)nutzung sowie Forstwirtschaft. Damit sind zugleich zentrale Wirtschaftsbereiche betroffen, so dass weitreichende Überschneidungen zum Wirtschaftsstrafrecht entstehen werden.

Zentrale Probleme entstehen – teilweise in aus dem sog. Produkthaftungsstrafrecht (dazu unter § 2 C. I.) bekannter Ausprägung – im Bereich der **Zurechnung** von Folgen, konkret der Zurechnung von Klimafolgeschäden. Dies betrifft insbesondere den Zusammenhang zwischen Klimawandel, Extremwetterereignissen und Rechtsgutsverletzungen (z. B. Eigentum, Leib u. Leben).

Zwar lassen sich Wahrscheinlichkeitsaussagen zum Verhältnis zwischen Klimawandel und Wetterereignissen treffen, es ist jedoch fraglich, ob strafrechtliche Zurechnung auf kausalitätsersetzender **Wahrscheinlichkeitsprognose** aufbauen darf. Wenn nicht, stellt sich allerdings die Frage, wie anderenfalls eine strafrechtliche Präventionswirkung erzielt werden kann: Kumulative Kausalität?

Schließlich baut auch die objektive **Zurechnungslehre** auf der normativen Fragestellung auf, wessen „Werk" der Erfolg ist und verlangt damit die Benennung konkret-individueller Verantwortungsbereiche. Auch insoweit wäre für eine wirksame Prävention über die Grenzen des Grundsatzes, dass strafrechtliche Verantwortlichkeit auf einer Form von Beherrschbarkeit des zum Erfolg führenden Geschehens aufbauen muss, wohl hinauszugehen. Denn die Folgen werden häufig an multikomplexen Ursachenkombinationen anknüpfen. Insoweit wird ein auf individueller Schuld aufbauendes Strafrecht u. U. nicht alle Bereiche klimaschädigender Verhaltensweisen erfassen können. Weiterführend sind die Entscheidungen – 1 BvR 2656/18, 1 BvR 78/20 1 BvR 96/20, 1 BvR 288/20 – (Klimaschutz), OLG Hamm, Beschl. v. 30.11.2017 – I-5 U 15/17 sowie *Satzger/v.Malitz*, ZStW 133, 1.

§ 12 Vermögensabschöpfung – Einziehung, §§ 73 ff. StGB

Die zum 1. Juli 2017 umfänglich neugefassten[1] §§ 73 ff. StGB sehen in Konsequenz einer rechtswidrigen Tat i. S. d. § 11 Abs. 1 Nr. 5 StGB die **Einziehung von Taterträgen oder deren Wert** vor. Die praktische Bedeutung der strafrechtlichen Vermögensabschöpfung ist heute – insbesondere nach der Streichung des § 73 Abs. 1 S. 2 StGB a.F., der sie bei Eigentums- und Vermögensdelikten faktisch ausschloss – im Wirtschaftsstrafrecht erheblich (vgl. BeckOK-StGB/*Heuchemer*, § 73 Rn. 5; zur historischen Entwicklung Momsen/Grützner/*Köhler*, Hdb Wirtschafts- und Steuerstrafrecht, § 5 Rn. 1 f.). Der Gesetzgeber hat ein hocheffektives Instrument zur Bekämpfung von im weiteren Sinne vermögensrelevanter Kriminalität geschaffen, dass allerdings in teils bedenklicher Weise auf der Annahme fußt, dass es sich bei der Vermögensabschöpfung nicht um eine (Kriminal-)Strafe handelt, die einen Schuldnachweis voraussetzt.

Die Vermögensabschöpfung soll die Attraktivität von Straftaten dadurch schmälern, dass die wirtschaftlichen Anreize zu ihrer Begehung vollständig aufgehoben werden. Der Sache nach geht es darum, der Motivation für geplante Kriminalität gegenzusteuern und somit präventiv zu wirken. Im Bereich der Affekt- oder emotional begründeten Kriminalität spielt dieses Instrument daher keine Rolle. Nach Auffassung des Gesetzgebers und der Rspr. handelt es sich um eine **quasi-kondiktionelle Maßnahme ohne Strafcharakter** (vgl. BT-Drs. 18/9525, 47; BVerfGE 110, 1; BVerfG BeckRS 2021, 3384; BGH NStZ-RR 2018, 241; zust. Lackner/Kühl/*Heger*, § 73 Rn. 1; krit. Schönke/Schröder/*Eser/Schuster*, Vor § 73 Rn. 16 ff., § 73 Rn. 2a; w.N. zur Kritik bei *Fischer*, § 73 Rn. 5). Abzugrenzen ist die Einziehung von der Geldstrafe (vgl. §§ 40 ff. StGB) und der Geldbuße (insb. §§ 30, 130 OWiG, s. § 2 G III. 2., 3.). Das Ordnungswidrigkeitenrecht regelt die Einziehung in §§ 22 ff. OWiG.

---

[1] G zur Reform der strafrechtlichen Vermögensabschöpfung v. 13.04.2017, BGBl. I, 872; ausführl. Lackner/Kühl/*Heger*, Vor § 73 Rn. 1 ff.; MüKo-StGB/*Joecks/Meißner*, Vor § 73 Rn. 21 ff.

Daneben ermöglichen §§ 74 ff. StGB die **Einziehung von Tatprodukten, Tatmitteln und Tatobjekten oder deren Wert**. Diese stellt eine Nebenstrafe dar (BGH NStZ 2018, 526; MüKo-StGB/*Joecks/Meißner*, § 74 Rn. 2 f.).

A. Einziehung von Taterträgen oder deren Wert, §§ 73 ff. StGB

Hat ein Täter oder Teilnehmer durch eine rechtswidrige Tat (§ 11 Abs. 1 Nr. 5 StGB) oder für sie etwas erlangt, ordnet das Gericht nach § 73 Abs. 1 StGB dessen Einziehung an. Die Regelung ist obligatorisch.

Einziehbares **Etwas** ist die Gesamtheit des materiell tatsächlich Erlangten (*Fischer*, § 73 Rn. 12). ***Durch* eine Tat erlangt** ist jeder Vermögenswert, der dem Täter unmittelbar aus der Verwirklichung des Tatbestands in irgendeiner Phase des Tatablaufs derart zugeflossen ist, dass er seiner faktischen Verfügungsgewalt unterliegt.[2] ***Für* eine Tat erlangt** ist, was als Gegenleistung für sie gewährt wird, aber nicht auf der Tatbestandsverwirklichung beruht (LK/*Lohse*, § 73 Rn. 41 f. mit konkreten Fällen).

Abs. 2 erstreckt die Anordnung des Abs. 1 auf gezogene Nutzungen (vgl. §§ 99 f. BGB). Für Surrogate stellt Abs. 3 sie ins Ermessen des Gerichts.

Ist die Einziehung des Erlangten wegen dessen Beschaffenheit oder anderweitig nicht möglich, ist der Gegenwert nach Maßgabe des § 73c S. 1 StGB in Geld einzuziehen (zur besonderen Relevanz in Wirtschaftsstrafverfahren Momsen/Grützner/*Köhler*, Hdb Wirtschafts- und Steuerstrafrecht, § 5 Rn. 43). Gleiches gilt nach § 73c S. 2 StGB, soweit das Erlangte an Wert verloren hat. Die Anordnung ist gemäß § 76 StGB auch nachträglich möglich.

Die **Ermittlung des Erlangten** ist geprägt durch das sogenannte **Brutto-Prinzip**: Ziel ist nicht die Abschöpfung eines Nettogewinns, sondern des gesamten Erlangten (Schönke/Schröder/*Eser/Schuster*, § 73 Rn. 9). Den Grundsatz, dass etwaige Aufwendungen dabei unberücksichtigt bleiben, schränkt § 73d Abs. 1 StGB wertend ein. Nach § 73d Abs. 2 StGB kann **geschätzt** werden.

Nach § 73a Abs. 1 StGB ordnet das Gericht die Einziehung von Gegenständen des Täters oder Teilnehmers auch dann an, wenn diese durch oder für *andere* rechtswidrige Taten erlangt worden sind. Die sogenannte **erweiterte Einziehung** soll die Effektivität der Vermögensabschöpfung erhöhen, indem sie sie auch auf solche Vermögenswerte ausdehnt, die nicht mit der verfahrensgegenständlichen Tat verknüpft sind. Allein notwendig ist, dass Gegenstände nach der Überzeugung des Gerichts aus irgendeiner rechtswidrigen Tat stammen (mit Blick auf die Selbstbelastungsfreiheit krit. insb. zum Zusammenspiel von § 73a Abs. 1 StGB und § 111b StPO MüKo-StGB/*Joecks/Meißner*, § 73a Rn. 15; s. a. NK-WiStR/*Lindemann*, vor §§ 73 ff. StGB Rn. 28). Voraussetzung bleibt indes, *dass* der Täter oder Teilnehmer

---

[2] So BGH NStZ 2019, 272; NJW 2018, 2141, 2142; zum alten Recht noch BGHSt 50, 299, 309 f. („Kölner Müllskandal"); am in dieser Formulierung angelegten Unmittelbarkeitserfordernis wollte der Gesetzgeber des neuen Vermögensabschöpfungsrechts nicht festhalten, vgl. BT-Drs. 18/9525, 47, 55.

verurteilt wird (*Fischer*, § 73a Rn. 9); § 73a Abs. 1 StGB hebt also allein die Notwendigkeit der Identität der abgeurteilten Tat mit jener rechtswidrigen Tat auf, derentwegen die Einziehung erfolgt.

Unter den Voraussetzungen des § 73b StGB ist die Einziehung von Taterträgen **auch bei tatunbeteiligten Dritten** möglich, sofern diese nicht nach § 73e Abs. 2 StGB entreichert sind. Dies kann gerade im Wirtschaftsstrafrecht auch Unternehmen als **juristische Personen** treffen. Dabei setzt insb. § 73b Abs. 1 S. 1 Nr. 1 keine Organstellung des Täters oder Teilnehmers, sondern lediglich dessen Handeln im Interesse des Unternehmens voraus (*Fischer*, § 73b Rn. 5 m. w. N.; LK/*Lohse*, § 73b Rn. 11 f., 16). Die Norm ist im Hinblick auf das Prinzip der Individualschuld nicht unproblematisch. Nach Auffassung des Gesetzgebers soll es aber an einer strengen Bindung der Einziehung als Sanktion sui generis bzw. nicht strafender Sanktion (s. o.) an das Schuldprinzip fehlen.

Ausgeschlossen ist die Einziehung von Taterträgen oder Wertersatz gemäß § 73e Abs. 1 StGB, wenn aus der Tat erwachsene **Ansprüche des Verletzten erloschen** sind. Der Betroffene kann die Einziehung somit durch Herausgabe des Erlangten oder ggf. Leistung von Schadensersatz abwenden (s. a. § 459g Abs. 4 StPO; Momsen/Grützner/*Köhler*, Hdb Wirtschafts- und Steuerstrafrecht, § 5 Rn. 18).

B. Einziehung von Tatprodukten, Tatmitteln und Tatobjekten oder deren Wert, §§ 74 ff. StGB

§ 74 StGB ermöglicht die Einziehung von Tatprodukten und Tatmitteln (i. S. d. Legaldefinition des Abs. 1) und Tatobjekten (Abs. 2), die zur Zeit der Entscheidung einem Tatbeteiligten gehören oder zustehen (Abs. 3 S. 1). Unter den Voraussetzungen des § 74a StGB ist dies auch bei Dritten möglich. § 74b StGB sieht die Einziehung gefährlicher Gegenstände, § 74d StGB die Einziehung bestimmter Schriften vor. Auch hier ist nach Maßgabe des § 74c Abs. 1, 2 StGB ersatzweise die Einziehung des Gegenwerts in Geld möglich, der nach § 74c Abs. 3 geschätzt werden kann.

Kann infolge einer Handlung, die eine natürliche Person in rechtlicher Vertretung oder tatsächlicher Verantwortung für eine **juristische Person**, einen **nicht rechtsfähigen Verein** oder eine **rechtsfähige Personengesellschaft** vornimmt, die Einziehung nach §§ 74 ff. StGB angeordnet werden, gilt dies gemäß § 74e S. 1 StGB qua Zurechnung auch gegenüber der juristischen Person, dem Verein oder der Personengesellschaft. Ob die Vertreterstellung rechtlich wirksam begründet wurde, ist dabei nach S. 2 StGB irrelevant.

C. Gemeinsame Vorschriften und Verfahrensrechtliches; insb. selbständige Einziehung

Nach § 76a Abs. 1 S. 1 StGB ordnet das Gericht die Einziehung selbständig an, wenn wegen der Straftat keine bestimmte Person verfolgt oder verurteilt werden kann und die Voraussetzungen der Maßnahme im Übrigen vorliegen. Die sogenannte

selbständige Einziehung (auch: **objektives Verfahren**) setzt voraus, dass die konkrete Tat bekannt ist, mit der betroffene Gegenstände im Zusammenhang stehen. Die Verfolgung konkreter Personen kann aus tatsächlichen (z. B. Flucht, dauernde Verhandlungsunfähigkeit oder Unmöglichkeit, Tatbeteiligte zu ermitteln; LK/*Lohse*, § 76a Rn. 8) oder rechtlichen Gründen (Verfahrenshindernisse mit Ausnahme der in Abs. 1 S. 3 genannten sowie der Verjährung, vgl. Abs. 2) unmöglich sein.

Ist die Verfolgung der rechtswidrigen Tat verjährt, bleibt die selbständige Einziehung nach § 76a Abs. 2 StGB unter den Voraussetzungen der §§ 73, 73b, 73c, 74b, 74d StGB möglich (s. dazu BVerfG BeckRS 2021, 3384). Abs. 3 erstreckt den Anwendungsbereich des Abs. 1 auf Fälle des Absehens von Strafe oder der (jugendstrafrechtlichen) Diversion (§§ 153 ff. StPO).

Nach § 76a Abs. 4 S. 1 StGB soll ein aus einer rechtswidrigen Tat herrührender Gegenstand, der in einem Verfahren wegen einer Katalogtat des Abs. 4 S. 3 sichergestellt wurde, auch dann selbständig eingezogen werden, wenn der von der Sicherstellung Betroffene nicht wegen der Straftat verfolgt oder verurteilt werden kann. Diese Regelung **kombiniert die erweiterte** (s. u. A.) **und die selbständige Einziehung** und bewirkt eine **Beweislastumkehr** (*Fischer*, § 76a Rn. 9 m. w. N.; an der Möglichkeit verfassungsrechtlich unbedenklicher Anwendung zweifelt NK-WiStR/*Lindemann*, vor §§ 73 ff. StGB Rn. 29). Dem Katalog des Abs. 4 S. 3 angehören muss dabei lediglich die Tat, derentwegen gegen den Betroffenen ermittelt wird, *nicht* aber die Tat, aus der der Gegenstand nach Überzeugung des Gerichts herrührt (s. § 5 B.). Dass der Katalog neben diversen Staatsschutz- und anderen Delikten u. a. nach §§ 17 f. Außenwirtschaftsgesetz (AWG) auch Steuerdelikte nach §§ 370, 373 und 374 Abgabenordnung (AO) sowie insbesondere die Geldwäsche gemäß § 261 Abs. 1, 2 und 4 StGB umfasst, eröffnet der selbständigen erweiterten Einziehung weite Anwendungsbereiche mit wirtschaftsstrafrechtlichem Bezug.

Die **gerichtliche Überzeugungsbildung** bezüglich der inkriminierten Herkunft eines nach §§ 73a Abs. 1, 76a Abs. 4 StGB einzuziehenden Gegenstands richtet sich nach § 261 StPO, wobei § 437 StPO relevante Indizien – insbesondere ein etwaiges grobes Missverhältnis zwischen dem Wert des Gegenstands und den rechtmäßigen Einkünften des Betroffenen – vorgibt (vgl. MüKo-StGB/*Joecks*/*Meißner*, § 76a Rn. 23 ff.; zur Geltung des § 437 StPO auch für § 73a StGB s. LK/*Lohse*, § 73a StGB Rn. 46).

Die Verjährung (krit. zum Begriff SSW-StGB/*Heine*, § 76b Rn. 2) der selbständigen Einziehung normiert – wie auch für die erweiterte Einziehung nach § 73a – § 76b StGB, dessen Abs. 1 für alle Fälle mit Ausnahme jener des Abs. 2 eine **30-jährige Verjährungsfrist** vorsieht.

Im Strafverfahren kann im Fall der begründeten Annahme, dass die Voraussetzungen der Einziehung vorliegen, nach §§ 111b ff., 111e ff. StPO die **Beschlagnahme** von Gegenständen zur Sicherung der Einziehung bzw. der **Vermögensarrest** zur Sicherung der Einziehung von Wertersatz angeordnet werden.

Die etwaige Verfahrensbeteiligung **Drittbetroffener** richtet sich nach §§ 424 ff. Für **Nebenbetroffene** – Personen, bei denen glaubhaft erscheint, dass ihnen an einzuziehenden Gegenständen Rechte zustehen – gilt § 438 StPO.

§ 13 Compliance

Literatur
Bürkle, Die Bußgeldrelevanz des Compliance-Managements, BB 2018, 525; *Eufinger*, Das Judikat des BGH zur Compliance und seine Bedeutung für die kartellrechtliche Verbandsgeldbuße, NZWiSt 2018, 327; *Kasiske*, Leise pfeift der Whistleblower, ZJS 2016, 628; *Marsch-Barner*, Corporate Whistleblowing, ZHR 181 (2017), 847; *Nietsch*, Compliance-Risikomanagement als Aufgabe der Unternehmensleitung, ZHR 180 (2016), 733; *Rotsch*, Criminal Compliance, 2015; *Ullrich*, Der Schutz von Whistleblowern aus strafrechtlicher Perspektive – Rechtslage de lege lata und de lege ferenda, NZWiSt 2019, 65; *Momsen/Benedict*, Limited Protection and No Reward: An Overview of Whistleblowing in Germany, KriPoZ 2020, 234; *Momsen/Grützner*, Handbuch Wirtschafts- und Steuerstrafrecht, 2. Auflage 2020; OLG Hamm NStZ 2018, 421; *Rotsch*, „Lederspray" redivivus – Zur konkreten Kausalität bei Gremienentscheidungen, ZIS 2018, 1; *Miege*, Einrichtung eines Hinweisgebersystems, CCZ 2018, 45; *Baur/Holle*, Compliance-Defens bei der Bußgeldbemessung und ihre Einpassung in das gesellschaftsrechtliche Pflichtenprogramm, NZG 2018, 14; *Jenne/Martens*, Compliance-Management-Systeme sind bei der Bußgeldbemessung nach § 30 OWiG zu berücksichtigen – Anmerkung zu BGH, Urteil vom 9.5.2017 –1 StR 265/16, CCZ 2017, 285; *Bicker/Stoklasa*, Business Partner Compliance – Ausgestaltung und Einführung von Prüf- und Kontrollprozessen, BB 2018, 519; *Bicker/Sackmann*, Compliance bei M&A-Transaktionen 2019; *Grützner/Boerger/Momsen*, Die „Dieselaffäre" und ihre Folgen für Compliance-Management-Systeme – Evolution durch Einbeziehung des Bereichs Produkt-Compliance in ein CMS (z. B. zum Zweck der Prävention produktbezogener Täuschungen), CCZ 2018, 50; *Eßwein*, Mitarbeiteramnestien bei der Aufklärung von Compliance-Verstößen, CCZ 2018, 73; *Siepelt/Pütz*, Die Compliance-Verantwortung des Aufsichtsrats, CCZ 2018, 78; *Stück*, Überwachung und Kontrolle von Arbeitnehmern nach neuer Rechtsprechung – Empfehlungen für Arbeitgeber im Brennpunkt von Compliance, Datenschutz und Arbeitsrecht, CCZ 2018, 88.

A. Einführung: Compliance

I. Begriff und Bedeutung der Compliance

Eng mit § 130 OWiG verknüpft, aber auch darüber hinaus und in einem internationalen Kontext von großer praktischer und aktueller Brisanz ist das Thema Compliance. Der Begriff Compliance stammt ursprünglich aus dem medizinischen Bereich und bedeutet so viel wie die Einhaltung einer Therapie durch den Patienten, der sich „compliant", also den ärztlichen Anweisungen entsprechend, verhalten soll. Im Rechts- und Wirtschaftsverkehr stammt der Begriff aus den USA, wobei es um die Einhaltung von gesetzlichen Bestimmungen und eigenen unternehmensinternen Regeln geht. Da diese Einhaltung zunächst eine allgemeine Bürgerpflicht ist, könnte man auf den Gedanken kommen, dass es sich bei Compliance letztlich um „alten Wein in neuen Schläuchen handelt". Eine solche Schlussfolgerung wäre jedoch verfehlt: Ausgehend von der Annahme, dass komplexen Unternehmensorganisationen besondere Gefahren innewohnen, ist Compliance daher als eine Notwendigkeit zu verstehen, Maßnahmen der Selbstkontrolle einzuführen, die ein rechtmäßiges Verhalten im Unternehmen sicherstellen sollen (*Bock*, ZIS 2009, 68 m. w. N.). Primäres Ziel ist hierbei die Risikoverringerung durch Vermeidung von Kosten, insbesondere für Schäden, Bußgelder bzw. sonstige Strafzahlungen, aber auch die Vermeidung von Imageschäden für die eigene „Marke", die sich letztlich ebenfalls wirtschaftlich negativ auswirken können (*Kudlich/Oglakcioglu*, Wirtschaftsstrafrecht, Rn. 254).

Compliance spielte zunächst in den USA und nur in großen Konzernen mit internationalen Bezügen eine Rolle. Allein in solchen Großkonzernen findet man bis heute Compliance-Abteilungen mit hunderten Mitarbeitern. Spätestens seit der Aufdeckung des Bestechungssystems bei Siemens im Jahr 2006 ist Compliance auch in Deutschland fest verankert. Erfüllt ein Unternehmen seine „Compliance-Pflicht", und nutzt es diese nicht nur als „Feigenblatt" nach außen, sind damit regelmäßig gleichzeitig wesentliche der erforderlichen Aufsichtsmaßnahmen i. S. d. § 130 OWiG erfüllt. Auch für eine Fahrlässigkeitsstrafbarkeit (z. B. nach den §§ 222, 229 StGB im Rahmen der Produkthaftung) bleibt dann in der Regel nur noch wenig Raum. Dies gilt zunächst und vor allem für die Geschäftsleitung, die das „Compliance-System" etabliert hat, um Schaden vom Unternehmen abzuwenden und letztlich auch um sich selbst zu entlasten. Im Bereich des Wirtschaftsstrafrechts hat sich der Begriff der „Criminal Compliance" eingebürgert. Der Fokus liegt in diesem Bereich also auf der Vermeidung von strafrechtlichen Sanktionen, oder – in der Praxis ebenso wichtig – etwaigen Strafverfolgungsmaßnahmen und von Bußgeldern. Unternehmen führen aber auch Compliance-Maßnahmen ein, um schwerpunktmäßig steuerrechtliche Vorschriften einzuhalten (sog. Tax Compliance) oder zur Einhaltung von Regeln gegenüber Vertragspartnern zur Vermeidung einer zivilrechtlichen Haftung. Eine immer stärkere Rolle spielt die IT-Compliance, da im modernen Datenschutzrecht, namentlich infolge der Überformung durch die DSGVO auch erhebliche Bußgeldrisiken angelegt sind.

II. Struktur

Strukturell lassen sich Compliancemaßnahmen und Institutionen in zwei Bereiche differenzieren: Einerseits kann der Zweck **präventiv** ausgerichtet sein, also etwa in der Schulung von Mitarbeitern oder dem Aufbau eines Überwachungs- oder auch eines Hinweisgebersystems. Zu den klassischen Maßnahmen zählen: Rahmenwerk einer Corporate Governance, bspw., durch Aufstellung eines Code of Conduct/Code

A. Einführung: Compliance

of Ethics/unternehmensinterner Verhaltens- und Prozessregeln, daneben Information und Schulung, ein regemäßiges Risikoscreening, die Herstellung von Informations- und Datensicherheit, u. a. durch Einrichtung sog. „Chinese Walls" und die bereits erwähnte Schaffung einer Whistleblowing-Hotline (anonym).

Der Zweck kann jedoch auch **repressiv** ausgerichtet sein, d. h. auf die Aufklärung und Aufarbeitung bereits geschehener Regelübertretungen. Zu den repressiv ausgerichteten Maßnahmen zählen neben internen Untersuchungen bzw. in deren Kontext u. a. Monitoring (repressive und zugleich präventive Funktion), alle Maßnahmen, die zur Überwachung der Mitarbeiter und der Wirksamkeit der Compliance – Anordnungen dienen, so auch das Auditing als interne Ermittlungsmaßnahme in Form von Anhörungen der Aufklärung von Umständen oder der Bewertung von Prozessen.[1]

Beide Zwecksetzungen und ihre Umsetzung können, bspw. als Faktoren bei der Bemessung einer Unternehmensgeldbuße oder der Sanktionierung von verantwortlichen Individuen (Organen u. a.) strafrechtlich relevant werden.

III. Die Etablierung eines wirksamen Compliance-Systems

Um die angestrebte Haftungs- und Verantwortungsvermeidung zu erreichen, muss das Compliance-System wirksam sein. Das heißt, dass es natürlich nicht genügend ist und sein kann, eine (möglicherweise bereits bestehende) Abteilung in „Compliance-Abteilung" umzubenennen und bei völlig unzulänglicher Personal- und Sachmittelausstattung von nun an den Bereich Compliance bearbeiten zu lassen (sog. „Window-Dressing"). Am Anfang eines jeden wirksamen Compliance-Systems steht eine Art „Risikoscreening". Das heißt die Geschäftsleitung muss zunächst ermitteln und prüfen, in welchem Bereich Risiken für das Unternehmen bestehen. Dies ist stark von bspw. der Größe des Unternehmens, seiner internationalen Vernetzung mit möglichen Risikomärkten, der Branche, in der es tätig ist und zahlreichen weiteren Faktoren abhängig. Ein für alle Unternehmen gleichermaßen passendes Compliance-System kann es daher nicht geben. Wurden die konkreten Risiken für das eigene Unternehmen ermittelt, ist es der nächste Schritt Strukturen zu schaffen, um diesen Risiken vorzubeugen und die Mitarbeiter über gesetzeskonformes Verhalten und die Grundsätze der Unternehmenspolitik zu informieren. Hierzu ist es regelmäßig geboten, Verhaltensrichtlinien zu erlassen (auch Code of Conduct oder Code of Ethics genannt), an denen sich die Mitarbeiter orientieren können. In solchen Verhaltensrichtlinien kann z. B. geregelt sein, welche Geschenke Mitarbeiter annehmen oder machen dürfen, um eine klare Grenze zum möglicherweise strafrechtlich relevanten Korruptionsbereich ziehen zu können. Wichtig ist in diesem Zusammenhang auch der von der Geschäftsleitung vorgegebene und (im Optimalfall) vorgelebte „Tone from the top".

---

[1] Referenz: DoJ – Principles (of Federal Prosecution of Business Organizations), http://www.justice.gov/sites/default/files/opa/legacy/2008/08/28/corp-charging-guidelines.pdf, zuletzt abgerufen am 19.07.2021.

Ist ein System von Verhaltensregeln etabliert, muss für die Überwachung und Einhaltung dieser Regeln Sorge getragen werden. Hierfür wird in der Regel eine Compliance-Abteilung eingerichtet werden müssen, an deren Spitze der Chief Compliance Officer (CCO) oder Compliance-Beauftragte steht. Wichtig ist ferner, dass das Unternehmen von vornherein so organisiert wird, dass Regelverstöße nicht begünstigt, sondern nach Möglichkeit verhindert werden. Dies kann z. B. durch die strikte Trennung von verschiedenen Unternehmensbereichen geschehen, bei denen personelle Überschneidungen schnell zu Problemen führen können (Errichtung sog. „Chinese Walls"). Hierdurch wird zugleich dem Datenschutz und der Datensicherheit im Unternehmen gedient. Selbstverständlich muss auch die Compliance-Abteilung hinreichend mit Personal- und Sachmitteln ausgestattet werden, um ihrer wichtigen Aufgabe gerecht werden zu können. Sie muss ferner freien Zugang zu allen für ihre Arbeit relevanten Bereiche im Unternehmen erhalten. Für die spätere Haftungsvermeidung ist es ferner erforderlich, dass die relevanten Vorgänge im Unternehmen schriftlich dokumentiert werden.

IV. Hinweisgebersysteme (Whistleblowing)

Wichtiges Instrument in diesem Zusammenhang ist auch die Einrichtung einer sog. Whistleblowing-Anlaufstelle. In den letzten Jahren haben Unternehmen auch in Deutschland zunehmend Systeme etabliert, um etwaigen Hinweisgebern die Hand zu reichen und ihnen technische Einrichtungen (z. B. per Telefon-Hotline oder Emailadresse) oder Ansprechpartner (z. B. ein externer oder interner Ombudsmann) für derartige Hinweise anzubieten (Momsen/Grützner/*Grützner*, HdB Wirtschafts- und Steuerstrafrecht, § 16 Rn. 86). Eine gesetzliche Pflicht zur Einführung solcher Systeme gibt es in Deutschland – anders als zum Teil im angelsächsischen Raum – zurzeit (noch) nicht. Sie sind mittlerweile aber weit verbreitet und gelten als „best practice" sowie als Bestandteil eines jeden effektiven Compliance-Programms (Momsen/Grützner/*Grützner*, HdB Wirtschafts- und Steuerstrafrecht, § 16 Rn. 89 ff.; dort auch zu möglichen Risiken im Hinblick auf § 130 OWiG bei Nichteinrichtung eines Whistleblowing-Systems). Werden Informationen von Mitarbeitern an dafür vorgesehene Anlaufstellen im Unternehmen weitergereicht, spricht man von internem Whistleblowing. Dieses ist im Rahmen der allgemeinen Gesetze (§§ 164, 185 StGB) erlaubt und von der Unternehmensführung in der Regel ja gerade gewünscht. Wendet sich ein Mitarbeiter direkt an eine (Strafverfolgungs-)Behörde oder Medienvertreter, spricht man von externem Whistleblowing. Hier droht dem Whistleblower zusätzlich eine Strafbarkeit nach § 17 UWG oder den Vorschriften des Gesetzes zum Schutz von Geschäftsgeheimnissen (strafbar nach § 23 GeschGehG). Auch arbeitsrechtlich muss er Konsequenzen fürchten, jedenfalls dann, wenn er sich zuvor nicht an eine interne Stelle im Unternehmen (ggf. der Vorgesetzte) gewandt hat (dazu ausf. Momsen/Grützner/*Oonk*, ZIS 2011, 754 ff.).

Gegenwärtig ist der Schutz von Whistleblowern in Deutschland ein schwieriges Feld. Anders als in den Vereinigten Staaten existiert keine Tradition einer Zusammenarbeit von Strafverfolgungsbehörden mit privaten Hinweisgebern, jedenfalls keine positiv konnotierte Tradition. Im Gegenteil scheinen Erinnerungen an „Gestapo" und „Stasi" eher zur Zurückhaltung bei der Verwertung entsprechender Erkenntnisse zu führen. Auch nach Einführung des „Gesetzes zum Schutz von Geschäftsgeheimnissen" und in Kenntnis des Regierungsentwurfs eines Verbandssanktionen lässt sich keine durchgreifende Änderung erwarten. Insbesondere ist keine strukturierte Regelung, wie Whistleblower zu schützen und welche Anreize ihnen zu geben sind, zu erwarten. Das erste Gesetz verfolgt bereits seinem Namen nach eine andere Zielrichtung und hält lediglich eine sehr eingeschränkte Safe-Harbour-Regelung bereit, der Entwurf führt sogar zur Einschränkung des Beschlagnahmeschutzes von Whistleblower Hotlines. Gezielte Anreize zu setzen oder die Whistleblower gar finanziell am Erfolg der Ermittlungen zu beteiligen, scheinen dem deutschen Gesetzgeber weiterhin fremde Konzepte zu bleiben. Damit werden zugleich europäische Vorgaben nur defizitär umgesetzt (ausf. und rechtsvergleichend *Momsen/Benedict*, KriPoZ 2020, 234).

Im April 2022 wurde der Referentenentwurf des Bundesministeriums der Justiz für ein Gesetz für einen besseren Schutz hinweisgebender Personen sowie zur Umsetzung der Richtlinie zum Schutz von Personen, die Verstöße gegen das Unionsrecht melden (Hinweisgeberschutzgesetz) veröffentlicht.

Er dient der Umsetzung der Richtlinie (EU) 2019/1937 des Europäischen Parlaments und des Rates vom 23. Oktober 2019 zum Schutz von Personen, die Verstöße gegen das Unionsrecht melden (ABl. L 305 vom 26.11.2019, 17), die durch die Verordnung (EU) 2020/1503 (ABl. L 347 vom 20.10.2020, 1) geändert worden ist (HinSch-RL).

Zugleich soll der Hinweisgeberschutz in der Bundesrepublik Deutschland wirksam und nachhaltig verbessert werden.

Zur Begründung wird ausgeführt „Mit einem neuen Gesetz zum Schutz hinweisgebender Personen (Hinweisgeberschutzgesetz – HinSchG) soll deren bislang lückenhafter und unzureichender Schutz ausgebaut werden. Hinweisgeberinnen und Hinweisgeber leisten einen wichtigen Beitrag zur Aufdeckung und Ahndung von Missständen. Allerdings gab es in der Vergangenheit immer wieder Fälle, in denen sie infolge einer Meldung oder Offenlegung von Missständen benachteiligt wurden. Ziel dieses Gesetzentwurfes ist es, diese Benachteiligungen auszuschließen und Hinweisgeberinnen und Hinweisgebern Rechtssicherheit zu geben. Mit dem Gesetzentwurf soll das Ziel eines verbesserten Hinweisgeberschutzes mit den Interessen von Unternehmen und öffentlicher Verwaltung, die zum Ergreifen von Hinweisgeberschutzmaßnahmen verpflichtet werden, so in Einklang gebracht werden, dass bürokratische Belastungen handhabbar bleiben".

In Deutschland ist der Hinweisgeberschutz bislang vor allem durch die Rechtsprechung geprägt. Insbesondere die Gerichte der Zivil- und Arbeitsgerichtsbarkeit orientieren sich an den Vorgaben des Europäischen Gerichtshofs für Menschenrechte (EGMR). Dieser hatte sich im Jahr 2011 in einer Grundsatzentscheidung, in der es um die Meldung von Missständen in einem Pflegeheim ging, mit der Abwägung zwischen Arbeitgeber- und Arbeitnehmerinteressen befasst und geurteilt, dass im konkreten Fall eine Verletzung von Artikel 10 (Freiheit der Meinungsäußerung) der Europäischen Menschenrechtskonvention vorlag. Der EGMR bestätigte die

Pflicht von Arbeitnehmerinnen und Arbeitnehmern zu Loyalität, Zurückhaltung und Vertraulichkeit gegenüber dem Arbeitgeber und bezeichnete den Gang an die Öffentlichkeit als „letztes Mittel". Für Hinweisgeberinnen und Hinweisgeber bleibt allerdings angesichts der unscharfen Kriterien für ein zulässiges „Whistleblowing" ein erhebliches Risiko, wenn sie einen Rechtsverstoß an externe Stellen melden.

„Dieser Entwurf soll durch die Umsetzung der HinSch-RL und Kodifizierung der durch die Rechtsprechung aufgestellten Grundsätze Rechtsklarheit für Hinweisgeberinnen und Hinweisgeber darüber schaffen, wann und durch welche Vorgaben sie bei der Meldung oder Offenlegung von Verstößen geschützt sind. Dies ist gleichzeitig hilfreich und wichtig für die Stellen in Wirtschaft und Verwaltung, die mit einer Meldung umgehen und die richtigen Maßnahmen ergreifen müssen." (https://www.bmj.de/SharedDocs/Gesetzgebungsverfahren/DE/Hinweisgeberschutz.html, zuletzt abgerufen am 24.4.2022).

Anders als insbesondere in den Vereinigten Staaten üblich, gewährt der Entwurf Whistleblowern keine **materiellen Anreize** („bounty"), um über Missstände zu berichten. Eine Parallelität von Bestrafung und Belohnung für tatbeteiligte Whistleblower scheint dem deutschen Strafrecht noch zu fremd zu sein. Ebenso werden Whistleblower im deutschen Recht strukturell als Zeugen angesehen und nicht weitergehend als V-Leute, die nach Offenbarung auf Betreiben der Ermittlungsorgane weitere Informationen verdeckt durch ihre betriebliche Rolle sammeln können (näher *Momsen/Benedict*, KriPoZ 2020, 234; dies., „Whistleblowing" in Elgar Encyclopedia of Crime and Criminal Justice, 2023). Der Entwurf wurde jedoch nicht verabschiedet und die Richtlinie zum Fälligkeitsdatum nicht umgesetzt. Damit kommt zwar aktuell (2022) eine teilweise direkte Anwendung der Richtlinie in Betracht, jedoch kaum in dem hier relevanten Verhältnis unter Privaten. Es bleibt damit vorerst bei der bisherigen Rechtslage, die insbesondere mit Blick auf den dringend gebotenen Schutz von Whistleblowern unbefriedigend ist.

V. Interne Ermittlungen[2]

In der Praxis mindestens ebenso wichtig wie die Frage der Etablierung eines Compliance-Systems ist die Frage, was passieren soll, wenn man – sei es durch einen Hinweisgeber oder durch eigene Kontrollen – davon erfährt, dass es im Unternehmen zu Unregelmäßigkeiten gekommen ist oder aktuell noch kommt. Selbstverständlich reicht es nicht aus, wenn innerhalb des Unternehmens Kontrollen durchgeführt werden etc., sondern es muss auch reagiert werden, wenn die Unternehmensleitung durch Kontrollen oder Hinweisgeber auf Gesetzesverstöße aufmerksam wird. In diesem Fall ist einem etwaigen Verdacht nachzugehen. So ist zum Beispiel ein Hinweis, der die zuständige Stelle über ein Hinweisgebersystem erreicht hat, auf seine hinreichende Substantiierung zu prüfen. Je größer die Wahrscheinlichkeit ist, dass sich Mitarbeiter pflichtwidrig verhalten haben, und je

---

[2] Zum folgenden Kapitel, das nur einen kursorischen Überblick bietet, ausführlich Momsen/Grützner/*Grützner*, HdB Wirtschafts- und Steuerstrafrecht, § 16, insbes. Rn. 80 ff.

A. Einführung: Compliance

schwerwiegender der mögliche Verstoß ist, desto eher und desto mehr Ermittlungsaufwand ist vom Unternehmen zu erwarten (dazu ausf. Momsen/Grützner/*Grützner*, HdB Wirtschafts- und Steuerstrafrecht, § 16 Rn. 93 ff.).

Ferner greifen Unternehmen auch häufig auf externe Prüfer zurück. Diese – nicht selten mit signifikanten Kosten (wie bei Siemens offenbar in Höhe von mehreren hundert Millionen EUR) verbundene – Maßnahme bietet sich insbesondere dann an, wenn der Verdacht besteht, dass die im Hause zuständige Stelle selbst in die Unregelmäßigkeiten verstrickt ist oder aber um eine externe Stelle, die für eine etwaige Sanktionierung zuständig ist, durch die Einschaltung einer (vermeintlich) objektiven dritten Partei vom eigenen „guten Willen" zu überzeugen, um so eine spätere Sanktion abzumildern.

Die Durchführung der internen Ermittlungen selbst wirft eine Fülle von Rechtsfragen auf, die hier nur kurz angerissen werden können. Strukturell sind interne Untersuchungen an der Schnittstelle von Strafrecht, Strafverfahrensrecht, Arbeitsrecht und Datenschutzrecht anzusiedeln. Gerade im Zusammenhang mit der Durchsuchung von Emails oder sonstiger Kommunikation sind stets die einzelfallbezogen zu prüfenden datenschutzrechtlichen Vorschriften zu beachten. Dies gilt im besonderen Maße dann, wenn es der Dienstherr gestattet hat, den dienstlichen Email-Account auch für private Zwecke zu nutzen. Auch hinsichtlich anderer denkbarer Maßnahmen, wie z. B. Video- oder Telefonüberwachung, sind stets datenschutzrechtliche Regelungen zu beachten. Ferner ist an mögliche Mitbestimmungsrechte des Betriebsrats zu denken.

Eine sehr wichtige Maßnahme im Rahmen interner Ermittlungen ist die Durchführung sog. Mitarbeiter-Interviews. Bei diesen werden Angestellte des Unternehmens zu ihren Kenntnissen über bestimmte Vorgänge im Unternehmen befragt. Hier stellt sich regelmäßig die Frage, ob die Mitarbeiter zur Auskunft verpflichtet sind, und ob gewonnene Erkenntnisse in einem etwaigen späteren Strafverfahren verwertet werden dürfen. Insbesondere die zweite Frage ist noch nicht geklärt. Viel spricht dafür davon auszugehen, dass aufgrund der arbeitsvertraglichen Pflichten die Mitwirkung von Seiten des Mitarbeiters nicht verweigert werden darf, während auf der zweiten Stufe eine Verwertung einer derartig erlangten und an die Strafverfolgungsbehörden weitergereichten Aussage nicht ohne weiteres zugestimmt werden kann (dazu ausf. *Momsen*, ZIS 2011, 508 ff.). Eine solche Lösung hatte das Bundesverfassungsgericht auch schon in der vergleichbaren Konstellation der Auskunftspflicht des Gemeinschuldners im Konkursverfahren (sog. Gemeinschuldnerbeschlusses) aus dem Jahr 1981 gewählt (BVerfGE 56, 37 ff.). Eine andere Lösung wurde im gescheiterten Entwurf für ein Unternehmenssanktionengesetz (s. u. § 14) verfolgt, indem man die internen Interviews unter Bezugnahme auf den Fairnessgedanken unmittelbar auf strafverfahrensrechtliche Grundsätze zu verpflichten suchte.

Wichtig und hochgradig umstritten ist auch die Beantwortung der Frage, ob Aufzeichnungen, die bei Interviews angefertigt werden, einem Beschlagnahmeverbot nach § 97 StPO unterliegen. Der Fundus an Informationen, den „interne Ermittler" – die häufig externe Anwaltskanzleien und Wirtschaftsprüfer sind – zusammengestellt haben, weckt verständlicherweise auch Begehrlichkeiten bei den notorisch personell unterbesetzten Staatsanwaltschaften, sich eben diese Informationen im Rahmen einer Beschlagnahme zu beschaffen und für die eigenen Ermittlungen zu

Nutze zu machen. In diesem Zusammenhang ist insbesondere das Urteil des Landgerichts Hamburg vom 15.10.2010 von großer Bedeutung (LG Hamburg StV 2011, 148 ff.; anders aber später das LG Mannheim wistra 2012, 400 ff.). Nach diesem unterliegen die Protokolle der im Rahmen einer internen Untersuchung mit Beschuldigten und Mitarbeitern geführten Interviews keinem Beschlagnahmeverbot i. S. v. § 97 Abs. 1 Nr. 3 StPO, wenn eine Rechtsanwaltssozietät vom Aufsichtsrat einer AG mit einer internen Untersuchung zur Frage möglicher Pflichtverletzungen durch Mitglieder des Vorstands beauftragt wurde (näher u. a. *Momsen*, NJW 2018, 2362 ff. und umfassend *Momsen/Grützner*, CCZ 2017, 242 ff.). Auf Basis der Beschlüsse des BVerfG in 2018 (NJW 2018, 2362) ist davon auszugehen, dass das Schutzkonzept der StPO insoweit gilt, als dass der Auffindeort entscheidend ist und die Frage, ob ein Verteidigungsverhältnis vorliegt. Ob ein Unternehmen Gegenstand einer strafprozessualen Verteidigung sein kann, ohne zugleich eine Beschuldigtenstellung einzunehmen, bleibt insoweit bis zu einer gesetzlichen Regelung offen. Derzeit ist der Beschlagnahmeschutz daher als fragmentarisch anzusehen.

VI. Die mögliche Strafbarkeit eines Compliance-Beauftragten

Äußerst umstritten ist auch die Frage, ob und wann sich ein sog. Compliance-Beauftragter wegen Unterlassens strafbar machen kann. Der 5. Senat des BGH hat zu dieser Frage im Jahr 2009 im Rahmen eines obiter dictum[3] erklärt, dass eine Strafbarkeit jedenfalls in bestimmten Konstellationen ernsthaft in Betracht zu ziehen sei (BGH, Urteil vom 17. Juli 2009 – 5 StR 394/08 –, BGHSt 54, 44–52). Das Urteil soll hier aufgrund seiner Bedeutung in Auszügen wiedergegeben werden. So hieß es in der sog. BSR-Entscheidung zunächst allgemein zur strafrechtlichen Garantenstellung durch die Übernahme von bestimmten Funktionen:

> **Strafbarkeit der Compliance-Officers BGHSt 54, 44–52:[4]**
> „Die Rechtsprechung hat bislang in einer Reihe von Fällen Garantenstellungen anerkannt, die aus der Übernahme von bestimmten Funktionen abgeleitet wurden. Dies betraf nicht nur hohe staatliche oder kommunale Repräsentanten, denen der Schutz von Leib und Leben der ihnen anvertrauten Bürger obliegt (BGHSt 38, 325; 48, 77, 91), sondern auch Polizeibeamte (BGHSt 38, 388), Beamte der Ordnungsbehörde (BGH NJW 1987, 199) oder auch Bedienstete im Maßregelvollzug (BGH NJW 1983, 462). Eine Garantenpflicht wird weiterhin dadurch begründet, dass der Betreffende eine gesetzlich vorgesehene Funktion als Beauftragter übernimmt (vgl. OLG Frankfurt NJW

---

[3] Obiter dictu gemachte Ausführungen sind solche, die das Ergebnis des Urteils nicht tragen. Sie sind also losgelöst vom konkreten Fall zu betrachten bzw. „nebenbei-gesagt".
[4] http://juris.bundesgerichtshof.de/cgi-bin/rechtsprechung/document.py?Gericht=bgh&Art=en&nr=48874&pos=0&anz=1, zuletzt abgerufen am 12.05.2022.

1987, 2753, 2757; *Böse*, NStZ 2003, 636), etwa als Beauftragter für Gewässerschutz (§§ 21a ff. WHG), Immissionsschutz (§§ 53 ff. BImSchG) oder Strahlenschutz (§§ 31 ff. StrahlenschutzVO).

Die Übernahme entsprechender Überwachungs- und Schutzpflichten kann aber auch durch einen Dienstvertrag erfolgen. Dabei reicht freilich der bloße Vertragsschluss nicht aus. Maßgebend für die Begründung einer Garantenstellung ist vielmehr die tatsächliche Übernahme des Pflichtenkreises. Allerdings begründet nicht jede Übertragung von Pflichten auch eine Garantenstellung im strafrechtlichen Sinne. Hinzutreten muss regelmäßig ein besonderes Vertrauensverhältnis, das den Übertragenden gerade dazu veranlasst, dem Verpflichteten besondere Schutzpflichten zu überantworten (vgl. BGHSt 46, 196, 202 f.; 39, 392, 399). Ein bloßer Austauschvertrag genügt hier ebenso wenig wie ein Arbeitsverhältnis (LK/*Weigend* § 13 Rn. 41). Im vorliegenden Fall kann nicht zweifelhaft sein, dass der Angeklagte aufgrund des übernommenen Aufgabenbereichs eine Garantenstellung innehatte. Entgegen der Auffassung der Verteidigung und des Generalbundesanwalts beschränkte sich seine Einstandspflicht jedoch nicht nur darauf, Vermögensbeeinträchtigungen des eigenen Unternehmens zu unterbinden, sondern sie kann auch die Verhinderung aus dem eigenen Unternehmen kommender Straftaten gegen dessen Vertragspartner umfassen."

Des Weiteren setzt sich der BGH mit der Frage auseinander, woraus sich Inhalt und Umfang einer Garantenstellung ergeben:

> „Der Inhalt und der Umfang der Garantenpflicht bestimmen sich aus dem konkreten Pflichtenkreis, den der Verantwortliche übernommen hat. Dabei ist auf die besonderen Verhältnisse des Unternehmens und den Zweck seiner Beauftragung abzustellen. Entscheidend kommt es auf die Zielrichtung der Beauftragung an, ob sich die Pflichtenstellung des Beauftragten allein darin erschöpft, die unternehmensinternen Prozesse zu optimieren und gegen das Unternehmen gerichtete Pflichtverstöße aufzudecken und zukünftig zu verhindern, oder ob der Beauftragte weitergehende Pflichten dergestalt hat, dass er auch vom Unternehmen ausgehende Rechtsverstöße zu beanstanden und zu unterbinden hat. Unter diesen Gesichtspunkten ist gegebenenfalls die Beschreibung des Dienstpostens zu bewerten."

Schließlich folgen die das Urteil nicht tragenden Ausführungen zur Strafbarkeit eines Compliance-Beauftragten:

> „Eine solche, neuerdings in Großunternehmen als „Compliance" bezeichnete Ausrichtung, wird im Wirtschaftsleben mittlerweile dadurch umgesetzt, dass so genannte „Compliance Officers" geschaffen werden (vgl. BGHSt 52, 323, 335; *Hauschka*, Corporate Compliance 2007, 2 ff.). Deren Aufgabengebiet ist die Verhinderung von Rechtsverstößen, insbesondere auch von Straftaten, die aus dem Unternehmen heraus begangen werden und diesem erhebliche Nachteile durch Haftungsrisiken oder Ansehensverlust bringen können (vgl. *Bürkle*, in Hauschka aaO. 128 ff.). Derartige Beauftragte wird regelmäßig strafrechtlich eine Garantenpflicht im Sinne des § 13 Abs. 1 StGB treffen, solche im Zusammenhang mit der Tätigkeit des Unternehmens stehende Straftaten von Unternehmensangehörigen zu verhindern. Dies ist die notwendige Kehrseite ihrer gegenüber der Unternehmensleitung übernommenen Pflicht, Rechtsverstöße und insbesondere Straftaten zu unterbinden (vgl. *Kraft/Winkler*, CCZ 2009, 29, 32)."

Das Urteil löste eine regelrechte Flut an Veröffentlichungen aus.[5] Im Ergebnis wird man der Grundannahme, dass der Compliance-Beauftragte jedenfalls eine Überwachergarantenstellung auch nach außen gegenüber Dritten innehaben kann, aber zustimmen können. Dabei muss man sich vor Augen führen, dass die Annahme einer Garantenstellung durch Übernahme von der Geschäftsleitung bedingt, dass auch diese eine Garantenstellung innehat. Ferner ist zu bedenken, dass Compliance zuvorderst im Unternehmensinteresse erfolgt, der Compliance-Beauftragte also kein öffentlicher Beauftragter ist, der dem Schutz der Allgemeinheit verpflichtet ist. Hieraus ergibt sich auch schon ein erster Anhaltspunkt für eine Begrenzung der Garantenstellung des Compliance-Beauftragten. Diese bezieht sich nämlich nur auf betriebsbezogene Delikte, wobei die Einzelheiten hierzu streitig sind (siehe hierzu nur BGH BB 2012, 150 ff. m. Anm. Grützner). Jedenfalls kann die Garantenstellung nicht weiterreichen als die des Geschäftsherrn, von dem sie abgeleitet ist. Auch wird letzterer durch die „neubegründete" Verantwortung des Compliance-Beauftragten nicht frei von jeder Verantwortung; er trägt weiterhin die bei ihm verbleibende Restverantwortung und ist insbesondere dann, wenn der Compliance-Beauftragte seinen Job ersichtlich unzureichend erfüllt, wieder vollständig mit in der Verantwortung. Generell lässt sich festhalten, dass eine etwaige Garantenstellung des Compliance-Beauftragten und somit auch die einhergehende Entlastung der Geschäftsleitung natürlich nicht an die formale (Nicht)Bezeichnung als „Compliance-Beauftragter" oder „CCO" anknüpft. Vielmehr ist die inhaltliche Ausgestaltung der Position des Compliance-Beauftragten mit einem gewissen Maß an Eigenverantwortung und Kompetenz erforderlich. Die beim Compliance-Beauftragten – im Gegensatz zur Geschäftsleitung – regelmäßig fehlenden Weisungsbefugnisse sind ein gewichtiges Argument gegen eine Garantenstellung; sie führen aber letztlich vielfach dazu, dass der Compliance-Beauftragte nicht Täter, sondern nur Teilnehmer des Unterlassungsdelikts sein kann.

VII. Strafrecht und Ordnungswidrigkeitenrecht

Während natürliche Personen, wie bspw. Vorstandsmitglieder i. d. R. nach den strafrechtlichen Normen verfolgt und ggf. sanktioniert werden, ist für die Sanktionierung der Unternehmen derzeit noch das Ordnungswidrigkeitenrecht maßgebend. Hier kommt insbesondere dem Zusammenspiel von § 130 OWiG und § 30 OWiG zentrale Bedeutung zu.

---

[5] Allein auf der Recherche-Seite Juris fanden sich im September 2011 (also in den ersten gut zwei Jahren nach Veröffentlichung der Entscheidung) 61 Anmerkungen und Besprechungsaufsätze; (nicht abschließend) genannt seien hier nur *Rönnau/Schneider*, ZIP 2010, 53, 57 f.; *Ransiek*, AG 2010, 147, 151 f.; *Dannecker/Dannecker*, JZ 2010, 981, 990; *Mosbacher/Dierlamm*, NStZ 2010, 268, 269 f.; *Warneke*, NStZ 2010, 312, 314 ff.; *Stoffers*, NJW 2009, 3176; *Momsen*, in: FS Puppe 2011, 751, 765.

A. Einführung: Compliance

Solange es noch kein spezielles **Verbandsstrafrecht** in Deutschland gibt (s. § 14), erfolgt die Sanktionierung juristischer Personen in Deutschland primär nach § 130 OWiG i. V. m. § 30 OWiG. Ausgangspunkt ist das Problem, dass schuldfähig im strafrechtlichen Sinne ausschließlich natürliche Personen sein können. Ähnliches gilt für die subjektiven Tatbestände.

Daher wird rechtsdogmatisch mittels (1) einer **Aufsichtspflichtverletzung** des Inhabers im Verbund mit (2) sogenannten „**betriebsbezogenen Pflichten**" (das sind Pflichten, „die sich für die juristische Person oder Personenvereinigung aus dem besonderen Wirkungskreis ergeben") gearbeitet. Das damit entstehende Zusammenspiel von § 130 OWiG und § 30 OWiG birgt durchaus ein ernst zu nehmendes Haftungsrisiko auf Ebene der juristischen Person (i. e. des Unternehmens). Gem. § 17 Abs. 4 OWiG soll die **Geldbuße** den wirtschaftlichen Vorteil, den der Täter aus der Ordnungswidrigkeit gezogen hat, übersteigen. Reicht das gesetzliche Höchstmaß hierzu nicht aus, so kann es überschritten werden. Da parallel auch eine Einziehung (s. o. § 12) angeordnet werden kann, sind die Geldbußen für Unternehmen u. U. von substanzieller Bedeutung.

Das Zusammenspiel von Straf- und Ordnungswidrigkeitenrecht folgt im deutschen Recht mittelbar aus dem tatbestandlichen Verhalten der Entscheidungsträger im Unternehmen (ausf. *Grützner/Boerger/Momsen*, CCZ 2018, 50 ff.), denn dieses muss sich der Geschäftsherr nach § 30 OWiG grundsätzlich zurechnen lassen.[6] So drohen dem Unternehmen bei Verstößen gegen die Vorgaben der Compliance etwa die Verhängung von Unternehmensgeldbußen (§ 30 OWiG) sowie von ggf. weitaus höheren Gewinnabschöpfungen (§ 17 Abs. 4 OWiG). Auch muss der Verstoß gegen die im Produktstrafrecht relevanten Straf- und Bußgeldtatbestände nicht zwingend durch eine in der Geschäftsleitung tätige Person des Unternehmens begangen worden sein.[7] Das Unternehmen haftet vielmehr schon bei entsprechenden Gesetzesverletzungen einzelner untergeordneter Unternehmensmitarbeiter, beispielsweise anknüpfend an einen Vorwurf fahrlässiger Körperverletzung oder Tötung, wenn der Geschäftsleitung (dem „Betriebsinhaber") diesbezüglich jedenfalls eine **Aufsichts- bzw. Sorgfaltspflichtverletzung** (§ 130 Abs. 1 OWiG) zur Last gelegt werden kann.

Werden die nach §§ 130, 9 OWiG gebotenen Aufsichtsmaßnahmen unterlassen, so drohen Geldbußen gegen das Management (bis zu 10 Millionen EUR), wenn es im Unternehmen zu Straftaten oder Ordnungswidrigkeiten kommt, die durch ordnungsgemäße Aufsicht und Kontrolle hätten verhindert werden können und das Management seine Aufsichtspflichten vorsätzlich oder fahrlässig vernachlässigt hat.

---

[6] Ein solches Zurechnungserfordernis existiert aber auch in deliktsrechtlicher Hinsicht, sobald ein möglicher Schaden nicht (bzw. nicht sicher) auf einen Produktfehler, sondern auf sonstige Ursachen zurückgeht und damit nicht mehr unter das ProdHaftG fällt, hierzu ausführlich *Altmeppen*, ZIP 2016, 97, 98 f. m. w. N.

[7] Nach § 14 StGB bzw. § 9 OWiG finden die an den Hersteller adressierten Sondertatbestände des ProdSG bzw. der entsprechenden Spezialgesetze auf diese Personen zumeist persönlich Anwendung, sodass ein entsprechender Verstoß dem Unternehmen in aller Regel zugerechnet werden kann.

Vernachlässigen die Geschäftsleiter zudem ihre Pflicht, die erforderlichen Aufsichtsmaßnahmen durchzuführen, haften sie zivilrechtlich bzw. nach § 93 AktG/§ 43 GmbHG persönlich in voller Höhe auf Ersatz des entstandenen Schadens. Daneben ist eine große Bandbreite verwaltungsrechtlicher Maßnahmen denkbar. In Betracht kommen die Erteilung von Auflagen bis hin zu Entzug von Genehmigungen, der Ausschluss aus öffentlichen Vergabeverfahren oder Maßnahmen gegen Organmitglieder.

Inwieweit darüber hinaus sogar eine bußgeldrechtliche **Konzernhaftung** begründet werden kann, ist eine derzeit noch nicht in jeder Hinsicht geklärte Frage (ausführlich unter Darstellung des aktuellen Meinungsstands KK-OWiG/*Rogall* § 130 Rn. 27 ff. m. w. N.). Es gilt zwar im Grundsatz das Rechtsträgerprinzip, allerdings mit einzelnen Durchbrechungen (zusammenfassende Darstellung bei *Beck*, AG 2017, 726, 727 u. 734 ff.). Eine Haftung der Konzernobergesellschaft wird hier insbesondere in Fällen diskutiert, in welchen diese über faktische Leitungsmacht verfügt und das gefahrbegründende Verhalten einer Konzerngesellschaft den Herstellungsprozess tatsächlich steuert.[8]

In einer weitergehenden zeitlichen Perspektive ist nicht zuletzt mit Blick auf die Globalisierung der Wirtschaft zu erwarten, dass die weitere Entwicklung im Bereich der Unternehmens- und Konzernhaftung auch in Deutschland dahingeht, wo andere Jurisdiktionen bereits stehen: Von einer auf der Zurechnung fremden Fehlverhaltens basierenden Rechtsträgerhaftung hin zu einer originären Verschuldenshaftung des jeweiligen (Konzern-)Unternehmens (s. § 14). Da dieses Modell insbesondere in den USA, aber z. B. auch in Frankreich und im (Kartell-)Bußgeldrecht der EU bereits heute gilt, hilft es international tätigen Unternehmen häufig wenig, wenn sie sich darauf berufen können, dass jedenfalls der eigenen Geschäftsleitung kein eigenes Verschulden zur Last fällt.

---

[8] OLG München, Beschl. v. 23.9.2014 – 3 Ws 599, 600/14, CCZ 2016, 44 m. Anm. Caracas („Flughafen München"): „Nur wenn der Tochtergesellschaft von der Konzernmutter Weisungen erteilt werden, die das Handeln der Tochtergesellschaft beeinflussen, und dadurch die Gefahr der Verletzung betriebsbezogener Pflichten begründet wird, besteht im Umfang dieser konkreten Einflussnahme eine gesellschaftsrechtliche Aufsichtspflicht der Konzernmutter. [...]. [Es] ist also auf eine tatsächlich erfolgte Einflußnahme der Konzernmutter auf die Tochtergesellschaft im Einzelfall abzustellen, um eine unverhältnismäßige und unkalkulierbare Ausweitung der Aufsichtspflichten zu vermeiden und eine Kongruenz zwischen Einfluss und Verantwortlichkeit, also zwischen Herrschaft und Haftung, herzustellen [...]"; zustimmend KK-OWiG/*Rogall* § 130 Rn. 27; a. A. offenbar *Beck*, AG 2017, 726, 727.

§ 14 Exkurs: „Unternehmensstrafrecht"

A. Einführung

Das Bundesministerium der Justiz (BMJV) legte am 22. August 2019 einen ersten Referentenentwurf (RefE) für ein **Unternehmenssanktionsgesetz** vor.[1] Der Entwurf sah strenge Sanktionen für Unternehmen bei Unternehmensstraftaten vor und enthielt Regelungen zu internen Ermittlungen, Compliance-Management-Systemen (CMS) und dem Anwaltsprivileg. Dem RefE folgte nach langen Diskussionen[2] über die Einführung einer Unternehmensstrafbarkeit am 20.04.2020 ein geringfügig veränderter Referentenentwurf[3] des BMJV und am 21.10.2020 ein inhaltsgleicher Regierungsentwurf (RegE, BT-Drs. 19/23568). Trotz dieser weit fortgeschrittenen Gesetzgebungsentwicklung ist der Entwurf zum Ende der 19. Legislaturperiode gescheitert (Diskontinuitätsprinzip).

Die Umsetzung des Entwurfs hätte formal den Charakter des deutschen Strafrechts verändert. Nach geltendem Recht können Unternehmen nicht strafrechtlich zur Verantwortung gezogen werden (anstatt vieler BeckOK-StGB/*Momsen/Laudien*, StGB, § 14 Rn. 31 ff.). Das *Ordnungswidrigkeitengesetz* (OWiG) erlaubt die Ahndung von

---

[1] Nachfolgend wird nur dort in Referentenentwurf und Regierungsentwurf differenziert, wo abweichende Regelungen enthalten waren, im Übrigen wird von dem Gesetzentwurf gesprochen.

[2] Siehe zu früheren Entwürfen z. B. *Köllner*, NZI 2020, 60; *Hoven/Wimmer/Schwarz/Schumann*, NZWiSt 2014, 161; *Beisheim/Jung*, CCZ 2018, 63; *Henssler/Hoven/Kubiciel/Weigend*, NZWiSt 2018, 1; *Jahn/Schmitt-Leonardy/Schoop*, wistra 2018, 27; siehe zu älteren Entwürfen auch: Münchner Entwurf eines Verbandssanktionengesetzes vom 05.09.2019, https://www.familienunternehmer.eu/fileadmin/familienunternehmer/positionen/unternehmernahe_politik/dateien/famu_muenchner_entwurf_eines_versang_inkl_begruend_11.09.2019_final.pdf, zuletzt abgerufen am 18.09.2021; Entwurf (2013) des Landes NRW, abrufbar unter https://www.justiz.nrw.de/JM/jumiko/beschluesse/2013/herbstkonferenz13/TOP_II_5_Gesetzentwurf.pdf, zuletzt abgerufen am 18.09.2021.

[3] Abrufbar unter https://www.bmjv.de/SharedDocs/Gesetzgebungsverfahren/Dokumente/RefE_Staerkung_Integritaet_Wirtschaft.pdf?__blob=publicationFile&v=1, zuletzt abgerufen am 18.09.2021; dazu etwa *Köllner*, NZI 2020, 60.

Ordnungswidrigkeiten bestimmter leitender Angestellter nach § 30 OWiG (Überblick bei Blum/Gassner/Seith/*Schmitt-Leonary*, OWiG, § 30, Rn. 1 ff.) oder anderer Mitarbeiter, wenn die Person, die für die Erfüllung der dem Unternehmen selbst obliegenden Aufsichtspflichten verantwortlich ist, diese Pflichten verletzt (§ 130 OWiG; Überblick zu § 130 OWiG BeckOK-OWiG/*Beck*, § 130 Rn. 1 ff.; dazu unter § 2 G. III. 2. und 3.). Obwohl es sich um ein Ordnungswidrigkeitenrecht handelt, das historisch für geringfügige Verstöße unterhalb des „strafrechtlichen Radars" konzipiert wurde, können gegen Unternehmen und Einzelpersonen – auch nach geltendem Recht – empfindliche Sanktionen verhängt werden. Die Höhe des Bußgeldes kann bis zu 10 Mio. EUR betragen. In besonderen Fällen kann der Betrag deutlich höher sein, z. B. in den Fällen des § 56 KWG und §§ 81b f. GWB: Bis zu zehn Prozent des Gesamtumsatzes, den die juristische Person oder der Verband im Geschäftsjahr vor der Entscheidung der Behörden erzielt hat. Darüber hinaus besteht die Möglichkeit, den erzielten Gewinn in voller Höhe nach den §§ 73 ff. StGB abzuschöpfen (Konfiskation; s. § 12).

Allerdings ist die Strafverfolgungspraxis in Deutschland aufgrund des weitgehend ungeregelten Ermessensspielraums der Staatsanwaltschaften in diesem Bereich uneinheitlich, mit großen regionalen Unterschieden in der Zahl der von den Staatsanwaltschaften eingeleiteten Ermittlungen sowie in der Höhe der verhängten Geldbußen (*Hoven/Weigend*, ZRP 2018, 30, 31). Darüber hinaus gibt es im deutschen System keine den U.S. Sentencing Guidelines (USSG) entsprechende Struktur, die ähnliche Sanktionen für ähnliches Verhalten vorsehen.

Obwohl der Gesetzesentwurf Anfang Juni 2021 endgültig gescheitert ist, wird das letzte Wort in dieser Debatte noch nicht gefallen sein. Aufgrund der regen öffentlichen Diskussion ist das Thema weiterhin von erheblicher Bedeutung. Auch in Zukunft sollten Unternehmen die Diskussion zum Anlass nehmen, ihre Compliance-Strukturen zu überprüfen und weiterzuentwickeln. Denn es ist nicht auszuschließen, dass sich spätere Regierungen des Themas erneut annehmen werden.

B. Der Gesetzentwurf als Grundlage für die Einführung und Ausrichtung von Compliance-Management-Systemen (CMS)

Der Gesetzentwurf hielt zwar ein spezifisches und teilweise neues Sanktionsinstrumentarium bereit, seine eigentliche Funktion war aber eine präventive. Die adressierten Unternehmen und Verbände sollten veranlasst werden, Strukturen zu entwickeln, welche der Begehung von Straftaten und Ordnungswidrigkeiten vorbeugen. Unabhängig davon, dass der Entwurf letztlich nicht umgesetzt wurde, setzen die Regelungen bereits jetzt Standards für die Compliance in Unternehmen und Verbänden. Vor diesem Hintergrund wird der Entwurf in seinen insoweit wesentlichen Grundzügen nachfolgend dargestellt.

I. Pflicht zur Untersuchung von Unternehmensdelikten

Derzeit liegt es im Ermessen der Staatsanwaltschaft, ein Ermittlungsverfahren gegen Unternehmen einzuleiten (fakultative Strafverfolgung i.S. des im OWiG geltenden Opportunitätsprinzips). Dies ist der Hauptgrund für die oben beschriebene bestehende uneinheitliche Ermittlungspraxis. Der neue Gesetzesentwurf (BT-Drs. 19/23568) sah die Einführung des Legalitätsprinzips (Strafverfolgungspflicht) vor, d. h. die Staatsanwaltschaft wäre verpflichtet, gegen mögliche Unternehmensstraftaten nach dem neuen Unternehmenssanktionsgesetz zu ermitteln. Eine Unternehmensstraftat nach dem Entwurf des Unternehmenssanktionsgesetzes wäre eine Straftat, durch die Pflichten des Unternehmens verletzt werden oder durch die das Unternehmen bereichert wurde oder werden sollte (§ 2 Abs. 1 Nr. 3 Regierungsentwurf).

II. Monetäre Sanktionen bis zu 10 % des Umsatzes

Das bestehende Ordnungswidrigkeitengesetz sieht für **Bußgelder** gegen Unternehmen eine absolute Obergrenze von 10 Mio. EUR pro Delikt vor, erlaubt aber die Einziehung rechtswidriger Gewinne, was teilweise zu einer höheren Sanktion führt.[4] Nach § 9 Abs. 2 des neuen Gesetzentwurfs sollte diese **Obergrenze** für Bußgelder deutlich angehoben werden, und zwar auf bis zu 10 % des durchschnittlichen Umsatzes des Unternehmens in den letzten drei Jahren (wenn dieser 100 Mio. EUR übersteigt). Der relevante **Umsatz** hätte sich aus den weltweiten Umsätzen aller Unternehmen oder Einzelpersonen zusammengesetzt, die in der gleichen Geschäftseinheit tätig sind. Wenn der Durchschnittsumsatz unter 100 Mio. EUR beträgt, wäre es bei der absoluten Obergrenze bei 10 Mio. EUR geblieben (§ 9 Abs. 1 des Gesetzentwurfs).

Darüber hinaus sollte die Staatsanwaltschaft die Möglichkeit behalten, zusätzlich zur Geldstrafe die Einziehung des Wertes der Erträge aus der Straftat zu beantragen (nach geltendem Recht ist dies nach § 30 Abs. 3 i. V. m. § 17 Abs. 4 OWiG möglich; KK-OWiG/*Rogall*, § 30 Rn. 140 ff.; *Krumm*, NJW 2011, 196). Es war keine Begrenzung für die Höhe der Werte vorgesehen, die hätten beschlagnahmt werden können (vgl. zur Einziehung de lege lata § 12).

III. Nicht-monetäre Sanktionen

Der Gesetzentwurf schlug eine Vielzahl von nicht-monetären Sanktionen gegen Unternehmen vor, die das bestehende Gesetz nicht enthält:

Das Gericht sollte die Pflicht zur **Wiedergutmachung** ggü. den Opfern der Unternehmensstraftat auferlegen können, § 12 Abs. 2 Regierungsentwurf.

Das Gericht sollte ein Unternehmen auch anweisen können, ein effektives Compliance-Management-System zu implementieren. Der Gesetzentwurf sah nicht ausdrücklich die Installation eines **Monitors** vor, wie es manchmal in Vergleichen

---

[4] Porsche musste ein Bußgeld i. H. v. 535 Mio. zahlen, Süddeutsche Zeitung vom 07.05.2019, https://www.sueddeutsche.de/wirtschaft/porsche-dieselskandal-strafe-1.4435894, zuletzt abgerufen am 18.09.2021; Volkswagen musste fast eine Milliarde Euro Bußgeld zahlen, Frankfurter Allgemeine Zeitung vom 13.06.2018, https://www.faz.net/-i9d-9b6ss, zuletzt abgerufen am 18.09.2021.

mit dem US-Justizministerium oder der US-Börsenaufsichtsbehörde angeordnet wird (siehe *Khanna/Dickinson*, 105 Michigan Law Review, 1713 (2007)). Das Gericht sollte jedoch anordnen können, dass das Unternehmen die Einrichtung und Wirksamkeit seines Compliance-Systems durch eine Bescheinigung der zuständigen Stelle, d. h. von Rechtsanwälten, Wirtschaftsprüfern oder Unternehmensberatern, nachweisen muss, so in § 13 des Gesetzesentwurfs.

Das Gericht sollte eine **Verwarnung** mit einem zu verhängenden Ordnungsgeld nur dann aussprechen können, wenn innerhalb eines bestimmten Zeitraums eine weitere Unternehmensstraftat begangen würde oder wenn das Unternehmen die Anordnung des Gerichts zur Entschädigung von Opfern oder zur Einführung eines wirksamen Compliance-Management-Systems wiederholt oder schwerwiegend missachtet hätte, § 10 Abs. 5 des Gesetzentwurfs.

Die im Referentenentwurf von August 2019 vorgesehene Möglichkeit der Anordnung der **Liquidation** einer Gesellschaft durch das Gericht in außerordentlich schweren Fällen, ist allerdings nicht in den Regierungsentwurf übernommen worden.

IV. Benennen und Beschämen (naming and shaming)

Nach geltendem Recht werden Unternehmenssanktionen in der Regel nicht öffentlich bekannt gemacht (anders etwa im Kapitalmarktstrafrecht nach §§ 123 ff. Wertpapierhandelsgesetz - WpHG; nächer dazu Momsen/Grützner/Laudien, Hdb Wirtschafts- und Steuerstrafrecht, § 23 Rn. 21 ff.). In § 14 des Gesetzentwurfs wurde vorgeschlagen, dass das Gericht in Fällen, in denen es eine große Anzahl von Geschädigten gibt, die gegen ein Unternehmen verhängten Sanktionen öffentlich bekannt machen kann.

Generell sah der Entwurf ein vom BMJV einzurichtendes nichtöffentliches Sanktionsregister (gemäß §§ 54 ff. des Regierungsentwurfs) vor, das u. a. Informationen über die verhängten Sanktionen und Angaben zu den jeweiligen Unternehmen enthalten sollte.

V. Abschluss von Untersuchungen ohne strafrechtliche Anklage

Der Gesetzentwurf sah auch mehrere Möglichkeiten für die Staatsanwaltschaft vor, ein Ermittlungsverfahren ohne Anklageerhebung gegen das Unternehmen einzustellen:

Erstens: Während der Gesetzentwurf Ermittlungen vorschreibt, sollte die Staatsanwaltschaft das Ermittlungsverfahren einstellen können, wenn die Straftat keine Anklage rechtfertigt, § 36 des Gesetzesentwurfs.

Zum anderen sollte die Staatsanwaltschaft auch das Ermittlungsverfahren einstellen und mit Zustimmung des Gerichts die Pflicht zur Entschädigung der Opfer oder zur Einrichtung eines effektiven Compliance-Systems auferlegen können, § 37 in Verbindung mit §§ 12, 13 des Regierungsentwurfs.

Drittens sollte die Staatsanwaltschaft das Ermittlungsverfahren bei kartellrechtlichen Unternehmensstraftaten (aufgrund der besonderen Zuständigkeit des Bundeskartellamts) nach § 42 des Regierungsentwurfs, bei Insolvenz des Unternehmens (§ 39 des Regierungsentwurfs) und wenn das Unternehmen voraussichtlich im Ausland für die Tat haftbar gemacht werden kann nach § 38 des Regierungsentwurfs einstellen können. Letzteres wäre der Fall, wenn die Sanktion, die von der deutschen Staatsanwaltschaft verhängt werden könnte, im Vergleich zu der vom ausländischen Staat zu erwartenden Sanktion verhältnismäßig gering wäre oder wenn die ausländische Sanktion voraussichtlich einen ausreichenden Einfluss auf die Maßnahmen des Unternehmens zur Verhinderung künftiger Unternehmensstraftaten haben würde.

Schließlich sollte die Staatsanwaltschaft das Ermittlungsverfahren gemäß § 41 des Gesetzesentwurfs vorübergehend aussetzen und die Ergebnisse der unabhängigen internen Untersuchung des Unternehmens abwarten können, wenn das Unternehmen die Staatsanwaltschaft über seine eigene laufende interne Untersuchung informiert.

All diese Möglichkeiten sind im bestehenden Gesetz nicht enthalten.

VI. Mildernde Wirkung von CMSen und internen Untersuchungen

Der Gesetzesentwurf sah in § 17 vor, dass die Einrichtung von Compliance-Management-Systemen (CMS) und die Durchführung von internen Untersuchungen bei der Strafzumessung berücksichtigt werden können. Damit sollte ein Anreiz geschaffen werden, solche CMS einzurichten oder interne Ermittlungen durchzuführen, die der Aufdeckung und Beseitigung von Fehlverhalten dienen (BT-Drs. 19/23568, 84). Als Konsequenz sollte das Gericht die Strafe um bis zur Hälfte der Obergrenze der Geldbußen reduzieren können (§ 18 Gesetzesentwurf).

Der Gesetzesentwurf skizzierte zwar Möglichkeiten, wie die Staatsanwaltschaft einen Fall ohne Anklageerhebung lösen können sollte, gab aber keine Anleitung, wie das Unternehmen versuchen könnte, eine angemessene Einigung zu erzielen. Es ist daher etwas überraschend, dass das BMJV die Gelegenheit nicht genutzt hat, **Non-Prosecution Agreements („NPAs") oder Deferred-Prosecution Agreements („DPAs")** in das Gesetz aufzunehmen. Damit hätte man ein geregeltes Verfahren schaffen können, um die Vorteile einer Kooperation zwischen Staatsanwaltschaft und Unternehmen auszuhandeln. Der Gesetzesentwurf hätte auch von Bestimmungen profitiert, die die Ausübung des Ermessens durch die Staatsanwaltschaft bei der Festlegung von Sanktionen regeln. Der britische Ansatz zu DPAs in Kombination mit den branchenspezifischen Sentencing Guidelines hätte als Vorbild dienen können (*Schorn/Sprenger*, CCZ 2014, 211 ff.). Im Vereinigten Königreich können die Strafverfolgungsbehörden DPAs nur mit Unternehmen aushandeln, nicht mit Einzelpersonen. Die vereinbarten Bedingungen beziehen sich in der Regel auf Bußgelder, Wiedergutmachungsverpflichtungen, die Abschöpfung etwaiger Gewinne und eine Verschärfung des unternehmensinternen CMS. Die Voraussetzungen für den Abschluss von DPAs sind in Schedule 17 zu Section 45 des Crime and

Courts Act (2013) geregelt. Darüber hinaus wurde ein Code of Practice („CoP") zum Zweck der einheitlichen Rechtsanwendung erstellt.

Wenn sich die Strafverfolgungsbehörden und ein Unternehmen vorerst auf eine DPA einigen, wird deren Entwurf in einer öffentlichen Anhörung, d. h. vor Gericht, diskutiert. Das DPA muss vom verhandelnden Gericht genehmigt werden. Das DPA wird dann auch veröffentlicht.[5]

Da der UK Bribery Act den Straftatbestand des Versäumnisses, Bestechung zu verhindern, beinhaltet, gibt es einen besonders großen Spielraum für DPAs. DPAs bieten Unternehmen und Staatsanwälten die Möglichkeit, Fälle zu klären, in denen bestimmte Unklarheiten bestehen – z. B. ob das CMS bereits „angemessene Verfahren" zur Verhinderung von Bestechung vorsah. Diese in der Regel gegenseitige Unsicherheit bietet erheblichen Spielraum für den Abschluss von DPAs (Momsen/Grützner/*Momsen/Helms/Washington*, HdB Wirtschafts- und Steuerstrafrecht, § 14).

VII. Anforderungen an Interne Untersuchungen

Interne Ermittlungen sollten sich jedoch nur dann sanktionsmildernd auswirken, wenn sie erfolgreich und rechtmäßig und in voller Zusammenarbeit mit der Staatsanwaltschaft durchgeführt worden sind.

Um als erfolgreich zu gelten, müsste die interne Untersuchung einen wesentlichen Beitrag zur Aufklärung der Straftat geleistet haben.

Um als rechtmäßig zu gelten, müsste die Untersuchung in Übereinstimmung mit den datenschutz- und arbeitsrechtlichen Bestimmungen sowie dem Grundprinzip des fairen Verfahrens durchgeführt worden sein (§ 17 Abs. 1 Nr. 5 Gesetzesentwurf). Bei der Durchführung interner Ermittlungen müssten die Mitarbeiter über die Möglichkeit, dass ihre Aussagen in einem Strafverfahren verwendet werden könnten, über ihr Recht, von einem Rechtsanwalt (oder einem Mitglied des Betriebsrats) zu den Befragungen begleitet zu werden, und über ihr Recht zu schweigen, d. h. sich nicht selbst zu belasten, informiert werden. Besonderes Augenmerk sollte auch auf die Anforderungen der **EU-Datenschutzgrundverordnung** (Verordnung (EU) 2016/679 - DSGVO; zur Auswirkung der DSGVO auf interne Untersuchungen *Ströbel/Böhm/Breunig/Wybitul*, CCZ 2018, 14; *Herrmann/Zeidler*, NZA 2017, 1499) gelegt werden. Als eine Art Generalermächtigung regelte § 34 des Entwurfs die Verwendung personenbezogener Daten aus Ermittlungsmaßnahmen im Rahmen von Ermittlungsverfahren und Gerichtsverhandlungen.

Nach Abs. 1 hätten personenbezogene Daten, die durch Maßnahmen zur Aufklärung der vom Unternehmen/Verband begangenen Straftat oder einer mit der vom Unternehmen/Verband begangenen Straftat zusammenhängenden Ordnungswidrigkeit nach § 130 OWiG erlangt wurden, in Sanktionsverfahren verwendet werden dürfen.

---

[5] DPAs werden auf der Website des Serious Fraud Office veröffentlicht, https://www.sfo.gov.uk/publications/guidance-policy-and-protocols/deferred-prosecution-agreements/, zuletzt abgerufen am 18.09.2021.

Abs. 2 stellte klar, dass personenbezogene Daten, die im Rahmen von Maßnahmen zur Aufklärung anderer Straftaten oder nach anderen Gesetzen erhoben wurden, in einem Sanktionsverfahren hätten verwendet werden dürfen, wenn sie nach der Strafprozessordnung auch in einem Verfahren verwendet werden dürfen, das sich auf die von der Vereinigung begangene Straftat bezog. Unklar ist, ob dies auch als Einwilligung nach der DSGVO in Bezug auf die Übermittlung der Daten an z. B. US-Behörden oder den Hauptsitz des Unternehmens, wenn dieser außerhalb Deutschlands liegt, angesehen werden konnte. Wenn nicht, hätte das Unternehmen ein erhebliches Risiko getragen, da die Bußgelder unter der DSGVO ähnlich hoch sind wie die Höchstbeträge, die mit strafrechtlichen Sanktionen verhängt werden können (*Grützner/Momsen*, CCZ 2017, 242 ff.).

Um als vollständig kooperativ mit der Staatsanwaltschaft zu gelten, müsste das Unternehmen die Ergebnisse der internen Untersuchung sowie alle relevanten Dokumente der Staatsanwaltschaft zur Verfügung stellen.

Darüber hinaus enthielt der Gesetzesentwurf Regeln darüber, wie und von wem **Untersuchungen durchgeführt** werden sollten. Um als voll kooperativ zu gelten, hätten interne Untersuchungen von einem Anwalt durchgeführt werden müssen, der nicht mit dem Verteidiger des Unternehmens identisch ist, damit das Unternehmen von der mildernden Wirkung profitieren konnte. Es scheint, dass die Autoren des Gesetzentwurfs glaubten, dass eine vollständige Zusammenarbeit nur dann möglich wäre, wenn der Anwalt, der die Untersuchung durchführt, unabhängig von der Verteidigung des Unternehmens gegen etwaige strafrechtliche Vorwürfe ist. Es wurde jedoch für möglich gehalten, dass beide Anwälte für dieselbe Kanzlei arbeiten. Wenn man über die Minimierung von Interessenkonflikten spricht, ist dies überraschend.

Wie der Entwurf feststellte, ist der volle Nutzen nur dann erreichbar, wenn die internen Untersuchungen in Übereinstimmung mit dem geltenden Recht durchgeführt werden. Es wurde jedoch nicht erwähnt, ob und wie Größe oder Geschäftsbereich des Unternehmens einen Einfluss darauf haben, was als rechtmäßige interne Untersuchung angesehen werden kann.

Außerdem ging der Entwurf nicht auf den Schutz von **Whistleblowern** ein. Diese Auslassung hätte sich als entscheidendes Defizit erweisen können.

VIII. Rechte des Unternehmens und gesetzliches Privileg

Nach dem Entwurf sollten Unternehmen den gleichen **Rechtsschutz** erhalten wie Beschuldigte (§ 27 des Regierungsentwurfs). Dies hätte das Recht auf rechtliches Gehör, das Recht auf Anträge im Verfahren, das Recht auf einen Anwalt und das Schweigerecht für die gesetzlichen Vertreter des Unternehmens umfasst (BT-Drs. 19/23568, 94 ff.).

Darüber hinaus hätten die Grundsätze des **Anwaltsprivilegs** gelten sollen. Das Anwaltsprivileg existiert in Deutschland jedoch nicht in gleicher Weise wie in Ländern des Common Law, sondern nur in wenigen, ausdrücklich im Strafprozessrecht geregelten Fällen (*Rieder/Menne*, 5 Compliance Elliance Journal, 20, 29 (2019); siehe unter Anwaltsprivileg (Allgemein) in Grützner/Jakob, Compliance von A-Z, 2. Aufl., 2015). Zwar hat jeder Rechtsanwalt ein Zeugnisverweigerungsrecht über Informationen, die ihm in dieser Eigenschaft anvertraut wurden oder bekannt geworden sind § 53 Abs. 1 Satz 1 Nr. 3 StPO; KK-StPO/*Bader*, § 53 Rn. 16), jedoch können Unterlagen oder Daten, die solche Informationen enthalten, der Beschlagnahme unterliegen, insbesondere wenn sie nicht Teil der Verteidigung des Unternehmens sind.

Wie bereits erwähnt, sah der Gesetzentwurf vor, dass der Verteidiger des Unternehmens und der Anwalt, der eine interne Untersuchung durchführt, nicht identisch sein durften. Während für den Verteidiger die gesamte Kommunikation zwischen Anwalt und Mandant und alle Arbeitsprodukte des Anwalts dem Beschlagnahmeverbot unterliegen würden, wären die Kommunikation und die Arbeitsprodukte des Anwalts, der die interne Untersuchung durchführt, nur unter den folgenden begrenzten Umständen **privilegiert** (vgl. BT-Drs. 19/23569, 84 ff.):

- Ein staatsanwaltschaftliches Ermittlungsverfahren wurde bereits eingeleitet.
- Dokumente oder Daten müssten Gegenstand eines besonderen Vertrauensverhältnisses zwischen dem Unternehmen und seinem Anwalt gewesen sein, was voraussetzt, dass das Unternehmen selbst (und nicht z. B. die Muttergesellschaft) den Anwalt mit der Durchführung der internen Untersuchung beauftragt. Der Gesetzesentwurf sah nicht im Detail vor, welche Art von Dokumenten oder Daten Gegenstand dieses Vertrauensverhältnisses sein sollten.
- Die Dokumente oder Daten müssten sich im Besitz des Anwalts befinden. Ein Untersuchungsbericht oder eine Anwalt-Mandanten-Kommunikation, die sich auf die interne Untersuchung bezieht, hätten in den Räumlichkeiten des Unternehmens grds. beschlagnahmt werden können.

Die Reichweite der **Beschlagnahmeverbote** wurde in allen Fällen des § 97 StPO-E ausdrücklich auf diejenigen Fälle beschränkt, in denen es ein Vertrauensverhältnis zwischen Beschuldigtem und Zeugnisverweigerungsberechtigtem zu schützen galt. Darüber hinaus waren **Geschäftsunterlagen**, zu deren Aufbewahrung ein Unternehmen gesetzlich verpflichtet ist, vom Beschlagnahmeverbot ausgenommen, da ein Rechtsanwalt nicht – gewollt oder ungewollt – als „sicherer Hafen" für solche Unterlagen fungieren dürfte (BT-Drs. 19/23568, 117).

IX. Kritik

Es ist zu bedauern, dass sich das BMJV gegen einen breiteren Schutz des anwaltlichen Berufsgeheimnisses entschieden hatte. Die Regelungen des Entwurfs zu internen Untersuchungen und Kompetenzen der beteiligten Anwälte sind dem US-amerikanischen Verfahrensverständnis entlehnt. Dort korrespondiert ihnen im Sinne einer sog. „Checks and Balances" ein institutionalisiertes „Attorney-Client-Privilege" (näher Rotsch, Criminal Compliance/*Momsen* – Status quo und Status futurus, 2021, 185). Dies kann negative Auswirkungen auf die Art und Weise haben, wie Ermittlungen in Deutschland durchgeführt werden, und insbesondere für grenzüberschreitende Ermittlungen, die unterschiedlichen Rechtsordnungen und Privilegschutzbestimmungen unterliegen. Der Gesetzentwurf folgte den Entscheidungen des Bundesverfassungsgerichts aus dem Jahr 2018 zu Beschwerden gegen die Durchsuchung einer Anwaltskanzlei und die Sicherstellung von Dokumenten und Daten in den Kanzleiräumen. Das Gericht hatte diese Maßnahmen für verfassungskonform erklärt und damit das Anwaltsgeheimnis in Deutschland stark eingeschränkt. Sowohl das Gericht als auch das BMJV begründen die Einschränkung des Anwaltsgeheimnisses mit der „Effektivität der Strafverfolgung". Der Effektivität der Strafverfolgung stehen jedoch das verfassungsrechtliche Gebot einer effektiven und geordneten Rechtspflege und das Gebot eines fairen Verfahrens gegenüber. Beides erfordert einen entsprechenden Schutz des Rechtsgüterschutzes. Darüber hinaus ist die Behauptung, ein umfassendes Anwaltsprivileg würde dazu führen, dass zahlreiche Anwälte als „sicherer Hafen" für bestimmte Dokumente oder gar belastende Beweismittel genutzt würden, kurzsichtig und lässt die schwerwiegenden beruflichen und strafrechtlichen Folgen eines solchen Verhaltens völlig für die konkreten Anwälte außer Acht (*Rieder/Menne*, 5 Compliance Elliance Journal, 20, 29 (2019)).

Ein breiteres Anwaltsprivileg, das die Anwalt-Mandanten-Beziehung zwischen einem Unternehmen und seinen Anwälten angemessen schützt, wäre vorzuziehen gewesen. Insbesondere ist nicht nachvollziehbar, warum der Gesetzentwurf rigoros zwischen Strafverteidigern und anderen Anwälten, die interne Ermittlungen durchführen, unterschied, da der gesamte Prozess der Durchführung interner Ermittlungen der Aufdeckung und Beseitigung von Fehlverhalten dienen soll, und zwar in einer Weise, die nicht im Widerspruch zur möglichen Verteidigung des Unternehmens steht. Es bleibt auch unklar, warum das Anwaltsprivileg nur gelten sollte, wenn bereits ein staatsanwaltschaftliches Ermittlungsverfahren eingeleitet wurde. Eine solche willkürliche Anlehnung schafft einen Fehlanreiz für Unternehmen, proaktiv interne Ermittlungen einzuleiten, um Fehlverhalten aufzudecken und zu beheben, sie aber nur dann der Privilegierung zu unterwerfen, wenn die Staatsanwaltschaft bereits Ermittlungsverfahren eingeleitet hat.

In einem inquisitorischen System ist es allein die Aufgabe der Staatsanwaltschaft, zu ermitteln und Beweise zu sammeln. Es ist nach geltendem Recht nicht die Sache der Verteidigung. Der Gesetzentwurf versuchte, die internen Ermittlungen nach dem Vorbild des kontradiktorischen Systems auszulagern, ließ aber eine adäquate Anpassung des Rechtsschutzes vermissen. Die Staatsanwaltschaft erhielt weitergehende Ermessensspielräume und Ansätze für Ermittlungsmaßnahmen. Demgegenüber wurden der Verteidigung nach wie vor keine eigenen Ermittlungsrechte eingeräumt oder entsprechende Instrumente zur Verfügung gestellt. Letzteres müsste mit zunehmender Dringlichkeit nachgeholt werden, um zumindest einen Teil der Waffengleichheit im Ermittlungsverfahren wiederherzustellen.

X. Straftaten, die im Ausland und von Mitarbeitern ausländischer Unternehmen begangen werden

Die im Gesetzentwurf vorgeschlagenen Rechtsfolgen für im Ausland begangene Straftaten und die Sanktionierung ausländischer Unternehmen wären davon abhängig, ob die Tat, für die das Unternehmen zur Verantwortung gezogen wird, dem deutschen Strafrecht unterliegt oder nicht. Das geltende deutsche Strafrecht enthält verschiedene Konstellationen der extraterritorialen Anwendung, wie z. B. Straftaten, die deutsche Staatsbürger betreffen oder inländische Rechtsgüter verletzen (vgl. §§ 3 ff. StGB; Überblick bei *Rath*, JA 2007, 26).

Wenn deutsches Strafrecht auf die Tat anwendbar ist, könnten ausländische Unternehmen sanktioniert werden, wenn ihre Rechtstypologie mit einer deutschen juristischen Person oder Personengesellschaft vergleichbar ist. Deutsche Unternehmen könnten ohne weitere Voraussetzungen zur Verantwortung gezogen werden (BeckOK-OWiG/*Meyberg*, OWiG, § 30 Rn. 28). Dies entspricht der Rechtslage nach geltendem Recht. Allerdings würde die Vollstreckung eines verhängten Bußgeldes gegen ein ausländisches Unternehmen auf Hindernisse treffen, wenn das betroffene Unternehmen keinen Sitz oder Vermögen in Deutschland hat (Graf/Jäger/Wittig/*Niesler*, OWiG, § 30 Rn. 8).

Nach geltendem Recht kann keine Sanktion verhängt werden, wenn das deutsche Strafrecht auf die Tat nicht anwendbar ist (BeckOK-OWiG/*Meyberg*, OWiG, § 30 Rn. 28). Das Unternehmenssanktionsgesetz hätte nach § 2 Abs. 2 des Gesetzentwurfs auf eine solche Tat Anwendung gefunden, wenn sie eine Straftat nach deutschem Strafrecht wäre, wenn sie am Tatort eine Straftat ist und wenn das Unternehmen einen Sitz in Deutschland hat. Dies hätte sowohl für deutsche als auch für ausländische Unternehmen gegolten. Der Gesetzentwurf sah keine Einschränkungen hinsichtlich des Tatortes oder der Staatsangehörigkeit von Täter und Opfer vor. Allerdings konnte, wie oben ausgeführt, das Ermittlungsverfahren ohne Anklageerhebung gegen das Unternehmen eingestellt werden, wenn das Unternehmen bereits im Ausland für die Tat verantwortlich gemacht würde.

XI. Zusammenfassung und Ausblick

Insgesamt hätte der Entwurf den Ermittlungsbehörden wirksame Instrumente zur Verfolgung von Wirtschaftskriminalität an die Hand gegeben. Als Ursache für Defizite erschien vor allem die Vermischung des historisch inquisitorischen deutschen Systems mit der Realität eines teilweise kontradiktorischen Verfahrens in der Wirtschaftskriminalität. Bereiche, die überarbeitet werden sollten, bevor ein solcher Gesetzentwurf erneut diskutiert wird und ggf. in Kraft tritt, wären:

- Berücksichtigung von regulierten Instrumenten wie NPAs und DPAs im deutschen Recht.
- Bereitstellung von Leitlinien für die Festlegung von Sanktionen, entweder nach dem Vorbild der englischen Sentencing Guidelines oder mit einem Instrumentarium, das mit den DoJ Principles vergleichbar ist.
- Keine Begrenzung der maximalen Strafmilderung auf 50 %, da außergewöhnliche Kooperation eine größere Strafminderung rechtfertigen kann.
- Konzeptualisierung des Whistleblower-Schutzes und Anpassung an ein Hinweisgeberschutzgesetz (HinSchG)

- Schließlich wäre ein breiteres Anwaltsprivileg wünschenswert, um die Beziehung zwischen Anwalt und Mandant bei internen Ermittlungen angemessen zu schützen, die Stellung der Anwälte als unabhängiges Organ der Rechtspflege angemessen anzuerkennen und eine bessere Abstimmung mit anderen wichtigen Durchsetzungsbehörden in den USA und Großbritannien zu erreichen.

Insgesamt wurde der Entwurf richtigerweise mit „Verbandssanktionen" betitelt. Denn tatsächlich würde kein „echtes" Strafrecht geschaffen. Vielmehr würden bestimmte Voraussetzungen und Folgen strafrechtlicher Sanktionen auf juristische Personen angewendet. Dadurch entstünde jedoch kein dem Schuldprinzip verpflichtetes Unternehmensstrafrecht.

§ 15 Übungsfälle

A. Die „Schwarze Kasse"

Sachverhalt

Die N-AG ist ein im Bereich der Schraubenherstellung tätiger Konzern. Die AG verfügt über einen dem Vorstand unmittelbar unterstellten kaufmännischen Bereich. Für diesen Bereich ist Herr L als sogenannter „Bereichsvorstand" eingesetzt. Unter anderem ist er für die Buchführung und das Controlling zuständig und verfügt über die Befugnis, unbegrenzt hohe Zahlungen anzuweisen.

Herrn L obliegt darüber hinaus die Umsetzung der Compliance-Richtlinie der N-AG.

§ 16 dieser Richtlinie lautet:

(1) *Das Errichten von Konten unter Verstoß gegen Buchführungs- und Bilanzierungspflicht ist untersagt.*
(2) *Auch unterhalb der Schwelle der Strafbarkeit ist der Einsatz von Bestechung im geschäftlichen Verkehr zu unterlassen.*

Seit einiger Zeit ist ein neuer Konkurrent auf dem Markt, an den die N-AG zwei wichtige Kunden verliert. Herr L befindet es daher für notwendig, kreativ zu werden, um seinem Arbeitgeber mit „besonderen Aufwendungen" zu lukrativen Aufträgen zu verhelfen. Zu diesem Zweck richtet er in der Schweiz ein gesondertes Konto auf den Namen einer Briefkastenfirma ein. Auf dieses Konto zahlt er in der Folgezeit einen Betrag von über 15 Mio. EUR ein, den er den laufenden Gewinnen der N-AG entnimmt und nicht als Aktiva in der Buchführung aufführt. Von dem Konto wissen außer Herrn L nur einige wenige, von ihm eingeweihte Angestellte. Mit diesen vereinbart er bestimmte Codes, um ihnen unerkannt Anweisungen zum Einsatz dieser Gelder erteilen zu können.

Einer dieser von Herrn L eingeweihten Angestellten ist der Vertriebsmitarbeiter der N-AG. Dieser verhandelt seit einiger Zeit mit Vertretern eines Unternehmens, das Arbeitsmaschinen herstellt, über eine Auftragsvergabe mit einem Gesamtvolumen von über 100 Mio. EUR. Der leitende Angestellte des Maschinenherstellers hatte Herrn L kürzlich zu verstehen gegeben, dass er gegen eine entsprechende „finanzielle Anerkennung" Einfluss auf die Vertragsvergabe zugunsten der N-AG nehmen könne. Herr L gibt dem Vertriebsmitarbeiter daraufhin einen verdeckten Hinweis. Da er in die von Herrn L verwendeten Codes eingeweiht ist, erkennt dieser, dass er eine Schmiergeldzahlung von bis zu 4,3 % des Auftragsvolumens leisten soll, um den Vertragsabschluss mit dem Maschinenhersteller zu fördern. Daher nimmt er eine Zahlung von 4,3 Mio. EUR aus der geheimen Kasse an den leitenden Angestellten des Maschinenherstellers vor. Daraufhin erhält Herr L einige Tage später erfreut die Bestätigung über die Auftragserteilung.

Prüfen Sie die Strafbarkeit des Herrn L nach dem StGB.

Lösungsvorschlag

Hinweis: Die folgende Darstellung erfolgt zu Lernzwecken etwas ausführlicher, als in einer Klausur erwartet werden könnte. An einigen Stellen wird hierauf nochmals gesondert hingewiesen.

Tatkomplex 1: Das Anlegen der „schwarzen Kasse"

A. Strafbarkeit des Herrn L gem. §§ 266 Abs. 1, 2 i. V. m. 263 Abs. 3 S. 2 Nr. 2 Var. 1 StGB

Indem Herr L das gesonderte Konto in der Schweiz angelegt und Geld der N-AG darauf eingezahlt hat, könnte er sich wegen Untreue in besonders schwerem Fall gem. §§ 266 Abs. 1, 2 i. V. m. 263 Abs. 3 S. 2 Nr. 2 Var. 1 StGB strafbar gemacht haben.

I. Tatbestand

1. Zur Erfüllung des objektiven Missbrauchstatbestands ist zunächst der Missbrauch einer Verpflichtungs- bzw. Verfügungsbefugnis erforderlich.

Hinweis: Der Missbrauchstatbestand ist nach weit überwiegender Ansicht lex specialis zum Treubruchstatbestand und deshalb zwingend zuerst zu prüfen. Diese, wie auch eine abweichende Ansicht ergibt sich i. d. R. aus dem Aufbau. Ausführungen zum Verhältnis beider Alternativen sind daher im Rahmen einer gutachterlichen Prüfung entweder von vornherein entbehrlich oder jedenfalls knapp zu halten.

a) Herrn L muss wirksam durch Gesetz, behördlichen Auftrag oder Rechtsgeschäft die Befugnis eingeräumt worden sein, über fremdes Vermögen zu verfügen oder einen anderen zu verpflichten. Eine Verpflichtungsbefugnis meint die Befugnis zu Belastung mit einer schuldrechtlichen Verbindlichkeit, eine Verfügungsbefugnis das Recht an einer Sache aufheben, belasten,

A. Die „Schwarze Kasse"

übertragen oder inhaltlich verändern zu dürfen. Rechtsgeschäftlich kann die Verpflichtungs- bzw. Verfügungsbefugnis durch Vollmacht (§ 166 Abs. 2 BGB, § 167 BGB) oder Ermächtigung (§ 185 BGB) begründet werden. Herr L ist auf der Grundlage seines Arbeitsvertrags mit der N-AG ermächtigt worden, Zahlungen in unbegrenzter Höhe vorzunehmen. Herr L hat demnach die Befugnis, über fremdes Vermögen – nämlich über das der N-AG – zu verfügen.

Hinweis: Sofern der Täter eine arbeitsvertraglich eingeräumte Position innehat, durch die er unmittelbar vermögensrelevante Entscheidungen treffen kann (Vertriebsleiter, leitender Angestellter, Geschäftsführer etc.), kann die Begründung auch kürzer erfolgen.

b) Ob der Täter auch i. R. d. Missbrauchsalternative eine Vermögensbetreuungspflicht innehaben muss, ist umstritten.[1] Der Streit kann jedoch dahinstehen, sofern Herrn L vorliegend eine Vermögensbetreuungspflicht traf. Unter der Vermögensbetreuungspflicht ist eine Fürsorgepflicht für fremdes Vermögen zu verstehen, deren wesentlicher Inhalt eine durch Eigenverantwortlichkeit und Selbstständigkeit geprägte Geschäftsbesorgung für einen anderen ist. Es muss sich dabei um eine wesentliche, nicht nur beiläufige Vertragspflicht, also um eine Hauptpflicht handeln. Unter Anlegung dieser Grundsätze trifft Herrn L ohne weiteres eine Vermögensbetreuungspflicht: Er leitet eigenverantwortlich einen kaufmännischen Geschäftsbereich und hatte selbstständig Zugriff auf Firmengelder bzw. -konten. Als kaufmännischer Leiter war die Fürsorge (in Form von Buchführung und Controlling) für das Vermögen der N-AG, also für fremdes Vermögen, auch arbeitsvertragliche Hauptpflicht des Herrn L.

c) Herr L müsste die Verfügungs- bzw. Verpflichtungsbefugnis missbraucht haben, d. h. im Rahmen des rechtlichen Könnens (Außenverhältnis), aber jenseits des rechtlichen Dürfens (Innenverhältnis) rechtsgeschäftlich gehandelt haben. Von der Missbrauchsalternative erfasst werden entsprechend lediglich Fälle wirksamen rechtsgeschäftlichen Handelns.

Die Einrichtung und Aufrechterhaltung einer sogenannten „schwarzen Kasse", die Herr L hier mit dem schweizer Konto, auf das Gelder der N-AG überwiesen wurden und auf das nur er und wenige weitere Angestellte der N-AG Zugriff hatten, anlegte, ist jedoch wegen des damit verfolgten Zwecks, Schmiergeldzahlungen vornehmen zu können, sittenwidrig (§ 138 BGB) und damit nichtig. Aus diesem Grund hat Herr L hat die N-AG im Außenverhältnis nicht wirksam verpflichtet und nicht wirksam über deren Vermögen verfügt.

Hinweis: Bei der Untreueprüfung wegen Errichtung einer schwarzen Kasse ist dies in aller Regel so anzunehmen.
Hinweis: Die Prüfungspunkte b) und c) können auch in umgekehrter Reihenfolge geprüft werden.

---

[1] Die Rspr. und mittlerweile überwiegende Ansicht bejahen dies: *Hübner*, JZ 1973, 410; BGHSt 24, 386, 387 („monistische Konzeption"); a. A. in Anlehnung an die zum früheren Recht vertretene Missbrauchstheorie z. B.: *Arzt*, in: Bruns-FS, 365, 382; *Labsch*, NJW 86, 104; *Baumgartner*, Der Schutz zivilrechtlicher Forderungen durch Veruntreuung, Untreue und Unterschlagung, 1996, 116, 135.

Herr L ist daher nicht strafbar gem. § 266 Abs. 1 Alt. 1 StGB (Missbrauchsalternative).

2. Herr L könnte durch genanntes Verhalten aber den objektiven Treuebruchstatbestand, § 266 Abs. 1 Alt. 2 StGB, erfüllt haben.

a) Eine Vermögensbetreuungspflicht liegt vor, s. o.

b) Herr L müsste diese Pflicht auch verletzt haben. Denkbar ist, dass er durch das Einrichten der „schwarzen Kasse" und das Nicht-Einstellen der eingezahlten Geldmittel in die Buchführung gegen handels- bzw. steuerrechtliche Buchführungspflichten (§§ 238 ff. HGB bzw. § 140 AO) verstieß (konkret: gegen die Grundsätze der Bilanzwahrheit, -vollständigkeit und -klarheit). Zwar ist zu berücksichtigen, dass die Buchführungspflicht in einer Aktiengesellschaft ex lege zunächst nur den Vorstand im aktienrechtlichen Sinne trifft (§ 91 Abs. 1 AktG).[2] Diese Pflicht wurde aber an Herrn L arbeitsvertraglich delegiert, dessen Hauptpflicht es war, „seiner Arbeitgeberin bislang unbekannte, ihr zustehende Vermögenswerte in erheblicher Höhe zu offenbaren und diese ordnungsgemäß zu verbuchen".[3] Diese Pflicht hat Herr L verletzt, indem er die in die „schwarze Kasse" eingezahlten Gelder nicht als Aktiva in die Buchführung eingestellt und damit nicht den Anforderungen der Bilanzwahrheit entsprochen hat. Soweit an die Verletzung von Buchführungspflichten angeknüpft wird, müsste allerdings geklärt werden, ob die Nicht-Offenbarung der Vermögenswerte als Tun oder als Unterlassen zu qualifizieren ist, und, soweit man den Schwerpunkt beim Unterlassen sieht, ob § 13 Abs. 1 StGB auf § 266 StGB Anwendung findet.

Hinweis: Bezüglich der Verletzung der Buchführungspflichten kann auch kürzer ausgeführt werden.
Hinweis: Die Möglichkeit einer Verletzung der Buchführungspflicht und die damit einhergehenden Fragen zur Abgrenzung von Tun und Unterlassen müssen hier allenfalls kurz angesprochen werden.

Darauf kommt es vorliegend aber nicht mehr an, wenn bzgl. der Pflichtverletzung auch auf einen Verstoß gegen die Compliance-Vorschriften der N-AG abgestellt werden kann. Diese untersagen explizit die Errichtung „schwarzer Kassen", § 16 Abs. 1 der Richtlinie. Gegen diese Vorschrift hat Herr L, der zur Umsetzung der Compliance-Richtlinien verpflichtet war, verstoßen. Es liegt damit jedenfalls aufgrund des Verstoßes gegen die Compliance-Vorschriften der N-AG eine Pflichtverletzung (durch aktives Tun) vor.

Ein tatbestandsausschließendes Einverständnis kann die Pflichtverletzung ausschließen. Vorliegend hatte allerdings der Vorstand keine Kenntnis von der Einrichtung der „schwarzen Kasse" (Hinweise, dass der Aufsichtsrat oder die

---

[2] *Satzger*, NStZ 2009, 297, 301.
[3] BGHSt 52, 323 (Fall *Siemens/Enel*).

Hauptversammlung dahingehende Kenntnis hatte, bestehen ebenfalls nicht). Ein Einverständnis kommt daher nicht in Betracht. Denkbar wäre allenfalls, dass der Tatbestand unter dem Gesichtspunkt eines mutmaßlichen Einverständnisses[4] entfällt, da Herr L aus seiner Sicht im Interesse der N-AG handelte. Dies scheitert aber bereits daran, dass ein ausdrückliches Einverständnis einholbar gewesen wäre (zudem ist die Einrichtung einer „schwarzen Kasse" zur Ermöglichung von Schmiergeldzahlungen mit Blick auf die rechtliche Einordnung (Verbot) der entsprechenden Geschäfte auch nicht im Interesse der N-AG).

c) Herr L müsste der N-AG weiterhin einen Vermögensnachteil zugefügt haben. Der Nachteil entspricht dabei dem Schaden bei § 263 StGB.[5] Fraglich ist, ob bereits das Einrichten der „schwarzen Kasse" (und nicht erst deren Verwendung zur Zahlung von Bestechungsgeldern) einen Vermögensnachteil begründet.

Nach einer Ansicht[6] begründet das Einrichten einer „schwarzen Kasse" für sich genommen noch keinen Vermögensschaden – jedenfalls soweit die Gelder allein für Zwecke des Geschäftsherrn eingesetzt werden sollen („verwendungszweckabhängige Interpretation"). Die in das Schwarzgeldkonto eingezahlten Gelder stellten einen wirtschaftlich vollwertigen Vermögenswert dar, der auch dem Treugeber zustehe. Dass dieser nicht ohne weiteres darüber verfügen kann, schränke lediglich dessen Dispositionsfreiheit ein, schädige aber nicht dessen Vermögen. Danach wäre ein Vermögensnachteil vorliegend abzulehnen.

Eine andere Ansicht (BGH – Fall Kanther/Weyrauch)[7] vertritt den Standpunkt, dass bereits die Überweisung von Firmengeldern auf das Schwarzgeldkonto eine schadensgleiche (= schadensbegründende) Vermögensgefährdung darstelle. Die Einrichtung eines geheimen, keiner tatsächlich wirksamen Zweckbindung unterliegenden und jeder Kontrolle durch den Berechtigten entzogenen „Dispositionsfonds" begründe eine konkrete, vom Berechtigten nicht zu kontrollierende und nur noch im Belieben der Täter stehende Möglichkeit des endgültigen Vermögensverlustes. Danach wäre vorliegend ein Vermögensnachteil bei der N-AG eingetreten.

Eine dritte Ansicht (BGH – Fall Siemens/Enel)[8] betrachtet das Einrichten des Schwarzgeldkontos bereits als endgültigen Vermögensschaden. Durch die Einzahlung von Geldvermögen des Treugebers in eine verdeckte Kasse und

---

[4] Dazu MüKo-StGB/*Dierlamm/Becker*, § 266 Rn. 151.
[5] MüKo-StGB/*Dierlamm/Becker*, StGB § 266 Rn. 228.
[6] MüKo-StGB/*Dierlamm/Becker*, StGB § 266 Rn. 275 ff.
[7] BGH NJW 2007, 1760 (Fall *Kanther/Weyrauch*).
[8] BGHSt 52, 323, Rn. 43 (Fall *Siemens/Enel*).

das dauerhafte Vorenthalten dieser Gelder seien diese dem Treugeber dauerhaft entzogen, da er auf die verborgenen Vermögenswerte keinen Zugriff nehmen könne. Es dürfe aber allein der Vermögensinhaber über die Verwendung seines Vermögens entscheiden. Dabei sei die Absicht, die Geldmittel bei späterer Gelegenheit im Interesse des Treugebers einzusetzen, insbesondere um durch verdeckte Bestechungszahlungen Aufträge für ihn zu akquirieren, ohne Belang. Auch eine Kompensation des Vermögensschadens aufgrund etwaiger durch die pflichtwidrige Handlung herbeigeführte Vermögensvorteile (der Gewinn aus dem Auftrag des Maschinenherstellers) komme nicht in Betracht. Auch nach dieser Auffassung läge hier ein endgültig eingetretener Vermögensnachteil vor.

Hinweis: Die Frage nach dem Vermögensnachteil ist ein typisches Problem bei der Untreueprüfung wegen Errichtung einer schwarzen Kasse.
Hinweis: In der Darstellung des Meinungsstands ist es auch vertretbar, nicht zwischen schadensbegründender Vermögensgefährdung und endgültigem Schadenseintritt zu unterscheiden. Denn beides begründet jedenfalls einen Vermögensnachteil, ohne dass zwischen Vermögensgefährdung und endgültigem Schadenseintritt ein qualitativer Unterschied bestehen soll. Dies schlägt sich auch darin nieder, dass der 2. Strafsenat des BGH in der Entscheidung Siemens/Enel die eigene Rspr. in Kanther-Entscheidung „weiterführt".[9] Soweit sich doch zwischen beiden „Auffassungen" Unterschiede im subjektiven Tatbestand (s. u.) und in Bezug auf Folgefragen wie etwa den strafrechtlichen Schutz des in eine „schwarze Kasse" eingezahlten Vermögens ergeben, sind diese nicht vom Erwartungshorizont erfasst.

Gegen die erstgenannte Auffassung spricht, dass § 266 StGB zwar nicht jede Beschränkung der Disposition über das Vermögen des Treugebers kriminalisiert, aber jedenfalls im Falle eines vollständigen und permanenten Entzugs der Dispositionsmöglichkeit von einer wirtschaftlichen Identität mit dem tatsächlichen Verlust des Geldes auszugehen ist (wirtschaftlicher Schadensbegriff).[10] Eine Stellungnahme zu der Frage, ob es sich bloß um eine schadensgleiche Vermögensgefährdung oder einen endgültigen Vermögensschaden handelt, kann hier noch offengelassen werden.

Mithin ist der N-AG ein Vermögensnachteil entstanden.

3. Sofern man von einem endgültigen Vermögensnachteil ausgeht, kann der Vorsatz des Herrn L und damit das Vorliegen des subjektiven Tatbestands unproblematisch bejaht werden.

---

[9] BGHSt 52, 323, Leitsatz 1.
[10] *Hoven*, NStZ 2014, 646 (Anm. zu BGH 5 StR 181/14).

A. Die „Schwarze Kasse"

Nur sofern hingegen der Auffassung gefolgt werden soll, dass das Einrichten der „schwarzen Kasse" eine Vermögensgefährdung darstellt, sind die diesbezüglich aufgestellten besonderen Vorsatzerfordernisse zu beachten, namentlich, dass der Täter die Möglichkeit eines Schadenseintritts erkennt und die Realisierung der Gefahr billigend in Kauf nimmt.[11] Zwar ist davon auszugehen, dass Herr L mit Blick auf seine berufliche Position und insb. unter Berücksichtigung der von ihm umzusetzenden Compliance-Vorschriften weiß, dass die den geplanten Bestechungszahlungen zugrundeliegenden Unrechtsvereinbarungen nicht rechtswirksam sind und entsprechend die Gefahr eines kompensationslosen Verlusts der aus der Kasse eingesetzten Gelder droht. In voluntativer Hinsicht ist allerdings festzustellen, dass es ihm gerade darum ging, der N-AG einen wirtschaftlichen Vorteil zu verschaffen und er somit eine Realisierung der Gefahr eben nicht billige[12] (a. A. aber vertretbar).

Hinweis: Eine Erörterung der vom 2. StS im Fall Kanther/Weyrauch aufgestellten subjektiven Anforderungen würde allenfalls in sehr guten Bearbeitungen erwartet. Die aus diesen Anforderungen resultierende Notwendigkeit, im subjektiven Tatbestand Stellung zu der Frage zu beziehen, ob das Anlegen der „schwarzen Kasse" zu einer schadensbegründenden Vermögensgefährdung oder zu einem endgültigen Schadenseintritt führt, wird dadurch relativiert, dass die aufgestellten Anforderungen in der Literatur scharf kritisiert wurden.[13] Auch der 2. Senat hat inzwischen zumindest im Rahmen von § 263 StGB auf diese subjektive Einschränkung verzichtet.[14]

Jedenfalls unter Anerkennung der besonderen Vorsatzerfordernisse i. R. d. Vermögensgefährdung muss entschieden werden, ob bereits ein endgültiger Schaden oder bloß eine schadensbegründende Vermögensgefährdung eingetreten ist:

Die Auffassung, es sei ein endgültiger Vermögensschaden eingetreten, kann dahingehend kritisiert werden, dass sie „notwendigerweise dazu führt, dass im Zeitpunkt der Bildung der „schwarzen Kasse" der endgültige Schaden in Höhe des gesamten Kasseninhalts bereits eingetreten ist." Dann lässt sich jedoch „nicht mehr begründen, warum derjenige, der anschließend die Kasse weiterführt, ebenfalls einen endgültigen Schaden – noch dazu in gleicher Höhe – verursachen soll".[15] Zudem kann die für den endgültigen Schadenseintritt entscheidende Frage, ob eine Vermögensentziehung dauerhaft ist, zum Zeitpunkt der Vermögensverfügung, also des Einrichtens der „schwarzen Kasse", noch gar nicht beantwortet werden.[16] Außerdem schützt § 266 StGB als Vermögensdelikt nicht die Dispositionsfreiheit des Treugebers.[17]

Dem kann (mit dem BGH) entgegengehalten werden, dass die Bestimmung über die Verwendung des Vermögens dem Vermögensinhaber obliege und sich das Vermögen nicht von der Möglichkeit der Disposition über das Vermögen trennen lasse.[18]

Hinweis: Hier sind beide Ansichten vertretbar. Soweit nicht zwischen Vermögensgefährdung und endgültigem Schadenseintritt differenziert wird, können die genannten Argumente auch unter dem Prüfungspunkt „Vermögensnachteil" als Begründung für die dort erstgenannte Ansicht (Einrichten der „schwarzen Kasse" begründet noch keinen Vermögensschaden) angeführt werden.

---

[11] BGHSt 51, 100, 118 ff. (Fall *Kanther/Weyrauch*).
[12] So *Satzger*, NStZ 2009, 297, 302.
[13] LK/*Schünemann*, Bd. 9/1, 12. Aufl. 2012, § 266 Rn. 196: „dogmatische Missgeburt"; nach Bernsmann (GA 2007, 119, 230) habe der BGH damit ein „Delikt mit (schwach) überschießender Innentendenz und damit ein dogmatisches Unikum" geschaffen; vgl. auch *Schlösser*, NStZ 2008, 397 (Anm. zu BGH 2 StR 469/06).
[14] BGH wistra 2016, 404, 407.
[15] Satzger a. a. O.
[16] NK-StGB/*Kindhäuser*, 5. Aufl. 2017, § 266 Rn. 121b.
[17] MüKo-StGB/*Dierlamm/Becker*, § 266 Rn. 279.
[18] BGHSt 52, 323 (Fall *Siemens/Enel*).

II. Rechtswidrigkeit und Schuld sind gegeben.

III. Bzgl. der Strafzumessung ist das Regelbeispiel des „Vermögensverlusts großen Ausmaßes" gem. §§ 266 Abs. 1, 2 i. V. m. 263 Abs. 3 S. 2 Nr. 2 StGB, das ab einem Schaden von 50.000 EUR[19] (a. A.: 100.000 EUR)[20] verwirklicht sein kann, vorliegend mit Blick auf die in die „schwarze Kasse" eingezahlte Summe von 15 Mio. EUR verwirklicht.

IV. Indem Herr L das gesonderte Konto in der Schweiz angelegt und Geld der N-AG darauf eingezahlt hat, hat er sich mithin wegen Untreue in besonders schwerem Fall gem. §§ 266 Abs. 1, 2 i. V. m. 263 Abs. 3 S. 2 Nr. 2 Var. 1 StGB strafbar gemacht.

Tatkomplex 2: Einsatz des Geldes i. R. d. Vergabeverfahrens des Stromanbieters

B. Strafbarkeit des Herrn L gem. §§ 266 Abs. 1, 2 i. V. m. 263 Abs. 3 S. 2 Nr. 2 Var. 1 StGB

Indem Herr L das in der „schwarzen Kasse" befindliche Geld eingesetzt hat, könnte er sich wegen Untreue in besonders schwerem Fall gem. §§ 266 Abs. 1,2 i. V. m. 263 Abs. 3 S. 2 Nr. 2 Var. 1 StGB strafbar gemacht haben.

Sofern man den endgültigen Eintritt eines Schadens durch Einrichten der Kasse bejaht, ist die anschließende bestimmungsmäßige Verwendung des Geldes (die Anweisung an den Vertriebsleiter, das Geld für eine Schmiergeldzahlung zu verwenden) allenfalls eine Schadensvertiefung,[21] wonach diese zweite Untreuehandlung als mitbestrafte Nachtat hinter die bereits durch das Einrichten der Kasse verwirklichte zurücktritt.[22]

Auch soweit von einem Gefährdungsschaden ausgegangen wird, hat das Einsetzen des Geldes als tatsächliche Vermögenseinbuße (abgesehen von der Strafzumessung) keine rechtliche Relevanz mehr, denn beide Nachteile bilden zusammen eine einheitliche Tat.[23]

C. Strafbarkeit des Herrn L gem. §§ 299 Abs. 2 Nr. 1, 26 i. V. m. 300 S. 2 Nr. 1 StGB

Indem Herr L den Vertriebsmitarbeiter durch einen verdeckten Hinweis dazu anwies, das in der „schwarzen Kasse" befindliche Geld einzusetzen, könnte er sich wegen Anstiftung zur Bestechung im geschäftlichen Verkehr in besonders schwerem Fall gem. §§ 299 Abs. 2 Nr. 1, 26 i. V. m. 300 S. 2 Nr. 1 StGB strafbar gemacht haben.

---

[19] BGH NJW 2004, 169.
[20] MüKo-StGB/*Dierlamm/Becker*, § 266 Rn. 337.
[21] So der BGH im Fall *Siemens/Enel*, BGHSt 52, 323, Rn. 46.
[22] BGH NStZ 2011, 160.
[23] So für den Eingehungsbetrug: BGHSt 47, 160, 168.

A. Die „Schwarze Kasse"

I. Tatbestand

1. Zur Erfüllung des objektiven Tatbestands ist zunächst das Vorliegen einer vorsätzlichen rechtswidrigen Haupttat erforderlich.

a) Als vorsätzliche rechtswidrige Haupttat kommt eine durch den Vertriebsleiter verwirklichte wettbewerbsbezogene Bestechung gem. § 299 Abs. 2 Nr. 1 StGB in Betracht.

aa) Für das Vorliegen des objektiven Tatbestands der Bestechung durch den Vertriebsmitarbeiter ist zunächst erforderlich, dass dieser im geschäftlichen Verkehr (beim Bezug von Waren oder Dienstleistungen) gehandelt hat. Dieses weit auszulegende Tatbestandsmerkmal umfasst alle Maßnahmen, die der Förderung eines beliebigen Geschäftszwecks dienen. Der Vertriebsleiter handelt hier, um den Vertragsschluss mit dem maschinenherstellenden Unternehmen zu erreichen, mithin im geschäftlichen Verkehr.

bb) Der leitende Angestellte, gegenüber dem die Zahlung vorgenommen wird, ist ausweislich des Sachverhalts Angestellter des Maschinenherstellers, also eines Unternehmens.

cc) Der weiterhin erforderliche Vorteil umfasst jede Leistung, auf die der Empfänger keinen Rechtsanspruch hat und die seine wirtschaftliche oder auch nur persönliche Lage objektiv verbessert.[24] Der Vertriebsleiter der N-AG hat dem leitenden Angestellten des Maschinenherstellers Geld i. H. v. 4,3 Mio. EUR zugewandt, auf das dieser keinen Anspruch hatte. Mithin liegt ein Vorteil vor.

dd) Indem der Vertriebsleiter dem leitenden Angestellten den Vorteil tatsächlich verschafft hat, hat er ihm diesen gewährt i. S. d. Norm.

ee) Zwischen der angestrebten Bevorzugung durch den Vorteilsnehmer und dem Vorteil muss ein Zusammenhang in der Form bestehen, dass der Vorteil als Gegenleistung für die zukünftige unlautere Bevorzugung gedacht ist (Unrechtsvereinbarung). Zur Erfüllung des Tatbestandes muss weder die vereinbarte Bevorzugung tatsächlich eintreten noch eine objektive Schädigung eines Mitbewerbers vorliegen.[25] Bevorzugung meint dabei die sachfremde Entscheidung zwischen mindestens zwei Bewerbern, von denen einer benachteiligt wird.[26] Unlauter ist die Bevorzugung, wenn der Grundsatz der Sachgerechtigkeit nicht beachtet wird.[27] Jedenfalls nach der Vorstellung des Vertriebsleiters sollte der leitende Angestellte des Maschinenherstellers aufgrund der Schmiergeldzahlung sachfremd auf den Vergabeprozess Einfluss nehmen, damit der Auftrag an die N-AG vergeben würde. Die geplante Bevorzugung

---

[24] BGH NStZ 2005, 334; BeckOK-StGB/*Momsen/Laudien*, § 299 Rn. 34.
[25] BGH NStZ-RR 2015, 278.
[26] Lackner/Kühl/*Heger*, § 299 Rn. 5.
[27] Schönke/Schröder/*Eisele*, § 299 Rn. 33.

muss zudem im Wettbewerb erfolgen, was der Fall ist, wenn ein wirtschaftliches Konkurrenzverhältnis zwischen Vorteilsgeber und den Mitbewerbern besteht.[28] Vorliegend ist davon auszugehen, dass die Mitbewerber im Zuge der Ausschreibung des Maschinenherstellers genauso wie die N-AG Schrauben herstellen und somit mit ihr in einem Konkurrenzverhältnis stehen. Der erforderliche Zusammenhang zwischen der angestrebten Bevorzugung und dem Vorteil (Unrechtsvereinbarung) besteht daher.

ff) Der Vertriebsleiter handelt lt. Sachverhalt vorsätzlich.

gg) Gegenüber der Rechtswidrigkeit seines Handelns bestehen keine Bedenken.

hh) Mithin liegt mit der Bestechung gem. § 299 Abs. 2 Nr. 1 StGB eine vorsätzliche rechtswidrige Haupttat des Vertriebsleiters vor.

b) Bestimmen

Herr L müsste den Vertriebsleiter zur Tat bestimmt, d. h. seinen Tatentschluss hervorgerufen haben. Die genauen Anforderungen an das Mittel des Bestimmens sind umstritten.

Nach der Theorie des „Unrechtspakts"[29] muss sich der Täter durch eine Unrechtsvereinbarung ggü. dem Anstifter zur Tat verpflichtet haben. Dies wäre hier nicht der Fall.

Der Verursachungstheorie[30] zufolge genügt schon das bloße Verursachen (Mitverursachen) des Tatentschlusses. Dies läge hier vor.

Die Kommunikationstheorie[31] erfordert eine kommunikative Beeinflussung des Täters durch den Anstifter. Nötig ist ein Verhaltensvorschlag, mit dem zumindest konkludent zur Tat aufgefordert wird.[32] Dies wäre hier der Fall.

Hinweis: Eine ausführliche Darstellung des Streitstandes wird nicht erwartet. Die Erwähnung jedenfalls des von der überwiegenden Ansicht geforderten Kriteriums der kommunikativen Beeinflussung erscheint jedoch vor dem Hintergrund der Vorgehensweise des Herrn L sinnvoll.

Hier hat Herr L dem Vertriebsleiter jedenfalls konkludent – für den Vertriebsleiter unter Berücksichtigung des Codes verständlich – und durch eine kommunikative Beeinflussung den Verhaltensvorschlag unterbreitet, (bis zu) 4,3 Prozent des Auftragsvolumens als Schmiergeld i. R. d. Vergabeverfahrens des Maschinenherstellers zu verwenden.

Ein Bestimmen ist damit gegeben.

---

[28] Schönke/Schröder/*Eisele*, § 299 Rn. 28.

[29] *Puppe*, GA 1984, 118; diese Auffassung kann, sofern sie in der Klausur angeführt wird, mit der Argumentation abgelehnt werden, sie begreife die Anstiftung als „kupierte Mittäterschaft" und verwische damit die Grenzen zwischen Täterschaft und Teilnahme, vgl. *Gerson*, ZIS 2016, 295.

[30] Vgl. z. B. BGHSt 45, 373, 374.

[31] *D. Meyer*, MDR 1975, 982; *Otto*, JuS 1982, 560; *Rogall*, GA 1979, 11, 12.

[32] MüKo-StGB/*Joecks/Scheinfeld*, § 26 Rn. 15.

A. Die „Schwarze Kasse"

2. Der doppelte Anstiftervorsatz liegt vor, sodass der subjektive Tatbestand erfüllt ist.

II. Rechtswidrigkeit und Schuld unterliegen keinen Zweifeln.

III. Bezüglich der Strafzumessung ist auf einen besonders schweren Fall gem. § 300 S. 2 Nr. 1 StGB zu erkennen, wenn ein Vorteil großen Ausmaßes vorliegt.

Ein solcher ist anzunehmen, wenn dessen Wert erheblich über dem Durchschnittswert der erlangten Vorteile liegt. Anders als beim Betrug und der Steuerhinterziehung ist auf den konkreten Einzelfall abzustellen.[33] Dabei kommt es darauf an, ob die Zuwendungen geeignet sind, den Vorteilsnehmer zu korrumpieren.[34] Es werden dennoch verschiedene finanzielle Untergrenzen für den Regelfall diskutiert, welche z. T. bei 25.000 EUR,[35] z. T. bei 50.000 EUR[36] angesetzt werden. Der hier gewährte Betrag liegt deutlich über diesen Mindestgrenzen und ist auch in Hinblick auf die anzunehmende finanzielle Situation eines leitenden Angestellten eines Maschinenherstellers geeignet, diesen zu korrumpieren.

Hinweis: Das Vorliegen eines besonders schweren Falles kann hier auch mit kürzer Begründung angenommen werden.

IV. Indem Herr L den Vertriebsmitarbeiter durch einen verdeckten Hinweis dazu anwies, das in der „schwarzen Kasse" befindliche Geld einzusetzen, hat er sich wegen Anstiftung zur Bestechung im geschäftlichen Verkehr in besonders schwerem Fall gem. §§ 299 Abs. 2 Nr. 1, 26 i. V. m. 300 S. 2 Nr. 1 StGB strafbar gemacht.

V. Zu beachten ist das Strafantragserfordernis gem. § 301 StGB.

Das besondere öffentliche Interesse liegt insbesondere dann nahe, wenn die unrechts- und schulderhöhenden Umstände des § 300 StGB in besonderem Maße die Allgemeinheit betreffen[37]

Hinweis: Liegt – wie hier – ein besonders schwerer Fall (§ 300 StGB) vor, so kann das besondere öffentliche Interesse an der Strafverfolgung nur ausnahmsweise verneint werden.

D. Strafbarkeit des Herrn L gem. §§ 299 Abs. 2 Nr. 2, 26 i. V. m. 300 S. 2 Nr. 1 StGB

Durch dieselbe Handlung könnte sich Herr L wegen Anstiftung zur Bestechung im geschäftlichen Verkehr gem. §§ 299 Abs. 2 Nr. 2, 26 i. V. m. 300 S. 2 Nr. 1 StGB strafbar gemacht haben.

---

[33] BeckOK-StGB/*Momsen/Laudien*, § 300 Rn. 3.
[34] NK-StGB/*Dannecker*, 5. Aufl. 2017, § 300 Rn. 9.
[35] NK-StGB/*Dannecker* a. a. O., Rn. 11.
[36] Schönke/Schröder/*Eisele*, § 300 Rn. 3.
[37] Schönke/Schröder/*Eisele*, § 300 Rn. 2.

I. Tatbestand

1. Zur Erfüllung des objektiven Tatbestands ist zunächst das Vorliegen einer vorsätzlichen rechtswidrigen Haupttat erforderlich.

a) Als vorsätzliche rechtswidrige Haupttat kommt eine durch den Vertriebsleiter verwirklichte pflichtenbezogene Bestechung gem. § 299 Abs. 2 Nr. 2 StGB in Betracht.

aa) Die tatbestandlichen Voraussetzungen des objektiven Tatbestands des Handelns im geschäftlichen Verkehr (beim Bezug von Waren oder Dienstleistungen) gegenüber einem Angestellten oder Beauftragten eines Unternehmens und das Anbieten, Versprechen oder Gewähren eines Vorteils liegen vor, siehe oben.

bb) Weiterhin müsste eine Unrechtsvereinbarung gegeben sein, deren Kern bei der Tatvariante der pflichtenbezogenen Bestechung darin liegt, dass der Angestellte oder Beauftragte bei dem Bezug von Waren oder Dienstleistungen seine Pflichten gegenüber dem Unternehmen verletzt. Ein Tatererfolg in Form einer begangenen Pflichtwidrigkeit ist auch hier nicht erforderlich.[38] Vorliegend verletzt der leitende Angestellte seine Pflicht gegenüber seinem Arbeitgeber, bei der Mitwirkung an dem Vergabeverfahren ausschließlich nach dem Interesse des Maschinenherstellers vorzugehen und die Vergabe des Auftrags ausschließlich von marktwirtschaftlichen Kriterien abhängig zu machen. Soweit allerdings eine Einwilligung des Unternehmens in eine andere Vorgehensweise erteilt worden wäre, schlösse dies als tatbestandsausschließendes Einverständnis die Pflichtwidrigkeit aus.[39] Vorliegend gibt es allerdings keine Anhaltspunkte, dass die Leitung des maschinenherstellenden Unternehmens (mutmaßlich) darin eingewilligt hätte, die N-AG bei der Vergabe sachfremd zu bevorzugen.

cc) Der Vertriebsleiter handelte auch hier vorsätzlich.

dd) Die Rechtswidrigkeit seines Handelns ist gegeben.

ee) Mithin liegt eine vorsätzliche rechtswidrige Haupttat des Vertriebsleiters gem. § 299 Abs. 2 Nr. 2 StGB vor.

b) Herr L hat den Vertriebsleiter auch zur Tat bestimmt, s. o.

2. Der doppelte Anstiftervorsatz liegt vor, sodass der subjektive Tatbestand erfüllt ist.

II. Rechtswidrigkeit und Schuld unterliegen keinen Bedenken.

III. Bezüglich der Strafzumessung ist auf einen besonders schweren Fall gem. § 300 S. 2 Nr. 1 StGB zu erkennen, s. o.

---

[38] Lackner/Kühl/*Heger*, § 299 Rn. 5a.
[39] A. a. O.

IV. Mithin hat sich Herr L auch wegen Anstiftung zur Bestechung im geschäftlichen Verkehr gem. §§ 299 Abs. 2 Nr. 2, 26 i. V. m. 300 S. 2 Nr. 1 StGB strafbar gemacht.

V. Das Strafantragserfordernis gem. § 301 StGB steht nicht entgegen, s. o.

VI. Konkurrenzen

Die Anstiftung zu einem besonders schweren Fall der pflichtenbezogenen Bestechung (§§ 299 Abs. 2 Nr. 2, 26 i. V. m. 300 S. 2 Nr. 1 StGB) steht aufgrund der Verschiedenheit der geschützten Rechtsgüter zur Anstiftung zu einem besonders schweren Fall der wettbewerbsbezogenen Bestechung (§§ 299 Abs. 2 Nr. 1, 26 i. V. m. 300 S. 2 Nr. 1 StGB) in Idealkonkurrenz (§ 52 Abs. 1 StGB).[40]

E. Gesamtergebnis und Konkurrenzen

Im ersten Tatkomplex hat sich Herr L wegen Untreue im besonders schweren Fall gem. §§ 266 Abs. 1 Alt. 2, Abs. 2 i. V. m. 263 Abs. 3 S. 2 Nr. 2 Var. 1 StGB strafbar gemacht. Im zweiten Tatkomplex ist er strafbar wegen Anstiftung jeweils zu einem besonders schweren Fall der wettbewerbsbezogenen (§§ 299 Abs. 2 Nr. 1, 26 i. V. m. 300 S. 2 Nr. 1 StGB) und der pflichtenbezogenen Bestechung (§§ 299 Abs. 2 Nr. 2, 26 i. V. m. 300 S. 2 Nr. 1 StGB), wobei die beiden Tatbestandsalternativen zueinander in Tateinheit stehen (§ 52 Abs. 1 StGB). Die in den jeweiligen Tatkomplexen verwirklichten Taten stehen insgesamt in Tatmehrheit zueinander (§ 53 Abs. 1 StGB).

B. Übermengen Kontrastmittel[41]

Sachverhalt

Arzt A, der für die vertragsärztliche Versorgung zugelassen war (Vertragsarzt), betrieb als ärztlicher Leiter eine Vielzahl von Radiologie-Praxen, die überwiegend als GmbH geführt wurden und deren alleiniger Gesellschafter er war. Für die dort durchgeführten Untersuchungen mittels CT und MRT wurden Kontrastmittel benötigt, die in den Blutkreislauf der untersuchten Patienten injiziert werden. Diese verschreibungspflichtigen Arzneimittel können zu Lasten der gesetzlichen Krankenkassen nachgeordert werden. Bei der Verordnung, dem Bezug und der Verwendung haben die Vertragsärzte den Grundsatz der Wirtschaftlichkeit zu beachten, d. h. die Verordnung muss den Bedürfnissen der jeweiligen vertragsärztlichen Praxis entsprechen und zur Zahl der Behandlungsfälle in einem angemessenen Verhältnis stehen.

---

[40] NK-StGB/*Dannecker*, 5. Aufl. 2017, § 299 Rn. 137.
[41] Fall nach BGH, Beschl. v. 25.7.2017 – 5 StR 46/17 = NStZ-RR 2017, 313.

Der Konzern geriet in erhebliche finanzielle Schwierigkeiten. A und Rechtsanwalt R schlugen dem kaufmännischen Geschäftsführer mehrerer der GmbHs G vor, illegale Gewinne bei dem Bezug von Kontrastmitteln zu erwirtschaften.

Hierzu wollte A eine Beteiligung an den Gewinnen erhalten, die bei den Zwischenhändlern von Kontrastmitteln aufgrund der Differenz zwischen deren Einkaufspreis bei den Herstellern (hier gab es Rabatte bis zu 70 %) und dem gegenüber den Kassen abgerechneten offiziellen Herstellerabgabepreisen entstehen. Weil eine direkte Gewinnbeteiligung des Arztes an den von ihm selbst durch eigene Verordnungen generierten Umsätzen gegen die gesetzliche Regelung in § 128 Abs. 2 und 6 SGB V verstößt, überlegte sich R die Konstruktion, dass A die erzielten Gewinne über seine Beteiligung an Gesellschaften zufließen sollten.

G kam diese Konstruktion bedenklich vor, weshalb er Rechtsrat bei einem anderen Rechtsanwalt einholte, der ihm die Unzulässigkeit dieses Vorgehens bestätigte. Dennoch wirkte G aktiv an der weiteren Fortsetzung mit.

Im Folgenden war allein A für die Bestellung von Kontrastmitteln zuständig. Er schloss mit einem Kontrastmittellieferanten eine „Vermittlungs- und Provisionsvereinbarung", nach der für jedes „vermittelte" Geschäft eine Provision in Höhe von 60 % der gegenüber den Kostenträgern (Krankenkassen) abgerechneten Beträge zu zahlen war. Ihrerseits erhielt die Lieferantin von der Herstellerfirma einen Rabatt in Höhe von 70 % auf den Herstellerabgabepreis. Um die so generierten Gewinne abzuschöpfen, wurde die 4H-KGaA, eines von A's Unternehmen, als Begünstigte der Provisionszahlungen eingesetzt. Auf diese Weise erhielt sie Zahlungen in Millionenhöhe.

Kurze Zeit später trat A an den Apotheker AP heran, um über die von diesem geleitete Arzneimittelgroßhandelsfirma AP-GmbH auch von den Großhändlerrabatten zu profitieren. AP erkannte, dass die vorgeschlagene Konstruktion höchstwahrscheinlich gegen das gesetzliche Verbot in § 128 Abs. 2 und 6 SGB V verstoßen würde, stimmte dem Vorschlag aber aus Profitinteresse zu. Ihm war jedoch bewusst, dass sie mit der Einreichung der Verordnungen bei den Krankenkassen (diesen gegenüber) die geplante Beteiligung den Umständen nach leugnen würden; zudem wusste er, dass aufgrund des Verstoßes gegen ein gesetzliches Verbot die den Krankenkassen gegenüber geltend zu machenden Vergütungsansprüche tatsächlich nicht entstehen würden.

In gemeinsamen Gesprächen zwischen A, G, AP und zwei Rechtsanwälten wurden die Details für das Vorhaben ausgehandelt.

Im Folgenden führten A und AP gemeinsam Rabattverhandlungen mit der Herstellerfirma. Anhand des durch A projizierten Jahresvolumens gewährten die Hersteller der AP-GmbH Rabatte von ca. 60 % auf den Herstellerabgabepreis von Kontrastmitteln. Die AP-GmbH sollte ihrerseits den vollen Herstellerabgabepreis bei den Krankenkassen geltend machen. Von den so generierten Rabattgewinnen sollten 95 % an As 4H-KGaA zurückfließen.

In der Folgezeit kam es zu einer Vielzahl von Verordnungen von Kontrastmitteln, die allesamt von A gesteuert wurden. Dies erfolgte stets ohne Bezug zum tatsächlichen Bedarf an Kontrastmitteln, sodass schließlich erhebliche Übermengen bestellt wurden.

G wurde für seine Finanzplanung dabei stets über die mehrmals im Monat von A durchgeführten Verordnungsausfertigungen und die aus diesen Verordnungs- und Bestellvorgängen zu erwartenden Gewinne in Kenntnis gesetzt.

AP holte die ausgefüllten Verordnungen jedes Mal persönlich bei A ab, fuhr sie zum Adressaten und bestellte die Kontrastmittel beim Hersteller. Anschließend stellte er unter Beifügung der Verordnungen und unter Gewährung von 3 % Skonto die Lieferungen in Rechnung. Die Rechnungen waren an verschiedene Krankenkassen bzw. Abrechnungsstellen gerichtet, wurden dort geprüft, für richtig befunden und anschließend zur Zahlung an die AP-GmbH freigegeben, weil die mit der Prüfung betrauten Mitarbeiter in allen Fällen davon ausgingen, dass die Verordnungen und Abrechnungen dem tatsächlichen Bedarf entsprechend ausgestellt wurden und der Lieferant keine verbotene Vergütung an den verordnenden Arzt zahlen würde.

In der gesamten Zeit wurde von der von A aufgebauten Unternehmergruppe den Krankenkassen insgesamt 30 Mio. EUR in Rechnung gestellt und Provisionszahlungen im zweistelligen Millionenbereich zu Lasten der Krankenkassen generiert. AP erwirtschaftete für sich einen finanziellen Vorteil in Höhe von rund 850.000 EUR, G flossen trotz der finanziell angespannten Lage der Unternehmen Gehälter inkl. Tantiemen in Höhe von über 730.000 EUR zu.

Strafbarkeit von AP und G nach dem StGB?

Lösungsvorschlag

A. Strafbarkeit des AP
I. Strafbarkeit des AP gem. § 263 Abs. 1, 3 Nr. 1, 2, Abs. 5 StGB gegenüber den Krankenkassenmitarbeitern und zu Lasten der Krankenkasse

Indem AP die Kontrastmittellieferungen unter Beifügung der von A ausgefüllten Verordnungen und unter Gewährung von 3 % Skonto den Krankenkassen in Rechnung stellte, könnte er sich wegen qualifizierten Betrugs in besonders schwerem Fall gem. § 263 Abs. 1, 3 Nr. 1, 2, Abs. 5 StGB strafbar gemacht haben.

1. Tatbestand

a) Zur Erfüllung des objektiven Tatbestands ist zunächst eine Täuschung über Tatsachen erforderlich.

aa) Tatsachen sind innere und äußere Vorgänge in Vergangenheit und Gegenwart, die dem Beweis zugänglich sind.[42] Bei dem Umstand, dass die unterschriebenen Verordnungen ordnungsgemäß zustande gekommen sind und ihnen keine

---

[42] Schönke/Schröder/*Perron*, 30. Aufl. 2019, StGB § 263 Rn. 8; MüKo-StGB/*Hefendehl*, § 263 Rn. 96.

rechtwidrigen Provisionsvereinbarungen (kick-back-Zahlungen) zugrunde gelegen haben, handelt es sich um beweisbare Vorgänge in der Vergangenheit, mithin um Tatsachen.

Indem AP die Verordnungen einreichte, könnte er über diese getäuscht haben. Täuschung meint das Einwirken auf das Vorstellungsbild eines anderen.[43] Ausdrücklich hat AP gegenüber den Mitarbeitern der Krankenkasse bei der Einreichung der Rechnungen keine weiteren Angaben über deren Zustandekommen gemacht. Eine Täuschung kann allerdings nicht nur ausdrücklich, sondern auch konkludent, also durch irreführendes Verhalten erfolgen.[44] Voraussetzung hierbei ist, dass die Unwahrheit nach der Verkehrsanschauung miterklärt wird. Ob dies der Fall ist, ist nach dem konkreten Empfängerhorizont zu bestimmen, der durch die jeweilige Verkehrsanschauung und den entsprechend geltenden Normen geprägt wird.[45]

Vorliegend machte AP bei der Einreichung einen Anspruch geltend. Bei der Geltendmachung eines Anspruchs, den der Adressat aus seiner Situation nicht ohne Weiteres prüfen kann, ist zu erwarten, dass sämtliche Tatsachen, die für die Beurteilung des Anspruchs wesentlich sind, wahrheitsgemäß dargestellt werden.[46] Die Mitarbeiter der Krankenkasse durften danach erwarten, dass bei der Einreichung von Rechnungen und Verordnungen diese in der geltend gemachten Höhe tatsächlich angefallen und nicht etwa durch eine Kick-Back-Zahlung gemindert waren.[47]

Die konkludent mitgeteilten Tatsachen müssten zudem unrichtig gewesen sein. Bezüglich der Zusammenarbeit zwischen Leistungserbringern und Vertragsärzten regelt § 128 Abs. 2 S. 1, Abs. 6 SGB V, dass erstere letzteren sowie Ärzten in Krankenhäusern und anderen medizinischen Einrichtungen nicht gegen Entgelt oder Gewährung sonstiger wirtschaftlicher Vorteile an der Durchführung der Versorgung mit Hilfsmitteln beteiligen oder solche Zuwendungen im Zusammenhang mit der Verordnung von Hilfsmitteln gewähren dürfen. Hiervon erfasst sind auch die Arzneimittelgroßhandelsfirma AP-GmbH und A als Vertragsarzt. Absatz 2 Satz 3 regelt zudem, dass unzulässige Zuwendungen im Sinne des Satzes 1 auch die unentgeltliche oder verbilligte Überlassung von Geräten und Materialien und Durchführung von Schulungsmaßnahmen, die Gestellung von Räumlichkeiten oder Personal oder die Beteiligung an den Kosten hierfür sowie Einkünfte aus Beteiligungen an Unternehmen von Leistungserbringern sind, die Vertragsärzte durch ihr Verordnungs- oder Zuweisungsverhalten selbst maßgeblich beeinflussen. Da A Gewinne über die Beteiligung an den Gesellschaften

---

[43] BeckOK-StGB/*Beukelmann*, § 263 Rn. 9.
[44] BGH NStZ-RR 2017, 313; NJW 2007, 782.
[45] BGH NStZ-RR 2017, 313.
[46] BGH NStZ-RR 2017, 313; NStZ 2015, 591, 593.
[47] BGH NStZ-RR 2017, 313; NStZ 2004, 568, 569.

erhielt, liegt ein Verstoß gegen diese Vorschrift vor. Damit ist ein Anspruch gegenüber der Krankenkasse nicht entstanden und die konkludente Behauptung, die den Anspruch begründenden Tatsachen lägen vor, unrichtig.

bb) Weiterhin müsste bei den Krankenkassenmitarbeitern kausal aufgrund dieser Täuschung ein Irrtum entstanden sein. Ein Irrtum ist jeder Widerspruch zwischen Vorstellung und Wirklichkeit.[48] Die Krankenkassenmitarbeiter gingen davon aus, dass die dem Anspruch zugrunde liegenden Tatsachen korrekt übermittelt sind und der Anspruch daher tatsächlich besteht. Mithin liegt ein Irrtum vor.

cc) Es müsste auch eine irrtumsbedingte Vermögensverfügung vorgenommen worden sein; eine solche stellt jedes Handeln, Dulden oder Unterlassen dar, das sich unmittelbar vermögensmindernd auswirkt.[49] Die Mitarbeiter zahlten die Rechnungsbeträge nur aus, weil sie von der Richtigkeit der Geltendmachung ausgingen und insbesondere auch davon, dass die Verordnungen und Abrechnungen dem tatsächlichen Bedarf entsprechend ausgestellt wurden und der Lieferant keine verbotene Vergütung an den verordnenden Arzt zahlen würde.

Hinweis: Auch wenn Verfügender und Geschädigter wie hier auseinanderfallen, ist das Problem des Dreiecksbetrugs regelmäßig nicht zu vertiefen; anders insbesondere bei der Abgrenzung zwischen Betrug und (Trick-)Diebstahl.

dd) Der erforderliche kausale Vermögensschaden liegt vor, wenn im Rahmen einer Gesamtsaldierung das Vermögen des Geschädigten nach der Verfügung gegenüber dem vor der Verfügung geschmälert ist. Dies ist hier insofern anzunehmen, als ein Anspruch auf die Zahlung nicht bestand. Fraglich könnte allerdings sein, in welcher Höhe dieser Schaden konkret entstanden ist. Da durch den Verstoß gegen § 128 Abs. 2, 6 SGB V der Anspruch allerdings insgesamt verloren wird,[50] ist der Schaden in Höhe des gesamten Rechnungsbetrages in Höhe von 30 Mio. EUR entstanden.

b) Durch das Vorgehen könnte zudem die Qualifikation des § 263 Abs. 5 StGB erfüllt sein. Dies wäre der Fall, wenn der Betrug als Mitglied einer Bande, die sich zur fortgesetzten Begehung von Straftaten nach den §§ 263 bis 264 oder 267 bis 269 StGB verbunden hat, gewerbsmäßig begangen worden ist.

Gewerbsmäßig handelt, wer sich durch wiederholte Tatbegehung eine Einnahmequelle von einiger Dauer und einigem Umfang verschaffen will.[51] Dabei genügt, dass sich der Täter mittelbare Vorteile aus den Tathandlungen verspricht, etwa indem die Vermögensvorteile an ein von ihm beherrschtes

---

[48] Schönke/Schröder/*Perron*, 30. Aufl. 2019, StGB § 263 Rn. 33.
[49] BeckOK-StGB/*Beukelmann*, § 263 Rn. 31.
[50] BGH NStZ-RR 2017, 313; vgl. BSG, Urt. v. 2.7.13 – B 1 KR 49/12 R m. w. N.; *Flasbarth*, KrV 2015, 148 ff. m.w.N.
[51] BGH NStZ 2022, 219.

Unternehmen fließen.[52] Der Annahme eines gewerbsmäßigen Bandenbetrugs steht nicht entgegen, dass die Einzeldelikte der Betrugsserie der Tätergruppierung aus Rechtsgründen in gleichartiger Tateinheit zusammentreffen und daher gem. § 52 Abs. 1 StGB gegen den Angeklagten nur auf eine Strafe zu erkennen ist.[53] Da AP die entsprechenden Rechnungen über einen längeren Zeitraum regelmäßig bei der Krankenkasse vorlegt, diese an die AP-GmbH gezahlt wurde und AP sich dadurch einen finanziellen Vorteil in Höhe von rund 850.000 EUR erwirtschaftete, ist eine gewerbsmäßige Begehung anzunehmen.

Eine Bande liegt vor, wenn ein Zusammenschluss von mindestens drei Personen gegeben ist, die sich mit dem Willen verbunden haben, künftig für eine gewisse Dauer mehrere selbstständige, im Einzelnen noch ungewisse Straftaten des im Gesetz genannten Deliktstyps zu begehen.[54] In Betracht kommt ein derartiger Zusammenschluss zwischen A, AP und G. A unterschrieb die Verordnungen, AP reichte sie ein, G unterstützte A durch die entsprechende Finanzplanung. Da die drei das Vorgehen explizit als gemeinsames besprochen haben und auch die Tätigkeiten von A und G nur darauf gerichtet waren, letztlich entsprechende Rechnungen bei den Krankenkassen vorzulegen, ist eine bandenmäßige Begehung anzunehmen.

Mithin ist der objektive Qualifikationstatbestand erfüllt.

Hinweis: a. A. vertretbar.

c) AP handelte auch vorsätzlich. Zudem müsste er in der Absicht rechtswidriger Bereicherung gehandelt haben. Bezüglich des Vermögensvorteils handelte AP auch absichtlich, d. h. mit dolus directus I. Der Vermögensvorteil durch die Auszahlung ist die Kehrseite der Verfügung durch die Krankenkassenmitarbeiter, mithin stoffgleich. Die Bereicherung ist mangels Anspruchs darauf rechtswidrig, worauf AP auch Vorsatz hatte. Mithin ist der subjektive Tatbestand gegeben.

AP handelte zudem auch vorsätzlich bezüglich der Qualifikation.

2. Rechtswidrigkeit und Schuld unterliegen keine Bedenken.

3. Bezüglich der Strafzumessung könnte zudem ein besonders schwerer Fall gem. § 263 Abs. 3 S. 2 Nr. 1, 2 StGB vorliegen.

Die Gewerbsmäßigkeit (Nr. 1 Var. 1) liegt vor, s. o. Eine Bande (Nr. 1 Var. 2) ist ebenfalls gegeben, s. o.

---

[52] BeckOK-StGB/*Beukelmann*, § 263 Rn. 102.
[53] BGH NJW 2004, 2840.
[54] BGH wistra 2002, 21 mit Verweis auf BGH NJW 2001, 2266 = St 46, 321; BeckOK-StGB/*Beukelmann*, § 263 Rn. 101.

Ein Vermögensverlust besonders großen Ausmaßes (Nr. 2) ist regelmäßig bei einem verursachten Schaden von über 50.000 EUR anzunehmen.[55] Da die Krankenkasse in Höhe eines zweistelligen Millionenbetrages geschädigt wurde, ist die zweifelsfrei anzunehmen.

Hinweis: Bezüglich des Regelbeispiels sind auch andere Ansichten vertretbar. In seiner zugrundeliegenden Entscheidung erwähnte der BGH § 263 Abs. 3 StGB nicht.

4. Mithin hat sich AP, indem er die Kontrastmittellieferungen unter Beifügung der von A ausgefüllten Verordnungen und unter Gewährung von 3 % Skonto den Krankenkassen in Rechnung stellte, wegen qualifizierten Betrugs in besonders schwerem Fall gem. § 263 Abs. 1, 3 Nr. 1, 2, Abs. 5 StGB strafbar gemacht.

II. Strafbarkeit gem. §§ 266 Abs. 1, 2, 263 Abs. 3 S. 2 Nr. 1, 2, 27 Abs. 1 StGB

Indem AP den A bei den Verordnungen unterstützte, indem er dieses Vorgehen bestärkte und zusagte, die Rechnungen und Verordnungen bei den Krankenkassen einzureichen, könnte er sich wegen Beihilfe zur Untreue in besonders schwerem Fall gem. §§ 266 Abs. 1, 2, 263 Abs. 3 S. 2 Nr. 1, 2, 27 Abs. 1 StGB strafbar gemacht haben.

1. Tatbestand

a) Zur Erfüllung des objektiven Tatbestands ist zunächst das Vorliegen einer vorsätzlichen rechtswidrigen Haupttat erforderlich.

aa) Als vorsätzliche rechtswidrige Haupttat kommt eine durch A begangene Untreue gem. §§ 266 Abs. 1 Var. 1 StGB in Betracht.

(1) Zur Erfüllung des objektiven Missbrauchstatbestands (Var. 1) ist zunächst der Missbrauch einer Verpflichtungs- bzw. Verfügungsbefugnis erforderlich.

Hinweis: Der Missbrauchstatbestand ist als lex specialis zum Treubruchstatbestand anzusehen und deshalb zwingend zuerst zu prüfen.

A muss wirksam durch Gesetz, behördlichen Auftrag oder Rechtsgeschäft die Befugnis eingeräumt worden sein, über fremdes Vermögen zu verfügen oder einen anderen zu verpflichten. Eine Verpflichtungsbefugnis meint die Befugnis zur Belastung mit einer schuldrechtlichen Verbindlichkeit, eine Verfügungsbefugnis, das Recht an einer Sache aufheben, belasten, übertragen oder inhaltlich verändern zu dürfen. Rechtsgeschäftlich kann die Verpflichtungs- bzw. Verfügungsbefugnis durch Vollmacht (§ 166 Abs. 2 BGB, § 167 BGB) oder Ermächtigung (§ 185 BGB) begründet werden. Zu den Aufgaben eines Vertragsarztes gehört das Verschreiben von Medikamenten. Diese werden von der Krankenkasse gezahlt. Bei der Verordnung von Arzneimitteln tritt der Arzt

---
[55] BGH NJW 2004, 169.

gegenüber dem Apotheker als Vertreter der Krankenkasse auf. Ihm obliegt insofern eine Verpflichtungsbefugnis.[56] Als Vertragsarzt kann A also durch das Ausstellen entsprechender Verordnungen eine Verpflichtung für das Vermögen der Krankenkassen begründen. Mithin liegt eine Verpflichtungsbefugnis vor.

(2) Diese Befugnis missbraucht A, wenn er Medikamente verordnet, die nicht notwendig sind.[57] Indem A eine große Menge Kontrastmittel bestellt, die weit über den tatsächlichen Bedarf der Radiologie-Praxen hinausgeht, liegt ein entsprechendes Überschreiten des rechtlichen Dürfens im Innenverhältnis unter Ausnutzen des rechtlichen Könnens im Außenverhältnis, mithin ein Missbrauch vor.

(3) Fraglich ist, ob A als Kassenarzt gegenüber der Krankenkasse im Rahmen der Missbrauchsvariante auch eine Vermögensbetreuungspflicht bei der Verordnung von Arzneimitteln innehaben müsste. Dies ist umstritten.[58] Der Streit kann jedoch dahinstehen, sofern A vorliegend eine Vermögensbetreuungspflicht traf. Unter der Vermögensbetreuungspflicht ist eine Fürsorgepflicht für fremdes Vermögen zu verstehen, deren wesentlicher Inhalt eine durch Eigenverantwortlichkeit und Selbstständigkeit geprägte Geschäftsbesorgung für einen anderen ist. Es muss sich dabei um eine wesentliche, nicht nur beiläufige Vertragspflicht, also um eine Hauptpflicht handeln.

Einer Ansicht nach kommt Vertragsärzten eine solche Pflicht nicht zu, da sie einen freien Beruf mit weitreichender Entscheidungskompetenz ausüben.[59]

Einer vorzugwürdigeren Ansicht nach folgt eine solche Pflicht aus dem Wirtschaftlichkeitsgebot des § 12 Abs. 1 SGB V.[60] Das Wirtschaftlichkeitsgebot besagt, dass Versicherte nur notwendige, zweckmäßige und wirtschaftliche Leistungen beanspruchen und die Leistungserbringer nur solche Leistungen bewirken dürfen. Die Voraussetzungen einer Vermögensbetreuungspflicht sind hierbei erfüllt, weil der Vertragsarzt selbständig über die Notwendigkeit und Wirtschaftlichkeit der Behandlungsmethode entscheidet,[61] das Vermögen der

---

[56] Schönke/Schröder/*Perron*, 30. Aufl. 2019, StGB § 266 Rn. 8.
[57] BGH NStZ 2004, 568.
[58] Die Rspr. und mittlerweile überwiegende Ansicht bejahen dies: *Hübner*, JZ 1973, 410; BGHSt 24, 386, 387 („monistische Konzeption"); a. A. in Anlehnung an die zum früheren Recht vertretene Missbrauchstheorie z. B.: *Arzt*, in: Bruns-FS, 365, 382; *Labsch*, NJW 1986, 104; *Baumgartner*, Der Schutz zivilrechtlicher Forderungen durch Veruntreuung, Untreue und Unterschlagung, 1996, 116, 135.
[59] *Dieners*, PharmR 2010, 613, 615 f.; *Reese*, PharmR 2006, 92, 99 f.
[60] BGH NJW 2016, 3253, 3254; NStZ 2004, 266, 268; BGH NStZ 2017, 32; OLG-Hamm NStZ-RR 2006, 13, 14.
[61] BGH NStZ 2004, 568, 569; daran hat auch die zu § 299 StGB ergangene Entscheidung BGH NJW 2012, 2530, die eine Stellung des Kassenarztes als Vertreter der Krankenkassen verneint, nichts geändert; BGH NJW 2016, 3253; *Taschke*, StV 2005, 406; Schönke/Schröder/*Perron*, 30. Aufl. 2019, StGB § 266 Rn. 25.

B. Übermengen Kontrastmittel

Krankenkasse für ihn fremd ist und der Vertrag zwischen ihm und der Krankenkasse maßgeblich als Hauptpflicht vorsieht, dass er dem Wirtschaftlichkeitsgebot bei der Ausübung seiner ärztlichen Tätigkeit Rechnung trägt. Die Vermögensbetreuungspflicht liegt mithin jedenfalls vor, sodass die Diskussion um ihr Erfordernis im Rahmen der Missbrauchsvariante nicht geführt werden muss.

(4) Weiterhin müsste bei den Krankenkassen ein Vermögensnachteil eingetreten sein. Der Nachteil entspricht dabei dem Schaden bei § 263 StGB.[62] Fraglich ist, ob ein Schaden bereits durch das Ausfüllen und Unterschreiben der Verordnungen eintreten kann. Denn durch dieses Verhalten allein hat noch kein Vermögensabfluss bei den Krankenkassen stattgefunden. Ein Nachteil im Sinn von § 266 Abs. 1 StGB kann aber als sog. Gefährdungsschaden auch darin liegen, dass das Vermögen des Opfers aufgrund der bereits durch die Tathandlung begründeten Gefahr des späteren endgültigen Vermögensabflusses in einem Maße konkret beeinträchtigt wird, das bereits zu diesem Zeitpunkt eine faktische Vermögensminderung begründet.[63] Vorliegend begründet der Vertragsarzt bereits mit der Verordnung die Pflicht der Krankenkasse, den hierdurch entstehenden Zahlungsanspruch zu befriedigen. Nach gewöhnlichem Gang der Dinge ist die Inanspruchnahme der Krankenkassen und deren Zahlungen nahezu sicher zu erwarten.[64] Da durch den Verstoß gegen § 128 Abs. 2, 6 SGB V der Anspruch insgesamt verloren wird,[65] ist der Gefährdungsschaden in Höhe des gesamten Rechnungsbetrages in Höhe von 30 Mio. EUR entstanden.

(5) A handelte auch vorsätzlich.

(6) An der Rechtswidrigkeit seines Handelns bestehen keine Bedenken.

(7) Die zugleich erfüllte Treuebruchsvariante (§ 266 Abs. 1 Var. 2 StGB) tritt hinter der Missbrauchsvariante im Wege der Spezialität zurück.

(8) Eine vorsätzliche, rechtswidrige Haupttat ist mithin gegeben.

bb) Zu dieser Tat müsste AP dem A Hilfe geleistet haben. Hilfe leisten meint das Fördern der Haupttat.[66] Dabei kommt auch ein rein psychisches Hilfeleisten durch eine Unterstützung etwa durch Rat in Betracht.[67] Indem A das gesamte Vorgehen mit AP abgesprochen hat und die Verordnungen konkret nur deshalb unterschreibt, weil er um deren Einreichung durch AP

---

[62] MüKo-StGB/*Dierlamm/Becker*, § 266 Rn. 228.
[63] BGH NStZ 2017, 32, 36 m. w. N.
[64] BGH NStZ 2017, 32, 36 m. w. N.
[65] BGH NStZ-RR 2017, 313; vgl. BSG, Urt. v. 2.7.13 – B 1 KR 49/12 R m. w. N.; *Flasbarth*, KrV 2015, 148 ff. m w N.
[66] MüKo-StGB/*Joecks/Scheinfeld*, § 27 Rn. 5.
[67] MüKo-StGB/*Joecks/Scheinfeld*, § 27 Rn. 7.

bei den Krankenkassen weiß und AP ihn in seinem Vorgehen bestärkt, ist eine psychische Beihilfe anzunehmen. Dieses Hilfeleisten ist daher jedenfalls auch kausal.[68]

b) AP handelte auch mit Vorsatz sowohl bezüglich der Haupttat als auch bezüglich seines eigenen Hilfeleistens.

2. Die Rechtswidrigkeit seines Handelns unterliegt keinen Bedenken.

3. Bezüglich der Strafzumessung gem. §§ 266 Abs. 1, 2, 263 Abs. 3 StGB ist das Vorliegen eines Regelbeispiels für jeden Teilnehmer gesondert zu prüfen. Da AP sich durch wiederholte Tatbegehung eine Einnahmequelle von einiger Dauer und einigem Umfang verschaffen wollte,[69] handelte er auch bei der Unterstützung des A gewerbsmäßig (§ 263 Abs. 3 S. 2 Nr. 1 Var. 1 StGB). Da bezüglich der Untreuehandlung des A auch der G Teil der gemeinsamen Absprache war, mithin ein Zusammenschluss von mindestens drei Personen, die sich mit dem Willen verbunden haben, künftig für eine gewisse Dauer mehrere selbstständige, im Einzelnen noch ungewisse Straftaten des im Gesetz genannten Deliktstyps zu begehen,[70] vorliegt, ist auch die bandenmäßige Begehung anzunehmen (Nr. 1 Var. 2).

Ein Vermögensverlust besonders großen Ausmaßes (Nr. 2) ist regelmäßig bei einem verursachten Schaden von über 50.000 EUR anzunehmen.[71] Da AP den A bei sämtlichen Verordnungen, die bei der Krankenkasse einen Schaden in Höhe eines zweistelligen Millionenbetrages verursachte, psychisch unterstützte, ist damit auch dieses Regelbeispiel für AP verwirklicht.

Zu beachten ist darüber hinaus die obligatorische Strafmilderung des § 27 Abs. 1 StGB.

4. Indem AP den A bei den Verordnungen unterstützte, indem er dieses Vorgehen bestärkte und zusagte, die Rechnungen und Verordnungen bei den Krankenkassen einzureichen, hat er sich mithin wegen Beihilfe zur Untreue in besonders schwerem Fall gem. §§ 266 Abs. 1, 2, 263 Abs. 3 S. 2 Nr. 1, 2, 27 Abs. 1 StGB strafbar gemacht.

III. Eine täterschaftliche Strafbarkeit des AP wegen § 299a StGB scheitert daran, dass Apotheker dem Tatbestand faktisch ausgenommen sind,[72] eine Beihilfe daran, dass A jedenfalls nicht als Angehöriger eines Heilberufes gehandelt hat.

---

[68] BeckOK-StGB/*Kudlich*, § 27 Rn. 5.
[69] BGH NStZ 2022, 219.
[70] BGH wistra 2002, 21 mit Verweis auf BGH NJW 2001, 2266 = St 46, 321; BeckOK-StGB/*Beukelmann*, § 263 Rn. 101.
[71] BGH NJW 2004, 169.
[72] OLG Köln PharmR 2019, 256, 257; *Momsen/Niang*, meedstra 2018, 12, 14.

B. Strafbarkeit des G
I. Strafbarkeit gem. §§ 263 Abs. 1, 3 Nr. 1, 2, Abs. 5, 27 Abs. 1 StGB

Indem G an der gemeinsamen Absprache mit AP und dem gesamten Vorgehen mitwirkte und sich um die kaufmännischen Aspekte des Plans (insb. die Finanzplanung) kümmerte, könnte er sich wegen Beihilfe zum Betrug gem. §§ 263 Abs. 1, 3 Nr. 1, 2, Abs. 5, 27 Abs. 1 StGB strafbar gemacht haben.

1. Tatbestand

a) Zur Erfüllung des objektiven Tatbestands ist zunächst das Vorliegen einer vorsätzlichen rechtswidrigen Haupttat erforderlich.

aa) Eine vorsätzliche rechtswidrige Haupttat ist der durch AP begangene qualifizierte Betrug in besonders schwerem Fall gem. § 263 Abs. 1, 3 Nr. 1, 2, Abs. 5 StGB, s. o.

bb) Zu dieser Tat müsste G dem AP Hilfe geleistet haben. Hilfe leisten meint das Fördern der Haupttat.[73] An dieser Stelle könnte fraglich sein, inwiefern G durch sein Verhalten das Einreichen der Rechnungen bei den Krankenkassen durch AP konkret gefördert hat. Es kommt aber, wie festgestellt, auch ein rein psychisches Hilfeleisten in Betracht.[74] Indem G das gesamte Vorgehen mit AP abgesprochen und diesen durch das weitere Gutheißen des Plans und seiner aktiven Mitwirkung an seinem Gelingen, namentlich durch die Finanzplanung, vorangetrieben hat, ist eine psychische Beihilfe anzunehmen. Dieses Hilfeleisten ist jedenfalls auch kausal.[75]

b) G handelte auch mit Vorsatz sowohl bezüglich der Haupttat als auch bezüglich seines eigenen Hilfeleistens.

2. Die Rechtswidrigkeit seines Handelns unterliegt keinen Bedenken.

3. Bezüglich der Strafzumessung gem. § 263 Abs. 3 StGB ist das Vorliegen eines Regelbeispiels für jeden Teilnehmer gesondert zu prüfen. Auch hier kommen die Regelbeispiele der Gewerbsmäßigkeit (§ 263 Abs. 3 Satz 2 Nr. 1 Var. 1 StGB) und der bandenmäßigen Begehung (Nr. 1 Var. 2) sowie der Vermögensverlust großen Ausmaßes (Nr. 2) in Betracht. Es kann entsprechend auf das bei AP ausgeführte zurückgegriffen werden: Auch G handelte, um sich eine Einnahmequelle von einiger Dauer und einigem Umfang zu verschaffen, handelte als Mitglied der Bande mit A und AP und beteiligte sich an einem Betrug, der einen Miollionenschaden verursachte. Die Regelbeispiele sind mithin auch in der Person des G erfüllt.

4. Indem G an der gemeinsamen Absprache mit AP und dem gesamten Vorgehen mitwirkte und sich um die kaufmännischen Aspekte des Plans (insb. die Finanzplanung) kümmerte, hat er sich wegen Beihilfe zum Betrug gem. §§ 263 Abs. 1, 3 Nr. 1, 2, Abs. 5, 27 Abs. 1 StGB strafbar gemacht.

---

[73] MüKo-StGB/*Joecks/Scheinfeld*, § 27 Rn. 5.
[74] MüKo-StGB/*Joecks/Scheinfeld*, § 27 Rn. 7.
[75] BeckOK-StGB/*Kudlich*, § 27 Rn. 5.

II. Strafbarkeit gem. §§ 266 Abs. 1, 2, 263 Abs. 3 S. 2 Nr. 1, 2, 27 Abs. 1 StGB

Indem G an dem Vorgehen des A und der gemeinsamen Absprache mit AP mitwirkte und sich um die kaufmännischen Aspekte des Plans (insb. die Finanzplanung) kümmerte, könnte er sich wegen Beihilfe zur Untreue in besonders schwerem Fall gem. §§ 266 Abs. 1, 2, 263 Abs. 3 S. 2 Nr. 1, 2, 27 Abs. 1 StGB strafbar gemacht haben.

1. Tatbestand

a) Zur Erfüllung des objektiven Tatbestands ist zunächst das Vorliegen einer vorsätzlichen rechtswidrigen Haupttat erforderlich.

aa) Die vorsätzliche rechtswidrige Haupttat ist die durch A begangene Untreue gem. §§ 266 Abs. 1 Var. 1 StGB.

bb) Zu dieser Tat müsste G dem A Hilfe geleistet haben. Auch hier kommt eine psychische Beihilfe in Betracht. Indem G das gesamte Vorgehen mit A abgesprochen hat und ihn in seinem Vorgehen nicht zuletzt dadurch bestärkt, dass er ständig Rücksprache hält und seine Finanzplanung aufgrund der von A verordneten Medizinprodukte und die dadurch erzielten Gewinne vornimmt, ist eine psychische Beihilfe anzunehmen. Dies gilt sowohl für die Verordnungen, die A vor der Beteiligung des AP bezüglich der „Vermittlungs- und Provisionsvereinbarung" mit dem Kontrastmittellieferanten vornimmt, als auch für die Verordnungen, die nach Beteiligung des AP unmittelbar zugunsten der AP-GmbH durchgeführt wurden. Dieses Hilfeleisten ist jedenfalls auch kausal.

b) G handelte auch mit Vorsatz sowohl bezüglich der Haupttat als auch bezüglich seines eigenen Hilfeleistens.

2. Die Rechtswidrigkeit seines Handelns unterliegt keinen Bedenken.

3. Bezüglich der Strafzumessung gem. §§ 266 Abs. 1, 2, 263 Abs. 3 S. 2 Nr. 1 Var. 1, 2, Nr. 2 StGB gilt auch bzgl. dieser Tat, dass G sowohl gewerbsmäßig als auch als Mitglied einer Bande gehandelt hat. Auch der Vermögensverlust großen Ausmaßes ist gegeben.

4. Indem G an dem Vorgehen des A und der gemeinsamen Absprache mit AP mitwirkte und sich um die kaufmännischen Aspekte des Plans (insb. die Finanzplanung) kümmerte, hat er sich mithin wegen Beihilfe zur Untreue in besonders schwerem Fall gem. §§ 266 Abs. 1, 2, 263 Abs. 3 S. 2 Nr. 1, 2, 27 Abs. 1 StGB strafbar gemacht.

C. Gesamtergebnis und Konkurrenzen

AP hat sich strafbar gemacht wegen qualifizierten Betrugs in besonders schwerem Fall gem. § 263 Abs. 1, 3 Nr. 1, 2, Abs. 5 StGB und wegen Beihilfe zur Untreue in besonders schwerem Fall gem. §§ 266 Abs. 1, 2, 263 Abs. 3 S. 2 Nr. 1, 2, 27 Abs. 1 StGB. Diese Delikte stehen zueinander in Tateinheit, zu behandeln nach § 52 StGB.

G hat sich strafbar gemacht wegen Beihilfe zum Betrug gem. §§ 263 Abs. 1, 3 Nr. 1, 2, Abs. 5, 27 Abs. 1 StGB sowie wegen Beihilfe zur Untreue in besonders schwerem Fall gem. §§ 266 Abs. 1, 2, 263 Abs. 3 S. 2 Nr. 1, 2, 27 Abs. 1 StGB strafbar gemacht. Diese Taten stehen zueinander in Tateinheit, zu behandeln nach § 52 StGB.

Abwandlung

In einer seiner Radiologie-Praxen ist A selbst als Radiologe tätig. Eines Tages tritt Pharmavertreter P an ihn heran mit der Bitte, statt der günstigen, sogar besser wirksamen Variante ein von seinem Unternehmen (PV-GmbH) hergestelltes, überteuertes Medikament zu verschreiben. Im Gegenzug sei er zu einem kostenlosen Urlaub in Ps Ferienhaus auf den Malediven eingeladen. A stimmt dem Vorschlag begeistert zu. In der Folgezeit verordnet er in seinen Sprechstunden nicht mehr wie ursprünglich das wirksamere und günstigere Kontrastmittel der AP-GmbH, sondern das der PV-GmbH.

Strafbarkeit des A?
Bearbeitervermerk: §§ 266 StGB ist nicht zu prüfen.

Lösungsvorschlag

I. Strafbarkeit gem. § 299a Nr. 1 Var. 4 StGB
Indem A in seinen Patientensprechstunden statt des wirksameren und günstigeren Kontrastmittels der AP-GmbH aufgrund des Gespräches mit P nun das der PV-GmbH verordnet, könnte er sich wegen Bestechlichkeit im Gesundheitswesen gem. § 299a Nr. 1 Var. 4 StGB strafbar gemacht haben.

1. Tatbestand

a) Zur Erfüllung des objektiven Tatbestands ist zunächst erforderlich, dass es sich bei A um einen Angehörigen eines Heilberufs, der für die Berufsausübung oder die Führung der Berufsbezeichnung eine staatlich geregelte Ausbildung erfordert, handelt.

aa) Zu den Heilberufsgruppen, die für die Berufsausübung oder die Führung der Berufsbezeichnung eine staatlich (gesetzlich) geregelte Ausbildung absolviert haben, zählt auch der Arztberuf. Mithin ist A tauglicher Täter der Vorschrift.

bb) A handelte auch im Zusammenhang mit der Ausübung seines Berufs, indem er während der Patientensprechstunden diesen medizinische Produkte verordnete.

cc) Weiterhin müsste A einen Vorteil gefordert, sich versprechen lassen oder angenommen haben. Der kostenlose Urlaub in Ps Ferienhaus auf den Malediven stellt eine objektive Besserstellung des A da, auf die er keinen Anspruch hat. Mithin handelt es sich um einen Vorteil.

Diesen Vorteil hat sich A versprechen lassen, indem er das Angebot des P angenommen hat und sich beide darüber einig waren.

dd) Diesen Vorteil müsste er sich im Rahmen einer Unrechtsvereinbarung als Gegenleistung dafür versprechen lassen haben, dass er bei der Verordnung von Medizinprodukten (Nr. 1 Var. 4) einen anderen im inländischen oder ausländischen Wettbewerb in unlauterer Weise bevorzugt.

Da die PV-GmbH jedenfalls mit der AP-GmbH bezüglich des Vertriebs von Kontrastmitteln in Konkurrenz stand, ist eine inländische Wettbewerbslage gegeben.[76] Die Verordnung der Produkte der PV-GmbH stellt eine Bevorzugung dieser gegenüber der AP-GmbH dar. Unlauter ist die Bevorzugung, wenn der Täter eine sachfremde Entscheidung trifft, die auf einer wettbewerbswidrigen Leistung (Vorteil) beruht.[77] Dies ist hier mit dem als in Gegenleistung gebotenen Urlaub in dem privaten Ferienhaus des P der Fall. Die Entscheidung, Produkte der PV-GmbH zu verordnen, traf A ausschließlich aufgrund des erwarteten Vorteils. Die Wirksamkeit und den Preis der Produkte, die er aufgrund der Verpflichtung zur Einhaltung des Wirtschaftlichkeitsgebots aus § 12 Abs. 5 SGB in seine Entscheidung mit einzubeziehen gehabt hätte, hat er nicht berücksichtigt.

Mithin besteht auch eine Unrechtsvereinbarung zwischen A und P.

b) A handelte auch vorsätzlich.

2. Die Rechtswidrigkeit seines Handelns unterliegt keinen Bedenken.

3. Für die Annahme eines strafschärfenden Regelbeispiels nach § 300 StGB liefert die Abwandlung keine zureichenden Anhaltspunkte.

II. Indem A in seinen Patientensprechstunden statt des wirksameren und günstigeren Kontrastmittels der AP-GmbH aufgrund des Gespräches mit P nun das der PV-GmbH verordnet, hat er sich wegen Bestechlichkeit im Gesundheitswesen gem. § 299a Nr. 1 Var. 4 StGB strafbar gemacht.

C. Compliance-Pflichten[78]

Sachverhalt

C war Leiter der Zentralabteilung Finanzen und damit zugleich ordentliches Vorstandsmitglied sowie Mitglied des Zentralvorstands in der weltweit tätigen S-AG. Die Abteilung umfasste unter anderem auch die Rechtsabteilung.

---

[76] BGH NJW 2003, 2996, 2997; NStZ-RR 2015, 278, 279.
[77] BeckOK-StGB/*Momsen/Laudien*, § 299 Rn. 51.
[78] Fall nach LG München I, Urt. v. 10.12.2013 – 5HK O 1387/10 = NZG 2014, 345.

C. Compliance-Pflichten

Die S-AG verfügte über verbindliche Regeln, die auch Gegenstand des Vorstandsdienstvertrages waren, die helfen sollten, ethische und rechtliche Herausforderungen bei der täglichen Arbeit zu bewältigen. Diese Richtlinien enthielten u. a. folgende Regelungen:

> § 1: *Die Beachtung von Gesetz und Recht ist für unser Unternehmen oberstes Gebot. Jeder Mitarbeiter hat die gesetzlichen Vorschriften derjenigen Rechtsordnung zu beachten, in deren Rahmen er handelt. Gesetzesverstöße müssen unter allen Umständen vermieden werden, insbesondere Verstöße, die mit Freiheitsstrafe, Geldstrafe oder Geldbuße geahndet werden.*
>
> § 2: *Jede Führungskraft trägt die Verantwortung für die ihr anvertrauten Mitarbeiter. [...] Die Führungskraft muss dafür sorgen, dass die Einhaltung der gesetzlichen Bestimmungen laufend kontrolliert wird (Kontrollpflicht). Die Führungskraft muss den Mitarbeitern klar vermitteln, dass Gesetzesverstöße missbilligt werden und arbeitsrechtliche Konsequenzen haben.*

In einigen Bereichen der S-AG hatte sich bereits in der Vergangenheit und vor Eintritt des Cs in seine Leiterposition und seine Verantwortlichkeit für die Rechtsabteilung im Januar 2020 ein System „schwarzer Kassen" entwickelt, aus denen Korruptionszahlungen geleistet wurden. Nach dem Entzug der Gelder aus dem Verantwortungsbereich der S-AG hatte diese keine Kontrolle mehr über die entsprechenden finanziellen Mittel. Nachdem zunächst Gelder über Bargeldabhebungen von deutschen Banken der S-AG entzogen und nach Österreich geschleust wurden, entwickelten mehrere Mitarbeiter, insbesondere Mitarbeiter M der S-AG Mitte 2020 ein neues System, wonach Gelder der S-AG über Scheinberaterverträge abgezogen wurden. Zudem wurde das Konto von M auch für die Bestechung ausländischer Amtsträger verwendet.

Die Rechtsabteilung der S-AG übermittelte Anfang 2020 einen Vorschlag zur Reform des Compliance-Systems, der vom Vorstand allerdings nicht umgesetzt wurde. Auch C selbst sorgte nicht dafür, dass die S-AG ein effizientes Compliance-System erhielt, das auch tatsächlich angewandt und kontrolliert wurde.

Mitte 2020 ging Mitarbeiter R auf C zu und wies ihn wiederholt darauf hin, dass er mitbekommen habe, wie M der S-AG Gelder entnahm um diese unter der Hand im Ausland einzusetzen.

Erst einige Zeit später leitete C eine interne Untersuchung durch U ein. Dieser ermittelte durch Befragungen mehrerer Mitarbeiter der S-AG, dass insgesamt mindestens 5 Mio. EUR von der Kasse abgehoben und durch ausgewählte Mitarbeiter ins Ausland verbracht worden waren. Alle befragten Mitarbeiter nannten den M als Akteur dieses Vorgehens. Auf diese Befunde hin unternahm C allerdings weiter nichts. C besaß kein Weisungsrecht gegenüber Einzelpersonen oder Konzerneinheiten außerhalb der von ihm geleiteten Finanzabteilung, also auch nicht gegenüber M.

Besteht eine Möglichkeit der Ahndung der S-AG nach dem OWiG?
Bearbeitervermerk: Andere Gesetze als das OWiG sind an keiner Stelle im Gutachten ausführlich zu prüfen.

Lösungsvorschlag

A. Möglichkeit der Ahndung der S-AG nach §§ 30 Abs. 1, 2 OWiG

Indem C nicht dafür sorgte, dass die S-AG ein effizientes Compliance-System erhielt und damit nichts gegen die schwarzen Kassen und die Verwendung des Geldes unternahm, könnte die S-AG gegen Pflichten verstoßen haben, weshalb ihr eine Verbandsgeldbuße gem. § 30 Abs. 1, 2 OWiG auferlegt werden könnte.

I. Zur Erfüllung des Tatbestands müsste zunächst ein tauglicher Adressat vorliegen.

1. Darunter fallen gem. § 30 Abs. 1 Nr. 1 OWiG juristische Personen, denen das Gesetz eine Rechtspersönlichkeit zuerkennt,[79] mithin auch eine AG (vgl. § 1 Abs. 1 S. 1 AktG).

2. Weiterhin müsste eine taugliche Anknüpfungstat gegeben sein, d. h. eine von einer bestimmten Person begangene Straftat oder Ordnungswidrigkeit. Vorliegend kommt ein Verstoß gegen § 130 Abs. 1 OWiG durch C in Betracht.

a) Die S-AG müsste Inhaberin eines Betriebes oder Unternehmens sein. Betrieb im Sinne der Norm ist eine räumlich zusammengefasste Organisationseinheit, mit der arbeitstechnische Zwecke, die über die Deckung des Eigenbedarfs hinausgehen, unter Einsatz von personellen, sachlichen und immateriellen Mitteln fortgesetzt verfolgt werden.[80] Inhaber kann auch eine juristische Person wie die S-AG sein.[81] In diesem Fall werden ihr die Handlungen ihrer vertretungsberechtigten Organe und Vertreter über § 9 Abs. 1 OWiG zugerechnet.

Mithin kommt es darauf an, ob im Verhältnis zwischen C und der S-AG die Voraussetzungen dieser Norm gegeben sind.

aa) § 9 OWiG setzt ein Gesetz voraus, nach dem besondere persönliche Merkmale die Möglichkeit der Ahndung begründen. Die besonderen persönlichen Merkmale definiert die Norm in Abs. 1 als besondere persönliche Eigenschaften, Verhältnisse oder Umstände. Um ein solches Gesetz handelt es sich bei § 130 OWiG, weil es sich nur an Inhaber eines Betriebes oder Unternehmens richtet.

bb) Nach § 9 Abs. 1 Nr. 1 OWiG ist § 130 OWiG auch dann anwendbar, wenn der Inhaber eine juristische Person ist, die als solche nur durch ihre Organe handlungsfähig ist. Dementsprechend kommt es auf das Handeln ihrer vertretungsberechtigten Organe oder deren Mitglieder an.

Als Leiter der Zentralabteilung Finanzen und zugleich ordentliches Vorstandsmitglied sowie Mitglied des Zentralvorstands war C vertretungsberechtigt gem. § 76, 78 AktG. Er handelte gerade auch in Ausübung dieser Funktion und nicht

---

[79] BeckOK-OWiG/*Meyberg*, § 30 Rn. 22.
[80] BeckOK-OWiG/*Beck*, § 130 Rn. 27.
[81] BeckOK-OWiG/*Beck*, § 130 Rn. 35.

C. Compliance-Pflichten

nur bei Gelegenheit.[82] Das Unterlassen des Vorgehens gegen die Straftaten der Mitarbeiter stellt zudem eine zurechenbare Unterlassungshandlung dar, da ihm die Vornahme der erforderlichen Aufklärungs- und Sanktionierungsmaßnahmen möglich und zumutbar[83] gewesen sind.

cc) Mithin liegen die Voraussetzungen für eine Zurechnung der Handlungen des C an die S-AG über § 9 OWiG vor.

b) Weiterhin müsste C erforderliche und zumutbare[84] Aufsichtsmaßnahmen unterlassen haben, also Vorkehrungen, die erforderlich sind, um in dem Betrieb oder Unternehmen Zuwiderhandlungen gegen Pflichten zu verhindern, die den Inhaber treffen und deren Verletzung mit Strafe oder Geldbuße bedroht ist.

Fraglich ist, welche Pflichten den C in seiner Rolle als ordentliches Vorstandsmitglied konkret treffen. Die entsprechenden Maßnahmen müssen im konkreten Fall auch geeignet sein, die Begehung von Zuwiderhandlungen zu verhindern oder zu erschweren.[85]

Gem. § 93 Abs. 1 S. 1 AktG haben die Vorstandsmitglieder bei ihrer Geschäftsführung die Sorgfalt eines ordentlichen und gewissenhaften Geschäftsleiters anzuwenden.

LG München:[86] *„Ein Vorstandsmitglied muss im Außenverhältnis sämtliche Vorschriften einhalten, die das Unternehmen als Rechtssubjekt treffen. Dazu gehören zum einen die Vorschriften des Bilanzrechts ebenso wie die Bestimmungen des Straf- und Ordnungswidrigkeitenrechts. [...] Schmiergeldzahlungen an Amtsträger eines ausländischen Staates [sind gem. § 299 StGB] unter Strafe gestellt [...]. Im Rahmen dieser Legalitätspflicht darf ein Vorstandsmitglied somit zum einen bereits keine Gesetzesverstöße anordnen. Zum anderen muss ein Vorstandsmitglied aber auch dafür Sorge tragen, dass das Unternehmen so organisiert und beaufsichtigt wird, dass keine derartigen Gesetzesverletzungen stattfinden. Diese Überwachungspflicht wird namentlich durch § 91 Abs. 2 AktG dadurch konkretisiert, dass ein Überwachungssystem installiert wird, das geeignet ist, bestandsgefährdende Entwicklungen frühzeitig zu erkennen, wovon auch Verstöße gegen gesetzliche Vorschriften umfasst sind [...]. Einer derartigen Organisationspflicht genügt der Vorstand bei entsprechender Gefährdungslage nur dann, wenn er eine auf Schadensprävention und Risikokontrolle angelegte Compliance-Organisation einrichtet, ohne dass es entscheidungserheblich darauf ankäme, ob diese Pflicht bereits unmittelbar aus § 91 Abs. 2 AktG oder aus der allgemeinen Leistungspflicht der §§ 76 Abs. 1, 93 Abs. 1 AktG herzuleiten*

---

[82] BeckOK-OWiG/*Valerius*, § 9 Rn. 21.
[83] OLG Jena NStZ 2006, 533; BeckOK-OWiG/*Valerius*, § 9 Rn. 21.
[84] BeckOK-OWiG/*Beck*, § 130 Rn. 51.
[85] BeckOK-OWiG/*Beck*, § 130 Rn. 46.
[86] LG München I, Urt. v. 10.12.2013 – 5HK O 1387/10 = NZG 2014, 345.

ist [...]. Entscheidend für den Umfang im Einzelnen sind dabei Art, Größe und Organisation des Unternehmens, die zu beachtenden Vorschriften, die geografische Präsenz wie auch die Verdachtsfälle aus der Vergangenheit [...].

Bei der Klägerin hatte sich ein System „schwarzer Kassen" entwickelt, das zunächst durch Ausschleusung von Bargeld [...] gekennzeichnet war [...].

[...] [D]er Beklagte ha[t] trotz wiederholter in zur Kenntnis gebrachter Gesetzesverletzungen keine bzw. jedenfalls keine ausreichenden Maßnahmen zur Aufklärung und Untersuchung von Verstößen, deren Abstellen und der Ahndung der betroffenen Mitarbeiter eingeleitet. Die vom Beklagten [...] eingeleiteten Maßnahmen seien [...] ohne Konsequenzen [...] geblieben [...]. Auch nach dem Erhalt weiterer Informationen [...] habe der Beklagte keine Maßnahmen in Richtung auf eine Effizienzsteigerung des Compliance-Systems ergriffen. [...]

Die Einrichtung eines mangelhaften Compliance-Systems und auch deren unzureichende Überwachung, worauf der Vortrag der Klägerin vor allem auch abzielt, bedeutet eine Pflichtverletzung.

[...] Dabei muss vor allem berücksichtigt werden, dass die Einrichtung eines Systems zur Verwendung von Korruptionszahlungen bei der Klägerin strengen Sorgfaltsmaßstäben genügen muss. [...] [E]in ausgefeiltes Compliance-System [ist] erforderlich, um vor allem auch Konten außerhalb der regulären Buchführung der Klägerin aufzudecken. Deshalb muss ein funktionierendes Kontrollsystem auch sicherstellen, dass jeder Zahlungsvorgang jederzeit nachvollzogen werden kann. Gerade dieses strenge System macht ein effizientes Überwachungssystem unerlässlich. [...]

Gerade weil dem Beklagten immer wieder verdächtige Fälle von Bestechungszahlungen geschildert wurden, hätte es einer Überprüfung der Effizienz des bestehenden Compliance-Systems bedurft. Hinreichende Maßnahmen zur Verbesserung wurden allerdings nicht veranlasst. Für den Beklagten wie den gesamten Vorstand hätte vor allem die Verpflichtung bestanden, eine klare Regelung zu schaffen, wer auf der Ebene des Gesamtvorstandes die Hauptverantwortung zu tragen hat. Angesichts der Größe des Unternehmens und auch der Gefährdungslage, die sich in der Vergangenheit für den Vorstand erkennbar realisiert hatte, ist eine klare organisatorische Zuordnung der Compliance-Verantwortung unerlässlich. [...] Ebenso konnte eine tatsächliche Umsetzung von Compliance Vorgaben nicht wirksam erfolgen. [...] Ebenso hätte darauf hingewirkt werden müssen, dass die mit der Überwachung der Compliance Vorgaben beauftragten Personen hinreichende Befugnisse haben, Konsequenzen aus Verstößen zu ziehen. Gerade die Häufung von verdächtigen Vorfällen zeigte den Vorstandsmitgliedern, dass das bisherige [...] Programm [...] nicht geeignet war, Schmiergeldzahlungen hinreichend sicher zu unterbinden. Soweit der Beklagte sich darauf beruft, gegenüber den kaufmännischen Leitern der Bereiche keine Weisungsrechte gehabt zu haben, zeigt gerade dieser Umstand das Fehlen eines funktionierenden Compliance-Systems, das der Vorstand im Rahmen seiner

Gesamtverantwortung für die Einhaltung des Legalitätsprinzips hätte einrichten müssen. Soweit sich der Beklagte darauf beruft, es habe für ihn kein Weisungsrecht gegenüber Einzelpersonen oder Konzerneinheiten außerhalb der von ihm geleiteten Finanzabteilung gegeben, weil ansonsten die umfassende unternehmerische und geschäftliche Gesamtverantwortung der jeweiligen Bereichsvorstände für ihre Bereiche und das Funktionieren der Arbeitsweise im Zentralvorstand gestört worden wäre, ist dieses Argument nicht zur Entlastung des Beklagten geeignet, weil dies den Widerspruch zur Gesamtverantwortung des Vorstands für ein funktionierendes Compliance-System steht. Gerade weil es keine Berichtslinie mit daraus abzuleitenden Kompetenzen für disziplinarische Maßnahmen gab, hätten der Vorstand und damit der Beklagte eingreifen müssen und eine entsprechenden Organisationsstruktur schaffen müssen. Die Verpflichtung zur Schaffung eines funktionierenden Compliance-Systems wie auch zur Überwachung von dessen Effizienz traf auch den Beklagten als Mitglied des Gesamtvorstands der Beklagten. In gleicher Weise bestand für den Gesamtvorstand und den Beklagten eine Verpflichtung, sich umfassend zu den einzelnen bekanntgewordenen Vorfällen [...] fortlaufend zu informieren. So bestand für den Beklagten vor allem auch die Verpflichtung, sich in regelmäßigen Abständen darüber in Kenntnis setzen zu lassen, welche Ergebnisse interne Ermittlungen brachten, ob personelle Konsequenzen gezogen worden und vor allem ob und wie ein dahinter stehendes System bekämpft wird. So kann eine Überwachung der Geeignetheit des Compliance-Systems erreicht werden. [...]

Diese Unterlassungen namentlich der Implementierung eines effizienten Compliance-Systems und der Überprüfung von dessen Wirksamkeit stellen sich auch als Pflichtverletzungen des Beklagten dar, der sich hier gerade nicht auf die Ressortverantwortlichkeit innerhalb des Zentral-und Gesamtvorstandes berufen kann. Als Mitglied des Zentral- wie des Gesamtvorstands gehört die Einrichtung eines funktionierenden Systems zur Vermeidung von Gesetzesverstößen zu den Aufgaben auch des Beklagten. Dies stellt sich als Aufgabe des Gesamtvorstandes dar, der insbesondere zur überprüfen hat, ob das implementierte System geeignet ist, Verstöße gegen zwingendes Gesetzesrecht zu unterbinden. Dabei kann sich der Beklagte vor allem nicht darauf berufen, für die Durchsetzung im Einzelnen seien die Bereichsvorstände zuständig gewesen. [Ein solcher] ist nämlich gerade nicht Vorstand im Sinne der §§ 76 ff. AktG, weshalb eine Delegation dieser zentralen Aufgabe des aktienrechtlichen Organs „Vorstand" auf unterhalb dieser Ebene angesiedelte Mitarbeiter eine Pflichtverletzung darstellt [...]. Ebenso wenig kann sich der Beklagte auf die Zuständigkeit von Vorstandskollegen berufen. Gerade das wiederholte Auftreten von Gesetzesverstößen oder zumindest gravierender Verdachtsmomente im Zusammenhang mit Korruptionsfällen im Ausland zeigt, dass das bisherige System nicht ausreicht. Dann aber ist es Aufgabe jedes einzelnen Vorstandsmitglieds und damit auch des Beklagten, im Rahmen seiner Überwachungspflicht darauf hinzuwirken, dass innerhalb des Vorstands ein funktionierendes Compliance-System beschlossen wird [...]. Jedenfalls dieser Überwachungspflicht wurde der Beklagte nicht gerecht.

Auch kann sich der Beklagte nicht darauf berufen, der Vorstand sei seinen Vorstellungen nicht gefolgt. Zwar muss auch ein überstimmtes Vorstandsmitglied an der Umsetzung von Vorstandsbeschlüssen loyal mitwirken. Dies kann aber dann nicht gelten, wenn sie nicht gesetzeskonform sind. Davon muss indes ausgegangen werden, weil die Notwendigkeit von Maßnahmen zur Verbesserung der Compliance-Organisation sich angesichts der dem Vorstand bekannt gewordenen Maßnahmen aufdrängen musste. Wenn ein Vorstandsmitglied wie der Beklagte mit Vorschlägen zur Verbesserung der Compliance-Organisation bei seinen Vorstandskollegen tatsächlich nicht durchgedrungen sein sollte, so hat er entsprechende Gegenvorstellungen bei seinen Kollegen anzubringen und gegebenenfalls den Aufsichtsrat einzuschalten [...]. Es ist nicht erkennbar, dass dies der Beklagte unternommen hätte.

[...] Auch wenn nicht zu verkennen ist, dass der Beklagte nicht vollkommen untätig blieb, so sind die von ihm getroffenen Maßnahmen mit der Beauftragung der Aufklärung im Einzelfall nicht ausreichend, weil das Gesamtkonstrukt der Compliance-Organisation bei der Klägerin nicht ausreichend war. [....]"

Mithin hat C entsprechende Aufsichtsmaßnahmen unterlassen, die erforderlich sind, um in dem Betrieb oder Unternehmen Zuwiderhandlungen gegen Pflichten zu verhindern.

> *Hinweis: Vorsatz und Fahrlässigkeit können hier ausnahmsweise zusammen geprüft werden.*

c) C müsste auch vorsätzlich bzw. fahrlässig bzgl. des Unterlassens von Aufsichtsmaßnahmen gehandelt haben. Vorsatz meint den Willen zur Verwirklichung eines Tatbestandes in Kenntnis aller objektiven Tatbestandsmerkmale. Da er erst später, nämlich nachdem Mitarbeiter R ihn darauf aufmerksam machte, erfuhr, dass er konkrete Aufsichtsmaßnahmen hätte ergreifen müssen, ist für diesen Zeitpunkt noch nicht von einem vorsätzlichen Verhalten auszugehen.

Fahrlässig handelt, wer die im Verkehr erforderliche Sorgfalt außer Acht lässt. Dies wäre der Fall, wenn C hätte erkennen können, dass er entsprechende Aufsichtsmaßnahmen hätte ergreifen müssen, um die von M begangenen Zuwiderhandlungen zu verhindern.

LG München: *„[...] Der Beklagte hat seine Pflichten schuldhaft verletzt, wobei im Anwendungsbereich des § 93 Abs. 2 AktG auch leichte Fahrlässigkeit genügt, nachdem diese Norm keinerlei Einschränkungen des in § 276 BGB festgelegten Haftungsmaßstabes enthält. [...] Es ist nicht erkennbar, dass er bei der Installation und der Überwachung der Effizienz des Compliance-Systems die im Verkehr erforderliche Sorgfalt eingehalten hätte. Bei dem anzulegenden objektiven Sorgfaltsmaßstab hätte er kennen können, dass die ergriffenen Maßnahmen so nicht ausreichend waren, um die Funktionstüchtigkeit des Compliance-Systems bei der Klägerin zu gewährleisten. Anderenfalls wären keine Korruptionsverdächtigen Vorgänge auch noch [...] aus jüngster*

C. Compliance-Pflichten

Vergangenheit an ihn herangetragen worden. Dabei kann sich der Beklagte auch nicht darauf berufen, der Begriff der „Compliance" sei im fraglichen Zeitraum noch nicht etabliert gewesen. Letztlich geht es nämlich darum, dass der Vorstand sicherstellen muss, wie die Organisation innerhalb eines Unternehmens zu erfolgen hat, um zwingende gesetzliche Vorgaben einzuhalten, um die es bei der Vermeidung strafbarer Korruptionshandlungen geht. Diese Pflicht resultiert unmittelbar jedenfalls auch aus § 76 AktG [...]."

> *Hinweis: Nachdem R ihn darauf hinwies, wusste C, dass er nicht mehr völlig untätig bleiben durfte. Dies zeigt sich bereits in dem Umstand, dass er eine interne Untersuchung durch den U einleitete. Spätestens nach dessen Befund war ihm auch klar, dass noch weitere Maßnahmen notwendig gewesen wären, um die Pflichtverstöße vollständig aufzuklären und sie in Zukunft zu vermeiden. Selbst wenn er davon ausging, gegenüber dem M keine Weisungsbefugnis gehabt zu haben, hätte er sich an seine Vorstandskollegen wenden können. Bzgl. des Unterlassens dieser weiteren Aufklärungsmaßnahmen handelte er mithin vorsätzlich.*
>
> *Da die Straftaten durch M aber bereits vorher stattfanden, ist auf den Zeitpunkt vor diesen Straftaten abzustellen.*

Mithin ist der subjektive Tatbestand erfüllt.

d) Weiterhin müsste die objektive Bedingung der Ahndung in Form einer zurechenbaren Zuwiderhandlung gegen betriebsbezogene mit Strafe oder Geldbuße bedrohte Pflichten vorliegen.

Vorliegend liegt durch das Verwenden der Gelder aus den „schwarzen Kassen" eine Bestechung im geschäftlichen Verkehr gem. § 299 Abs. 2 StGB durch M vor.

Zudem stellt das Aufrechterhalten der bestehenden „schwarzen Kassen" mit Hilfe der Scheinberaterverträge durch M für diesen eine Untreue i. S. v. § 266 Abs. 1 Var. 2 StGB dar.

> *Hinweis: Laut Bearbeitervermerk sind andere Tatbestände als solche des OWiG nicht ausführlich zu prüfen. Siehe zu § 266 und § 299 StGB in Bezug auf schwarze Kassen und der Einsetzung des Geldes im Ausland ausführlich Fall 1.*

Das Unterlassen von Aufsichtsmaßnahmen ist auch kausal i. w. S. für die von M begangenen Straftaten, da bei sorgfältiger Aufsicht und die Entdeckung der schwarzen Kassen diese verhindert oder zumindest wesentlich erschwert worden[87] wären.

Die Zuwiderhandlungen sind zudem betriebsbezogen, da sie im Zusammenhang mit der Betriebsführung stehen und keinen für M höchstpersönlichen Einschlag[88] haben.

e) Damit ist der Tatbestand des § 130 Abs. 1 OWiG erfüllt.

---

[87] BeckOK-OWiG/*Beck*, § 130 Rn. 91.
[88] BeckOK-OWiG/*Beck*, § 130 Rn. 85 f.

3. § 30 OWiG erfordert nach dem Vorliegen der Anknüpfungstat eine hierdurch erfolgte Verletzung von Pflichten, welche die juristische Person treffen oder eine hierdurch (erstrebte) Bereicherung der juristischen Person.

a) Unter den genannten Pflichten versteht man solche, die sich aus dem spezifischen Wirkungsbereich des Unternehmens ergeben.[89] Insbesondere kommt hier die Verletzung der Aufsichtspflicht in Betracht, die gem. § 130 OWiG mit einem Bußgeld bedroht ist.[90] C handelte auch in seiner Funktion als Vorstandsmitglied, nahm also betriebsbezogene Pflichten wahr.

b) Für eine darüberhinausgehende (erstrebte) Bereicherung der S-AG durch die Aufsichtspflichtverletzung durch C gibt es keine Anhaltspunkte.

II. An der Rechtswidrigkeit bestehen keine Zweifel.

III. Die Rechtsfolge ist mithin eine Geldbuße, § 30 Abs. 1, 2 OWiG. Die Höhe der Geldbuße ist in § 30 Abs. 2 OWiG begrenzt und variiert je nach Art der Bezugstat. Verweist das Gesetz, gegen das Verstoßen wurde, zudem auf diese Vorschrift, so verzehnfacht sich das Höchstmaß der Geldbuße, § 30 Abs. 2 S. 3 OWiG. Dies ist insbesondere bei § 130 Abs. 3 S. 2 OWiG der Fall. Bei vorsätzlichen Straftaten kann die Geldbuße bis zu 10 Mio. EUR betragen, § 30 Abs. 2 S. 1 Nr. 1 OWiG, bei fahrlässigen 5 Mio. EUR, § 30 Abs. 2 S. 1 Nr. 2 OWiG.

B. Da C nicht dafür sorgte, dass die S-AG ein effizientes Compliance-System erhielt und damit nichts gegen die schwarzen Kassen und die Verwendung des Geldes unternahm, kann der S-AG eine Verbandsgeldbuße gem. § 30 Abs. 1, 2 OWiG auferlegt werden.

D. Das Bauvorhaben

Sachverhalt

A ist Geschäftsführer eines Bauunternehmens (X-GmbH). Über den Schwimmverein seines Sohnes hat er sich mit W angefreundet.[91] W ist Projektleiter in einem international tätigen Infrastrukturunternehmen (Y-AG). Die Geschäfte der X-GmbH laufen zäh, weshalb A besonders hellhörig wird, als er davon erfährt, dass der W gelegentlich davon berichtet, dass die Y-AG ein neues Bürogebäude bauen will. Nach und nach schnappt A in den Gesprächen mit W weitere Informationen zu dem geplanten Projekt auf. Die Y-AG möchte das Projekt im Wege einer Ausschreibung

---

[89] Vgl. *Eidam*, wistra 2003, 447, 452.
[90] *Tiedemann*, NJW 1988, 1173.
[91] Herrn Prof. Dr. Thomas Grützner, München, danken wir, dass er diesen Fall zur Verfügung gestellt hat.

vergeben, die sich an den Maßstäben öffentlicher Ausschreibungen messen lassen kann. Die Y-AG erwartet für die Herstellung des Bürogebäudes Gesamtkosten von 220 bis 260 Mio. EUR (netto). Es werden insgesamt fünf Anbieter eingeladen, die in der Region stark vertreten sind. Die Y-AG lädt auch die X-GmbH ein, an der Ausschreibung teilzunehmen. Der Versand der Ausschreibungsunterlagen steht unmittelbar bevor.

Nach Erhalt der Ausschreibungsunterlagen findet A über seine Kontakte in der Bauindustrie behutsam heraus, welche Unternehmen zu der Ausschreibung eingeladen wurden. Aufgrund zum Teil gemeinsamer Ausbildung und vieler gemeinsam durchgeführter Projekte kennt man sich gut. Während der laufenden Angebotsfrist vereinbart man ein persönliches Treffen, um „sich über eine sinnvolle Bearbeitung der Ausschreibung auszutauschen". Nach einigen Diskussionen und einer internen Eröffnung der kalkulierten Angebotspreise stellt sich heraus, dass das Angebot, das die X-GmbH kalkuliert hat, mit einem Preis von 225 Mio. EUR (netto) das günstigste wäre. Unter anderem wegen der bestehenden Auslastungslage kommt man unter den Wettbewerbern bei dem Gespräch überein, dass A für die X-GmbH das günstigste Angebot zu einem Preis von 250 Mio. EUR abgeben darf. Die nachfolgenden Bieter sollen zu Preisen anbieten, die 8 %, 9 %, 12 % und 21 % über dem Angebotspreis der X-GmbH liegen, dafür aber im Gegenzug jeweils 5 Mio. EUR von der X-GmbH zur Entschädigung ihres Aufwands bekommen. Alle an der Ausschreibung teilnehmenden fünf Unternehmen unterschreiben – wie von den Ausschreibungsunterlagen vorgesehen – eine Bestätigung, dass es vor der Abgabe zu keinen Kontakten mit Wettbewerbern gekommen ist.

Der Plan des A geht auf. Die X-GmbH gewinnt den Zuschlag für den Bau des Bürogebäudes der Y-AG, der ihm von einem der zuständigen Mitbearbeiter S erteilt wird, was A sehr erfreut. Kurze Zeit später ergeht durch das Bauamt – rechtswidriger Weise – überraschend schnell eine Baugenehmigung. A ruft in seiner Freude den W an, um sich zu bedanken und ihm mitzuteilen, dass er sich sehr über den Gewinn des Projekts freue. W sagt A, dass er sich ebenfalls freue, ihm aber Bauchschmerzen bereite, dass es einen Nachtrag geben werde, den er nach den internen Vorgaben ebenfalls werde ausschreiben müssen. Er mache sich Sorgen, dass offensichtlich werden könnte, dass es sich dabei um einen Arbeitsfehler von ihm handelte. A erwidert in dem Hochgefühl des eben gewonnenen Projekts, dass W das doch im weiteren Fortschritt des Projekts machen könne und dann unproblematisch den Nachtrag an die X-GmbH vergeben könne. Das werde dann ohnehin keinem mehr auffallen. Um der guten Zusammenarbeit Willen und wenn W es jetzt gut sein lasse, leihe der A dem W über das Wochenende auch seinen quietschgelben Ferrari. W nimmt das Angebot gerne an, da seine Lieblingsfarbe seit frühester Kindheit Gelb ist und er auch ein leidenschaftlicher Autoliebhaber ist.

Strafbarkeit des A nach dem StGB?

Lösungsvorschlag

Tatkomplex 1: Das Ausschreibungsverfahren

A. Strafbarkeit des A gem. § 263 Abs. 1, Abs. 3 S. 2 Nr. 2 StGB ggü. und zu Lasten der Y-AG

Indem A für die X-GmbH gegenüber der Y-AG das Angebot zu einem Preis von 250 Mio. EUR abgab, könnte er sich wegen Betrugs in besonders schwerem Fall gem. § 263 Abs. 1, Abs. 3 S. 2 Nr. 2 StGB strafbar gemacht haben.

I. Tatbestand

1. Zur Erfüllung des objektiven Tatbestandes müsste A zunächst über Tatsachen getäuscht haben.

a) Täuschung meint das Einwirken auf das Vorstellungsbild eines anderen.[92] Mit Abgabe des Angebots gegenüber der Y-AG erklärte A durch die von ihm unterschriebene Bestätigung, dass es vor der Abgabe zu keinen Kontakten mit Wettbewerbern gekommen ist. Da dies jedoch nicht der Fall ist, liegt sogar eine ausdrückliche Täuschung vor. Bei dem Umstand, dass es zuvor zu Kontakten mit Wettbewerbern gekommen ist, handelt es sich auch um einen beweisbaren Vorgang in der Vergangenheit, mithin um eine Tatsache.[93]

b) Weiterhin müsste bei dem zuständigen Mitarbeiter S der Y-AG kausal infolge dieser Täuschung ein Irrtum entstanden sein. Ein Irrtum ist jeder Widerspruch zwischen Vorstellung und Wirklichkeit.[94] Der S ging davon aus, dass die Gebotsabgabe im Rahmen des Vergabeverfahrens gültig und in Übereinstimmung mit den geltenden gesetzlichen wettbewerbsrechtlichen Bestimmungen und insbesondere ohne vorherigen Kontakt zwischen den Wettbewerbern erfolgt ist. Da dies nicht der Fall war, liegt ein Irrtum vor.

c) Es müsste auch eine irrtumsbedingte Vermögensverfügung vorgenommen worden sein; eine solche stellt jedes Handeln, Dulden oder Unterlassen dar, das sich unmittelbar vermögensmindernd auswirkt.[95] Der S erteilte der X-GmbH den Zuschlag nur, weil er von dem gesetzmäßigen Zustandekommen des Angebots ausging, sodass diese Voraussetzung gegeben ist.

d) Der erforderliche kausale Vermögensschaden liegt vor, wenn im Rahmen einer Gesamtsaldierung das Vermögen des Geschädigten nach der Verfügung gegenüber dem vor der Verfügung geschmälert ist. Möglicherweise wird der Vermögensverlust in Form der Eingehung der Verbindlichkeit durch die Y-AG durch eine entsprechende Leistung der X-GmbH kompensiert. Allerdings ist deren Leistung nicht „ihren Preis wert", da das ursprüngliche Angebot der

---

[92] BeckOK-StGB/*Beukelmann*, § 263 Rn. 9.
[93] Schönke/Schröder/*Perron*, 30. Aufl. 2019, StGB § 263 Rn. 8.
[94] BeckOK-StGB/*Beukelmann*, § 263 Rn. 23.
[95] MüKo-StGB/*Hefendehl*, § 263 Rn. 431.

D. Das Bauvorhaben

X-GmbH nicht 250 Mio. EUR, sondern lediglich 225 Mio. EUR betrug. Sie hätte ihre Leistung ohne die Absprache auch zu diesem Preis erbracht. Insofern bemisst sich der Schaden nach der Differenz in Höhe von 25 Mio. EUR.

2. A handelte auch vorsätzlich. Zudem müsste er in der Absicht rechtswidriger Bereicherung gehandelt haben. Bezüglich des Vermögensvorteils handelte A auch absichtlich, d. h. mit dolus directus I. Der Vermögensvorteil durch den Erhalt einer Forderung durch den Vertragsschluss ist die Kehrseite der Eingehung der Verbindlichkeit durch die Y-AG, mithin stoffgleich. Die Bereicherung ist mangels Anspruchs darauf rechtswidrig, worauf A auch Vorsatz hatte. Mithin ist der subjektive Tatbestand gegeben.

II. Die Rechtswidrigkeit und Schuld unterliegen hier keinen Zweifeln.

III. Bezüglich der Strafzumessung könnte zudem ein besonders schwerer Fall gem. § 263 Abs. 3 S. 2 Nr. 1, 2 StGB vorliegen. Ein Vermögensverlust besonders großen Ausmaßes (Nr. 2) ist regelmäßig bei einem verursachten Schaden von über 50.000 EUR anzunehmen,[96] der hier durch den Betrag von 25 Mio. EUR gegeben ist.

IV. Mithin hat sich A wegen Betrugs in besonders schwerem Fall gem. § 263 Abs. 1, Abs. 3 S. 2 Nr. 2 StGB strafbar gemacht, indem er für die X-GmbH gegenüber der Y-AG das Angebot zu einem Preis von 250 Mio. EUR abgab.

B. Strafbarkeit des A gem. § 298 Abs. 1 StGB
Durch dieselbe Tathandlung könnte A sich auch wegen wettbewerbsbeschränkender Absprache bei Ausschreibungen gem. § 298 Abs. 1 StGB strafbar gemacht haben.

I. Tatbestand

1. Zur Erfüllung des objektiven Tatbestandes müsste A zunächst im Rahmen einer Ausschreibung über Waren oder Dienstleistungen gehandelt haben.

a) Deren Vorliegen ist anhand kartellrechtlicher Vorschriften, insb. der §§ 97 ff. GWB, zu beurteilen.[97] Vorliegend handelt es sich bei der Erstellung des geplanten Neubaus um eine geldwerte unkörperliche Leistung,[98] mithin um eine Dienstleistung.

Fraglich ist, ob auch private Ausschreibungen von Unternehmen dem Tatbestand unterfallen. Dies ist der Fall, wenn das Vergabeverfahren an die für öffentliche Auftraggeber wichtigen Bestimmungen der VOB/A bzw. VOL/B oder der §§ 97 ff. GWB angelehnt ist. Das bedeutet, dass Sinn und Zweck und essentielle allgemeine Grundsätze des Vergabeverfahrens Beachtung finden, wozu bspw. die

---

[96] BGH NJW 2004, 169.
[97] BT-Drs. 13/5584, 14; BeckOK-StGB/*Momsen/Laudien*, § 298 Rn. 27.
[98] BeckOK-StGB/*Momsen/Laudien*, § 298 Rn. 27.

Geheimhaltung der einzelnen Angebote vor den Konkurrenten bis zum Ablauf der Angebotsfrist und die Erteilung des Zuschlags an das wirtschaftlichste Angebot gehören. Dies ist bei der Ausschreibung des Y-AG der Fall. Insbesondere zeigt sich die Ähnlichkeit mit den Grundsätzen der Vergabe nach § 97 GWB. Da es sich um ein Großbauprojekt mit einem Gesamtvolumen von über 250 Mio. EUR handelt, wäre auch der Anwendungsbereich der §§ 97 GWB eröffnet, § 106 Abs. 2 Nr. 2 GWB i. V. m. Art. 15 lit. a Richtlinie 2014/25/EU. Auch ist eine Ähnlichkeit zu § 16 VOB/A zu erkennen, wonach Angebote, die bei Ablauf der Angebotsfrist nicht vorgelegen haben, grundsätzlich auszuschließen sind.

Hinweis: Genauere Kenntnisse des GWB oder der VOB bzw. der VOL werden nicht erwartet.

b) Weiterhin müsste eine rechtswidrige Absprache vorgelegen haben. Dazu müssen grds. mindestens zwei Bieter eine Vereinbarung in Bezug auf ein hinreichend konkretisiertes Ausschreibungsverfahren getroffen haben.[99] Hier besprach sich A mit den anderen vier Wettbewerbern über eine „sinnvolle Bearbeitung der Ausschreibung" und einigte sich mit ihnen schlussendlich über ein bestimmtes Vorgehen. Dies verstößt gegen das in § 1 GWB normierte Verbot wettbewerbsbeschränkender Vereinbarungen und ist damit rechtswidrig.

Die Absprache muss auch darauf abzielen, den Veranstalter zur Annahme eines bestimmten Angebots zu veranlassen. Neben der nach dem objektiven Empfängerhorizont zu bestimmenden Zielsetzung der Absprache ist auch das auch das (subjektive) Motiv der Handelnden zu berücksichtigen.[100] Hier erfolgte die Absprache mit dem Ziel, dass die Y-AG dem günstigsten Angebot und damit der X-GmbH den Zuschlag erteilte. Damit liegt die erforderliche Zielsetzung der Absprache vor.

c) A müsste gegenüber der Y-AG ein Angebot abgegeben haben, das auf der rechtswidrigen Absprache beruht. Ein Angebot ist die eindeutige, unterschriebene Erklärung eines Bieters, eine bestimmte Leistung gegen Entgelt unter Einhaltung festgelegter Bedingungen erbringen zu wollen.[101] Dies ist vorliegend geschehen. Da das konkrete Angebot über 250 Mio. EUR durch die Absprache zustande kam, beruht es auch kausal auf dieser Absprache.

2. A handelte auch mit Vorsatz.

II. Rechtswidrigkeit und Schuld unterliegen keinen Zweifeln.

III. Mithin hat sich A durch dieselbe Tathandlung wegen wettbewerbsbeschränkender Absprache bei Ausschreibungen gem. § 298 Abs. 1 StGB strafbar gemacht.

---

[99] BeckOK-StGB/*Momsen/Laudien*, § 298 Rn. 28.
[100] MüKo-StGB/*Hohmann*, § 298 Rn. 79.
[101] MüKo-StGB/*Hohmann*, § 298 Rn. 55 ff.

C. Strafbarkeit des A gem. § 266 Abs. 1, 2 i. V. m. 263 Abs. 3 S. 2 Nr. 2 StGB

Indem A infolge der Absprache ein höheres Angebot abgab und mit den anderen vier Wettbewerbern vereinbarte, ihnen jeweils 5 Mio. EUR Aufwandsentschädigung zu zahlen, könnte er sich wegen Untreue in besonders schwerem Fall gem. § 266 Abs. 1, 2 i. V. m. 263 Abs. 3 S. 2 Nr. 2 StGB strafbar gemacht haben.

I. Tatbestand

1. Zur Erfüllung des objektiven Missbrauchstatbestands ist zunächst der Missbrauch einer Verpflichtungs- bzw. Verfügungsbefugnis erforderlich.

Hinweis: Der Missbrauchstatbestand ist als lex specialis zum Treubruchstatbestand anzusehen und deshalb zuerst zu prüfen.

a) A muss wirksam durch Gesetz, behördlichen Auftrag oder Rechtsgeschäft die Befugnis eingeräumt worden sein, über fremdes Vermögen zu verfügen oder einen anderen zu verpflichten. Eine Verpflichtungsbefugnis meint die Befugnis zur Belastung mit einer schuldrechtlichen Verbindlichkeit, eine Verfügungsbefugnis, das Recht an einer Sache aufheben, belasten, übertragen oder inhaltlich verändern zu dürfen. Rechtsgeschäftlich kann die Verpflichtungs- bzw. Verfügungsbefugnis durch Vollmacht (§ 166 Abs. 2 BGB, § 167 BGB) oder Ermächtigung (§ 185 BGB) begründet werden. A ist auf der Grundlage seines Arbeitsvertrags mit der X-GmbH zur Führung des Geschäfts ermächtigt worden, wozu auch der Abschluss von Verträgen und damit die Eingehung von Verbindlichkeiten zählt. A hat demnach die Befugnis, über fremdes Vermögen – nämlich über das der X-GmbH – zu verfügen. Ebenso ist er befugt, die Gesellschaft rechtlich zu verpflichten.

Hinweis: Sofern der Täter eine arbeitsvertraglich eingeräumte Position innehat, durch die er unmittelbar vermögensrelevante Entscheidungen treffen kann (Vertriebsleiter, leitender Angestellter, Geschäftsführer etc.), kann die Begründung auch kürzer erfolgen.

b) Ob auch i. R. d. Missbrauchsalternative eine Vermögensbetreuungspflicht erforderlich ist, ist streitig.[102] Eine nähere Diskussion kann jedoch dahinstehen, wenn A konkret eine Vermögensbetreuungspflicht traf. Unter dieser ist eine Fürsorgepflicht für fremdes Vermögen zu verstehen, deren wesentlicher Inhalt eine durch Eigenverantwortlichkeit und Selbstständigkeit geprägte Geschäftsbesorgung für einen anderen ist. Es muss sich dabei um eine wesentliche, nicht nur beiläufige Vertragspflicht, also um eine Hauptpflicht handeln. Unter Anlegung dieser Grundsätze trifft A eine Vermögensbetreuungspflicht: Er agiert Geschäftsführer der X-GmbH selbstständig und ist für die Fürsorge für das Vermögen der X-GmbH verantwortlich.

---

[102] Die Rspr. und mittlerweile überwiegende Ansicht bejahen dies: *Hübner*, JZ 1973, 410; BGHSt 24, 386, 387 („monistische Konzeption"); a. A. in Anlehnung an die zum früheren Recht vertretene Missbrauchstheorie z. B.: *Arzt*, in: Bruns-FS, 365, 382; *Labsch*, NJW 1986, 104; *Baumgartner*, Der Schutz zivilrechtlicher Forderungen durch Veruntreuung, Untreue und Unterschlagung, 1996, 116, 135.

c) A müsste seine Verfügungs- bzw. Verpflichtungsbefugnis missbraucht haben, d. h. im Rahmen des rechtlichen Könnens (Außenverhältnis), aber jenseits des rechtlichen Dürfens (Innenverhältnis) rechtsgeschäftlich gehandelt haben. Von der Missbrauchsalternative erfasst werden entsprechend lediglich Fälle wirksamen rechtsgeschäftlichen Handelns. Im Rahmen der Innenbefugnis eines Geschäftsführers liegen wirtschaftliche Handlungen. Das Treffen einer Absprache, an andere Wettbewerber „Aufwandsentschädigungen" zu zahlen, auf die diese keinen Anspruch haben, ist mithin nicht von der Befugnis im Innenverhältnis gedeckt. Zudem verstieß das Vorgehen des A gegen die §§ 263 und 298 StGB und war damit strafbar. Straffälliges Verhalten ist vom rechtlichen Dürfen eines Geschäftsführers nicht umfasst. Durch seine Vertretungsmacht (§ 35 Abs. 1 S. 1 GmbHG) handelte A auch nach außen wirksam. Mithin liegt ein Missbrauch vor.

d) Der X-GmbH müsste durch das Verhalten des A ein Vermögensnachteil entstanden sein. Der Nachteil entspricht dabei dem Schaden bei § 263 StGB.[103] Da die Y-AG auch das günstigere Angebot i. H. v. 225 Mio. EUR angenommen hätte, entstand der X-GmbH, die infolge der Absprache konkret i. H. v. 250 Mio. EUR verpflichtet wurde, ein Schaden i. H. d. Differenz von 25 Mio. EUR.

2. A handelte auch mit Vorsatz.

3. Die zugleich erfüllte Treuebruchsvariante (Var. 2) tritt subsidiär hinter dem spezielleren Missbrauchstatbestand (Var. 1) zurück.

II. Rechtswidrigkeit und Schuld unterliegen keinen Bedenken.

III. Bzgl. der Strafzumessung ist das Regelbeispiel des „Vermögensverlusts großen Ausmaßes" gem. §§ 266 Abs. 1, 2 i. V. m. 263 Abs. 3 S. 2 Nr. 2 StGB, das ab einem Schaden von 50.000[104] EUR (a. A.: 100.000[105] EUR) verwirklicht sein kann, vorliegend mit Blick auf die Höhe des Differenzbetrages (25 Mio. EUR) erfüllt.

IV. Mithin hat sich A wegen Untreue in einem besonders schweren Fall gem. § 266 Abs. 1, 2 i. V. m. 263 Abs. 3 S. 2 Nr. 2 StGB strafbar gemacht, indem er infolge der Absprache ein höheres Angebot abgab und mit den anderen vier Wettbewerbern vereinbarte, ihnen jeweils 5 Mio. EUR Aufwandsentschädigung zu zahlen.

---

[103] MüKo-StGB/*Dierlamm/Becker*, § 266 Rn. 228.
[104] BGH NJW 2004, 169.
[105] MüKo-StGB/*Dierlamm/Becker*, § 266 Rn. 337.

Tatkomplex 2: Das Gespräch zwischen A und W

A. Strafbarkeit des A gem. § 299 Abs. 2 Nr. 1 StGB

Indem A dem W vorschlug, dieser könne den Nachtrag doch im weiteren Fortschritt des Projekts ausschreiben und dann unproblematisch an die X-GmbH vergeben und ihm im Gegenzug die Leihgabe seines gelben Ferraris für ein Wochenende anbot, könnte er sich wegen Bestechung im geschäftlichen Verkehr gem. § 299 Abs. 2 Nr. 1 StGB strafbar gemacht haben.

I. Tatbestand

1. Zur Erfüllung des objektiven Tatbestands ist zunächst erforderlich, dass A im geschäftlichen Verkehr (beim Bezug von Waren oder Dienstleistungen) gehandelt hat.

a) Dieses weit auszulegende Tatbestandsmerkmal umfasst alle Maßnahmen, die der Förderung eines beliebigen Geschäftszwecks dienen. A handelt hier, um der X-GmbH den Nachtrag und damit einen weiteren Vertragsschluss zu generieren, mithin im geschäftlichen Verkehr.

b) W, dem A das „Ferrari-Wochenende" anbietet, ist Projektleiter bei der Y-AG, also eine natürliche Person, die zumindest im Rahmen eines faktischen Dienstverhältnisses den Weisungen des Geschäftsherrn unterworfen ist,[106] mithin Angestellter eines Unternehmens.

c) Der weiterhin erforderliche Vorteil umfasst jede Leistung, auf die der Empfänger keinen Rechtsanspruch hat und die seine wirtschaftliche oder auch nur persönliche Lage objektiv verbessert.[107] Die Nutzungsmöglichkeit eines Luxusautos verbessert die persönliche Lage des W. Einen Anspruch hierauf hat er gegenüber dem A nicht. Mithin handelt es sich um einen Vorteil.

d) Diesen Vorteil hat der A dem W zugesagt, mithin versprochen.

e) Zwischen der angestrebten Bevorzugung durch den Vorteilsnehmer und dem Vorteil muss ein Zusammenhang in der Form bestehen, dass der Vorteil als Gegenleistung für die zukünftige unlautere Bevorzugung gedacht ist (Unrechtsvereinbarung). Bevorzugung meint dabei die sachfremde Entscheidung zwischen mindestens zwei Bewerbern, von denen einer benachteiligt wird.[108] Unlauter ist die Bevorzugung, wenn der Grundsatz der Sachgerechtigkeit nicht beachtet wird.[109] Da mit dem Nachtrag auch andere Unternehmen beauftragt werden können, liegt eine (künftige) Wettbewerbslage zwischen diesen vor. Mit dem von ihm angebotenen Vorteil bezweckte A ausschließlich, den nachträglichen

---

[106] BeckOK-StGB/*Momsen/Laudien*, § 299 Rn. 21.
[107] BGH NStZ 2005, 334; BeckOK-StGB/*Momsen/Laudien*, § 299 Rn. 34.
[108] Lackner/Kühl/*Heger*, § 299 Rn. 5.
[109] Schönke/Schröder/*Eisele*, 30. Aufl. 2019, § 299 Rn. 33.

Auftrag für die X-GmbH zu generieren, sodass der Gegenleistungscharakter vorliegt. Da W die Entscheidung über die Nachtragsvergabe zugunsten der X-GmbH nicht mehr an sachlichen Kriterien wie der Eignung des Unternehmens oder dem günstigsten Angebot orientiert, sondern ausschließlich von dem angebotenen „Ferrari-Wochenende" abhängig macht und auf die Ausschreibung sogar gänzlich verzichten will, ist die künftige Bevorzugung auch unlauter.

2. A handelte auch vorsätzlich.

II. Rechtswidrigkeit und Schuld liegen vor.

III. Mithin hat sich A durch die oben beschriebene Verhaltensweise wegen Bestechung im geschäftlichen Verkehr gem. § 299 Abs. 2 Nr. 1 StGB strafbar gemacht.

B. Strafbarkeit des A gem. § 299 Abs. 2 Nr. 2 StGB
Durch dieselbe Handlung könnte A sich wegen Bestechung im geschäftlichen Verkehr gem. § 299 Abs. 2 Nr. 2 StGB strafbar gemacht haben.

I. Tatbestand

1. Die tatbestandlichen Voraussetzungen des objektiven Tatbestands des Handelns im geschäftlichen Verkehr (beim Bezug einer Dienstleistung) gegenüber einem Angestellten eines Unternehmens und das Versprechen eines Vorteils liegen vor, siehe oben.

2. Weiterhin müsste eine Unrechtsvereinbarung gegeben sein, die bei der Tatvariante der pflichtenbezogenen Bestechung darin liegt, dass der Angestellte oder Beauftragte bei dem Bezug von Waren oder Dienstleistungen seine Pflichten gegenüber dem Unternehmen verletzt. Ein Taterfolg in Form einer begangenen Pflichtwidrigkeit ist nicht erforderlich.[110]

Die Pflichten eines Angestellten oder Beauftragten können sich aus Gesetz und Vertrag ergeben. Dazu zählen etwa die Wahrung der Vermögensinteressen des Geschäftsherren oder die Einhaltung von Compliance-Vorschriften.[111] Ein Angestellter oder Beauftragter unterliegt gegenüber dem Geschäftsherren mithin auch der Pflicht, keine strafbaren Handlungen im Zusammenhang mit der Geschäftsausübung zu begehen.

Projektleiter W sagte dem A die Nachtragsvergabe zu, ohne diese zuvor nach den internen Vorgaben der Y-AG auszuschreiben zu wollen. Er hatte damit auch nicht vor, verschiedene Angebote zu vergleichen und sich für das geeignetste und

---

[110] Lackner/Kühl/*Heger*, § 299 Rn. 5a.
[111] BeckOK-StGB/*Momsen/Laudien*, § 299 Rn. 61 f.

D. Das Bauvorhaben

günstigste zu entscheiden. Er traf die Entscheidung sachfremd allein aufgrund des ihm von A persönlich angebotenen Vorteils. Damit verletzte er seine Pflicht gegenüber der Y-AG, bei dem Bezug von Dienstleistungen das wirtschaftliche Interesse des Unternehmens zu wahren.

Soweit allerdings eine Einwilligung der Y-AG in die Vorgehensweise erteilt worden wäre, schlösse dies als tatbestandsausschließendes Einverständnis die Pflichtwidrigkeit aus.[112] Vorliegend gibt es allerdings keine Anhaltspunkte, dass der Vorstand der Y-AG (mutmaßlich) darin eingewilligt hätte, die X-GmbH ohne vorherige Prüfung weiterer Angebote sachfremd zu bevorzugen. Mithin liegt die Unrechtsvereinbarung vor.

3. A handelte auch vorsätzlich.

II. Rechtswidrigkeit und Schuld unterliegen keinen Zweifeln.

III. Mithin hat sich A durch dieselbe Handlung wegen Bestechung im geschäftlichen Verkehr gem. § 299 Abs. 2 Nr. 2 StGB strafbar gemacht.

C. Gesamtergebnis und Konkurrenzen

Im ersten Tatkomplex hat sich A strafbar gemacht wegen Betrugs in besonders schwerem Fall gem. § 263 Abs. 1, Abs. 3 S. 2 Nr. 2 StGB, wegen wettbewerbsbeschränkender Absprache bei Ausschreibungen gem. § 298 Abs. 1 StGB und wegen Untreue in besonders schwerem Fall gem. § 266 Abs. 1, 2 i. V. m. 263 Abs. 3 S. 2 Nr. 2 StGB. Diese Delikte stehen zueinander in Tateinheit, zu behandeln nach § 52 Abs. 1 StGB.

Im zweiten Tatkomplex hat sich A strafbar gemacht wegen Bestechung im geschäftlichen Verkehr gem. § 299 Abs. 2 Nr. 1 und 2 StGB. Dabei stehen das Wettbewerbs- (Nr. 1) und das Geschäftsherrenmodell (Nr. 2) aufgrund der unterschiedlichen Schutzrichtung[113] zueinander in Tateinheit, zu behandeln nach § 52 Abs. 1 StGB.

Die Handlungen der jeweiligen Tatkomplexe wiederum stehen zueinander in Tatmehrheit, zu behandeln nach § 53 Abs. 1 StGB.

---

[112] A. a. O.
[113] MüKo-StGB/*Krick*, § 299 Rn. 132.

Stichwortverzeichnis

A
Abfallbegriff 292
Absprache 19
Abwandlung 347
Akzessorietät zum Verwaltungsrecht 288
Akzessorietät 27
Amtsträger 155, 168
　europäischer 168
Amtsträger, europäischer 155
Angabe, schriftliche 180
Anlegerschutz 171
Arbeitnehmerüberlassung 248
Aufklärungspflicht 140
Aufsichtspflichtverletzung 81
Auslegung, faktische 28
Ausschreibung 206, 356

B
BAföG 170
BAföG-Betrug 159
Bande 154
Bankrott 234
Begriff und Funktion des Wirtschaftsstrafrechts 11
Beleg
　nachgemachter 168
　verfälschter 168
Bereicherungsabsicht 153
Beschäftigungsverhältnis, illegales 249
Beschlagnahme 298
Beschränkung der Dispositionsfreiheit 114
Beweislastumkehr 298
Bezugsrecht 173
Bilanzeid 258
Bilanzklarheit 259
Bilanzmeineid 260
Bilanzstrafrechts i.e.S. 257
Bilanzwahrheit 259

Blankettgesetz 24, 38
　Ponzi scheme 137
Bremer Vulkan 161
Brutto-Prinzip 296
Buchführungspflicht 228
Bundesanstalt für Finanzdienstleistungsaufsicht (BaFin) 17
Business Judgement Rule 38, 104

C
Code of Conduct 301
Compliance 299, 348
Computerbetrug 155
Corporate-Social-Responsibility-Pflicht (**CSR-Pflicht**) 260
COVID-19-Pandemie 169, 233

D
Datenverarbeitungsvorgang 157
Dispositionsfreiheit 135, 146
Dreiecksbetrug 142
Dual-Use-Programm 158

E
Eigennutz, großer 168
Eingehungsbetrug 146
Einverständnis 56, 96
　hypothetisches 96
Einwirken, sonstiges unbefugtes 158
Einzelvollstreckung 226
Einziehung
　erweiterte 296
　selbstständige 298
Einziehung von Taterträgen oder deren Wert 295

Einziehung von Tatprodukten, Tatmitteln und
    Tatobjekten oder deren Wert 296
Emissionszertifikat 270
entscheidungserheblich 182
Erfüllungsbetrug
    echter 146
    unechter 146
Ermittlung, interne 20, 304, 316
Erwerbsaussicht 144
EU-Geldwäscherichtlinie 199
Europäisches Verbraucherleitbild 142
Exspektanz 144

F
fahrlässig 84
Finanzinstrument 269
Firmenbestattung 242
Funktionsfähigkeit des Kapitalmarkts 171

G
Gefährdungsschaden 150
Geldbuße 295
Geldstrafe 295
Generalklausel 172
Geringwertigkeit 155
Gesamtsaldierung 144
Gesamtverantwortung 48
Gesamtvollstreckungsverfahren 226
Geschäftsführer, faktischer 28, 64, 79,
    121, 231
Geschäftsgeheimnis 215
Geschäftsherrenhaftung 50, 52, 66
Gesellschaftsvermögen 111
gewerbsmäßig 154
Gremienentscheidung 32, 47
Großverfahren 19
Gründungsschwindel 263, 265

H
Handelsbilanz 228

I
ignorantia facti 141
Inputmanipulation 158
Insidergeschäft 274
Insiderhandel 268
Insiderinformation 274
Insidertrading 273
Integrität des Sports 183
Irrtum 141

K
Kapitalgesellschaft 97
Kartellstrafrecht 214
Kick-back 127
Klimastrafrecht 294
Korruption im Gesundheitswesen 132
Korruption sportlicher Wettbewerbe 182
Kranzdelikt 185
Kredit 178
Kredituntreue 119
Kreis, größerer von Personen 176
Kriminalität, organisierte 188
Kurzarbeitergeld 169

L
Leichtfertigkeit 167
Lösungsvorschlag 324, 337, 347, 350, 358

M
Mannesmann 33, 104, 109
Marktmanipulation 268, 269
    handelsgestütze 270
    handlungsgestützte 270
    informationsgestützte 270
Marktmissbrauchsverordnung,
    europäische 267
Massenbetrug 185
Menschenrechtsverletzung 261
Merkmal, gesamttatbewertendes 44
Mischkalkulation 240
Missbrauch 93
Mitbewusstsein, sachgedankliches 142

N
Nebenbeteiligte 18
Nebenstrafrecht 24
Normentroika 85
Not, wirtschaftliche 155
Notstand, rechtfertigender 52

O
Offenlegung der wirtschaftlichen
    Verhältnisse 119
Olympiaschutzgesetz 223
Online-Wette 183
Opfer(wahl-)feststellung 36

P
Panama-papers 280
Personengesellschaft 100

Pflichtdelikt 23
Ponzi scheme 138, 147, 149, 176
Product Compliance 32
Produkthaftung 30, 44
Programm 157
Prospekt 175
Pyramid system 149

Q
Quotenschaden 151

R
Rechtsgutslehre 23
Referenzpreismanipulation 271
Ressortprinzip 48
Risikogeschäft 115, 239

S
Sacheinlage, verdeckte 264
Sachverhalt 323, 335, 348, 356
Scalping 271, 273
Schadenseinschlag, persönlicher 144
Schiedsrichter 184
Schneeballsystem 137, 138, 148, 149, 176
   reines 148
Schwarze Kasse 123, 323
Schwarzlohnabrede 254
Schwerpunktstaatsanwaltschaft 18
*Securities and Exchange Commission
   (SEC)* 150
Selbstanzeige 255, 284
Selbstschädigung, bewusste 145
Sicherheit 119
smurfing 189
Sonderdelikt 23
Sondervermögen 123
Sozialadäquanz 58
Sponsoring 129
Sportler 183
Sportwettbetrug 153
Sportwette 139, 150, 183
Steuer-CD 280
Steuerstrafverfahren 278
Stoffgleichheit 153
Straftat, betriebsbezogene 51
Submissions- bzw. Ausschreibungsbetrug 203
Subvention 162
Subvention großen Ausmaßes 168
Subventionsbegriff 159
Subventionsbetrug 159
subventionserheblich 163

Subventionsgeber 164
Subventionsverfahren 164
Subventionsvermittlung 170
Supply Chain 261
*Sustainable Corporate Governance
   Reporting* 261

T
Tatbestandsmerkmal, normativer 41
Tatsache 136, 163
Täuschung 136
   ausdrückliche 136
   durch Unterlassen 140
   im Subventionsverfahren 163
   konkludente 138
Texas Gulf Sulphur Company (TGS) 275, 276
Top-down- und bottom-up-Haftung 60
Trainer 183
Trennungsprinzip 111
Treuebruchstatbestand 101
Treuhandvermögen 174

U
Umsatzsteuerkarussell 280
unbefugt 158
Unrechtsvereinbarung 184
unrichtig 157
Unterlagen 180
Unterlassen 44
Unterlassungstatbestand, echter 81
Unternehmensstrafbarkeit 71
Unternehmensstrafrecht 311
Untreue 88
unvollständig 157

V
Verbandsgeldbuße 73
Verfassungsmäßigkeit 93
Verhältnis, wirtschaftliches 181
Verkehrssicherungspflicht 44
Vermögen 135
Vermögen des Gesellschafters 111
Vermögensabschöpfung, strafrechtliche 295
Vermögensarrest 298
Vermögensbegriff
   juristisch-ökonomischer 144
   ökonomischer 143
   rein juristischer 143
Vermögensbetreuungspflicht 100
Vermögensbetreuungspflicht, qualifizierte 101
Vermögensschaden 143, 158

Vermögensverfügung 142
Vermögensverlust großen Ausmaßes 154
Verschleifungsverbot 108
Vertragsarztuntreue 131
Verwendung 158
viktimodogmatisch 142
Vorfeldtatbestand 23

W

Waren-Spot-Kontrakt 270
Warenterminoption 174
Wertpapier 173
Wettbewerb
    berufssportlicher 184
    des organisierten Sports 184

Whistleblower 216
Whistleblowing 302
Wiederholungsgefahr 186
Wirtschaftlichkeitsgebot 131
Wirtschaftsstrafkammer 18

Z

Zahl, große von Menschen 155
Zahlungsbereitschaft 142
zahlungsunfähig 249
Zahlungsunfähigkeit 227
Zweckverfehlungslehre 146, 171
Zweifel 142

The manufacturer's authorised representative in the EU is Springer Nature Customer Service Centre GmbH, Europaplatz 3, 69115 Heidelberg, Germany. If you have any concerns regarding our products, please contact ProductSafety@springernature.com

Printed and bound by CPI Group (UK) Ltd, Croydon, CR0 4YY

25/03/2026

02078182-0013